苏州市社科联重大委托项目研究成果　　　　　王卫平 主编

《江南文化概论》编委会 编

苏州大学出版社

图书在版编目(CIP)数据

江南文化概论/《江南文化概论》编委会编；王卫平主编. -- 苏州：苏州大学出版社，2023.5
（江南文化研究丛书）
ISBN 978-7-5672-4075-9

Ⅰ.①江… Ⅱ.①江… ②王… Ⅲ.①文化史 - 研究 - 华东地区 Ⅳ.①K295

中国国家版本馆 CIP 数据核字（2023）第 027261 号

书　　名 /	江南文化概论
	JIANGNAN WENHUA GAILUN
主　　编 /	王卫平
责任编辑 /	张　凝　刘　冉
助理编辑 /	祝文秀
装帧设计 /	吴　钰
出版发行 /	苏州大学出版社
地　　址 /	苏州市十梓街 1 号
邮　　编 /	215006
电　　话 /	0512-67481020
印　　刷 /	苏州工业园区美柯乐制版印务有限责任公司
开　　本 /	787 mm×1 092 mm　1/16　印张 43.25　字数 709 千
版　　次 /	2023 年 5 月第 1 版
印　　次 /	2023 年 5 月第 1 次印刷
书　　号 /	ISBN 978-7-5672-4075-9
定　　价 /	180.00 元

图书若有印装错误，本社负责调换
苏州大学出版社营销部　电话：0512-67481020
苏州大学出版社网址　http://www.sudapress.com
苏州大学出版社邮箱　sdcbs@suda.edu.cn

目 录

总论

003 第一章 江南地域范围的演变及其概念演化
016 第二章 江南地区的经济开发与经济重心地位的确立
107 第三章 江南文化的特征及精神内涵

分论

133 第四章 文学发展
175 第五章 戏曲文化
216 第六章 书画艺术
255 第七章 园林文化
291 第八章 工艺美术
328 第九章 科举文化
356 第十章 科技文化
384 第十一章 学术文化
431 第十二章 方志文化
456 第十三章 佛教文化

485　第十四章　道教文化
511　第十五章　民俗文化
542　第十六章　慈善文化
571　第十七章　藏书文化
603　第十八章　运河文化
633　第十九章　当代江南文化的发展

结语

677　江南文化进一步发展的展望

后记

总论

第一章　江南地域范围的演变及其概念演化

自古以来，有关江南自然、历史、人文的记载不绝于书，相关研究经久不衰，有人甚至盛称，中华人民共和国成立以来的中国史研究成果，差不多有三分之一与江南有关，江南问题研究已成为海内外的显学。

研究江南问题，离不开研究对象的地域范围，这是江南研究的基点。江南的地域范围变动不居，在不同的历史阶段，所涵盖的地域有所区别，以至于人们喜欢用大概念、小概念，或广义、狭义，或核心、边缘来区分。

一、江南地域范围的演变

虽然有关江南地区历史文化的研究早就已经出现，但人们对于"江南"的概念并未给予特别关注。最早关注江南所指地域范围的是历史学家李伯重，其《简论"江南地区"的界定》一文已成为讨论这一问题的基础之作。[1] 他提出，界定江南地区的范围，必须遵循两个标准：首先，"这个地区必须具有地理上的完整性，必须是一个自然——生态条件相对统一的地域。换言之，在其外部应有天然屏障将它与毗邻地区分隔开来；而在其内部，不仅应有大体相同的自然——生态条件，而且最好还属于同一水系，使其内各地相互发生紧密联系"。其次，"这个地区在人们心目中应当是一个特定的概念。也就是说，不仅由于地理上的完整性与自然——生态条件的一致性，而且也由于长期的历史发展所导致的该地区内部经济联系的紧密与经济水平的接近，使此地区被人们视为一个与其毗邻地区有显著差异的特定地区"。李伯重虽然未对江南地区的概念进行长时段的细致梳

---

[1] 李伯重：《简论"江南地区"的界定》，《中国社会经济史研究》1991年第1期。

理,但却认为"在不同的历史时期,'经济区域'的内涵与外延都会有所不同",并据其所定标准指出,"就明清时代而言,作为一个经济区域的江南地区,其合理范围应是今苏南浙北,即明清的苏、松、常、镇、宁、杭、嘉、湖八府以及由苏州府划出的(太)仓州"。

与李伯重的关注重心不同,历史地理学家周振鹤则重点梳理了历史上"江南"地域范围的变化,认为"近代以来,江南指的是镇江以东的江苏南部及浙江北部地区,更加狭义的范围,则仅指太湖流域。但在古代,江南一词的涵盖面却辽阔得多,而且经过曲折起伏的变化"。约而言之,秦汉时期,江南主要是指今长江中游以南的地区,即今湖北南部和湖南全部,而今皖南、苏南一带则以江东著称(或称江左、江表)。至于会稽郡地被称作江南,则与汉初分封刘濞为吴王并建都广陵(今江苏扬州)有关。江南的概念大于江东,江南可以包含江东。隋唐以后,江南的概念才最终形成。唐太宗贞观元年(627)划分天下十"道",自湖南西部迤东直至海滨的广阔地区为江南道,"这是秦汉以来最名副其实的江南地区"。由于行政建置的屡变,唐代的江南可以覆盖自江淮以南至南岭以北的整个东南地区,而"江南最准确的含义还是专指长江以南地区"。随着经济、文化的快速发展,明清时期的江南已不仅仅是一个地理概念,"而且还具有经济涵义——代表一个先进的经济区,同时又是一个文化概念——透视出一个文化发达区的范围"。[1]

李伯重、周振鹤对江南概念及地理范围的界定,在学术界影响巨大,奠定了对该问题的研究基调。此后所有的研究,基本遵循了这一思路并在此基础上不断细化。如徐茂明从江南的自然地理范围、行政地理范围、经济地理范围、文化地理范围四个方面展开论证,认为"从'江南'的历史演变看,无论其指称的是自然地理范围,还是行政区域,都有一个由西到东、由大到小、由泛指到特指的变化趋势,这一变化过程与'江南'经济开发、文化发展的历史是完全合拍的。'江南'这一名称已由单纯的地理概念演化为包含地理、经济、文化等多种内涵的专指性概念,当人们使用'江南'一词时,在心目中已赋予它比空间区域更为丰富的内涵,这就是发达的经济、优越的文化,以及相对统一的民众心态",据此可以认为,

---

[1] 周振鹤:《释江南》,见钱伯城:《中华文史论丛》第四十九辑,上海古籍出版社1992年。

"将太湖平原的苏州、松江、常州、杭州、嘉兴、湖州、太仓六府一州视作明清'江南'的地域范围更为合理"。[1] 冯贤亮梳理了古代"江南"含义的变迁、中国当代学者论著中的"江南"及国外学者使用的"江南"概念，并在此基础上定义了自己所研究的明清"江南"，"是指长江下游南岸的太湖及其周边地区，包括明清时期的苏州、松江、常州、嘉兴、湖州五府与太仓直隶州的全部，以及镇江府的大部和杭州府的余杭、海宁二县"。[2] 这与李伯重、周振鹤两位先生所主张的江南地域范围并无大的区别。

但是，正如学界已经注意到的，作为一个历史地理概念，"江南"的含义在古代文献中是变化多端的，不同时期江南地区的范围也是不一样的。将明清时期相对认同的"江南"概念套用到明清以前，不仅覆盖的地域范围不一致，而且这种"倒溯"的方法也未必科学，存在着方法论的误区。

学界一般认为，"江南"一词最早出自《左传·昭公三年》："十月，郑伯如楚，子产相，楚子享之，赋《吉日》。既享，子产乃具田备，王以田江南之梦。"所说乃郑伯访楚时田猎于楚境江南云梦地区之事。继此之后，司马迁《史记》多有提及，如《五帝本纪》谓，舜"南巡狩，崩于苍梧之野，葬于江南九疑，是为零陵"；《秦本纪》称，秦昭襄王"三十年，蜀守若伐楚，取巫郡，及江南为黔中郡"；《秦始皇本纪》载，"王翦遂定荆江南地，降越君，置会稽郡"；《越王勾践世家》说，楚威王败越，"越以此散，诸族子争立，或为王，或为君，滨于江南海上"；《秦楚之际月表》亦有秦亡后项羽拥楚义帝"徙都江南郴"的记载。凡此可见，最早所谓的"江南"只是一个指代方位的词，意指长江以南，且所指地域相当宽泛，涵盖了长江以南、五岭以北、西起巴蜀、东至大海的广阔地区；尤为重要的是，"江南"一词不是南方人的自称，而是北方人的他称。

东汉以后，"江南"一词的使用越来越多地指向长江中下游地区，如《后汉书·循吏列传》载，西汉末年"天下新定，道路未通，避乱江南者皆未还中土，会稽颇称多士"；《后汉书·马援列传》记载，东汉马援之子马防因罪徙丹阳，"后以江南下湿，上书乞归本郡"；《后汉书·袁绍刘表列传》称，"时江南宗贼大盛……唯江夏贼张虎、陈坐拥兵据襄阳城，表使越

---

[1] 徐茂明：《江南的历史内涵与区域变迁》，《史林》2002年第3期。
[2] 冯贤亮：《明清江南地区的环境变动与社会控制》，上海人民出版社2002年，第2-10页。

与庞季往譬之，乃降。江南悉平"。需要指出的是，在相当长的一段时间内，"江南"还包括了江北的一部分地区。魏晋南北朝时期，"江南"往往是指定都今南京的南方政权，如《三国志·吴书》中常以"江南"代指孙吴，《宋书·沈昙庆传》称赞，"江南之为国盛矣"，"江南"已指"自晋氏迁流"后的东晋、刘宋；《隋书·贺若弼传》及《韩擒虎传》亦有"高祖受禅，阴有并江南之志""汝闻江南陈国天子乎"等说法。

与此同时，长江下游以南地区还有吴会、吴越、吴中、三吴等称呼，但从战国开始尤其三国至隋朝统一全国以前，这里更多地被称为"江东"。

目前所知，"江东"一词最早出现在《战国策》一书中。《战国策·楚策》范环答楚王所问，谓："且王尝用滑于越，而纳句章，昧之难，越乱，故楚南察濑胡，而野江东"[1]；赵人李园进女弟于春申君，女弟挑拨春申君与楚王之间的关系，云："君用事久，多失礼于王兄弟，兄弟诚立，祸且及身，奈何以保相印、江东之封乎？"[2]越国立都会稽（今浙江绍兴），兼有吴国故地，而楚灭越后封春申君于吴，故此两条资料所言"江东"均指长江下游原吴、越两国核心之地。司马迁《史记·项羽本纪》提到，秦末战乱期间，广陵（今江苏扬州）人召平"为陈王徇广陵，未能下。闻陈王败走，秦兵又且至，乃渡江矫陈王命，拜梁（即项梁）为楚王上柱国。曰：'江东已定，急引兵西击秦。'项梁乃以八千人渡江而西"。楚汉相争，项羽兵败逃至乌江，乌江亭长建议其速渡江还吴，称"江东虽小，地方千里，众数十万人，亦足王也"，而项羽笑称："天之亡我，我何渡为！且籍（即项羽）与江东子弟八千人渡江而西，今无一人还，纵江东父兄怜而王我，我何面目见之？"可见，"江东"乃指长江下游以南地区。而之所以称为"江东"，按清代著名学者洪亮吉的说法，"盖大江自今安庆府以下，势皆斜北而东，故江至此，又有东西之名"。历史地理学家周振鹤据此认为，"之所以称作江东，是因为长江在今芜湖至南京间作西南南—东北北走向，这段河道在秦汉三国时期是长江两岸来往的重要通道，因而从中原地区来的人视渡江为往东，而不是向南，视此段长江两岸为东西岸，而不是南北岸"[3]。自此以后，"江东"一词越来越多地见于史籍，《三国

---

[1] 刘向集录：《战国策》中册卷十四：楚策一，上海古籍出版社1985年，第498页。
[2] 刘向集录：《战国策》中册卷十四：楚策四，上海古籍出版社1985年，第576页。
[3] 周振鹤：《释江南》，见钱伯城：《中华文史论丛》第四十九辑，上海古籍出版社1992年。

志·吴书》中,"江东"之地成为孙吴辖境的代称。而且,与此前"江南"为北方人的他称不同,"江东"乃包括孙吴政权在内的南北之人的通称。陈寿《三国志》卷三十五《诸葛亮传》中称"孙权据有江东,已历三世";孙策死前召见其弟孙权,佩以印绶,谓:"举江东之众,决机于两陈之间,与天下争衡,卿不如我;举贤任能,各尽其心,以保江东,我不如卿"[1]。由于古人常以东为左、以西为右,故"江东"亦可称为"江左",《南齐书·州郡志第六》即有"(晋)元帝为都督,渡江左,遂成帝畿,望实隆重"之说。

当然,在史书记载中,江南、江东、吴等概念混用的情况也颇为常见。如《旧唐书》卷四十九载裴耀卿奏漕运之事,"且江南租船,候水始进,吴人不便漕挽,由是所在停留。日月既淹,遂生窃盗。臣望于河口置一仓,纳江东租米,便放船归";又如同书卷五十四所说,"及杨玄感作乱,吴人朱燮、晋陵人管崇起兵江南以应之,自称将军,拥众十余万"。这也说明,在时人的眼中,江南、江东、吴指的基本上是同一个地域。

沿至唐代,"江南"才逐渐摆脱方位指称,明确成为一个历史地理概念。唐太宗贞观元年(627),依"山川形便"原则将全国分为十"道",其中江南道(治越州,今浙江绍兴)"辖五十有一州",覆盖了长江以南、南岭以北、自湖南西部迤东至大海的广阔地区,约略相当于今浙江、福建、江西、湖南、上海等省市,江苏与安徽南部以及湖北、四川长江以南和贵州的东北部地区。唐玄宗时又将江南道分为江南东道(治苏州)、江南西道(治洪州,今南昌)、黔中道(治黔州,今重庆),其中江南东道辖今江苏南部与浙江、福建地区,约当吴越故地;江南西道辖今江西、湖南洞庭湖、资水流域以东、湖北与安徽的江南之地。"安史之乱"后,唐朝政府在全国设节度使与观察使统领州县,江南东道析为浙江西道、浙江东道节度使和福建观察使,其中浙江西道(治润州,今镇江),辖润州、常州、苏州、湖州、杭州、睦州等地;浙江东道(治越州,今绍兴),辖越州、明州(今宁波)、婺州(今金华)、台州、温州等地。北宋改"道"为"路",设有江南东路、江南西路。其中,江南东路辖一府(江宁)七州(宣、徽、江、池、饶、信、太平)二军(南康、广德),约当今江苏西

---

[1] 陈寿:《三国志》第5册卷四十六《吴书一·孙破虏讨逆传第一》,裴松之注,中华书局1982年,第1109页。

部、安徽南部与江西东北部地区；江南西路大致包括今江西省境；又设两浙路，辖今浙江、上海及江苏南部镇江以东地区。南宋定都临安（今杭州），分两浙路为浙东、浙西两路，浙东路辖今浙江南部地区，浙西路辖今浙江北部、江苏南部与上海地区。清朝建立之初，将明朝的南直隶改为江南省，辖今江苏、上海、安徽三省市，至乾隆二十五年（1760），江苏、安徽分省而治。

综上可知，"江南"的概念经历了方位指称到地域实体的演变，覆盖的地域范围富于伸缩性、由大而小。自唐代以后，"江南"概念的内涵逐渐明确，渐有集中于长江下游以南地区之势。大致而言，作为历史概念的江南区域，主要覆盖今天的浙江、上海及苏南、皖南地区，也即如今所指"长三角"的区域范围。至于学术界将明清时期江南地区的范围划定为杭州、湖州、嘉兴、苏州、松江、常州、镇江、南京与太仓州"八府一州"之地，或去除镇江、南京二府而成"六府一州"之地，与上述的趋势颇相一致，或可理解为江南的核心地区。显然，这种划分还与江南内部的整合导致地区经济、文化的渐趋一体化有关，即与历史上"江南意象"的逐渐形成和"江南认同"的出现密切相关。

二、从"江南意象"到"江南认同"

李伯重先生在界定江南地区的概念时，曾经提出一个疑惑："从元代起，'江南'一词不再被用作行政地区的正式名称（虽然在清代江苏省有时也被称为江南省）。但令人费解的是，自此以后，'江南'一词都越来越多地被用来专指原来被称为吴、三吴或浙西的那个地区，而吴、三吴、浙西这些原有的称呼，反而少用了。"[1]为什么会出现这样的情况？显然，回答这一疑问，历史学家颇感为难，需要借助文学创作中的"江南意象"概念。

按照袁行霈先生《中国诗歌艺术研究》所说，"意象赖以存在的要素是象，是物象。……意象是融入了主观情意的客观物象，或者是借助客观物象表现出来的主观情意"。意象基于一定的历史存在与地理空间，又是对

---

[1] 李伯重：《简论"江南地区"的界定》，《中国社会经济史研究》1991年第1期。

客观人、事、物的精神文化抽象。至于"'江南'意象的生成乃是主客观因素交互影响的历史过程,历史地理环境的独特性是其基础,时代文化观念制约下文人的审美选择则是核心要素"[1]。所谓的江南意象,依照葛永海先生的说法,"乃指文学作品中出现的以'江南'概念指称为中心,以及所对应的由特定地域性特征的风物人事所构成的多维复合型意象"[2]。汉代乐府诗《江南》对江南意象的描述给人们留下了深刻印象:"江南可采莲,莲叶何田田。鱼戏莲叶间,鱼戏莲叶东,鱼戏莲叶西,鱼戏莲叶南,鱼戏莲叶北。"诗中的水乡、莲、莲叶、鱼等场景要素,初步形塑了江南意象,"诗中没有具体明确的时间、地点、人物,江南就是这么一个地方。存诸于作者(们)意念中的'江南',笔之于诗,就是这样一片貌似定格的场景,一组下意识地闪映在作者心中却从此将作为保留节目被不断重播的动画短片"[3]。这首古辞对后世产生了深刻影响,南朝文人所作的诗歌中对江南莲花颇多演绎,如吴均《采莲曲》中的"问子今何去,出采江南莲"、刘孝威《采莲曲》中的"金桨木兰船,戏采江南莲"、梁武帝萧衍《夏歌》中的"江南莲花开,红花覆碧水"等。王运熙先生曾指出:"吴歌的产生地域江南,是莲花最繁盛的园地,从汉乐府古辞《江南可采莲》直到后来无数的《采莲曲》,在在都低回于这江南的名花。"[4]

在后来的文人、诗人笔下,具有江南地域性特征的人事风物不断增加,内涵愈显丰富。

江南意象,是从地域风物生发的。随着汉代乐府诗《江南》的问世,水乡、莲、莲叶、鱼等遂成为江南代表性的风物。此后,具有江南代表性并成为意象的风物不断涌现。晋灭吴后,南方大批士人入北出仕,颇多失意,其中吴人张翰"因见秋风起,乃思吴中菰菜、莼羹、鲈鱼脍,曰:'人生贵得适志,何能羁宦数千里以要名爵乎!'遂命驾而归"。其所思之菰菜、莼羹、鲈鱼脍皆为吴中风物,乃是江南意象的典型。"莼鲈之思"的典故,为唐宋文人提供了丰富的语料,白居易《偶吟》中的"犹有鲈鱼莼菜兴,来春或拟往江东"、皮日休《西塞山泊渔家》中的"雨来莼菜流船滑,

---

[1] 葛永海:《地域审美视角与六朝文学之"江南"意象的历史生成》,《学术月刊》2016年第3期。
[2] 葛永海:《地域审美视角与六朝文学之"江南"意象的历史生成》,《学术月刊》2016年第3期。
[3] 潘泠:《乐府江南诗中"江南"意象的形塑及其流变》,《江南大学学报(人文社会科学版)》2014年第1期。
[4] 王运熙:《乐府诗述论》,上海古籍出版社2006年,第142页。

春后鲈鱼坠钓肥"、苏轼《忆江南寄纯如五首（其二）》中的"若话三吴胜事，不惟千里莼羹"等，吟诵不已。在六朝至唐宋时人的诗文中，与构成江南意象相关的风物，如最具江南意味的梅花，所谓"江南无所有，聊寄一枝春""赠我江南春色，一枝梅"，"一枝江南春色""江南春信""江南客"遂成为梅花的含蓄代名词；如杏花，元人的"但留意江南，杏花春雨""展卷令人倍惆怅，杏花春雨隔江南"，明人的"杏花春雨好江南""杨柳晓风残月，杏花春雨江南"等诗句，将杏花与江南紧紧绑定，让人们印象深刻。此外，与莲同为水生植物的菱（"采菱调易急，江南歌不缓""荷丝傍绕腕，菱角远牵衣"）、白蘋（"笛声何处响渔歌，两岸蘋香暗起"）以及橘、竹（"橘则园植万株，竹则家封千户"）等，也是江南意象的代表风物。需要指出的是，很多风物未必是江南的特产，却也成为江南的象征，有些代表江南意象的风物，存在由北方意象转向江南意象的情况，最为典型的如杨柳。有学者在考察了文学史中杨柳的意象描写以后认为，人们总会把杨柳与烟雨楼台、小桥流水等秀丽的江南水乡风光联系在一起，但杨柳并非一开始就是江南风物的代表，"杨柳作为江南意象的重要代表，经历了一个由北方意象向江南意象的转变过程。早期作品中最常见的'杨柳'，如'杨柳依依'的描述，或'细柳营'的典故，多与北方风光和边塞战争相关联，杨柳意象具有浓厚的北方地域文化色彩。中晚唐以来，有关杨柳的经典描述，如'烟柳画桥'，'杨柳岸、晓风残月'，'沾衣欲湿杏花雨，吹面不寒杨柳风'等，多与江南风光相联系"，沿至宋代，"杨柳意象基本定型，成为江南风景和文化的象征"。[1]

江南意象，极尽美景。随着六朝以后江南地区的次第开发，该地生态环境不断改善，加之气候温润，风土清嘉，佳山秀水，四时美景变换，面对如此湖光山色、花草树木，文人们搜遍胸中锦绣，吟咏不断。南朝丘迟《与陈伯之书》中的"暮春三月，江南草长，杂花生树，群莺乱飞"，历来为文人所叹，成为后来众多咏颂江南美景诗词的底色。白居易《忆江南》词中的"日出江花红胜火，春来江水绿如蓝"，更使江南美景传遍天下。江南之美不仅在春光，还有秋色。苏东坡《书李世南所画秋景二首》题《秋景平远》图："野水参差落涨痕，疏林欹倒出霜根。扁舟一棹归何

---

[1] 石志鸟：《杨柳：江南区域文化的典型象征》，《南京师大学报（社会科学版）》2007年第2期。

处,家在江南黄叶村。""江南黄叶村"安适宁静,成为后来众多诗人、画家心目中的归宿,"家在江南黄叶村,归来重茸柳边门""投老江南黄叶村,菊花时节雨昏昏","江南黄叶村"成为江南温暖人生的经典意象。[1]

对江南美景的描写,有的是具象的,有的是抽象的。抽象的描写如"烟雨江南"给人一种朦胧、迷离的美感,宋朝贺铸《青玉案·凌波不过横塘路》中的"一川烟草,满城风絮"、元朝马致远《天净沙·秋思》中的"小桥流水人家"同样是江南意象的经典之句。

江南意象,事关吴娃越女,由此引发离别断肠之情。江南不仅具有秀丽的自然风光,更有多彩的人文风情。江南意象的形塑,离不开对佳人美女的欣赏与留恋。按照文学家的解释,汉乐府古辞《江南》中的"鱼"与"莲",本就隐喻了水乡生活中的男女爱情。《采莲曲》《采菱曲》等乐府诗中,总会出现容貌清丽、衣袖笼香的少女倩影,如"妾家越水边,摇艇入江烟。既觅同心侣,复采同心莲","若耶溪傍采莲女,笑隔荷花共人语。日照新妆水底明,风飘香袖空中举",等等。如学者所指出的,"梁代诗人将年轻女子与江南代表性的采莲活动相联系并固定化,成为程式性的联想结构。仅就这一抒情模式来看,是已为后人肯定和承继了的"[2]。从此以后,有关江南的诗词歌赋中,佳人美女以及对佳人美女的思念成为不变的主题,成为江南意象中的重要元素。著名学者胡晓明曾经对有关江南的相思典故"江南断肠句"做过梳理,在他看来,"江南断肠句"的含义大致包括"(1)特指江南的美丽动人。(2)江南美丽背后恒有的佳丽及其情缘。(3)美得令人伤心、无限低回、要眇的心事。(4)从屈原、谢灵运,中国最优秀的抒情诗人一直传承而来优美的心灵感应"[3]。这种对江南佳丽美人的相思,发端于屈原"魂兮归来兮哀江南",远溯至谢灵运"楚人心昔绝,越客肠今断",在唐代得到了更多诗人的共鸣,韦庄一曲《菩萨蛮》,"人人尽说江南好,游人只合江南老。春水碧于天,画船听雨眠。垆边人似月,皓腕凝霜雪。未老莫还乡,还乡须断肠",道尽对江南美妙

---

[1] 胡晓明:《江南再发现——略论中国历史与文学中的"江南认同"》,《华东师范大学学报(哲学社会科学版)》2011年第2期。

[2] 潘泠:《乐府江南诗中"江南"意象的形塑及其流变》,《江南大学学报(人文社会科学版)》2014年第1期。

[3] 胡晓明:《江南再发现——略论中国历史与文学中的"江南认同"》,《华东师范大学学报(哲学社会科学版)》2011年第2期。

山水与皓腕凝雪垆边人的不舍与眷恋。宋代词人贺铸心仪"宛转有余韵"的吴女，因其离世而伤心不绝，遂作《青玉案·凌波不过横塘路》："凌波不过横塘路，但目送、芳尘去，锦瑟年华谁与度？月桥花院，琐窗朱户，只有春知处。飞云冉冉蘅皋暮，彩笔新题断肠句。若问闲情都几许？一川烟草，满城风絮，梅子黄时雨。"此词一出，遂成绝唱，北宋文学家、名列"苏门四学士"的黄庭坚称，"解作江南肠断句，只今唯有贺方回"。[1]

正如有些学者所指出的，在中国悠久的文学传统中，一直隐隐相传着十分重要的江南意象。从西汉到近代，这种江南意象不断重构，越来越丰富，由风物而及风景，由男女友朋之思到家国情怀，充溢着美妙的爱情、入骨的乡思、永续的乡愁乃至于家国君臣之思与民族国家意识，以至于吴梅村提出了"世间何物是江南"的发问。这种对江南的喜爱之情，或浓或淡，不断浇铸着江南地区的共同体意识，强化着地域文化的"江南认同"。

从早期的历史记载来看，由于江南地区远离政治中心，处于江南核心圈内的吴、越两国一直扮演着中原文化主动甚或被动接受者的角色，地域意识并不强烈。汉代以后尤其魏晋南北朝时期，随着江南人士的入北仕宦而备受歧视，他们的地域意识被激发，张翰的"莼鲈之思"固是一例，陆机的《辨亡论》与《吴趋行》更是凸显了江南山川清秀、风物并丽、地灵人杰之美，如《吴趋行》云："楚妃且勿叹，齐娥且莫讴。四坐并清听，听我歌吴趋。吴趋自有始，请从阊门起。阊门何嵯峨，飞阁跨通波。重栾承游极，回轩启曲阿。蔼蔼庆云被，泠泠祥风过。山泽多藏育，土风清且嘉。泰伯导仁风，仲雍扬其波。穆穆延陵子，灼灼光诸华。王迹颓阳九，帝功兴四遐。大皇自富春，矫首顿世罗。邦彦应运兴，粲若春林葩。属城咸有士，吴邑最为多。八族未足侈，四姓实名家。文德熙淳懿，武力侔山河。礼让何济济，流化自滂沱。淑美难穷纪，商榷为此歌。"与此同时，由于北方战乱，大量士人南下，带来了先进的中原文化，江南地区的经济文化获得了前所未有的发展契机，面貌一新，彬彬乎有超越北方之势，地域本位意识得以强化。相较于过去对北方文化的推崇甚或盲从（如语言方面"咏诗必学洛下书生"），南朝以后，南北文化呈现分庭抗礼之势，乃至南方文化逐渐超越北方文化，成为华夏正朔所在。《北齐

---

[1] 胡晓明：《江南再发现——略论中国历史与文学中的"江南认同"》，《华东师范大学学报（哲学社会科学版）》2011年第2期。

书》中曾引高欢对梁武帝的评价:"江东复有一吴儿老翁萧衍者,专事衣冠礼乐,中原士大夫望之以为正朔所在。"史书中有不少比较南北文化特点、反映南方文化发展的记载,《旧唐书》卷二十九《音乐志》中称:"永嘉之乱,五都沦覆,遗声旧制,散落江左。宋、梁之间,南朝文物,号为最盛。"清人赵翼《廿二史札记》卷十五《南朝经学》有言:"南朝经学,本不如北。兼以上之人不以此为重,故习业益少",但至"梁武之世,不特江左诸儒崇习经学,而北人之深于经者亦闻风而来,此南朝经学之极盛也"。隋炀帝喜好江南文化,曾诏命内史舍人窦威等人编撰《丹阳郡风俗》,对他们轻视江南文化、"以吴人为东夷"的说法深感不悦,驳斥说:"昔汉末三方鼎立,大吴之国已称人物。故晋武帝云江东之有吴、会,犹江西之有汝、颍。衣冠人物,千载一时。及永嘉之末,华夏衣缨尽过江表,此乃天下之名都。自平陈之后,硕学通儒,文人才子,莫非彼至。尔等著其风俗,乃为东夷之人,度越礼义,于尔等可乎!"结果"各赐杖一顿"。[1] 江南文化地位的上升,增强了江南文化的影响力,六朝时期,南北文化融合趋势不断"南朝化",[2]北齐时,出现了"盛极一时的模仿南方文风的风气",[3]"由此开启了此后中国文化史上'江南认同'的盛大局面","'江南'作为一个特定的概念指称得以建构和成型"。[4] 正因为"江南"不仅仅限于地理概念而已成为一个文化概念,"江南"遂成了优美风景、美好事物的代名词,在时人的笔下,常常可以见到以"江南"形容北方的情况。如唐代韦蟾《送卢潘尚书之灵武》诗中有"贺兰山下果园成,塞北江南旧有名"之句;《太平寰宇记》"灵州风俗"条谓:"本杂羌戎之俗,后周宣政二年,破陈将吴明彻,迁其人于灵州,其江左之人,尚礼好学,习俗相化,因谓之'塞北江南'。"江南与塞北的比较,凸显出江南文化的优势,也是江南地域意识得以强化的重要表现。

这种文化观念和审美意义上的"江南认同",在文学上有着明显反映。中国古代文学史上有一个著名的词牌名"望江南"(也称"忆江南"

---

[1] 李昉等:《太平御览》第6册《隋大业拾遗》,上海古籍出版社2008年,第536页。
[2] 唐长孺:《魏晋南北朝隋唐史三论》,武汉大学出版社1992年,第486页。
[3] 吴先宁:《北朝文化特质与文学进程》,东方出版社1997年,第23页。
[4] 葛永海、沈灵超:《隋代文人"江南认同"及其文学史意义》,《河北学刊》2019年第2期。

"梦江南""江南好"),出现于中晚唐时期,并因白居易《忆江南》词三首[1]而风行一时,成为唐、五代时期"第一金曲"。众多《望江南》词和《江南曲》组词,描摹江南之美,体现了文人们对江南的怀念。词牌以"江南"为名,强化了唐人对六朝以来"江南"概念的审美印象。而据《唐诗纪事》卷五十一《殷尧藩》,"尧藩有《忆江南》诗三十章,皆苏杭事";白居易的《忆江南》词亦与其在杭州、苏州为官的经历有关。因此,"江南"似乎已演化成人们的情感归属。而这个意义上的江南,正不断地朝着太湖流域凝聚。

胡晓明先生认为,"中国历史与文学上明确存在着一个'江南认同',即江南意识自觉、江南地方情感突出、江南文化影响力(即由文学与学术的发展进步而产生的一种超越于政治承认主义与道德合法性之上的文化心理)强势,由此而形成的文化张力"[2]。通过对江南文化发展轨迹的梳理与考察,其大致线索当如葛永海等先生所提示:"'江南认同'文化心理的发展是一个动态的渐进过程。六朝显露发微,隋代突破成型,唐代及以后则涌现大量描写江南意象、抒发江南情思的文学创作。'江南意象'的发展逐步纳入文化传承的轨辙,从而拓展了在文化机体中发育壮大的纵深空间,并获得了可致久远的绵绵生命力,最终完成了对江南文化历史性的诗性构建。"[3]

研究江南地区的历史文化,厘清研究对象所涉及的空间范围,无疑是工作的前提。但是在具体的研究中,历史学界以实证的方法,执着于历史上江南地域范围的演变,由于历史记载的模糊性以及历史人物写作时的随意性,要梳理清楚就存在着相当大的难度。而文学史家的研究可以为这一工作提供助力。从上述来看,江南首先是一个地理概念,其大致范围随着历史发展由大而小,渐有集中于长江下游以南地区之势。具体而言,作为

---

[1] 其一曰:"江南好,风景旧曾谙。日出江花红胜火,春来江水绿如蓝。能不忆江南?"其二曰:"江南忆,最忆是杭州。山寺月中寻桂子,郡亭枕上看潮头。何日更重游?"其三曰:"江南忆,其次忆吴宫。吴酒一杯春竹叶,吴娃双舞醉芙蓉。早晚复相逢。"
[2] 胡晓明:《江南再发现——略论中国历史与文学中的"江南认同"》,《华东师范大学学报(哲学社会科学版)》2011年第2期。
[3] 葛永海、沈灵超:《隋代文人的"江南认同"及其文学史意义》,《河北学刊》2019年第2期。

历史概念的江南区域，主要覆盖今天的浙江、上海及苏南、皖南地区，即如今所指"长三角"的区域范围。至于学术界将明清时期江南地区的范围划定为杭州、湖州、嘉兴、苏州、松江、常州、镇江、南京与太仓州"八府一州"之地，或去除镇江、南京二府而成"六府一州"之地，或可理解为江南的核心地域。同时，江南还是一个文化概念，众多文人笔下所反映的具有江南地域特征的人事风物、景致感受，构成了"江南意象"的审美风格，并由此引发出意识自觉、情感突出、影响力强大的"江南认同"。地理的、文化的江南概念及其演变，不仅大致划定了江南研究的范围，更可以深化我们对江南文化的认识。

第二章 江南地区的经济开发与经济重心地位的确立

历史唯物主义认为,经济发展是文化繁荣和社会进步的物质基础。江南文化是在特定的时空条件下发生、发展的。她生长于"江南"这一地理环境,建立在江南地区社会经济发展的基础之上,因而欲理解江南文化的内涵,不能不先了解江南地区社会经济发展的脉络。

现代考古资料证明,长江流域与黄河流域、辽河流域、珠江流域都是中华文明的发祥地,各支文化各具特色、相互交融,促进了中华文明多元一体格局的形成。在中华民族文化形成、发展过程中,江南地区扮演了极为重要的角色,创造了经济发展的奇迹,绽放出耀眼的光彩。

一、史前文明的辉煌

江南地区有着光辉灿烂的文明历史和悠久的文化传统。距今240万—200万年的安徽繁昌县已有早期猿人活动的迹象。[1] 其后,在江南地区相继发现了35万年前的南京猿人、10万年前的建德人、1万年前的莲花洞人等古人类,以及40万年前的茅山山脉旧石器早期遗址、1万年前的太湖三山岛文化遗址。[2] 从考古资料来看,我们仅能对"三山文化"有一定的了解。

1985年,考古工作者在苏州太湖中的三山岛发现了一处旧石器时代末期的遗址,共出土石制品5 200余件。石器工具主要有刮削器、尖状器、雕刻器、砍砸器、锥、钻等。其中,刮削器数量多、品种全,尤以复刃刮

---

[1] 郭因:《中国地域文化通览(安徽卷)》,中华书局2013年,第2页。
[2] 周勋初:《中国地域文化通览(江苏卷)》,中华书局2013年,第8页;吴光:《中国地域文化通览(浙江卷)》,中华书局2014年,第5页;陈淳:《太湖地区远古文化探源》,《上海大学学报(社会科学版)》1987年第3期。

削器占多数，属于可割、可切、可刮、可削的多用途工具；凹刃刮削器很有特色，适宜加工木质和骨角质器物，是加工鱼叉和鱼钩的理想工具；端刃刮削器、盘状刮削器和似拇指盖状刮削器被认为是加工兽皮的工具。锥、钻的存在表明，当时可能普遍用兽皮制作衣服和制作穿孔的装饰品。这一文化遗址反映了一种以渔猎为主、采集为辅的经济形式。在渔猎经济中，似乎又以捕捞为主、狩猎为辅。[1] 不过，三山岛只是远古居民制作生产工具的季节性营地，原始先民可能在全新世海浸开始后不久即已离去，之后取代他们到此定居的，已经是获得了崭新经济手段的新石器时代的人类了。

进入新石器时代以后，江南地区的文化遗址遍地开花，数量众多；因应地理环境的不同，存在着多支区别明显而又联系紧密的文化遗存，尤其在江南地区的核心——太湖地区，新石器文化序列清楚，一脉相承。

(一) 宁绍地区的新石器文化：上山文化、跨湖桥文化与河姆渡文化

上山文化 2000年秋冬之季，考古工作者在浙江省浦江县上山村发现了一个距今10 000年左右的新石器时代遗址，其后又在周边地区陆续发现了同类文化遗址17处。这是长江下游地区迄今发现的年代最早的新石器时代遗址。2006年，考古学界将这一类遗存命名为"上山文化"。

上山文化遗址的发现，改写了江南地区史前文明的面貌。第一，发现了人工栽培的碳化稻米，据称"它是迄今考古发现的世界上最早的栽培稻米"，从而将江南地区水稻栽培的历史由7 000年上溯到了10 000年。而且，上山文化遗址中还发现了包括水稻收割、加工和食用的较为完整的证据链，是迄今所知世界上最早的稻作农业遗存。当然，当时的农业还很原始，采集与狩猎仍是上山文化类型中不可忽略的经济方式。第二，与稻作农业的出现相关，上山地区的先民已经过上了农耕定居生活。"房屋建筑是上山文化定居的最直接证据"，在上山文化遗址中普遍发现了先民建造房屋的证据，包括干栏式房屋、半地穴式房屋和地面式房屋三种类型，有专家认为，"这不仅反映出上山文化早在一万年前就已进入定居社会，而且已呈

---

[1] 陈淳、张祖方等：《三山文化——江苏吴县三山岛旧石器时代晚期遗址发掘报告》，《南京博物院集刊》1987年总第9期；陈淳：《太湖地区远古文化探源》，《上海大学学报（社会科学版）》1987年第3期。

现较为复杂的村落形态"[1]。第三，上山文化中出土了迄今所知世界上最早的彩陶。彩陶是黄河流域史前文明的标志，但中国最早的彩陶却出现在钱塘江流域。彩陶不仅是农业文明的体现，也说明当时的制陶工艺已相当成熟，以至于有学者称其为"高端手工业"[2]。上山文化的发现，刷新了人们对世界农业起源的认识，展现了江南、中国乃至东亚地区稻作农业社会形成时期的文明模式，在中华文明史和世界文明史上具有重要的地位。

跨湖桥文化 位于浙江省杭州市萧山区的跨湖桥遗址被认为是中国东南沿海地区独树一帜的新石器时代文化遗址，距今 8 000—7 000 年，因其内涵丰富、特征明显，入选"2001 年度全国十大考古新发现"。从文化遗存看，当时先民的经济生活仍以采集与狩猎为主，但骨耜与稻谷的发现，说明耜耕农业已经诞生，人们过着定居的生活，已经尝试家畜饲养。带轴木质陶轮基座的发现，说明当时在陶器制作中已采用慢轮修整技术，相较于稍晚的河姆渡文化，"呈现出技术和工艺上的复杂性和成熟性"[3]。尤其跨湖桥陶器特有的黑光皮，"可能是在泥胎表面涂食盐后烧制而成"，有学者据此认为，"跨湖桥先民发明了世界最古老的制盐术，发明了用食盐和黄铁矿（粉）作草木灰的助熔剂"，而"这二项成就是划时代的"。[4] 在跨湖桥文化遗址中，同样发现了彩陶，主要在盛食器上施彩，可能具有象征性的社会功能。跨湖桥文化遗址中还发现了世界上最早的独木舟，说明人们根据环境的需要，以舟船作为交通工具，增强了应对自然环境的能力。而跨湖桥遗址陶器上的刻画符号，可能是占卜的数字卦象，对我们进一步认识中国传统文化的起源具有重要意义。[5]

河姆渡文化 虽然上山文化、跨湖桥文化的发现，将江南地区的新石

---

[1] 薛帅：《上山文化：三个"中国最早"两个"世界第一"》，《中国文化报》2021 年 11 月 30 日。
[2] 薛帅：《上山文化：三个"中国最早"两个"世界第一"》，《中国文化报》2021 年 11 月 30 日。
[3] 陈淳、潘艳、魏敏：《再读跨湖桥》，见浙江省博物馆：《东方博物》第 27 辑，浙江大学出版社 2008 年；柳志青等：《跨湖桥文化先民发明了陶轮和制盐》，《浙江国土资源》2006 年第 3 期。
[4] 柳志青等：《跨湖桥文化先民发明了陶轮和制盐》，《浙江国土资源》2006 年第 3 期。
[5] 王长丰、张居中、蒋乐平：《浙江跨湖桥遗址所出刻划符号试析》，《东南文化》2008 年第 1 期。

器文化推至 8 000 年或 10 000 年以前，改写了江南地区史前文明的面貌，但若论长江下游地区新石器时代文化遗址的历史意义与影响，则仍以 7 000—6 000 年前的河姆渡遗址为最。因为在 1973 年河姆渡遗址发现以前，在关于中国文明起源的问题上，学术界大都持中原地区一元论的观点，"而使学术界这一倾向发生大的转变，使人们把眼光投向长江流域的吴越地区的却正是因为河姆渡文化的发现"[1]。换言之，正是河姆渡文化的发现，才让人们认识到长江流域在中华文明发展史上的地位，长江流域与黄河流域一样是中华文明发祥地之一。在此基础上，随着考古工作的不断发展、各地文化遗址的陆续发掘，学术界才最终形成了中华文明多元一体的共识。

站在现在的时间节点上，河姆渡文化重大发现的影响可能已被后续发现的跨湖桥文化、上山文化所冲淡，但就当时而言，河姆渡文化的一系列重大发现足以改变中华民族早期文明史，并引起世界学术界的震惊。

在河姆渡遗址中发现了人工栽培的水稻，其堆积之丰、数量之多，为以往新石器时代遗址所少见。虽然采集与渔猎在河姆渡先民的经济生活中仍然占据重要地位，但水稻生产的比重明显提高，甚至可能"稻谷已成为河姆渡人的主要粮食"[2]。在已发现的陶炊器中还留有烧焦的锅巴，而这与采用比较先进的耙耕农业生产方式是分不开的。与农业的发展紧密相关，河姆渡先民已开始人工饲养猪、狗、牛等动物，以为其提供肉食来源。遗址中还发现了中国最早的水井，这同样是农业发展与定居生活的反映。

河姆渡遗址显示，当时纺织业已具雏形。在河姆渡遗址出土文物中，虽然没有发现纺织品，但屡见编织纹装饰图案，同时出土的还有许多珍贵的纺织工具实物，如陶纺轮、骨针、综杆、绞纱棒、骨梭形器、机刀、布轴等，约略可以分为纺纱、织布、缝纫工具三类。尤其机刀和布轴的发现，说明当时可能已出现了原始的"踞织机"。而按照柴尔德《远古文化史》一书中的说法，"织机的发明，是人类发明天才的一大胜利"[3]。另

---

[1] 林华东:《河姆渡文化初探》，浙江人民出版社 1992 年，林序第 4 页。
[2] 林华东:《河姆渡文化初探》，浙江人民出版社 1992 年，第 182 页。林华东先生并认为，"河姆渡人的经济特点是以农业为主，采集和狩猎及饲养家畜为辅的"。
[3] 林华东:《河姆渡文化初探》，浙江人民出版社 1992 年，第 131-132 页。

外,已出土的牙雕小盅上刻画的蚕纹图案,说明河姆渡先民已开始饲养家蚕,发展丝织业。

河姆渡人具有高超的木作技术水平,采用先进的榫卯木结构建造住房。他们以粗劣的石器与骨器,创造出多种形式的榫卯。这些榫卯制作精巧,结构合理,"双层榫头和带垂直双卯孔转角柱的出现,梢钉的采用,燕尾榫和企口板的发明,均堪称我国木构建筑史上的奇迹"[1]。这种木作技术主要用于房屋建筑。河姆渡早期居民的房屋以干栏式建筑为主,后来逐步被更为方便的地面建筑取代。干栏式建筑曾被认为是河姆渡文化的一大显著特征。此外,河姆渡遗址中的重要发现还有独木舟、髹漆工艺、玉石等,在跨湖桥文化、上山文化发现以前均获得过"最早""举世无双"等赞誉。

(二)太湖地区的新石器文化:马家浜文化、崧泽文化与良渚文化

马家浜文化 马家浜文化以1959年发现的浙江嘉兴马家浜遗址而得名,其分布以太湖流域为中心,影响及于杭州湾以东、宁镇地区乃至江淮区域。其年代距今7 000—6 000年。

马家浜文化时期,虽然采集和渔猎在经济生活中仍占一定的比重,但社会经济以农业为主,水稻是主要农作物。在有"长江下游地区新石器时代文化标尺"之誉的江苏苏州草鞋山遗址以及昆山绰墩、常州圩墩、上海青浦崧泽、浙江桐乡罗家角等遗址中,均发现了人工栽培的稻谷遗存。1992—1995年,中日两国考古工作者再次对草鞋山遗址进行发掘,发现了马家浜文化时期的水稻田44块,用于排水、蓄水和灌溉的水沟6条、水井10口、水塘2个;2008年,又发现了水稻田30块。这是中国首次发现的水稻田遗迹和水稻种植灌溉系统。目前共发现马家浜文化时期的水稻田遗迹138块。与此同时,家畜饲养业也已发展起来,草鞋山、罗家角、圩墩等遗址中都发现了数量不少的家畜骨骸,包括猪、狗、水牛等。[2]

在马家浜文化时期,纺织业已发展起来。草鞋山遗址出土了3块已经碳化的纺织物残片,经鉴定,该纺织品的纤维原料可能是野生葛麻,织物为纬线起花的罗纹编织品,花纹为山形和菱形的斜纹。它不同于普通的平

---

[1] 林华东:《河姆渡文化初探》,浙江人民出版社1992年,第195-197页。
[2] 张之恒:《长江下游新石器时代文化》,湖北教育出版社2004年,第113页;丁金龙:《马家浜文化时期水田与稻作农业》,《嘉兴学院学报》2010年第5期。

纹粗麻布，显示了较高的织造工艺水平。这是迄今我国出土的最早的纺织品实物。

马家浜文化是中国最早出现玉器的原始文化之一。在马家浜文化的众多遗址中还出土了玦、璜、环、镯、钺、管等玉器，制作技艺精湛，透露出较为深厚的历史文化内涵。

马家浜文化时期的居址建筑大致可划分为干栏式建筑和地面式建筑两类。考古发掘的马家浜文化房屋，早期建筑以干栏式为主，表明先民们已掌握较先进的木材制作技术，具备了建造大体量木构建筑的能力。晚期，干栏式建筑仍然存在，但建筑的主要形式发生了转变，居住习惯更倾向于地面式的土木混合结构建筑，木材制作技术则自始至终被传承。聚落中的个别水井和现代土井相差无几，户外场地也建造得平整细致，马家浜文化先民在建设聚落时，不仅考虑基本的生活需求，也表现出精益求精的态度。[1]

从马家浜文化遗址中发现的墓葬分析，当时的社会处于母系氏族公社时期。氏族成员没有或只有极少量的随葬品，说明还不存在贫富分化和财产私有观念。

崧泽文化 崧泽文化是以上海青浦崧泽遗址的中层文化遗存作为代表性遗存而命名的。其分布范围大致与马家浜文化相同，距今6 000—5 200年。

随着生产经验的逐步积累、生产工具的改进和技术水平的不断提高，崧泽文化时期的农业生产有了明显的发展。生产工具虽仍以石器为主，但种类增加，且大多磨制精致，大型厚重的磨光穿孔石斧和石锛增强了人们垦辟土地的能力。吴江梅堰遗址中出土的石耘田器表明，人们已注意加强水稻的田间管理和中耕除草活动。张陵山遗址的一座墓葬中随葬有储藏粮食用的5口大陶缸和1口大陶瓮，反映了农业产量的提高。凡此可见，崧泽文化时期人们的经济生活以栽培水稻为主，兼营家畜饲养，采集渔猎经济已退居次要地位。近年来，考古工作者在张家港市金港镇东山村遗址中发现了一处面积在85平方米以上的房址，这是目前所知崧泽文化时期最大

---

[1] 郑铎：《马家浜文化聚落形态研究》，《东南文化》2020年第5期。

规模的房址。[1]

  手工业的发展以制陶业表现得较为明显，陶器的制作普遍采用慢轮修整，有些已采用轮制技术。陶器器形丰富，种类繁多，器物的纹饰趋于复杂。玉器打磨较为精致，除小件饰品外，已出现玉制礼器。20世纪90年代，考古工作者在嘉兴市南河浜遗址发现过一个祭台，这是迄今发现的太湖流域新石器时代最早的祭台，是良渚文化发达的祭祀遗存的源头。[2]

  从崧泽文化时期的墓葬分析，社会出现了贫富分化，并已有了私有财产和私有观念；婚姻形式已是一夫一妻制，女子开始成为男子的附庸，父权制已经确立。而张家港市东山村遗址进一步表明，当时的社会结构趋于复杂。大型墓葬的出现、平民墓地与贵族墓地的分区现象、随葬品数量的增多、玉器尤其是石钺的出土，说明社会贫富分化严重，初级的礼制已经存在，甚至开始出现对王权的崇拜。[3]

  良渚文化 良渚文化时期，江南地区迎来了文明时代的曙光。

  良渚文化遗址发现于20世纪30年代，历经多次发掘，于1959年正式命名。良渚文化覆盖整个江南地区，迄今发现的遗址达1 000多处，分布的中心地区为太湖流域，尤以太湖流域南部、东部和东北部分布最为密集。良渚文化与崧泽文化具有明显的继承关系，其年代距今5 200—4 000年。

  良渚文化是江南地区最早发现的新石器时代文化，自首次发现以来的80余年间，新的发现惊喜不断。综合各地考古资料，我们对良渚文化的面貌有了大致清晰的认识。

  良渚文化时期，农业生产得到快速发展，出现了成套的石器农具，如破土器、石刀、石镰等。它们制作精致、棱脊分明，而且穿孔技术发达，尤其是三角形石犁形器的大量出土，说明当时已经出现了较为普遍的犁耕农业，大大提高了生产效率，众多遗址中发现的稻谷，尤其是莫角山遗址中数以万斤计的碳化米的发现也证实了这一点。从稻田的布局、结构与规模以及为数众多的水井遗迹来看，原始居民已经掌握了人工灌溉技术，并

---

[1] 南京博物院等：《张家港东山村新石器时代遗址发掘报告》，《考古学报》2015年第1期，第55-99页。
[2] 浙江省文物考古研究所：《浙江考古精华》，文物出版社1999年，第54-55页。
[3] 林留根：《从东山村遗址看长江下游社会复杂化进程》，《东南文化》2010年第6期。

懂得用木千篦取河泥做农田肥料，稻作生产方式和管理技术已接近历史时期。除了传统的稻谷生产外，还发现了花生、毛桃、酸枣、葫芦、芝麻、甜瓜、菱角等植物的种子，说明菜蔬的种植、栽培已成为农业生产的一个重要方面。良渚文化时期的稻作文明在中国乃至世界范围的同时代文化中具有先进性和代表性。[1]

当时，手工业已从农业中分离出来，成为独立的生产部门。良渚文化遗址中出土了不少竹、草编织物和丝、麻织品，说明纺织业已颇为发达，可能已发明了原始织机——腰机。陶器以泥质黑衣陶最具特色，普遍采用轮制，器形浑圆、规整，胎壁很薄，具有相当高的工艺水平。良渚文化时期，制玉业特别发达，不但玉器数量大、品种多，而且出现了许多大型的琮、璧、钺等礼器，成为良渚文化的显著特色。玉器制作技术分工细密，原始居民已掌握了切割、磨制、抛光、雕镂等工艺。

房屋建筑仍有地面建筑与干栏式建筑两种。良渚时期的村落面积大多在1万平方米左右，村内分散坐落着不到10座的居住建筑。余杭茅山遗址的村落旁发现了一块面积约80亩（1亩≈666.67平方米）的水田，这是迄今唯一能够直接描述村落农业经济活动的实例。[2] 吴江龙南遗址发现了新石器时代的河道、房址、井以及浅穴土坑墓和陶片铺成的道路等，由其布局可以确定这是一处较早的具有江南水乡特色的原始村落。[3]

2007年良渚古城的发现可以用"石破天惊"来形容。良渚古城位于杭州市余杭区，研究表明，古城的选址、营建经过了统一的规划，占地面积约100平方千米。古城内外结构层次分明、布局有序，核心区的面积约为6.3平方千米，由内城（包括宫殿区、墓葬区、作坊区、仓储区等）、城墙、外郭城等组成，城外还有郊区祭坛墓地和多条水坝构成的大型水利系统。古城核心区的布局与历史时期"宫城—皇城—外郭城"的三重结构相似，是中国乃至当时东亚地区早期城市规划的典范。良渚先民在城外西部和北部建设了由11条水坝组成的庞大的水利系统，兼具防洪、运输、灌溉、日常用水等功能，"它是中国最早的经科学规划的水资源管理系统，也

---

[1] 赵晔：《良渚：中国早期文明的典范》，《南方文物》2018年第1期。
[2] 赵辉：《良渚的国家形态》，《中国文化遗产》2017年第3期。
[3] 关于龙南遗址的介绍，参见钱公麟、徐亦鹏：《苏州考古》，苏州大学出版社2000年，第37—53页。

是我国乃至世界城市建设史和规划史上的杰作"。综合分析各种资料,可以认为"良渚古城俨然是一个拥有强大军事、宗教及政治权力、先进技术、惊人社会财富的政教中心"。[1]

良渚古城及众多大型聚落的建设工程,需要大量的人工旷日持久地完成,意味着当时存在着一个有高度权威的社会动员和管理机制;大量墓葬中出现的随葬品数量悬殊、质量有别以及杀殉现象,表明社会分层明显,权贵与奴隶并存;良渚文化遗址中普遍发现的大型玉器琮、璧以及钺,意味着当时出现了掌握祭祀天地特权(神权)以及军权的人物,而反山12号墓兼具代表神权的"琮王"和代表王权的"钺王",折射出神权与王权合一的统治体系;良渚玉器上出现的神徽被视为专一的神灵符号,说明良渚文化已有统一的宗教信仰;良渚古城以及良渚文化圈内多个聚落中心的并存,说明彼此之间存在"中央"与"地方"的关系。日本学者中村慎一在比较了各地出土的玉器,尤其是作为权力象征的玉琮后认为,它们绝大多数是由居住在良渚古城的玉工们制作,由良渚的贵族集团派送、馈赠给各个"地方"的。贵族集团以这样的方式承认各地贵族的"地方"治权,换取他们对"中央"的认同和支持,从而达到对各"地方"实行某种程度统治的目的。这些证据表明,良渚文化时期已经出现了国家的早期形态。[2] 中华文明的历史由此推至5 000年。

距今4 000年前后,由于洪水等因素,良渚文化突然消失。考古学界认为,继之以后,太湖流域还出现过钱山漾文化和广富林文化,但既没有再续良渚文化的辉煌,存在时间也不长,影响较为有限。

(三)宁镇皖南地区的新石器文化:北阴阳营文化

由于地处南北交会地带,宁镇地区新石器时代文化的面貌较为复杂,兼具南、北文化的因素。从考古学文化角度,"宁镇文化分区以沿江南岸的宁镇山脉为中心,南至安徽南部,北至长江北岸沿江地区(滁河流域),西与皖东沿江文化分区连接。这一地区既是一个相对封闭的低山丘陵环境,

---

[1] 宋姝、刘斌:《良渚古城:中华5000多年文明史的实证之城》,《自然与文化遗产研究》2020年第3期。
[2] 相关论述参见赵辉:《良渚的国家形态》,《中国文化遗产》2017年第3期;赵晔:《良渚:中国早期文明的典范》,《南方文物》2018年第1期。

自古以来又是南北东西文化交流的通道"[1]。

句容境内的丁沙地遗址是迄今所知宁镇地区最早的新石器时代文化遗址，距今7 000年左右，出土了斧、锛、磨盘、刀、镞等石器工具，在红烧土中发现了陶片和有植物秆茎的印痕，饲养猪、牛等家畜，说明这是一个早期的定居农业氏族的聚落，过着以农业为主、渔猎为辅的经济生活。[2] 在距今7 000—6 800年的镇江左湖遗址、金坛三星村遗址等均发现过碳化稻谷标本。距今6 500年左右的高淳薛城遗址中发现了家犬肢骨与牙齿，并有家禽的影子。[3] 宁镇地区的新石器文化，目前命名的仅有北阴阳营文化。20世纪50年代，考古工作者对南京市北阴阳营遗址进行了多次挖掘，发现了新石器时代与商周时期文化层。北阴阳营文化距今6 000—5 000年，主要分布在宁镇地区的长江两岸，东至苏南常州、溧阳一带，西达皖南的芜湖地区，北抵长江北岸，而文化因素的范围则更大。[4] 北阴阳营遗址的发掘表明，在距今6 000年前后，先民们选择在近水而地势较高的土岗上建筑房屋，原始农业已比较发达，豢养家畜也是当时重要的生产活动之一，虽然手工业还未成为独立的生产部门，但已有从事某项手工业的专门成员，分别承担了制作石器、陶器和玉器等的工作。私有财产还未出现，社会形态还处于母系氏族社会阶段。[5]

尽管宁镇地区也发现了不少新石器时代文化遗址，但新石器时代文化的发展序列不如太湖地区完整，"距今6 000年以前及4 500年以后的文化面貌与性质目前还不甚清楚。距今6 000—4 500年之间的文化面貌及其发展序列基本清楚，但也存在一些未知因素"[6]。

综上所述，江南地区三大区域的新石器时代文化发展程度不一，以宁绍地区出现最早，以太湖地区最为先进，宁镇地区相对落后。这些相对独立的文化，或者前后相承，或者互相交流、渗透、融合与影响，共同推动

---

[1] 魏正瑾：《长江下游宁镇地区的新石器文化及其东渐》，见北京大学考古文博学院：《考古学研究》（七），科学出版社2008年。
[2] 南京博物院：《江苏句容丁沙地遗址试掘钻探简报》，《东南文化》1990年第1期。
[3] 沈志忠、陈越：《宁镇地区早期农业发展研究》，《中国农史》2013年第6期。
[4] 张之恒：《长江下游新石器时代文化》，湖北教育出版社2004年，第65页。
[5] 张之恒：《长江下游新石器时代文化》，湖北教育出版社2004年，第76-78页。
[6] 魏正瑾：《长江下游宁镇地区的新石器文化及其东渐》，见北京大学考古文博学院：《考古学研究》（七），科学出版社2008年。

着江南地区史前文明的进程。上山文化、跨湖桥文化、河姆渡文化、马家浜文化等新石器时代文化的发现,表明江南地区是中华文明的发祥地之一,稻作、舟楫、彩陶、漆器、玉器等的发明与运用,在中华文明乃至世界文明史上均具有重要的地位与影响。尤其是良渚文化的一系列发现,为中华民族5 000余年的文明史提供了独特的例证。

二、吴、越两国的崛起与江南地区的经济开发

新石器时代末期,良渚文化基本覆盖江南地区,由于天灾或内部动乱,良渚文化最终衰落。距今4 000年前后,江南地区进入青铜时代,其中在马桥文化范围内出现了越国,在湖熟文化范围内出现了吴国。由于越国与吴国是江南地区出现的最早的国家政权,后世将其统辖的区域分别称为越文化与吴文化区域,故而先秦时期的江南区域文化亦可统称为吴越文化。

(一) 越、吴两国的兴衰

1. 越国

《史记·越王勾践世家》记载:"越王勾践,其先禹之苗裔,而夏后帝少康之庶子也。封于会稽,以奉守禹之祀。"《吴越春秋》中更称少康之子名"无余",说明越国统治者是夏禹的后人。越国早期的情况不甚清晰,直至春秋后期越王允常时拓土始大,与吴国结怨。公元前497年,允常去世,其子勾践继位。次年,吴王阖闾趁越之丧兴师伐越,勾践出兵抵抗,槜李一战,打败吴军,吴王负伤而亡。夫差继承吴王之位,在伍子胥等人的辅佐下,发展国力,厉兵秣马,欲报越仇。而初接君位即首战告捷的越王勾践,不免骄傲自负,不顾谋臣范蠡的劝谏,主动挑起战争,与吴军在太湖中的夫椒对垒。夫椒一战,越军大败,勾践仅带余兵五千人逃回都城会稽。吴军乘胜追击,围越军于会稽山上。万般无奈之下,勾践接受范蠡的建议,派大臣文种向吴王求和,并重贿吴国太宰伯嚭,为之游说吴王。尽管伍子胥竭力反对,并建议趁此机会灭掉越国,但未被吴王接受。按照协议,勾践在吴国服役三年,受尽屈辱。回国以后,"乃苦身焦思,

置胆于坐,坐卧即仰胆,饮食亦尝胆也"[1],此即成语"卧薪尝胆"的由来。他亲自参加劳动,生活俭朴,而且重用人才,采取了很多发展生产、普惠民生、富国强兵的措施,使得越国通过"十年生聚,十年教训"而渐趋强大。与此同时,他又在范蠡、文种等大臣的谋划下,采取"灭吴九术"削弱吴国。吴、越两国的强弱之势发生位移。先是在公元前482年,勾践趁吴王带领吴军主力远赴中原争霸之际,率军进攻吴都,俘获留守的吴国太子,给吴国以沉重打击;继而又在公元前475年,调集全国精兵大举伐吴,围困吴都,仅用两年多时间即灭掉吴国。平吴以后,勾践率军渡淮,与齐、晋等中原诸侯会盟徐州,并致贡于周,"周元王使人赐句践胙,命为伯"。公元前468年,勾践迁都琅琊。越兵纵横江淮东部,成为东方诸侯大国。

战国前期,越国号称"好战之国",有"猛虎"之誉。[2] 中期以后,国势渐殆,内乱不断。公元前333年,"楚威王兴兵而伐之,大败越,杀王无强,尽取故吴地至浙江","而越以此散,诸族子争立,或为王,或为君,滨于江南海上,服朝于楚"。[3] 越国至此不复存在。其残余势力也在秦统一战争中灭亡。

2. 吴国

《史记·吴太伯世家》记载:"吴太伯、太伯弟仲雍,皆周太王之子,而王季历之兄也。季历贤,而有圣子昌,太王欲立季历以及昌,于是太伯、仲雍二人乃奔荆蛮,文身断发,示不可用,以避季历。季历果立,是为王季,而昌为文王。太伯之奔荆蛮,自号勾吴,荆蛮义之,从而归之千余家,立为吴太伯。"从中可知,西北周族首领古公亶父(周太王)的儿子太伯(又作泰伯)、仲雍为避位于幼弟季历,南奔荆蛮(今苏南地区),建立了"勾吴"国家。太伯兄弟不仅带来了北方先进的农业生产技术和管理经验,使得吴地一改荒凉落后的面貌,出现了"数年之间,民人殷富"[4]的局面,更将周族的文化传播到了吴地,"太伯教吴冠带……故吴之知礼义

---

[1] 司马迁:《史记》卷四十一《越王勾践世家》,中华书局1982年,第1742页。
[2]《墨子·非攻下》谓:"今天下好战之国,齐、晋、楚、越。"《吕氏春秋·顺民》称:"齐庄子请攻越,问于和子。和子曰:'先君有遗令曰:无攻越。越,猛虎也。'"
[3] 司马迁:《史记》卷四十一《越王勾践世家》,中华书局1982年,第1751页。
[4] 赵晔:《吴越春秋》卷一《吴太伯传》,苗麓校点,江苏古籍出版社1999年,第4页。

也,太伯改其俗也"[1]。由此吴人的观念以及吴地的风俗开始发生变化。尤其是太伯主动让君位与季历的行为,被后人视为道德的最高境界,经孔子的宣扬而广为传颂。《论语·泰伯》称:"子曰:泰伯其可谓至德也已矣! 三以天下让,民无得而称焉。"这种"温良恭俭让"的精神,成为吴文化的一个内在基因。

太伯死后,仲雍继位。仲雍三传至周章,《史记·吴太伯世家》说:"是时周武王克殷,求太伯、仲雍之后,得周章。周章已君吴,因而封之。"周章君吴的事实正式得到周王朝的承认,吴国成为周王室的东南藩邦。

周章之后至寿梦上台期间,吴国的历史事迹不够清晰。寿梦即位后改变了这种情况,并且开始了开疆拓土、称王争霸的历史征程。

公元前585年,寿梦上台,"吴始益大,称王"。这是吴国历史有明确纪年的开始。寿梦是一个颇有作为的君主,采取积极措施,力求在中原政治舞台上登场亮相。

寿梦上台后所做的第一件事就是朝见周天子。自西周中期以后,吴国与周王室联系渐少。为了加深周天子和中原诸侯的印象,确立自己的地位,寿梦专程前往中原朝见共主周天子。一路上,他还"适楚,观诸侯礼乐"。其后又与鲁成公会于钟离,"深问周公礼乐,成公悉为陈前王之礼乐,因为咏歌三代之风"。通过观听,寿梦深为中原文化所折服,感叹说:"孤在蛮夷,徒以椎髻为俗,岂有斯之服哉?""于乎哉,礼也!"[2]虽然限于史料,我们无法洞悉他归国后采取了哪些具体措施来吸收先进文化、改革落后风习,但从其幼子季札身上可以推知。季札精通中原礼乐,恰当地评论北方歌舞,见微知著,具有高深的文化素养。中原的诸侯大臣对他都十分钦佩,即使孔子也极口赞誉"延陵季子,吴之习于礼者也"。季札之所以能精通中原礼仪和先进文化,必然受过系统的教育。这与其父寿梦的倡导、传播和推广应是分不开的。

寿梦二年(前584),吴国接受晋国的帮助,提升军事实力。当时,晋国为了与楚国争夺霸权,打算联吴制楚,派了巫臣带领一支军队奔赴吴

---

[1] 王充:《论衡》卷十四《谴告篇》,陈蒲清点校,岳麓书社1991年,第229页。
[2] 赵晔:《吴越春秋》卷二《吴王寿梦传》,苗麓点校,江苏古籍出版社1999年版,第8页。

国，教给吴军车战、骑射之术。由于取得了晋国的帮助，吴国的军事实力大为增强，于是毁弃与楚国的盟约，挑起战端。《左传》称："吴始伐楚、伐巢、伐徐，子重（楚大夫）奔命。马陵之会，吴入州来，子重自郑奔命……蛮夷属于楚者，吴尽取之，是以始大，通吴于上国。"在长达七八十年的吴楚战争中，双方互有胜负，直到公元前506年，寿梦之孙吴王阖闾五战五胜，攻破郢都，吴楚战争才以吴胜楚败的结局而告终。

寿梦在位期间，还曾多次与中原诸侯会盟。这些会盟，扩大了吴国的影响，促进了吴国与中原地区的经济文化交流，加速了长江下游地区的开发，使吴国日益壮大，从而为之后吴国争夺霸权、取得盟主地位奠定了基础。

公元前515年，寿梦之孙公子光发动宫廷政变，刺杀吴王僚，夺取王位，是为阖闾。阖闾上台以后，采纳大臣伍子胥的建议，实施"立城郭，设守备，实仓廪，治兵库"的"安君理民"治国方略，从政治、经济、军事等多方面进行改革。如任贤使能，重用伍子胥"与谋国事"，委任孙武为将军，付以统军重任，正是由于取得了伍子胥、孙武等贤才的帮助，阖闾才"西破强楚，北威齐晋，南伐越人"，做出了一番轰轰烈烈的伟业。如修建都城，为了顺应吴国经济发展和破楚伐越的需要，达到安君治民、兴王成霸的目的，阖闾委任伍子胥负责修筑都城。伍子胥在"象天法地"的基础上，造筑阖闾大城。吴国都城的修建，对吴国的强大以及争霸事业发挥了重大作用，而且对后世江南经济文化的发展也有不可忽视的影响。再如振军经武，阖闾又让伍子胥负责"习术战骑射御之巧"，"选练士，习战斗"，整顿军纪，操练武艺，水军陆军并重，使得吴军成了一支天下劲旅。

经过一番整顿、改革，吴国面貌一新，国力强大，军容整齐，开始了逐鹿中原的争霸事业。尤其在公元前506年，吴军联合唐、蔡两国军队，在吴王阖闾与伍子胥、孙武的指挥下，以五万兵力，千里奔袭，攻破数倍于己、围追堵截的楚军，五战五胜，直入郢都，取得了对楚战争的决定性胜利。经此一役，楚国元气大伤，而吴国则声威远播，"北迫齐晋，令行中国"。

公元前496年，吴王阖闾在与越国的战争中负伤而亡，其子夫差继承王位后，矢志复仇。在伍子胥的辅佐下，吴国君臣同心，积极从事战备活动。经过大约三年的准备，吴国出现了"其民殷众，禾稼登熟，兵革坚利,其民习于斗战"的强盛局面。[1]

公元前494年,吴国发动了报复越国的战争。由于吴国准备充分,而越王勾践疏于国政、傲慢轻敌,以致双方在进行了惨烈的交战后,越军一败再败,溃不成军,勾践被迫放弃国都,仅率五千将士退守都城边上的会稽山城堡,最后在走投无路的情况下,被迫投降。吴军取得了决定性胜利。

吴王夫差逼越臣服以后,不禁踌躇满志。一方面,在国内大兴土木工程,修造姑苏台,费时三年,"崇饰土木,殚耗人力",极尽豪华,肆意享受;另一方面,对外重燃战火,耀兵中原,虽然取得多次胜利,而吴国的国力也受到严重消耗。其间,伍子胥因屡次劝说吴王乘胜灭越、谏阻北上用兵而遭厌弃,并被赐剑自刎。

公元前482年,吴王留下少数老弱兵力在太子的率领下留守都城,自己则带领精兵主力北上中原,与晋国在黄池争夺诸侯盟主之位。与此同时,经过十年休养生息的越王勾践率军乘虚进攻吴国,大败吴军,俘虏太子,焚毁标志性建筑姑苏台。进退维谷的吴王夫差,权衡利弊,决定先夺盟主,凭借强大的军力,以先声夺人的气势,逼迫晋国让步,终于登上盟主之位。

黄池会盟,吴国称霸,表面上看是吴国鼎盛的标志,实际上已是走向衰亡的转折。会盟归来后,由于长年用兵,国力大耗,吴王自知无力向越国讨还血债,便请求罢战议和。越王勾践顾忌吴王挟诸侯盟主和周天子赏赐之威,且吴军尚有较强战斗力,因而同意了吴国的求和。

在吴王醉心于北上争霸的几年中,越王勾践忍辱负重、卧薪尝胆,采取了一系列发展经济、增殖人口的举措,使得濒临亡国绝境的越国快速崛起。公元前475年冬天,越王调集全国精兵,大举伐吴。公元前473年十月,吴都被攻破。吴王夫差求和不成,自杀身亡。吴国至此灭亡。

(二) 吴、越时期的经济开发

吴、越两国统治期间,出于争霸战争的需要,都曾采取发展经济、富国强兵的举措,如重用贤才、取信于民、鼓励生产与人口增殖等,从而使得江南地区的社会经济得到一定程度的发展。

---

[1] 袁康、吴平辑录:《越绝书》卷十《外传记吴王占梦》,乐祖谋点校,上海古籍出版社1985年,第73页。

1. 农业生产的发展

越国与吴国农业的发展主要表现在农具的改进、生产技术的提高、水利的兴修与农业产量的增长等方面。农具方面,出现了大量的青铜农具。在综合分析考古资料的基础上,有学者指出吴、越青铜器与中原地区的不同,"中原青铜器精于礼器,吴越青铜器精于兵器;中原青铜器总的数量比吴越多得多,吴越的青铜生产工具在青铜器中所占的比例却比中原多得多"[1]。越国与吴国考古文化遗址中出土的青铜器具均以生产工具为主,据统计,从1972年12月至1982年12月,绍兴出土的越国青铜器可分为两大类,一是工具,二是兵器。其中生产工具86件,兵器40件,共计126件,生产工具占比超过68%。[2] 吴国的情况大致类似,苏州市1975年至1980年出土的青铜器共有86件,其中生产工具52件,占比约达60%。[3] 吴、越两国出土的青铜农具中,犁、锄、铲、镰、锛、斧等种类齐全,形成了系列。当时,甚至硬度更高的铁器农具也已出现。农业生产技术方面,已经出现选择稻种的意识,如《吴越春秋·勾践阴谋外传》中记载,越国先是以饥荒为由向吴国请籴,次年选择精谷蒸熟还吴,吴王见其颗粒饱满,有意留为谷种,说"越地肥沃,其种甚嘉,可留使吾民植之"。铜犁的出土,意味着吴越地区是我国犁耕农业的起源地之一。重视水利建设,以水溉田。吴国开伯渎、胥溪、邗沟,屡兴治水工程,虽有军事意图,也有农田灌溉需要。越国修了众多较大规模的拦蓄坝、系统堤防与灌溉渠道等水利工程。[4] 此外,施肥技术已得到普遍推广。通过这些举措,到春秋时期,吴、越两国的水稻种植业达到了一个新的高度,已成为社会生产的一个主要部门,不仅种植面积扩大,产量也大为提高。有学者推测越国人口约30万,耕地面积在127.9万—184.2万亩之间,粮食亩产在150—216斤之间。[5] 吴国的情况虽缺少统计数据,但史书中明确记载:吴王夫差之时,"其民殷众,禾稼登熟"[6]。越王勾践实

---

[1] 董楚平:《吴越文化新探》,浙江人民出版社1988年,第232页。
[2] 董楚平:《吴越文化新探》,浙江人民出版社1988年,第233-234页。
[3] 董楚平:《吴越文化新探》,浙江人民出版社1988年,第234页。
[4] 方杰:《越国文化》,上海社会科学院出版社1998年,第65页。
[5] 方杰:《越国文化》,上海社会科学院出版社1998年,第71页。
[6] 袁康、吴平辑录:《越绝书》卷十《外传记吴王占梦》,乐祖谋点校,上海古籍出版社1985年,第73页。

施"灭吴九术",其中之一即"贵籴粟槁以虚其国",借名越国"年谷不登"而请籴于吴,"吴王乃与越粟万石",即一次性贷给越国一万石粮食。[1]

吴、越两国的畜牧业在农业经济中占有重要地位。《越绝书·外传记吴地传第三》中记载吴国情况:"娄门外鸡陂墟,故吴王所畜鸡,使李保养之";"麋湖城者,阖庐所置麋也";"桑里东今舍西者,故吴所畜牛、羊、豕、鸡也,名为牛宫"。《越绝书·外传记地传第十》也有关于越国的类似记载,书中有犬山、白鹿山、鸡山、豕山等名称,分别是越国牧狗、牧鹿、养鸡、养猪的基地。可见,吴、越王室的家畜饲养数量很多,规模很大。

尤为可道的是,处于水乡的吴、越两国养鱼业比较发达。在农业产生以前,人类经历了一个以采集、渔猎为生的时代。江南地区众多的新石器时代遗址均证明了这一点。从捕捞天然鱼类到人工饲养鱼类,是渔业史上的一次重大飞跃。早在春秋时期,吴越地区已进行人工养鱼,《越绝书·外传记地传》中记有会稽山上城,"句践与吴战,大败,栖其中,因以下为目鱼池,其利不租";《吴地记》中说,苏州胥门外十五里处有"鱼城",系"越王养鱼处";[2]《吴郡志》卷八《古迹》则谓:"鱼城在越来溪西,吴王游姑苏,筑此城以养鱼。"不过,吴、越时期的筑城养鱼,与其说是人工养鱼的开始,毋宁说是人工养鱼的普及时期。世界上最早的养鱼专著——《养鱼经》,据说即出自越国谋臣范蠡之手。书中论述了养殖对象、鱼池建造、密殖混养轮捕、良种选留及产卵孵化等方面的问题,应该说是对此前人工养鱼经验的一大总结。这样的著作只有在人工养鱼已经普及的情况下才有可能出现。

2. 手工业的发展

在农业发展的基础上,吴、越两国的手工业也得到了快速的发展。春秋时期,吴、越两国的手工业初具规模,不仅门类较多,而且质量很高。

吴、越两国的青铜冶铸业享有盛名。在相当于商代和西周时期的湖熟文化遗址中,已经发现了不少小件青铜器,而用来炼铜的陶钵、坩埚、青铜块以及挹灌铜液的陶勺的出土,表明这些铜器的制造匠师均为土著居

---

[1] 赵晔:《吴越春秋全译》卷九《勾践阴谋外传》,张觉译注,贵州人民出版社1993年,第346-361页。
[2] 陆广微:《吴地记》,曹林娣校注,江苏古籍出版社1986年,第19页。

民。可以说，吴越地区居民是中国冶金术的最早一批发明者。吴、越盛产铜、锡等金属，材质精美，《周礼·考工记》中即有"吴、粤（越）之剑，迁乎其地，而弗能为良，地气然也"，"吴、粤（越）之金锡，此材之美者也"的记载。因此，从西周中期以后，青铜冶铸业逐渐发展起来，至春秋后期尤为发达，出现了历史上著名的冶铸家干将、欧冶子，"干将作剑，采五山之铁精、六合之金英……使童女童男三百人鼓橐装炭，金铁乃濡，遂以成剑"[1]。可见，冶铸工场规模很大，并使用了须由三百个人合力的鼓风工具——橐以提高炉温。欧冶子、干将还"凿茨山，泄其溪，取铁英，作为铁剑三枚"，分别称为龙渊、泰阿与工布。[2] 拥有高超技术的吴、越工匠制造出了质量精美的宝剑。《战国策·赵策》云："夫吴干之剑，肉试则断牛马，金试则截盘匜。"《庄子·刻意篇》亦说："夫干（吴）越之剑者，柙而藏之，不敢用也，宝之至也。"传世或地下出土的吴王剑、越王剑等也证明了这一点。尽管它们深埋在地下已有 2 500 余年之久，但保存完好，基本上没有腐蚀，仍然保持着耀眼的光辉，锋利异常。经现代科技鉴定，这些武器含有铜、铅、锡等多种元素，经过硫化处理，使得武器既犀利、美观，又不易折断，还具有较强的防腐性能。吴越青铜器除宝剑外，还有戈、矛、镞以及各种生活用具和农业工具，其数量之多、质量之优，足以说明春秋时期吴、越两国的青铜冶铸业已达到鼎盛阶段。

令人瞩目的是，春秋末年吴、越两国还首先掌握和发明了冶铁技术，上引《吴越春秋》《越绝书》有"干将作剑，采五山之铁精""作为铁剑三枚"的记载；而 1964 年和 1972 年江苏六合、程桥两处春秋墓葬中出土的铁条和铁丸，是我国考古发掘关于生铁冶铸的最早的实物见证。此外，在常州武进淹城、苏州等地均发现了春秋末期的铁器遗物。生铁的冶炼是冶金史上一个划时代的进步。北京钢铁学院所编《中国冶金简史》一书中指出：由于六合程桥东周墓铁器的发现，"从目前考古发掘的结果来看，我国最早人工冶炼的铁器约出现于公元前 6 世纪，即春秋末期"[3]，这比欧洲

---

[1] 赵晔：《吴越春秋全译》卷四《阖闾内传》，张觉译注，贵州人民出版社 1993 年，第 100 页。
[2] 袁康、吴平辑录：《越绝书》卷十一《外传记宝剑》，乐祖谋点校，上海古籍出版社 1985 年，第 80 页。
[3] 北京钢铁学院《中国冶金简史》编写小组：《中国冶金简史》，科学出版社 1978 年，第 44 页。

出现的最早生铁要早一千九百年。

吴、越的造船业具有悠久的历史。江南地区素有"水乡泽国"之称,"滨海之民""越人便于舟"说明船只在这里早已成为人们代步的工具。早在新石器时代,原始先民已能制造独木舟。春秋时期,吴、越两国的造船业都非常发达,设有专门的造船工场——舟室,能制造各种形制、不同性能的船只,见于史籍的名称有大翼、中翼、小翼、突冒、楼船、桥船、戈船等。将《越绝书》"佚文"所载船只的长度按先秦度制测算,"大翼"长约20.10米,"中翼"长约19.30米。能制造如此大的船,足见当时的工艺水平之高。

凭借发达的造船业,吴、越两国均建设了一支强大的水军,越国有"习流二千人",所谓"习流"乃"习水战之兵"。吴国的水军船种多样,各有所司,其阵其法,一如车战。吴国的船只不仅在江河游弋,还能在海上航行,《史记·吴太伯世家》载,公元前485年,"齐鲍氏弑齐悼公,吴王闻之,哭于军门外三日,乃从海上攻齐"。许多学者通过详细的考察与深入的研究,认为早在距今6 000—4 000年,吴越先人不仅开辟了东南沿海的航线,与我国台湾有了密切联系和频繁往来,还来到了日本、美洲等地。可见,凭借发达的造船业,吴越先民成了我国古代航海事业的先驱者。

吴越地区还是原始瓷器的发源地。新石器时代普遍烧制陶器,陶器的形状及其组合成为考古学者区别不同文化类型的主要依据。吴越地区的印纹陶富于地域特色,"考古资料证明,凡是越民族分布的地方都有印纹陶出土"[1]。在距今3 000年前后的商周时代,吴越先民在烧造印纹陶的同时,还创制了用瓷土做胎外施薄青釉的原始青瓷,开了中国瓷器生产的先河。著名考古学家夏鼐曾经指出:"原始瓷(Proto-Porcelain 即加釉硬陶)的烧造,……当为南方长江下游地区的发明……原始瓷后来在长江下游地区逐渐改善,终于在汉末出现了瓷器,成为中国文明的特点之一。"[2]

吴越地区的纺织业也快速发展。吴越地区是我国养蚕缫丝和纺织业的发源地,在新石器时代遗址中,出土有绸片、丝带、麻布片等物。春秋时期,吴越地区经济作物如麻、葛、桑等种植更为普遍,《越绝书·外传记地传》中记载有麻林山、葛山等,应是越国的种麻、种葛基地。勾践臣服归

---

[1] 方杰:《越国文化》,上海社会科学院出版社1998年,第111页。
[2] 夏鼐:《中国文明的起源》,《文物》1985年第8期。

国后，为了讨好吴国，"乃使国中男女入山采葛，以作黄丝之布"，采葛之妇因伤越王用心之苦，乃作《苦之诗》，其中有语："令我采葛以作丝""女工织兮不敢迟""弱于罗兮轻霏霏，号绨素兮将献之"。[1] 这说明越国的纺织业比较发达，葛布质量较高。据《史记·吴太伯世家》《吕氏春秋》等书的记载，吴王僚在位期间，吴、楚之民在边境种桑养蚕，以致为争桑而导致了一场严重的边境冲突。又据《左传·襄公二十九年》所记，吴公子季札访问郑国，曾送给执政子产"缟带"，而子产回赠"纻衣"，晋杜预注称："吴地贵缟，郑地贵纻。"[2] 这说明"缟"是吴国的特产，而"缟"乃丝织品之一种。再据刘向《说苑》的记述，晋平公派重臣叔向出使吴国，吴王僚举行欢迎仪式，欢迎人群中"有绣衣而豹裘者，有锦衣而狐裘者"[3]，说明吴国的丝织服饰不仅品种多样，且华丽漂亮，甚至出现了刺绣工艺。

3. 商业与城市建设

在农业、手工业发展的基础上，吴越地区的商业也有所发展，城市建设取得了显著成就。

《国语·吴语》载越臣文种之言："今吴民既罢，而大荒荐饥，市无赤米……"[4] 说明吴国都城内存在市场，只是限于资料难知详情。越国设有"官市"从事商业交易，所谓"货物官市开而至"[5]。越国重视市场管理，注重商业诚信，将"市政"列为振兴国家的"五政"之一。清华简《越公其事》载："越邦服农多食，王乃好信，乃修市政。凡群度之不度，群采勿（物）之不对，伴婾谅人则刑也。……而偾贾焉，则诘诛之。凡市贾争讼，反背欺诒，察之而孚，则诘诛之。因其过以为之罚。……凡城邑之司事及官师之人，乃无敢增益其政以为献于王。"[6] "市政"即市场贸易之政。越国强化商业诚信建设，完善市政管理，对于各种违反市场规定的现象，如不符度量、有悖礼制、欺买诈卖、偷盗抢劫等行为，均予

---

[1] 赵晔：《吴越春秋全译》卷八《勾践归国外传》，张觉译注，贵州人民出版社1993年，第325页。
[2] 左丘明等：《春秋左传正义》，北京大学出版社2000年，第1108页。
[3] 刘向：《白话说苑》卷九《正谏》，钱宗武译，岳麓书社1994年，第405页。
[4] 上海师范大学古籍整理组点：《国语》卷十九《吴语》，上海古籍出版社1978年，第618页。
[5] 袁康、吴平辑录：《越绝书》卷四《计倪内经》，乐祖谋点校，上海古籍出版社1985年，第32页。
[6] 李学勤：《清华大学藏战国竹简（七）》下册，中西书局2017年，第133-136页。

以坚决打击。越王勾践听取大臣计倪的建议，让其"治牧江南"，对市场货物分等定价，"甲货之户曰粢，为上物，贾七十；乙货之户曰黍，为中物，石六十；丙货之户曰赤豆，为下物，石五十；丁货之户曰稻粟，令为上种，石四十；戊货之户曰麦，为中物，石三十；己货之户曰大豆，为下物，石二十；庚货之户曰穳，比疏食，故无贾；辛货之户曰果，比疏食，无贾；壬、癸无货"[1]。除了官市以外，还存在民间商业贸易的行为，如《淮南子》《韩非子》等书中均记有鲁国商人贩卖冠、履至越地而亏损的故事。又如计倪在答越王问中说："尝言息货，王不听，臣故退而不言，处于吴、楚、越之间，以鱼三邦之利，乃知天下之易反也。"[2] 计倪曾建议发展商业以壮大国力，但未得越王采纳，于是弃官经商，在吴、楚、越三国之间进行商业贸易，获得厚利。越王自吴归国后，虚心请教，计倪遂以此劝谏越王，越国重视商业的政策或与此有关。而越国重视诚信、完善市政的举措，又为商业的发展营造了良好环境。后来越国重臣范蠡在帮助勾践复国以后弃官而去，前往"天下之中，诸侯四通，货物所交易"的陶地，改名朱公，"治产积居，与时逐而不责于人……十九年之中三致千金"，成为"善治生者"的典型，以至于后世"言富者皆称陶朱公"。[3] 计倪、范蠡所提出的"农末俱利""平粜齐物""散有时积，粜有时领""知天地之反，为之预备"等商业思想，对后世产生了重要影响。

城市是商业活动的舞台。先秦时期的商业活动都在城内进行，设立市场是政府的专利。吴、越两国的统治者极为重视城市建设，当然首先是出于军事与政治统治的考虑。公元前514年，吴王阖闾登基后，出于"安君理民、兴霸成王"的需要，委托伍子胥"立城郭"，即建设都城。伍子胥在充分调查研究的基础上，"造筑大城，周回四十七里"，设有水陆城门各八，大城内有吴小城、东宫、伍子胥城等建筑，水陆道路通达，如"平门到蛇门，十里七十五步，陆道广三十三步，水道广二十八步"。[4] 除了王宫、民居外，还有作坊、市场，如匠门又名干将门，"阖闾使干将于此铸

---

[1] 袁康、吴平辑录：《越绝书》卷四《计倪内经》，乐祖谋点校，上海古籍出版社1985年，第33页。
[2] 袁康、吴平辑录：《越绝书》卷四《计倪内经》，乐祖谋点校，上海古籍出版社1985年，第30页。
[3] 司马迁：《史记》卷一百二十九《货殖列传》，中华书局1982年，第3257页。
[4] 袁康、吴平辑录：《越绝书》卷二《外传记吴地传》，乐祖谋点校，上海古籍出版社1985年，第10页。

剑"[1];阖闾女儿丧葬时,曾"舞鹤吴市,杀生以送死"[2]。吴国都城在孔子弟子子贡眼里"城高以厚,地广以深"[3]。吴国都城的重建,对后世江南经济文化的发展具有不可忽视的影响,《史记·货殖列传》称:"夫吴自阖闾、春申、王濞三人招致天下之喜游子弟,东有海盐之饶,章山之铜,三江、五湖之利,亦江东一都会也。"[4] 与吴国相似,越国也建有多座以"城"为名的城市,但大多属于军事堡垒性质。公元前490年,越王勾践臣吴归国后,委托范蠡选址建设山阴小城,此后又在其东南建造面积十倍于小城的大城,统称"蠡城",即今绍兴城区。"据考证,小城乃是政治中心和军事堡垒以及王公贵戚居住的宫室,大城则是生产与经营的中心。城内不仅有街道、河渠、屋宇、工场,并且还有耕地和牧场。越王句践就靠这'平易之都'、'四达之地''定国立城','立霸王之业'的。"[5]

综上所述,先秦时期的江南地区,主要存在吴、越两个政权。尽管其立国较早,但真正的发展是在春秋至战国时期。出于生存与争霸战争的需要,吴、越政权均采取了发展经济的政策。由于吴、越两国"同土共壤",经济发展的共性较多;相对的地理环境差异,也导致其具有各自的特色。至少从现有资料而言,吴国的农业与手工业更为发达,而越国则商业发展的倾向更为明显。江南地区的经济开发及其一定程度的发展,为吴、越两国的争霸事业奠定了相对雄厚的物质基础。

三、江南地区经济的发展与全国经济重心南移

经历了越灭吴、楚灭越的战乱,江南地区被纳入了秦朝大一统版图。由于长期偏离政治中心,江南地区社会经济一度较为落后,但是,这种情况从魏晋南北朝以后就发生了变化。从东汉末年开始,北方长期处于战乱状态,社会经济受到严重摧残。而南方地区,社会环境相对安定,尤其是六朝时期,江南的几个政权采取了一系列发展经济的措施,增加人口、开

---

[1] 陆广微:《吴地记》,曹林娣校注,江苏古籍出版社1986年,第24页。
[2] 袁康、吴平辑录:《越绝书》卷二《外传记吴地传》,乐祖谋点校,上海古籍出版社1985年,第11页。
[3] 司马迁:《史记》卷六十七《仲尼弟子列传》,中华书局1982年,第2197页。
[4] 司马迁:《史记》卷一百二十九《货殖列传》,中华书局1982年,第3267页。
[5] 方杰:《越国文化》,上海社会科学院出版社1998年,第198页。

垦土地、兴修水利、发展工商业等;再加上北方士民的大量南下,使得江南地区的经济开发呈现出一派兴旺景象。南北此消彼长,中国的经济重心开始了从北方向南方转移的历程。随着国家的再度统一,尤其是南北大运河的开通,江南地区经济进入了发展的快车道。特别是唐代中期以后,北方因为"安史之乱",社会经济再次遭到摧残,而江南地区却是另一番景象,所谓"境内丰阜","转输粟帛,府无虚月,朝廷赖焉",江南地区在全国的地位越来越重要。到了唐代后期,江南地区逐渐取代关中和关东经济区,成为国家财政的支柱,全国经济重心南移的历程基本完成。

(一)秦汉时期江南经济的初步发展

江南地区的经济发展,在经历了春秋时期的高潮后,到秦汉时期进入低谷。司马迁《史记·货殖列传》的记载大致反映了这一时期的情况,"总之,楚越之地,地广人稀,饭稻羹鱼,或火耕而水耨,果隋蠃蛤,不待贾而足,地埶饶食,无饥馑之患,以故呰窳偷生,无积聚而多贫。是故江、淮以南,无冻饿之人,亦无千金之家"[1]。班固《汉书·地理志》的记载大同小异,但也有所补充:"江南地广,或火耕水耨,民食鱼稻,以渔猎山伐为业。果隋蠃蛤,食物常足,故呰窳偷生,而亡积聚,饮食还给,不忧冻饿,亦亡千金之家。"经过越灭吴、楚灭越的战火之后,江南地区的经济状况远非昔日可比。由于人口稀少,加上无论其生活在平原还是山区,自然资源相对丰裕,导致江南地区的居民缺少深层开发的能力与动力,因而在相当长一段时间内社会分化并不明显。自古及今,学界对于"火耕水耨"生产方式的理解存有分歧,并因此影响到对当时农业经济发展水平的评价。《史记·平准书》裴骃《集解》引东汉应劭的解释:"烧草,下水种稻,草与稻并生,高七八寸,因悉芟去,复下水灌之,草死,独稻长,所谓火耕水耨也。"[2]《史记·货殖列传》引唐代张守节《正义》的解释:"言风草下种,苗生大而草生小,以水灌之,则草死而苗无损也。耨,除草也。"[3]简而言之,先烧草肥田,在种稻以后再放水除草,含有烧、耕、灌、耨的环节。这是江南地区水稻种植的先后顺序,是适合江南地区地理环境的传统耕作方式。这样的耕作方式对于在20世纪70年代及

---

[1] 司马迁:《史记》卷一百二十九《货殖列传》,中华书局1982年,第3270页。
[2] 司马迁:《史记》卷三十《平准书》,中华书局1982年,第1437页。
[3] 司马迁:《史记》卷一百二十九《货殖列传》,中华书局1982年,第3270页。

之前生活在江南农村的人而言也并不陌生，因而与学界所谓的其是粗放经营或精耕细作的评价无关。如果结合前引《史记·货殖列传》《汉书·地理志》记载的上下文判断，秦汉时期江南地区的农业经济确实是较为落后的。

当然，即便在江南地区内部，也还存在经济发展不平衡的情况。至少在西汉前期的吴国，吴王刘濞充分利用自然资源，大力发展社会经济，同时认真执行朝廷的与民休息政策，采取"薄敛"、招纳"亡命"、"卒践更，辄与平贾"等措施，使得吴地劳动力大为增加，社会经济得到较快的恢复和发展，从而出现了"国用富饶"的局面。[1]

东汉时期，江南地区的经济发展步伐逐渐加快。农业方面，铁器农具的广泛使用以及牛耕的出现，是耕作技术进步和农业生产力发展的重要标志。在江南各地的考古发掘中，普遍出土了有铁容器及铲、锄、镰等铁制农具。苏州、常州等地西汉中晚期墓中已随葬陶牛，苏州娄葑天宝墩墓中牛棚与陶牛伴出；[2] 东汉前期，第五伦担任会稽太守期间，针对民间迷信风行、百姓常以耕牛为牺牲祭祀鬼神的情况，发布告示，严行禁止，终于杜绝了民间妄杀耕牛的愚昧习俗。铁制农具的广泛使用与牛耕技术的出现，增强了人们垦辟土地和兴修水利的能力，推动了农业生产的发展。有学者指出："秦汉江南的平原沼泽遍地、坑洼不平。西汉能垦 34 485 475 亩，东汉能垦 63 680 940 亩（合 43 939 849 市亩），当是一个大进步。如果考虑'南粮北调'等因素的话，东汉江南的垦田面积又当过于此。"[3] 建武年间，李忠担任丹阳太守以后，教民垦辟，"垦田增多，三岁间流民占著者五万余口"[4]；章帝章和元年（87），马棱为广陵太守，"兴复陂湖，溉田二万余顷"[5]；顺帝永和五年（140），会稽太守马臻"创立镜湖，在会稽、山阴两县界，筑塘……溉田九千余顷"[6]。在此基础上，生产力水平不断提高，粮食产量大为增加，江南地区成为全国重要的产粮区，所产粮食不仅能保证日益增长的本地区人口的需要，而且尚有富余以赈济北方灾

---

[1] 司马迁：《史记》卷一百六十《吴王濞列传》，中华书局 1982 年，第 2822 页。
[2] 苏文：《从考古资料看两汉时代的江苏经济》，《东南文化》1989 年 3 期。
[3] 王福昌：《秦汉江南稻作农业的几个问题》，《古今农业》1999 年第 1 期。
[4] 范晔：《后汉书》卷二十一《李忠传》，中华书局 1965 年，第 756 页。
[5] 范晔：《后汉书》卷二十四《马棱传》，中华书局 1965 年，第 862 页。
[6] 杜佑：《通典》卷一百八十二《州郡十二》，中华书局 1988 年，第 4832-4833 页。

民,如安帝永初元年(107),"调扬州五郡租米,赡给东郡、济阴、陈留、梁国、下邳、山阳";永初七年(113)"九月,调零陵、桂阳、丹阳、豫章、会稽租米,赈给南阳、广陵、下邳、彭城、山阳、庐江、九江饥民"。[1]

手工业方面,造船、陶瓷、冶铜、纺织、漆器等业有了较快发展,其中陶瓷业与铜镜铸造颇具特色。秦汉时期是江南地区陶瓷业发展的重要时期。在传统的灰陶、硬陶技术不断提高的基础上,江南地区的工匠更发明了釉陶。随着釉料配制和施釉技术的持续改进、窑炉结构的逐步完善、控温技术的不断提高,陶器逐渐向技术要求与炉温更高的瓷器发展,从而使得原始青瓷制作技艺在东汉时期趋于成熟。而从考古发现来看,浙江地区无疑是我国青瓷的著名发源地,瓷窑遗址遍布上虞、宁波、慈溪、永嘉等地。[2]中国是最早发明铜镜的国家,早在商代铜镜即已出现,而汉代则是铜镜制造的高峰。江南盛产铜材,故而铜镜制造业颇为发达,丹阳郡、会稽郡与吴郡均是铜镜制造业的中心。东汉时,吴郡城内和城郊集中了大量的私人作坊,著名工匠有柏氏、周氏、驺氏、张元、赵忠等,他们生产的盘龙镜、画像镜、神兽镜等销往江苏、浙江、江西、湖南,有的甚至远销日本。

当然,江南地区经济发展水平仍然远低于中原,且其内部经济发展不平衡的问题亦很突出,如浙江山区的土著居民"山越"仍过着"白首于林莽"的原始生活;[3]苏南地区的镇江一带也还是蛮荒一片。这种情况直至孙吴崛起江东以后,才发生显著的变化。

(二)六朝时期经济发展奠定了全国经济重心南移的基础

迨至六朝,相对安定的社会环境,加上孙吴、东晋和南朝政权采取发展生产的措施,以及大批中原人民的避难南迁,加速了江南地区开发的进程,江南地区的经济逐渐呈现出兴旺景象。

从三国孙吴时期开始,江南地区的人口不断增加。由于北方战乱频繁,人口源源不断地南迁,同时孙吴政权一方面通过武力掠夺方式获取外来人口,另一方面又驱掠本地山区的"山越"人出山,从而使得江南地区人口大增,改变了过去"地广人稀"的局面,解决了劳动力不足的问题,

---

[1] 范晔:《后汉书》卷五《孝安帝纪》,中华书局1965年,第220页。
[2] 周珂:《秦汉时期江南陶瓷业的发展》,《南方文物》2002年第3期。
[3] 陈寿:《三国志》卷六十四《诸葛恪传》,中华书局1959年,第1431页。

进而推动了江南地区经济的深层开发。据统计，在"永嘉南迁"过程中，渡江人口多达50万，东晋南朝时期的劳动力由西晋时期的1 293 417人增长到2 028 377人。[1]

江南地区农业的发展与水利兴修密切相关。六朝时期，江南地区的水利兴修掀起了一个高潮，水利建设成就突出。孙吴永安年间在乌程县至长兴县间筑青塘，长数十里，是浙北地区太湖障水堤岸，"以绝水势之奔溃，以卫沿堤之良田，以通往来之行旅"[2]，使太湖水患得以缓解，土地得到开发，有力地促进了浙北地区经济的发展。孙权统治时期，耗时数年，分段开凿了一条由建业经京口至钱塘、会稽的运河，运输粮食物资，灌溉周边农田，便利商旅往来，成为隋代江南运河的前身。常熟原是一个人口稀少的荒僻小邑，至萧梁时期，"高乡濒江有二十四浦，通潮汐，资灌溉，而旱无忧。低乡田皆筑圩，足以御水，而涝亦不为患"[3]，由于旱涝无忧，"岁常熟"，后遂改海虞县为常熟县。浙南丽水城西南的通济渠，是浙西南最大的水利工程，建于梁武帝天监四年（505），"灌田二十万亩，又蓄为陂湖以备旱潦"[4]。

江南地区农业的发展还表现为国家大兴屯田与豪强地主庄园经济的出现。孙吴政权在江南地区大力兴办屯田事业。屯田分为军屯与民屯，军屯主要分布在沿江军队驻防地区，民屯则遍布江南各地。民屯规模巨大，如赤乌年间，"新都都尉陈表、吴郡都尉顾承，各率领人会佃毗陵，男女各数万口"[5]。毗陵即今常州地区，说明这里是孙吴治下很大的屯田区。从孙吴后期大臣华核所说"大皇帝（指孙权）览前代之如彼，察今势之如此，故广开农桑之业，积不訾之储，恤民重役，务养战士"[6]，可知屯田卓有成效。这种以国家力量组织的大规模垦荒活动，对于江南经济的发展无疑具有重要的促进作用。六朝时期，江南地区社会发展的一大特征，是豪强地主势力的壮大以及豪强庄园经济的扩张。自东汉以来，势家豪族开

---

[1] 秦冬梅：《六朝时期江东农业开发述略》，《古今农业》1998年第3期。
[2] 转引自汪家伦、张芳：《中国农田水利史》，农业出版社1990年，第159页。
[3] 郑钟祥、张瀛修，庞鸿文等纂：光绪《常昭合志稿》卷九《水利志》，见《中国地方志集成·江苏府县志辑》第22册，江苏古籍出版社1991年，第111页。
[4] 顾祖禹：《读史方舆纪要》卷九十四《浙江》，中华书局2005年，第4322页。
[5] 陈寿：《三国志》卷五十二《诸葛融传》注引《吴书》，中华书局1959年，第1236页。
[6] 陈寿：《三国志》卷六十五《华核传》，中华书局1959年，第1465页。

始出现并不断发展，著名的如"吴郡四姓"顾、陆、朱、张和"会稽四姓"虞、贺、孔、魏等。他们位高权重，掌控清议，广占良田，兴建庄园，隐占私属，无所羁縻。葛洪《抱朴子》卷三十四《吴失篇》中曾有这样的描述："势力倾于邦君，储积富于公室……僮仆成军，闭门为市。牛羊掩原隰，田池布千里……金玉满堂，妓妾溢房。商贩千艘，腐谷万庾。园囿拟上林，馆第僭太极。粱肉余于犬马，积珍陷于帑藏。"虽然学界对豪强庄园经济颇多批评，但不能不看到它在当时的生态条件下所发挥的历史作用，"因为，在当时江东地区尚处于蛮荒状态下，单凭个体农民的力量是难有重大突破和显著收效的，而通过庄园把分散的劳力组织起来，进行较大规模的开发，这与国家采用屯田方式组织劳力，具有异曲同工之妙；而且，庄园内的隐占劳力所承受的负担比屯田民要轻一些，有益于生产热情的发挥，再加上豪强地主私人管理的优势，有力地促进了地方经济的发展"[1]。

  农业生产力水平的提高为手工业的发展创造了有利条件。六朝时期，江南地区的手工业生产发展迅速，取得了明显成就。如纺织业，江东的葛布一直享有盛誉，左思《吴都赋》中关于纺织品的描写大都指麻葛织品。而随着桑树的大面积种植，丝织业也有了很大发展，以至于进贡朝廷，所谓"诸暨、永安出御丝"[2]。再如制瓷业，六朝时期是青瓷发展的重要阶段，在胎质、釉色、纹饰及烧制技术提高的同时，窑址增多，规模扩大，越窑、瓯窑、婺州窑、德清窑等各具特色。如越窑的主要产区在今浙江上虞、余姚、绍兴一带，仅上虞一地，孙吴时期的瓷窑就比东汉时期多了四五倍，计有30多处，至两晋时期更多达60余处。[3] 此外，江南地区的炼钢技术达到了当时冶炼技术的最高成就，南朝梁丹阳秣陵人陶弘景发明了"灌钢"法；造纸业也相当发达，浙江郯县和余杭由拳是藤皮纸的重要产地，而南朝齐建康城的"银光纸"也享有盛名。[4]

---

[1] 王永平：《东吴时期江浙地区社会经济述略》，《扬州师院学报（社会科学版）》1989年第4期。
[2] 转引自陈剑峰、方如金：《六朝时期长三角地区的经济开发及特点》，《社会科学战线》2005年第6期。
[3] 陈剑峰、方如金：《六朝时期长三角地区的经济开发及特点》，《社会科学战线》2005年第6期。
[4] 范金民：《江南社会经济研究（六朝隋唐卷）》，中国农业出版社2006年，第232-233页。

农业、手工业的发展，交通条件的改善，促进了商业流通和城市的兴盛。三国时期东吴商业活动频繁，出现了"州郡吏民及诸营兵，多违此业，皆浮船长江，贾作上下"[1]的现象。南朝境内，"贡使商旅，方舟万计"。孙吴的商船不仅航行在内陆江河，更走向海洋，万人舰队北航辽东，南至儋耳（今海南岛），东到夷州（今台湾地区）。以此为基础，城市不断涌现，并呈兴盛之象。六朝都城建康，南朝梁时，"城中二十八万户……东西南北各四十里"[2]，如以每户5人计，城内人口即达140万。这样的规模，无论在当时的中国还是全世界，都是最大的。此外，"宣城、毗陵、吴郡、会稽、余杭、东阳，其俗亦同。然数郡川泽沃衍，有海陆之饶，珍异所聚，故商贾并凑"[3]。江南地区初步形成了以都城建康为中心、众多城市并现的城市格局。

六朝时期，由于江南地区已成为南朝政治中心，历代政府调整了对江南地区的统治政策，使得这一地区一改昔日"地广人稀""无冻饿之人，亦无千金之家"的落后面貌，呈现出社会安定、经济兴旺的景象。有人形容孙吴之强："带甲百万，谷帛如山，稻田沃野，民无饥岁，所谓金城汤池，强富之国也。"[4]《宋书》中对此更有概括性的描述："江南之为国盛矣，……自元熙十一年司马休之外奔，至于元嘉末，三十有九载，兵车勿用，民不外劳，役宽务简，氓庶繁息，至余粮栖亩，户不夜扃，盖东西之极盛也。既扬部分析，境极江南，考之汉域，惟丹阳、会稽而已。自晋氏流迁，迄于太元之世，百许年中，无风尘之警，区域之内，晏如也。……自此以至大明之季，年逾六纪，民户繁育，将曩时一矣。地广野丰，民勤本业，一岁或稔，则数郡忘饥。会土带海傍湖，良畴亦数十万顷，膏腴上地，亩值一金，鄠、杜之间不能比也。荆城跨南楚之富，扬部有全吴之沃，鱼盐杞梓之利，充仞八方，丝绵布帛之饶，覆衣天下。"人民安居乐业，"谷帛殷阜，几乎家给人足矣"。江南地区社会面貌大为改观，经济地位逐步提高，所谓"三吴奥区，地惟河、辅，百度所资，罕不自出"[5]。唯其如此，高敏先生在《魏晋南北朝经济史》一书中指出："进

---

[1] 陈寿：《三国志》卷四十八《孙休传》，中华书局1959年，第1158页。
[2] 乐史：《太平寰宇记》卷九十引《金陵记》，中华书局1999年，第95页。
[3] 魏徵、令狐德棻：《隋书》卷三十一《地理下》，中华书局1973年，第887页。
[4] 陈寿：《三国志》卷四十七《吴主传》引《吴书》，中华书局1959年，第1130页。
[5] 萧子显：《南齐书》卷四十《竟陵文宣王子良传》，中华书局1972年，696页。

入魏晋南北朝以后，南方经济始由过去的零星与局部开发，而转入到大规模的全面开发阶段。"[1]江南地区的经济发展水平开始赶上北方，由此开始了全国经济重心南移的历程。

（三）隋唐宋元时期江南地区经济地位的变化

虽然经过长达四个世纪的战乱，黄河流域一片残破，"百姓流亡，中原萧条，千里无烟"，但经过隋、唐统一封建王朝的积极治理，中原地区又恢复了昔日富庶繁华的景象，人口众多，经济发达，关中、关东经济区依然是国家的财赋命脉。相对而言，尽管唐朝甫建，即从江南调米，但江南地区对于隋、唐帝国来说，地位并不重要，昔日的南朝国都，一变而为一普通县治。王勃的《江宁吴少府宅饯宴序》中说："霸气尽而江山空，皇风清而市朝改。昔日地险，尝为建业之雄都；今日太平，即是江宁之小邑。"天宝年间，全国正仓储粮为4 200万石，而整个江南道（包括今湖南、江西、皖南、苏南、浙江、福建）只有97万石，仅为全国的四十分之一。[2]但是，长达八年之久的安史之乱，使这样的情况在中唐以后发生了完全的改变。

中唐以后，江南地区取代关中和关东经济区，成为国家财政的支柱。韩愈称，"当今赋出天下，江南居十九"；杜牧谓，"今天下以江、淮为国命"；元和宰相李吉甫撰《元和国计簿》，指出唐中央朝廷"每岁赋税倚办止于浙江东西、宣歙、淮南、江西、鄂岳、福建、湖南八道"[3]。其中江南地区的发展尤为明显，相较而言，太湖流域更是经济发展的重心。有学者指出，唐代宗大历年间，每年自江南地区北调的粮食达110万石，其中太湖地区即达20万—30万石。[4]因此，杜牧在《崔公行状》中明确指出："三吴，国用半在焉。"尽管"三吴"有不同说法，但可以肯定是指太湖流域，包括苏南的苏、常、润和浙西的湖、杭、睦诸州。润州物产丰饶，"厌饫江淮，膏润数州"。常州"兵食之所资，财赋之所出，公家之所给，岁以万计"。浙东一带，"机杼耕稼，提封九州。其间茧税鱼盐，衣食半天下"。湖州号称"江表大郡"，其"英灵所诞，山泽所通，舟车所

---

[1] 高敏：《魏晋南北朝经济史》下册，上海人民出版社1996年，第919页。
[2] 杜佑：《通典》卷十二《食货·轻重》，中华书局1988年，第292页。
[3] 司马光：《资治通鉴》卷二百三十七"元和二年"条，中华书局1956年，第7647页。
[4] 郑学檬：《唐五代太湖地区经济试探》，《学术月刊》1983年第2期。

会,物土所产,雄于楚越。虽临淄之富,不若也"。至于苏、杭二州,发展更是迅速,负担也更为沉重。杜牧说:"今天下以江淮为国命,杭州户十万,税钱五十万"[1];白居易称:"当今国用多出江南,江南诸州,苏为最大,兵数不少,税额至多",故有"首冠江淮"之称。[2]

唐代江南地区经济发展,首先表现为人口的增加。在前资本主义社会,生产力发展水平往往最初表现为劳动力的增加,在某种意义上可以说经济发展速度与人口增长速度、经济开发重心与人口分布重心往往具有一致性。唐代江南地区的人口增长与经济开发进程呈现出某种同步态势,应该是社会经济地位上升的标志。据统计,贞观十三年(639),太湖地区(包括润州)民户为12.8998万,至唐中叶的开元二十九年(741)达52.202万户,是贞观年间的四倍。[3] 唐代后期,在全国人口普遍大幅下降的背景下,长江下游地区不仅下降速度低于全国平均数,且在不同地区、不同时段有增无减。据梁方仲《中国历代户口、田地、田赋统计》甲表,元和(806—820)前期全国共有2 368 775户,长江下游所属的两浙、宣歙三道(恰合江南地区范围)户口总数为524 900户,占全国户口总数的22.16%,而在此之前的天宝元年(742)仅占16.27%。据此,有人认为唐代后期的"长江下游地区仍是全国名列前茅的重点人口区"[4]。尤其是苏州,有唐一代人口一直呈增长态势,元和时苏州户数由天宝元年的76 421户增至100 808户,上升了31.91%;至唐末僖宗时,苏州户数增至143 361户,较元和年间上升42.11%,较天宝元年上升更达87.46%。[5] "地广人繁,民多殷富",造就了苏州是江南地区唯一雄州的地位。

其次,行政建置增多及等级上升也是江南地区经济发展的重要标志。古代政区是为适应人口增长和经济发展需要而设置的,而人口增长反映着经济发展水平,因此唐代江南地区县级建置的增多及等级的上升,标志着该地区经济的发展和地位的提高。随着人口不断增长与经济持续发展,唐朝政府在江南地区多次增设县级建置,包括润州的金坛,常州的武进,苏

---

[1] 杜牧:《樊川文集》卷十六《上宰相求杭州启》,上海古籍出版社2007年,第249页。
[2] 李昉:《文苑英华》卷五百八十七《苏州刺史谢上表》,中华书局1966年,第3040页。
[3] 翁俊雄:《唐代长江三角洲核心地区经济发展初探》,见《古代长江下游的经济开发》,三秦出版社1989年,第19页。
[4] 陈勇、刘秀兰:《唐后期长江下游户口考》,《中国史研究》1997年第4期。
[5] 陈勇、刘秀兰:《唐后期长江下游户口考》,《中国史研究》1997年第4期。

州的长洲、海盐、嘉兴、华亭，杭州的临安、盐官、唐山，湖州的德清，台州的黄岩，明州及所属的奉化、慈溪、象县、鄮县，宣州的泾县、宁国、太平、旌德，歙州的婺源、祁门、绩溪，池州及所属的青阳、至德、石埭等。[1] 唐代州分辅、雄、望、紧、上、中、下七级，县分赤、畿、望、紧、上、中、下七等，除辅州、赤县、畿县外，其余州县主要是依据户口多少而定。唐代宗大历年间、宪宗元和年间和武宗会昌年间，江南地区一州升为雄州、四州升为望州、一州升为上州，十八县升为望县、十县升为紧县、四县升为上县。[2] 而且，这些增置或升等的州县不限于太湖流域，而是遍布江南各地。

再次，农具的改进提高了江南地区的农业生产力。著名经济史家傅筑夫先生指出："六朝时期的江南开发，是粗线条式的写意画，是向广度发展的一种粗放经营，只是将无主之田占为私有，进行一点力所能及的开发，仍有大片土地未能发挥其生产潜力。所以六朝的农业虽比过去有所发展，但未能彻底改变农业的粗耕性质。"[3] 到了唐代，随着江南地区土地的被圈占和人口的不断增长，开拓田土的运动暂告段落，经济开发由广度向深度发展，农业的粗放经营变为精耕细作，其突出表现是农具的改进。

唐代农具的改进，最重要的是耕犁。据吴人陆龟蒙《耒耜经》的记载，江东犁（即曲辕犁）由铁制的犁镵、犁壁等11个部件组成。陆龟蒙还比较详细地叙述了江东犁的构造和使用方法：这种犁能翻覆土地，以断绝草根；能够利用犁评和犁箭的进退上下，进行深耕和浅耕，操纵自如。由过去的直辕犁改为曲辕犁，不仅省力，而且在操作使用、掉转方向方面更加方便和灵活，大大提高了功效。继耕犁之后，又有耙、砺礋、碌碡、锹、钱、镈、铲、耘荡、耘爪、铚、艾、镰等配套工具用来碎土、平田、挖土、除草、耘田、收割，其中耘荡、耘爪等都是太湖地区劳动人民新创的，其他各种农具虽然前代早有，但此时也得到了改进，种类更多了。农具的改进和创造，精耕细作生产方式的出现，大大提高了江南地区的农业

---

[1] 范金民：《江南社会经济研究（六朝隋唐卷）》，中国农业出版社2006年，第347-348页。
[2] 参见陈勇、刘秀兰：《唐后期长江下游户口考》，《中国史研究》1997年第4期。本文统计数据中将明显不属于江南地区的州县去除了。
[3] 傅筑夫：《中国封建社会经济史》第四卷，人民出版社1986年，第12页。

产量。权德舆《论江淮水灾上疏》中指出："江东诸州，业在田亩，每一岁熟，则旁资数道。赋取所资，漕挽所出，军国大计，仰于江淮。"[1]嘉兴地区粮食产量较高，在江南地区举足轻重，时人有"嘉禾一穰，江淮为之康；嘉禾一歉，江淮为之俭"[2]之说。所以有人评价说："安史之乱后，长江下游地区实为唐王朝命脉所系，当时淮南的扬州，江南的吴郡、丹阳、常州成为国家财政支柱。"[3]

然后，广泛开展多种经营。随着人口的大量增加，江南地区的农民因地制宜，开展多种经营，扩大经济作物的种植就成为一条重要的出路。唐代后期，江南地区的蚕桑、茶叶、果树以及竹、木、漆、藕等经济作物的种类与产量都有了很大发展。茶叶的普遍种植导致了社会上饮茶风气的流行，江南绝大部分的州都生产茶叶，尤以宣歙山区最为普遍，歙州祁门、婺源两县经济的主要支撑即是茶叶。[4] 常州、湖州的茶叶都是朝廷贡品；江南地区盛产柑橘，唐代诗文中经常可见"橘园""橘林"之类的描述。江宁、润州、苏州、湖州、杭州、越州、温州的柑橘都是唐代著名果品，每年进贡朝廷。蚕桑生产在江南地区有着悠久的历史，其快速发展却是在中唐以后，越州、杭州、苏州等地农民种植桑树的规模越来越大。晚唐诗人陆龟蒙描写太湖农村的景物诗中，有"四邻多是老农家，百树鸡桑半顷麻""桑柘含疏烟，处处倚蚕箔"等句，反映出蚕桑事业发展的情况。在此基础上，太湖地区丝织业迅速兴起，逐渐赶上北方。史称："初，越人不工机杼，薛兼训为江东节制，乃募军中未有室者，厚给华币，密令北地娶织妇以归，岁得数百人，由是越俗大化，竞添花样，绫纱妙称江左矣。"[5]苏、常、湖、杭诸州丝织品都被列为朝廷贡品。广泛开展多种经营，为江南地区的经济发展增添了活力，为手工业生产提供了充足原料，也进一步推动了江南地区商品经济的兴起与发展。

最后，工商业发展及其城市勃兴。根据李伯重先生的研究，唐代江南

---

[1] 权德舆：《权载之文集》卷四十七《论江淮水灾上疏》，见《四部丛刊初编》第115册，上海书店1989年，第1B页。
[2] 李翰：《苏州嘉兴屯田纪绩颂并序》，见董诰等：《全唐文》卷四百三十《李翰》，中华书局1983年，第4375页。
[3] 范金民：《江南社会经济研究（六朝隋唐卷）》，中国农业出版社2006年，第364页。
[4] 张剑光、邹国慰：《唐五代时期江南农业生产商品化及其影响》，《学术月刊》2010年第2期。
[5] 李肇：《唐国史补》卷下，中华书局1991年，第170页。

地区副业生产的发展日益普遍化，不仅有更多地方的农户从事副业生产，而且副业生产中出现了集约化、专业化和商品化的倾向。[1] 隋唐时期，江南地区的手工业快速发展，门类增多，产品质量提升。如丝织业日趋兴盛，隋朝时许多州县"一年蚕四五熟，勤于纺织"。及至中唐以后，越州首先成了江南丝织业的中心，每年进贡朝廷的丝织品除交梭白绫外，"别进异文吴绫，及花鼓歇单纱吴绫、吴朱纱等纤丽之物，凡数十品"[2]。杭州、嘉兴、湖州、苏州的丝织业也发展迅猛，《新唐书》卷四十一《地理志五》所载苏州土贡中的纺织品有"丝葛、丝绵、八蚕丝、绯绫、布"五种。此外，造船业非常发达，不仅能够制造大型战船，还能建造民用的"万斛"大船。由于江南的叛军常"利在舟楫"，以致隋文帝曾下诏严禁吴越之人私造大船。[3] 制瓷业是江南地区的代表性手工业，隋唐时期，传统产地越州、婺州、温州的青瓷制造业名闻遐迩，尤其越州的"秘色瓷"代表了南方地区制瓷业的最高水平。茶圣陆羽在《茶经》中曾比较过越瓷与北方的邢瓷，认为越瓷占尽优势，"若邢瓷类银，越瓷类玉""邢瓷类雪，越瓷类冰""邢瓷白而茶色丹，越瓷青而茶色绿"。其他如制盐、酿酒、制茶、造纸、冶炼等手工业也各有特色。与此相关，商业日渐繁荣，城市不断兴盛。张剑光经过仔细的资料梳理，对江南地区城市商业发展情况进行了较为全面的论述："六朝隋唐五代时期，江南参与贩运贸易的商人数量众多。从商人们贩运的商品来看，品种丰富，既有大量城市上层人物需要的奢侈品，又有大量农副产品、地方特产及手工业品。"[4]城市服务业开始兴盛，成为城市经济的重要组成部分。与此同时，江南地区的对外贸易也开始出现并不断发展，唐五代时期有大量的少数民族商人和外国商人在江南城市中活动，"有朝鲜、日本、阿拉伯、波斯、印度、渤海国、契丹、西域等国家和地区的，主要经营着珠宝业、香药、火油等各类奢侈品和茶叶、粮食、丝绸等商品的买卖，还有一部分从事着酒店业的经营"[5]。

---

[1] 李伯重：《唐代江南农业的发展》，农业出版社1990年，第159页。
[2] 李吉甫：《元和郡县图志》卷二十六《江南道二·越州》，中华书局1983年，第618页。
[3] 魏徵、令狐德棻：《隋书》卷二《高祖下》，中华书局1973年，第43页。
[4] 张剑光：《六朝隋唐五代江南城市中的产业研究》，《上海师范大学学报（哲学社会科学版）》2016年第1期。
[5] 张剑光：《六朝隋唐五代江南城市中的产业研究》，《上海师范大学学报（哲学社会科学版）》2016年第1期。

唐代商业的发展，还表现为镇的职能转变与市镇的出现，原有的军镇在商业发展的背景下显示出向商业居民聚落演变的趋势。《海盐县图经》称："远于城而民聚居焉者古曰聚，名镇，自唐始，今兼名市；顿塠百货于焉，往求之曰市镇矣。"对此，有学者认为："从历史的角度讲，这是中国古代新型经济都市——商业市镇——的萌芽。"[1]在此基础上，城市渐趋繁荣，如杭州是"万商所聚，百货所殖"[2]，"南派巨流，走闽禺瓯越之宾货，而盐鱼大贾所来交会"[3]。白居易吟诗盛赞苏州"人稠过扬府，坊闹半长安"，范成大《吴郡志》中则认为"在唐时，苏之繁雄，固为浙右第一矣"[4]。扬州因是盐铁转运使所在，"富庶甲天下"，时有"扬一益二"之称。[5]

唐末五代时期，中原动荡，战乱纷呈，山河破碎，"荒草千里，是其疆畎；万室空虚，是其井邑；乱骨相枕，是其百姓；孤老寡弱，是其遗人"。而江南地区则是"无凶年下岁"，"境内丰阜"，于是中央朝廷"辇越而衣，漕吴而食"，"江南、两浙，转输粟帛，府无虚月，朝廷赖焉"，[6]国家财政越来越依赖江南地区。与此同时，立国江南的吴、南唐、吴越国政权，相继采取保境安民、兴修水利、劝课农桑、发展生产的措施，使得江南地区的人口持续增加。五代时期，南方地区的人口已占全国总数的一半，[7]而太湖地区各州自唐代后期，户口即超过其他各州水平，高居全国之冠，并且是全国人口密度最高的地区。[8]社会经济持续发展，如吴越国统治的八十余年间，在太湖地区大兴以"治水治田，综合治理"为内容的农田水利建设，取得了明显成就。明代徐光启《农政全书》卷十三中评论说："钱氏有国……七里为一纵浦，十里为一横塘，田连阡陌，位位相承，悉为膏腴之产。"江南地区的政权还大力发展商品经济，开展海外贸易，取得了民富国强的效果。郑学檬先生曾经指出，唐五代时期，南方地

---

[1] 张剑光：《江南城镇通史·六朝隋唐五代卷》，上海人民出版社2017年，第42页。
[2] 李华：《杭州刺史厅壁记》，见董诰等：《全唐文》卷三百一十六，中华书局1983年，第3206页。
[3] 沈亚之：《杭州场壁记》，见董诰等：《全唐文》卷七百三十六，中华书局1983年，第7604页。
[4] 范成大：《吴郡志》卷五十《杂志》，江苏古籍出版社1986年，第660页。
[5] 司马光：《资治通鉴》卷二百五十九，中华书局2013年，第8660页
[6] 刘昫等：《旧唐书》卷一百二十九《韩滉传》，中华书局1975年，第3601页。
[7] 参见韩国磐：《隋唐五代史论集》，生活·读书·新知三联书店1979年，第130页。
[8] 吴宗国：《唐代三吴与运河》，见唐宋运河考察队：《运河访古》，上海人民出版社1986年，第298页。

区农业发展具有两个特点,一是农业经济向广阔的丘陵、山区地带深入,构成了当时平原地区和丘陵山区农业经济协调发展的趋势,平原与丘陵山地经济发展的差距开始缩小;二是农业经济虽仍以粮食生产为中心,但已努力朝多种经营发展,经济作物的种植普及相当快。与此同时,南方地区商品经济得到快速发展,农业商品化扩大,地方性小市场扩大,海上交通和对外贸易不断发展。[1] 这样的发展态势直接影响着宋代江南地区经济发展的走向。

经过夺权政变建立起来的北宋王朝,很快结束了干戈扰攘和分裂割据局面,把广大的国土置于中央政权的有效管理之下。宋朝统治者清楚地认识到农业是安邦定国的物质基础,因而积极推行奖励农桑的政策,地方官府认真贯彻朝廷旨意,注意发展生产。在这样的背景下,江南地区尤其是核心区的太湖流域的经济潜力得到进一步的挖掘,粮食生产能力上升到前所未有的高度。著名国际汉学家伊懋可、斯波义信等均认为,宋代经济发生了革命性变化,主要表现在农业革命、交通(或水运)革命、货币与信贷革命、科学技术革命、商业革命及都市化等方面,并由此提出"宋代经济革命"的命题。而且,他们所归纳的各经济领域的革命,并非出现在宋代中国的每一个地方,而是主要发生于中国东南地区,特别是江南。由于农业与江南是"宋代经济革命"说赖以建构的主要基石,而且对于宋代江南农业经济发展水平,学界素有高度评价,以至于有"宋代江南农业革命"的提法。[2] 虽然"宋代经济革命"或"宋代江南农业革命"的命题不一定能够成立,但至少能够说明江南地区的经济在宋代取得了空前的发展。

宋代江南地区的人口有了快速的增长,据《太平寰宇记》与《元丰九域志》的记载,从宋太宗太平兴国年间至神宗元丰三年(1080)的近百年时间里,两浙路与江南东路、江南西路的在籍人口由114万余户增至419万多户,增长了2.7倍;至崇宁元年(1102),又增至453.6万户,较元丰三年又增长了8.2%。南宋绍兴三十二年(1162),两浙东、西路与江南

---

[1] 郑学檬、陈衍德:《中国古代经济重心南移的若干问题探讨》,《农业考古》1991年第3期。
[2] 参见李伯重:《"选精"、"集粹"与"宋代江南农业革命"——对传统经济史研究方法的检讨》,《中国社会科学》2000年第1期。

东、西路共有在籍人口510.1万余户,较北宋末期又增长了12.5%。[1]可见,整个两宋时期,江南地区的人口处于持续增长状态,由此不仅解决了劳动力问题,更因人地矛盾渐趋紧张而使得农业生产的集约化、精细化程度得以提高。

水利是农业的命脉。在江南地区水利建设史上,宋代的地位尤为突出。隆庆《长兴县志》卷二《水利》有云:"江南水利,无论汉唐,计宋有天下三百年,而命官修治凡三十余度,殆不十年一兴利也。"虽然江南地区水利十年一修的说法不无夸张,但农田水利成绩不凡却是事实。有学者统计,北宋王安石变法时期曾掀起过农田水利建设的高潮,全国各地兴修水利10 793处,其中两浙路和江南东路合计2 490处,占比23%,成绩显著;在南宋初期又一轮兴修水利的高潮中,江东路共修治陂塘沟堰22 400余处,浙西路修治2 100余所。[2]大规模兴修水利以及技术的提高,推动了耕地的拓垦和改造,圩田、湖田、沙田、涂田、葑田、梯田等各种形式的垦田大量增加。通过持续不断、卓有成效的农田水利建设,江南地区"成为水利设施最完善,条件最好的地区,水利田所占垦田比率也是最高的地区",从而奠定了其宋代著名粮仓的地位。[3]

这一时期,江南地区的农业生产技术取得了全方位的进步。作为农业技术进步的载体与结晶,农书大量出现;农具的材质得到改进,新的发明不断出现,种类增多;精选粮种,合理施肥,重视中耕,强化田间管理等,故有人盛称:"农器之制,必访诸浙;耕者蚕者,亦取法于浙。"[4]这说明两浙路和江南东路是宋代农业生产技术含量最高的地区,成为外地取法学习的典范。而南宋中后期高斯得《宁国府劝农文》中对两浙地区精耕细作的耕作方式有较为具体的描写:"浙人治田,比蜀中尤精。土膏既发,地力有余,深耕熟犁,壤细如面,故其种入土,坚致而不疏。苗既茂矣,大暑之时,决去其水,使日曝之,固其根,名曰靠田;根既固矣,复车水入田,名曰还水,其劳如此。还水之后,苗日以盛,虽遇旱暵,

---

[1] 陈国灿:《江南城镇通史(宋元卷)》,上海人民出版社2017年,第29页。
[2] 方键:《关于宋代江南农业生产力发展水平的若干问题研究》,见范金民:《江南社会经济研究(宋元卷)》,中国农业出版社2006年,第570页。
[3] 方键:《关于宋代江南农业生产力发展水平的若干问题研究》,见范金民:《江南社会经济研究(宋元卷)》,中国农业出版社2006年,第571页。
[4] 转引自范金民:《江南社会经济研究(宋元卷)》,中国农业出版社2006年,第585页。

可保无忧。……虽田地之膏腴,亦由人力之尽也。"[1]

农业的发展还表现为经济作物的种植以及活跃的多种经营。江南地区的茶叶生产获得了很大发展,茶叶名品更多,种植更为普遍。《宋史·食货志下六·茶下》谓:"当是时,茶之产于东南者,浙东西、江东西……,州六十有六,县二百四十有二。霅川顾渚生石上者谓之紫笋,毗陵之阳羡,绍兴之日铸,婺源之谢源,隆兴之黄龙、双井,皆绝品也。"蚕桑生产后来居上,江南地区逐渐成为蚕业中心,李觏描述说:"东南之郡,……平原沃土,桑柘甚盛,蚕女勤苦,罔畏饥渴,急采疾食,如避盗贼,茧簿山立,缫车之声,连甍相闻;非贵非骄,靡不务此,是丝非不多也。"[2]太湖地区因自然条件较好,"蚕一年八育",故南宋《吴兴志》称"湖丝遍天下",足见蚕桑之盛。蚕桑业浸浸日盛,推动了丝织业的发展。宋代,江南地区丝织品种类多、技术精、质量高,如绍兴一带,"近时翻出新制,如万寿藤、七宝火齐珠、双凤绶带,纹皆隐起,而肤理尤莹洁而精致"[3],因此,宋代丝绸贡品中以两浙的为最多。据对北宋后期丝绸贡品的统计,两浙路上贡的丝织品和租税竟占全国总数的四分之一。江南地区柑橘种植在唐朝就已有名,上贡朝廷,宋代更为发展。柑橘产量最多、质量最好的是两浙路的温州、苏州和台州。温州利用海水冲击而成的海涂种植柑橘,其橘"大而繁,味尤珍"。与之相颉颃的是产于苏州太湖洞庭山的洞庭橘。洞庭橘树苗不是本地培育,"多用小舟买于苏、湖、秀三州,得于湖州为上",经本地良好条件的浸润,长成后的洞庭橘不仅"皮细而味美",闻名遐迩,而且产量高,山民多以种橘为生,"地方共几百里,多种柑橘桑麻"。随着经济作物的广泛种植,出现了许多种植经济作物的专业户,如"湖州村落朱家屯民朱佛大者,……递年以蚕桑为业",蚕桑已成为当地人民谋生的根本手段。婺州义乌县有不少纺织专业户,"以织罗为生",所产婺罗由柜户牙人收购外销。苏州洞庭山民,"皆以树桑栀甘柚为常产",他们有的以蚕桑为生,有的以种植柑橘为生,"糊口之物,尽仰商贩",完全

---

[1] 高斯得:《耻堂存稿》卷五《宁国府劝农文》,见文渊阁《四库全书》第1182册,上海古籍出版社1987年,第88页。
[2] 李觏:《旴江集》卷十六《富国策第三》,见文渊阁《四库全书》第1095册,上海古籍出版社1987年,第117-118页。
[3] 黄世瑞:《我国历史上蚕业中心南移问题的探讨》,《农业考古》1985年第2期。

靠商品粮供给，一旦粮食供给断绝，便有挨饿甚至饿死之虞，如宋高宗绍兴二年（1132）冬，"忽大寒，湖水遂冰，米船不到，山中小民多饿死"[1]。可见，这些专业户已完全脱离粮食生产。蚕桑、柑橘等业在太湖地区某些地方已经独立成为一个新的农业分支了。

人口增长、水利兴修、精耕细作，使得宋代江南地区的农业生产水平有了很大的提高。李伯重先生指出："宋代江南农业确实达到了相当高的水准。在农业技术、亩产量、商业化、劳动生产率等主要方面，江南无疑都走在当时世界大多数地区的前面。"[2]据方键先生对江南地区稻米亩产量的分析考察，虽然各州产量情况有些参差，但基本上在2—3石的水平，又以太湖地区略高。[3]唯其如此，自北宋后期开始，即已出现"苏湖熟，天下足"或"苏常熟，天下足"的民间谣谚。[4]江南地区由此成为国家的财政支柱，对此，时人记述中多有提及。如范仲淹认为，"苏、常、湖、秀，膏腴千里，国之仓庾"[5]；苏轼称"两浙之富，国用所恃"[6]。南宋定都临安，江南更成"国家根本之地"。据现代学者的考察，"从赋税征额来看，北宋熙宁九年（1076），两浙路免役钱物收入805 844贯、石、匹、两，位居全国22路之首；宣和元年（1119），两浙路上供钱物4 435 788贯、石、匹、两，占全国17路总额的29.5%。再以商税为例……熙宁十年（1077）前后，两浙路年商税总额由475 556贯增至857 994贯343文，增长80.4%；在全国各路中所处的位置，由第三位跃居首位。江南东路相对逊色一些，其年商税总额在各路中由第十一位上升至第六位"[7]。南宋时期，江南各地的赋税总额较北宋时进一步增加。

[1] 庄绰：《鸡肋编》卷中，中华书局1983年，第64页。
[2] 李伯重：《理论、方法、发展趋势——中国经济史研究新探》，清华大学出版社2002年，第231页。
[3] 方键：《关于宋代江南农业生产力发展水平的若干问题研究》，见范金民：《江南社会经济研究（宋元卷）》，中国农业出版社2006年，第533-534页。
[4] 关于这一民间谚语，学界一般认为始于南宋，但方键先生考证认为，"苏湖熟"或"苏常熟"的说法，均起于北宋时期。方键：《关于宋代江南农业生产力发展水平的若干问题研究》，见范金民：《江南社会经济研究（宋元卷）》，中国农业出版社2006年，第541-543页。
[5] 范仲淹：《范仲淹全集》卷十一《上吕相公并呈中丞谘目》，四川大学出版社2007年，第266页。
[6] 苏轼：《东坡七集·奏议集》卷九《进单锷〈吴中水利害书〉状》，见《四部备要·集部》第215册，中华书局1936年，第468页。
[7] 陈国灿：《江南城镇通史（宋元卷）》，上海人民出版社2017年，第26页。

与此相应，江南地区工商业颇为发达，城市日趋繁荣。斯波义信基于宁波港及其腹地的研究，认为"8—13世纪的中国取得了很大的经济增长，从而带来了社会和文化方面的变化。总之，可用一句话概括为：与其说是'纯农业文明'，不如说是'都市上文明'含有更多的固有特征，这是延续到19世纪中国社会的最大特色"[1]。换句话说，唐宋社会经济的发展，推动了江南地区的城市化进程，从而使得城市文明特征表现明显。陈国灿先生在充分占有资料的基础上分析指出，宋代城市"呈现出一系列引人注目的变化"，表现为城市发展的地域空间格局发生重大变化，特别在南宋时期，"南方地区尤其是江南地区城市的发展水平超过了北方地区"，从此"全国城市发展的重心转向南方"；城市经济空前兴盛，"城市商业全面繁荣，手工业十分发达，各种服务业蓬勃发展，市场活跃，产业体系趋于完整"；城市形态发生转变，坊市制度解体，形成了综合性城市、工商业城市、港口型城市等多种类型，尤其市镇的广泛兴起和发展，促进城乡市场的结合，引发了经济和社会领域的一系列变革。[2]而所有这一切在江南地区表现得尤为明显。北宋时期，杭州的手工业门类众多，各式作坊遍布街巷，尤以丝织业、印刷业、酿酒业、造船业等最为引人注目，由此带来城市商业的兴盛，欧阳修《有美堂记》提及："若乃四方之所聚，百货之所交，物盛人众，为一都会。而又能兼有山水之美，以资富贵之娱者，惟金陵、钱塘。"[3]尤其是作为唐代以来海外交往的重要港口城市，杭州吸引了众多外国商人，所谓"道通四方，海外诸国，物货丛居，行商往来，俗用不一"[4]。正因为如此，宋仁宗曾有诗句盛赞"地有湖山美，东南第一州"[5]。翰林学士陶谷赞叹："轻清秀丽，东南为甲，富兼华夷，余杭又为甲，百事繁庶，地上天官也。"[6]进入南宋，作为都城，杭州成为规模最大、最为繁华的都市，时人曹勋称其"观阙崇峻，官舍相望，日闻将相之传呼，法从之朝会，贡输相属，梯航踵至"，俨然帝都气象。城内外

---

[1] 斯波义信：《宋代江南经济史研究》，方键、何忠礼译，江苏人民出版社2001年，第65-66页。
[2] 陈国灿：《江南城镇通史（宋元卷）》，上海人民出版社2017年，第11-13页。
[3] 欧阳修：《欧阳文忠公集》卷四十《有美堂记》，见文渊阁《四库全书》第1102册，上海古籍出版社1987年，第316页。
[4] 蔡襄：《蔡襄集》卷二十八《杭州新作双门记》，上海古籍出版社1996年，第494-495页。
[5] 田汝成：《西湖游览志余》卷十《才情雅致》，上海古籍出版社1998年，第135页。
[6] 陶谷：《清异录》卷上《地理·地上天官》，见文渊阁《四库全书》第1047册，上海古籍出版社1987年，第842页。

店铺林立，商业兴盛，"自大街及诸坊巷，大小铺席连门俱是，即无虚空之屋"[1]，"坊巷市井，买卖关扑，酒楼歌馆，直至四鼓后方静，而五鼓朝马将动，其有趁早市者复晨起开张，无论四时皆然"[2]。苏州持续繁荣，朱长文《吴郡图经续记·城邑》称："自钱俶纳土至于今元丰七年，百有七年矣。当此百年之间，井邑之富，过于唐世，郛郭填溢，楼阁相望，飞杠如虹，栉比棋布，近郊隘巷，悉甃以甓。冠盖之多，人物之盛，为东南冠。"明州（今浙江宁波）以外贸港口著称，海外贸易发达，《乾道四明图经》卷一《分野》中称其"海道辐辏之地，故南则闽广，东则倭人，北则高句丽，商舶往来，物货丰衍"。建康（今江苏南京）既是南宋留都，亦是商业都会，"三吴为东门，荆蜀为西户，有七闽二广风帆海舶之饶"[3]，"市廛日以繁盛，财力足以倍输"[4]。市镇的兴起也是宋代江南社会发展的一个突出现象，据学者的考察，北宋时期两浙路与江南东、西路的市镇数约为181个，至南宋时期数量大为增加，已不少于800个。[5] 市镇作为连结城乡的节点，反映了江南地区城乡商品经济的发展。

综上所述，进入北宋以后，江南地区经济发展迅速，超越北方，成为中国最为先进的地区。对此，时人曾多次提及并加以南、北对比，如南宋章如愚编《山堂先生群书考索·续集》卷四六《财用门·东南财赋》引述陈傅良之言有如下的记述："夫东南，财赋之渊薮也，自战国、汉唐至于今用之。……唐虽名为都长安，而大农之国计，实仰给于东南，其他诸郡无有也。……李吉甫作《元和国计簿》，备述元和之初，藩镇瓜割，玉帛之（不）贡于王府者十五道，而岁租赋之所倚办者八道，实皆东南也，曰浙江东、西（路）、曰淮南、曰湖南、曰岳鄂、曰宣歙、曰江西、曰福建。故韩愈有言：当今赋出天下而江南居十九。是矣！……仁宗皇帝庆历三年，诏会国家之财赋……是时宋[漕]之在东南诸郡者，凡六百二十万

---

[1] 吴自牧：《梦粱录》卷十三《铺席》，中国商业出版社1982年，第107页。
[2] 朱彭等：《南宋古迹考（外四种）》，浙江人民出版社1983年，第80页。
[3] 祝穆编、祝洙补订：《宋本方舆胜览》卷十四《江东路·建康府》，上海古籍出版社1991年，第154页。
[4] 真德秀：《西山真文忠公文集》卷六《奏乞为江宁县城南厢居民代输和买状》，见《四部丛刊初编》第208册，上海书店1989年，第3b页。
[5] 陈国灿：《宋代江南城市研究》，中华书局2002年，第34页、第51页。

石;铜之铸于饶、池、江、建者,凡六十八万缗。是则国家财赋之仰于东南也者,未尝不丰也。"其"东南县邑民财"条,对西北与东南地位的变化有所比较:"自晋(元)[之]南渡,东南文物渐盛;至于李唐,益加繁昌。安史之乱,江淮独全;历五季纷争,中原之地五易其姓,杀戮几尽,而东南之邦,民有定主,七八[十]年间,咸获安业。逮宋龙兴,伐罪吊民,五国咸归,未尝妄杀一人;自后数十、百年间,西北时有少警而东南晏然,斯民弥得休息。以至元丰中,比往古极盛之时,县邑之增,几至三倍;民户之增,几至十倍;财货之增,几至数十、百倍。至于庠序之兴,人才之盛,地气天灵,巍巍赫赫,往古中原极盛之时,有所不逮。天下之势,正犹持衡,此首重则彼尾轻。故自东南渐重而西北渐轻;至于宋,东南愈重而西北愈轻。"[1]由此可见,始于南北朝、加速于唐代中期的全国经济重心南移历程,至宋代已经完成。换言之,自北宋末期开始,南方尤其是江南地区已成为全国经济重心之所在。

至于元代,江南虽也曾遭兵燹,但其作为全国经济重心的地位并未动摇。由于元朝政府施行"安业力农""重农不抑商",以及针对江南地区的"元政宽纵"政策,使得江南地区的农业经济持续发展,工商业渐趋发达,"造就了元代江南农商并重的经济结构,不自觉地维系保护了'唐宋变革'后江南'富民'农商秩序且有所繁荣发展"[2]。江南社会一度出现了"吴民大乐业"的景象,清朝潘耒《送汤公潜菴巡抚江南序》中有言:"自唐以来,江南号为殷富,宋时亩税一斗。元有天下,令田税无过三升,吴民大乐业。元统、至元之间,吴中富盛闻天下。……盖吴中之民,莫乐于元。"[3]元代江南经济发展中最大的亮点,一是棉花的种植以及棉纺织业的兴起,奠定了明清时期苏、松地区"衣被天下"的基础;二是海外贸易的兴盛,成就了太仓刘家港"六国码头"的地位。由此,富庶的江南地区充当了元朝政权的财政支柱。《元史》卷九十三《食货志一》有言:大都"百司庶府之繁,卫士编民之众,无不仰给于江南"。《元史》卷一百三十《彻里传》记江南诸道御史大夫彻里所言:"江浙税粮甲天下,平

---

[1] 转引自斯波义信:《宋代江南经济史研究》,方键、何忠礼译,江苏人民出版社2001年,第104-105页。
[2] 李治安:《元至明前期的江南政策与社会发展》,《历史研究》2016年第1期。
[3] 潘耒:《送汤公潜菴巡抚江南序》,见陆耀:《切问斋文钞》卷十五,道光甲申年重镌本,第17页。

江、嘉兴、湖州三郡当江浙什六七。"其时经济发展与城市繁华的情况，也可从《马可·波罗游记》的记载中略见一斑：南京"盛产生丝"，"谷物充足"，人们"大多数经营商业"；镇江的百姓"以工商业维持生活，都很富裕"，"织造绸缎和金线布匹"；常州居民"以手工业和商业为生"，"这是一个美丽的大城，盛产生丝，并且可用它来织造各种花式的绸缎"；苏州"是一个壮丽的大城"，"出产大量的生丝，这里的居民不仅将它用来织造绸缎，供自己消费，从而使所有的人都穿上绸缎，而且还将之运往外地市场出售"，"城中居民之多，确实令人惊叹"，"苏州法律上管辖十六个富裕的大城市与市镇，商业和手工业都很发达。苏州的名字就是指'地上的城市'，和京师（指杭州）的名字是指'天上的城市'一样"；杭州是"天城"的意思，"这座城的庄严和秀丽，的确是世界其他城市所无法比拟的，而且城内处处景色秀丽，让人疑为人间天堂"，城市的"街道和运河都十分宽阔，还有许多广场或集市"，"城内除掉各街道上密密麻麻的店铺外，还有十个大广场或市场，这些广场每边都长达半英里。……这里的近岸处有许多石头建筑的大货栈，这些货栈是为那些携带货物从印度和其他地方来的商人而准备的。从市场角度看，这些广场的位置十分利于交易，每个市场在一星期的三天中，都有四五万人来赶集。所有你能想到的商品，在市场上都有销售"。[1]

四、明清时期江南经济的繁荣

明清时期，江南地区的社会经济发展达到鼎盛时期，主要表现为农业经济结构转型升级，商品性农业和农产品商品化的发展使传统的农业与手工业相结合的自然经济发生了深刻的变化；经济的区域分工推动了丝织业、棉纺织业等的进一步发展，引起了生产方式的变化；由此促进了商业的兴盛和城市的繁荣，尤其是市镇勃兴与乡村城市化趋势的出现。江南地区作为全国经济中心的地位得到进一步加强。

（一）农业经济的变化与经济结构转型升级

明清时期，中国农业经济并不像部分学者所说的处于停滞状态，而是

---

[1] 马可·波罗：《马可·波罗游记》，梁生智译，中国文史出版社1998年，第193-202页。

不断发展,尤其在江南地区。农业生产技术的进步,表现为水稻品种的增加、农业生产工具如铁搭等的发明,以及牛耕的推广、重视肥料的使用等;粮食产量的提高较为明显,按照李伯重的估计,南宋后期江南地区的稻米平均亩产量为1石多,明末约为1.6石,而清中叶达2.3石,清代较明代的增幅达到44%。[1] 在农业生产方式方面一年二作制普及及生态循环农业出现。

从唐代开始,江南地区即出现了以稻麦轮作为中心的一年二作制。其后逐渐推广开来,至明清时期成为江南地区占有支配性地位的种植制度。一年二作制以稻为主茬,麦、油菜和蚕豆为后茬,在同一块耕地上实行水稻与旱地作物的轮作。这种种植制度好处很多,既改善了土地质量,又提高了农业产量,"是最适宜江南自然生态条件的种植制度",也是江南人民长期选择的结果,"表现了江南农民在对自然资源的利用方式方面的重大进步"。[2]

早在16世纪,江南地区即出现了一种新的农业经营方式,学界称之为生态农业或综合性农业,最典型的例子出于苏州府常熟县。《常昭合志稿》卷四十八《轶闻》记载:"谭晓,邑东里人也,与兄照俱精心计。居湖乡田多洼芜,乡之民皆逃农而渔,于是田之弃弗治者以万计。晓与照薄其值买之,佣乡民百余人,给之食,凿其最洼者为池,余则周以高塍,辟而耕之,岁入视平壤三倍。池以百计,皆畜鱼,池之上架以梁,为菱舍,畜鸡、豕其中,鱼食其粪又易肥。塍之上植梅桃诸果属,其污泽则种菰茨菱芡,可畦者以艺四时诸蔬,皆以千计……室中置数十甒,日以其入分投之,若某甒鱼入,某甒果入,盈乃发之。月发者数焉,视田之入又三倍。"常熟谭晓、谭照兄弟低价收购荒废田亩,实行多种经营,且经营的项目之间可以形成循环,如开低田为池以养鱼,池上养鸡、养猪,池岸高塍可植梅桃诸果,鸡、猪之粪可做鱼之饵食,池中之泥可做岸田之肥,又于水泽之中种植茨菰菱芡之类,开展多种经营,彼此结合,产生了很高的经济效益。甚为明显,谭氏农场的农业生产带有商品生产的性质,其生产的

---

[1] 李伯重:《多视角看江南经济史(1250—1850)》,生活·读书·新知三联书店2003年,第78页、第128页。
[2] 李伯重:《多视角看江南经济史(1250—1850)》,生活·读书·新知三联书店2003年,第122页。

各种农产品并非为自身的消费，而是投入市场，赚取利润，反映了农产品商品化和商业性农业的发展。虽然谭氏大规模农场经营有其特定的历史背景，难以复制，但类似的以个体农户为单位的小规模经营还是得到了一定的发展。明末清初，桐乡的农学家张履祥在《策邬氏生业》一文中，为其故友海宁人邬行素家策划生计：十亩瘠田，以三亩种桑、三亩种豆、二亩种竹、二亩种果，而且桑下可种菜，桑旁可种豆、芋，种豆之田还可继之种麦或麻等；池可养鱼，泥可为肥，鱼可易米；畜羊五六头，以为树桑之本，且幼羊亦可易米；竹果之类虽非本务，可一劳永逸，五年享其成利。其注解说：“计桑之成，育蚕可二十筐。蚕苟熟，丝绵可得三十斤。虽有不足，补以二蚕，可必也，一家衣食已不苦乏。豆麦登，计可足二人之食。若麻则更赢矣，然资力亦倍费，乏力，不如种麦。竹成，每亩可养一二人。果成，每亩可养二三人。然尚有未尽之利。若鱼登，每亩可养二三人，若杂鱼则半之。”按照李伯重的说法，张氏为邬氏制定的这个方案并非纸上谈兵，而是一个精通当地农事的农学家为其挚友的遗属之生存而提出的切实可行的计划，且邬行素生前即已有类似的经营理念，并采取了一些实际行动，"因此张履祥的策划，不过是将类似情况进行优化后作出的一个总结而已"。[1] 根据自然资源的特点，因地制宜地从事生产经营活动，并注重各个生产环节的关联从而实现循环生产，无疑是一种先进的理念和生产方式，对于提高农家的收入水平、促进江南地区农业经济的发展具有重要作用。

李伯重先生认为，清代前中期，江南地区农业生产力的发展遵循三条途径：一是更加合理地利用现有的农业资源——耕地以及人力和畜力；二是提高农业生产的集约水平，即增加对单位面积耕地的劳动和资本投入，以获得更高的产量；三是提高农业生产的"外向化"水平。[2] 其中每条都涉及明代后期以来江南地区因应自然条件及利润导向所形成的农作物区域分工和经济作物的扩张，以及在此基础上农产品商品化所导致的经济结构的转型。

从明代后期起，江南地区农业生产的重点由粮食生产向经济作物生产

---

[1] 李伯重：《江南农业的发展（1620—1850）》，上海古籍出版社2007年，第201-202页。
[2] 李伯重：《多视角看江南经济史（1250—1850）》，生活·读书·新知三联书店2003年，第341-342页。

转移，尤其在江南的核心地区，逐渐形成了农业的专业化与综合发展相结合的地域分工。

江南地区东濒大海，北枕长江，太湖在其中，西部与南部多丘陵山地。与此相应，各地的自然条件有所区别，适合不同经济作物的生长。

在沿海、沿江的冈身地带，土质疏松，适合棉花种植，从而形成了以棉为主或稻棉并重的棉—稻生产区。徐光启《农政全书》卷三十五《木棉》中说，松江府"官民军灶垦田几二百万亩，大半植棉，当不止百万亩"；叶梦珠《阅世编》卷七《种植》称，昆山县"田土高仰，物产瘠薄，不宜五谷，多种木棉"；而崇祯《太仓州志·灾祥》谓，太仓州也是"耕地宜稻者十之六七，皆弃稻栽花"。乾隆年间，江苏巡抚高晋在奏折中提到，长江两岸的松江府、太仓州、海门厅、通州所属各县，"种花者多，种稻者少"，"以现各厅州县农田计之，每村务本种稻者不过十分之二三，图利种棉者则有十分之七八"。[1]清代后期生活在上海的王韬还说："沪人生计在木棉，贩输远及数省，今则且至泰西各国矣。在沪业农者，罕见种稻。"[2]

在太湖南部及周边地区形成了稻桑并重的桑—稻生产区。万历时人董份在为《湖州府志》所写的序中说湖州"树艺无有遗隙，蚕丝被天下"；嘉兴府石门、桐乡等县种桑养蚕最多，连"素不习于蚕"的海盐县一带，在万历时也"桑柘遍野，无人不习蚕矣"。苏州府吴江县，据乾隆《吴江县志》卷五《物产》记载，"丝绵日贵，治蚕利厚，植桑者益多。乡村间殆无旷土，春夏之交，绿阴弥望，通计一邑，无虑数十万株云"。康熙三十八年（1699），康熙皇帝南巡时说："朕巡省浙西，桑林被野，天下丝缕之供皆在东南，而蚕桑之盛，唯此一区。"[3]乾隆以后，宁镇地区的蚕桑业也得到了明显的发展，如江宁南郊以产丝著称；镇江府溧阳县"近且缲声遍轧轧矣"，在太平天国战争前夕，其蚕桑业之盛雄冠镇江府各县之首。[4]

在浙西山区，不宜种植粮、棉、苎麻等，但有利于桑、茶、竹、木等生长。杭州府西部的余杭、临安县"隙地皆种桑"；湖州西部的于潜、武

---

[1] 转引自李伯重：《江南农业的发展（1620—1850）》，上海古籍出版社2007年，第70页。
[2] 王韬：《瀛壖杂记》卷二，上海古籍出版社1989年，第24页。
[3] 郑沄修、邵晋涵纂：乾隆《杭州府志》首卷一《天章》，清乾隆四十九年刻本，第4a页。
[4] 李伯重：《江南农业的发展（1620—1850）》，上海古籍出版社2007年，第75页。

康、长兴、安吉等县,"家家养蚕","蚕桑尤大利所归","山乡亦皆栽桑"。各县茶树种植极为普遍,如《于潜县志·食货》称"各山皆产茶……乡人大半赖以资生",《安吉州志·物产》谓"茶出南山乡……然业此者每藉为恒产云"。清代中期,这一地区种竹也相当普遍,而且"达到了相当集约化与商品化的程度",《武康县志·物产》说"武康之竹,西南所产为盛,利过蚕桑",安吉州"东南山乡,藉竹为生"。另外,还有其他经济林木,如乌桕、漆、楮、桐、皂、松、杉等的种植。由此来看,"清代前中期江南各地的水土资源,都得到了更合理的利用"。[1]

尽管江南的一些地方出现了"桑争稻田"或"棉争稻田"的情况,但就大多数地方而言,水稻仍是主要农作物,尤其在太湖北部地区。而一年二作制的推广以及生态农业的出现,也大大提高了农作物产量以及农家的收入水平。可是,由于人口的快速增长以及商品经济基础上城市化的发展,江南地区逐渐由宋代全国的粮食主产区变成了明清时期的缺粮区。苏州原是著名的产粮区,南宋时有"苏湖熟,天下足"之誉,但在明末以后也成了缺粮区,需从外地调剂民食。明末应天巡抚黄希宪《抚吴檄略》所收崇祯十三年(1640)五月廿九日《为祈饬遏籴之禁大沛邻封事》奏折中说:"吴所产之米,原不足供本地之用。若江广之米,不特浙属藉以运济,即苏属亦望为续命之膏。"[2]嘉兴府"物产宜稻",但到了明末清初亦已"每不能自给,待食于转输者十之三四"。[3] 其他如松江、杭州等府概莫能外。据估算,清代前中期,每年从长江中游地区运往江浙的稻米约为1 500万石,而从东北和华北输入的小麦估计也有300万石。[4] 由此,粮食与棉布、丝绸等一样成了市场上的商品,商品经济的漩涡将江南农民几乎全部卷入进来。

正如学者所指出的:"在江南平原上,明清时期已大致形成了一种在几个农业生产部门相结合的基础上实现的专业化,即所谓'宽广型地区专业化'。这种专业化不同于自然经济下的'大而全'、'小而全'的经济方

---

[1] 李伯重:《江南农业的发展(1620—1850)》,上海古籍出版社2007年,第75-77页。
[2] 转引自范金民、夏维中:《苏州地区社会经济史(明清卷)》,南京大学出版社1993年,第253页。
[3] 许瑶光等修,吴仰贤等纂:光绪《嘉兴府志》卷三十四《风俗》,见《中国方志丛书·华中地方》第53号,台湾成文出版社1970年影印本,第821页。
[4] 李伯重:《江南农业的发展(1620—1850)》,上海古籍出版社2007年,第120-121页。

式,也与一般地区的多种经营、综合发展有所不同,是一种有两三个相对独立的部门和作物同时作为主导部门和主导作物(其中也还有主次)有机地结合起来,实行专业化的商品生产。"[1]农产品商品化与商业性农业的发展,使得传统的农业与手工业相结合的自然经济发生了深刻的变化,自然经济逐步向商品经济转化。在不同的专业化区域,农民除了从事传统的农业以外,充分利用本地资源,大力发展面向市场的家庭手工业。

在蚕桑区,乾隆《吴江县志》卷二十五《生业》的记载颇具典型性:"绫紬之业,宋元以前惟郡人为之。至明熙、宣间,邑民始渐事机丝,犹往往雇郡人织挽。成、弘以后,土人亦有精其业者,相沿成俗,于是盛泽黄溪四五十里间居民乃尽逐绫绸之利。有力者雇人织挽,贫者皆自织,而令其童稚挽花。"湖州境内丝织业十分兴盛,"隆、万以来,机杼之家相沿比业,巧变百出"[2]。在棉作区,正德《松江府志》卷四《风俗》中说:"俗务纺织,他技不多,而精线绫、三梭布、漆纱方巾、剪绒毯,皆天下第一……前志云:百工众技与苏、杭等";上海"民间男子多好游闲,不事生业,其女子多勤苦织纴,篝灯燎火,至达旦不休,终岁生资,率仰给于织作"[3],"农暇之时,所出布匹,日以万计"[4]。有人估算,仅松江府在清代中叶每年所产棉布即达3 000万匹,其中从业纺织户占农村户口总数的90%,农民商品性生产总值约为银1 069.65万两。[5]如此大规模的农村商品化生产,无疑对自然经济条件下的农村经济造成了巨大冲击,促进了农业结构和产业结构的调整,从而推动了江南地区经济结构的转型升级。

农产品商品化程度的提高与商业性农业的发展,不只在江南核心地区,而且在边缘的皖南地区也有突出表现。皖南地区农作物以稻、麦为主,各县均有种植。但由于山地较多,适合各种经济作物的生长,如茶叶生产誉冠全国,产茶之区以祁门最著,歙县、休宁、黟县、贵池、太平、岳西等十余府县产量亦丰;皖南亦是重要的植棉区,沿江各县颇多种植;

---

[1] 李伯重:《明清江南农业资源的合理利用——明清江南农业经济发展特点探讨之三》,《农业考古》1985年第2期。
[2] 胡承谋纂修:乾隆《湖州府志》卷四十一《物产》,乾隆四年刻本,第23b页。
[3] 史彩修,叶映榴等纂:康熙《上海县志》卷首鲁超"序",康熙二十二年刻本,第3b-4a页。
[4] 李文耀修,谈起行等纂:乾隆《上海县志》卷一《风俗》,乾隆十五年刻本,第22b页。
[5] 方行:《清代江南农村经济发展释例》,《中国农史》1999年第1期。

皖南的蚕桑业也很发达,"养蚕最盛之县"有青阳、宁国、宣城、泾县等十余府县;此外,还盛产桐油、竹木等。丰富的经济作物为手工业提供了原料,由此农民积极从事家庭手工业。茶区有"新安家家制茶"之说;太平府妇女"多事纺织,工刺绣";建平县妇女"一意蚕织","惟以织纴为事,每当静夜,机声雷动波翻"。[1] 这样的手工业生产,毫无疑问都是面向市场的。

(二)城市发展与工商业的繁荣

宋代,江南地区城市经济与社会发生了一系列变革,城市发展突破束缚,出现了初步兴盛的局面。经过宋、元王朝更替与元末群雄逐鹿的战争,江南城市大多遭到破坏。明、清王朝专制政权建立后,一度加强了对城市的控制,甚至采取了不少阻碍城市经济发展的措施,如限制农村人口向城市流动、实行海禁与苛商政策等。但随着政局的渐趋稳定,尤其是商品经济的发展,政府被迫调整了政策,弛海禁,重工商,除弊兴利,城市发展的活力得以释放,城市经济得到前所未有的发展,出现了繁荣兴盛的局面。

1. 城市发展

江南城市的发展,首先表现为城市数量的增加和规模的扩大。明清时期,江南地区大城市的数量已趋稳定,而县级城市,尤其是具有城市规模与机能的新型经济城市——市镇的数量却明显增加。就县治城市而言,江南核心地区的青浦、奉贤、金山、南汇、川沙、宝山、崇明、靖江、嘉善、桐乡、孝丰等均是明清时期新置。[2] 关于江南市镇的数量,由于区域范围、资料等因素,长期以来未有确切的数量统计,目前所知的统计数据各不相同,但其所反映的江南市镇数量由宋至明、清不断增长的趋势却是一致的。如苏州府市镇,按樊树志《明清江南市镇探微》的说法,宋代为11个、明中期为95个、清前期为103个;而据刘石吉《明清时代江南市镇研究》的统计,明中期为54个、清前期为120个、清后期为206个。这种市镇数量的不断增长是江南各地普遍的情况。[3] 台湾学者范毅军对江南地

---

[1] 陈艳君:《皖南手工业近代转型研究(1877—1937)》,苏州大学博士学位论文2018年,第26-27页、第33-34页。
[2] 黄敬斌:《郡邑之盛:明清江南治所城市研究》,中华书局2017年,第59-183页。
[3] 王卫平:《明清时期江南城市史研究:以苏州为中心》,人民出版社1999年,第98页。

区市镇的数量研究堪称细致,据其对明中叶以来苏州府市镇数量增长的统计,1550年前为102个,1551—1722年为128个,1723—1861年为157个,1862—1911年为264个,1912—1949年为283个。[1] 同样可以看出市镇数量的持续增长趋势。

在城市数量增加的同时,城市规模也在扩大。城市规模的扩大主要表现在人口与空间两个方面。戴逸先生曾经指出:"18世纪全世界超过50万人口的大城市一共有10个,中国占了6个,就是说城市发展的程度,中国也是最高的。中国6个超过50万人口的城市是北京、南京、苏州、扬州、杭州、广州。"[2]在这六大城市中,江南地区占了4个。人口数量多,城市空间规模必然大。

明代的南京是个特殊的存在。作为明初的都城,朱元璋动用巨大的人力、物力修筑南京城,城周长达33.676千米,规模宏大,设施齐全。城内建有紫禁城及六部等官署衙门;官营手工业机构众多,门类齐全;百工货铺,沿街而建,万商云集;达官贵人、驻军官兵、市民百姓,数量庞大。学者估计,洪武末年,南京人口达到70万人。[3] 明成祖迁都后,南京成为留都,人口减幅明显。但随着城市性质的变化,南京作为经济中心城市的地位日益突出,至万历年间,达到了鼎盛时期,工商业发达,"就中上河、龙关百货交集,四方杂处,熙来攘往,肩摩踵接"[4]。其城市人口在100万左右,以至于意大利传教士利玛窦在《中国札记》中盛称:"在中国人看来,论秀丽和雄伟,这座城市超过世上所有其他的城市;而且在这方面,确实或许很少有其他城市可以与它匹敌或胜过它。它真正到处都是殿、庙、塔、桥,欧洲简直没有能超过它们的类似建筑。在某些方面,它超过我们的欧洲城市。……在整个中国及邻近各邦,南京被算作第一座城市。"[5]清代,南京的发展较之明代更进一步,阛阓充实,工商兴盛,城市繁荣,嘉庆年间的人口总数达到110余万[6],是当时中国乃至世界上人

---

[1] 范毅军:《明中叶以来江南市镇的成长趋势与扩张性质》,台北《"中央"研究院历史语言研究所集刊》第73卷第3期,2002年9月,第451页。
[2] 转引自刘士林:《明清江南城市群研究及其现实价值》,《复旦学报》2014年第1期。
[3] 范金民:《国计民生——明清社会经济研究》,福建人民出版社2008年,第434页。
[4] 转引自范金民:《国计民生——明清社会经济研究》,福建人民出版社2008年,第452页。
[5] 利玛窦等:《利玛窦中国札记》,何高济等译,中华书局1983年,第286-287页。
[6] 范金民:《国计民生——明清社会经济研究》,福建人民出版社2008年,第434页。

口最多的城市之一。

南宋时,临安(即浙江杭州)作为国都,规模宏阔,总面积保守估计在 40 平方千米以上,居住人口众多。[1] 后受到宋元、元明王朝更替战争的影响,城市遭到很大的破坏。但经过明朝的重建,适应城市工商业发展的需要,城市布局发生了明显变化,南宋的宫城被割在城外,而原本荒凉的城东区成了人口稠密的工商业区。杭州城由过去的以宫城为主转变为以商业区为主,城市人口有 10 多万户 50 万人以上。[2] 也有人认为,明朝万历时人口不少于 70 万人。[3]

苏州建于春秋吴国时期,周围 47 里,受地形所限、水道环绕,虽历经战火,城址变动不大。明清时期,随着工商业的发展,城市由封闭趋向开放,尤其清朝康熙以后,位于城市西北的阊门商业区更为繁荣,经济活动突破城墙的限制,与坐落城外运河边的枫桥镇连为一体,所谓"吴阊至枫桥,列市二十里"。作为"除是京师吴下有"的天下第二大城市,苏州在清朝康、乾时期的人口数在 70 万左右,嘉庆年间可能已达 100 万以上。[4]

扬州城市的繁华历来为人称道,唐朝时有"扬一益二"之称,富甲天下。与此相应,扬州唐城规模达 18 平方千米,呈"吕"字形。其后,城址逐渐由蜀冈向东南迁移,靠近运河发展。明清时期,扬州凭借盐利再度繁荣,甚至有"天下殷富……莫盛苏扬"之说,城市呈现"一水分东西,新旧两座城"的"双城"格局,但因战乱破坏,规模小于唐、宋时期。康熙、乾隆南巡时,扬州大兴城市建设,城市规模虽只有 5 平方千米左右,但城市人口曾达 40 万—50 万人。[5]

不仅宁、苏、杭等大城市,处于城市最低层级的市镇也在明清时期不断扩大人口与空间规模。大量的地方志为我们提供了众多案例,如《乌青文献》说乌青镇"市廛广袤十八里",《濮院琐志》称濮院镇"镇周十二

---

[1] 关于南宋时期杭州城市规模与人口数量,学界争议颇大,此据傅崇兰《论明清时期杭州城市的发展》(载《中国史研究》1983 年第 4 期)一文。不过,学界普遍认为傅崇兰的估计偏于保守。
[2] 傅崇兰:《论明清时期杭州城市的发展》,《中国史研究》1983 年第 4 期。
[3] 陈学文:《明代杭州城市经济的发展及其特色》,《浙江学刊》1982 年第 2 期。
[4] 王卫平:《明清时期江南城市史研究:以苏州为中心》,人民出版社 1999 年,第 62 页。
[5] 曹树基:《中国人口史》第四卷,复旦大学出版社 2002 年,第 321 页。

里",万历《嘉定县志》谓南翔镇"其地东西五里,南北三里",等等。至于市镇人口,明清时期1 000户(即5 000人)以上的市镇不下50个,其中万户巨镇在20个左右。[1] 因此,当时即有"名为镇而实具郡邑城郭之势""蕃阜气象几与郡县相埒"以及"东南一都会"等说法。[2]

2. 城市经济职能增强

中国传统城市政治功能强大,是帝国各级统治的中心,是统治阶级成员集中之地,城内的工商业一般都是为他们的消费生活服务的。但是,宋代以后尤其明清时期,城市出现了新的变化。在江南地区,城市经济功能逐渐增强,有些则是完全因应商品经济发展而兴起的新型经济城市。

明初的南京是全国政治中心,城市工商业虽有发展,却受到政府的严重干预。永乐迁都以后,南京的政治地位下降,由此也为民间工商业的发展松绑,城市经济逐渐发展起来。嘉靖年间,苏州画家仇英绘有《南都繁会图》,形象地反映了南京经济繁盛的景象。该图中南市街至北市街出现招牌幌子109种,涉及众多行业。贩运贸易尤为发达,所谓"天下财赋出于东南,而金陵为其会"[3],"北跨中原,瓜连数省。五方辐辏,万国灌输……南北商贾争赴"[4]。入清以后,至康熙年间,城市经济得以复兴。手工业中以丝织业最为发达,除设有官营织造局外,民间丝织业得到快速发展,全盛时织机不下一万台,故有学者称"南京是当时全国丝织业最为发达的城市"[5]。商业贸易兴盛,来自全国各地的客商纷纷建立会馆,"会馆之设,甲于他省"。清人吴敬梓《儒林外史》第二十四回《牛浦郎牵连多讼事 鲍文卿整理旧生涯》中形容:"这南京乃是太祖皇帝建都的所在,里城门十三,外城门十八,穿城四十里,沿城一转足有一百二十多里。城里几十条大街,几百条小巷,都是人烟凑集,金粉楼台。……大街小巷,合共起来,大小酒楼有六七百座,茶社有一千余处。"虽说是文学

---

[1] 王卫平:《明清时期江南城市史研究:以苏州为中心》,人民出版社1999年,第100页。
[2] 董世宁纂:乾隆《乌青镇志》卷二《形势》,见《中国地方志集成·乡镇志专辑》第23册,上海书店出版社1992年,第230页;仲虎腾辑:光绪《盛湖志补》卷一《沿革》,见《中国地方志集成·乡镇志专辑》第11册,江苏古籍出版社1992年,第629页;张承先:嘉庆《南翔镇志》卷二《彭定求留婴堂序》,见《中国地方志集成·乡镇志专辑》第3册,上海书店出版社1992年,第462页。
[3] 顾起元:《客座赘语》卷二《两都》,上海古籍出版社2012年,第24页。
[4] 张瀚:《松窗梦语》卷四《商贾纪》,光绪二十三年武林往哲遗书本,第20a页。
[5] 范金民:《国计民生——明清社会经济研究》,福建人民出版社2008年,第467页。

语言,但足可与史料互证。由此可见,"南京在清中期已由明代的政治军事中心转向经济中心"[1]。南京城市功能的转变具有典型性。

与南京类似,杭州曾为南宋国都,明清时期作为浙江省会,具有较强的政治功能。但是,得益于商品经济的发展,杭州的经济功能显著增强,工商业繁盛,所谓"舟航水塞,车马陆填,百货之委,商贾贸迁","舟车所凑,湖山所环,其四方之游士贾客,肩摩踵蹑"。[2] 作为蚕桑丝绸之乡,杭州城市手工业中也以丝织业最为发达,丝织品种类多,技术精良,有"习以工巧,衣被天下"的盛誉,深受外地客商与消费者欢迎,张瀚《松窗梦语》卷四中称:"杭州其都会也,……桑麻遍野,茧丝绵苎之所出,四方咸取给焉,虽秦、晋、燕、周大贾,不远数千里而求罗绮缯币者,必走浙之东也。"清代杭城丝织业集中在东城,"机杼之声,比户相闻"。城内丝绸店铺众多,交易兴盛,"除供本省消费外,以销满洲为第一,广东、福建、江苏、湖北等次之";杭州丝也是重要的出口商品,"以番舶日之贸易者,且遍于远洋绝岛,获利不资"。[3] 丝织业的经营方式也发生了异于前代的变化,不再限于家庭作坊,而是出现了雇佣工人织作的手工工场。明初徐一夔曾耳闻目睹了杭州城丝织业手工工场的生产情况:"余僦居钱塘之相安里,有饶于财者,率居工以织……杼机四五具,南北向列,工十数人",问之,"工对曰:……吾业虽贱,日佣为钱二百缗,吾衣食于主人……顷见有业同吾者,佣于他家,受直略相似。久之,……求倍直者而为之佣,已而他家果倍其直佣之。"[4]机户开设四五张织机,雇佣十多个工人,计日给钱,表明机户与机工之间是一种自由雇佣劳动关系,而且这种手工工场不止一个。这段记述成为学界研究中国资本主义萌芽问题的典型资料。类似情况在明代中后期还能见到,如张瀚《松窗梦语》卷六提及,其祖上兄弟于成化年间"罢酤酒业,购机一张,织诸色纻币(帛),备极精工。每一下机,人争鬻之,计获利当五之一。积两旬,复增一机,后增至二十余。商贾所货者常满户外,尚不能应。自是家业大饶。后四祖继业,各富至数万金"。有织机二十余张,至少要雇佣四五

---

[1] 范金民:《国计民生——明清社会经济研究》,福建人民出版社2008年,第467页。
[2] 均转引自陈学文:《明代杭州城市经济的发展及其特色》,《浙江学刊》1982年第2期。
[3] 转引自傅崇兰:《论明清时期杭州城市的发展》,《中国史研究》1983年第4期。
[4] 徐一夔:《始丰稿》卷一《织工对》,徐永恩校注,浙江古籍出版社2008年,第3-4页。

十个织工,这是一个具有相当规模的手工工场了。杭州城手工业中还有棉纺织业、锡箔制造业、书坊业等。在此基础上,商业趋于繁荣,出现了许多名品及特色店铺,如百货业中有所谓"五杭"之说,即杭扇、杭线、杭粉、杭烟与杭剪,各有专卖店铺。此外,如吴恒有之茶叶、叶受和之茶食、种德堂等之药材、李颐宾之册笔、天宝楼之首饰、宝源之铜锡等,均形成品牌。不能不提的是,杭州的香市与夜市富有特色。香市即庙会,每年春季花朝至端午节(农历二月十二至五月初五),持续数月之久。香市以寺庙(院)所在地为中心,前后数十里摆满商铺地摊,商品琳琅满目,种类齐全。本地与外地商客利用进香之便前来采购物品,交易量很大,时人谓"城中三百六十行生意,夏秋冬三季不敌春香一市之多"[1]。杭州夜市极为繁荣,城北武林门外的北关夜市尤为著名,有人记其盛况:"每至夕阳在山,则樯帆卸泊,百货登市,故市不于日中而常至夜分,且在城闉之外,无金吾之禁,篝火烛照,如同白日。凡自西湖归者多集于此,熙熙攘攘,人影杂沓,不减元宵灯市。"[2]时人论及杭州,常与全国经济中心城市苏州相提并论,如弘治元年(1488)朝鲜人崔溥说:"江南之中以苏、杭为第一州。"[3]由此可见,杭州的城市工商业极为兴盛,俨然东南地区一大经济都会。

一般而言,县以上建制城市均是各级政权中心,政治功能比较明显。与此相异,星罗棋布的江南市镇是适应商品经济发展的需要而自发地产生的,是经济发展的产物,因此经济功能是第一位的,可以视为"新型经济城市"。

吴江盛泽镇,在明弘治年间只是一个居民仅五十余家的村落,嘉靖年间渐成市集。因受苏州影响,该地丝织业逐渐兴起并吸引了不少外地客商,如冯梦龙《醒世恒言》中有一篇《施润泽滩阙遇友》,就对盛泽镇丝织业以及商业的情况进行了描述:"镇上居民稠广,土俗淳朴,俱以蚕桑为业,男女勤谨,络纬机杼之声,通宵彻夜。那市上两岸绸丝牙行,约有千百余家,远近村坊织成绸匹,俱到此上市。四方商贾来收买的,蜂攒蚁聚,挨挤不开,路途无伫足之隙;乃出产锦绣之乡,积聚绫罗之地。"虽是

---

[1] 转引自陈学文:《明清时期杭州的商业经济》,《浙江学刊》1988年第6期。
[2] 转引自陈学文:《明清时期杭州的商业经济》,《浙江学刊》1988年第6期。
[3] 崔溥:《漂海录》卷一,见朴元熇:《崔溥漂海录校注》,上海书店出版社2013年,第80页。

小说家言，不可全信，但基本事实可与方志记载互证。进入清朝以后，丝绸织作与交易更为兴盛，居民赖以为生，以"丝之丰歉、绫绸价之低昂"为"有岁无岁之分"。康熙年间，盛泽已成为丝绸巨镇，"商贾远近辐集，居民万有余家，蕃阜气象，诸镇中推为第一"。[1] 乾隆时，镇上"居民百倍于昔，绫绸之聚亦且十倍，四方大贾辇金至者无虚日。每日中为市，舟楫塞港，街道肩摩"[2]。因吴江所产丝绸多集中于盛泽，"天下衣被多赖之，富商大贾数千里辇万金来买者，摩肩连袂，如一都会焉"[3]。

江南核心地区的丝织、棉纺织专业市镇的情况大致如此，都是一个地域范围内的经济中心，带动周边乡村（即"乡脚"）经济的发展。即使江南边缘区域，市镇的经济功能也极为明显。浙江省西南部的金华、衢州一带，山地较多，交通相对不便，经济稍显落后，但当地百姓也因地制宜，发展特色产品，商品经济较之前有所发展。明清时期，该地区市集数量增加明显，虽其规模与分布密度不能与江南核心地区相提并论，但有些也成为当地的经济中心，如兰溪县平渡镇位于兰江下游，"当水陆之会，商旅所集，而盐为最多，关津在焉。凡四方舆马之径行，负担之往来，日以千数。居民数百家，咸以货殖为业"[4]。位于浙江最南端的江山县有一个清湖镇，"负郭可十五里，而近当浦城平昌孔道之冲，闽以南、大江以西，估客行商，转毂入越，由此地上下……水税舟，陆税车，清湖亦一要会也"[5]。与浙南地区相类似，皖南地区的市镇兴于宋，盛于明、清，虽限于地理、经济条件而发育不够充分，但也成为地方一级市场，其中不乏一些商况兴盛、影响较大的巨镇。不过，皖南地区的专业市镇较少，更多的属于商品流通型市镇，以转运外来商品、输出本地产品和原料为主要功能。如繁昌县荻港镇，"四方操奇赢者多聚于兹"，是"江南一大都会也"；[6] 黟县的渔亭镇有"七省通衢"之称，是徽州境内一个重要商埠和

---

[1] 王前修、包咸等纂：康熙《吴江县志续编》卷一《市镇》，年代不详抄本，第8a页。
[2] 倪师孟等纂：乾隆《吴江县志》（一）卷四《镇市村》，见《中国地方志集成·江苏府县志辑》第19册，江苏古籍出版社1991年，第373页。
[3] 倪师孟等纂：乾隆《吴江县志》（一）卷五《物产》，见《中国地方志集成·江苏府县志辑》第19册，江苏古籍出版社1991年影印本，第382页。
[4] 转引自王一胜：《金衢地区经济史研究：960—1949》，浙江大学博士论文2003年，第149页。
[5] 转引自王一胜：《金衢地区经济史研究：960—1949》，浙江大学博士论文2003年，第156页。
[6] 曹德赞纂、张星焕增纂：道光《繁昌县志》卷十六《艺文志》，见《中国方志丛书·华中地方》第249号，台湾成文出版社1975年，第1141页。

水陆交通枢纽，山区的木材、茶叶，江西的瓷器，浙江的食盐和苏杭的丝绸等往往通过渔亭镇中转，"远商近贾或肩与之劳，或取水道船载，每每辐辏云集，桅樯如林"[1]。

以上所举市镇，不管是江南核心地区的专业市镇，还是边缘地区的流通型市镇，均与此前传统的以调剂居民生活余缺为主要功能的市镇相区别，表现出明显的经济功能。

3. 苏州成为全国的经济中心

在传统城市向以经济功能为主的城市的转变中，苏州最具典型性。

苏州在春秋时期为吴国都城，秦汉以后，除三国孙吴政权一度在此建都外，基本上都是郡、州、府一级的存在。明代后期，应天巡抚衙门迁至苏州；清朝时又是江苏巡抚驻地，成为江苏省会城市。因此，苏州的政治职能至为明显。但与此同时，苏州作为江南地区中心城市之一，唐宋以后经济较为发达，因此经济功能大为增强。尤其是明清时期，城乡商品经济的发展进一步推动了苏州城市功能的转变。

其一，城市空间布局发生变化。公元前514年，伍子胥负责修建吴国都城，筑城挖壕，周围四十七里。此后，苏州城虽历经战火，城周时有盈缩，但变动不大。明清时期，适应商品经济的发展，城市由封闭趋向开放。清朝的苏州城冲破城墙的限制，开始向城外拓展工商业空间。

南宋以后，凭借傍近运河的地理条件，苏城西北部的阊门一带开始形成新的商业区。历明至清，阊门附近客商云集，趋于繁荣，清人李果称："阊门为苏孔道，上津桥去城一里许，闽粤徽商杂处，户口繁庶，市廛栉比，尺寸之地值几十金。"[2]康熙年间，经济活动终于突破了城墙的阻碍，阊门商业区扩展至城外，与枫桥镇连成一片，所谓"吴阊至枫桥，列市二十里"。阊门外南濠，从明初的"货物寥寥"，至清初成了"人居稠密，五方杂处"的商业闹市。

苏州城市空间布局的变化不仅表现为向城外寻求发展空间，在城内也出现了职业性的地域分工。明代嘉靖年间吴县知县曹自守在《吴县城图

---

[1] 曹伟宏：《渔亭上丰盐店街和福生盐号》，政协黟县文史委员会编：《黟县文史》第一辑，1997年。有关徽州地区的市镇研究，可参见陈杰：《再论明清以来徽州市镇——以区域史的视野》，《江南大学学报（人文社会科学版）》2015年第6期。

[2] 李铭皖、谭钧培修，冯桂芬纂：同治《苏州府志》（一）卷五《坊巷》，见《中国地方志集成·江苏府县志辑》第7册，江苏古籍出版社1991年，第164页。

说》中记述，苏州"卧龙街东隶长洲，而西则吴境。公署宦室以逮商贾多聚于西，故东旷西狭，俗亦西文于东也"，"在城之图，南号差不及北，以地有间隙，稍远市廛"；王士性《广志绎》卷四中也说，吴县"城中与长洲东西分治，西较东为喧闹，居民大半工技。金阊一带，比户贸易，负郭则牙侩辏集。胥、盘之内，密迩府县治，多衙役厮养，而诗书之族，聚庐错处，近阊尤多"。可见，明代苏州城西部人口密集、官衙齐聚、商业繁盛，而东部稍显冷清，主要为丝绸织作区。至清朝，城市布局有了新的变化。约而言之：城南部分依然是政治中心区，多官署衙门；西部胥门至阊门一带是商业区，"人居稠密，五方杂处，宜乎地值寸金矣"，"百货所集，商贾辐辏"，尤其阊门外上、下塘一带是棉布加工区，踹坊、染坊林立，乾隆《元和县志》卷十《风俗》谓："苏布名称四方，习是业者，阊门外上、下塘居多，谓之字号。自漂布、染布及看布、行布各有其人，一字号常数十家赖以举火"；东北半城是丝织专业区，所谓"郡城之东，皆习机业"；东南部的葑门一带原较荒凉，乾隆时期开辟为苏州最大的海鲜水产市场，一变而为"万家烟火"的热闹地区。由此可见，清代苏州城已形成几个各具特色的功能区块，工商业特色至为明显，从中反映出城市经济的快速增长。[1]

其二，城市手工业发达。明清时期，苏州以手工业发达而著称，突出表现为生产规模扩大、行业增多、分工趋细、产品质量提高以及生产方式的变化等。据碑刻资料的粗略统计，苏州的手工业行业有丝织业、棉纺织加工业刺绣业、踹布业、染布业、冶金业、造纸业、刻书业、蜡烛业、漆作业、木作业等数十种，尤以丝织业和棉纺织加工业最具影响、最有特色。

丝织业是苏州传统的手工行业。明清政府在苏州设有织染局，专门织造供皇室使用的绸缎。这对苏州民间丝织业技术的提高、产品质量的提升起了很大的推动作用。明代中后期，苏州东北半城已经发展为丝织业生产区，嘉靖《吴邑志》卷十四《物货》记述："绫锦纻丝纱罗紬绢，皆出郡城机房，产兼两邑，而东城为盛，比屋皆工织作，转贸四方，吴之大资也。"应天巡抚曹时聘在万历二十九年（1601）的一份奏折中说："吴中浮食奇

---

[1] 王卫平：《明清时期江南城市史研究：以苏州为中心》，人民出版社1999年，第56-59页。

民，朝不谋夕，得业则生，失业则死。臣所睹记，染坊罢而染工散者数千人，机户罢而织工散者又数千人。"[1]据估算，明末苏州丝织业民间机户约有3万人。[2]入清以后，丝织业发展更为明显，生产分工更为细密，除织绸以外，还有"结综掏泛""摇丝""牵经接头""上花"等多种辅助行业；生产规模扩大，从事丝织业的人数大为增加，据估计，乾隆年间，苏州城内约有织机1.2万台，从事丝绸生产和贸易者约有10万人。[3]有人对清代丝织业在苏州城市发展中的作用与地位做了这样的评价："有清一代，苏垣东半城几全为丝织业所聚居，万户机杼，彻夜不辍，产量之丰，无与伦比，四方客商，麇集于此，骎骎乎居全国丝织业之重心。而地方经济之荣枯，亦几视丝织业之兴衰以为断。"[4]

苏州丝织业的生产方式也发生了深刻变化。商品经济的发展加剧了小商品生产者之间的竞争，而竞争的结果是一部分人发财致富，成为生产资料占有者，大部分人贫穷破产，不得不以出卖劳动力为生。这种情况在明代后期已经发生，清代更甚。万历年间，苏州潘氏"起机房织手，至名守谦者，始大富，至百万"；又有郑灏，家中雇有织帛工、挽丝佣各数十人。蒋以化《西台漫记》卷四中记载："我吴市民罔籍田业，大户张机为生，小户趁织为活。"大户即如潘守谦、郑灏之类，拥有多张织机，雇人工作；小户即机匠，为人佣织以养家糊口。两者相互依存、"相资为生"，是一种雇佣与被雇佣的关系，即所谓"大户一日之机不织则束手，小户一日不就人织则腹枵"，"机户出资经营，机匠计工受值"。与过去不同，机工身份自由，受资本的雇佣以自己的劳动获得报酬。尤其清朝时，苏州还出现了商业资本控制生产的情况，即"经造纱缎账房"。民国《吴县志》卷五十一《物产》中记载："经营此项纱缎业者，谓之账房……各账房除自行设机督织外，大都以经纬交与织工，各就织工居处雇匠织造。"账房或自己开设工场雇人织绸，或通过发放原料、收回成品、实行计件工资的形式进行生产。这种由资本自由雇佣工人开展生产的情况，被学界视为中国资本主义萌芽的典型表现。

---

[1]《明神宗实录》卷三百六十一，"万历二十九年七月丁未"，台湾历史语言研究所校印本1962年，第6742-6743页。
[2] 许涤新、吴承明：《中国资本主义的萌芽》，人民出版社2003年，第154页。
[3] 王翔：《中国丝绸史研究》，团结出版社1990年，第226页。
[4] 转引自王翔：《中国丝绸史研究》，团结出版社1990年，第226页。

江南地区的棉纺织业较为发达。明代棉纺织业加工中心在松江，苏州也开设了不少的染布作坊。入清以后，随着棉布贸易中心的转移，棉布加工中心也从松江转移到苏州。苏州从事棉布整染加工的布号多设在阊门外的上、下塘，史称"苏布名称四方，习是业者，阊门外上、下塘居多"。最多时"字号染坊"数量达到64家。染坊内部分工细密，品种丰富多样，以迎合各地客商的需要。由于染坊数量多，生产兴旺，污水流入河道，使得阊门外上塘至虎丘的山塘河水受到严重污染，"满河青红黑紫"，给当地居民的生产和生活造成严重影响，引起居民愤怒，于是有120余家居民联名上书控告染坊的事件发生。乾隆二年（1737），元和、长洲、吴县官府联合发布告示，饬令染坊"迁移他处开张"。从此，染坊被迁到城东娄门外营业。踹布业是染坊的附属部分。约从康熙末年开始，踹布业从染坊中分离出来，成为独立的手工行业。因苏州是棉布加工中心，清代的踹布业极为兴盛。踹坊也集中在阊门外上、下塘，雍正年间，从事踹坊经营的包头有340余人，设立踹坊450多处，踹匠人数达10 900余人，也有人认为有2万多人。[1] 苏州的踹布业也是一个备受学界瞩目、被视为已出现资本主义萌芽的重要行业。清代苏州有许多财力雄厚、规模庞大的棉布批发商，被称为布庄字号。从碑刻资料反映的情况看，踹布业的经营方式是依靠向布号领取布匹，从事生产，即所谓"查苏城各号发踹布匹，向听布号择坊发踹"。踹坊雇佣工匠劳动，采取计件工资制。因此，人们通常将踹坊的经营形态视为自由劳动者受雇于商业资本的例证，并认为踹布业中存在资本主义萌芽的情况。

此外，苏州刻书业久负盛名，名列全国三大中心之首；木器制造加工业独步全国；玉器雕琢水平高超，名闻帝廷，有"良玉虽集京师，工巧则推苏郡"之说；造纸作坊数量多，规模大，分工精细，产品质量高；绣作、漆作、乐器、铜铁金银器加工业及钟表制作等"无不极其精巧"，人称"苏之巧甲于天下"[2]。

其三，商业兴盛与城市繁荣。明清时期，苏州既具有便利的交通条

---

[1] 康熙五十九年《长洲吴县踹匠条约碑》，见苏州博物馆等：《明清苏州工商业碑刻集》，江苏人民出版社1981年，第68-69页；并参见王卫平：《明清时期江南城市史研究：以苏州为中心》，人民出版社1999年，第73页。

[2] 参见范金民、罗晓翔：《明清苏州经济中心地位略论》，《史学集刊》2021年第3期。

件，又具有城乡商品生产的优势，不仅"需要将绸布、书籍、家具木器、工艺品等成品源源销往全国乃至外洋，同时还需要从全国各地输入大量的棉花、粮食、木材、纸张、染料等生产原材料和食糖、杂粮等副食品，并且衣履天下，辐辏海内，充当着中转输送全国尤其是南北物资的重要角色"[1]。苏州商业贸易的繁荣，突出表现为长途贩运贸易的发达。在此过程中发挥主要作用的是数量众多的外地客商，在苏州工商业的各个部门都能看见他们活跃的身影。明代郑若曾说苏州"开张字号行铺者，率皆四方旅寓之人"。乾隆《吴县志》卷八《市镇》中也说："吴为东南一大都会，当四达之冲，闽商洋贾、燕齐楚秦晋百货之所聚，则杂处阛阓者，半行旅也。"其中最为活跃的有徽州商人、浙江商人、秦晋商人、闽粤商人、江西商人、江苏商人等。徽州商人主要经营棉布业、典当业、木业和粮食业等；浙江商人中又以府县为范围而细分为杭州、绍兴、宁波、金华等商人集团，其中杭州商人主要从事丝绸、杭线业，苏州的蜡烛业几乎全部由绍兴商人经营，煤炭业经营者大多是宁波、绍兴商人；秦晋商人包括陕西、山西两大商帮，主要经营钱业、棉布业等；江苏商人按地域可分为洞庭商人、金陵商人、毗陵商人等，洞庭商人是苏州本地商帮，以善贾著称，有"钻天洞庭"之号；毗陵商人即常州、无锡等地的商人，主要从事生猪业和饭店、面馆等服务性行业。由于外地商人云集，为了"联乡语，叙乡情"以及同乡互助，他们从明代后期起在苏州建立了大量的会馆，如岭南会馆、江西会馆、金华会馆、新安会馆等，约有61所。随着商品经济的进一步发展，工商业组织逐步突破地域界限，而以行业组织起来，出现了以承应差役、制定行规、办理善举为主要职能的同行业公所，如药业公所、织业公所、梨园公所、面业公所、洋布公所等，约199个。[2] 商帮云集、会馆公所蜂起，无疑是苏州工商业发展的重要表现。

　　工商业的发达促进了城市的繁荣。城市人口不断增加，房屋挤占道路的情况时有发生，昔日荒凉之地变为"地值寸金"的地段。城内店肆林立，交易频繁，商品琳琅满目，应有尽有。唐伯虎《阊门即事》诗描述："世间乐土是吴中，中有阊门又擅雄。翠袖三千楼上下，黄金百万水西

---

[1] 范金民、罗晓翔：《明清苏州经济中心地位略论》，《史学集刊》2021年第3期。
[2] 王卫平：《明清时期江南城市史研究：以苏州为中心》，人民出版社1999年，第186-192页、第207-227页。

东。五更市贾何曾绝,四远方言总不同。若使画师描作画,画师应道画难工。"诗中描述了来自各地的富商巨贾操着不同的方言通宵达旦地进行巨额交易的情景,是当时苏州商业兴盛、贸易发达的真实写照。明末到过苏州的意大利耶稣会传教士利玛窦说:"许多来自葡萄牙和其他国家的商品,经由澳门运到这个口埠。一年到头,苏州的商人同来自国内其他贸易中心的商人进行大宗的贸易,这样交换的结果,人们在这里几乎没有买不到的东西。"[1]进入清朝以后,苏州商业更加繁盛,城内货物丛集,"若枫桥之米豆,南濠之鱼盐、药材,东西汇之木簰,云委山积"[2]。康熙末年,翰林院检讨孙嘉淦南游苏州,在其所写的《南游记》卷一中盛称:"阊门内外,居货山积,行人水流,列肆招牌,灿若云锦,语其繁华,都门不逮。"乾隆年间,徐扬的《盛世滋生图》形象地再现了清代苏州的繁华。该图中人物众多,摩肩接踵,河中船帆云集,街道商店林立,市招高扬,可以辨认市招的各类店铺有260余家,涉及50多个行业,其中丝绸店铺14家、棉花棉布业店铺23家、粮食业店铺16家等。[3]由此,苏州有了"人间都会最繁华"之誉。

苏州作为中心城市,影响不只及于江南,更辐射全国。有学者称,明清时代的苏州,是全国最为突出的赋税钱粮重地、举世闻名的商品生产加工中心、全国物资的流通转输中心、高度发达的银钱金融中心,作为中心城市,苏州的地位远超杭州。[4]诚然如此,苏州手工业发达,万商云集,货物丛聚,财富集中,影响巨大,既是"东南一大都会",亦是"宇宙间一大都会"。[5]日本著名学者宫崎市定通过对苏州城市经济形态的分析指出:"苏州不单是一个政治城市、商业城市,还逐渐地发展为一个轻工业城市","可以说,苏州与北京的关系,犹如德川时代以后日本的大阪与江户的关系。苏州实际上是中国的大阪。这种形势一直延续到清代上海开埠以后、太平天国战争以前"。[6]由此可见,苏州不仅仅是江南地区

---

[1] 利玛窦等:《利玛窦中国札记》,何高济等译,中华书局1983年,第317页。
[2] 卢腾龙修,宁云鹏纂:康熙《苏州府志》卷二十一《风俗》,康熙三十年刻本,第8a页。
[3] 详细论述参见范金民:《国计民生——明清社会经济研究》,福建人民出版社2008年,第474-520页。
[4] 范金民、罗晓翔:《明清苏州经济中心地位略论》,《史学集刊》2021年第3期。
[5] 苏州博物馆等:《明清苏州工商业碑刻集》,江苏人民出版社1981年,第331页;姜顺蛟、叶长扬修,施谦纂:乾隆《吴县志》卷二十三《物产》,乾隆十年刻本,第1a页。
[6] [日]宫崎市定:《明清时代的苏州与轻工业的发达》,日本《东方学》第2辑,1951年。

的经济中心,也是全国最为繁荣的工商业城市和经济中心。

(三) 市镇勃兴与乡村城市化进程

明清时期,县级以上城市的数量增加有限,城市化的方向转到了市镇。在这方面,江南市镇的发展显得格外引人注目。

商品经济的发展,带来了城市的繁荣,也引发了市镇的勃兴。江南市镇的发展大致经历了三个高潮,即明代嘉靖、万历时期,清代乾隆时期和清代光绪时期。由于各人对江南地域范围及市镇标准的理解不同以及资料问题,目前学界对江南地区市镇数量的统计存在很大差别。著名学者樊树志在《明清江南市镇探微》一书中对江南核心地区(苏、松、常、杭、嘉、湖及太仓六府一州)市镇做过统计,宋代71个、明中期340个、清前期442个。[1] 台湾学者刘石吉《明清时代江南市镇研究》一书中同样地域的市镇统计数据则为:明中期209个、清前期441个、清后期1188个。[2] 陈国灿扩大了范围,对江苏南部与浙江各府(明代严州、处州、台州三府因资料不全而未收录)的市镇数量进行统计,明中后期588个、清中后期1293个。[3] 虽然各人统计数据不尽相同,但在江南市镇呈现不断发展趋势这一点上是完全一致的。

在市镇的定位问题上,学界的看法也有不同。有人认为市镇属于农村地区,另有学者认为市镇是城乡之间的过渡地区,但我们更倾向于江南地区的专业市镇属于城市。[4] 国际上划分城市的主要标准之一是人口数量,但各国的标准并不一致,多至5 000人,少的只有200人。而在中国,无论是历史上还是现代,标准也不相同,学者各有各的主张。具体到明清时期,并非所有被称为"市镇"的都能视为城市,应该综合考虑人口数量、空间规模、经济形态等因素。

先看人口。江南核心地区的市镇居民在500户(每户以5口计,则为2 500人)以上的可以说比比皆是,居民在1 000户以上的不下50个,其中

---

[1] 需要说明的是,樊树志《明清长江三角洲的市镇网络》[载《复旦学报(社会科学版)》1987年第2期]中关于清前期的统计数据,较《明清江南市镇探微》中的数字略有增加。而其《江南市镇:传统的变革》(复旦大学出版社2005年)一书中,除了引用台湾学者范毅军对苏州、松江两府所做的市镇数量统计外,没有沿用自己此前的统计数据。
[2] 参见王卫平:《明清时期江南城市史研究:以苏州为中心》,人民出版社1999年,第98页。
[3] 陈国灿:《江南农村城市化历史研究》,中国社会科学出版社2004年,第171页。
[4] 相关讨论参见李伯重:《多视角看江南经济史(1250—1850)》,生活·读书·新知三联书店2003年,第385页。

"万户"巨镇在20个左右。[1] 所以有人盛称江南市镇"即其所聚，当亦不下中州郡县之饶者"。

次看空间规模。江南市镇就其外观形态而言，表现为沿河布局的特点，依据河道走向，主要表现为一河二街型、丁字型、十字型等空间特征。不同的布局形态决定了市镇的空间规模。江南地区专业市镇的规模相对较大，前文提及的丝织业区的乌青镇、濮院镇与棉纺织业区的南翔镇，规模分别达到"市廛广袤十八里""镇周十二里""东西五里、南北三里"，此外如南浔镇"东西三里，南北七里"，双林镇"周围十四里"，罗店镇"东西三里，南北二里"，章练塘镇东西九里、南北六里，乍浦镇周围九里余等。[2] 这些市镇甚至与其所属的府、县城市相比也毫不逊色。当时的湖州府城周围12里、嘉兴府城周围9里。而在市镇内部，城市机能发达，设施齐全，表现出与农村聚落的巨大区别。如乌青镇东、西、南、北四栅以内，商店、民居鳞次栉比，人口稠密；镇中有南大街、中大街等8条大街；大街之旁有众多的坊巷，清朝前期最多时有8坊68巷。再如濮院镇，主要有庙桥街、南横街、北横街等10多条大街，至清末共有17条街、15条弄、2条巷以及20多处汇、场、埭等，足见规模之大。所以，地方志中常能见到江南市镇"名为镇而实具郡邑城郭之势""蕃阜气象几与郡县相埒""东南一都会"之类的记载。[3]

再看经济形态。与宋元时期以调剂居民生活余缺为主要功能的市镇不同，明清时期江南市镇的专业化特色比较明显。市镇往往以一种或多种手工业与特色商品为主。丝织业市镇如嘉兴府的濮院、王江泾，湖州府的南浔、菱湖、双林，杭州府的临平，苏州府的盛泽、震泽等。盛泽镇居民"以绫绸为业"，"丝绸之利日扩，南北商咸萃"；濮院镇"机声盈耳，里人业织者多矣"；王江泾镇"其民多织缯为业，日出千匹，衣被数州郡"；等

---

[1] 王卫平：《明清时期江南城市史研究：以苏州为中心》，人民出版社1999年，第100页。
[2] 参见王卫平：《明清时期江南城市史研究：以苏州为中心》，人民出版社1999年，第100页；陈国灿：《江南农村城市化历史研究》，中国社会科学出版社2004年，第184-185页。
[3] 董世宁纂：乾隆《乌青镇志》卷二《形势》，见《中国地方志集成·乡镇志专辑》第23册，上海书店出版社1992年，第230页；仲虎腾辑：光绪《盛湖志补》卷一《沿革》，见《中国地方志集成·乡镇志专辑》第11册，江苏古籍出版社1992年，第629页；张承先纂：嘉庆《南翔镇志》卷二《彭定求留婴堂序》，见《中国地方志集成·乡镇志专辑》第3册，上海书店出版社1992年，第462页。

等。由此吸引客商前来交易,使得买卖兴隆,市况繁荣。如菱湖镇,在明代中期"沿湖岸铺及湖内舟船,商贾凑集,总之各行,不下百余户"[1],入清以后,"更盛于前明,商贾蕃凑,丝业尤甲一邑"[2]。棉纺织业市镇有苏州府的周庄、南翔、罗店、新泾、鹤王等,松江府的朱泾、枫泾、朱家角、金泽等,嘉兴府的魏塘镇等。太仓鹤王市"每岁木棉有秋,市廛阗溢,远商挟重资自杨林湖泾达";南翔镇所产扣布名声在外,"远方珍之,布商各字号俱在镇";魏塘镇所产棉纱数量巨大,民间流传有"买不尽松江布,收不尽魏塘纱"的谚语;枫泾镇棉布整染业发达,"里中多布局,局中多雇染匠、砑匠,皆江宁人,往来成群"。由于产品交易量巨大,外商云集,商况繁荣,如朱家角镇,以棉纺织业为支柱产业,另有金属器具制作业、竹木加工业、漆作业、皮革业、制衣业、木作业、酿酒业等,在明后期"商贾凑聚,贸易花、布,京省标客往来不绝";清嘉庆时,"东市明纪场,茶楼酒肆,为京洛标客居停之所","市中居货曰榻,置货鬻物曰店,以有易无曰赎卖,随地贸易曰摊头","屠割曰庄,沽酒食曰馆,茶肆亦曰馆"。[3]说明镇上商店仓房遍布,饭店酒肆茶馆林立,各种商业服务业配套齐全。此外,还有以榨油业为主的石门镇,以盐业为主的新场、航头、鲍郎等镇,以建材业为特色的干家窑、陆墓等镇,以冶铸业为特色的炉头等镇,以文具业为特色的善琏镇,以造船业为特色的织里镇,以刺绣业为主的光福、下沙镇,等等。

当然,就整个江南地区而言,核心区与边缘区的市镇在人口、空间规模乃至商况方面还是存在很大差异的。

由此可见,明清时期的市镇,尤其是江南核心地区广泛涌现的专业市镇,完全符合城市界定的标准。只是其发展动力不是来自政府政策等政治手段,而是受经济功能增强的中心城市的影响,尤其是发展中的农村商品经济,是一种新型经济形式。如此一来,中心城市与市镇、市镇与市镇之间相互影响、相互促进,在江南地区形成了一个有机的城镇网络,有力地推动了江南地区的城市化进程。

---

[1] 孙志熊:光绪《菱湖镇志》卷四十二《前事略·事纪》引孙铨《又与任邑侯书》,见《中国地方志集成·乡镇志专辑》第24册,上海书店出版社1992年,第939页。
[2] 宗源瀚等修、周学濬等纂:同治《湖州府志》卷二十二《村镇》,见《中国方志丛书·华中地方》第54号,台湾成文出版社1970年,第434页。
[3] 转引自陈国灿:《江南农村城市化历史研究》,中国社会科学出版社2004年,第212页。

由于研究的侧重点不同,各个学科对于城市化的理解并不相同。习惯上,学术界倾向于将城市人口在总人口中比重的提高、城市数量的增加以及城市地域的扩张当作某一地区城市化的主要标志。以下即以此为切入视角,分析明清时期江南地区的城市化进程。

城市化是一个动态的历史过程。中国的城市化进程早就已经开始,在宋代以前,城市人口数量的占比即已达到一个很高的水平。但是,如有些学者所指出的,宋代以后,中国的城市化进程采取了独特的方式,"大中城市的发展完全停顿,城市化的新方向转到市镇",以江南市镇为代表的"非传统市镇的发展是中国自宋以来都市化过程的主要方式"。[1] 不过,断言大中城市的发展已完全停顿,未必符合实际。正如上文所指出的,江南地区的县城数量仍然有所增加,大中城市的经济功能显著增强,尤其苏州已成为公认的全国经济中心城市。尽管如此,我们仍然赞成这样的观点:明清时期江南地区非传统型市镇的勃兴,成为江南地区城市化的主要形式,代表了近世中国城市化的发展方向。

城市人口的多少是衡量城市化程度的主要标志之一。从上文的论述来看,江南地区无论大中城市还是市镇,人口都有了快速的增长。从城镇数量、分布密度等方面分析,明清时期江南核心地区的城市化比例最高时应在10%—15%。[2] 李伯重在充分吸收学界前贤研究成果的基础上所做的细化研究,让我们对城市人口的占比有了更为明晰的认识:明末清初,江南地区的城市化比例在10%左右,而在江南核心地区则可能达到15%;至于清代中期,江南地区的城市化水平则在20%左右。[3] 而同时期全国城市人口比率,按照饶济凡的估计仅为6%—7%。[4] 从人口的角度,江南地区的城市化水平是全国平均数的1—3倍,足以说明江南地区是全国城市化水平最高的地区之一。

明清时期江南地区的城市化进程在城市区域扩张和城市数量增加方面也有明显的反映。城市规模的扩大,既表现为传统城市冲破城垣的限制向郊外拓展空间,如杭州、苏州、松江等,也表现为新兴的地方经济中心市

---

[1] 赵冈:《论中国历史上的市镇》,《中国社会经济史研究》1992年第5期。
[2] 王卫平:《明清江南地区的城市化及其局限》,《学术月刊》1999年第12期。
[3] 李伯重:《江南农业的发展(1620—1850)》,上海古籍出版社2007年,第24页;李伯重:《江南的早期工业化(1550—1850)》,社会科学文献出版社2000年,第414页。
[4] 刘石吉:《明清时代江南市镇研究》,中国社会科学出版社1987年,第136页。

镇空间规模的扩大,如吴江盛泽镇从明代前期一个居民仅四五十户的小村落,到清代中期发展为周围四五里、烟火万家的工商业巨镇。城市数量的增加,不仅表现为增加了十多个县城,更表现为市镇的大量兴起。具体情况,上文多有论述,此处不赘。市镇数量的增加,意味着单位面积内市镇密度的增加。市镇密度越大,城市化水平越高。虽然江南地区市镇的分布在各个府、州、县有所差异,但总的来说高于全国其他区域。[1]

黄宗智先生曾经指出,如果摆脱任何基于感情或政治需要的争论,可以说通商口岸的开辟、外国资本主义列强的到来,虽然造成了城市经济某些领域的混乱,阻碍了一些民族资本主义企业的发展,但在客观上也促进了江南地区新工业及大大小小近代城市的兴起。[2] 与其他地区发生的对先进机器生产手段的激烈排斥情况形成鲜明对比,工厂制度、机器生产在江南地区很快得到普及,江南地区不少城镇与外国资本主义的先进技术和生产方式对接,迅速转变职能,加入了世界资本主义市场体系,城市化在新的历史条件下继续发展。而这一切不能不说与江南地区原有的、程度较高的城市化水平有关。换言之,江南地区较高程度的城市化水平,为近代城市的出现和近代城市化的发展创造了前提,铺平了道路。因此,江南地区最早走上近代化道路绝不是偶然的。

五、近代江南地区经济的转型

1840 年的鸦片战争,掀开了中国近代史的序幕。西方帝国主义列强凭借坚船利炮轰开了东方帝国的国门,随之而来的一次次侵略战争以及一系列不平等条约,严重摧残了中国的社会经济,将中国人民推向苦难的深渊。面对"千年未有之大变局",一部分有识之士睁开眼睛重新认识世界,图谋富强救国之道。作为最早开埠之地,江南地区得风气之先,勇立潮头,开启了艰难的近代化之路。

(一) 江南农村经济的变动

鸦片战争以后,外国资本主义经济的入侵促使江南地区农村经济发生变化。明清以来,农业商品化已有相当程度发展的江南地区,因被卷入世

---

[1] 参见王卫平:《明清江南地区的城市化及其局限》,《学术月刊》1999 年第 12 期。
[2] 黄宗智:《长江三角洲小农家庭与农村发展》,中华书局 1992 年,第 119-120 页。

界经济体系,商品化程度大大提高。而近代以来的几次大规模战争,不断地破坏着江南地区的经济基础,造成农村萧条、农民破产。在这些因素的影响下,近代江南农村经济在兴盛、破坏、复兴、萧条中往复循环,变动剧烈。

1. 农村商品经济的进一步发展

如前所述,明清时期江南地区农村的商品经济已相当发达,并在此基础上形成了经济作物种植的专门区,以及商品生产的专业化。近代以来,江南地区农村商品经济有了进一步的发展,桑蚕种植区扩大,生丝产量增加,贸易兴旺;棉花种植更为普遍,棉纺织业更为发达;城郊蔬菜种植业兴起。个体小农不同程度地脱离自然经济的范围,加入资本主义市场经济的运作中。

太湖周边的湖州、嘉兴、苏州等府历来是盛产蚕丝的地区,丝织业素来发达。近代以来依然如此。王韬《漫游随笔》中说,19世纪50年代,"由嘉兴至平湖,沿河皆种桑林,养蚕取丝,其利百倍,诚东南民生衣食之源也",长兴县"农桑并重,而湖俗之桑,利厚于农。自夷人通商,长兴岁入百万计"。[1] 上海开埠通商以后的丝价大涨以及太平天国战争后的人口流动,促使原本并不植桑养蚕的地区也开始发展蚕桑业,从而使得江南地区的蚕桑区不断扩大。奉贤县民间向勤耕织,不务蚕桑,"自咸丰末,有浙西、江宁人逃难来者,沿习其俗,遂亦有树桑饲蚕,能治丝者";松江府、太仓州所属多有类似情况,南汇县的有些乡镇"树桑遍地";嘉定县钱门塘乡在光绪年间"里无不桑不蚕之家",时号"小湖州"。[2] 无锡、金匮两县,以往"饲蚕之家不多",太平天国战争以后,"荒田隙地尽栽桑树,由是饲蚕者日多一日,而出丝者亦年盛一年",《申报》1880年6月21日有文载:"近来苏地新丝转不如金、锡之多,而丝之销场亦不如金、锡之旺,故日来苏地丝价虽互有涨落,而价目尚无定准";常州与宜兴

---

[1] 丁宝书等:光绪《长兴县志》卷八,见《中国方志丛书·华中地方》第586号,台湾成文出版社1983年影印本,第675页。
[2] 韩佩金修、张文虎等纂:《重修奉贤县志》卷十九《风土志·风俗》,见《中国方志丛书·华中地方》第15号,台湾成文出版社1970年,第960页;金福曾、顾思贤修,张文虎等纂:光绪《南汇县志》卷二十《风俗志》,见《中国方志丛书·华中地方》第42号,台湾成文出版社1970年影印本,第1436页;童世高编:《钱门塘乡志》卷一《土产》,上海市文物保管委员会1963年铅印本,第22页。

两地,"过去产丝几乎等于零,而今年生丝的总产量估计为六十万两,价值九万海关两"。凭借上海通商口岸的有利条件,江南地区的生丝、丝绸大量出口海外,从而刺激了蚕桑丝织业的发展。如湖州著名的辑里丝,"在海通以前,销路限于国内,仅供织绸之用,即今日所谓之用户丝,其行销范围既小,营业不盛",但上海开埠后,"辑里丝乃运沪直接销与洋行,实开正式与外商交易之端"。[1] 辑里丝声名远播,深受客商欢迎,由此带动了当地蚕桑丝织业的大发展,温丰作《南浔丝市行》有谓:"小贾收买交大贾,大贾载入申江界。申江鬼国正通商,繁华富丽压苏杭。番舶来银百万计,中国商人皆若狂。今年买经更陆续,农人纺经十之六。遂使家家置纺车,无复有心种菽粟。"

在沿海、沿江沙土地带,棉花种植以及在此基础上发展起来的棉纺织业一向发达。进入近代以后,随着上海开埠,受原棉出口需求扩大的刺激,棉花种植面积更为扩大。浙江滨海沙地,近代以来大都被垦为棉田,"每当所收,为出口一大宗",1897年棉花丰收,"新花山积,而价值仍复甚涨,刻下每担约银九圆有奇"。[2] 长江北岸的通州地区植棉业快速兴起,据称:"棉花为通属出产一大宗,大布之名尤驰四远。自昔商旅联樯,南北奔凑,岁售银百数十万。咸同以来,增开五口互市通利,西人又购我华棉,与美棉、印棉掺用,出布甚佳,而吾通之花市日益盛,岁会棉值增至数百万。"[3] 1863年受国际市场供求关系的影响,原棉出口价格涨幅较大,"松江、太仓一府一州各县各乡大小花行来申抛盘货三四十万包",连同其他府县供货,"统计不下百万包"。这种因价格高涨推动所呈现的发展势头在相当长一段时间内得以持续,《1902年至1911年海关十年报告》称,"目前专用于棉花耕作的面积大为增加,从而使这一作物近年来的重要性愈来愈大了"。据1912年的统计,"上海棉田约占全部可耕田的百分之六十,目前江苏东南地区年产原棉估计约为二十万吨,对世界市场来说也是一个重要的产地"。[4] 1924—1937年,江苏历年植棉面积长期维持在1 000万亩至1 200万亩之间,后因战争影响和

---

[1] 刘大钧:《吴兴农村经济》,中国经济统计研究所1939年,第121页。
[2] 《农学报》第十五期,光绪二十三年十一月上《各省农事》。
[3] 李文治:《中国近代农业史资料》第一辑,生活·读书·新知三联书店1957年,第397页。
[4] 徐雪筠等:《上海近代社会经济发展概况(1882—1931)——〈海关十年报告〉译编》,上海社会科学院出版社1985年,第158页、第204页。

美棉低价倾销,植棉面积急剧下降,直至1949年也未能恢复到1937年的水平。[1]

上海开埠以后,随着城市建设速度的加快,城市规模不断扩大,人口大量增加。为了适应这种变化,满足城市居民的生活需要,城郊百姓大力发展蔬菜种植业,如嘉定县真如乡,"自上海辟为租借地后,中外互市,人口日繁,需要巨量之蔬菜。农民以应供求起见,有舍棉、稻而改艺者,功虽倍,应时更替,年约六七熟,获利倍蓰,本乡之东南部大都如是"[2];宝山县江湾里,"自商埠日辟,向以农业为生者,辄种植蔬菜,杂莳花卉,至沪销售,获利颇不薄"[3]。据1912年海关报告,"一个颇有规模的、以供求市场为目的的菜园行业已经兴起,这种形式正在广泛地被采用,特别在上海近郊"[4]。

需要特别指出的是,近代江南农村商品经济的发展伴随着品种改良与技术进步。为了与国外的棉花与蚕丝进行竞争,适应机器生产的需要,江南地区的工商业者极为重视棉花与蚕茧品种的改良,成立了为数众多的植棉试验场、蚕种场、改良社等机构。如1914年穆藕初在上海创办植棉试验场,1917年聂云台、穆藕初等组织中华植棉改良社,进行棉种改良试验;再如20世纪30年代初,"丝业大王"薛寿萱在无锡组织蚕桑模范区、合作社、蚕种场,在各乡镇推广设立指导所。为了鼓励农家饲养改良蚕,薛家所属的永泰、华新等丝厂,还以低于市场的价格向农民出售,并予以额外奖赏。[5] 在棉花、生丝加工方面,不断改进技术,引入先进生产工具,如南浔、盛泽、震泽等地的丝商为迎合国外丝织业的技术要求,将买进的土丝按等级分给农户或小作坊再进行加工,因专供出口而被称为"洋经丝"。在棉花产区,邻近上海的南汇、嘉定、青浦等县地方志记载,因"同治以来,上海花商收买花衣,于是轧花场地遍地皆是。始用小轧车,

---

[1] 许道夫:《中国近代农业生产及贸易统计资料》,上海人民出版社1983年,第204页、第209页、第338页。
[2] 王德乾辑:民国《真如志》卷三《农业》,见《中国地方志集成·乡镇志专辑》第3册,上海书店出版社1992年,第232页。
[3] 钱淦纂:民国《江湾里志》卷五《农业》,见《中国地方志集成·乡镇志专辑》第4册,上海书店出版社1992年,第634页。
[4] 徐雪筠等:《上海近代社会经济发展概况(1883—1931)——〈海关十年报告〉译编》,上海社会科学院出版社1985年,第158页。
[5] 引见马俊亚:《简析江南乡村建设运动》,《天津社会科学》2012年第3期。

妇女手摇足踏，日可出衣十数斤。光绪中，洋轧车出，日可得衣数百斤，小轧车天然淘汰矣"，"洋轧车光绪十年间自上海传入，先行于东北乡一带，日出花衣一担有余"。改良品种与使用先进生产工具，不仅提高了生产效率，也促进了农村经济的近代转型。

近代江南农村商品经济的发展，首先与上海开埠后逐渐被卷入世界资本主义市场体系的背景密不可分。在此之前，清政府严格控制海外贸易，只留广州一口通商。江南地区物产富饶，丝、棉、茶等产品深受海内外客商欢迎，但由于远离通商口岸，运输成本高昂，不利出口。上海开埠后，江南地区的生丝及丝绸、棉花与棉纺织品、茶叶等可以就近由上海港出口，运输方便，成本较低，大大促进了海外货易的发展；尤其上海作为中外贸易的桥头堡，将江南农村越来越多地卷入世界资本主义市场体系中。如苏州蚕桑业主要在吴县太湖诸乡，"通商以来丝、茶为出口大宗，人人皆知其利，长洲县所辖之西北境凡与无锡、金匮接壤者，遍地植桑治蚕"[1]；据载，江苏溧阳县以往最多时每年产生丝260余万两，1880年增至500万两，约值75万海关两，其中"运往上海输出国外者约占十分之八"[2]；湖州辑里丝，深受外商欢迎，"法兰西米利坚各洋行，咸来购求"[3]。前引通州地区的棉花也是受"五口互市通利，西人又购我华棉"的影响，以致"花市日益盛，岁会棉值增至数百万"。其次，近代民族工业的兴起也刺激了农村商品经济的发展。近代以来，以上海为中心的江南各城市民族工业有了较大发展，以棉纺织业、缫丝丝织业等轻工业为主。原料需求带动了农村商品经济的发展。如19世纪末，浙江沿海沙地大量植棉，虽棉花丰收但棉价仍然高涨，"所以如此者，因各处纱厂日多，商贩甚伙故也"。[4]嘉定县"素不习蚕事"，但因"近年上海丝厂盛开，广收蚕茧"，于是"乡人始渐讲求，城西一地市茧者年可得数百担"；再如

---

[1] 曹允源等纂：民国《吴县志》卷五十二《风俗》，见《中国方志丛书·华中地方》第18号，台湾成文出版社1970年，第868页。
[2] 彭泽益编：《中国近代手工业史资料》第一卷，生活·读书·新知三联书店1957年，第579页。
[3] 周庆云纂：《南浔志》卷三十二《物产》，见《中国地方志集成·乡镇志专辑》第22册（上），上海书店出版社1992年，第359页。
[4] 《农学报》第十五期，光绪二十三年十一月上《各省农事》。

上海县也是因为"近来丝厂盛开，收买蚕茧，而育蚕者更盛"。[1]

2. 近代战争对农村经济的破坏与摧残

晚清时期，爆发了中国历史上最大规模的农民起义——太平天国运动，而且随着帝国主义列强的侵入，社会动荡不宁，至20世纪三四十年代更发生了日本帝国主义侵略中国与中国人民反侵略的抗日战争。无论是太平天国战争，还是侵略与反侵略的抗日战争，都规模大、历时久、战争残酷、影响深远。江南深受战争影响，人口锐减，土地荒芜，农村经济惨遭摧残。

1853年3月，太平军挟破竹之势，直取金陵，建为天京。其后十多年间，太平军持续西征、北讨和东进，与清军展开殊死较量，战火燃遍大半个中国，而江南地区成为主要战场，安徽全省、江苏南部和浙江西部饱受战争蹂躏，生灵涂炭。王韬《弢园文录外编》卷七《平贼议》中提及："江、浙、皖三省，被贼蹂躏之地，几于百里无人烟。其中大半人民死亡，室庐焚毁，田亩无主，荒弃不耕。"太平天国运动爆发之前，江苏是全国人口数量最多、人口密度最高的省份，战后则损失巨大，满目疮痍，时任江苏巡抚李鸿章奏称："苏省民稠地密，大都半里一村，三里一镇，炊烟相望，鸡犬相闻。今则一望平芜，荆榛塞路，有数里无居民者，有二三十里无居民者。"[2]呤唎《太平天国亲历记》中收录了一则外国人自苏州到南京的见闻：在清军收复苏州以前，原本苏州与南京之间的乡间是"可爱的花园，运河两岸十八里内全都排列着房舍"，但是"自苏州复归于清军之手后，这些房舍以及无数桥梁全都消失了。整个十八里之内没有一幢房子，四周乡间，举目荒凉。人民畏清兵如豺虎，一见就惶惶逃命。看不见男人，看不见妇女，看不见儿童，也看不见任何一头牲畜。……在通往无锡的路上，遍地荒芜，荆草漫生。……沿途布满了数不清的白骨骷髅和半腐的尸体，使人望而生畏。这里没有做买卖的船只，商业绝迹，无锡已成为一片废墟"，"到常州府，沿途九十五里，仍旧是一片荒芜凄惨的景

---

[1] 黄世祚纂：民国《嘉定县续志》卷五《物产》，见《中国方志丛书·华中地方》第170号，台湾成文出版社1975年影印本，第311页；姚文枬等纂：民国《上海县续志》卷八《物产》，见《中国方志丛书·华中地方》第14号，台湾成文出版社1970年，第597页。

[2] 转引自行龙：《论太平天国革命前后江南地区的人口变动及其影响》，《中国经济史研究》1991年第2期。

象，不见一个做工的人。遍地荒蒿，杂草没胫"，"从常州府到丹阳遍地布满了白骨，不幸的太平军，更可能是无辜的村民，一定遭到了极其可怕的屠戮。我从丹阳前进四十五里，前进得越远，地方上的情况就越坏，一言以蔽之，整个情况是'一团糟'"。[1] 浙江、皖南的情况同样如此，浙江巡抚左宗棠说，浙江"人民死于兵燹，死于饥饿，死于疾疫，盖几靡有孑遗"[2]。民国《安徽通志稿·民政考》中提到："安徽以长江中游屏蔽太平天国首都，受兵之祸尤烈。曾国藩驻在皖南徽州数年，万山之中，村落为墟。"徽州、宁国两府"积骸成莽，人类将尽"，"孑遗之民，存什一于千百"。有人统计，1874年江苏人口减少为19 823千人，净减24 679 621人，占战前人口总数的55.7%；浙江人口到1866年减少为6 378千人，净减23 728 857人，占战前人口的78.8%；安徽人口直到1892年也仅20 596 988人，净减16 034 012人，占战前人口的42.6%。[3] 战争的后果之一是人口锐减，劳动力奇缺，严重影响了经济的恢复与发展。清朝官府通过"招徕客民"的办法垦辟荒田，又造成土客之间的矛盾与冲突。后果之二是村镇为墟，土地荒芜，农村破产，经济陷入低谷。著名地理学家、旅行家冯·李希霍芬在太平天国战后浙江、安徽南部的调查报告中提及农村破败情形："无论河谷中的田地，还是山坡上的梯田，都已为荒草覆盖，显然没有什么作物能在这枯竭的土地上繁衍。旧日的桑田因缺少照管，一半已经荒废，说明了蚕桑是以往居民们的主要产业之一。"[4]虽然清军镇压太平天国运动以后，出现了所谓"同治中兴"的局面，但战争的破坏非短期内能够恢复，如浙江光绪《富阳县志》卷六有谓："计自咸丰十年春粤贼蹂躏，至同治二年八月始经克复，匪前户口四十余万，自遭烽燹、兵死、疫死、饿死、病死，江南各乡尚存十之三四，西北两区迭为战场，村落俱成焦土，人民无一孑遗。上下百里间，几至炊烟断绝，寇祸之烈为自来所无。今历太平四十余年，客民杂居，间存一二土著，而元气凋伤，生机不畅，

---

[1] 呤唎：《太平天国亲历记》，王维周、王元化译，上海人民出版社1997年，第566—568页。
[2] 转引自行龙：《论太平天国革命前后江南地区的人口变动及其影响》，《中国经济史研究》1991年第2期。
[3] 行龙：《论太平天国革命前后江南地区的人口变动及其影响》，《中国经济史研究》1991年第2期。另据曹树基的统计，太平天国战争中江苏南部及扬州府损失人口1 481万人，浙江省损失人口1 630万人。见曹树基：《太平天国战争对苏南人口的影响》，《历史研究》1998年第2期；曹树基、李玉尚：《太平天国战争对浙江人口的影响》，《复旦学报》2000年第5期。
[4] 转引自何炳棣：《1368—1953中国人口研究》，上海古籍出版社1989年，第240页。

此又地运之厄也";民国《昌化县志》卷首也说到,"洪杨之役,由淳(安)窜昌(化),首当其冲,民气凋残,垂六十余年,未易恢复原状"。说明太平天国战争对江南农村经济的负面影响持续了数十年的时间。

近代中国多灾多难,战祸不断。1931年"九一八"事变是日本帝国主义武装侵略中国的开始,也是中国抗日战争的起点,揭开了中国人民反抗日本帝国主义侵略的英勇斗争的序幕。1937年8月13日,日军大举进攻上海,战火迅速在江南地区蔓延,江苏、浙江两省沦为战区,损失惨重,生灵涂炭,以致伪维新政府也将此次侵略战争称为"华中浩劫"。有学者保守估计,"抗战期间被日军直接杀害的江南农村人口约40万人,伤残约为60万人,沦为难民的人数约200万人"[1]。战争破坏极为严重,"京沪、杭沪一带房屋被焚到处皆见,其中以常州、无锡、嘉兴、松江为甚,一片焦土,惨不忍睹,人民流离失所,无衣无食者不知凡几"[2],江苏宜兴县"在事变时中日军两度进出,以致遭受损失较他县更重,城内及附郭被毁房屋百分之九十,所剩房屋亦均破坏不堪,满目疮痍,情况至惨,城内居民现仅三千余人,城外附郭各乡六万六千三百余人,综观城内市容,不及一小乡村,其萧条情形可见一斑,恐非数十年难于复兴"[3]。据伪维新政府的调查,1937年沪宁会战后,"江浙皖各处农区,因此次事变,所受损失之大小,及破坏程度之轻重,视其地点之沿线铁路公路沿线与否,即可区别之。盖铁路公路沿线区域,为两军接触之区,损失较大,破坏较重"[4]。抗日战争全面爆发后,浙江境内先后发生大小战事2 400余次,其中大规模会战1次,重要战役29次。[5]江苏省农业富饶,素称鱼米之乡,但"第经敌伪八载荼毒……农村几频(濒)绝境"。据统计,截至1943年,江苏沦为战场的农田为193 473 000亩,灾区面积达310 756 000

---

[1] 马俊亚:《抗战时期江南农村经济的衰变》,《抗日战争研究》2003年第4期。需要说明的是,此处所指江南地区仅限浙江大部与江苏南部,相较于本书所指江南地区范围略小。
[2] 伪维新政府档案:《实业部派员调查京沪杭沪两铁路沿线实业状况》,中国第二历史档案馆藏,全宗号2103,案卷号408。转引自马俊亚:《抗战时期江南农村经济的衰变》,《抗日战争研究》2003年第4期。
[3] 汪伪报务委员会档案:《调查无锡、武进、江阴、宜兴、丹阳、金坛等县灾况报告书(1940年9月)》,中国第二历史档案馆藏,全宗号2076,案卷号569。转引自马俊亚:《抗战时期江南农村经济的衰变》,《抗日战争研究》2003年第4期。
[4] 转引自马俊亚:《抗战时期江南农村经济的衰变》,《抗日战争研究》2003年第4期。
[5] 迟景德:《中国对日抗战损失调查史述》,台湾"国史馆"1987年刊印,第237-238页。

亩，占江苏农田总面积的91.6%；浙江沦为战场的农田为84 702 000亩，灾区面积达135 696 000亩，两项合计为220 398 000亩，占农田总面积的97.7%。有学者估算战争的损失，"江南50余县，以每县平均80个乡镇计算，江南地区失耕土地达1 238 800余亩，以每亩年产大米1石（每石75公斤）计，江南农村在日据期间减收大米7.432 8亿公斤；失耕户数为19.84万户，每户以平均5口人计算，失耕总人口达99.2万人。农具全毁的户数约为74.7万户，农具半损的户数约为99.75万户"[1]。

丝、棉生产历来是江南地区农产品生产的大宗，是人们生计所依。但在日军占领期间，蚕桑丝织、棉花棉织也遭到摧残。江苏省档案馆藏档案资料显示，战前江苏省有桑园约95万亩，产茧18万余担，但到1945年，桑园仅存一半，产量降为3万担左右。常州蚕桑业极为发达，战前可谓家家养蚕，但战事结束后，"今则与春耕并废矣"。浙江省以蚕丝为主要生产的30个县，在战前栽桑面积为2 658 193亩，年产桑叶18 366 410担，战后桑树仅存十分之三四，桑叶产量仅有战前的十分之一二。[2] 再如棉花，由于日军实行统制政策，压低棉花收购价格，挫伤了棉农生产积极性，导致棉花生产极度萎缩。1937年江苏共有棉田1 182 375亩，年产皮棉2 331 015担，但1945年战争结束后，棉田面积仅有375 140亩，生产皮棉775 541担，尚不及战前的三分之一。[3]

在江南地区农产减收的情况下，日军为了"以战养战"，还在农村大肆掠夺农产品，导致物资短缺，物价飞涨，民不聊生，哀鸿遍野。1941年7月旅沪宁绍同乡救济会给汪伪政府的呈文称："窃维浙东宁、绍两属，三数年来，变乱相寻，饥荒迭见，市无粒米，民乏余粮，加以交通梗阻，运输困难，生产积滞，金融停顿。昔称殷富，仅免饥寒；素号小康，难求温饱。尤以贫困之家，始则草根充食，糠纰疗饥。驯至易子而食，析骸为炊，遍地哀鸿，仅存一息"，绍兴贫户七千余户，赤贫三万余口，"除少数绅富及经商之家外，城区十万余人，因受连年抗战粮食统制、物价高涨之苦，大都不继饔食，瓶缶俱空，比户连房，无不揽食杂粮，但有极贫次贫之分，已无温饱小康可数，尤可惨者，鸠形鹄面，触目于途，路毙饿莩，

---

[1] 马俊亚：《抗战时期江南农村经济的衰变》，《抗日战争研究》2003年第4期。
[2] 参见周章森：《抗日战争时期日伪对浙江的经济掠夺》，《浙江学刊》1994年第1期。
[3] 马俊亚：《抗战时期江南农村经济的衰变》，《抗日战争研究》2003年第4期。

死亡不少"。[1]

在长达14年的侵华战争中,日军烧、杀、抢、掠,致使江南地区人口锐减,房屋财产被毁,田地荒芜,经济破败,"尤为令人痛心的是,这场侵略战争打断了江南农村的现代化进程,阻断了江南农村的改良建设和社会发展。加上日军破坏了江南农村的社会保障体系,受灾与破产的农民无法得到及时有效的救助,愈加增进了江南农村的贫困化程度"[2]。

3. 租佃关系的变化

近代以后,农村地权与租佃关系发生了重要的变化,主要表现为永佃制的盛行。

永佃制反映的是土地产权关系的变化。在这种土地制度下,土地的产权分裂为田底(所有权)与田皮(使用权)两个层面。地主掌握所有权,佃农享有耕种权,"两层产权互相独立,可以个别的转移、买卖、遗赠、典押,形成两个独立的交易市场,各有自己的行情与价格"[3]。

永佃制的源头可以追溯到唐宋时期。与人地矛盾加剧的背景相关,永佃制在明清时期得到很大发展,在江苏、浙江、安徽南部等江南地区比较普遍。如苏南地区,按照陶煦《租核》一书的说法,"吴农佃人之田者十八九","吴中之田,十九与绅富共有之也"。清代永佃制的形成与发展,大致基于两种情况:一种是兵燹之后,人口减少,田亩荒芜,地主召人垦荒,为吸引佃户而采取永佃制。如雍正、乾隆年间曾任江西按察使的安徽人凌燽在《西江视臬纪事》中说:"江省田亩独有田皮、田骨之分,而南、赣、抚、建等府为尤甚。揆厥所由,因国初鼎定,当兵燹之后,地亩荒芜,贫民无力耕复,率系召人佃耕。垦户开荒成熟,未免需费工本,遂世代守耕。故在业主为田骨,在耕户为田皮。业主得卖其田骨为大买,耕户得顶其田皮为小买,业主止管收租,赁耕、转顶权自佃户,业主不得过问。若欲起佃,必须照还原费工本。"[4]还有一种是有些自耕农因躲避捐税等而成为永佃制下的佃农,如金陵大学农业经济系调查所编的《豫鄂皖赣四省之租佃制度》中所说,"相传该处农民欲逃避捐税之累,故特将田

---

[1] 马俊亚:《抗战时期江南农村经济的衰变》,《抗日战争研究》2003年第4期。
[2] 马俊亚:《抗战时期江南农村经济的衰变》,《抗日战争研究》2003年第4期。
[3] 赵冈:《永佃制的经济功能》,《中国经济史研究》2006年第3期。
[4] 转引自董蔡时:《永佃制研究》,《苏州大学学报(哲学社会科学版)》1995年第2期。

地低价售与富豪之家，惟保留其永久耕种之权"。而这两种情况在江南地区同样存在。[1]

江南地区永佃制在晚清、民国时期的盛行，与太平天国战争密切相关。自1853年定都南京至1864年运动失败，太平天国经略江南十多年。其间，出于巩固政权、筹集军需等需要，太平天国政权虽有发展经济的举措，终因政局不稳、战乱频繁，致使江南地区社会经济遭受了严重摧残。战争结束后，村庄被毁，人口锐减，土地荒芜，农村一片残破，劳动力严重缺乏。为此，清朝地方政府只得招募外来流民，承佃垦荒。但是，客民流动性大，常有弃佃他迁的情况，以致田地垦而复荒。同治八年（1869），两江总督马新贻即奏称："即现在成熟启征之田，大抵皆同治五年江北水灾，饥民逃荒南来，经业主给以牛、种开垦者居多。此等灾民，原籍本有田可种，而江南熟田均经开征，即科则无考之处亦经权办抵征。赋出于田，租出于佃。开荒之人，因利息无多，往往弃田而归，业主莫可如何，以致已熟田地复又抛荒者，不一而足。"[2]为了避免类似情况的发生，地主不得不承认垦耕的客民取得永佃权，永佃制遂成为江南地主招徕佃户的手段，并成为江南地区普遍流行的租佃制度。如安徽舒城、桐城等县，佃农几乎全有永佃权，"要之，不外洪杨乱后，地主召致佃农垦荒时，逐渐演成之变化耳"[3]。又据《中国经济年鉴》所载，太平天国战争后，浙江境内人口稀少，田地荒芜情况严重，"左宗棠抚浙，招集荒民开垦成熟后，许其有佃种权。固有之田主只能收取租息，完粮为业，佃户可以永佃"。

当然，永佃制的盛行与江南地区地主城居化现象也有密切关联。地主居于城镇，平时对土地少有管理，只是在收获季节派人或通过租栈收取地租，客观上也需要较为稳定的租佃关系，陶煦《租核》所谓"又田中事，田主一切不问，皆佃农任之"，即反映了这样的情况；学界的研究亦表明，"江南大量永佃田的田底权大多属于居住于城镇兼营工商业的大地主所有，他们的收入来源并不仅限于租米，且自己并不直接收租，而委之于

---

[1] 董蔡时：《永佃制研究》，《苏州大学学报（哲学社会科学版）》1995年第2期。
[2] 马新贻：《招垦荒田酌议办理章程折》，见《马端敏公奏议》卷七，清光绪二十年闽浙督署校刻本，第50A-50B页。
[3] 转引自董蔡时：《永佃制研究》，《苏州大学学报（哲学社会科学版）》1995年第2期。

'租栈'"。[1]

江南地区的永佃制存续了很长时间,至民国年间仍很流行。据1937年《全国土地调查报告纲要》的统计,永佃制在全国的平均比例为21.7%,而江苏永佃制比例为40.86%,浙江为30.59%,安徽更达44.15%。江南地区永佃制的比例远远超出全国的平均水平。而区域内部同样存在不平衡性,《全国土地调查报告纲要》称,江苏省永佃制"最为通行"的地区包括无锡、宜兴、苏州、吴江、昆山五地,均在江南地区。另据慈鸿飞提供的资料,常熟、太仓永佃制占比均达80%,青浦占比达86.7%,南通海门占比更高达99%。[2]

学术界争议较大的是对永佃制的评价。一般而言,永佃制下农民的封建依附关系有所削弱,有利于农业生产力的发展,"佃农摆脱了地主增租、夺佃的威胁,取得田面权具有相对的独立性。在定额租制下,地租之外的余额归自己支配,佃农生产积极性有所提高。佃农取得'田面权',把能够利用的生产资料相对稳定下来,为了争取纳租之后多有剩余,他们愿意投资施肥,改良土壤,选育良种,精耕细作,加强管理,促进了农业生产力的提高"[3]。与此同时,一些学者认为永佃制"加重了对佃农的剥削","永佃制下地主对佃农的剥削尤其残酷",阻碍了农村社会经济的发展。永佃制自唐宋以来逐渐发展,至晚清、民国在江南地区盛行的历史过程,可以说明其具有适应社会发展的生存力,这一习惯在民国时期的《民法》《土地法》等法令中得到承认,其对于农业生产力的促进作用是至为明显的。至于其是否加重了地主对佃农的剥削,慈鸿飞的研究成果给出了否定答案。据20世纪30年代农村复兴委员会浙江农村调查资料,全省永佃田租较低,"通常占收获量30%—40%,一般田地则总在收获量一半以上";据中华人民共和国成立后土地改革运动中苏南行政公署对苏南地租的调查,"租额每亩田一般占正产量的百分之五十",永佃租额一般占收获量的25%—40%(抗日战争前6—8斗米、2斗麦)。这就说明永佃制下的田租较一般田地的田租要低,相对于普通佃农而言,永佃农处于有利

---

[1] 慈鸿飞:《民国江南永佃制新探》,《中国经济史研究》2006年第3期。
[2] 慈鸿飞:《民国江南永佃制新探》,《中国经济史研究》2006年第3期。
[3] 段本洛、单强:《近代江南农村》,江苏人民出版社1994年,第145页。

地位。[1]

(二) 江南地区中心城市的位移与城市格局的变化

近代前期,江南地区的城市得到快速发展,可以说是全国城市化程度最高的地区。浙江的杭州、江苏的南京都扮演过江南乃至全国中心城市的角色。明清时期,随着江南地区商品经济的发展,苏州跃升为全国经济中心和文化中心城市,在经济、文化各领域发挥着引领作用。但是,随着国门洞开,具有傍海优势的上海成了全国最为重要的通商口岸,江南地区的经济中心出现位移,上海逐渐取代苏州,成为江南地区乃至全国的经济中心,江南地区的城市格局出现了新的变化。

1. 江南地区中心城市的位移

如前所述,明清时期的苏州是江南地区乃至全国的经济中心,工商业兴盛,贸易发达,城市繁华,是"天下四聚"之一,史称"苏州为东南一大都会,商贾辐辏,百货骈阗,上自帝京,远连交广,以及海外诸洋,梯航毕至"[2]。即使在上海开埠以后至太平军攻占苏州以前,苏州虽非全盛时的气象,也仍保持着江南地区中心城市的地位。1845年访问苏州的法国调查团成员赫德在其所写的《万物解》"世界最大的城市"一节中说:"谚曰'上有天堂,下有苏杭',苏州这样的城市确是极为罕见的。在那里,令人惊奇、充满魅力的东西应有尽有,物产丰富,气候温润,娱乐、文学、科学、艺术一应俱全。苏州是风靡全国的高雅工艺的源泉地。在那里,所有的东西都是令人爱羡、令人惊叹的,是优美的、高雅的、难得一见的艺术品。这是一个茶都和丝绸之城。她不只是充满艺术和新潮气息的江南首府,还是最发达的工业中心、最重要的商业中心和商品集散地。"[3]因此,日本著名学者宫崎市定将北京与苏州比喻为日本的政治中心江户与经济中心大阪,认为"苏州与北京的关系,犹如德川时代以后日本的大阪与江户的关系。苏州实际上是中国的大阪",而且"这种情况一直延续到上海开埠以后、太平天国战争以前"。[4]

但是,近代的苏州毕竟还是衰落了。早在嘉庆、道光年间,苏州已呈

---

[1] 慈鸿飞:《民国江南永佃制新探》,《中国经济史研究》2006年第3期。
[2] 苏州博物馆等:《明清苏州工商业碑刻集》,江苏人民出版社1981年,第84页。
[3] [日]宫崎市定:《明清时代的苏州与轻工业的发达》,日本《东方学》第2辑,1951年。
[4] [日]宫崎市定:《明清时代的苏州与轻工业的发达》,日本《东方学》第2辑,1951年。

现疲态，经济严重衰退，如林则徐曾经指出的那样，鸦片泛滥吸引了大量资金，导致昔日最为繁华的商业中心南濠"近来各种货物销路皆疲。凡二三十年前，其货有万金交易者，今只剩得半之数"[1]。苏州的衰落与中心地位的下降，原因是多方面的，其中最为重要的原因有两个。一是逐渐丧失了交通枢纽的地位。来自长江中上游的米粮，过去一直是在苏州枫桥集散，但自从运河失修、交通干道作用丧失后，运粮船只沿江直下上海，上海取代苏州成为米粮的集散地。曾被称为全国最大米市之一的苏州枫桥，再也不复昔日繁荣，至清末几乎成为一个寒村。吴元炳在为同治《苏州府志》所作序言中称："胥门郭郭，曩时列肆如栉，货物填溢，楼阁相望，商贾辐辏，故老类能道之。今则轮船迅驶，北自京畿、南达海徼者，又不在苏而在沪矣。固时势为之，有不得不然者乎。"这说明交通枢纽地位的丧失是苏州中心城市机能衰微的重要原因。二是太平天国战争的影响。交通优势的丧失，使苏州逐渐失去经济中心的地位，而太平天国战乱，无异于雪上加霜，给苏州以致命的打击。1860年5月，太平军挥师东征，势如破竹，江南地区成为主要战场。清朝官兵在逃离苏州之前，放火烧城，使得商业闹市区变成一片焦土。外国传教士在《访问苏州太平军》中说到："清朝官吏下令烧毁苏州护城河与城墙之间及城郊的一切房屋……因此，许多经营商业的街道和房屋都化为灰烬。"[2]著名官僚文人吴大澂在日记中也记载："夜间城外兵勇放火烧房屋，彻夜火光烛天，见者胆寒……阊门城外，自初四夜放火连烧两日，内外隔绝，不通音讯……所烧房屋皆系昔日繁华之地，山塘、南濠一带尽成焦土。当日逃出被害及情迫自尽者，不知几何。"[3]战争给江南尤其是苏州造成的破坏，导致苏州商业机能元气大伤。此后，苏州的城市人口一直维持在25万左右。尤其需要指出的是，以战争为契机，拥有大量财富的苏州地主、官僚、富商大贾纷纷卷产逃往上海，所谓"江浙一带富绅，争趋沪滨"[4]，使得上海成为"通省子女玉帛之所聚"，加速了上海的崛起。对于苏州而言，则无异于釜底抽薪，失去了恢复战争创伤所必需的人力与资金。苏州素称"丝绸之

---

[1] 中国近代史资料丛刊《鸦片战争》第2册，神州国光社1954年，第131页。
[2] 王崇武等：《太平天国史料译丛》，神州国光社1954年，第128页。
[3] 中国史学会：中国近代史资料丛刊《太平天国》（五），神州国光社1952年，第327–329页。
[4] 徐蔚南：《上海在后期太平天国时代》，转引自段本洛等：《苏州手工业史》，江苏古籍出版社1986年，第201页。

城",但经过战乱,城内织机数从原有的 12 000 余台下降至 5 500 台。[1] 同时,苏州对腹地城镇的辐射力和影响力也大为减弱,到民国初年,"苏州商业区域狭隘,宏壮经营形成不便。其势力范围不过为当地附近四乡八镇及常熟、无锡、常州、丹阳等而已"[2]。苏州的地位一落千丈,沦为一个内河商港。

苏州的衰落与上海的崛起是一种此消彼长的关系。上海在元朝至元二十九年(1292)置县,1843 年开埠以前一直是一个县级城市。明清时期以棉纺织业为主的商品经济有了快速的发展,但是,由于明代与清初政府实行海禁政策,上海的地理优势未能发挥出来。清代康熙以后,随着海禁政策的松弛,上海的交通枢纽地位日显重要,能量得以释放,经济进入快速成长阶段。

上海是长江三角洲地区的门户,江海河运便利,交通发达。康熙二十四年(1685),清政府设江海关于华亭,两年后迁移至上海县城宝带门内。嘉庆《上海县志》卷一记载:"自海运通商贸易,闽、粤、浙、齐、辽海间及海国船舶,皆泊县城东隅,舳舻尾衔,帆樯栉比。"上海与全国各地的经济联系不断加强,在江南地区开始扮演越来越重要的角色,成为"江海之要津,东南之都会"。江南地区肥田所需的豆饼主要来自山东和东北地区,而这些豆饼大都通过海运经上海转口而来;大豆也是由上海经营运输业务的沙船主从辽宁、山东贩运而来,道光二十三年(1843)《饼豆业建神尺堂碑》中说:"上海为阜通货贿之区,其最饶衍者莫如豆。由沙船运诸辽左、山东,江南北之民,倚以生活,磨之为油,压之为饼,屑之为菽乳,用宏而利溥,率取给于上海。"据碑刻资料,至鸦片战争前夕,上海城内的商业行业有数十个,其中有的行业规模很大,同一行业的铺户众多,如豆米业中经营豆业的商号有 44 家、米铺达 104 家。同时,上海也成为南北各地商贾的汇聚之地,商帮林立。

尽管上海的经济地位日见重要,但在开埠以前,仍不过是江南地区对外联系的一个窗口,其经济地位还不足以与苏州相提并论。这种情况在开埠以后逐渐发生变化,而在太平天国战争以后出现了地位的完全转移。

---

[1] 彭泽益:《中国近代手工业史资料》第二卷,生活·读书·新知三联书店 1957 年,第 68 页。
[2] 日本大正十年外务省《苏杭事情》,转引自安部健夫:《米谷需给的研究》,见《清朝史的研究》(日文本),创文社 1971 年,第 529 页。

道光二十三年（1843）正式开埠后的一个多月内，上海港就有6艘外国商船到达。此后外国商船数量不断增加，道光二十四年（1844）为44艘，道光二十九年（1849）更多达133艘。[1] 与此同时，国内商船也被吸引到上海，"自从开港以来，这些船只带来大量的茶和丝供应在这里的英国商人，在回程中把换到的欧美制造品运走"[2]。1848年，上海共有39家外国商行，"分别由英国人、美国人、丹麦人、葡萄牙人和西班牙人瓜分"。由此，上海超越广州成为中国对外贸易的首要港口。

在上海成为最大商港的同时，大量的商业金融机构在上海开张。至1854年，外国商行数增至120多家；外国银行从1850年英商丽如银行始设，至1860年增至6家。咸丰八年（1858），江南道御史何焯奏称："上海为商贾辐辏之区，贸易之利甲天下，夷人自设立码头，建筑夷楼，囤聚货物，其资本数十倍于中国之商。"[3] 一些新型的近代企业开始出现，如船舶修造业等。

1860年，太平军东下苏、杭，进逼上海。清政府勾结列强进行干预阻拦，太平军攻势受挫，"江浙一带富绅巨贾争赴沪滨，以外侨居留地为安乐土。据统计所示，1860年英美居留地间华人已达30万，而1862年竟增至50万。此种避难的富豪都不惜以重金获得居留地间一栖址为万幸，西人于是大营建筑的投机，以最迅速的工程，最简陋的材料，就空地兴建大批房屋，以供给华人居住，而转瞬间获得千倍的巨大利益"[4]。人口增长，资金汇聚，推动了上海城市建设与工商业的繁荣，加速了其取代苏州中心地位的进程。原先经由苏州集散的大宗贸易纷纷转向上海，长江中上游的外运粮食大多顺江而下抵沪集散。据统计，经上海周转的米粮运销量不断增加，从1869年的37 327担，猛增至1890年的4 770 226担，增幅高达百余倍。[5] 苏州生丝交易"本为天下第一，四方商人群至此间购办"，但自上海开埠通商以后，"轮船麇集，商贾辐辏，以致丝货均至上海贸

---

[1] [美]马士：《中华帝国对外关系史》第一卷，生活·读书·新知三联书店1957年，第401—402页。
[2] 丁名楠等：《帝国主义侵华史》第一卷，人民出版社1973年，第89页。
[3] 《江南道御史何焯奏》（1858年4月29日），见《四国新档·英国档》，台湾"中央研究院"近代史研究所1966年，第383页。
[4] 中国人民银行上海市分行：《上海钱庄史料》，上海人民出版社1960年，第15页。
[5] 李文治：《中国近代农业史资料》第一辑，生活·读书·新知三联书店1957年，第473页。

易"。[1] 19世纪60年代以后,苏州的区域经济中心城市地位已被上海取代。

此后,上海的经济发展速度更为惊人。学者统计,1895年至1936年间,上海直接对外贸易额始终占据全国总额的半壁江山;1935年,上海共有外资银行28家,占全国主要通商口岸外资银行总数的33%;抗日战争前夕,外商在华工业投资的67%集中在上海;上海的近代工厂、产业工人数量以及工业产值占全国近代工业的50%左右。[2] 所有这些均表明,上海不仅是江南地区的经济中心,还是全国的经济中心。

2. 江南地区城市格局的变化

在中外贸易的刺激下,上海成为商贾云集、企业汇聚之地,《申报》1901年2月13日一则记载称:"夫论中国商贾云集之地、货物星聚之区,二十余省当以沪上为首屈一指,无论长江上下、南北两岸,以及内地市镇,皆视沪市如高屋之建瓴,东西各邦运物来华亦无不以上海为枢纽。"1882—1891年的海关报告中也说:"中国商人一年甚于一年地倾向于把上海作为中国北方贸易的商业中心,他们把北方沿海港口和内河港口只是作为货物的上岸地点来使用,而这些货物又是为满足那些地区的直接需求所必须的。现在中国人最大的商业机构几乎都设在这里。"[3] 清朝末年,设在租界内的华资商业企业共有50余个行业,计3 177家;南市旧城区主要面向国内埠际贸易的米、豆、木、土布等行业49个,共886家。[4]

近代交通工具如轮船、汽车、火车的出现,信息传播手段如电报、电话的使用,使得上海与江南城乡乃至全国的物流、信息联系更为快捷便利,辐射力与影响力明显增强,由此形成了江南地区新的城市格局。与传统时期相比,中心城市与区域内城市的联系更为紧密。

宁波同为通商口岸,位置稍显偏僻,地理位置与物产状况制约了宁波港的发展空间,"杭州以北客商鲜有来宁贸易之事",虽然也有一部分外贸生意,"但直接与外国进行的贸易总量却很小",原因在于"上海充当了宁

---

[1] 彭泽益:《中国近代手工业史资料》第二卷,中华书局1962年,第326页。
[2] 张忠民:《近代上海经济中心地位的形成和确立》,《上海经济研究》1996年第10期。
[3] 徐雪筠等:《上海近代社会经济发展概况(1882—1931)——〈海关十年报告〉译编》,上海社会科学院出版社1985年,第34页。
[4] 戴鞍钢:《江南城镇通史》(晚清卷),上海人民出版社2017年,第89页。

波所有其他货物的分配中心","上海是宁波销售其出产物和购买所需物资的市场"。[1] 民国时期，随着铁路、公路的修建，水陆联运兴起，宁波与上海的联系更为密切，并在国内贸易中发挥着重要作用。[2]

杭州以出口茶叶、湖丝、绸缎为大宗。甲午战争后，杭州被辟为通商口岸，日、英两国开设租界，城市近代经济虽有发展，但包括租界在内的地区工商业仍显冷清。日人宇野哲人曾述及日租界的萧条景象："仅有大东公司之职员宿舍及仓库、邮电局、警察署寂寞无邻，立于原野之中"，"我租界之位置，虽较苏州为便，然其寂寞凋零一如苏州。"[3] 杭州的商业贸易主要局限于国内，是区域性的商品流通中心，而海外贸易则依赖于上海。1931年杭州海关报告中说："据目前所知，杭州商人还没有建立起直接与国外通商的网络，这就是说，在海关报告中，几乎没有直接从国外进口的商品，所有到达这一口岸的商品，按规定首先要进口到上海，取得免重征执照后再船运到杭州。"[4] 20世纪30年代中期，马寅初在《中国经济改造》一书中谈及杭州与上海的商贸关系："凡进出口贸易，多须经过上海，无论从南洋输入浙江之米，后又浙江运往南洋之丝绸，皆靠上海为集散地。杭州无直接与外洋往来的船舶，亦无直接与外洋往来之银行。故上海显然为吾国经济金融之中心点。"[5]

镇江被辟为商埠以后，商业活跃，因其处于长江与运河交汇处而成为上海的江河转运港，"大量的布匹、糖和金属系由轮船运往镇江在那里分运，因为镇江具有通往南北水路以及长江河流的有利条件"[6]。光绪十六年（1890）海关贸易报告显示，这里进口的洋货"并非由外洋径行来镇，均由上海转运而来"，而出口的土货，"由上海转运者居多"。[7]

苏州自太平天国战争后，地位陡降，不复昔日盛景。甲午战争后苏州开埠，经济也未能振兴，近代工业明显滞后，对上海的依附性越来越强。光绪三十二年（1906）苏州商会档案称："查苏州商市行情涨落，大致悉依

[1] 戴鞍钢：《江南城镇通史》（晚清卷），上海人民出版社2017年，第91页。
[2] 陈国灿：《江南城镇通史》（民国卷），上海人民出版社2017年，第67页。
[3] [日]宇野哲人：《中国文明记》，张学锋译，中华书局2008年，第38页。
[4] 陈梅龙等译编：《近代浙江对外贸易及社会变迁》，宁波出版社2003年，第287页。
[5] 马寅初：《中国经济改造》上册，商务印书馆1935年，第59页。
[6] 李必樟译编：《上海近代贸易经济发展概况：英国驻上海领事贸易报告汇编（1854—1898）》，上海社会科学院出版社1993年，第352页。
[7] 茅家琦等：《中国旧海关史料》第16册，京华出版社2001年，第135-136页。

上海市价为准，苏沪商业一气联络。《新闻日报》《申报》各载省商务类志一项，所有商货行情随时涨落，立即登报，朝发夕至。近今宁沪铁路火车开行，尤为捷速，是以一切市面与沪市不相上下。至于货产进出，均以沪地转运。"[1]

江南地区的其他城市，在近代交通改善的背景下，经济发展也无不受到上海的辐射与影响。可以说，作为中心城市，上海对江南地区的经济发展与转型发挥着引领乃至主导的作用。

3. 市镇经济的缓慢转型

随着上海、宁波、镇江、温州、苏州、杭州等一批江南城市的相继开埠，外国资本主义势力的影响不断加深，江南地区的经济随着世界市场的变化而发生波动，作为城市与乡村节点的市镇也发生着分化与重新组合。

在新的时代背景下，一部分市镇趋于衰落。美国著名中国史学者黄宗智对上海地区107个市镇的兴衰存废情况的调查统计表明，在1862—1937年由于各种原因消失的市镇达22个、衰落的市镇达17个，合计39个，其中因土布衰落而导致商业机能废弛的市镇有14个。[2] 这也说明洋布输入对江南土布形成了巨大冲击，从而导致江南地区以生产与集散棉布为主要职能的市镇走向衰落。市镇衰落不仅表现在数量方面，还表现为市镇商业机能的萎缩。吴江震泽镇是传统的丝织业大镇，晚清民初时期先是得益于上海的辐射影响，丝业大盛，据1919年的调查统计，共有苏经行50余家、洋经行20余家、广经行5家，销售量巨大。至20世纪30年代初，众多丝经行纷纷破产倒闭，只有10余家勉强维持。[3] 再如浙江嘉善县，1930年全县共有各类商店1 970家，此后数年，"因受农村经济衰落影响，倒闭商店有五百七十余家"；该县枫泾镇因位于沪杭铁路苏、浙交会点，工商业一度繁荣，但在20世纪30年代，支撑该镇发展的养蚕、造纸、织绸、织布、砖瓦等行业，"因产品方法不加改良，机制货物充斥，有每况愈下之势"[4]。之所以如此，原因颇多，有学者揭示："自20世纪20年代末和30年代初开始，随着社会的进一步动荡，世界经济危机的冲击，国际市场

---

[1] 章开沅等：《苏州商会档案丛编》第一辑，华中师范大学出版社1991年，第202-203页。
[2] 黄宗智：《长江三角洲小农家庭与乡村发展》，中华书局1992年，第345页。
[3] 彭泽益：《中国近代手工业史资料》第二卷，中华书局1962年，第642页；《江苏省吴江县震泽镇经济概况》，《中央日报》1934年4月23日。
[4] 陈国灿：《江南城镇通史（民国卷）》，上海人民出版社2017年，第76页。

的激烈竞争，苛捐杂税的繁多，加上农村社会固有的局限性，内外各种因素的共同作用，使江南农村经济走向萧条，逐渐陷入破产的境地，市镇工商业也普遍呈衰落之势，其现代转型也随之趋于停顿。"[1]

与此同时，一部分市镇兴起或重新崛起，缓慢地发生着近代转型。上述黄宗智对上海地区107个市镇的兴衰情况的调查统计也表明，新出现的市镇达到40个。据刘石吉《明清两代江南市镇统计表》所列，从乾嘉时期到清代末年，苏州府市镇由100个增加到206个，增长率为106%；松江府市镇由113个增加到303个，增长率为190%；常州府市镇由105个增加到253个，增长率为148%；其他如江宁府市镇从21个增长为83个，杭州府市镇从88个增长为145个，嘉兴府市镇从29个增长为78个，湖州府市镇从25个增长为57个。[2] 这些市镇的出现，或得益于近代交通的发展，如清末铁路修建后，沿线兴起了一批市镇，无锡的洛社镇，原因傍靠运河，市况颇盛，后因沪宁铁路经行，商业更趋繁荣。清末侯鸿鉴在《锡金乡土地理》中说："市镇喧嚣，商店连续，铁道径行，乡民聚荟，而农桑之盛，富利优厚……周围数里之间，户口约二千余家，乡民有出外经商及上海任铁工机匠等事者甚众。"此外如青浦的黄渡镇，嘉定的诸翟镇、安亭镇，昆山的信义镇等。或因近代工商业的推动，典型者如嘉定县曹家渡，同治年间"地甚荒僻，绝少行人"，但经过二三十年，至1893年"有人购地建筑油车，是为成市之始。继而西段开办缫丝厂，东段开办面粉厂，招集男女工作，衣于斯、食于斯、居于斯者，不下数千人。于是，马路两旁造房开店，百工居肆而成市矣。面临吴淞江，帆樯云集，富商巨贾莫不挟重资设厂经商，除缫丝、面粉两厂外，若洋纱厂、织布厂、鸡毛厂、牛皮厂、榨油厂、电灯厂，不数年间，相继成立，市面大为发达，东西长二里许，鳞次栉比，烟户万家"。[3] 当然，这些市镇有的是新出现的，有些则是在原有基础上的进一步发展。

陈国灿先生认为，从经济的角度，近代市镇的发展与演变主要表现在四个方面，即机器工业的兴起，具有部分现代特征的金融业和服务业的出

---

[1] 陈国灿：《江南城镇通史（民国卷）》，上海人民出版社2017年，第75页。
[2] 刘石吉：《明清时代江南市镇研究》，中国社会科学出版社1987年，第142-149页。
[3] 王钟篡，胡人凤续篡：《法华乡志》卷一《沿革》，见《中国地方志集成·乡镇志专辑》第1册，上海书店出版社1992年影印本，第16页。

现,基于新式交通的运输业的活跃和商业形态的调整。[1] 诚然如此,在上海成为江南乃至全国的工业中心后,现代工业开始向周边地区做梯度转移,并深入到市镇层面。大量市镇开始设立厂房,使用机器生产。在棉纺织业地区,嘉定县江湾镇在清末民初开始创办机器纺织厂,四乡农户纷纷进厂谋生。据民国《江湾里志》卷五《实业志》的记载,清末民初分别设有大成、三友实业社、信通、康庆、康爱、华纯、先声等多家机器纺织厂,织机总数近700台;在丝织业地区,吴江盛泽镇美丽绸厂在1929年成功使用柴油引擎发电驱动的织机,次年郎琴记绸厂装置电力丝织机5台,被视为"盛泽近代工厂之始"。至1933年,盛泽镇的电力机织厂发展到8家,织机数达115台。[2] 即使僻处浙东的台州海门镇,在清末民初也出现了制粉、制袜、织布、服装、船舶制造、机器刺绣等近代企业,后又陆续兴起电气、粮食加工、冶铁与机械、汽车修理等工业。[3] 各种银行、邮政局、电话电报局和设施较为完善的旅馆业等现代金融、服务业的出现,轮运、公路、铁路等新式交通的兴起以及商业形态的调整,改变了传统市镇的面貌,方便了人们的生活,也引起了人们观念与心理的变化,从而推动了市镇以及江南社会的近代转型。

(三) 近代工业的出现与民族资本主义发展

江南地区是近代工业的发祥地之一。从性质而言,近代工业包括外资企业、官僚资本企业和民族资本企业。从产生时间看,先有外资企业,再有官僚资本企业,而后出现民族资本企业。

最早一批外资企业出现于香港、广州和上海,而以上海数量最多。上海开埠以后很快成为内外贸易的中心,众多的外国船只停靠上海,需要保养、维修。适应这一需要,出现了由外国资本经营的船舶修造业。1851—1852年,上海出现了多个造船以及与造船相关的外国行号,包括伯维公司、拉蒙公司、美丽的士、彼得果刚、罗吉士等,美商杜那普在虹口黄埔江边设立的船坞,后来成为耶松船厂的一部分。[4] 19世纪50年代

---

[1] 陈国灿:《江南城镇通史(民国卷)》,上海人民出版社2017年,第68-71页。
[2] 参见朱小田:《江南乡镇社会的近代转型》,中国商业出版社1997年,第74-75页。
[3] 参见高飞、陈国灿:《历史视野中的浙东南乡村城镇化进程》,浙江大学出版社2002年,第175页。
[4] 何兰萍:《晚清外商资本与中国近代的船舶修造业》,《上海经济研究》2008年第7期。

中期以后,上海相继出现了美属贝立斯船厂和包德船厂,英属丹拿克船厂,以及上海船坞公司、浦东船坞等企业。在1860年以后,上海的外资工业开始发力,到1864年外资工厂竟然有38家之多,工业门类也发展到了10个。[1] 1894年,外国资本在中国设立的67家船舶修造企业中,上海就有29家。[2] 除船舶修造业外,从19世纪60年代开始,外国资本还对出口加工业、食品业、印刷业、西药制造业和公用事业的水、电、煤、气等生产进行投资,"这些投资在地区分布上也集中于沿海口岸和长江流域的城市,上海则是集中程度最高的城市"。如1861—1894年,外国资本在中国新设立的25家出口商品加工企业中,有15家设立于上海。[3]

随着不平等条约的陆续签订,帝国主义列强在中国攫取了越来越多的利权,外国商人设立企业的情况越来越多,尤其中日《马关条约》签订后,外国资本正式获得了在中国设立工厂的权利,对华投资快速增长。据1895—1911年对开办资本在10万元以上的企业的统计,全国91家外资企业中有41家开办于上海,占总数的45.1%;全国外资工厂开办资本总额约4855.4万元,上海有2090.3万元,占总额的42.89%。[4] 档案资料显示,中华人民共和国成立初期,上海共有外资企业684家,其中1911年之前设立的有105家,1911—1930年设立的有151家,1931—1945年设立的有234家,1945—1949年设立的有171家。[5]

除上海外,外国资本在江南地区其他城市也开办了少量的工业企业。如1895年苏州开埠后,意商开办中欧缫丝有限公司,英商设有麦兹逊茧烛公司,日商开设了酒作,专门从事缫丝、烘茧与酿酒。

总的来看,甲午战争以前江南地区的外资工业企业主要集中在船舶航运业与农副产品加工业,目的是为进出口贸易服务;甲午战争后扩大到机器制造、缫丝、棉纺、火柴、卷烟、铁路航运等众多行业。从空间分布看,主要集中于上海。外国资本是随着列强的坚船利炮来到中国的,不可避免地带有殖民侵略的烙印,但不能不看到,外资企业是中国大地上最早

---

[1] 熊月之:《上海通史:晚清经济》,上海人民出版社1999年,第192页。
[2] 祝慈寿:《中国近代工业史》,重庆出版社1989年,第213-216页。
[3] 张忠民:《近代上海城市发展与城市综合竞争力》,上海社会科学出版社2005年,第169页。
[4] 陈正书:《上海近代工业中心的形成》,《史林》1987年第4期。
[5] 上海市档案馆、财政部财政科学研究所:《上海市外商档案史料汇编》(七)"上海市外商企业调查统计总表",上海市档案馆、财政部财政科学研究所1987年。

出现的使用机器生产的近代工业，客观上对中国近代生产力的产生与发展，对中国早期工业化的启动与发展，对中国民族资本主义企业的成长与壮大，起到过示范和推动的作用。

江南地区是洋务运动的发端之地。外资企业的开办，使得一部分有识之士和开明官僚目睹了西方机器设备的先进，进而产生了使用机器生产的意识与行动，由此开始了求强求富的洋务运动。1860年，曾国藩就在给朝廷的奏折中提出了制炮造船的设想，并于1861年创办安庆内军械所，仿制枪炮弹药并试制轮船。这是中国近代军事工业和近代企业的发轫。同年，江苏巡抚李鸿章在上海淞江设立洋炮局，以手工操作的方式生产军火。1863年年底，李鸿章移驻苏州后，将淞江洋炮局的人员与设备迁到苏州，改称苏州洋炮局，购买英国的机器设备，包括蒸汽锅炉、化铁炉、车床、铣床等，改善生产条件，扩大生产规模，成为中国最早的机械化兵工厂。至1894年的30余年间，洋务派在全国设立了20余家兵工企业，其中上海的江南制造总局和南京的金陵机器制造局在中国近代军事工业史上占有重要地位。江南制造总局是洋务派于1865年创办的第一个大型综合性近代军事工业，为晚清的军事工业奠定了基础，同时也为国家培养了一大批科技人才和企业管理人才。金陵机器制造局由苏州洋炮局迁移发展而来，自1865年创办，经清朝、北洋政府、国民党政府三个时代，历时70余年。

为了筹集军事工业的资金，同时解决军事工业的原料、燃料供应及运输问题，从19世纪70年代开始，洋务派又着手兴办民用企业，如机器采矿、钢铁冶炼、架设电线、轮船航运及修筑铁路等，计有20多个。江南地区尤其上海仍然是洋务民用企业的重镇，比较著名的企业，如设于上海的轮船招商局，1872年成立，是洋务运动中由军工企业转向兼办民用企业、由官办转向官督商办的第一个企业；再如1878年设立于上海的机器织布局，购有轧花机、纺纱机、织布机等全套设备，得到官府的政策庇护与税收优惠，因管理不力、资金困难、效益不彰，历经多次改组，后于1894年在盛宣怀负责期间改名华盛纺织总局，另在上海、宁波、镇江等地设立了10个分厂。这些企业一改军工企业的官办方式，而变为官督商办。

虽然洋务企业弊陋丛生，洋务运动最后亦以失败告终，但洋务运动的理念与行动改变了社会，开启了中国的近代化之路；它引进西方先进的机器生产与经营理念,培养了一批近代化的人才,奠定了中国资本主义发展的基础,对民族资本主义企业的发生与发展起到了引领和示范作用。

外国资本的刺激、洋务企业的示范引领以及民族救亡的感召,是中国民族资本企业兴起的基本背景。江南地区可以说是民族资本主义产生的摇篮,最早的民族资本企业诞生于上海。早在1866年,上海即出现了一家由民间资本创办的发昌机器厂,以手工方式为美商杜那普船厂打制船用零部件。1869年开始使用机床,并能自制小轮船。继起者有建昌铜铁机器厂(1875)、远昌机器厂(1880)、合昌机器厂(1881)、永昌机器厂(1882)等。[1] 截至1894年,上海华商投资万元以上的企业共有35家,涉及机器制造、纺纱、缫丝、轧花、造纸、制药、制革、火柴、公用事业修配、印刷等10多个行业。

《马关条约》签订后,"救亡图存"成为时代主题,"实业救国"成为一个重大选项。在此背景下,掀起了一波发展民族资本企业的高潮。1895—1911年,上海先后开办的华资民营工厂至少有112家,开办资本达2 799万元。第一次世界大战期间,上海的民族工业进入了发展的黄金时期,1912—1928年新开设的民族资本工厂总数在1 000家以上,"并且形成了以轻纺为主、较为齐全的工业门类,以及较具规模的杨树浦、闸北、沪南、沪西四大工业区。1928年,上海工业已有纺织、化学、印刷、机器、食品、器具、日用品以及其他8大类54个行业,各类工厂1 781家"。至1933年,"上海有30人以上规模的华商工厂3 485家,占全国十二大城市同类工厂总数的36%;资本总额1.9亿元,占总数的60%;生产净值7.28亿元,占总数的66%"。[2] 上海成为全国最大的工业品生产、供应基地,成为名副其实的近代中国工业中心。

在江南地区的其他城市,民族资本企业如雨后春笋,茁壮成长。当然,由于地理环境、资源禀赋、行政因素及文化传统的差异,江南地区内部也存在明显的区域不平衡。相对而言,安徽地区较为落后,而浙江、江苏则较为发达,尤以江苏为著;江苏的宁、镇、扬地区稍显落后,而苏、锡、常、通则较为发达。

浙江的宁波、杭州作为开埠城市,处于对外开放的前沿,受西方资本

---

[1] 戴鞍钢:《江南城镇通史(晚清卷)》,上海人民出版社2017年,第108页。
[2] 张忠民:《近代上海经济中心地位的形成和确立》,《上海经济研究》1996年第10期。

主义经济的影响最早，也最为明显。1885年宁波出现了一家机器轧花厂，购置日本制造的铁制轧花机进行棉花加工，可以视为浙江私人资本创办近代工业的开始。[1] 1887年宁波创办的通久源机器轧花厂，1889年宁波商人在慈溪开办的火柴厂，1892年杭州开办的机器印刷厂以及1893年温州开办的裕成茶栈等，是浙江最早的一批民族工业企业。1885—1890年，浙江先后出现的近代工业企业有20多家，主要分布于宁波、杭州、温州，以及嘉兴、绍兴、慈溪、萧山、平湖、海盐、余杭、瑞安等沿海城市。在清末的十余年中，更兴起"设厂运动"，据粗略统计，"浙江各地新办的近代工业企业有90多家，分布于25个城市，包括了所有府级城市和众多县级城市。在地域上，由原来局限于杭州、宁波、温州等通商口岸和东部沿海城市，扩大到金华、衢州、丽水、湖州、兰溪、义乌、诸暨、孝丰等一批内地城市。从生产行业来看，涉及棉纺织、丝业和丝织、粮油食品加工、日用品、造纸、机器、印刷、卫生用品、建材、照明等多个领域，明显较19世纪末要广泛得多"[2]。进入民国以后，民族资本企业发展更为明显，1914—1926年，浙江全省仅纺织、五金机械、电气等行业即新建工厂200多家，大大超过此前全省工业企业的总数。1920—1927年，浙江全省新创办的工厂有225家，大多集中于杭州、宁波等地。[3]

江苏的民族工业，在甲午战争前主要集中在上海，其他城市则极为少见。甲午战争以后，江苏民族工业在苏南地区呈遍地开花之势。1896年和1897年相继创办的苏经丝厂与苏纶纱厂，是近代苏州民族工业的开端。至1911年，苏州地区的民族资本企业有30余家。清末，南京民族资本企业极少，进入民国以后新式工厂不断涌现，国民政府有关部门编撰的《中国工业调查报告》统计，1933年南京有687家工厂，资本总额748.6万元；1934年工厂数增至847家，资本总额1 081.8万元。[4] 虽然至1937年南京的现代工业体系已初步形成，"但是各种资料显示，南京的工业化程度相对而言还是比较低的"[5]。常州的近代工业起步较晚，民族资本企

---

[1] 陈国灿：《略论晚清时期浙江城市经济的演变》，《浙江社会科学》2007年第5期。
[2] 陈国灿：《略论晚清时期浙江城市经济的演变》，《浙江社会科学》2007年第5期。
[3] 《浙江省工会志》编委会：《浙江省工会志》，中华书局1997年，第94页。
[4] 南京图书馆特藏部等：《江苏省工业调查统计资料（1927—1937）》，南京工学院出版社1987年，第431页。
[5] 戴鞍钢：《近代江南工矿业述论》，《历史教学问题》2014年第4期。

业发展缓慢，直至1930年后，刘国钧接盘大纶久记纱厂并改名大成纺织染公司，在国内纺织业不景气的逆境中超常发展，才使常州纺织业在全国一鸣惊人，被称为民族工商业中"罕见的奇迹"。[1]

在江苏近代民族工业发展过程中，无锡和南通最为亮眼，取得的成就世所称道。关于无锡在近代民族工业中异军突起的原因，学术界往往归结为交通便利、资源优势、无锡人善于经商等，其实均未涉及根本。梳理无锡第一代民族资本家的履历可知，他们均有在上海经商办厂或参与洋务活动的经历，而这一点在其他城市是很少见的。1895年，杨宗濂、杨宗瀚兄弟创办的业勤纱厂是无锡第一家近代民族资本企业。杨氏兄弟均是洋务派官员，分别担任过上海机器织布局总办和台湾商务总办，具有较为丰富的办理近代企业的经验。1900年，荣宗敬、荣德生兄弟集资创办保兴面粉厂。荣氏兄弟早年曾在上海多家钱庄当过学徒、跑街，后其父在上海开设广生钱庄，由荣氏兄弟负责。1904年，周舜卿创办裕昌缫丝厂。周舜卿早年供职于上海一家洋行，后于1896年与同乡薛南溟合资在上海开办永泰丝厂。正是在上海的历练，使得他们回家乡办厂游刃有余，在逆境中闯出一片天地。这一特点在无锡民族工业发展中打下了深深的烙印，1950年的一则调查资料反映：无锡工业"与上海工业有密切关系，如纺织业中申新三厂、庆丰、丽新等总公司都是在上海，这些中小型的工厂在上海也设有办事处，在无锡的工厂主要是加工生产"。[2] 据称1895—1911年，无锡共创办近代民族企业16家，其中纺织、缫丝与粮食加工企业即有12家。这为后来无锡工业以纺织、粮食加工与缫丝三大行业为特色打下了良好的基础。辛亥革命至抗日战争全面爆发以前（1912—1937），无锡近代工业经历了快速发展时期，新设工厂近600家，"在当时全国6个主要工业城市（上海、天津、武汉、广州、无锡、青岛）中，无锡工厂数、资本额居第五位，总产值居第三位，工人数居第二位"[3]。更为重要的是，民国年间无锡的民族资本企业形成了杨氏、荣氏、周氏、薛氏、唐蔡氏和唐程氏六大家庭资本集团，他们无论是在工厂数还是在资本总额上，都占了无锡工

---

[1] 转引自唐文起、马俊亚、汤可可：《江苏近代企业和企业家研究》，黑龙江人民出版社2003年，第160页。
[2] 戴鞍钢：《近代江南工矿业述论》，《历史教学问题》2014年第4期。
[3] 严克勤、汤可可：《无锡近代企业和企业家研究》，黑龙江人民出版社2003年，第5页。

业的半壁以上江山,并以其机器设备、技术管理、产品数量与质量的优势,共同左右着无锡工业的兴衰。

如果说无锡近代工业的发展是企业家群体共同奋斗的结果,那么南通近代工业的兴起及其社会近代化则与张謇个人的努力密不可分。甲午战争以前,南通地区较为落后。受到甲午战败后丧权辱国条约的刺激,状元出身的张謇决意走上"实业救国"之路。经过多年筹措与通盘规划,从1899年大生纱厂开业、1901年通海垦牧公司创设以及其后一系列相关产业开办起,张謇建立起了自成体系和颇具规模的大生集团上下游产业链:通海垦牧公司解决了大生纱厂原料的后顾之忧,大生二厂、三厂、八厂的开设扩大了生产规模,综合利用大生纱厂的下脚料开办广生油厂、大隆皂厂、大昌纸厂,创办以通州为枢纽的一系列交通运输企业以适应货运的需要,创办资生冶厂和铁厂以解决大生系统企业机件的修理和添置问题,创办银行(钱庄)以解决大生系统企业资金的流动与融通。[1] 张謇以一己之力发展出具有鲜明特色的南通近代化模式,荣德生曾经评价说:"昔南通因有张四先生,致地方事业大兴,号称'模范县'。如各县都能有张四先生其人,则国家不患不兴。"[2]他将爱国之心、报国之志、效国之行,融为一体,致力于"实业救国",取得了显赫业绩,为推动南通乃至江南地区经济文化的近代转型做出了杰出的贡献。

江南地区民族工业是近代中国民族资本主义发展的一个缩影,民族工业企业数量少、规模小、资金短缺、发展缓慢是其共性。但相对于全国而言,江南地区民族工业起步较早,成绩显著,在很多领域或方面都起到了领头的作用,在中国民族资本主义发展史上占有突出的地位。

---

[1] 参见唐文起、马俊亚、汤可可:《江苏近代企业和企业家研究》,黑龙江人民出版社2003年,第121-137页。
[2] 荣德生:《乐农自订行年纪事》,上海古籍出版社2001年,第208页。

第三章 江南文化的特征及精神内涵

目前，学术界对于江南文化的特点或精神特质的总结已有不少成果，如熊月之为上海书店出版社策划出版的"江南文化研究"丛书撰写的总序中，将江南文化特质概括为四个方面：开放包容，择善守正；务实创新，精益求精；崇文重教，坚强刚毅；尚德重义，守望相助。景遐东通过考察江南文化的形成过程，指出江南文化的特征主要表现为：一是人性普遍较灵秀素慧，利于艺术；二是气质心胸旷达、豪迈勇武；三是普遍崇文，重视文教；四是具有开放性与包容性；五是鲜明的宗教特质。[1] 庄若江认为，江南文化的精神内涵主要表现为务实进取、经世致用，兼收并蓄、开放善纳，智慧灵动、善于变通，崇文重教、诗礼传家，诗性审美、精细雅致等方面。[2] 胡发贵指出江南文化的精神特质主要有"南方之强"、启蒙精神与经世致用情怀。[3] 刘士林在批判经济学的江南研究和历史学的江南研究遮蔽了"江南文化的诗性内涵"的基础上，提出"江南文化本质上是一种以'审美—艺术'为精神本质的诗性文化形态"的命题，认为"江南诗性文化是江南文化的核心内涵与最高本质"。[4] 毫无疑问，这些都是各位学者基于自己多年的研究积累并博采众长而提出的，是其对江南文化特征或精神特质的认识，不管是否能成为共识，自有其合理性。不过，我们认为江南文化的特征与精神内涵是两个不同的概念，首先应该加以厘清。江南文化特征是指在江南文化与其他区域文化比较中归纳出的显著性或符号性的地域文化事象，所要说明的是"何为江南文化"；而江南文

---

[1] 景遐东：《江南文化传统的形成及其主要特征》，《浙江师范大学学报（社会科学版）》2006年第4期。
[2] 庄若江：《江南文化的精神内涵及其时代价值》，《江苏地方志》2021年第1期。
[3] 胡发贵：《江南文化的精神特质》，《江南论坛》2012年第11期。
[4] 刘士林等：《风泉清听——江南文化理论》，上海人民出版社2010年，第11页。

化精神则是指在江南文化发展过程中具有连续性、指引性的精神动力和思想基础，所要阐明的是"何以为江南文化"的问题。前者是表征，后者是内核。两者虽有联系，但存在明显的区别，不能混为一谈。

一、江南文化的特征

江南文化是中华民族文化的一个有机组成部分，因此其与构成中华民族文化的其他各支文化存在共同点。但是，作为一种区域文化，由于所处的自然地理环境与社会历史背景不同，江南文化又形成了区别于其他区域文化的特点。当然这种特点只是相对的。区域文化的个性并不意味着某种绝无仅有的属性和特征，而是指某一区域的人们能够根据自身所处的自然社会环境，使文化生长的共性中那些具有活力或积极意义的要素得到最充分的发挥。[1] 这是我们理解江南文化特色的前提。

其一，水乡文化是江南文化的底色。

正如"大漠孤烟""古道西风瘦马"这样的词语或诗句，能够让我们联想到北方塞外一样，"杏花春雨""小桥流水人家"则是一种江南意象，是给人们的最为直观、最为深刻的江南印象。

江南地区气候温暖湿润，雨水充沛，濒江靠海，河流湖泊星罗棋布、纵横交错，构成了灿烂多姿的水乡景观。水乡泽国既是江南文化赖以生存发展的基础，也是江南文化的存在方式。清代苏州人袁景澜说，"东南之利，莫大于水矣"[2]，水对江南文化的发生、发展所施与的影响，涉及生产、生活的各个方面，成为江南文化之魂。

江南，尤其是太湖地区素称"鱼米之乡"，自古即种植水稻，是我国稻作农业的发祥地之一。在新石器时代遗址中，考古工作者即已普遍地发现了稻谷遗存。到春秋时期，吴、越两国的水稻种植业大为发展，成为社会生产的主要部门。三国两晋南北朝时期，江南农业经济得到快速发展，出现了"谷帛如山，稻田沃野，民无饥岁"的繁盛局面。随后，江南地区农业生产由粗耕转变为精耕，生产力水平不断提高，经济地位逐步提升，尤其唐、宋以后，北方时有战乱，而江南相对安宁，经济持续发展，终于成

---

[1] 王友三：《吴文化史丛》上册，江苏人民出版社1993年，第23页。
[2] 袁景澜：《吴郡岁华纪丽》卷十一，江苏古籍出版社1998年，第317页。

为国家的财政支柱和经济中心。北宋著名水利学家郏亶曾经说过："天下之利,莫大于水田。水田之美,无过于苏州。"水稻的种植离不开水,因此江南农业生产的发展与水利的兴修是同步进行的。从文献记载来看,江南地区大规模的开河筑渠之举代有所闻,春秋吴国开胥溪与筑邗沟、东汉马臻"创立镜湖"、隋代开挖江南运河、吴越国整理塘浦、宋代修筑圩田等,众所周知。尤其吴越至宋代,"五里七里一纵浦,七里十里一横塘"的规格化的塘浦圩田体系,更成为农业文化的一大独特景观。水利是农业的命脉,农业是经济的基础。江南人民在长期的生产实践中,利用土地肥沃、气候湿润、水利发达的自然条件和优势,发展以水稻生产为主的农业文化,取得了丰硕的成果,创造了中国农业文明的辉煌。

江南文化的水乡文化特性,还突出地表现为鱼文化的丰富多彩。据说,吴国之吴与苏州之苏(蘇)即由鱼生发而来。相较于水稻栽培,人类捕鱼的历史不知要早多少年。在农业出现以前,人类经历了一个以采集、渔猎为生的时代。特别是水乡地区,渔猎在人类的生活中具有更为重要的意义。无论是在距今一万年左右的太湖三山岛旧石器文化遗址,还是在众多的新石器时代遗址中,都发现了渔猎工具及相关遗物,反映出江南先民过着一种以渔猎为主、采集为辅的生活。渔业是从人们捕鱼摸虾开始的。最初的渔业,只捕不养,且方法也极为简单原始。但是,随着人们捕鱼经验的积累、渔猎工具的改进,捕鱼量大为增加,于是学会了鱼的人工饲养。从捕捞天然鱼类到人工饲养,是渔业史上的一次重大飞跃。江南地区人工养鱼始于何时,恐难以确定,一般认为始于春秋吴、越时期,如《越绝书》《吴地记》《吴郡志》等书中均记有吴国与越国养鱼的"鱼城"。不过,吴、越时期的筑城养鱼,与其说是人工养鱼的开始,毋宁说是人工养鱼的普及时期。我国同时也是世界上最早的养鱼专著——《养鱼经》,据说即出自越国谋臣范蠡之手。书中论述了养殖对象、鱼池建造、密殖混养轮捕、良种选留及产卵孵化等方面的问题,应该说是对此前人工养鱼经验的一大总结。这样的著作只有在人工养鱼已经普及的情况下才有可能出现。此后,江南地区的农业尽管有起有伏,渔业却日趋兴盛,所谓"鱼、盐、杞、梓之利,充牣八方"。《旧唐书·李义传》中也说:"江南水乡,采捕为业,鱼鳖之利,黎元所资,土地使然,有自来矣。"江南水产丰富,鱼类众多,其中有不少名品蜚声海内,甚至成了朝廷贡品。随着渔业产量的增加，鱼被大量地投入市场，以致吴人买卖鱼类，不是论斤称量或按条折价，而是以斗数鱼，大出大进。这一方面是因为捕捞能力的增强，渔业范围从内陆拓展到了海上；另一方面也是因为人工养鱼的推广与普及。如明清时期苏州周边地区，"介于阊齐二门之南北庄基，均以蓄鱼为业"。随之而来的是吴人养鱼技术不断提高、益臻全面，《吴县志》中即说："其蓄之也，有池；养之也，有道；食之也，有时。鱼有巨细，以池之大小位置之；时有寒暖，视水之清浊调和之（春夏宜清，秋冬可浊）；食有精细，审鱼之种类饲养之（鲭鱼食螺，鲖鱼食草）。防其飞去，置神以守之。固其堤岸，植柳以卫之。"由于渔业是江南地区生产的一个重要门类，故鱼与人们的生活关系密切。这不仅表现在饮食中，所谓"吴地以船为家，以鱼为食"，各种水产鱼馔是江南人的共同所好，而且表现在民俗、建筑等方面。如苏州人立夏日风俗有见"三新"，其中有黄鱼、海蛳与鲥鱼组成的"河三鲜"。苏州园林中不仅有众多的鱼形图案、渔网纹铺地、鱼形建筑与装饰，还有不少与"鱼"或"渔"相关的名称，如网师园的"网师"，即取"渔隐"之意，此外还有"鱼乐""鸢飞鱼跃"等。在劳动生产过程中，渔民们触景生情，往往即兴自编自唱船歌，以此表达自己的喜、怒、哀、乐。这些船歌是吴地渔民富有特色的文化创造，是吴歌的一个重要组成部分。

江南水乡还孕育出了令人印象深刻的桥文化与船文化。江南地区的桥梁不仅数量众多、类型齐全，而且桥名、桥联等蕴含着丰富的历史文化底蕴，反映出江南人的审美情趣。以苏州为例，唐代诗人杜荀鹤一首《送人游吴》诗脍炙人口，诗中称"君到姑苏见，人家尽枕河。古宫闲地少，水港小桥多"，典型地反映出苏州的水乡文化特色。苏州人家，临街枕河，"家家门前泊舟航"。有水之处必有桥，苏州的桥，精致小巧，似繁星点点，遍布城乡，其数量之多、分布之密，非他处可比。白居易诗谓："绿浪东西南北水，红栏三百九十桥。""三百九十桥"未必是确数，但由此反映出苏州城内桥梁数量之多。作为一种散布于江南水乡的地域景观，桥梁是历史的浓缩、文化的积淀。江南地区桥梁众若繁星，桥名灿如花锦，大凡所称，必有出典。有的以人物命名，如吴江有纪念范蠡、西施泛舟五湖的思范桥，苏州皋桥因"汉议郎皋伯通居此桥侧"而得名；有的关乎历史故事，如苏州泰让桥，是吴人为纪念吴国始创者泰伯"三让天下"而来；

有的歌颂盛世、取其吉祥，如分布各地的太平桥、万年桥、吉利桥、来苑桥等；有的与生产、商业活动有关，如谷市桥、荠行桥、织里桥、丝行桥等。可以说，江南地区桥梁的名称，蕴含着丰富的文化内涵，是一部化石般的地域文化辞典。与中原人跃马横刀、纵横驰骋的景观形成对比，江南人"以船为车，以楫为马"，形成水乡景观。江南地区湖泊遍布，河道纵横，出门见水，非舟莫办，故有"不可一日废舟楫"的说法。因此，造船业历来兴盛。凭借发达的造船业，江南地区加强了与海外的联系，船只往来于日本、高丽及南洋等地，而作为中国乃至世界航海史上的壮举，明初的郑和下西洋也是从江南太仓启航的。"吴儿驶船如驶马"，江南地区民众生产与生活均离不开船，因此经过长期的积累、沉淀，形成了许多与船有关的风俗习惯与信仰。以与船关系最为密切的渔民为例。渔船是渔民的生活空间，正如生活在陆地上的人拥有自己的房屋一样。渔船的建造是渔民生活中的一件大事，从开工到下水，一般要举行开工、定圆、下水三次庆典，既有吴地建房喜庆、祝愿的程序，又有浓厚的祈神色彩。渔民在水上打鱼，经常会遭遇风浪，翻船溺死者屡见不鲜，因而在渔船上忌讳与翻、沉有关的语言和行为，如在船上把东西打翻只说"泼出"，翻身说"调戗"，放下一部分帆则称"小篷"；锅盖、舱板、鱼筐等均不能翻放。水产是渔民的主要食品之一，渔民吃鱼也有种种规矩和禁忌。

俗话说"一方水土养一方人"，水乡地理环境孕育、滋养了丰富多彩的江南文化，水乡文化特性在江南社会、人们生产和生活的各个方面均留下了深刻印记。甚而言之，水乡文化特性还渗透到了江南文化的深层结构中，如吴语的温婉柔软，昆曲、评弹、越剧等戏曲的柔婉悠扬，吴人的清丽秀美、优雅从容等，无不融进了水的灵性。水，既是江南文化生成、发展的重要条件，又是江南文化自身特色的重要表现。

其二，江南文化具有开放包容、适时顺变、持续创新的特性。

在长期的发展过程中，江南文化的面貌不断变化、更新，物质方面从相对落后发展为财富之区，精神方面从为人鄙视的蛮夷之地转变为世所公认的人文渊薮，行为方面从崇尚武力转变为崇文尊道，表现出由野蛮到文明、由落后到先进的发展轨迹。其之所以如此，与江南文化具有开放包容、适时顺变的特性有关。

江南文化的开放性早在其萌芽时期即已表现出来。就渊源而言，江南文化是多元文化融合的结晶。浙江地区的新石器时代各期文化，前后相承，脉络清晰，但后来夏禹的后人建立越国，形成了南北融合的越文化。至春秋晚期，越王勾践在来自楚国的范蠡、文种等人的帮助下逐渐强大，虽然一度面临亡国的危险，但经过卧薪尝胆，终于打败吴国，并通过徐州会盟成为诸侯霸主。所以，有学者认为，至少从春秋后期起，越族已开始与华夏族融合。[1] 而在吴地，宁镇地区的新石器文化与太湖地区的新石器文化早就开始了接触，但促成吴文化形成的契机却是周人的介入。商代末年，地处西北的周族首领之子太伯、仲雍南奔荆蛮之地，建立勾吴小国，标志着吴文化的形成。吴国建立以后，加强了与中原文化及周边文化的交流，使得吴文化的面貌渐渐发生了变化。《左传》所谓"太伯端委，以治周礼，仲雍嗣之，断发文身，裸以为饰"，即表明了吴文化与中原文化你中有我、我中有你的关系。逮至春秋，吴国名君寿梦上台以后，吴国与中原地区的交往更为密切，史载他曾"朝周适楚，观诸侯礼乐"，并先后会盟中原诸侯。在观赏了中原礼乐以后，寿梦为中原先进文化的魅力所倾倒，大发感慨："孤在蛮夷，徒以椎髻为俗，岂有斯之服哉！"[2] 寿梦归国以后，励精图治，建立晋吴联盟，发展国力，短短几年间，即与西邻楚国展开了激烈的争战，"蛮夷属于楚者，吴尽取之，是以始大，通吴于上国"[3]。同时，寿梦在国内倡导学习中原文化，其幼子季札精通中原礼乐文化便是佐证。阖闾也是一位深受中原文化熏染的吴国君主，他上台以后，先后任用来自楚国的伍员、齐国的孙武等人，以中原先进国家为榜样，进行政治、军事、经济等方面的改革，取得了"西破强楚，北威齐晋，南伐越人"的显赫功绩。以此为基础，其子吴王夫差通过黄池之会，最终确立了霸主之位。由此可见，正是吴国统治者采取了主动学习、积极吸收中原文化的政策，才一改吴文化的落后面貌。在与中原诸国及楚、越等国文化的碰撞、交流过程中，吴文化自身也不断地进步、升华。以青铜文化而论，尽管吴地的青铜文化受到商王朝的影响，但吴国统治者因地制宜，发展了独具地方特色的青铜文化，吴国所制青铜宝剑成为人们争相收藏的对象，对中原各国的青铜文化也产生了深刻的影响。吴地在兵学文化

---

[1] 杨宽：《战国史》，上海人民出版社1980年，第267页。
[2] 赵晔：《吴越春秋全译》，张觉译注，贵州人民出版社1993年，第42页。
[3] 左丘明：《春秋左传·成公七年》，顾馨、徐明校点：辽宁教育出版社1997年，第150页。

方面所取得的成就,更是令世人瞩目。吴国先后出现了《孙子兵法》《伍子胥兵法》等军事著作,尤其是前者,被后世奉为兵家经典,孙武被誉为兵家鼻祖。

吴、越两国灭亡后,江南地区被纳入秦汉统一王朝的版图。江南文化在潜移默化之中,接受着中原文化的滋润。如汉武帝时平定东越,北方人陆续迁入吴越地区并发展成为势家大族,吴郡陆氏、朱氏、张氏和秣陵纪氏、吴兴沈氏、义兴周氏、乌程丘氏等都是南迁的北方旧族支脉。特别是在魏晋南北朝时期,北方士民大量南下,不仅带来了先进的生产技术和管理经验,增加了江南地区的劳动力,促进了江南地区社会经济的发展,而且使中原地区的制度文化和精神文明深入江南,为江南文化补充了新鲜血液,激发了江南文化的生命活力。江南文化在保持区域特质的前提下,与中原文化逐渐趋同,显示出多彩的风姿。正如熊月之先生在"江南文化研究丛书"总序中指出的:"西晋永嘉之乱、唐代安史之乱与宋代靖康之乱,使得中原大量人口向江南迁移。北人南迁不是难民零星迁移,而是包括统治阶层、名门望族、士子工匠在内的集群性迁移,是包括生产方式、生活方式、文化知识、价值观念、审美情趣等在内的整体性文化流动,即所谓'衣冠南渡',这对江南影响极大……但对于江南而言,则是一种全面的文化开放与交流交融。"[1]诚然如此,每一次北人南迁和中原文化的南来,都促进了江南社会经济的进步与文化的发展,也正是在与北方文化的冲突、交流与融合中,江南文化去芜取精、不断升华,实现了自身的蜕变与超越。以经学为例,永嘉南渡以后,江南地区的经学逐渐成为传统学术的主流,以致北方经学为其所并。皮锡瑞《经学历史》中说:"学术随世运为转移,亦不尽随世运为转移。隋平陈,而天下统一,南北之学,亦归统一,此随世运为转移者也。天下统一,南并于北,而经学统一,北学反并于南,此不随世运为转移者也","经学统一之后,有南学,无北学"。可以说,没有北人南迁和"衣冠南渡",就不会引起经济重心与文化重心的南移,江南地区也不可能成为全国的经济中心和文化中心。

由此可见,江南文化在六朝、唐宋时期经历了几次蜕变和自我更新的过程。这种蜕变和自我更新,缘于中原文化的冲击和碰撞。面对中原文

---

[1] 郭骥、邵文菁等:《孕育与蜕变:从江南文化到海派文化》,上海书店出版社2021年,第2页。

化的冲击和挑战,江南文化不是封锢自我,而是适时顺变,以开放的姿态迎接挑战,积极汲取中原文化的先进成果,相互融合,不断改造提升自身品质,从而使江南文化旧貌换新颜。以此为契机,江南经济文化走上了持续发展的道路,以崭新的姿容出现在世人面前。所以,自唐宋以后,江南地区经济发达、文化昌盛、人才辈出,由昔日为人鄙视的蛮夷之地,变成了人所称羡的"天堂""乐土""人文渊薮"。江南地区不仅成了全国的经济重心,还成了文化重心。进入近代,江南文化再次发生巨变。面对资本主义列强的坚船利炮,江南人最先"睁开眼看世界",凭借沿江傍海的优势,江南地区成为西学东渐的桥头堡。一批力倡改革、主张学习西方先进文化科学技术的思想家和改革派人物在这里诞生,王韬、冯桂芬、薛福成、马建忠等即是杰出代表。在他们的影响下,江南文化主动融摄外国先进的科学技术和思想文化,在江南诞生了一批最早的近代企业和文化机构,江南成为中国近代工业的发祥地和近代文明的中心点。江南地区之所以最早走上近代化之路、江南文化之所以最先开始近代化历程,开放包容、适时顺变、持续创新的特性即其主因之一。

其三,崇文重教是江南文化的突出特点。

先秦两汉时期,江南地区崇武尚勇,"轻死易发""好相攻击"成为江南民风的显著特色。虽然其间亦曾出现太伯"端委,以治周礼",季札观乐见解高明,被称为"吴国君子",言偃从游,"得圣人之一体""而吴知有圣贤之教"等崇文之例,但这些尚不足以反映社会风气的主流。汉代以后,江南地区好学尚文之风渐兴,尤其是随着北方先进文化的传入,江南民风有了很大改变,如杜佑《通典》记道:"永嘉之后,帝室东迁,衣冠避难,多所萃止,艺文儒术,斯之为盛。今虽闾阎贱品,处力役之际,吟咏不辍,盖因颜、谢、徐、庾之风存焉。"在这样的背景下,文人学士辈出,江南地区在文学、艺术、历史等各个方面均取得了显著成绩。如顾野王学识渊博,在历史、地理、文学、书画艺术等方面均有很高造诣,而以语言文字学成就最为突出,其所著《玉篇》三十卷,是我国现存最早的楷书字典;西晋时期的陆机,在诗歌、散文方面均有建树,被誉为"太康之英",所撰《文赋》是第一篇完整而系统的文学理论作品,对后世文学创作和文学理论发展产生了重要影响;绘画、书法艺术渐趋成熟,涌现出一批书画名家,王羲之、王献之父子成为魏晋新书风的代表人物,特别是王羲之,将楷、行、草书全面推向"今妍"之境。由此尚武之风渐湮，崇文风气盛行。《隋书·地理志》中的记载典型地反映了这一变化过程：虽说江南地区"其人并习战，号为天下精兵"，但就其总体情况而言，乃是"其人君子尚礼，庸庶敦庞，故风俗澄清，而道教隆洽"。民间尚武的遗风，至宋代完全消失，范成大《吴郡志·风俗》谓："本朝文教渐摩之久，如五月斗力之戏亦不复有。惟所谓尚礼、淳庞、澄清、隆洽之说则自若。"至明清时期，江南之人"敏于习文，疏于用武"、江南地区人文昌盛的情况，终为世人瞩目，世所公认，所谓"吴为人材渊薮，文字之盛，甲于天下。其人耻为他业，自髫龀以上，皆能诵习，举子应主司之试，居庠校中有白首不自已者。江以南其俗尽然"[1]。

宋代以后尤其明清时期，江南社会崇文重教现象尤为显著。与此相应，江南地区人文荟萃，文风日炽，成为"礼义之区，儒雅之薮""人文渊薮"，逐步确立起在全国的文化中心地位。

江南地区的人文兴盛，首先表现为教育的发达。南方教育的勃兴，由苏州发端，及于各地。宋仁宗时，范仲淹知苏州，创建府学，延聘教育名家胡瑗主持。后胡瑗又主持湖州州学，结合苏州的实践，创立"苏湖教法"，以"明体达用"为宗旨，实行分斋教学，因材施教，吸引了众多的学生，培养出大量才俊。在庆历兴学运动中，范仲淹将胡瑗及其教学方法推荐给朝廷，得到宋仁宗的采纳。朝廷在京师设立太学，延聘胡瑗为教官，仿效"苏湖教法"订立太学制度，从而使得"苏湖教法"产生了全国性的影响。以此为契机，北宋时各级官学推行全国，江南各州（府）、县均设立学校，所谓"天下郡县学莫盛于宋，然其始则亦由于中吴。盖范文正公以宅建学，延安定胡先生为之师，文教之事自此兴焉"[2]。在江南地区经济发展、文化兴盛的社会背景下，江南各地的地方官员无不以重教兴学为己任，"重学校，礼文儒"成为众多地方官的行为选择。明代苏州人王锜在《寓圃杂记》卷五《苏学之盛》中提及"吾苏学官，制度宏壮，为天下第一"，说明苏州地方官府在学校教育方面不吝投入，当然成效也极为明显，"人才辈出，岁夺魁首"。江南核心地区固然如此，边缘的徽州又何尝

---

[1] 归有光：《震川先生集》卷九《送王汝康会试序》，《归有光全集》第5册，上海人民出版社2015年，第205页。注：本文引用时重新标点。
[2] 郑元祐：《郑元祐集》卷七《铭》，徐永明校点，浙江大学出版社2010年，第153页。

不是如此,道光《休宁县志》中说:"新安自南迁后,人物之多,文学之盛,称于天下。当其时,自井邑田野以至远山深谷,居民之处,莫不有学有师,有书史之藏。"除了官办的学校以外,还有官民合办的书院以及私学性质明显的族学等培育人才的机构。书院教育是江南地区教育体系的重要组成部分,作为一种经常性的体制化教育,因著名学者的加持以及自由讨论式教学方式,对于人才培养、学术繁荣以及净化社会风气等发挥着不可忽视的作用。明清时期,江南地区书院教育十分兴盛,不仅数量多,而且影响大。据研究,明代江、浙两省书院数分别为119所、170所,远高于全国平均水平103所;清代全国平均数为229所,而江苏则有253所,浙江更多达336所。[1]族学是宗族特有的设教体制,主要进行基础教育,包括读书识字、做人礼仪与伦理道德以及应举等。据有人对地方志中相关记载的不完全统计,清代江、浙两省的族学至少有804所,其中江苏有441所、浙江有363所。[2]由书院与族学的普及情况,可见江南地区的文教发达。

其次表现为读书风气浓厚。由于江南地区崇文尊教风气的流行,担任地方守土之责的官员固然认识到"化民成俗,莫先于兴学育材",而那些大家巨族、书香门第乃至于缺少功名背景的普通家庭也无不抱定"科甲仕宦,显亲扬名,皆从读书中来"的宗旨,由是汲汲于学。这一点在江南地区的家谱家训中表现得尤为明显。浙江海宁查氏家族是一个簪缨相继、文脉不绝、名人辈出的文化望族,有"一门十进士,叔侄五翰林"之称,被康熙皇帝誉为"唐宋以来旧族,江南有数人家",其家族声誉绵延的重要原因便是历代家训强调子孙读书修身,"励学型家","凡为童稚,读书为本","不可不学,以延读书种子"。[3]江苏常州恽氏家族有"著姓甲于常州"之誉,名硕相望,代有达人,其家训中强调"礼教不可失,故子孙虽愚,经书不可不读"[4]。苏州家训众多,上至权贵下及平民之家均有家训存留,其中的训子言论,最为强调读书,要求子孙以读书为务。明代

---

[1] 邓洪波:《中国书院史》,东方出版社2012年,第261-263页、第405-407页。
[2] 张帅奇:《清代江浙族学与家族文化的传承》,《西安文理学院学报(社会科学版)》2019年第2期。
[3] 查元偁:《查氏族谱增辑》卷九、卷十三,道光八年刻本。
[4] 转引自周焕卿:《传承与改良:明清以来常州民间家训研究》,《聊城大学学报》2022年第3期。

吴江周氏恭肃公启迪弟子的第一件事即是读书,"子弟第一以读书为本";昆山归氏《松期公训言》中要求"以读书为本";吴县吴氏《咏风堂纂训》认为"人生至乐,无如读书,至要,无如教子"[1]。徽州是著名的商贾之乡,但同时又是文献之邦,历来儒贾并重,迭相为用,以贾佐儒事迹数不胜数,好学读书之风不仅见于时人记述,亦著于家训,甚至表于门楣,如明代歙县盐商程文博临终时告诫其子"继志莫如读书"[2];清代婺源商人胡永倕"力苦所积为诸弟侄教读,临没犹谆谆以诗书不可不读嘱其后"[3]。绩溪《明经胡氏龙井派祠规》中认为"读书立身,胜于他务",因此"为父兄者,幸有可造子弟,毋令轻易废弃";[4]绩溪东关《冯氏家训》中指出,"一族之中,文教大兴,便是兴旺气象。古来经济文章无不从读书中出"。在明清黟县徽商留存下来的宅第中,常可见到"几百年人家无非积善,第一等好事只是读书""万世家风惟孝弟,百年世业在读书""欲高门第须为善,要好儿孙必读书"等楹联。[5]

正因如此,江南地区成为人才汇聚辈出之地。经过长期开发,江南地区的自然、人文环境得到很大改善,每有"天堂""乐土"的美誉,吸引了大量的外地士人前来居住,"天下贤俊多避地于此",号称"士大夫渊薮"。明清时期在苏州等地广为流传的《勉学歌》,所述"书中车马多如簇""书中自有颜如玉""书中自有千钟粟""书中自有黄金屋",典型地反映了江南人视读书科举为出人头地、光宗耀祖、实现自身价值的必由之路。正是在这种价值观的支配下,江南地区通过读书、科举而步入仕途或精研学问者大量涌现,甚至出现了状元潮涌的奇观。

其四,江南文化崇尚精细雅洁的生活方式。

所谓"一方水土养一方人",不同的地理环境和历史文化传统,造就了差异多元、丰富多彩的生活方式。在生产力水平低下、经济落后的背景下,解决温饱是人们生存的第一需要,而在经济发展起来以后,人们便开始了对高品质生活的追求,正所谓"仓廪实知礼节"。经过长期的开发,自唐宋以后,江南地区山川清嘉、环境优美、经济发达、文化兴盛,人们

---

[1] 王卫平、李学如:《苏州家训选编》,苏州大学出版社2016年,第13-14页。
[2] 转引自李琳琦:《徽州教育》,安徽人民出版社2005年,第115页。
[3] 转引自李琳琦:《徽州教育》,安徽人民出版社2005年,第114页。
[4] 转引自赵华富:《徽州宗族研究》,安徽大学出版社2004年,第388页。
[5] 李琳琦:《徽州教育》,安徽人民出版社2005年,第146页。

的生活水平得到了很大提高,生活品质大为改善。尽管江南地区内部也存在地域、城乡等方面的区别,但无不表现出对精细雅洁生活方式的追求。

江南文化崇尚精细雅洁的生活方式,体现在衣、食、住、行、玩各个方面。衣必锦绣,食必应时,居必园林,玩必古董,常年追求山水林下之乐,在日常生活的细节上下功夫。既往研究大都从奢侈消费的角度看待这些问题,但如果换个视角,这又何尝不是江南大众对精细雅洁高品质生活的追求呢!

江南地区的饮食文化最为典型地反映了江南人的精致生活。江南人对饮食的讲究是其他地方难以比肩的。明清之际松江人叶梦珠《阅世编》卷九中详细记载了吴地民间宴会的变化过程:"肆筵设席,吴下向来丰盛。缙绅之家,或宴官长,一席之间,水陆珍羞,多至数十品。即士庶及中人之家,新亲严席,有多至二三十品者,若十余品则是寻常之会矣。然品必用木漆果山如浮屠样,蔬用小磁碟添案,小品用攒盒,俱以木漆架架高,取其适观而已。即食前方丈,盘中之餐,为物有限。崇祯初始废果山碟架,用高装水果,严席则列五色,以饭盂盛之。相知之会则一大瓯而兼间数色,蔬用大铙碗,制渐大矣。顺治初,又废攒盒而以小磁碟装添案,废铙碗而蔬用大冰盘,水果虽严席,亦止用二大瓯。旁列绢装八仙,或用雕漆嵌金小屏风于案上,介于水果之间,制亦变矣。……康熙之初,改用官式花素碗,而以露茎盘及洋盘盛添案。三四人同一席,庶为得中。然而新亲贵客仍用专席,水果之高,或方或圆,以极大磁盘盛之,几及于栋。小品添案之精巧,庖人一工,仅可装三四品。一席之盛,至数十人治庖,恐亦大伤古朴之风也。"他们不仅赛食品之丰盛,而且比器皿之精美、形式之美观,菜、蔬、果与碗、碟、盘的种类、颜色、形状等的搭配俱有讲究,并随时代变迁而变化。江南地区四季分明,不同季节有不同的蔬菜果品,每当新鲜蔬果上市,人们争相品尝,谓之"卖时新",清人顾禄《清嘉录》卷四有谓:"蔬果、鲜鱼诸品,应候迭出,市人担卖,四时不绝于市。而夏初尤盛,号为'卖时新'。"他还注引明人王鏊《姑苏志》记载:"三、四月卖时新,率五日而更一品,如王瓜、茄、诸色豆、诸海鲜、枇杷、杨梅迭出,后时者,价下二三倍。"说明吴人喜食新鲜果蔬,且自明至清早已成为民间习俗。江南水乡,水产是人们日常的菜肴。苏州民间食鱼亦按时序,民谚有云:正月塘鳢鱼,二月鳜鱼,三月甲鱼,四月鲥鱼,五月白鱼,六月鳊鱼,七月鳗鱼,八月鲃鱼,九月鲫鱼,十月草鱼,十一月鲢鱼,十二月鲭鱼。既顺应渔产时序,亦出于养生考虑。早在新石器时代,江南先民即已食蟹,隋唐以后食蟹之风大兴,江南糟蟹、糖蟹成为贡品。清代乾隆时,阳澄湖大闸蟹甫一亮相,即成蟹中名品,市场供需两旺。据苏州文人范烟桥所言,在阳澄湖大闸蟹上市的时节,"无论农工商学兵,要是身边有余钱的,都得买一个来尝尝,也算应了时"[1]。民国初期,国学大师章太炎的夫人汤国梨女士寄居吴中时,甚至直言"不是阳澄湖蟹好,人生何必住苏州"。"持螯赏菊"成为江南之人的一大人生乐事。苏南、浙北、上海人喜吃螃蟹,并发明了一套专门用以吃蟹的工具"蟹八件",或以铜制,或以银制,晚清以后还成为女子出嫁时的嫁妆。明清时期,江南文人著有多种食谱、菜谱或相关小品文,如袁枚的《随园食单》、李渔的《闲情偶寄》"饮馔部"等,讲究烹制之法,追求口腹之欲,总结养生之道,将烹饪之技、饮食之道与生活审美相结合,在中国饮食文化史上具有重要地位。

虽然江南人的精致更多地反映在文人士大夫阶层的生活中,往往被视为"文人品位",但实际上带有一种全民参与的意味。换言之,对精致文化的追求并不限于文人士大夫阶层,而是风靡江南城乡,遍及社会各个阶层群体。如服饰方面,明代后期杭州人张瀚说江南之人"今男子服锦绮,女子饰金珠"[2];松江人陆楫谓"今天下之财赋在吴越,吴俗之奢,莫盛于苏杭之民,有不耕寸土而口食膏粱,不操一杼而身衣文绣者,不知其几何也"[3];乾隆《安吉州志》卷七《风俗》中说,"城市衣纱罗者颇多,服尚时式,虽乡村亦然"。再如妆饰,江南地区早有以鲜花妆饰的时尚,"吴城大家小户妇女,多喜簪花"[4];南京妇女以鲜花助妆也是一种时尚,金百揆《金陵竹枝词》有云:"白门时样髻梳叉,秋日飘香艳似霞。动费千钱人不识,晚妆头上数枝花。"扬州妇女则将桂花编成球状斜插头上,别有韵味,"黄园古树桂盈盈,穿就球儿馥自生。最是玉人缭绕易,

---

[1] 烟桥:《一蟹不如一蟹》,《申报》,1933年11月10日。
[2] 张瀚:《松窗梦语》卷七《风俗记》,中华书局1985年,第140页。
[3] 陆楫:《蒹葭堂杂著摘钞》,见中国野史集成编委会、四川大学图书馆:《中国野史集成》第37册,巴蜀书社1993年,第3页。
[4] 顾禄:《桐桥倚棹录》卷十二《园圃·鬓边香》,上海古籍出版社1980年,第168页。

满头斜插乐游行"[1]。花可插在头上,亦可挂在身上,至今苏州街头卖茉莉鲜花挂饰的小贩也时常可见。头上插花或身上佩花,既助妆容,亦能起到类似香水的作用,微风拂过,香气袭人。鲜花既能作为个人妆饰,也能作为居家装饰,美化环境,改善生活质量,文震亨《长物志》卷二称:"茉莉、素馨、夜合,夏夜最宜多置,风轮一鼓,满室清芬。"在苏州,"冬末春初,虎丘花肆能发非时之品,如牡丹、碧桃、玉兰、梅花、水仙之类,供居人新年陈设,谓之'窨花'"。[2] 由此可见,江南之人的日常生活,由俗趋雅,是其追求精细雅洁生活方式的必然结果。

当然,江南文化还具有其他的特征,如已被人们提及的灵动变通、择善守正、坚强刚毅等,但有的难以具体论证,有的与其他区域文化相比表现未必突出。而上述所论,应是能够得到人们首肯并形成共识的。

二、江南文化的精神内核

江南文化之所以后来居上,发展为令世人瞩目的先进文化,固然有多种原因,但其精神内核无疑起到了更为重要的作用。

其一,崇尚实学的经世致用精神。

经世致用就其核心要义而言,是指经邦治国、济世安民的学问,其中包含着"重实用、重实践的理念,家国天下情怀和入世担当的精神"[3]。经世致用思想是传统儒家的核心思想,但在江南地区得到了最为显著的传承与弘扬。

早在东汉时期,会稽上虞(今浙江绍兴)人王充的思想学说中即表现出了"经世致用"精神。一则体现于他兼容儒法的政治观,认为学术旨在治国,儒法皆应实用;二则体现于他对待文章用世的态度,《论衡·自纪篇》中提出"(文章)为世用者百篇无害,不为用者一章无补",这是典型的学以致用思想,[4]为后世江南经世致用精神的勃兴提供了思想资源。

---

[1] 林苏门:《续扬州竹枝词》,见雷梦水等:《中华竹枝词》第2册,北京古籍出版社1997年,第1341页。
[2] 顾禄:《清嘉录》卷十一,上海古籍出版社1986年,第161页。
[3] 王杰:《中国文化中的经世致用思想》,《中国领导科学》2021年第3期。
[4] 吴光:《浙江儒学总论:从王充到马一浮——论浙江儒学的思想特色与精神价值》,《浙江社会科学》2020年第6期。

南宋定都临安，临安作为国家政治中心和文化中心，为江南学术的繁荣创造了条件。在浙东地区出现了以薛季宣、陈傅良、叶适为代表的永嘉学派，以陈亮为代表的永康学派和以吕祖谦为代表的金华学派，合称浙东学派。浙东学派，亦称"事功学派"。学界一般认为，经世致用思想即发源于浙东学派的"事功之学"。永嘉学派的开创者薛季宣以经世的实用目的为旨归，超脱程氏洛学性命义理的纠缠，"倡导一种更为平典质朴的、以古制的考订为手段的'确实有用'之学，以求在现实政治事务的合理措置中收到其价值的实效"[1]。这一治学途径与目的，被陈傅良、叶适等人继承，开辟了以经济世务为特征的"事功之学"。

陈傅良致力于古代经制的研究，希望借此制定出切合于现实的治国方略，施之实用，实现事功，这是永嘉学术被视为"功利之学"的基本原因。"要求将主体内在的道德价值在主体本身的实践领域转换为实用价值"，是永嘉学派的基本取向，也是整个浙东学派的基本取向。[2]

宋明理学虽然是儒学发展的新形态，却与原始儒学的精神逐渐背离，走向读书穷理、静敬修养的极端，甚少考虑治世、民生事务，使学术与事功判若两途；与此同时，宋、明两朝覆灭于文化落后的少数民族政权的惨痛历史教训，引起了明清之际一大批官僚学者与思想家的震撼与反思，他们或从学术上或从思想上进行拨乱反正，提倡"经世致用"的实学。明末无锡东林书院的主要创建者、东林党领袖人物高攀龙，不满于江河日下的社会现实以及王学末流空谈心性的弊端，明确提出"救世"主张，指出读书"须要句句反到自己身上来看"，"一面思索体认，一面反躬实践"，"学问不贵空谈而贵实行也"，要求"学者以天下为任"，"立朝居乡，无念不在国家，无一言一事不关世教"。[3] 明末清初三大思想家之一的昆山人顾炎武，治学以"明学术，正人心，拨乱世，以兴太平之事"为宗旨，曾自言"载之空言，不如见诸行事"，"愚不揣，有见于此，故凡文之不关于六经之指、当世之务者，一切不为。而既以明道救人，则于当今之所通

---

[1] 董平：《浙东学派及其历史发展》，见浙江师范大学江南文化研究中心：《江南文化研究》第1辑，学苑出版社2006年，第27-28页。
[2] 董平：《浙东学派及其历史发展》，见浙江师范大学江南文化研究中心：《江南文化研究》第1辑，第28页。
[3] 王卫平：《实念与实事：晚明高攀龙的救世理念与实践》，《中国史研究》2015年第3期。

患,而未尝专指其人者,亦遂不敢以辟也"。[1] 所以,顾炎武弟子潘耒在《日知录序》中称,顾炎武治学"尤留心当世之故……经世要务,一一讲求","事关民生国命者,必穷源溯本,讨论其所以然"[2]。 同为明末清初三大思想家之一的余姚人黄宗羲批评理学末流"束书不观,游谈无根"的恶劣学风,反复强调经世致用的为学原则,如《留书·科举》中提出要"通今致用",《明儒学案·师说》中提倡"学贵践履",《今水经序》中主张"儒者之学"应以"经纬天地"为追求,"大者以治天下,小者以为民用"。 梁启超在《中国近三百年学术史》中认为,明末清初的儒学者"对于明朝之亡,认为是学者社会的大耻辱、大罪责,于是抛弃明心见性的空谈,专讲经世致用的实务"。 这样的学者还包括后来的戴震、章学诚以及乾嘉时期江南地区的众多考据学者。 尽管"经世致用"成为一股普遍的思潮广泛流行,但无疑以江南地区的表现最为突出,不仅信奉人数多,且影响大,传承明显。 受到明末以来实学学风的影响,许多儒者改变了自己的治学方向,致力于自然科学的研究和传播,明末、清朝的自然科学家为人称道者也大都出身于江南地区,如徐光启(上海人)、潘季驯(乌程人)、徐霞客(江阴人)、方以智(桐城人)、王锡阐(吴江人)、梅文鼎(宣州人)、李善兰(海宁人)、华蘅芳(无锡人)等。 这样的传统薪火相传,赓续不断,直至现代江南地区仍是产生全国两院院士最多的地方。 正是基于经世致用精神,江南地区经济发达、文化兴盛、学术繁荣、科技进步,成为全国的先进区域。

其二,敢于质疑和挑战权威的批判精神。

梁启超在《清代学术概论》中对"南学之精神"进行过全方位、多角度的分析,其中说"其对于北方学派,有吐弃之意,有破坏之心",便是指江南文化中所具有的基于独立思考的批判精神。

江南文化这种基于理性、无视权威的批判精神,其来有自。 众所周知,自西汉时期董仲舒提出"罢黜百家,独尊儒术"建议并被汉武帝接受以来,董仲舒的地位与思想影响日益扩大,其所提出的"君权神授""天人感应"理论风行一时,因其强调天人之间的互动关系,引领了神秘主义在

---

[1] 顾炎武:《顾炎武全集》第 21 册《亭林文集》卷四《与人书三》,上海古籍出版社 2011 年,第 139 页。
[2] 顾炎武:《顾炎武全集》第 18 册《日知录序》,上海古籍出版社 2011 年,第 11 页。

政治哲学领域的复兴，后来发展为谶纬神学，导致政局的变动，禁锢了人们的思想。基于这样的时代条件，王充以其批判精神和科学精神对"天人感应"、世俗迷信、鬼神和先秦儒家等针砭批判。如针对"天人感应"论，王充在《论衡》一书中明确表示，天无意志、天道自然，灾异现象并非天神的责罚谴告；他虽然对孔子甚为推崇，但并不迷信，在《论衡·问孔》中对孔子所称"死生有命，富贵在天"的天命论提出质疑，并通过多个事例证明孔子不能"生而知之"或"神而知之"，甚至斥责"孔子之言何其鄙也""何其蚀也"。在《刺孟》一篇中，他尖锐批评孟子空谈仁义不讲功利的虚伪性，以及"五百年必有王者兴"的循环论唯心史观。在当时儒学独尊、奉孔子为圣人的时代背景下，这需要多么大的勇气！王充在《论衡·对作》中对自己的学术宗旨有所阐发，说自己写作此书的目的是"实事疾妄""无诽谤之辞"。"这里所谓'实事'是探寻，确定事物的真相，坚持实事求是；所谓'疾妄'，就是批判虚妄迷信。这充分体现了王充的求实批判精神。"[1]王充的思想及其批判精神，在历史上产生了很大影响，后来者对其思想颇有微词，但对其批判精神颇为认同。著名科技史家李约瑟先生认为"王充是中国科学思想史上最主要的代表"，王充思想的特点即在于其批判性和科学性。[2]

江南文化不尚权威、敢于挑战权威的批判精神，在明清时期表现得尤为明显。明朝建立后，程朱理学成为官方的意识形态，导致思想僵化，固步自封，"其在俗儒，率外心以求知，终其身汩溺于见闻记诵；而高明之士，又率慕径约，贵自然，沦入于二氏而不自觉"[3]，圣道传承岌岌可危。明代中期，浙江余姚人王阳明本着传承圣道的使命感，创立了以"良知即天理""知行合一""致良知""明德亲民"为主要命题的阳明心学。任何思想理论的创造都是建立在批判性地继承既有思想资源基础上的，阳明心学亦是如此。虽然对阳明心学与程朱理学的关系，学界众说纷纭，但不可否认，阳明心学是对程朱理学的发展，尽管这种发展建立在王阳明对程朱理学尤其是朱子学批判的基础上。王阳明早年究心于朱子学，但"格

---

[1] 吴光：《浙江儒学总论：从王充到马一浮——论浙江儒学的思想特色与精神价值》，《浙江社会科学》2020年第6期。
[2] 转引自周桂钿：《王充哲学思想新探》，河北人民出版社1984年，第7页。
[3] 王守仁撰、吴光等编：《王阳明全集》，上海古籍出版社2014年，第1743页。

竹"和"读书"求理均遭失败，经过自己的实践与思索，他抓住了从心上做功夫的"格物致知之旨"，发现了"向之求理于事物者误也"。可以说，没有对朱熹学说的质疑与批判，就不会有王阳明的"龙场悟道"。王阳明对朱子学的批评还表现在对佛、道二教的态度以及"知行合一"等理论问题上。

明末清初的思想家黄宗羲、顾炎武等人，崇尚实学，不仅在学问上多有创见，更对专制主义中央集权制度展开激烈的批判。黄宗羲认为，君主是私欲的化身，视天下财物为己有，视天下人民为囊中物，"屠毒天下之肝脑，离散天下之子女，以博我一人之产业"，"敲剥天下之骨髓，离散天下之子女，以奉我一人之淫乐"，因此，君主是天下万恶之源，所谓"凡天下之无地而得安宁者，为君也"，"然则为天下之大害者，君而已矣"。[1]正如学者所指出的，"黄宗羲此类议论，矛头所向，显然是封建专制集权，而皇权是这一制度的政治核心和要义，故抨击皇权的邪恶，无疑是否定封建集权制度的合理性。其思想的革命性意义，深得后来改良和维新派的赞赏，成为中国走向近代化的重要理论资源"[2]。顾炎武指出"亡国"与"亡天下"是两个不同的概念，"易姓改号，谓之亡国。仁义充塞，而至于率兽食人，人将相食，谓之亡天下"，因此，"保国者，其君其臣肉食者谋之；保天下者，匹夫之贱与有责焉耳矣"。[3]他还反对"尽天下一切之权而收之在上"，主张"以天下之权，寄天下之人"，分散君主权力，扩大统治基础。这种对专制君主的批判，同样具有振聋发聩的意义。

清朝建立后，仍以程朱理学为国家主流的意识形态，朱熹的地位大为提升。乾隆帝称："我圣祖将朱子升配十哲之列，最为尊崇，天下士子莫不奉为准绳。"[4]当时一位叫谢济世的学者，著书讥议朱熹，乾隆帝指其"倡为异说"，严厉取缔。可见，在当时的背景下，质疑程朱理学是严重犯禁的。但著名思想家、徽州休宁人戴震敢于挑战权威，对程朱理学进行了全面系统的批判。如在理欲观上，他从"理存乎欲"出发，对程朱理学"以理杀人"进行了深刻揭露和激烈批判，"其所谓理者，同于酷吏之所谓

---

[1] 黄宗羲：《黄宗羲全集》第一册，浙江古籍出版社1985年，第2-3页。
[2] 胡发贵：《试论江南文化的启蒙精神》，《金陵科技学院学报》2014年第1期。
[3] 顾炎武：《顾炎武全集》第18册《日知录》卷十三《正始》，上海古籍出版社2011年，第527页。
[4] 王先谦、朱寿朋：《东华录·东华续录》，上海古籍出版社2008年，第289页。

法。酷吏以法杀人,后儒以理杀人,浸浸乎舍法而论理,死矣,更无可救矣"[1]。因此,近代著名学者胡适称其为反抗程朱理学"排斥人欲的礼教的第一人"[2]。

比戴震稍晚的浙江会稽人章学诚力主"六经皆史"说,虽然这一观点并非章学诚独创,但其"孔子有德无位,即无从得制作之权,不得列于一成,安有大成可集乎"一语,明显具有贬低孔子之意,且批评了孟子所说"孔子之谓集大成"的观点,由此否定了道统的存在价值,将那些自认为真理掌握者拉下了神坛。

自此以后迄至近代,江南地区的大量知识分子以及仁人义士,无不对专制统治及其所奉行的儒家思想或帝国主义侵略势力展开激烈的批判与抗争,影响大者有龚自珍、冯桂芬、秋瑾、章太炎、张謇、胡适、蔡元培、鲁迅等人。如冯桂芬,有学者评价其"是中国近代史上提出全面系统变法思想的、力主在多方面向大西方学习的、注意消解变法之古今中西矛盾的、具有开拓意义的、务实、深刻、影响深远的思想家"[3];至于鲁迅,更被毛泽东推崇为"不仅是伟大的文学家,而且是伟大的思想家和伟大的革命家"。

江南文化中敢于质疑和挑战权威的批判精神,反映了江南文化对自由之思想、独立之精神的不懈追求,成为江南人勇于创新的不竭动力。

其三,精益求精的工匠精神。

工匠精神是中国人民在长期劳动过程中形成的一种职业素养,是中华优秀传统文化在生产生活中的积淀。工匠精神需要通过造物技艺表现出来。明代万历年间的王士性曾经指出,江南人"既繁且慧,亡论冠盖文物,即百工技艺,心智咸儇巧异常。虽五商辏集,物产不称乏,然非天产也,多人工所成,足夺造化"[4]。这说明江南地区百工技艺突出,工艺制造巧夺天工。诚然,江南地区是百工技艺之乡,民间手工艺历史悠久,门类众多,佳作迭现。尤其在明清时期,苏州的民间工艺臻于鼎盛,乾隆

---

[1] 戴震:《孟子字义疏证》,中华书局1982年,第174页。
[2] 胡适:《戴东原的哲学》,《国学季刊》1925年第2卷第1号。
[3] 熊月之:《冯桂芬评传》,南京大学出版社2004年,第14页。
[4] 王士性:《广游志》卷下《物产》,见周振鹤:《王士性地理书三种》,上海古籍出版社1993年,第227页。

《元和县志》卷十《风俗》有谓："吴中男子多工艺事，各有专家，虽寻常器物，出其手制，精工必倍于他所。女子善操作，织纴刺绣，工巧百出，他处效之者，莫能及也。"江南百工不仅技术精湛，有"精细雅洁"的美誉，而且品类繁富，计有22个大类，超过3 500个品种。诸凡苏绣、制玉、缂丝、苏扇、苏灯、苏雕等"苏式""苏作"产品，皆形成品牌，誉称天下。

"苏作""吴品"品牌的形成，源于江南匠人的工匠精神。自唐宋以后，江南经济发达，人文蔚起，逐渐成为全国的经济、文化重心。崇尚文教的风气，培养了江南人的工匠精神——凡事认真对待，一丝不苟，精益求精。明代张瀚《松窗梦语》卷四中的一段话，典型地反映了江南吴地文化的这一特点："吴制服而华，以为非是弗文也；吴制器而美，以为非是弗珍也。四方重吴服，而吴益工于服；四方贵吴器，而吴益工于器。"吴人制作的服饰华丽精致，吴人制造的器具精美漂亮，由此形成了全国各地对"苏作""苏式""吴品""吴样"产品的追捧。清中期纳兰常安对苏州的百物制造极为推崇，认为"故苏之巧甲于天下"。时有"破归破，苏州货"之说，"苏作"产品成为高质量的代名词。如苏州号称"绣市"，苏绣技艺精湛，有"精细雅洁"之誉；吴中折扇"尤称绝技"；书画装帧，明代即有"吴装最善，他处无及焉"的评价，清代更有"装潢以本朝为第一，各省之中以苏工为第一"的说法；玉器制作，有"良工虽集京师，工巧则推苏州"的美称；苏州竹器与扬州木器并列，"可谓甲于今古，冠乎天下矣"。基于这样一种工匠精神，明清时期的苏州出现了一批能工巧匠，如陆子冈之治玉、朱碧山之治金银等，"俱可上下百年保无敌手"。与此同时，苏州出现了很多质量精、声誉好、受到消费者欢迎的品牌行业与店铺，如有益斋藕粉、陆稿荐蹄子、孙春阳南货、雷允上药材、汪益美布匹、褚三山眼镜等，其中雷允上药材、陆稿荐蹄子等至今仍受到苏州市民百姓的欢迎。唯其如此，明清时期的苏州人掌握了审美评价的话语权，引领着全国时尚审美的潮流，明人王士性《广志绎》卷二有谓："姑苏人聪慧好古……善操海内上下进退之权，苏人以为雅者，则四方随而雅之；俗者，则随而俗之。"苏州文化这种做事态度认真、讲究产品质量、追求精致典雅的特点，与现代中国所倡导的工匠精神正相契合。

苏州固然突出，江南其他地区亦不遑多让。因应各地的资源优势以及民间文化传承，江南地区的造物技艺呈现出百花争艳、各展所长的局面。宜兴紫砂始于宋，成于明，盛于清，历代名师辈出，制器技艺精巧，以茗壶最具代表性。其融诸艺于一体，形神兼备，曾在1915年美国旧金山"太平洋万国巴拿马博览会"上获头等奖。南京云锦表现出"内容美、构成美、色泽美、材质美和织造美"的特点，"具有深厚的文化内涵和精湛的技艺水平。这是历代艺人不断创新精神的积淀，是云锦工艺的精华所在，是民族文化的瑰宝"。[1] 浙江青瓷前后延续3 000余年，其间不断创新，改良工艺，尤以龙泉青瓷最为著名，"南宋龙泉青瓷在造型与纹饰上表现出深厚的民族传统，熟练的艺术技巧以及优美简洁的艺术风格，简练、明朗、大方、精致、端巧是南宋龙泉青瓷的装饰手法"[2]；嘉靖《浙江通志·地理志》称其"粹美冠绝当世"。著名陶瓷研究专家陈万里曾评价说："一部中国陶瓷史，半部在浙江；一部浙江陶瓷史，半部在龙泉"，"龙泉窑是中国瓷业史上最后形成的一个青瓷名窑，其文化内涵丰富，生产规模极为壮观……是中国青瓷工艺发展的历史总成"。[3] 安徽文房四宝——宣纸、歙砚、徽墨、宣笔，选料精审，工艺要求严格，广受世人好评。宣纸有"轻似蝉翼白如雪，抖似细绸不闻声"之妙，有"寿千年""纸中王"之誉；歙砚为中国四大名砚之一，号称"天下第一砚"；徽墨也有过"天下墨业在徽州"的辉煌，其中的李墨被誉为"天下第一品"，有"黄金易得，李墨难求"之说；宣笔也曾是朝廷贡品，需经八大工序一百多个环节精工制作而成，其中诸葛氏创制的"无心散卓笔"，被书法家梅圣俞誉为"笔工诸葛高，海内称第一"。安徽文房四宝"曾在中国文化史上有过重大贡献"，"对具有中华民族特色的书画艺术的形成和传播，都起过巨大作用"。[4]

  工匠精神的核心要义，包括厚积薄发、不懈追求，一丝不苟、精益求精，勤于学习、推陈出新，德艺兼修、敬业奉献等方面，既是一种工作态度，也是一种生产技能，更是一种文化追求。工匠精神锻造了江南人勇于创造、善于创造的创新能力，成为江南地区长期处于全国领先地位的强力

---

[1] 周勋初：《中国地域文化通览·江苏卷》，中华书局2013年，第516页。
[2] 黄威越：《南宋龙泉窑青瓷的艺术特征》，《陶瓷研究》2018年第1期。
[3] 转引自胡少芬：《浅谈龙泉青瓷的文化内涵》，《陶瓷科学与艺术》2022年第3期。
[4] 郭因：《中国地域文化通览·安徽卷》，中华书局2015年，第441页。

支撑。

在讨论江南地区的文化特点与人文精神时,不能不提及"江南文化的诗性精神"。这一观点由研究中国诗学和江南文化的著名学者刘士林先生最早提出。迄今为止,刘士林先生已出版多部相关著作和系列论文,对"江南诗性文化"予以阐发。在他看来,中西文化的最大区别在于西方文化是一种理性文化,而中国文化是一种诗性文化,如果说"西方文化的深层结构在他们的哲学中,那么中国民族的最高智慧则在中国诗学里","中国文化的本体是诗,其精神方式是诗学,其文化基因库是《诗经》,其精神峰顶是唐诗。一言以蔽之,中国文化是诗性文化。或者说,诗这一精神方式渗透、积淀在中国传统社会的政治、经济、科学、艺术各个门类中,并影响甚至是暗暗地决定了它们的历史命运"。而中国的诗性文化可以分为两个系统或两个阶段:一个是以政治伦理为深层结构的"北国诗性文化"——由于"北国"的审美特征不够清晰,它应该被看作是中国诗性文化的"初级阶段"或"早期状态";另一个是以审美自由为基本理念的"江南诗性文化"[1]。在《江南诗性文化》一书中,刘士林认为江南文化不是黄河文明扩张的结果,而是长江文明的古老文化遗传。由于拥有自己的历史源头,江南文化从娘胎里带来了审美自觉的文化机能,从而与北方文化相区别。"江南文化是中华民族的审美机能的真正代表,它从一开始就独立存在,是一种与生俱来的天性,而不是后天积淀的经验产物。换言之,江南诗性文化不是在历史实践中逐渐与政治、伦理等实用精神分离出来的,而是从一开始就有自己独特的审美本体内涵,是它自身在时间长河中不断发展、生长和走向澄明的结果"。为了阐释江南诗性文化精神,他借鉴历史学"借人物说话"的叙事方法,寻找"为江南文化所化之人"作为江南文化精神代言人或形象大使。其《江南文化精神》一书中选择了与江南有关的遗民、流人、山人、学人、红颜与帝子五类人作为"具有合法身份的代表",希望从这些"为江南文化所化之人"身上发现江南文化的真精神。其中,将遗民与流人归结为偏于"政治"的诗人政治家,将山人与学人概括为重在"审美"的诗人哲学家,"如学人之主流在成熟形态中演化为'内圣之学',其固有的'外王'之旨则在变易中逐渐消失"。

---

[1] 刘士林:《在江南发现诗性文化精神》,《文化艺术研究》2008年第1期。

刘士林先生基于中西文化以及中国南北文化差异的宏观视角，提出"江南诗性文化"的概念，在当今江南文化学界产生了很大的影响，对于促进和深化江南文化研究无疑具有启示的意义。其诗意的文字书写和思辨的语言表达给人们留下了极为深刻的印象。不过，从历史学的角度来看，其理论的完善尚需实证的支持。

分论

第四章　文学发展

江南文学是中国文学发展的典型。虽然见诸文献记载的江南文学作品远不及中原文学的历史悠久，但从原始歌谣的产生与传承来看，江南文学的发端与中原文学不相上下，二者都是中国文学起源的组成部分。而江南文学在发展过程中，也与中原文学交会融合，共同构建了中华古典文学的大厦，成为华夏民族精神家园的主体构件。江南地区在经济文化与社会发展上的领先性，也使江南文学在整个中国文学史上，不仅有着壮观的场景，也有着继承与开创并重的引航意义。

一、江南诗情

《毛诗序》有言："诗者，志之所之也，在心为志，发言为诗，情动于中而形于言，言之不足，故嗟叹之，嗟叹之不足，故永歌之，永歌之不足，不知手之舞之，足之蹈之也。"[1]诗，是情动于中的语言表达，是人生体悟的形象化再现。以太湖为纽带、以苏州地区为典型的江南诗歌，无论数量、质量，还是审美享受的愉悦度，均值得专题研究。而江南诗人对中国古典诗歌的影响，也早有评说。人生感悟，诗人常题；世道变迁，诗材无限；湖山之美，古来共谈。孔子说过，"《诗》可以兴，可以观，可以群，可以怨；迩之事父，远之事君，多识于鸟兽草木之名"[2]。反过来理解，到自然界中多识鸟兽草木之名，亦是诗人发掘诗题的重要途径。

---

[1] 毛公传、郑玄笺、孔颖达等正义：《毛诗正义》，见《四部精要》第一册，上海古籍出版社1993年，第269-270页。
[2] 康有为：《论语注》《论语·阳货》，中华书局1984年，第364页。

(一) 先秦至魏晋南北朝时期的江南诗流

最早见诸文献记载的江南诗歌,当属《弹歌》,作品仅有八字,却描绘了一个完整的场景:"断竹,续竹。飞土,逐宍(古"肉"字,代指野兽)。"[1]虽然这首作品未必就是江浙一带的,但传于这一区域,也反映了这一地区的生产片段,从采集材料制造弓箭,到射箭打猎取得成果,这是对吴越地区狩猎场景的生动描写。

江南诗人的生活感悟、胸中千古,在诗歌中的呈现也是千姿百态。《吴越春秋》中记载的《河上歌》"同病相怜,同忧相救。惊翔之鸟,相随而集。濑下之水,因复俱流"[2],已经是成熟的吴歌,在文体与表达方式上,与《诗经》中的多数作品一致,但颇有江南风采。

从汉末到南朝,江南文人在文化建设中的贡献,最突出的是在积极进取与高蹈隐退的历史碰撞中呈现出的独特的人文精神。这里的创作群体,虽不能与"三曹""建安七子"相提并论,然亦不可忽略。陆机的《赴洛道中作》二首,忐忑之情,见于字里行间。

陆机(261—303),字士衡,西晋著名文学家、书法家,三国名将陆逊之孙、陆抗之子。在孙吴时,陆机曾任牙门将,当然远不及其父、祖的军事才能,唯文才有过之而无不及。晋太康十年(289),陆机、陆云兄弟来到洛阳,受到太常张华赏识,在公卿间热情揄扬,"二陆"也以实际才华展现出不一样的风度,此后名声大振,"洎乎二陆入洛,三张减价。考核遗文,非徒语也"[3]。陆机曾担任平原内史、祭酒著作郎等职,世称"陆平原"。对于陆机,张溥评价说:"俯首入洛,竟縻晋爵,身事仇雠,而欲高语英雄,难矣。"[4]陆机是西晋重要的辞赋家,是以赋体文字张扬比喻事物的高手,并用赋体论文,是杰出的文艺批评家、西晋初年杰出的诗人。

陆云(262—303),字士龙,陆机之弟,六岁能文,与兄俱有才名,虽然文章手法不及陆机,但议论见识不在陆机之下。其进退出处,几乎与陆机一致。陆云作诗,比较重视言辞藻饰,以短篇见长;陆云为文,旨意雅

---

[1] 赵晔:《吴越春秋》卷九,江苏古籍出版社1986年,第128页。
[2] 赵晔:《吴越春秋》卷四,江苏古籍出版社1986年,第28-29页。
[3] 房玄龄等:《晋书》卷五十五《张载列传》,中华书局1974年,等1525页。
[4] 张溥:《七录斋合集》,曾肖点校,齐鲁书社2015年,第467页;张溥:《汉魏六朝百三名家集题辞》,殷孟伦注,人民文学出版社1981年,第132页。

致,语言简练,感情诚挚,注重排偶。刘勰称其"士龙朗练,以识检乱,故能布采鲜净,敏于短篇"[1],可见才气在创作中的重要性。

与陆机兄弟同时,还有一位诗人就是张翰。张翰思念乡关,辞官而归,其故事在唐宋之后被诗人词家多加引用。应该说,张翰的文化意义,在于其"进取为天下,退隐全自身"的典型性。

张翰,字季鹰,生卒年不详,苏州人,孙吴大鸿胪张俨之子。孙吴灭亡时,张翰还不到二十岁。他有才情,善诗文,性格放纵豁达,有先见之明,料知晋室将乱,以思莼鲈之味为由,辞官而归,"时人皆谓为见机"[2]。他写有《思吴江歌》,后人诗词常用的典故"莼鲈之思"即源于此。诗曰:"秋风起兮佳景时,吴江水兮鲈鱼肥。三千里兮家未归,恨难得兮仰天悲。"[3]钟嵘称"季鹰《黄华》之唱,正叔《绿繁》之章,虽不具美,而文采高丽。并得虬龙片甲,凤凰一毛,事同驳圣,宜居中品"[4]。

张融(444—497),字思光,一名少子,苏州东山人,南朝齐文学家、书法家。初仕南朝宋为封溪令、仪曹郎、中书郎等。入齐,官至司徒左长史,世称"张长史"。相传张融形貌短丑,行止怪诞,善言谈而才思敏捷,有文集百余卷,均散佚。张融撰有《张长史集》,收入《汉魏六朝百三名家集》中。其诗歌作品中有一首《别诗》,"白云山上尽,清风松下歇。欲识离人悲,孤台见明月"[5],情景交融,语淡情深。

南朝文坛领袖沈约(441—513),字休文,吴兴武康(今浙江湖州德清)人,南朝文史学家、语言学家,为近体诗的形成起到了开拓性的作用。齐武帝永明年间,他将语言学的成就移入诗歌创作之中,与谢朓等人提倡巧布四声、力避八病,是为"永明体"诗歌,开创了新体诗写作的新局面,成为诗歌格律化之先驱。

从魏晋到南北朝,上自君王,下到流民,生命之脆弱,遭遇之难料,书在史册,有迹可循。生逢乱世的士流,游仙修道、寄迹山林、任诞狂狷、烧香拜佛、辩理玄谈,都是可以参考的选项。而一旦生活安宁,仙界

---

[1] 刘勰:《文心雕龙·才略第四十七》,周振甫译,中华书局1986年,第423页。
[2] 刘义庆:《世说新语·识见第七》,余嘉锡笺证,上海古籍出版社1993年,第393页。
[3] 逯钦立:《先秦汉魏晋南北朝诗》,中华书局1983年,第738页。
[4] 钟嵘:《诗品》中,曹旭集注,上海古籍出版社1994年,第222页。
[5] 张溥:《汉魏六朝百三名家集》第四册,江苏古籍出版社2002年,第15页。

无望,对人世间的情趣还是愿意竭力追逐的。 所以,在六朝宫体诗作家群中,也可以看到江南作家的飘动。 这类作家主要有陆厥、陆倕、张率、陆罩等。

(二) 唐代的江南吟诵

唐代的江南诗坛比较慢热。 初唐前期,尚未见江南诗人的佳作。 然而随着时间的推移,江南才子的风采便逐渐显露出来。

张若虚、贺知章、张旭和包融被称为"吴中四士"。 扬州诗人张若虚一首《春江花月夜》,以其独有的艺术生命,必将被永久传唱;贺知章的《回乡偶书》《咏柳》等历来为人们所称道。 他们无疑是江南诗坛一道亮丽的风景。

沈千运(713—756),吴兴(今浙江湖州)人,家贫力学,人格端庄。诗歌气格高古,反对华丽,平淡中写出对人生的思索与选择。 其《山中作》一诗别有寄托。

"大历十才子"之冠的钱起是江南诗人中特别的一位。 钱起(722?—780),字仲文,吴兴(今浙江湖州)人,是书法家怀素的叔叔。 钱起早年数次赴试落第,终于唐天宝十载(751)考中进士。 科考中,钱起一首《湘灵鼓瑟》基本奠定了他在诗歌史上的地位。"曲终人不见,江上数峰青"两句,创造了深杳的诗境,留下了悠长的韵味,可超越时空而永存。他的《衔鱼翠鸟》是一首小诗,堪称诗歌中的高速摄像机。

戴叔伦(约732—约789),字次公,金坛人。 少时师萧颖士,后出任新城令、东阳令、抚州刺史等,晚年上表自请为道士,返乡途中客死清远峡(今四川成都北),返葬于金坛城南。 其《山居》《晚望》《题友人山居》一类作品,既有山林幽深孤高的情态,又有诗人与山林融为一体的惬意与满足,诗人将自己与草木置于面对面的场景之下,宛如对话,表达了对山野安逸生活的眷恋之情。 其《湘川野望》含蓄地表达了对历史的反思:"怀王独与佞人谋,闻道忠臣入乱流。 今日登高望不见,楚云湘水各悠悠。"[1]奸佞之人,对于忠臣良将、国家君王来说均是祸害。 当年楚怀王的教训,又有多少君王能够吸取? 该诗蕴含讽喻、婉谏君王之意,是对怀古咏史诗歌的拓展。

---

[1] 彭定求等:《全唐诗》,中州古籍出版社1996年,第1684页。

盛唐、中唐之间的苏州诗人顾况，两首《洛阳陌》五绝平淡中见深意，言有尽而意无穷。顾况的诗歌贡献在于对乐府诗的继承与对新乐府运动的启发，为中唐新乐府运动的先驱。

许浑（约791—约858），字用晦（一作仲晦），润州丹阳（今江苏丹阳）人，晚唐极有影响力的诗人之一。许浑一生不作古风，专攻近体。题材则以怀古伤今、赞美田园为多，对偶缜密、诗律纯熟。江南烟雨之景，经常出现在许浑的诗中。中年之后居住在京口（今江苏镇江）丁卯涧，以丁卯名其诗集，后人也称其为"许丁卯"。其《孤雁》一诗，凄楚彷徨。

晚唐诗人陆龟蒙（？—882），字鲁望，号天随子、江湖散人、甫里先生，苏州人，家住苏州临顿里。他屡试进士不第，乐于乡间生活，遂隐居松江甫里（今苏州甪直），有《笠泽丛书》《杂讽》《耒耜经》《小名录》《甫里集》等传世。陆龟蒙不仅是文学家，更是一位农学家。他在躬耕南亩、垂钓江湖、吟诗作赋之余，认真研究农具、渔具，所著《耒耜经》是中国有史以来罕见的古农具专文，其中对被誉为我国犁耕史上里程碑的唐代曲辕犁记述得最为准确详细，是研究古代耕犁可靠的早期文献，"叙述古雅，其词有足观者"[1]，既是一篇农经，也是一篇体物妙文。其《怀宛陵旧游》一诗，将友情、诗情与酒意熔为一炉。

生于浙江湖州、长于江苏无锡的亳州诗人李绅，两首《悯农》获得称颂无数。第一首"春种一粒粟，秋收万颗子。四海无闲田，农夫犹饿死"，第二首"锄禾日当午，汗滴禾下土。谁知盘中餐，粒粒皆辛苦"[2]，这两首诗几乎家喻户晓。

（三）江南地区诗人在两宋的风采

两宋时期的江南诗人，对生活的观察与人生的体悟、对社会问题的认识、对自然山水的观察更为深刻，并在诗歌中有着形象化的再现。

北宋前期的丁谓（966—1037），字谓之，后字公言，长洲（今江苏苏州）人。善于用典，语言精巧，属于西昆体作家。其诗歌多为咏史状物之作。《西昆酬唱集》中有其诗五首，其中咏荷花三首，两首长律、一首绝句。妙在诗中没有出现荷花，全用描述或前人的故事写成，少有真情流

---

[1]《四库全书总目》卷一〇二，中华书局1961年，第854页。
[2] 卢燕平：《李绅集校注》，中华书局2009年，第2-3页。

露。其对任职地方的吟咏,却是父母官的真情流露,有诗《咏泉州刺桐》:"闻得乡人说刺桐,叶先花发始年丰。我今到此忧民切,只爱青青不爱红。"[1]

生活在北宋中叶的叶清臣,也是江南诗家之一。叶清臣(1000—1049),字道卿,长洲(今江苏苏州)人,北宋名臣,宋仁宗天圣二年(1024)榜眼。封建时代,以京师任职接近君王为荣,离开京城任职被称为"外放"。叶清臣外放任职期间,既赏鉴模山范水,亦广交四方朋友。其作《游摄山栖霞寺》:"仙峰多灵草,近在东北维。僧绍昔舍宅,总持尝作碑。高风一缅邈,废宇亦陵迟。清泉漱白石,霏雾蒙紫芝。松萝日萧寂,猿鸟自追随。游人尠或诣,隐者谁与期。支郎笃清尚,千里孤云飞。览古玩青简,寻幽穷翠微。顾予荷戟守,出宿简书违。凭师访陈迹,剩作摄山诗。"[2]诗中表达了对方外高风的敬仰之情,也寄托了诗人高尚的情怀。在对自然之乐、禽鸟之乐的叙写中,隐含了悠悠的清愁,难以明言,孤高典雅的气度中不无淡淡的幽怨。一首纪游诗,写景怀古融合,怀人自伤同在,足见叶清臣的诗笔之妙。

北宋前期著名诗人梅尧臣,其诗平淡中别有风味。梅尧臣(1002—1060),字圣俞,世称宛陵先生,以恩荫补桐城主簿,正式入仕,后得宋仁宗召试,赐同进士出身,官国子监直讲、尚书都官员外郎。梅尧臣与欧阳修友情极深,共同主持编纂《新唐书》,并协助欧阳修主持进士考试,推动诗文革新,为宋代诗文的繁荣奠定了基础。梅尧臣诗歌风格简淡,但精雕细凿,对宋诗有开风气之先的贡献,有《宛陵集》,《东溪》《鲁山山行》《陶者》《小村》等篇,广为流传。刘克庄评价"本朝诗,惟宛陵为开山祖师"[3]。

范纯仁(1027—1101),字尧夫,吴县(今江苏苏州)人,范仲淹次子,曾从胡瑗、孙复等读书。宋仁宗皇祐元年(1049)进士,授武进知县,因远离双亲而不赴任。再授长葛知县,仍不前往。父殁后才出仕,知襄城县,迁侍御史、知谏院,出知河中府、和州、庆州等。宋哲宗立,拜给事中。元祐元年(1086)任同知枢密院事,转尚书仆射兼中书侍郎。

[1] 厉鹗:《宋诗纪事》卷六,上海古籍出版社1983年,第153页。
[2] 厉鹗:《宋诗纪事》卷十一,上海古籍出版社1983年,第273-274页。
[3] 刘克庄:《后村诗话》前集卷二,中华书局1983年,第22页。

宋哲宗亲政，累贬永州安置。宋徽宗立，复为观文殿大学士，后以目疾乞归。卒后追赠开府仪同三司，谥"忠宣"。有《范忠宣公集》。范纯仁能诗文，亦填词。《四库全书》收录《忠宣文集》二十卷、奏议二卷、遗文一卷、附录一卷、补编一卷，"文集凡二十卷。前五卷为诗，后十二卷皆杂文。其末三卷为国史本传及李之仪所撰行状"[1]。其《寒食日泛舟》："合友逢佳节，携尊泛碧流。溪风销酒力，烟树入春愁。群鸭开波练，疏云透月钩。平生怀古意，最羡五湖游。"[2]寒食泛舟，本是诗情画意的事情，但诗人并未感到快乐，酒醒之后是满腹愁疑，有人生不及群鸭乐的感慨，希望像范蠡那样，潇洒而去，泛舟五湖。诗人不仅用典寄情，还特地选用了范家人的故事，别有趣味。

南宋诗人范成大，堪称宋代江南诗人的标杆。范成大（1126—1193），字至能，又字幼元、友生，号此山居士、石湖居士，吴县（今江苏苏州）人。宋高宗绍兴二十四年（1154）进士，先后知处州、知静江府兼广南西道经略安抚使、知成都府兼四川制置使、拜参知政事等。宋孝宗乾道六年（1170）奉命使金，以日记形式写下沿途所见所闻，集成《揽辔录》。触目所感，发而为诗，以七十二首绝句集中表达了其爱国情怀。到达金廷之后，范成大严正交涉，坚强不屈，几于被杀。他晚年退居故乡石湖，卒谥"文穆"。范成大工于诗，与陆游、杨万里、尤袤并称"中兴四大家"。亦能词赋，文章与书法享有盛名。范成大著作颇富，有《石湖居士诗集》《石湖词》《桂海虞衡志》《吴船录》《吴郡志》等，现存诗歌一千九百余首。其《二月三日登楼，有怀金陵、宣城诸友》，心念朋友，余韵悠长。《催租行》《后催租行》以及《四时田园杂兴》六十首中部分篇章写出了农户艰辛困顿的真实状况。《使金纪行七十二绝句》中分明可见范成大的拳拳爱国之心和铮铮铁骨，其《会同馆》一诗中亦有言："万里孤臣致命秋，此身何止一沤浮。提携汉节同生死，休问羝羊解乳不？"[3]

孙锐（1199—1277），字颖叔，吴江人。曾任庐州金判，时间不长，后返回家乡，蛰居于吴江平望之桑磐村。孙锐存世作品不多，《避虏入洞庭》《杨郡王还乡》《兵火》《虏警》诸作叙写了元军南下东进的

---

[1]《四库全书总目》卷一五三，中华书局1965年，第1324页
[2] 厉鹗：《宋诗纪事》卷十八，上海古籍出版社1983年，第454页。
[3] 范成大：《范石湖集》卷十二，上海古籍出版社1981年，第158页。

场景。

(四) 元代的江南诗坛

元代虽然只有九十年的统一历史,诗坛的辉煌却可以比肩唐宋,且更加接近于唐人的率性。盛况之下,江南文人的贡献自然不能忽视。宋元之际的江南文坛活跃着一批作家,在诗歌领域,江南诗人占有相当的比重,且涵盖了文士、方外、闺阁。

宋无(1260—1340),本名名世,字晞颜,后更名宋无,字子虚,号翠寒道人,苏州人,自称"吴逸士宋无"。其作品既有故国之思,亦有进退两难的复杂心绪。宋无是元代江南诗人群体中的一员,"赵子昂称其诗风流蕴藉,皆不经人道语"[1]。

袁易(1262—1306),字通甫,长洲(今江苏苏州)人。袁易少敏于学,"丰姿秀朗,不求仕进"。聚书万卷,亲手校雠。与郡人龚璛、郭麟孙并称为"吴中三君子",并与词人张炎为至交。后被征为徽州路石洞书院山长,不久罢归。有《静春堂诗集》《静春词》等传世。

善住,生卒年不详,元朝苏州高僧,修行于报恩寺(今北塔寺)。据诗篇及有关交游情况,可知善住出生于元朝,常往来吴淞江上,与仇远、白珽、虞集、宋无诸人相酬唱。写有《癸亥岁寓居钱塘千顷寺述怀诗》《赠隐者诗》等,常为论者提及,"在元代诗僧中,固宜为屈一指也"[2]。

黄公望(1269—1354),字子久,号一峰,常熟人,元代画家。居于虞山小山,中年当过都察院掾吏,后加入全真教,别号大痴道人,在江浙一带卖卜。黄公望工书画,善诗词、散曲,五十岁后始画山水,师法赵孟頫、董源、关仝、李成等,晚年自成一家。黄公望在诗歌创作上崇尚晚唐,谨严沉吟,时有超凡之想。然仅存诗歌多为题画之作,颇得画里画外神理妙趣;或为赠答唱和之作,虽是应酬,亦有深意。

干文传(1276—1353),字寿道,号仁里,晚号止斋,吴县(今江苏苏州)人。十岁能属文,被荐为吴县及金坛两县学教谕,迁饶州慈湖书院山长。延祐二年(1315)登进士第,授同知昌国州事。至正三年(1343)应召入朝,预修《宋史》,书成,授集贤待制,不久以嘉议大夫、礼部尚书致

[1] 顾嗣立:《元诗选》初集、戊集,中华书局1987年,第1259页。
[2] 《四库全书总目》卷一六六,中华书局1965年,第1427页。

仕。其诗歌抒情直白，少有雕琢。

沈右（1351年前后在世），字仲说，号御斋，吴人。本世家子，能去豪习，刻志读书。与乡里缙绅游，恂恂若诸生。曾结庐于天平山林坞之白羊山，耕读其旁。文学行谊，一时重之。工于诗，《元诗选》二集录其《清辉楼稿》诗十六首，多赠答题画之作，清新可喜。

钱良佑（1278—1344），字翼之，晚自号江村民，长洲（今江苏苏州）人。至正年间以书学名家，署吴县儒学教喻，实未履职。善书法，古、篆、隶、真、行、小草，无不精绝。然安贫守约，无意仕进，闲居三十年。诗歌娴雅平淡，多纪游唱和之作，如《自灵岩登天平山次柳道传韵》《自天平游灵岩次胡古愚韵》等。题画小诗亦另有风味。

顾德辉（1310—1369），本名瑛，又名阿瑛，别名德辉，字仲英，号金粟道人，昆山人，移居太仓。家富，轻财善结纳宾客，豪宕自喜，年三十始折节读书，购古书名画、彝鼎秘玩，辑录鉴赏无虚日。举茂才，任会稽教谕，推辞不就。"年四十，即将家产尽付其子，归昆山故里，以诗画自娱，广交天下名士。至正间，与太仓名士袁华、秦约、文质、熊梦祥、姚文奂等过从甚密，雅集唱和。才情妙丽，诗文俱佳，亦工山水、花卉、翎毛，名擅一时，东南俊士咸推其为文坛领袖。有《草堂雅集》《玉山璞稿》《萃亭馆篇咏》等"[1]。临终"自为圹志，戒其子以纻衣、桐帽、棕鞋、布袜缠裹入土"[2]。有《玉山草堂集》。顾嗣立《元诗选》初集收其诗，名《玉山璞稿》。

元代苏州女诗人郑允端、薛兰英、薛蕙英等人的创作，堪与须眉比肩。

（五）明代江南诗坛的新气象

明代江南诗人笔下的渔村船坞、林间小道、佛塔寺庙、小阁夕阳、街巷民居、花鸟鱼虫以及兴废成败，往往别有一番滋味。元明之际的高启、张羽、徐贲、杨基、余尧臣、王行、宋克、吕敏、陈则、释道衍，合称"北郭十子"，是明代文学辉煌开端中的重要一章。

高启（1336—1373），字季迪，长洲（今江苏苏州）人，博学工诗。"洪武初，被荐，偕同县谢徽召修《元史》，授翰林院国史编修官，复命教

---

[1] 张炎中：《太仓历史人物词典》，上海文艺出版社2010年，第231页。
[2] 顾嗣立：《元诗选》初集、辛集，中华书局1987年，第2321页。

授诸王。三年秋,帝御阙楼,启、徽俱入对,擢启户部右侍郎,徽吏部郎中。启自陈年少不敢当重任,徽亦固辞,乃见许。已,并赐白金放还。启尝赋诗,有所讽刺,帝嗛之未发也。及归,居青丘,授书自给。知府魏观为移其家郡中,旦夕延见,甚欢。观以改修府治,获谴。帝见启所作上梁文,因发怒,腰斩于市,年三十有九"[1]。明初吴下多诗人,高启与杨基、张羽、徐贲并称"吴中四杰","以配唐王、杨、卢、骆云"[2]。有《高太史大全集》《凫藻集》等。

高启年轻的时候,其山水诗主要描绘苏州周边的山川景物,数量不多,艺术手法也少有创新。后进入金陵参与《元史》的编撰工作,职事之暇,则游赏山峦河川,颇多感受,发而为诗。其《登金陵雨花台望大江》将万里大江的气势与钟山雄伟的形势作为背景,写出了与长江、钟山相关的历史感叹。

于谦(1398—1457),字廷益,号节庵,浙江杭州府钱塘县(今浙江杭州)人。永乐十九年(1421)进士,官至少保。"土木堡之变"发生后,于谦力主抵抗,保卫京师,为明王朝的稳定发挥了重要作用。明英宗复辟后不久,于谦蒙冤被杀,天下为之感到冤屈。明宪宗时平反昭雪,追谥"忠愍",明神宗时改谥"忠肃",与岳飞、张煌言合称"西湖三杰"。一首《石灰吟》足见于谦品格。

明中叶后期,唐寅、文徵明、祝允明、徐祯卿号称"吴中四才子",名扬天下。书画界的"吴门四家":沈周、文徵明、唐寅、祝允明,甚至被称为"明四家"。其虽以书画成就受天下景仰,然诗文词章,亦擅风流。这一时期登上文坛的江南名家,在"前七子"号召复古的思潮中特立独行,别有气象。

唐寅(1470—1524),字伯虎,后改字子畏,号六如居士、桃花庵主等,明代画家、书法家、诗人。临终写下《绝笔》一首,文辞豪迈。

徐祯卿(1479—1511),字昌谷,又字昌国,苏州常熟梅李镇人,十五六岁时随父迁居苏州,故《明史·文苑传》说其是吴县人。徐祯卿天性聪颖,少长文理。弘治十八年(1505)第七十名进士及第,仅授大理寺左寺副。结识李梦阳,与其聚会论诗。正德元年(1506)二月,"奉命赴湖湘

---

[1] 张廷玉等:《明史》卷二八五,中华书局1974年,第7328页。
[2] 张廷玉等:《明史》卷二八五,中华书局1974年,第7328页。

编纂外史，以为编纂一代实录之资，亦采风之遗意"[1]。正德三年（1508）初夏，因大理寺失囚事，受到处分，返回苏州，与故里诗友交游唱和。正德四年（1509）春，经浙西再游皖赣潇湘，暮春返回京师，改任国子监五经博士。正德六年（1511）初，授廷尉，因病不赴。三月，卒于京师，年仅三十三岁，归葬故里苏州虎丘西麓。沈德潜、周准《明诗别裁集》收其诗二十三首。其《在武昌作》："洞庭叶未下，潇湘秋欲生。高斋今夜雨，独卧武昌城。重以桑梓念，凄其江汉情。不知天外雁，何事乐长征？"[2]秋气渐浓，孤馆寒窗，一叶飘零的感觉在季节变换之际更为强烈，乡关之思油然而生。尾联深有意趣，诗人不是不知道北雁南飞所为何事，却故意发问。大雁是为了生存，为了躲避北方的寒冷；而自己也是为了躲避京城的寒冷——京城政治上的寒风。不愿陷入这种政治角逐的漩涡完全可以离去，但文人的使命意识与担当精神，又驱使着徐祯卿这类的人物为了致君泽民而消耗自己的生命。

张采（1596—1648），字受先，号南郭，太仓人，崇祯元年（1628）进士。有《知畏堂集》，其中《文存》十一卷、《诗存》四卷。其文章风格，娓娓絮叨，从容不迫，具有语气和缓而连绵不断的特点，明显受到欧阳修文风的影响。张采的诗歌，更加贴近民生。其十五首四言诗很有特色。四言诗，爱好者不多，曹操之后，佳作甚少，大家难觅。《猛虎》五章其五："曷惟妇哭，泪也滂沱。他山之下，孔子未过。"[3]十六个字隐含今不如昔的唏嘘，苛政猛于虎，昔日尚有孔子的问询关注，而今没有孔子，却有哭妇。

明季复社领袖张溥（1602—1641），字天如，号西铭，太仓人，是晚明杰出的文学家、思想家、社会活动家。崇祯四年（1631）进士，选庶吉士。然为朝廷中权臣倾轧所累，离开京师，致力于文社活动和学术研究。一生著作宏富，编述三千余卷，涉及文、史、经学各个学科，精通诗词，尤擅序跋、题词、时论评点。张溥不以诗名，其短暂的人生，经史之学成果累累，古籍整理与文献汇编、选辑贡献极大，文章称一世之雄。存诗寄

---

[1] 范志新：《徐祯卿全集编年校注》"前言"，人民文学出版社2009年，第5页。
[2] 范志新：《徐祯卿全集编年校注》，人民文学出版社2009年，第322页。
[3] 张采：《知畏堂文存·诗存》，见四库禁毁丛刊编纂委员会：《四库禁毁书丛刊》集部第81册，北京出版社1997年，第704页。

赠唱和写景抒情方面俱有佳构。其《寄怀马君常》二首处处关乎风节，不仅是张溥的感念，也体现了马世奇真正的修为。

明季诗坛殿军陈子龙（1608—1647），字卧子，一字懋中，又字人中，号轶符，别号颍川明逸、于陵盟公，松江华亭人。一度以出家为掩护，法名信衷。崇祯十年（1637）进士，授绍兴推官，升任兵科给事中。明亡，陈子龙参与抗清武装斗争并发挥了重要作用，终因参与策反松江提督吴胜兆的活动而被清兵发现、捕获，被押往苏州途中趁守卫不备，跃入跨塘河，以身殉国。陈子龙的诗歌创作，广泛关心明末的诸多社会问题，表达建功立业的愿望，抒发亡国哀痛与表现忠贞气节，还有一些纪行、游赏、应酬之诗，自具特色，为晚明第一诗人。从其《秋日杂感》《小车行》《卖儿行》《辽事杂诗八首》《岁暮作》诸诗，可见晚明社会生态及诗人的爱国情怀。其《易水歌》云："赵北燕南之古道，水流汤汤沙浩浩。送君迢遥西入秦，天风萧条吹白草。车骑衣冠满路旁，骊驹一唱心茫茫。手持玉筯不能饮，羽声飒沓飞清霜。白虹照天光未灭，七尺屏风袖将绝。督亢图中不杀人，咸阳殿上空流血。可怜六合归一家，美人钟鼓如云霞。庆卿成尘渐离死，异日还逢博浪沙。"[1]国家一统是大势所趋，荆轲悲剧亦是古来共怜，并不矛盾。

少年英才夏完淳（1631—1647），原名复，乳名端哥，号存古，别号小隐，又号灵首、灵胥，松江华亭人，夏允彝之子，陈子龙的弟子。国变之后，夏完淳与陈子龙等歃血为盟，誓死抗清，积极奔走于各抗清名流之间。后因吴胜兆事件被捕押到南京，丁亥九月惨遭杀害，年仅十七岁。夏完淳于古文、诗歌、词、赋均留下了优秀的篇章，造诣与风格直追其师。《大哀赋》的语言、铺陈、历史典故极为精湛，对时局的分析、对君臣的评判极为犀利。其居然出自一位十六岁少年之手，令人难以想象。其诗歌主要抒发明亡之慨，《六哀》《六君咏》悲痛至极，《吴江野哭》更是在极端恐怖的环境下写出的政治悼亡诗。《狱中上母书》亲情感人，而忠君爱国之情更高。《别云间》："三年羁旅客，今日又南冠。无限山河泪，谁言天地宽。已知泉路近，欲别故乡难。毅魄归来日，灵旗空际看。"[2]不仅是对生命的眷恋，更是对山河的悲呼。

［1］陈子龙：《陈子龙诗集》卷十，上海古籍出版社1983年，第303页。
［2］白坚：《夏完淳集笺校》，上海古籍出版社2016年，第317-318页。

（六）清代的江南诗人

清代 276 年的历程中，江南诗人的书写延续了明代的辉煌，不惟在由明至清的诗坛转换中成就辉煌，在诗歌认知评价方面，也有着标杆效应。

钱谦益（1582—1664），字受之，号牧斋，晚号蒙叟，东涧老人，江苏常熟人，学者称其为虞山先生，清初诗坛的盟主之一，与吴伟业、龚鼎孳并称清初诗坛的"江左三大家"。其《西湖杂感》二十首，表达的情怀十分鲜明，几乎没有隐晦。何况还有一篇"老实交代"的序文，"旧梦依然，新吾安往？""嗟地是而人非，忍凭今而吊古"[1]等，可见诗人心境。

其 二

潋艳西湖水一方，吴根越角两茫茫。
孤山鹤去花如雪，葛岭鹃啼月似霜。
油壁轻车来北里，梨园小部奏西厢。
而今纵会空王法，知是前尘也断肠。[2]

其十九

东风依旧起青蘋，不为红梅浣北尘。
鼓箧儒生陈玉历，开堂禅子祝金轮。
青衣苦效侏离语，红粉欣看回鹘人。
他日西湖志风土，故应独少宋遗民。[3]

诗歌细数了西湖周边众多景点及关联的盛世回忆与美好传说，回忆西湖过去的轻歌曼舞、管弦缭绕、竹肉相发，还有风流故事，等等。然所有这一切，都在追忆之中，与眼下杭州的阴冷可怖、哀鸿遍野形成了强烈的对比，故国之思与自谴之情，流淌于字里行间。上录其中二首，可见钱谦益的真实情感和诗才。其成为明末清初五十年诗坛标杆，并非源于钦点，而是诗坛的共识。

以钱谦益为中心的虞山诗派中，冯舒才气最高。冯舒（1593—1649），字已苍，号默庵，别号癸巳老人，自号孱守居士，明末清初学者、著名藏书家、刻书家。冯舒善口才，性慷直，遇事敢为，不避权势，有

---

[1] 钱谦益:《牧斋有学集》卷三,上海古籍出版社 1996 年,第 89 页。
[2] 钱谦益:《牧斋有学集》卷三,上海古籍出版社 1996 年,第 91 页。
[3] 钱谦益:《牧斋有学集》卷三,上海古籍出版社 1996 年,第 105 页。

《虞山妖乱志》《空居阁杂文》《默庵遗稿》《空居阁集》《诗纪匡谬》等数种作品,并校定《玉台新咏》等。 冯舒肆力于经史百家,尤邃于诗。 其内心以遗民自居,诗歌中多故国之思,或于咏物中别有寄托。

冯班(1602—1671),字定远,晚号钝吟老人,常熟人,明末诸生,从钱谦益学诗,少时与兄冯舒齐名,人称"海虞二冯"。"班学有本源,论事多达物情,论文皆究古法,虽间有偏驳,要所得者为多也"[1]。 有《钝吟集》《钝吟杂录》《钝吟书要》《钝吟诗文稿》《定远集》等。

钱陆灿(1612—1698),字尔韬,号湘灵,又号圆沙,常熟人,是继钱谦益之后虞山诗派的第二盟主,顺治十四年(1657)举人。 钱陆灿好藏书,校检古籍极为用心。 有《调运斋集》《圆沙诗集》《圆研居诗抄》。

吴伟业(1609—1672),字骏公,号梅村,别署鹿樵生、灌隐主人、大云道人,太仓人。 崇祯四年(1631)进士第二名,任编修。 由于朝中周延儒、温体仁倾轧波及,吴伟业作为张溥的门人受到牵连,自请回乡完婚,表面上"伟业以溥门人,联捷会元鼎甲,钦赐归娶,天下荣之"[2],实际上也是一种回避。 清顺治十年(1653)被迫应诏北上,任国子监祭酒。 两年后以奉嗣母丧为由乞假南归,此后不复出仕。 他不仅是娄东诗派的开创者与领袖,也由于其在复社中的特殊地位、影响以及与陈子龙的密切关系,成为清初娄东诗派与云间诗派的实际共同领袖,在当时诗坛上与钱谦益具有相当的地位。 而云间诗派、娄东诗派与虞山诗派,正是明清之际诗坛的主要创作群体。 四库馆臣评价吴伟业诗"其中歌行一体,尤所擅长。 格律本乎四杰,而情韵为深;叙述类乎香山,而风华为胜。 韵协宫商,感均顽艳,一时尤称绝调"[3]。《圆圆曲》《悲歌赠吴季子》等诗篇,可见其才力。

吴伟业主导的娄东诗派,在清初诗坛上亦有一席之地。 娄东诗派主要诗人的作品,如吴伟业定稿的《太仓十子诗选》,是娄东诗派标志性作品。"是书采其同里能诗者得十人,人各一集。 首周肇《东冈集》,次王揆《芝廛集》,次许旭《秋水集》,次黄与坚《忍庵集》,次王撰《三馀集》,次王

---

[1]《四库全书总目》卷一二三,中华书局1965年,第1064页。
[2] 陆世仪:《复社纪略》卷一,北京古籍出版社2002年,第231页。
[3]《四库全书总目》卷一七三,中华书局1965年,第1520页。

昊《硕园集》,次王抃《健庵集》,次王曜升《东皋集》,次顾湄《水乡集》,次王撼《步蟾集》。 皆其同时之人,前有伟业序,盖犹明季诗社余风也。 伟业本工诗,故其所别裁,犹不至如他家之冗滥,特风格如出一手,不免域于流派,是亦宗一先生之故耳"[1]。

清初诗论家叶燮(1627—1703),字星期,号己畦,吴江人,康熙九年(1670)进士。 康熙十四年(1675)曾任江苏宝应知县,后被参落职,遂无意仕进。 晚年定居江苏横山,诵经撰述,授徒为生,世称横山先生。有诗论专著《原诗》及诗文集《己畦集》。

顾炎武(1613—1682),本名绛,字宁人,人称亭林先生,昆山人,明末清初杰出的思想家、经学家、史地学家和音韵学家,与黄宗羲、王夫之并称为明末清初"三大儒",又与吴嘉纪、钱澄之合称"江南三大遗民诗人"。 顾炎武的文学成就主要以诗文见称,存各体诗四百一十余首,其中包括徐嘉《顾诗笺注》的《集外诗补》中所收的四首佚诗。 顾炎武生当易代之际,诗歌创作的现实性和政治性十分强烈,形成了沉郁苍凉、刚健古朴的艺术风格和史诗特色,精神骨力接近杜甫。 但是,明亡之后,顾炎武的咏史怀古就别有用意了。《骊山行》《又酬傅处士次韵二首·其二》中,顾炎武借助历史的成功范例,表达了急切的愿望。

归庄(1613—1673),字玄恭,号恒轩,昆山人,归有光曾孙,明诸生,与顾炎武友善,人称"归奇顾怪"。 其《灵岩山》一首,颇能体现诗人的凄凉。

柳如是(1618—1664),本名杨爱,字如是,又称河东君,吴江人,或曰嘉兴人,与马湘兰、卞玉京等合称"秦淮八艳"。 有《戊寅草》《湖上草》等,后人辑有《柳如是诗集》。

清代诗坛的"乾隆三大家",江南居其二:袁枚、赵翼。 另一位是蒋士铨,江西铅山人。

袁枚(1716—1797),字子才,号简斋,晚年自号仓山居士、随园主人、随园老人,钱塘(今浙江杭州)人。 乾隆四年(1739)进士,历任溧水、江宁等县知县,颇有政绩,四十岁即告老返乡。 后在江宁小仓山下筑随园,吟咏其中。 袁枚论诗,强调性灵,其"性灵说"是颇具诗性的理论

---

[1]《四库全书总目》卷一九四,中华书局1965年,第1767页。

归纳。 有《小仓山房集》《随园诗话》等著作三十余种。 其怀古咏史之作多有新见，如《马嵬》《铜雀台》《荆卿里》《张丽华》《澶渊》等。

赵翼（1727—1814），字云崧，一作耘崧，号瓯北，又号裘萼、三半老人等，江苏阳湖（今江苏常州）人。 乾隆二十六年（1761）进士，官至贵西兵备道。 旋辞官，主讲安定书院。 赵翼是诗人、诗论家，更长于史学。 论诗推崇杜甫，主张"独创"，反模拟，与袁枚、张问陶并称清代诗坛"性灵派三大家"。

叶燮门人沈德潜将儒家诗论加以归结，形成了"格调说"，主张温柔敦厚的诗风。 沈德潜（1673—1769），字确士，号归愚，苏州府人。 乾隆元年（1736）中博学鸿词科，历任编修、侍读学士、内阁学士、行走、礼部侍郎等。 乾隆二十二年（1757），加尚书衔。 乾隆三十年（1765），封大夫、太子太傅。 乾隆三十四年（1769）去世，年九十七，赠太子太师，祀贤良祠，谥"文悫"。 后因事牵连，被罢祠夺官。 作为叶燮门人，论诗与师门颇有龃龉，诗作也多歌功颂德，少数篇章对民间疾苦有所反映。 沈德潜的《说诗晬语》《古诗源》《唐诗别裁》《明诗别裁》等，在诗歌理论与批评、诗歌选集传播方面的贡献应充分肯定。

清代常州诗人黄景仁，生当盛世而与盛世无缘，独自发出的是对人生的哀叹与期盼。 黄景仁（1749—1783），字汉镛，一字仲则，号鹿菲子。 黄景仁家境清贫，命途多舛，功名不遂而生活艰难，穷困潦倒以终。 友人洪亮吉为其经纪后事并刊行《两当轩集》。 其《都门秋思》四首，可见诗人的窘况与复杂的心绪。 黄景仁是清代乾隆间清贫文士"盛世哀吟"的典型。

（七）近现代江南诗坛的新亮色

晚清以后，江南诗坛更有特殊的影响，不仅有诸多杰出的诗人，也有"南社"的风流。 贝青乔在民族危难之时，发出了带有悲怆声腔的呼号。 贝青乔（1810—1863），字子木，号无咎，又自署木居士，吴县人，晚清秀才，杰出的爱国诗人。 鸦片战争爆发，他投效道光皇帝侄子奕经军幕，参加浙东抗英斗争，写下《咄咄吟》一百二十首绝句。 太平天国起义爆发后，他先后加入浙西及安徽戎幕。 有《半行庵诗存稿》八卷。

龚自珍（1792—1841），字璱人，号定盦（也作定庵），仁和（今浙江杭州）人，清代思想家、诗人、文学家和改良主义的先驱者。 客居昆山，道光五年（1825），龚自珍写下一首《咏史》：

> 金粉东南十五州，万重恩怨属名流。
> 牢盆狎客操全算，团扇才人踞上游。
> 避席畏闻文字狱，著书都为稻粱谋。
> 田横五百人安在，难道归来尽列侯？[1]

江南富庶，连续千年，即便晚清时期，仍然是财富的主要供给之地。可是，历史上统治者对江南的压榨与控制也从不含糊。且不说明代前期的严厉征收，其对江南文人，特别是苏州文人的态度，也是极为恐怖的。以柳亚子为代表的南社诗人群体发出了历史的叹息。

柳亚子（1887—1958），原名慰高，字安如，自改名为柳弃疾，号亚卢，吴江黎里人。柳亚子一生创作宏富，有诗、词 7 200 余首存世，有《柳亚子自传年谱》《磨剑室诗集》《南社纪略》等，并编纂了《南社丛刻》《苏曼殊全集》等。柳亚子早期的诗，缅怀民族英雄，追悼革命烈士，揭露清朝黑暗，抒发革命理想，表现出旺盛的革命热情，敢于批判革命党人对袁世凯的妥协，谴责军阀混战。其《题〈夏内史集〉》组诗，集中表达了青年时期的柳亚子对少年英雄夏完淳的敬佩之情，"降旗夜竖石头城，蹈海孤臣耻帝秦。国恨家仇忘不得，髫年十五便从军"，既有深沉的历史叹息，亦有追慕英雄的爱国豪气。有《题〈张苍水集〉》四首：

其一

> 起兵慷慨扶宗国，岂独捐躯为故王？
> 二百年来遗恨在，珠申余孽尚披猖。

其二

> 北望中原涕泪多，胡尘惨淡汉山河。
> 盲风晦雨凄其夜，起读先生正气歌。

其三

> 廿年横海汉将军，大业蹉跎怨北征。
> 一笑素车东浙路，英雄岂独郑延平！

---

[1] 龚自珍：《龚定庵全集类编》，中国书店1991年，第334页。

其四

延津龙剑沉渊久,出匣依然百炼钢。

抱缺守残亦盛德,心香余爇谢余杭。[1]

虽然不得不面对张煌言抗清失败牺牲的悲剧,但诗人赞美的是张煌言的豪情壮志和视死如归的气概。

南社诗人陈去病、叶楚伧、朱剑芒、朱锡梁、沈昌眉、沈昌直、顾无咎、沈次约等,也多在历史的十字路口回望,发出了继往开来的呼唤。

二、江南词韵

相较于诗,词的历史要简短得多。作为古代一种抒情文体,词一般被认为起源于初唐后期,成熟于盛唐时期,李白的《忆秦娥》《菩萨蛮》被认为是百代词曲之祖。江南地区的词坛,严格说来,到五代时期南唐和北宋初年方见名家。除了李璟、李煜父子,南唐词派的冯延巳无疑是此际江南最重要的作家。

冯延巳(903—960),字正中,又作延嗣,或误作延己,广陵(今江苏扬州)人,五代时南唐宰相,著名词人。他的作品多写闲情逸致,文人气息浓厚,但在优雅情调的背后,隐含了对时局的担忧,忧患意识镶嵌于字里行间。王国维说:"冯正中词虽不失五代风格,而堂庑特大,开北宋一代风气。"[2]刘熙载言:"冯延巳词,晏同叔得其俊,欧阳永叔得其深"[3]。可见冯延巳词影响之深远。

钱惟演(962—1034),字希圣,钱塘(今浙江杭州)人。吴越王钱俶之子,从俶归宋,历右神武将军、太仆少卿、洛阳留守、直秘阁,累迁工部尚书,拜枢密使,官终崇信军节度使。博学能文,词多富贵享乐之情趣,价值不高。然遣词精妙,工于炼句。其《木兰花》云:"城上风光莺语乱,城下烟波春拍岸。绿杨芳草几时休,泪眼愁肠先已断。 情怀渐变成衰晚,鸾镜朱颜惊暗换。昔年多病厌芳尊,今日芳尊惟恐

---

[1] 柳亚子:《磨剑室诗词集》,上海人民出版社1985年,第22页。
[2] 王国维:《人间词话》,人民文学出版社1982年,第198页。
[3] 刘熙载:《艺概笺注》《艺概》卷四《词曲概》,王气中笺注,凤凰出版社2020年,第224页。

浅。"[1]意在及时行乐，表达则优雅婉转。

张先（990—1078），字子野，乌程（今浙江湖州）人，北宋前期杰出的词人，曾任安陆知县，因此人称"张安陆"。天圣八年（1030）进士，官至尚书都官郎中。晚年退居湖杭之间，与梅尧臣、欧阳修、苏轼等游。善作慢词，与柳永齐名，造语工巧。其《行香子》："舞雪歌云，闲淡妆匀，蓝溪水、深染轻裙。酒香醺脸，粉色生春。更巧谈话，美情性，好精神。　江空无畔，凌波何处，月桥边、青柳朱门。断钟残角，又送黄昏。奈心中事，眼中泪，意中人。"[2]被人称为"张三中"。张先自称得意的句子有"云破月来花弄影""娇柔懒起，帘幕卷花影""柔柳摇摇，堕轻絮无影"，故世人称之为"张三影"。

北宋后期的"大晟词人"周邦彦，在词史上关注度就更高了。周邦彦（1056—1121），字美成，号清真居士，钱塘（今浙江杭州）人。历任太学正、国子主簿、徽猷阁待制，提举大晟府（管理音乐的机构），后任庐州教授、溧水知县等，基本上是沉沦下僚。但其才华横溢，自视甚高，诗词文赋，无所不能。惜为词名所掩，诗文多散佚不传。周邦彦精通音律，是词坛唯一直接主管朝廷音乐审定与创作的词人，并在身边形成了一个创作群体"大晟词人"，代表人物有晁端礼、万俟咏等。周邦彦不仅能作词，还能创作新词调，对于慢词词乐的繁富功不可没。他的作品多写闺阁幽怨、羁旅情愁，也有咏物、乡情之作。作品格律严谨，语言典雅，长于铺叙，抒情温婉。王国维评价其词："美成深远之致不及欧、秦。唯言情体物，穷极工巧，故不失为第一流之作者。"[3]从其《兰陵王》《少年游》《满庭芳》《西河》等篇，可见一斑。

两宋之交的苏州人叶梦得，不仅是一位诗人、词人、小说家和文学批评家，还是一位军政奇才。叶梦得（1077—1148），字少蕴，号石林居士，又号肖翁，其曾祖与叶清臣为堂兄弟。宋哲宗绍圣四年（1097）进士，官至福建安抚使兼福州知府。晚年退居湖州卞山之石林，故号"石林居士"。所著诗文多以"石林"为名，有《石林燕语》《石林词》《石林诗话》等传世。绍兴十八年（1148）卒，年七十二，追赠检校少保。叶梦得

---

[1] 文莹:《湘山野录》，中华书局1984年，第10页。
[2] 吴熊和、沈松勤校:《张先集编年校注》，上海古籍出版社2012年，第238页。
[3] 王国维:《人间词话》，人民文学出版社1990年，第206页。

早期词作以婉丽为主,与五代、北宋词风一脉相承。但这类词在叶梦得的笔下甚少,"顾挹苏氏之余波"[1]的作品,得到论者重视。南渡以后,叶梦得的词颇具"词气",呈现出英雄气、狂狷气,晚年出现了飘逸之气。《念奴娇》模仿苏轼"大江东去",并用原韵。但叹息的不是周瑜、诸葛亮、小乔,而是孙策这位曾经三分天下有其一的雄才,同时也是偏安江左的决策者,笔锋所指,不言而喻。

堪与叶梦得比肩的江南词人还有李弥逊。李弥逊(1089—1153),字似之,号筠溪子,吴县(今江苏苏州)人。宋徽宗大观三年(1109)进士,官至户部侍郎,有《筠溪集》二十四卷、《竹溪集》一卷、《筠溪乐府》一卷、《筠溪词》一卷传世。在两宋词坛,李弥逊是个特殊的词人,不标榜婉约而情致缠绵,不依傍豪放而浩气沛然。关切时局,融众家之长;真情挥写,诉心中幽怨。在现存八十余首作品中,多数是酬答次韵之类,离情别绪与伤心情怀是主要的内容。

女词人朱淑真,生卒年不详,自号幽栖居士,浙江海宁人,一说钱塘(今浙江杭州)人。生于仕宦之家,嫁与小吏,志趣不合,夫妻不睦,抑郁早逝。根据学者的推测,朱淑真在北宋元丰年间已与魏夫人交往,应该已经成年,"她与李清照虽然都处于两宋交替时代,但其生卒要略早于李清照"[2]。有《断肠诗集》《断肠词》传世,为劫后余篇,后人所编并命名。

词在北宋始大,至南宋而深,不仅思想情感深邃、意境风格高深,而且对词体艺术有精深的探究论述。苏州沈义父的《乐府指迷》,堪称词坛一束强光。

沈义父(约1200—约1278),字伯时,号时斋,吴江震泽人。沈义父主要身份不是词人,而是词论家,其《乐府指迷》实际是一篇系统性的论词著作,强调"音律欲其协,不协则成长短之诗。下字欲其雅,不雅则近乎缠令之体。用字不可太露,露则直突而无深长之味。发意不可太高,高则狂怪而失柔婉之意。思此,则知所以为难"[3]。按照沈义父的填词标准,北宋周邦彦最为符合。然诚如前人所说,用字不可太露,但过于隐

---

[1] 冯煦:《蒿庵论词》,人民文学出版社1959年,第62页。
[2] 朱淑真:《朱淑真集》,张璋、黄畲校注,上海古籍出版社1986年,第2页。
[3] 沈义父:《乐府指迷》,见唐圭璋《词话丛编》,中华书局2012年,第277页。

晦，也陷于晦涩难懂，并非佳途。

南宋后期的词坛群星闪耀，宋末的周密和蒋捷无疑是江南词人中的典型。

周密（1232—1308），字公谨，号草窗，又号四水潜夫、弁阳老人、华不注山人等。周密祖籍济南，"靖康之乱"中流寓吴兴，后又迁居杭州。南宋末年，周密曾为义乌县令。入元不仕，隐居杭州小巷中致力于诗文辞赋书画，并从事收藏，校勘古籍。著有《齐东野语》《武林旧事》《癸辛杂识》等杂著数十种。周密以词名，其词远祖清真、近法姜夔，风格清雅秀润，有词集《蘋洲渔笛谱》《草窗词》等。与吴文英并称"二窗"，为"宋末四大家"之一。

蒋捷（约1245—约1310），字胜欲，号竹山，阳羡（今江苏宜兴）人，先世为宜兴大族。南宋咸淳十年（1274）进士，南宋覆灭，深怀亡国之痛，隐居不仕，人称"竹山先生""樱桃进士"，其气节为世人所重。长于词，与周密、王沂孙、张炎并称词坛上的"宋末四大家"。其词多抒发故国之思、山河之恸，风格多样，且以悲凉清俊、萧瑟疏朗为主。其存世作品虽不是太多，但名篇多为论家所敬，如《贺新郎·兵后寓吴》《一剪梅·舟过吴江》《虞美人·听雨》等，为选家所重。

元代的江南词坛，虽较于诗坛相对沉寂，但也有不少名家，如袁易、吴镇、沈禧、倪瓒、邵亨贞、钱霖、顾德辉、沈景高等世俗词人，以及原妙、善住、明本、张雨、王唯一等僧道词家。

袁易（1262—1306），字通甫，长洲（今江苏苏州）人。少敏于学，长而不辍。无意仕进，即便受到地方官员的推荐，也不出山。常居吴淞、具区（震泽）之间，筑室名静春，藏书万卷，手自校定。或游于江湖，访书问友，与龚璛、郭麟孙并称为"吴中三君子"。袁易工于诗，有《静春堂诗集》四卷，词存三十首，主要写他与朋友的交往和诗酒优游的生活，词风近于婉约。在普遍模仿的元代词坛，袁易有自己的取向，《烛影摇红》以自然景观构成幽美的意境；《南乡子·十月海棠花盛开》除了描写非常的物象，表达了欣赏的悠闲之情，似乎还有些消极。

宋元之际及元代，江南词人不惟能词，散曲作品亦颇有佳作。如扬州睢景臣《哨遍·高祖还乡》、嘉兴徐再思《折桂令·春情》等，别样趣味，言简意深。

吴镇（1280—1354），字仲圭，号梅花道人，浙江嘉善人。早年教书于村塾，研习心学，卖卜为生。吴镇擅画山水、墨竹，有清旷野逸之趣，与黄公望、倪瓒、王蒙合称"元四家"，亦工诗文词。有《酒泉子》八首、《渔父》词二十首，往往对于历史人物有独到观点。

沈禧（生卒年不详），字廷锡，元代中叶吴兴（今浙江湖州）人，能词善曲，有《竹窗词》一卷，今存散曲八套，名《竹窗乐府》。其《南吕·一枝花》全曲二千三百余字，从文人风流讲到得失成败。词作《风入松》，别有情味，"一溪新水绿涟漪，嫩柳袅金丝。扁舟载得春多少，轻摇过、芦荻沙堤。惊起一双鹨鹅，飞来几点凫鹭。笔床茶灶总相随，蓑笠不须披。烟波深处耽清趣，任逍遥、不管伊谁。抱膝吟余好句，回头又得新诗"[1]。

由元入明的学者谢应芳（1295—1392），字子兰，号龟巢，常州武进人，隐居于芳茂山，一生治学，乐在其中。其词简明通俗，语言质朴，有时很有情趣。如《一剪梅》虽写春风和煦，梅花初开，艳姿幽香满山冈，也关注严寒风雪，青松挺拔，劲骨傲气立涧底。处境位置不同，经历和际遇也大不一样，词人不禁为之感叹唏嘘。《明史》记载："达官缙绅过郡者，必访于其庐，应芳布衣韦带与之抗礼。"[2]其人格魅力，由此可见一斑。

有明一代词坛比较沉寂，在江南，杨基、高启、史鉴、文徵明、瞿祐、吴子孝、万士和、王世贞、王锡爵、高濂、陈继儒、吴充、俞彦、施绍莘等名家，后世学者屡有论及。吴江沈、叶两大文化家族，更是词人辈出、名家多位，已然成为学界研究的热点之一。沈宜修、沈自征、沈自炳、张倩倩、叶小纨等，诗文词虽格局不大，然对个人性情与生活滋味表现精准。叶绍袁与沈宜修的幼女叶小鸾诗词手法更为纤细，惜天不假年，十七而卒，在《南歌子·秋夜》《虞美人·残灯》等词中，可以窥见一个少女惊恐凄凉的内心世界和孤独的灵魂。

到了明季，江南词坛的群体努力不惟成就了明词最后的辉煌，更为清词的中兴奠定了基础。其中，陈子龙无疑是明词殿军、清词的一代宗师。

陈子龙是云间词人的中心，在他的身边，形成了一个词人群体，词史

---

［1］唐圭璋：《全金元词》，中华书局1979年，第1039页。
［2］张廷玉等：《明史》卷二八三，中华书局1974年，第7225页。

上称为"云间词派"。陈子龙和宋征璧、宋征舆兄弟以及李雯等几社人物及其亲朋、好友、门人,多有共同的兴趣,标榜北宋词风,以婉约为词林正宗,将已经暮气沉沉的词再次激活,使之呈现出勃勃生机。从这个意义上说,云间词派是明词的终章,又是清词的序幕,对于清词的中兴具有先导意义。而陈子龙既是云间词派中成就最高的词人,也以云间词派领袖的身份,被公认为明词最后的辉煌、清词勃兴的先驱。

陈子龙大兴作词,首开其端,在江南东部形成了一个词作中心,包括松江、嘉兴、杭州、苏州等地。其中嘉善周边的一个词作群体颇令人瞩目,代表作家有袁仁、袁黄、钱士贲、戈止、钱继章、曹尔堪、陈增新、魏学渠、魏允枚等。不排除受到花间词派影响的事实,入清之后,不少词人的作品隐隐约约还有些故国之思。

明末清初女词人徐灿,在词史上既有李清照的才情,也有巾帼不让须眉的胸襟。徐灿(约1618—1698),字湘蘋,又字明深、明霞,号深明,吴县(今江苏苏州)人。徐灿自幼受到良好的家庭教育,通经史之学,工诗,尤长于词,有《拙政园诗余》三卷。

入清之后,江南词人几乎是成群涌现,形成了几个相对集中的创作中心,也就是词派。清代三大词派——阳羡词派、浙西词派与常州词派均在江南。

以宜兴为中心的阳羡词派,陈维崧为其代表。陈维崧(1625—1682),字其年,号迦陵,宜兴人,明末清初词人、骈文作家,阳羡词派领袖。陈维崧出生于文学世家,祖父陈于廷是明朝的左都御史,东林党的中坚人物。其父陈贞慧,与侯方域、冒襄、方以智并称"明末四公子",是复社的领袖级人物。陈维崧十七岁应童子试,被阳羡令何明瑞拔童子试第一。与吴兆骞、彭师度被吴伟业誉为"江左三凤"。入清以后,康熙十八年(1679)举博学鸿词科,授官翰林院检讨,参与《明史》编撰。陈维崧在明朝灭亡后,飘零四方,接触社会面较广,与一时名流如吴伟业、冒襄、龚鼎孳、姜宸英、王士禛、邵长蘅、彭孙遹等交游,并与朱彝尊交往甚多,切磋词学,二人成为清初词坛两大领袖。但是,陈维崧及其弟弟、朋友、外甥、侄子等,更倾向于苏轼、辛弃疾。陈廷焯评曰:"迦陵词,气魄绝大,骨力绝遒,填词之富,古今无两。只是一发无余,不及稼轩之浑厚沉郁。然在国初诸老中,不得不推为大手笔。""迦陵词,沉雄俊爽,论其气魄,古今无敌手。 若能加以浑厚沉郁,便可突过苏、辛,独步千古,惜哉!""蹈扬湖海,一发无余,是其年短处,然其长处亦在此。 盖偏至之诣,至于绝后空前,亦令人望而却步,其年亦人杰矣哉。"[1]比较公允。 存词一千八百余首。 在陈维崧的影响下,陈维嵋、陈维岳、蒋景祁、万树等二十余人,不仅作品数量巨大,流传甚广,词学研究亦卓有成效。

以朱彝尊为导师的浙西词派,是清代前期存在时间最久的词派,影响深远。 其创始者朱彝尊及主要作者都是浙江人,故称之。 朱彝尊(1629—1709),字锡鬯,号竹垞,晚号小长芦钓鱼师,又号金风亭长,浙江秀水(今浙江嘉兴)人,清代诗人、词人、学者、藏书家。 康熙十八年(1679)举博学鸿词科,除检讨,二十二年(1683)入直南书房,曾参与纂修《明史》。 在清初诗坛,朱彝尊是继"江左三大家"和遗民诗群之后,与王士禛并起的南方大家,称"南朱北王"。 其词作风格清丽,以南宋姜夔、张炎为宗。 朱彝尊著作编纂甚多,有《曝书亭集》八十卷、《日下旧闻》四十二卷、《经义考》三百卷、《明诗综》一百卷、《词综》三十六卷。 与李良年(秀水)、李符(秀水)、沈皡日(平湖)、沈岸登(平湖)、龚翔麟(杭州)并称"浙西六家"。 随着清朝统一,全国局势稳定,社会走向鼎盛,阳羡词派的余响不足,以朱彝尊等为代表的浙西词派及《浙西六家词》,以醇正高雅的和顺之音,播扬上下,绵亘康、雍、乾三朝。 其《静志居琴趣》中的作品,很多写男女爱情,缠绵深婉,不入俗套,欲言又止,独具风韵。

与陈、朱几乎同时但活跃于京师的词人顾贞观,也是江南词人中的翘楚。 顾贞观(1637—1714),原名华文,字远平、华峰,亦作华封,号梁汾,江苏无锡人,晚明东林学派领袖顾宪成四世孙。 康熙年间,顾贞观官至内阁中书,受同僚排挤,落职归里。 后馆纳兰明珠家,与纳兰性德交契,加上曹贞吉,三人合称词坛的"京华三绝",曾合力营救因丁酉科场案而蒙冤被遣戍宁古塔的好友吴兆骞,轰动大江南北。 不幸的是,一生挚友吴兆骞、纳兰性德先后病故,顾贞观悲痛不已,回归故里,在惠山脚下、祖祠之旁修建了三楹书屋,名之"积书岩"。 一个正兴起的词派就此夭

---

[1] 陈廷焯:《白雨斋词话》卷三,人民文学出版社1983年,第71-72页。

折。 但"京华词坛涌现出为时虽短,却是群雄纷起的新景观"[1]。 顾贞观从此避世隐逸,心无旁骛,日夜批读。 顾贞观工诗文,词名尤著,著有《弹指词》《积书岩集》,编纂《唐五代词删》《宋词删》。 顾贞观词,叙写友情甚多,感叹人事变迁亦不少。 特别是好友吴兆骞的不幸遭遇,见于词中,伤感哽咽,令人动容。

浙西派词不断演化,阳羡词逐渐衰弱的同时,词坛上的学者词人厉鹗以及以王昶为首的"吴中七子"成为不可忽视的创作群体。

王昶(1724—1806),字德甫,一字琴德,号兰泉,晚号述庵,青浦人。 乾隆十九年(1754)进士,官至刑部右侍郎。 王昶从沈德潜学,早年即有诗名,与王鸣盛(嘉定)、吴泰来(苏州)、钱大昕(嘉定)、赵文哲(上海)、曹仁虎(嘉定)、黄文莲(上海)合称"吴中七子"。 王昶好金石之学,编成《金石萃编》一百六十卷。 辑有《明词综》《国朝词综》《湖海诗传》《湖海文传》《青浦诗传》《琴画楼词钞》等,曾参加纂修《大清一统志》《续三通》等书,著有《春融堂集》《琴画楼词》《红叶江村词》等。 "吴中七子"大多研究经学,兼及史学、诗学、词学,对词作别集的搜集整理不遗余力,文献学贡献极大。 在太仓,尚有王策、王愫、王辂、王嵩、毛健诸家,诗词学问,造诣各有不同,词风则基本上"规模两宋",虽无独立风格,但写来春意绵绵、秋气幽幽,技法上值得肯定。

此际还有一个以王时翔为代表的太仓词人群体值得关注。 王时翔(1675—1744),字抱翼,号小山,诸生,太仓人。 雍正六年(1728),受荐任福建晋江知县。 其时王时翔已年过五旬,到任后颇有建树,后升任成都知府,卒于任上。 有《香涛词》《绀寒集》《青绾乐府》《初弹绮语》《旗亭梦呓》等传世。 词作多绮丽缠绵之思,既有北宋中叶词人的情调,也有南宋姜夔、张炎的含蓄,模仿痕迹比较明显。

清中叶后期出现的常州词派,不仅是词坛创作上的又一次勃兴,也是词学研究渐入佳境的标志,代表人物为张惠言、张琦和周济等。

张惠言(1761—1802),原名一鸣,字皋文,一作皋闻,号茗柯,武进(今江苏常州)人。 出身贫寒,年十四为童子师。 应挚友富阳县令恽敬之邀,至浙江富阳县编修县志,并共同研究词学。 嘉庆四年(1799)进

---

[1] 严迪昌:《清词史》,江苏古籍出版社1990年,第267页。

士,改庶吉士,充实录馆纂修官,后任翰林院编修。嘉庆七年(1802)六月,卒于官。尝与弟张琦合作辑《词选》,为常州词派开山之作。著有《茗柯文集》。张惠言词作仅存四十六首,数量不多,然皆精心之作。《水调歌头·春日赋示杨生子掞》五首,既有时不我待的急切,亦有人生坎坷的叹息,还有梦想受阻的幽怨,然怨而不怒,以励自己。陈廷焯称"皋文《水调歌头》五章,既沉郁,又疏快,最是高境。陈朱虽工词,究曾到此地步否?不得以其非专门名家少之",并说这五首词"热肠郁思,若断仍连,全自《风》《骚》变出"。[1]

张琦(1764—1833),初名翊,又名与权、季鹰,字翰风,又字玉可,号宛邻,又号默成居士,张惠言之弟,常州词派创始人之一。工诗文书法,精朴学校勘,旁通医、兵。文名与其兄张惠言并列,人称"毗陵二张"。张琦五十岁中举人,以誊录议叙知县。六十岁以后方正式出仕,历任邹平、章丘、馆陶等县的知县。在十余年的县令生涯中,清正廉明,德政卓著。有《宛邻诗》《宛邻文》《立山词》及多种编著。

周济(1781—1839),字保绪,一字介存,号未斋,晚号止庵,江苏荆溪(今江苏宜兴)人,嘉庆十年(1805)进士,任淮安府学教授。年轻时与同郡李兆洛、泾县包世臣以经世之学相切磋,兼通兵家言,习击刺骑射。后隐居金陵春水园,潜心著述。周济论词,承张惠言之余绪,强调词的比兴寄托,但有所修正。又曾从张惠言外甥董士锡共商词学,选宋词成《宋四家词选》,著有《词辨》,附《介存斋论词杂著》,独具慧眼,为世所重。

晚清的江南词人,著名作者及词学家尚有宝山蒋敦复,杭州项鸿祚、谭献、张景祁,江阴蒋春霖、夏孙桐,金坛冯煦,嘉兴沈曾植等。民国以后及中华人民共和国成立之初,词坛上仍有湖州朱孝臧、杭州张尔田、吴江柳亚子、苏州吴梅等。他们是词人、词学家,也是词学史料搜集、收藏、刊刻印行的杰出贡献者,对江南词学乃至整个词史的研究,厥功至伟。

---

[1] 陈廷焯:《白雨斋词话》卷四,人民文学出版社1983年,第101页。

三、江南文脉

相对于诗歌的体裁认定,文体辨析较为复杂,争论颇多。简言之,混沌一体是魏晋以前的普遍情况。文章流别,源于魏晋。文笔之争,定义与界定难以统一是关键。而文学史家的处理方式,则是魏晋以前含混对待,南北朝以后,则逐渐将文学文体与经学、史学、哲学等相对区别。就江南文章而言,也大致符合这一轨迹。江南文章不仅作品甚多,研究成就亦是翘楚。《文选》李善注本,至今未被超越。

先秦时期的江南文坛,首推孙武,一部《孙子兵法》,后人数千年研究不透。秦汉一统以后,江南文学之士寥寥,而西汉初年的苏州辞赋家严忌,以一篇《哀时命》奠定了其在文学史上的地位。

严忌(约前188—前105),本姓庄,名忌,会稽吴人,东汉时因避汉明帝刘庄讳,改严姓,西汉前期辞赋家,以文才和善辩闻名于时。"会景帝不好辞赋,是时梁孝王来朝,从游说之士齐人邹阳、淮阴枚乘、吴庄忌夫子之徒,相如见而说之"[1]。严忌有辞赋二十四篇,今仅存《哀时命》一篇,收于《楚辞》之中,是对人生世事的忧虑叹息。其中"释管晏而任臧获兮,何权衡之能称""子胥死而成义兮,屈原沉于汨罗。虽体解其不变兮,岂忠信之可化"等语句[2],是辞赋中用典的早期实践。王逸说"忌哀屈原受性忠贞,不遭明君而遇暗世,斐然作辞,叹而述之"[3],并没有揭示出作者的深层用意。忠贞之心、经世之才、侍从之命、流落之运与不平之鸣完美结合,借屈原之悲剧,发心中之牢骚,方是严忌《哀时命》的真正命意。

严忌之子严助,官至大中大夫。严助才华,上下闻名,内外关注,有赋三十五篇,惜人亡文佚,已不可见。唯有《谕意淮南王》一文及《上书谢罪》部分文字,因被《汉书》收录而留存于世。严可均《全汉文》卷十九所收严助文即此。严助富文采,曾与东方朔、枚皋、吾丘寿王、司马相

---

[1] 司马迁:《史记》卷一百一十七《司马相如列传》,岳麓书社1983年,第836页。
[2] 洪兴祖:《楚辞补注》卷十四,中华书局1983年,第263—266页。按:洪兴祖《楚辞补注》,为王逸《楚辞章句》而作,是东汉到南宋注释解析楚辞作品的权威著作。
[3] 洪兴祖:《楚辞补注》卷十四,中华书局1983年,第259页。

如等相交游，作辞赋。

先秦两汉时期，江南文学尚处于萌芽阶段。魏晋时期，江南文坛因为张翰、"二陆"、贺循等名流的存在，影响逐渐扩大，成为文学史叙述中不可轻视的一部分。尤其是"二陆"的辞赋文章，可谓独步当世。其后，南北朝时期的江南才子或方外人士也在文章流变中留下了深深的印记。

葛洪（284—364），字稚川，自号抱朴子，江苏句容人，东晋时期名医，著有《肘后备急方》。其《抱朴子·内篇》收录了炼制金银丹药等多方面有关化学的知识，也介绍了许多物质性质和物质变化；《抱朴子·外篇》专论人间得失、世事臧否，对儒、法、墨、名诸家兼收并蓄，遵从纲纪，不满清谈，强调乱世应用严刑峻法，匡时救世；立言须文章德行并重，有助教化。

山中宰相陶弘景，则又是一种风范。陶弘景（456—536），字通明，自号华阳隐居，谥"贞白先生"，秣陵（今江苏南京）人。南朝齐、梁道教学者、医药学家。陶弘景的学说集老庄哲理和葛洪仙学于一体，主张三教合流，著作甚多，为道教文化发扬光大而不遗余力。在文学史上，几乎无人忽略其《答谢中书书》的片段。

稍晚的丘迟，一篇《与陈伯之书》亦脍炙人口。丘迟（464—508），字希范，吴兴乌程（今浙江湖州）人。八岁能文，初仕南齐，官至车骑录事参军。后入萧衍幕中，得到重用。萧衍代齐，建立梁朝，劝进文书均为丘迟所作。梁天监四年（505），丘迟随萧宏北伐，为其记室，以一封《与陈伯之书》，成功招回投奔北魏的原齐将领陈伯之。《与陈伯之书》情理兼到，娓娓动人，具有摇曳肝胆的力量，为后世所重，是骈文中的佳作。

梁朝萧氏父子、兄弟的文章功力，既在于亲力亲为，也在于编选传播。

萧统（501—531），字德施，小字维摩，即昭明太子，梁武帝长子。五岁遍读"五经"。既长，信佛能文，遍览众经，引纳才士，读书东宫，商榷古今，以文章著述引导时风，编有《昭明文选》，为现存最早诗文总集。张溥辑《汉魏六朝百三名家集》中有《梁昭明集》。

大约诗赋过多消耗了江南文人的才情，以致隋唐时期，江南真正的文章高手相对较少。或许这正是在为后代的全面兴盛积蓄力量。尽管隋唐时期江南文章并不耀眼,但也不致阙如。 张旭、钱起、沈千运、戴叔伦诸家,皆有妙文传世;而陆贽手笔,不逊韩、柳。

陆贽(754—805),字敬舆,嘉兴人,唐代著名政治家、文学家。 陆贽工诗文,尤长于制诰政论。 其奏议文章,排偶工整,条理精密,文笔畅达。 有《陆宣公翰苑集》二十四卷。 司马光《资治通鉴》中,引用的陆贽的奏疏多达三十九篇。

五代的江南文坛相对沉寂,直到两宋时期,渐进高潮,出现了叶清臣、丁谓、范仲淹、朱长文等名家。

范仲淹(989—1052),字希文,卒谥"文正",苏州人,不仅是杰出的文学家,还是政治家和军事家。"庆历新政"失败后,范仲淹被贬河南邓州,受好友滕宗谅之托,写下了一篇光照古今的《岳阳楼记》,"先天下之忧而忧,后天下之乐而乐"的精神,成为事君临民者的座右铭。 文章的政治价值与精神价值古今共谈,文学价值更是不能忽视。 全文骈散结合,借景抒情,巧妙布局,比较、议论而不露痕迹。"滕子京谪守巴陵郡"仅仅一年的时间,就做到了"政通人和,百废具兴",并且有余力从事精神文明建设,议论技巧,于此可见。 范仲淹还是北宋前期重要的词人。 他任职他乡,难免登高怀远;刀光剑影,不失儿女情怀。《苏幕遮·怀旧》气象浑厚,《渔家傲·秋思》呈现将相风采,是宋词新变的标志性作品。

由元入明的江南文人,有陆友、袁凯、高启等文章名家,应予以关注。 到了明代,江南文脉之盛,天下瞩目。

吴江人莫旦(1429—?),字景周,号鲈乡,成化元年(1465)举人,卒业太学,为浙江新昌训导。 成化九年(1473)迁南京国子监学正,不久求归,居江苏吴江谢里村。 莫旦博学善诗文,平生著作甚多,有《鲈乡集》《贞孝录》等。 其《苏州赋》描写苏州都市风光,全文近五千字,重点展示了苏州自南朝到大明的繁荣发展,以鲈乡生与客论难的形式,盛赞苏州的人文、地理、历史、经济之优胜,亦见作者对家乡的热爱之情。

在京城,首先摆脱"台阁体"影响的苏州作家是吴宽。 吴宽(1435—1504),字原博,号匏庵、玉亭主,世称匏庵先生。"为诸生,蔚有闻望,通读左氏、班、马、唐宋大家之文,欲尽弃制举业,从事古学。 部使者迫促,乃就锁院试"[1]。 成化八年(1472)进士,会试、殿试皆第一,授修撰,官至礼部尚书,卒于任上,谥"文定",赠太子太保。 吴宽善书法,是明中叶的书法名家,运笔正,字体稳重。 诗作风格深厚浓郁,自成一家,有《匏庵集》。

王鏊(1450—1524),字济之,号守溪,晚号拙叟,学者称震泽先生,吴县东山人。 成化十年(1474)乡试第一,次年会试第一,殿试第三,授编修,官至文渊阁大学士。 嘉靖三年(1542)逝世,追赠太傅,谥"文恪"。 王鏊博学有识鉴,在朝多有建树,有《姑苏志》《震泽集》《震泽长语》等。

江南文学是一座富矿,对于整个中国文学来说,具有相当的代表性。明代中叶,文学出现繁荣的局面,江南文人在各个主要领域都出现了领军式的作家,为中华文学宝库注入了无数的精神财富。

"吴中四才子"是指明中叶生活在吴中地区的唐寅、祝允明、文徵明和徐祯卿。 文史界在提及此四人时大多将他们视为一个整体,有的甚至将他们视为文学社团,有"江南四大才子"之号。 唐、祝、文、徐四人活跃在"前七子"复古之风大盛之时,他们独辟蹊径,卓然自立,可见江南文人自有主见。 徐祯卿虽在"前七子"之列,但并非完全与之同调。 其诗多佳作,诗论也有许多独到之处,论者以为非李梦阳、何景明可比。 唐寅、祝允明、文徵明多才多艺,能诗文、善书画且人格高妙、情趣盎然。

在前后"七子"积极鼓吹复古之际,昆山归有光、武进唐顺之、湖州茅坤与福建晋江王慎中等,极力提倡唐宋古文传统,并在创作上取得了极大的成功,为文学史家所重,被称为"唐宋派"。

归有光(1507—1571),字熙甫,又字开甫,别号震川,又号项脊生,世称"震川先生",昆山宣化里人。 嘉靖十九年(1540)中举,之后八次会试落第,遂徙居嘉定安亭江上,读书谈道,聚众授徒。 嘉靖四十四年(1565)年近六十岁时,归有光方成进士,历长兴知县、顺德通判、南京太仆寺丞,故称"归太仆",留掌内阁制敕房,参与编修《世宗实录》。 有《震川先生集》《三吴水利录》等。 归有光是明中叶后期的代表作家,有"明文第一"的称号。 其文涉及经解、题跋、赠序、寿序、墓志、碑铭、

---

[1] 钱谦益:《列朝诗集小传》,上海古籍出版社1983年,第275页。

祭文、行状以及制义之作，其中有些作品表现了对当时政治的不满，或者对人民生活的同情，风格朴实，感情真挚。尤其是其记叙家事亲情、写景状物的散文，俨然"唐宋八大家"之再现。其《项脊轩志》等，虽无意于感人，但欢愉惨恻之思溢于言外，读之，使人不能不与作者同悲喜。

唐顺之（1507—1560），字应德，一字义修，号荆川，武进（今江苏常州）人，儒学大师、军事家、散文家、数学家，还是抗倭英雄。嘉靖八年（1529）会试第一，任翰林院编修，后调任兵部主事。时倭寇屡犯沿海，唐顺之以兵部郎中督师浙江，曾亲率兵船于崇明破倭寇于海上。后调任右佥都御史、凤阳巡抚。嘉靖三十九年（1560），唐顺之在督师抗倭途中不幸染病去世。崇祯时追谥"襄文"，学者称其为"荆川先生"。清人评价："考索既深，议论具有根底，终非井田封建之游谈。其文章法度，具见《文编》一书，所录上自秦汉以来，而大抵从唐宋门庭沿溯以入。故于秦汉之文，不似李梦阳之割剥字句、描摹面貌；于唐宋之文，亦不似茅坤之比拟间架、掉弄机锋。在有明中叶，屹然为一大宗。"[1]对于文章写作，唐顺之主张本色，师法唐宋诸家。当然，唐顺之也是八股文大家，否则科举也难以成功。

茅坤（1512—1601），字顺甫，号鹿门，湖州归安人，明代散文家、藏书家，明末儒将茅元仪的祖父。嘉靖十七年（1538）进士。茅坤文武兼长，雅好书法，提倡学习唐宋古文，反对"七子"标榜的"文必秦汉"。对于文章内容，主张必须阐发"六经"之旨，也就是儒家经典应成为文章论述议事的出发点和落脚点，将儒家诗学理论运用于文章。编选《唐宋八大家文钞》为样板，对韩愈、欧阳修和苏轼推崇备至。有《白华楼藏稿》，刻本罕见。行世者有《茅鹿门集》。

前后"七子"的复古运动，固然成败得失聚讼不已，但对于清除形式主义诗文的积极作用不可抹杀。王世贞执文坛牛耳二十余年，并由吴郡后人钱谦益接棒，为中华文明做出的贡献，举世瞩目。

王世贞（1526—1590），字元美，号凤洲，又号弇州山人，太仓人，晚明的文坛盟主。嘉靖二十六年（1547）进士，官至南京刑部尚书，卒赠太子少保。有《弇州山人四部稿》《弇州山人续稿》《艺苑卮言》《弇山堂别

---

[1]《四库全书总目》卷一七二，中华书局1965年，第1505-1506页。

集》《弇州史料》等。其著述有三千卷以上，著述之富，古今罕见，"考自古文集之富，未有过于世贞者"[1]。

瞿式耜（1590—1650），字起田，号稼轩、耘野，又号伯略，常熟人。瞿式耜早年拜钱谦益门下，万历四十四年（1616）进士，授江西永丰知县，颇有政绩。崇祯元年（1628）任户科给事中，刚正不阿，颇有建言。因钱谦益遭到周延儒、温体仁的排挤打击，瞿式耜也被削职归里。京师失守，崇祯殉国，南明弘光政权建立，瞿式耜被任命为广西巡抚，近五年时间，在西南苦苦支撑，死守桂林，最终被捕，慷慨就义。永历政权授其"文忠"的谥号，清乾隆四十一年（1776）追谥"忠宣"。《瞿式耜集》共奏疏、诗歌、尺牍和杂文四卷，从中可见一代忠臣的心迹。

复社领袖张溥，亦为时人敬重。张溥散文，风格质朴，慷慨激昂，明快爽放，直抒胸臆。其《五人墓碑记》赞颂苏州市民与阉党斗争，强调"匹夫之有重于社稷"，为缙绅所不能及。全文叙议相间，以对比手法反衬五人磊落胸襟，为传诵名篇。该篇被收入《古文观止》并入选中学语文教材，亦足见其多元价值。

张采的《知畏堂文存》十二卷中，赠序亲切温婉，议论从容不迫，具有语气和缓而连绵不断的特点，明显受到欧阳修文风的影响。

明清易代之后，复社中尚有不少文章名家值得关注，如郑敷教、朱隗、赵士春、陈璧、叶襄、陈瑚、归庄、文秉、顾苓、吴易、徐枋、王家祯、吴有涯、柏起宗等人。"清初三大家"中，汪琬无疑是最为杰出的江南古文名家。

汪琬（1624—1691），字苕文，初号玉遮山樵，后号钝庵，晚号尧峰，苏州横塘旺山人。顺治十二年（1655）进士，康熙十八年（1679）举博学鸿词科，历任户部主事、刑部郎中、编修。预修《明史》，在馆六十余日，撰史稿一百七十五篇。后乞病归，晚年结庐尧峰山，闭户撰述，不问世事者十年，学者称其为"尧峰先生"。有《尧峰诗文钞》和《钝翁前后类稿》六十二卷、《续稿》五十六卷。

在整个清代，影响最大的文学流派无疑是桐城派。桐城古文肇始于戴名世，形成于方苞，刘大櫆与姚鼐将其推向鼎盛。方苞门人雷鋐、沈彤、

---

[1]《四库全书总目》卷一七二，中华书局1965年，第1508页。

王又朴、沈廷芳、王兆符、陈大受、李学裕,刘大櫆门人钱鲁斯、王灼、吴定、程晋芳等,姚鼐门人管同、梅曾亮、方东树、姚莹等,都是桐城派的中坚作家。追随梅曾亮的还有朱琦、龙启瑞、陈学受、吴嘉宾、邓显鹤、孙鼎臣、周寿昌、吴汝纶、鲁一同、范当世等,虽然未必尽出桐城,但是桐城人还是占多数。从戴名世开始,就注重文章的义理章法和所载之道,将儒家诗教引入古文,并有意识地将古文蕴意与儒家经典结合,因得到从统治者到一般文士的广泛接受,桐城派成为有清一代最为壮观的文学流派。尽管桐城古文有一统天下之态势,但很明显,其蕴意与作法并不能包罗万象,江南文脉在不同的地方依然汨汨而流。杭世骏、钱大昕、毕沅、冯桂芬等学者、文人的文章,亦足见风采。稍晚,桐城姚鼐的四大弟子中,有二位就是江南文人,即管同、梅曾亮。

晚清古文领域,在桐城派的影响下,在江苏武进出现了一个"阳湖派",创作成就可喜。

清代骈文也呈现复兴的盛况,江南文人的贡献不可忽视。吴江吴兆骞,杭州袁枚与吴锡麒,常州洪亮吉与孙星衍,太仓彭兆荪等,俱是清代骈文大家。尤其是扬州汪中(1744—1794),其所作《哀盐船文》,描述了一场盐船火灾,真切感人。洪亮吉(1746—1809),字君直,小字稚存,别号北江、更生居士,江苏阳湖人,乾隆五十五年(1790)进士,授翰林院编修。因上书言事,论时弊言辞急切,得罪权贵,被发配成守伊犁。次年释还,从此居家著书立说。洪亮吉骈文、散文俱佳,诗赋亦与黄景仁、孙星衍等比肩,且是近代人口学的先驱。其《意言》二十篇的第六篇《治平篇》,着重谈人口问题,分析了物质生产与人口增长的关系,提出了调节人口规模的想法。

苏州人沈复(1763—1826),字三白,号梅逸,虽然并不是文学名家,然其所作《浮生六记》价值极大。一是写出了真实的盛世悲惨人生;二是部分文字的文献价值极大,即其中的《中山记历》主体文字,对于证明钓鱼岛及其附属岛屿是中国固有领土,以及主权国家琉球国的客观存在,具有重要价值。《闺房记乐》与《坎坷记愁》是继宋代李清照《金石录后序》及明代归有光《项脊轩志》等作品之后,实属稀见的记述夫妇间及家庭生活的长篇文章,其记述爱妻客死他乡的一段,字字痛楚,句句悲号,令人泪崩。

薛福成（1838—1894），字叔耘，号庸庵，江苏无锡人。自幼受时代影响，广览博学，重在经世实学，不为诗赋，不习八股。参曾国藩、李鸿章幕，接触洋务。后出任浙江宁绍道台，曾在镇海指挥击退法国舰队之战。出使英、法、意、比等国，了解西方科技时政，盛赞欧洲君主立宪制，倾向于变法维新。回国途中染病，卒于上海。薛福成一生撰述甚丰，今有《庸庵全集》。其《观巴黎油画记》一文，记述油画技法光感以及法国油画成就，重点在于生动描绘了一幅油画，而且是全景式的巨型油画——以平面构图表现立体事件的普法战争图，并借翻译之口提出了正视失败、发愤图强的主张，极具现实针对性。

四、江南故事叙写

古典小说，虽起源甚早，然真正意义上的小说，出现在魏晋南北朝时期，并渐入佳境，此时出现了志怪小说和志人小说的创作高潮。鲁迅认为，"小说亦如诗，至唐代而一变，虽尚不离于搜奇记逸，然叙述婉转，文辞华鲜，与六朝之粗陈梗概者较，演进之迹甚明，而尤显者乃在是时则始有意为小说"[1]。此后江南文人的小说创作，唐宋时期称为"传奇"，有别于文人的笔记。吴县人沈既济（750—800）的《枕中记》和《任氏传》，是中唐传奇中创作年代较早的名篇，标志着唐传奇创作进入了全盛阶段。其中《任氏传》是一篇奇特的小说，写人狐恋爱故事，作品内容虽涉怪异，但既有讽世之意，又有对富于人情而真诚动人的爱情的向往，是对女性的赞美，有些细节也反映了当时社会和官场的某些真实情况。"沈既济既以史才见称于时，又时时出其余绪，为传奇志怪之体。观其写诡异而不失于正，讽世之语，情见乎辞矣"[2]。而人狐恋爱的故事，可以说是先驱性的。嵇元认为，"沈既济首开人狐恋小说先河"[3]，怪异情节前已有之，如此详尽而情致缠绵，则是第一次出现。应该说，沈既济的人狐恋小说，是六朝志怪小说的发展，是唐代社会生活的折射，也是《聊斋志异》《阅微草堂笔记》之类作品的先导，在文学史上具有开创性的价值。

---

[1] 鲁迅：《中国小说史略》，人民文学出版社1973年，第54页。
[2] 汪辟疆：《唐人小说》，上海古籍出版社1978年，第48页。
[3] 嵇元：《吴人沈既济首开人狐恋小说先河》，《姑苏晚报》2017年3月19日。

陆长源的小说《李恒》，颇得六朝志怪小说趣味。李谅的《续幽怪录》，在小说史上具有一定的地位，其中的《辛公平上仙》，表面写辛公平借助鬼神的力量，目睹了皇帝登仙升遐的过程，实际暗写一场惊心动魄的宫廷事变，小说具有强烈的政治色彩。《太平广记》对于汉魏到宋初的志怪传奇，收罗几遍。这篇作品不见收录，大概就是不够"太平"。

沈亚之（781—832），字下贤，吴兴（今浙江湖州）人，寄居吴江盛泽，元和十年（815）进士第一名。传世小说作品有《湘中怨辞》《异梦记》《秦梦记》《冯燕传》。沈亚之的传奇小说讽喻中有牢骚，自成一家，对当时及后世有一定影响。鲁迅评其"皆以华艳之笔，叙恍惚之情，而好言仙鬼复死，尤与同时文人异趣"[1]。

中唐时期，蒋防的一篇《霍小玉传》是当时最为优秀的小说。蒋防（792—835），字子微，宜兴望族，年少聪慧好学，青年时就才名播扬。《霍小玉传》描述的爱情悲剧，感人至深，堪称中唐传奇的压卷之作。

龚明之（1090—1182），字熙仲，一作希仲，号五休居士，苏州昆山人。有《中吴纪闻》六卷，文笔简练，叙事写人却很详尽饱满，在宋人笔记中，属上乘之作，其内容也比较翔实可信，可供相关研究采信。龚明之著书的目的，是为了保存一代遗闻逸事，以使后来之人不忘吴中的人情风物。

从唐末到宋元，江南文人叙事的注意力主要在文坛掌故、朝政轶事和诗文词的艺术探讨上，形成了很多的笔记小说，代表性的著作有沈括的《梦溪笔谈》，周密的《齐东野语》《武林旧事》《癸辛杂识》等。元明之际，高启的《书搏鸡者》就是一篇简洁精致的笔记小说。此后，陆容有《菽园杂记》，戴冠有《濯缨亭笔记》，祝允明有《志怪录》《语怪四编》《野记》《祝子小言》《猥谈》《前闻记》《蚕衣》《读书笔记》，蔡羽有《辽阳海神传》，王临亨有《粤剑编》等，涵盖志怪、志人小说，丰富多彩。元明之际的瞿佑（1347—1433），字宗吉，号存斋，杭州人，有传奇小说《剪灯新话》。自明代中后期开始，江南小说的创作、编辑与印行进入了新的高潮。

《封神演义》也叫《封神榜》，是明代出现的继《西游记》之后又一部

---

[1] 鲁迅：《中国小说史略》，人民文学出版社1973年，第59页。

神魔小说杰作。 小说以武王伐纣、商周易代为基本框架，依托历史，借助历史人物，叙写天上神仙参与人间争斗的故事，最后姜子牙将战死的要员们一一封神。 关于该书作者虽有争论，但也有文学史家直接接受是许仲琳、李云翔编著该书的观点，"《封神演义》100 回，是明代天启年间，由许仲琳、李云翔根据民间创作改编的"[1]。 许仲琳（约 1560—约 1630），号钟山逸叟，应天府（今江苏南京）人，明朝小说家。 约生活于嘉靖末年，生平事迹不详。

明代松江府华亭人宋懋澄（1569—1622），字幼清，号雅源，又作稚源或自源，能诗文，富藏书，擅辞章。 其作品惜多散佚，今有王利器校录本《九籥集》，中国社会科学出版社 1984 年出版。 宋懋澄《九籥集》中有一篇文言小说《负情侬传》，叙写的就是杜十娘的故事，后被冯梦龙改编为《杜十娘怒沉百宝箱》。

冯梦龙（1574—1646），字犹龙，又字子犹，号龙子犹、墨憨斋主人、顾曲散人、吴下词奴、姑苏词奴、前周柱史等，晚明杰出的文学家、思想家、艺术家，中国古代白话短篇小说的旗手。 冯梦龙一生，致力于小说、戏曲、民歌、笑话等通俗文学的创作、搜集、整理、编辑，为我国文学发展做出了独特的贡献。 尤其是其短篇白话小说创作和故事编撰，数量多、质量高、影响大。 其《喻世明言》《警世通言》《醒世恒言》，合称"三言"，相继辑成并刊刻于明代天启年间，每集四十篇，共一百二十篇，大约三分之一是依据宋元话本改写，三分之一是依据前人笔记的素材进行创作，三分之一是冯梦龙自己根据传说故事或真实事件创作，具有现实生活的依据。

与冯梦龙"三言"并称的有凌濛初的"二拍"，即《初刻拍案惊奇》《二刻拍案惊奇》，亦是中国白话短篇小说的经典。

嘉兴人沈德符，也是此际重要的江南叙事人。 沈德符（1578—1642），字景倩，又字虎臣、景伯，万历四十六年（1618）举人。 其《万历野获编》多记万历以前掌故，属于笔记小说。 但《秦玺始末》一卷，叙事、考据结合，既有历史的跳跃，亦有故事细节描写，很有意境。

袁于令（1592—1672），原名袁韫玉，又名袁晋，字令昭，又字砚昭、

---

[1] 袁行霈：《中国文学史》第四卷，高等教育出版社 1999 年，第 162 页。

凫公,别号箨庵、白宾、吉衣主人、剑啸阁主人等,吴县(今江苏苏州)人。一般认为,他是长篇小说《隋史遗文》的作者。

金圣叹(1608—1661),本名采,字若采。明亡后改名人瑞,字圣叹,别号鲲鹏散士,又自称泐庵法师,明末清初吴县(今江苏苏州)人,著名的文学家、文学批评家。金圣叹出身书香门第,家境优裕,自幼读书勤奋,涉猎广泛,博览群籍,着意批点,好谈《易》,亦好讲佛,常以佛诠释儒、道,论文喜附会禅理。先后评点小说剧本甚多,称《庄子》《离骚》《史记》《杜工部集》《水浒传》《西厢记》为"六才子书",拟逐一批注。但因其在"哭庙案"中罹难,仅完成后二种。而正是由于金圣叹的评点批注,《西厢记》歌唱男女情爱受到更加广泛的欢迎自不必说,他腰斩"水浒",实有时代背景,是非功过,不同视角、不同时代,自有不同的评说。

毛伦,生卒年不详,字德音,号声山,苏州人,曾评点《琵琶记》,称其为"第七才子书"。毛宗岗(1632—约1709),字序始,号子庵,毛伦之子。毛氏父子在文学史上的大手笔,是评点整理了《三国演义》。毛氏父子本《三国演义》,相较于旧本:一是对回目和正文进行了较大幅度的修改、增删;二是增加了评点;三是修正文辞和改换诗文,提升了作品的文采,使作品艺术性得到明显加强;四是尊刘抑曹的正统观念和天命思想愈加突出。不论后世如何评价,《三国演义》的盛行是不争的事实,而毛氏父子的功绩,也是有目共睹的。

陈忱(1615—约1670),字遐心,一字敬夫,号雁宕山樵、默容居士,乌程(今浙江湖州)人。明亡以后,绝意仕进,卖卜为生。晚年著长篇小说《水浒后传》,于书中寄寓自己的亡国之痛和憧憬恢复之心。

董说(1620—1686),字若雨,号西庵,又号鹧鸪生、漏霜等,乌程(今浙江湖州)人。明亡后,董说隐居丰草庵,中年在苏州灵岩寺出家为僧,法名南潜,字月涵,一作月岩。其《西游补》虽然篇幅不大,却是小说《西游记》续书中最有价值的一部。

清代的江南文人小说,以褚人获《隋唐演义》影响最大。褚人获(1635—?),字稼轩,又字学稼,号石农、没世农夫等,长洲(今江苏苏州)人。有《坚瓠集》《读史随笔》《退佳琐录》《续蟹集》《宋贤群辅录》等传世。其《隋唐演义》二十卷一百回,根据明代的《隋唐志传》《隋炀帝艳史》和《隋史遗文》等书及民间传说改编而成,兼有英雄传奇和历史演义双重性质。此外，吕熊的《女仙外史》，杜纲的《北史演义》《南史演义》，也有一定影响。

钱彩（1684年前后在世），字锦文，浙江仁和（今浙江杭州）人，生卒年及生平均不详，有《说岳全传》八十回。

李百川的《绿野仙踪》也是一部有影响力的神魔小说。《绿野仙踪》记述了明嘉靖年间冷于冰访道成仙、除妖降魔的故事，实是直陈时弊。

陈端生（1751—约1796），字云贞，杭州人，清代女文学家。其弹词小说《再生缘》（未完稿）流传极广，风靡一时，尤其受妇女的喜爱。其后弹词女作家梁德绳续作《再生缘》，方成完璧。

刘鹗（1857—1909），字云抟，后更字铁云，又字公约，号老残，丹徒（今江苏镇江）人。其《老残游记》是清末"四大谴责小说"之一。

李宝嘉（1867—1906），字伯元，别号南亭亭长，笔名游戏主人、讴歌变俗人等，常州人，晚清小说界的多产作家，作品有《庚子国变弹词》《官场现形记》《文明小史》《海天鸿雪记》《李莲英》《海上繁华梦》《南亭笔记》《南亭四话》《滑稽丛话》《尘海妙品》《奇书快睹》《醒世缘弹词》等十多种。其《官场现形记》是清末谴责小说的代表作。

曾朴（1872—1935），原名曾朴华，字太朴，后改字孟朴，笔名籀斋、东亚病夫，常熟人。二十岁中举，四年后入同文馆学习法文。曾赴法留学，广泛接触西方文学，了解西方文明，为之后的文学翻译奠定了基础。清末，曾参加"立宪运动"，鼓吹改良主义。其长篇小说《孽海花》讽刺意味甚浓，是近现代小说史上的奇葩。

除通俗小说与历史演义之外，清代江南文人还有大量的笔记小说，在文学史上具有不可忽视的影响，主要有褚人获的《坚瓠集》，钮琇的《觚剩》，沈起凤的《谐铎》，独逸窝退士的《笑笑录》，遽园的《负曝闲谈》，王韬的《遁窟谰言》《淞隐漫录》《淞滨琐话》《瓮牖余谈》《海陬冶游录》《眉珠庵忆语》等，数量多，特色明显。

晚清的小说界，鸳鸯蝴蝶派是需要被关注的创作流派。阿英说，鸳鸯蝴蝶派小说"固有政治与社会的原因，但确是承吴趼人这个体系而来"[1]。此派作家众多，前后有二百余人，分散在江苏、浙江、安徽、

---

[1] 阿英：《晚清小说史》，人民文学出版社1980年，第176页。

江西一带，后来集中到上海、天津、北京几个大城市。一般认为，这是一个病态消极的文学流派。但其中有些作家如包天笑、周瘦鹃、张恨水等，也曾写过有积极意义的作品，如《广陵潮》《江湖奇侠传》《啼笑姻缘》等。苏州常熟人徐觉（字枕亚，别署徐徐、泣珠生、东海三郎等）的《玉梨魂》，无疑是鸳鸯蝴蝶派小说的典型。

五、江南文学的特点

在长期的历史演变过程中，江南文学的特征及其价值得以彰显。

（一）江南文学的地域性特征

与区域范畴相应的，是江南文学活动区域内的地理气候环境，它直接影响了江南文学的某些性状。刘安从五行的角度，解释地理环境对人的精神气质的影响："土地各以其类生，是故山气多男，泽气多女；障（水）气多瘖，风气多聋。"[1]其中"山气多男，泽气多女"，并不是说生男生女的事情，而是说自然环境与人的气质修养之间的关系。这一点，在江南文学板块中可以明显看到。

首先，江南文学文气相对温和软媚，相较于中原文学，更有柔美的取向，这与地域性的地理气候环境有着密切的关系。唐人罗隐的《鹦鹉》这样写："莫恨雕笼翠羽残，江南地暖陇西寒。劝君不用分明语，语得分明出转难。"[2]其中说到的"江南地暖"，就是江南文学成长的重要环境因素之一，使得江南文学的抒情叙事，自然有一种中庸温和的柔美味道。

其次，江南地区的年降水量相对充足，也影响了文人创作的境界构造。北宋初年，山东人王禹偁担任吴县令，一首《点绛唇·感兴》是宋初词坛不多见的佳作，"雨恨云愁，江南依旧称佳丽。水村渔市，一缕孤烟细。　天际征鸿，遥认行如缀。平生事，此时凝睇，谁会凭阑意"[3]。烟雨迷蒙中，别有一种乡愁。江南文学中的意象选择与情感表达，往往滋润而缠绵。

再次，江南地区山不高而灵秀，水不深而柔美，文学作品中的山水意

---

[1] 刘安：《淮南子·地形训》，岳麓书社1989年，第42页。
[2] 罗隐：《罗隐集》，中华书局1983年，第46页。
[3] 唐圭璋：《全宋词》，中州古籍出版社1996年，第1—2页。

象,并没有太多磅礴的气势与雄伟壮阔的姿态,更多的是灵动婉转的山丘,曲折蜿蜒的溪水。北宋诗人梅尧臣的《鲁山山行》《东溪》等作品,无不透露出一种江南山水的闲适与隽秀。江南区域的自然环境,对江南文学的生成、发展及其特色形成,有着至关重要的影响。

(二) 江南文学的心理性特征

江南地区的人口,既有原住民,也有大量的移民。从文化上讲,既是融合性的,又有明显的地域特征,在文学创作情感气质方面很自然地打上了地方性烙印,即江南地域形成的一种文化心理在文学上的呈现。

一是文人表现出浓郁的自足与欣慰,沉浸于优雅闲适的生活情调之中。尤其是江南文学发展到高潮的明清时期,园林的雅致、生活的富足、节奏的舒缓,在诗文词的叙写与舞台悠扬的管弦之中体现得尤为突出。

二是江南作家以优雅的情态特别地关心身边的景物与个人的情趣,诗笔主要触角在于个人的感官。目力所及,心绪所关,娓娓道来,从容不迫。哪怕是送别,也有一种悠扬的离思。与秦观并称"二观"的泰州词人王观的《卜算子·送鲍浩然之浙东》:"水是眼波横,山是眉峰聚。欲问行人去那边,眉眼盈盈处。才始送春归,又送君归去。若到江南赶上春,千万和春住。"[1]将江南的水波灵动、山色潋滟,与恋人的情态融合成了一幅动人的图景。

三是在作品中表现出来的敏感、纤细、稳定、平和的情态。唐代崔颢的《维扬送友还苏州》:"长安南下几程途,得到邗沟吊绿芜。渚畔鲈鱼舟上钓,羡君归老向东吴。"[2]不能确知友人为谁,但肯定是离开官场的苏州人,其满足感与解脱感已经感染了友人崔颢,这是一种对乡情的敏感。张翰见秋风起而想起吴中的美味佳肴,是对时节的敏感,实际上也是对时局的敏感。徐祯卿《闲居》中说"江湖极目频回首,何事风尘生百忧"[3],是因为闲而变得敏感,因而忧从中来。

江南文人还有一种与自然环境的山温水软相应的细腻,从观察到描绘均如此,如"吾谷,在阜城门外三里许虞山之阳,冈峦回抱乔木郁然,霜

---

[1] 唐圭璋:《全宋词》,中州古籍出版社1996年,第183页。
[2] 彭定求等:《全唐诗》,中州古籍出版社1996年,第721页。
[3] 范志新:《徐祯卿全集编年校注》,人民文学出版社2009年,第472页。

后丹枫，望若锦绣，骚人韵士往往觞咏其下"[1]。常熟虞山的霜后枫叶，尚且魅力如此，天平山上的枫叶，更易于触动诗人敏感的神经。而作品之中注入的情感，也是特别细腻，"郡西天平山为诸山枫林最胜处。冒霜叶赤，颜色鲜明，夕阳在山，纵目一望，仿佛珊瑚灼海"[2]。大多数江南文人诗文词中的抒情描写，很难找到"刑天舞干戚，猛志固常在"[3]的气势，多是平和甚至柔弱的。

（三）江南文学的市井气息

相比较而言，南北朝以后，江南地区经济发展速度远非中原可比。反映到文化上，美景、美味、美天气之下的美好生活也酿造出了更为美好的文化产品，并且与市井的结合更加密切。换言之，江南文学更具有市井气和商业气。一方面，大量文人生活在经济发达、商业繁荣的都市，与商人关系密切，或者本身就是由儒而商，参与了一些经济活动；另一方面，商人主动与文人结合，将文人的雅致请到了自己的园林甚至斋室，形成了一种融合。晚明杰出的地理学家徐霞客，家里儒贾结合，方有一定的经济实力助其远行。江南一带的商人，往往是藏书家和出版家，对文人创作极有吸引力。于是，小说、戏剧作品中出现的商人形象多是正面的，背景是城市生活；诗文中也经常出现咏叹或叙述商业经营活动的片段，赞美较多。"三言""二拍"中的不少篇章以及戏剧作品中出现了商人、市民的形象，"分内功名匣里财，不关聪惠不关呆。果然命是财官格，海外犹能送宝来"[4]。

（四）江南文学的学术气

人杰地灵的江南，不仅诗情画意独步天下，经史之学亦是独一无二，影响到文学创作，凡作家又往往是学者，作品也多有议论和做学问的痕迹。江南文学板块中的作家学者数量是逐渐增多的。魏晋时期到唐代，有些作家就是著名的学者。宋元以后，文人作家兼学者更不在少数。明清时期，江南大量的作家具有很强的学术背景，这是一个值得研究的文化现象。归有光是杰出的经学家，茅坤是文章学家，冯梦龙是史学家，此

---

[1] 徐崧、张大纯：《百城烟水》，江苏古籍出版社1986年，第364页。
[2] 顾禄：《清嘉录》，上海古籍出版社1986年，第149页。
[3] 陶渊明：《陶渊明集》，人民文学出版社1986年，第86页。
[4] 凌濛初：《拍案惊奇》，上海古籍出版社1992年，第3页。

外,王世贞、顾炎武的学术成就至今仍是学界研究的热点。张溥的学术成就,相对于他的短暂人生,可以说是不可想象的。清代叶燮、汪琬、沈德潜、黄省曾、阮元、薛福成等,无不是学界翘楚,同时又是文坛巨匠。

(五)江南文学的家族性与女性文学成就的突出

以血缘关系为纽带,经济、文化与艺术活动在江南文化板块中的家族性聚集现象是一道亮丽的风景线。就文学创作而言,从"二陆"到"四皇""三张"等,无不呈现出江南家族文学的兴旺景象。"皇甫涍,字子安,长洲人。父录,弘治九年进士。任重庆知府。生四子,冲、涍、汸、濂","兄弟并好学工诗,称皇甫四杰……吴人语曰:'前有四皇,后有三张。'"[1]"三张"指张凤翼、张燕翼、张献翼兄弟,并负才名。嘉靖年间苏州诗坛最盛,人才最为集中,为天下之冠,前有"四皇",后有"三张",还有"皇甫四杰"的中表兄弟黄鲁曾、黄省曾,实为"吴中四才子"诗文书画盛况之再现。

江南文学板块体量庞大,辉映古今,其中还有一道独特的风景线,就是女性作家群星闪耀。从南朝时期的韩兰英,唐代的徐惠、李冶、杜秋,到宋代的朱淑真,明代的沈宜修、张倩倩、叶小鸾,以及清代的徐灿、方维仪、纪映淮、席佩兰、章有湘、钱凤纶、钱敬淑、吴琪等,再到才情独具的现当代女性作家,江南女性文学家,可千百数,形成颇为壮观的闺阁文学,学界敬重有加。资料性汇编如施淑仪《清代闺阁诗人征略》,概论性著述如谭正璧《中国女性文学史话》,断代或专题研究成果如段继红《清代闺阁文学研究》等,足见其价值。

---

[1]《明史·文苑三》,中华书局1974年,第7374页。

第五章　戏曲文化

江南人重戏，江南也是戏曲文化重地。这里孕育了我国最早的戏曲成熟形态——南戏，也是"一代之文学"元杂剧的后期中心。昆曲更将中国古典戏曲艺术推上巅峰。四大徽班进京、海派京剧的形成，奠定、夯实了京剧日后为我国第一大剧种的基础。在百川归海的上海，诸多戏曲在此传承、"新陈"和形成。此外，中国五大剧种之越剧、黄梅戏享誉全国。遗留至今的江南戏曲类非遗极其丰富，以苏州为代表的昆曲艺术成就和特色，仍是我国当下戏曲艺术的高峰，也奠定了"最江南"的印象。昆曲、京剧、越剧和黄梅戏等诸多戏曲，从民族、国家层面加强了对外文化传播、交流，对于缔造"江南"的区域形象乃至我国在国际社会中的形象，仍起着建构性作用。

一、历史时期江南戏曲文化的发展

从历史上看，江南戏曲文化的发展主要经历了宋元时期、明代、清代前中期、清代晚期及民国时期；从地域上看，形成了扬州、杭州、苏州、南京和上海等戏曲重镇，并以此为网络，相互影响、相互辐射，深刻地引领着江南戏曲文化发展的命脉。

(一) 江南戏曲文化的历史脉络

宋元之前，我国戏曲尚处于塑型、发育阶段，但是，歌舞百戏在江南各地呈燎原之势，为其后戏曲的繁荣奠定了艺术基础，提供了生存环境。从今天传承的部分戏曲来看，可以窥见其古老渊源。例如，"今海州童子戏,南通僮子戏,以及曾是扬剧、淮剧渊源之一的香火戏,皆为古傩之遗响"[1]。总体来看,江南戏曲文化格外灿烂。其中,宋元时期及其后江南戏曲的发展概况,通过存世戏曲的历史轨迹,可见一斑(表 5-1)。

表 5-1 江南戏曲艺术形成(或传入)历史时期概况

历史时期	戏曲类型/名称	形成或传入情况说明
宋元	杂剧	
	海宁皮影戏、桐乡皮影戏	南宋传入
	南戏	在元末逐渐形成"四大声腔"(弋阳腔、海盐腔、余姚腔、昆山腔),进入明代更为成熟
	目连戏	南宋时期传入绍兴等地
	(扬州)杖头木偶戏	宋代扬州木偶戏名扬四方。清代以后,吸收昆曲、徽戏、京剧等剧种之长,形成独特风格
	(如皋)杖头木偶戏	兴于元、明
明代	徽州目连戏	
	高淳阳腔目连戏	
	南陵目连戏	
	石台目连戏	
	海盐牌子	
	新声昆山腔(昆曲)	
	青阳腔	
	傩戏(如池州傩戏)	明代传入皖南地区
	调腔	
	宁波昆剧	
	徽昆	
	桐乡花鼓戏	
	平湖太保书	
	南通童子戏	童子戏起源于唐朝,由传统祭祀舞蹈演变而成。明代中叶之后,童子戏已成为活跃的通州民间巫风活动的标识

[1] 中国戏曲志编辑委员会、《中国戏曲志·江苏卷》编辑委员会:《中国戏曲志·江苏卷》,中国 ISBN 中心 2000 年,第 4 页。

续表

历史时期	戏曲类型/名称	形成或传入情况说明
明代	新昌调腔	被认为是明代南戏"四大声腔"之一,余姚腔的唯一遗音
	平调	明末清初
	宁海平调	明末清初
	当涂采茶灯	
	枞阳腔	明末清初
	岳西高腔	明末清初
	岳西弹腔	明末清初
	太湖曲子戏	源于明代弋阳腔,20世纪80年代定名为"太湖曲子戏"
	牛灯戏	
清代前中期	徽戏、徽剧	
	梨簧戏	
	绍剧	
	诸暨乱弹	
	宁海乱弹	
	洪山戏	清康熙前
	童子戏	
	扁担戏	相传崇明的"木人头戏"在清代由苏州传入
	(马鞍山)傩戏	
	皖南皮影戏	
清代晚期	黄梅戏	清末民初传入
	庐剧	
	京剧	
	皖南花鼓戏	清末民初传入
	上阮花鼓戏	
	含弓戏	
	洪山戏	
	淮剧	
	锡剧	
	姚剧	
	湖剧	清末民初
	越剧(竺派艺术)	

分论/177

续表

历史时期	戏曲类型/名称	形成或传入情况说明
清代晚期	淳安三角戏	
	昆曲堂名	
	甬剧	
	(杭州)排八仙	清末民初
	大河项家皮影戏	
	湖州滩簧、长兴滩簧	
	鸡公调	清末民初传入
	岳西木偶戏	
民国	苏剧	明末清初苏滩形成,民国时期苏剧形成
	文南词	民国时期传入
	杭剧	
	扬剧(金派艺术)	
	通剧	
	滑稽戏(含苏式滑稽戏、无锡滑稽戏、常州滑稽戏、上海滑稽戏)	
	南京提线木偶	中华人民共和国成立前后就在南京等地演出
	龙腔	20世纪20年代
	沪剧	一说产生于清代道光年间,一说产生于清乾隆年间。1914年由本滩易名为"申曲",1941年改称"沪剧"
	三角棣紫云乱弹	
	湖阴曲	民国初年定名
	梅街目连戏	
中华人民共和国	丹剧	
	奉贤山歌剧	
	南京皮影戏	中华人民共和国成立后传入
	婺剧	

资料来源:中国戏曲志编辑委员会、《中国戏曲志·安徽卷》编辑委员会:《中国戏曲志·安徽卷》,中国ISBN中心2000年,第72-74页;中国戏曲志编辑委员会、《中国戏曲志·江苏卷》编辑委员会:《中国戏曲志·江苏卷》,中国ISBN中心2000年,第104-107页;中国戏曲志编辑委员会、《中国戏曲志·浙江卷》编辑委员会:《中国戏曲志·浙江卷》,中国ISBN中心2000年,第73-77页;中国戏曲志编辑委员会、《中国戏曲志·上海卷》编辑委员会:《中国戏曲志·上海卷》,中国ISBN中心2000年,第94-95页。

1. 宋元时期

宋元时期，北方杂剧南下，且逐渐在江南绽放异彩；发源于温州一带的南戏向北、向江南各地流播，孕育了多元化的南戏声腔。南北戏曲声腔共同在江南激荡，特别是在元代的苏州、杭州等地，南北曲均较为流行，体现出中国"南""北"二元的文化在戏曲领域的碰撞、融合。

宋代江南的瓦舍、勾栏技艺纷呈，虽难以描摹历史实况，但从皖南傩戏里的"舞伞""舞剑"以及皖南诸地的目连戏里尚可依稀寻觅昔日踪影。有关南戏，学界争议颇多，但普遍认为其是在北宋末南宋初产生，在元、明继续发展流传。明代祝允明《猥谈》曰："南戏出于宣和之后，南渡之际，谓之'温州杂剧'。"[1]又根据徐渭《南词叙录》："南戏始于宋光宗朝，永嘉人所作《赵贞女》、《王魁》二种实首之。……或云：宣和间已滥觞，其盛行则自南渡。"[2]南戏与北杂剧泾渭分开就是其用南曲演唱，这也是南戏最突出的特征。当然，在元朝的时候，南戏也逐渐出现了南北合套的情况。尽管南戏产生、发展于南方，但其流布和影响也到达北方。元代末期，南戏中出现了余姚腔、海盐腔、弋阳腔、昆山腔等声名显赫的四大声腔，此外还有杭州腔等。直至明中叶，南戏中的昆山腔革新后，加之梁辰鱼《浣纱记》的扮演，明传奇已蔚然成风，南戏渐呈强弩之末的颓势。

大都元杂剧兴起后，沿着运河流向江南。白仁甫、杨纳、马致远等著名北杂剧作家南下江南。同时，江南北杂剧作家频出且各具代表作，如溧阳孔文卿《东窗事犯》，镇江唐以初《四女争夫》，无锡陈伯将《误入桃源》。特别是扬州，北杂剧作家密集，作品很多，如睢景臣的《屈原投江》，李唐宾的《梧桐叶》《梨花梦》，陆登善的《开仓籴米》《张鼎勘头巾》，以及张鸣善的《烟花鬼》《夜月瑶琴怨》等。此外，皖南杂剧作家赵熊有《崔和担生》《风月害夫人》《太祖夜斩石守信》等作品。在扬州、南京等地，擅演北杂剧的著名艺人甚众。除瓦舍、勾栏之外，文人士大夫厅堂歌舞声乐不为罕见，在著名的玉山草堂和"云间巨族"夏庭芝的家宴

---

[1] 祝允明：《猥谈》，见俞为民、孙蓉蓉：《历代曲话汇编·新编中国古典戏曲论著集成·明代编》第1集，黄山书社2009年，第225页。
[2] 徐渭：《南词叙录》，见中国戏曲研究院：《中国古典戏曲论著集成》（三），中国戏剧出版社1959年，第239页。

上,伶人毕至,善曲者荟萃。

2. 明代

自明代初年起,江南的北杂剧绵延不绝,嘉靖、隆庆年间,浙江的杂剧作家"作品数以百计"[1],但演出高峰已过,总体上渐趋式微。南戏声腔演出日趋频繁、兴盛,至嘉靖年间,魏良辅改革昆山腔,这也是我国"南""北"二元文化在戏曲方面的真正大融合。此后,新声昆山腔扶摇直上,由发源地向苏州以及江南其他地区迅速扩散、传播,一跃而成为江南乃至全国的主导声腔,使得其他南戏诸腔相形失色。

具体来看,明代初年至中叶,南戏已在江南各府流行。成书于明代嘉靖年间的《南词叙录》曰:"今唱家称'弋阳腔',则出于江西,两京、湖南、闽、广用之;称'余姚腔'者,出于会稽,常、润、池、太、扬、徐用之;称'海盐腔'者,嘉、湖、温、台用之。惟'昆山腔'止行于吴中,流丽悠远,出乎三腔之上,听之最足荡人。"[2]新声昆山腔改革带来了我国古典戏曲发展的全盛和风靡,清唱与剧唱并茂,职业戏班与家乐并盛,创作与表演艺术共促,文人雅士与普通大众共赏。在上海,明代中叶,海盐、弋阳、余姚、昆山、太平、土戏诸腔竞奏,随着昆曲水磨调的传入,"学魏良辅唱"的风气蔚然。在徽州,因叱咤风云的徽商群体之贡献,昆曲与徽州结下不解之缘。一方面,活跃在苏杭等地的徽商崇尚昆曲。另一方面,徽商将昆曲带回故里,"曲之擅于吴,莫与竞矣!然而盛于今,仅五十年耳……十年以来,新安好事家多习之"[3]。同时,新声昆山腔衍生出各地独具特色的支系,如宁波昆曲、徽昆等。其实,早在魏良辅改良昆山腔之后,昆曲流播到江南,就呈现出各具地域特征的迹象。潘之恒评价明代万历年间昆曲流传各地情况时说:"无锡媚而繁,吴江柔而淆,上海劲而疏。"[4]当然,南戏流传至江南各地后,各种声腔的演出对象和场合也不尽相同。例如在安徽,"海盐腔、昆山腔主要活动在士大夫的华堂

---

[1] 中国戏曲志编辑委员会、《中国戏曲志·浙江卷》编辑委员会:《中国戏曲志·浙江卷》,中国ISBN中心2000年,第10页。
[2] 徐渭:《南词叙录》,见中国戏曲研究院:《中国古典戏曲论著集成》(三),中国戏剧出版社1980年,第242页。
[3] 潘之恒:《潘之恒曲话》,汪效倚辑注,中国戏剧出版社1988年,第17页。
[4] 潘之恒:《潘之恒曲话》,汪效倚辑注,中国戏剧出版社1988年,第8页。

之中，余姚腔、弋阳腔则在乡村的野台演出"[1]。

这一时期除了上述南戏的主导性影响力之外，江南戏曲的特点还呈现在以下方面：

一是新发诸多戏曲剧种，其中不少是南戏声腔与各地歌舞曲调融合而成。徽州腔、青阳腔、调腔、新昌调腔、平调、岳西高腔、岳西弹腔、太湖曲子戏等皆产生于这一时期。其中青阳腔特色非常鲜明，其影响曾"布满天下""几遍天下"。关于青阳腔，有人认为是弋阳腔转变而来，也有人认为是余姚腔变化而成，且深受当地宗教祭祀活动的影响，其以滚唱为特色。青阳腔深受普通大众欢迎，文人雅士却时有鄙视。至今尚在流传的岳西高腔，乃青阳腔的遗响。

二是目连戏衍化出各具特色的声腔、风格。目连戏早在南宋时期就已传入江南绍兴等地，明代传入皖南地区后，演出甚盛。万历年间，徽州祁门人郑之珍（1518—1595）的《目连救母行孝戏文》，分为上、中、下三卷，为元、明以来最为壮观的目连戏剧本，旨意在于"忠、孝、节、义"四字。江南目连戏主要有绍兴目连戏、徽州目连戏、南陵目连戏、高淳阳腔目连戏和石台目连戏等。其中南陵一带的目连戏，又被誉为"正宗目连"，早在明代弘治、正德间就有演出，主要唱腔称"阳腔"。"阳腔"一说为青阳腔的简称，另一说为"弋阳"的转声。高淳阳腔目连戏则是从南陵传入。徽州的目连戏也很明显地体现出青阳腔滚唱、滚白的特点。

三是带有驱邪祈福目的的傩戏，是古代中国傩文化的重要遗存和发展。傩戏意在祭神跳鬼、驱瘟避疫，且在表演时以戴面具（称"脸子"）为特征。池州傩戏堪称"戏曲活化石"，饱含着我国先民原始的自然崇拜，融汇了儒、道、佛教文化思想。在舞蹈方面，一定程度上刻录着汉代的绂舞、矰舞以及唐代的西凉伎、胡腾舞等特色。在戏剧方面，宋杂剧、南戏以及更早的变文、词话、傀儡等也在傩戏中衍变生根。皖南的傩戏既保存了宋、元南戏的旧本，如《孟姜女寻夫》《刘文龙赶考》等，也留下了南戏演出形式的痕迹，如贵池星田潘村傩戏《插钱树》的"报台"。[2]

---

[1] 中国戏曲志编辑委员会、《中国戏曲志·安徽卷》编辑委员会：《中国戏曲志·安徽卷》，中国ISBN中心2000年，第11页。

[2] 中国戏曲志编辑委员会、《中国戏曲志·安徽卷》编辑委员会：《中国戏曲志·安徽卷》，中国ISBN中心2000年，第7页。

另外，约在明代万历年间，"花鼓"由民间歌舞渐次衍变为花鼓小戏，农村观众较多，甚至被称为"淫戏"。

3. 清代前中期

由明入清，江南戏曲发展虽有跌宕，但总体上延续盛况，甚至在清代前中期臻于高潮。这一时期，一方面是昆腔的天下，但在清代嘉道年间，昆腔渐呈盛极而衰之迹象。另一方面，清代中叶以来花部竞起，乱弹、皮簧勃兴和繁荣。由徽班推出的徽调，南北兼容、花雅并用、博采众长、雅俗共赏，在花部诸腔中最具影响力。浙江有浦江乱弹、绍兴乱弹、诸暨乱弹、宁海乱弹等，在此基础上，随后形成了"多声腔"剧种，例如婺剧、绍剧等。其大多兼唱昆、高、徽（皮簧）、乱、时调（诸腔杂调）及后起的滩簧等。特别需要提出的是，大约在清代乾隆年间，南词已风靡于江浙一带，滩簧也甚为流行，两者合流。另外，花鼓或花鼓戏也十分流行。再一方面，以"傩"为起源和与之关联的戏曲仍不断新生，如洪山戏、童子戏、马鞍山傩戏等。

4. 清代晚期

昆曲在清代道光年间，已呈"强弩之末"态势，19 世纪 60 年代之后，俨然已"雅"不敌"花"；19 世纪 90 年代至 20 世纪 20 年代，已经溃不成"班"。与此相异的情景是京剧风靡江南、江南地方戏勃兴。清末，京班自京、津南下，很快在江南取代昆、徽地位，至光绪初年，京剧已成为上海最有影响力的戏曲剧种，并带来戏曲改良运动。在清末蜂拥而起的地方戏中，以滩簧类小戏最多，现存的属"花鼓滩簧"类的有甬剧（宁波滩簧）、湖剧（湖州滩簧）、姚剧（余姚滩簧）等，苏剧、锡剧等属"南词滩簧"。此外，花鼓戏或受花鼓影响的民间小戏也非常受欢迎，主要有皖南花鼓戏、上阮花鼓戏等。

5. 民国时期

民国年间，京剧继续强力向江南深入渗透，江南京剧处于大发展时期，江南多种地方戏在艺术上也受到京剧的影响。新兴剧种，比较耀眼的如滑稽戏，风行于苏南及上海，并发展成为苏式滑稽戏、无锡滑稽戏、常州滑稽戏和上海滑稽戏等；申曲在表演形式上采用文明戏和话剧形式，并改称"沪剧"；"维扬戏"（或称"扬州戏"）在抗战前夕迅猛发展，班社已有 30 多个。民间地方戏虽有发展，但常常处在被歧视与禁演的状态。在上海等城市兴起的文明戏也内传至江南多地。

由上可见，江南戏曲文化层积淀深厚，大体上有两次发展热潮，分别是明中叶前后和清末时期。尤其是在清末时期，地方戏出现井喷的情况，呈现出繁花似锦的局面。

（二）江南戏曲文化的若干重镇

明清时期，江南与京城乃至全国各地间深入、广泛和密切的关联，使其凝聚了全国性优质文化资源。同时，江南在全国经济文化网络中的地位，以及各地对江南的想象中所包含的文化要素，又反过来激发江南创造浓厚的文化场域，对于戏曲艺术的发展也起到积极的作用。其中，杭州、扬州、苏州、南京及上海等表现得尤其突出。

1. 杭州

自隋朝运河开凿、南北水路连通起，杭州逐渐兴起，在唐代一跃而为东南名郡。宋室南渡，杭州成为政治、经济、文化中心，由此奠定了杭州戏曲重镇的地位。杭州的戏曲文化地位主要体现在宋代，杂剧、南戏双璧交会，戏曲艺术首度繁荣。宋代发源于温州一带村坊小曲的南戏，在杭州这个大都市蜕变、成长出完整意义上的后世戏曲样貌。南宋时期，杭州城内外勾栏、瓦舍遍布，固定演出场所名曰瓦子、瓦舍、瓦肆，"开始杭州只有17处瓦舍，后增至23处"，内有若干演出场子勾栏，"一座瓦舍，小者有一二个'勾栏'，大者有十余个"，还有不入勾栏的民间流散艺人"路岐人"。[1] 宋代，杭州知名的杂剧艺人众多，"中国古老的娱乐文化，也就因之进入了第一个全盛时期"[2]。元代，杭州成为北杂剧中心。宋元时期，杭州为南戏的成熟之地、集萃之地。最初被称为永嘉杂剧的南戏，流传到杭州走向成熟，被称为"戏文"。此外，在这里还发育了"杭州腔"，是南戏著名声腔之一。明嘉靖、万历年间，昆山腔传入杭州，杭州自此成为江南紧随苏州的昆曲重镇。清代，洪昇与孔尚任被誉为"南洪北孔"，也创下了昆曲创作的两座丰碑——《长生殿》与《桃花扇》。这里还有著名的戏曲理论家毛先舒，其撰有《南曲入声客问》等；移居在此的清初剧作家、戏曲理论大家李渔所著的《闲情偶寄》，为中国第一部较为全面地介绍戏曲理论的著作。还需指出的是，"滑稽戏剧种乃起源于杭州，形成于

---

[1] 汪效琦：《杭州市戏曲志》，浙江文艺出版社1991年，第3页。
[2] 傅谨：《浙江在中国戏曲史上的地位与贡献》，《文化艺术研究》2008年第3期。

上海,成为江、浙、沪一带有广泛影响的新兴剧种"[1]。 虽然有关滑稽戏的起源地说法不一,但其与杭州的深厚渊源是不可否认的。 越剧名角大多是由杭州走入上海的。

2. 苏州

魏良辅所革新的昆山腔,以苏州为大本营,向苏、浙、皖各地传播辐射,常州、镇江、杭州、嘉兴、湖州等地出现了争唱"苏州戏"的时尚,与苏州地缘关系紧密的松江形成了"再学魏良辅唱"的热潮。 至万历年间,上海昆曲已有别于苏州,体现出"劲而疏"的唱腔流派特色。 这些地方因昆腔戏班大量涌入,而本地昆伶很少。 新声昆山腔问世后,以江南文人士大夫为主要媒介,迅速流播。 明、清两代宫廷的昆伶基本上清一色为苏州人,京城中的官宦之家、豪门贵族,蓄养家乐,自然也以苏州人为首选,王公之家的优僮大都来自苏州、扬州。 各地昆曲清唱和场上演出皆以苏州为模板,时人称为"苏州风范"。"苏州戏剧家们完成了由曲向剧的位移,歌舞合一,唱做并重,达到了昆曲音乐、舞台表演、角色行当和舞台美术的综合发展,以写意与虚拟艺术在舞台上创造诗的意境。 中国昆曲艺术的美学特色,这是昆曲作为人类文化遗产的杰出贡献。"[2]苏州不仅是昆曲发源地、全国昆曲中心、昆曲演出最为繁盛之地、曲会最为密集和活跃之地、昆曲剧装戏具制造和销售中心,更是昆曲传奇创作核心地,如昆山派、明末"吴江派"、清初的苏州作家群等。

苏剧,与昆曲、苏州评弹并誉为苏州文艺"三朵花",是长三角地区滩簧系统的重要分支。 其发轫于苏州,盛行于苏、浙、沪一带。 苏剧艺术来源多元,但主干元素清晰,主要由白南词、滩簧与昆曲等不断合流、发展、衍变而成。 其发展历程充分体现了民间文艺相互碰撞、交融的情状,体现了同源文化的"多胞"性,以及昆曲之"阳春白雪"流向"下里巴人"后的"变相"。 清代,苏州城有几十个苏滩戏班。[3] 大约在同治年间,"苏州的市民几乎家家都有滩簧的唱本,十有八九的人都看过它们,都听过滩簧的演唱"[4]。 苏滩在发展过程中,广采博纳他种滩簧,又因其

---

[1] 汪效琦:《杭州市戏曲志》,浙江文艺出版社1991年,第8页。
[2] 朱栋霖:《明清苏州艺术论》,《艺术百家》2015年第1期。
[3] 朱恒夫:《论苏剧与昆剧的关系》,《江苏社会科学》2012年第1期。
[4] 朱恒夫:《长江三角洲滩簧的调查与研究》,《戏剧文学》2017年第5期。

历史悠久、支系庞大、艺术成熟，对常滩、锡滩、申滩、杭滩、余姚滩簧等有过一定的滋养，苏剧的诸多唱腔音乐也被锡剧、越剧、沪剧等姐妹剧种吸收，甚至还影响了其他剧种的发展。[1] 今天的沪剧中大量的常用曲调都是从苏州滩簧引进的。苏滩、苏剧与昆曲有两百多年相互渗透、吸纳的因缘，苏滩、苏剧大量吸收昆曲的剧本和表演技艺，20 世纪 40 年代，在上海创建的国风苏剧团不断吸收昆剧艺人，使得苏剧与昆剧间融合更深。苏剧、昆曲相互吸收，保存了昆曲的一缕气脉。

3. 南京

早在元代，南京擅演北杂剧的著名艺人已经很多。明代，南京作为"留都""南都"，仍是大江以南政治和文化的中心。文人、商人、官僚等社会群体，动则筵宴时呼传乐工。曾任南京验封主事的吴县人顾璘，"每张宴，必用教坊乐工"[2]。大约在明嘉靖年间及其之后，南京掀起了昆曲热潮，"明初至嘉靖前后，南京遂成为江苏戏曲活动的中心"[3]。

南京文人士大夫结社、集会频频，且往往附带演戏、唱曲，明代"万历甲辰中秋，开大社于金陵，胥会海内名士张幼于辈"，秦淮著名昆曲乐伎马湘兰等 40 余人，"咸相为缉文墨、理弦歌"。[4] 崇祯十二年（1639），四方贤豪集于方密之侨居金陵之所，"梨园子弟，三班骈演。水阁外环列舟航如堵墙"。[5] 冒襄等人于崇祯十五年（1642）中秋，"四方同社诸友"会于秦淮，"置酒桃叶水阁"，"是日新演燕子笺，曲尽情艳"。[6] 钱谦益把明代南京分为初盛、再盛、极盛三个时期，恰恰是在动荡的晚明，南京达到极盛，而钱氏对"盛"字的理解就包括"词曲擅场"和"征歌选胜"在内。明末南京的秦淮河游船数百，每一只船上，几乎都以清词南曲相伴。明代天启、崇祯年间，民间昆曲戏班多达数十部，"最著者二：曰兴化部，曰华林部。一日，新安贾合两部为大会，遍征金陵之贵客文人，

---

[1] 褚铭：《好一朵茉莉花》，见高福民：《苏剧遗产集萃》第一辑，苏州文化广播电视管理局 2007 年内部印刷，第 278 页。
[2] 钱谦益：《列朝诗集小传》（上），上海古籍出版社 1983 年，第 338 页。
[3] 中国戏曲志编辑委员会、《中国戏曲志·江苏卷》编辑委员会：《中国戏曲志·江苏卷》，中国 ISBN 中心 2000 年，第 7 页。
[4] 钱谦益：《列朝诗集小传》（下），上海古籍出版社 1983 年，第 471 页。
[5] 余怀：《板桥杂记》，见张潮辑：《虞初新志》，上海书店出版社 1986 年，第 365 页。
[6] 张明弼：《冒姬董小宛传》，见张潮辑：《虞初新志》，上海书店出版社 1986 年，第 43 页。

与夫妖姬静女,莫不毕集"[1]。这些活动掀起了城市昆曲娱乐活动的高潮。家班、职业戏班、秦淮河畔艺伎争奇斗艳,擂台竞争,使得南京成为昆曲传播和普及的重要地区。

南京著名的文学家、戏曲理论家徐霖(1462—1538)著有传奇剧目八种以及《丽藻堂文集》《中原音韵注释》等作品。迁居南京的戏曲剧作家陈铎著有散曲与杂剧多种。汤显祖在南京做官期间,完成"临川四梦"之一的《紫钗记》。"历史上两大昆剧精品《牡丹亭》及《桃花扇》构思创作的过程及内容都与南京有着不解之缘,尤其是《桃花扇》写的就是南京的故事。"[2]至民国时期,南京作为首都,更是名角必至之地。

4. 扬州

京杭大运河的开凿、长江和运河的贯通,使扬州成为四面八方文化的交会点,助推了其商贸发展和经济地位的提升,"扬州自唐宋以来就保有的文风传统在盐文化的浸润之下形成更为浓烈的文风,盐官的风雅和盐商的巨富大大刺激了戏曲活动的繁荣"[3]。因此,扬州在文化上呈现"江北的江南"之特征。新声昆山腔自苏州向外传播,扬州剧坛也出现了"竞效吴腔"的局面。清代的扬州成为与京城齐名的戏曲繁盛之地。正如《桃花扇》作者孔尚任所描述:"东南繁华扬州起,水陆物力盛罗绮","曲曲盛事太平春,乌帽牙笏杂剑履",反映出物力殷实、戏曲繁华之景。[4]"官家公事,张筵陈列方丈,山海珍错之味罗致远方;伶优杂剧,歌舞吹弹,各献伎于堂庑之下","士庶寻常聚会,亦必征歌演剧"。即使是平常日子,演剧的锣鼓丝竹也不曾停息。至乾隆时期,扬州盐商蓄养的昆曲家班达到鼎盛,出现了以商人徐尚志的"老徐班"为代表的著名"七大内班"。"七大内班"名伶荟萃,互有串班,在艺术上相互交流竞争。之后,扬州盐商因两淮盐务的"票法"改革而衰落,盐商家班因此一蹶不振,职业戏班逐渐取而代之。

除了昆曲之外,清代中叶扬州是花部乱弹的激越之地,多种异地戏曲

---

[1] 侯方域:《马伶传》,见张潮辑:《虞初新志》,上海书店出版社1986年,第37页。
[2] 燕飞:《探究昆曲艺术在南京兴盛的历史原因及影响力》,《北方音乐》2015年第17期。
[3] 邓天白、秦宗财:《明清时期江南都市的戏曲消费空间演变——以苏州和扬州为例》,《南京社会科学》2020年第9期。
[4] 孔尚任:《湖海集·丙寅存稿》,见汪蔚林:《孔尚任诗文集》卷二,中华书局1962年,第13页。

在此衍变、新生。这其中最著名的就是徽班,其由徽州盐商引介到扬州,"进京的四大徽班——三庆、春台、和春、四喜以及四庆、五庆和于乾隆末年入京的集秀扬部等,都与扬州关系紧密"。声誉最隆的三庆班是从扬州动身入京的,"徽班大多数演员不是来自于徽州,而是扬州"。[1] 当乱弹兴起时,"士绅家班基本上唱昆剧,而盐商家班则以徽戏为主。该地不仅有外来的昆剧、徽戏、京腔、秦腔、弋阳腔、罗罗腔,等等,扬州本地的戏剧种类也有很多,如扬州乱弹、香火戏、花鼓戏、皮影木偶戏等。一个不大的地方,麇集着这么多的剧种,不仅因为官商享乐的需要,还因为该地人们将戏剧和民俗紧密地结合在一起所致"[2]。而四大徽班勃兴时,扬州也是全国戏曲活动的中心。

5. 上海

近代以来,南北各地许多剧种先后涌入"十里洋场",使上海逐渐成为我国南方戏曲活动的中心。近代上海以其"海"之大、"海"之阔,使诸多戏曲在上海得以传承、发展、重生或新生,从一定程度上说,近代上海是苏州、吴文化圈、长三角乃至全国戏曲曲艺的"救生圈"。昆曲活动中心也在近代转移至上海,自太平天国起义爆发后,驰名江南的晚清姑苏四大昆班——大章、大雅、鸿福、全福扎根于上海。民国时期,苏州"传"字辈昆曲艺术家也主要活动于上海。上海活动时间长、颇为知名的曲社不下 50 个。另外,江苏、浙江等地曲友不断至上海进行大会串活动,掀起一阵阵昆曲活动热潮。

上海培育了越剧、沪剧、淮剧、甬剧、扬剧、锡剧、苏剧、滑稽戏等孱弱的小剧种,让它们在那里生根发芽,开出绚丽之花。它们"在进入上海之前虽然发展的程度各异,但在艺术上都还未臻成熟和稳定","在百戏杂陈的游乐场里,它们相互交流,各自丰富了自己艺术表现能力。在这一过程中,它们又都不同程度地受到京剧、文明戏及中外电影的影响,这种影响又决定了他们各自的不同发展道路。如沪剧、甬剧较早地吸收了文明戏演员来说戏、指导,后来就以'西装旗袍'时装戏见长。而淮剧、扬剧

---

[1] 朱恒夫:《进京徽班的扬、苏二府籍主要演员及擅演剧目》,《四川戏剧》2021 年第 1 期。
[2] 朱恒夫:《进京徽班的扬、苏二府籍主要演员及擅演剧目》,《四川戏剧》2021 年第 1 期。

曾先后与徽班、京剧艺人同台演出,便多演古装戏"。[1] 20 世纪 20 年代,苏滩在上海是除了本滩之外最有影响的滩簧演唱。1941 年,以苏滩艺人朱国梁等为首创建了国风苏剧团。以此为标志,苏滩由曲艺转向戏剧,一个崭新的剧种——苏剧在上海诞生。[2] 直到 1953 年,上海的民锋苏剧团才落户苏州。苏滩因噱头、笑话等大受欢迎,其题材渐渐发生质变,由说唱故事发展成滑稽喜剧,缔造了近代新剧种。开埠以后,原在上海四郊农村、乡镇活动的花鼓戏,也随着市区的日益繁华走入城市,被称为"本地滩簧",为之后沪剧的发展打下了基础。越剧从乡野小戏发展为登上国际舞台的剧场艺术,正是在上海。

尤应提及的是,京剧在上海洋场的陶冶下,绽放出"海派"风格,从而使上海成为与北京并列的京剧中心。北京的所有京剧名角必须到上海来演红,才能稳固或提升其在北京的名声,并得到全国民众的承认。海派京剧充分体现了现代、时兴、西化、新奇等诸多特征。即便是具有"苏州风范"的昆曲,其表演也发生了异于往昔的许多新变化:着力于编演新戏、小本戏和本戏,新戏的内容格调以俚俗、轻松、滑稽、戏谑为主,表演起来也较为生动、活泼,武戏增多,舞美变革,现代意义上的昆曲布景开始出现。到了光绪后期,出现了写实性布景、灯彩戏等。总体上趋向于通俗易懂、幽默风趣、活泼热闹、武术打斗、新奇曲折等,稍稍扭转了明清以来昆曲典雅、文气、舒缓的风格。

近代上海作为全国戏曲的风向标,《申报》以及各种专门的戏曲报纸不仅是演出广告的载体,也成为人们对于戏曲认知的论坛,专业的、大众的、商业的、学术的戏曲观念空前迸发。上海的业余戏曲演唱活动也很发达,据统计,从清末到 1949 年上海解放前夕,有名称可查的京剧票房和昆曲曲社就不下二百家。[3]

---

[1] 中国戏曲志编辑委员会、《中国戏曲志·上海卷》编辑委员会:《中国戏曲志·上海卷》,中国 ISBN 中心 2000 年,第 19 页。
[2] 此为苏剧正式命名的一说,另一说以阵风苏剧社成立为标志。参见谢柏梁、屈桂林:《昆苏融通归"然境"》,《艺术百家》2005 年第 5 期。
[3] 中国戏曲志编辑委员会、《中国戏曲志·上海卷》编辑委员会:《中国戏曲志·上海卷》,中国 ISBN 中心 2000 年,第 19 页。

二、全国视野下的江南戏曲文化发展高峰

在全国的视野下,结合我国戏曲发展历程来看,江南戏曲文化的历史地位和影响,一方面体现为在江南地区出现了一次又一次戏曲高峰,这恰恰也是全国戏曲文化高峰和高水准的体现;另一方面体现为昆曲的孕育诞生,昆曲的发展和成就也创造了我国传统戏曲艺术的巅峰。

(一)我国戏曲最早的成熟形态——南戏

我国地域文化往往以"南""北"二元作为最鲜明的分野,称"南戏"是为了与北曲杂剧相区分,两者曾同时盛行。历史上,南戏又称温州杂剧、永嘉杂剧、鹘伶声嗽、戏文、永嘉戏曲、传奇、南曲戏文、戏文南曲、南戏文、南词、南曲等。[1] 从其称呼可以窥见,南戏首先体现为地域文化上的"南",且地域源头往往指向温州(也有东南沿海等多地之说),艺术源头也可能与杂剧有关。"戏文"之说,足见其故事性、文学性色彩。南戏的产生,具有划时代意义。一方面,它是我国第一种成熟的戏曲形式,在世界古典戏曲家园中,标志着中国戏曲的真正诞生。另一方面,它对此后中国戏曲具有影响深远,"南戏所创立的剧本形式、角色体制、音乐结构、写意性的表演形式等,都奠定了中国戏曲的基本形态"[2],后代戏曲演唱的主体要素多是对南戏的继承。

具体而言,南戏的贡献如下:一是充分吸收北杂剧艺术营养后,在元末已成为定型的完整的戏剧艺术形式,产生了"荆、刘、拜、杀"四大经典传奇,推出了被后世誉为"南曲之宗"的《琵琶记》,还有大量的剧作,仅《永乐大典》、明徐渭《南词叙录》、清钮少雅《南曲九宫正始》等典籍记载,就有167种南戏剧目。[3] 这些剧目成为后世诸多剧种的家底。二是以长篇为演出特色,且开明、清传奇新风。南戏基本上都是长篇故事,故事情节一波三折、跌宕起伏、引人入胜,从而构成了与宋金杂剧、金元

---

[1] 徐顺平:《关于"南戏"名称的考释》,见叶长海:《曲学》(第三卷),上海古籍出版社2015年,第172页。
[2] 俞为民:《建立南戏学的学术意义》,《温州大学学报(社会科学版)》2015年第6期。
[3] 俞为民:《建立南戏学的学术意义》,《温州大学学报(社会科学版)》2015年第6期。

院本之简短散杂的区别。[1] 北杂剧在元末呈衰落之势，南戏却迸发出强大的生命力，这其中与其善演长篇有重要关系。有学者进一步认为，南戏就是传奇的前身，传奇则是南戏的延续，宋、元称其为南戏，至明、清衍为传奇。三是从音乐结构上看，梨园戏与莆仙戏基本上与宋、元南戏相同，共属于联曲体的音乐结构。莆仙戏曲牌有"大题三百六、小题七百二"之称，这一千多支曲牌大部分与早期南戏的相同。曲牌按其节奏、声情的不同分为大题与小题两大类：大题曲节奏缓慢，适宜于抒情；小题曲节奏较快，常用于叙事。曲牌的组合形式，一般也是按引子、过曲、尾声的顺序排列。[2] 另外，莆仙戏和梨园戏的表演、音乐伴奏等具有深深的南戏痕迹。梨园戏与莆仙戏有七子班，其角色共为七个（生、旦、贴、净、丑、末、外），这与南戏的角色体制基本相同。四是除了莆仙戏和梨园戏为南戏的后裔之外，京剧也深受南戏影响。南戏对京剧的影响序列是弋阳腔——青阳腔——徽剧——京剧，其中南戏的唱腔是其变化序列的恒久基因。五是奠定了我国戏曲文化总体上呈现地域性特色之上的融合性、协调性的基调。南戏善于吸收、融合精华，才使其迅速走向成熟，南戏熔合说白、歌唱、舞蹈、音乐、科范于一体，以其高度的艺术综合性终于使中国戏剧在历经了漫长的酝酿期后以形制完整的舞台艺术形式呈现在世人面前[3]，"南戏在发展的过程中，广泛吸收诸宫调、唱赚、词调、宋杂剧、元杂剧的腔调、形式、表现方法和演出技巧"，逐渐形成了完整的表演艺术体系和程序。[4] 这种开放、包容、融合的戏曲姿态，为后世我国形成全国性剧种昆曲、京剧等，奠定了根基。且如前文所述，南戏衍化出"四大声腔"。另外，南戏审美注重文人与大众兼具的走向，使得中国戏曲真正实现了全民化，这也是后世戏曲得以普及、繁盛的重要原因。在精神旨趣和追求上，也注重贴近现实和社会，体现出与时俱进的文化精神，这在思想性上与各种观众群体产生共鸣，甚至起着开化、引领作用。诸多方面使得南戏成为我国戏曲从酝酿走向成熟的界碑，并以其综合艺术成就

---

[1] 徐顺平：《关于"南戏"名称的考释》，见叶长海：《曲学》（第三卷），上海古籍出版社 2015年，第174-175页。

[2] 谢宝桑：《莆仙戏音乐与宋元南戏的关系》，见福建省戏曲研究所：《南戏论集》，中国戏剧出版社1988年，第414页。

[3] 浦晗：《南戏百年学术史论（1913—2013）》，苏州大学博士学位论文2018年。

[4] 吴昌林、陆海银：《论南戏对后代戏曲演出之终极影响》，《戏剧文学》2011年第8期。

被世人称为"百戏之祖"。

(二)"一代之文学"元杂剧的后期中心

"唐诗宋词元曲"被认为是中国文学的最高等序列嬗递,元曲包括杂剧和散曲,有时专指杂剧。元杂剧的繁荣,也造就了中国戏曲史上第一个黄金时期。对于元杂剧,王国维的"一代之文学"论断是具有开创性的,他认为:"至中叶以后,则剧家悉为杭州人。中如宫天挺、郑光祖、曾瑞、乔吉、秦简夫、钟嗣成等,虽为北籍,亦均久居浙江。盖杂剧之根本地,已移而至南方,岂非以南宋旧都,文化颇盛之故欤。"[1]元杂剧在后期中心转移到杭州,并逐渐形成了以杭州为中心,以今天的浙、苏、赣、皖等省为辐射区的南方杂剧网络,北方戏剧在南方实现了繁荣。

元朝统一后不久,活跃于北方的杂剧开始向南流动,最早是以扬州为集散地,随后杭州成为杂剧南下的主要城市。在大量南下的北方人中,既有创作群体,也有勾栏艺人等演出群体,还有官宦、军吏、商贾乃至平民百姓等消费群体。元初,元曲四大家"关、马、郑、白"即漫游杭州,以关汉卿为代表的作家南游,为北杂剧的南移开辟了最早的通道,随后而来的北人作家聚集杭州,创作了一批高质量的作品[2]。至元前后,曾瑞等大量北方作家"羡钱塘景物之盛",纷纷迁居南方,这也激发了杭州本地作家的创作热情。元代杭州杂剧作家人数之盛,足可与大都媲美,南北作家的交流成就了杭州杂剧重心的地位。元杂剧重心南移,从钟嗣成的《录鬼簿》可以看到:元大德之前,主要著名剧作家和作品都出自北方,大德后的主要作家和作品都出自南方,因此,"现存杂剧作品和资料也以杭州地区为多"。[3]

杂剧由北向南伸展,从原来活跃于北方的地域性戏曲样式,发展成为通行南北的全国性剧种,杭州在其中起到了中转和辐射的作用。正如洛地在《戏曲与浙江》中所说,元曲杂剧的根底虽源自北地,但它成为如此大气候,与杭州、与浙江,扩大一点与江南(包括扬州)、与南方(原南宋辖地)关系是很不小的。[4] 杂剧在杭州的繁盛发展,也促进了南北戏剧的

---

[1] 王国维:《宋元戏曲史》,上海人民出版社2014年,第64页。
[2] 徐大军:《元代杭州剧坛的"南人"剧家与"北人"剧家》,《浙江艺术职业学院学报》2005年第1期。
[3] 李修生:《元代杂剧南移寻踪》,《浙江艺术职业学院学报》2004年第1期。
[4] 洛地:《戏曲与浙江》,浙江人民出版社1991年,第19页。

交流,孕育了古代戏剧新的转型变化。北曲杂剧南移杭州,一方面是因为原有的南戏继续流传,另一方面是由于北曲杂剧传入并流行,正是在这一特定的环境下,南北两种不同的戏曲形式在剧目、剧本形式、角色体制及语言风格等方面产生了交流与融合。[1]

以杭州为中心的杂剧,除了代表中、晚期元杂剧的思想倾向和艺术成就外,与前期杂剧相比,无论在思想上还是在艺术上,都已经呈现出不同的面貌,本身又具有浓厚的地域文化特征。尤其在艺术上,出现了雅化的趋势,即杂剧的文学性有所增强、曲词抒情性得到强化。杭州杂剧的主题与前期杂剧相比变化较大,主要表现为宣扬伦理观念的教化剧大量出现;爱情婚姻剧突出张扬了个体的情欲,与文人传统的道德观发生冲突;神仙道化剧倾向于宣扬宗教观念,从而削弱了现实批判力度。[2]此外,南方创作的区域文化特色,主要体现在以下几个方面:一是现实悲剧。元代初年,东南地区民族情绪十分强烈,这在杂剧创作中有着不同程度的反映。《窦娥冤》的悲剧,就是直接以淮扬地区的社会现实为背景的。二是人格理想。综观南方创作,宫天挺、郑光祖、范康等人的作品较多地承续着马致远一辈描写失意文人的模式,特别是浸透着东南文士孤傲绝俗的性格特征,寄寓着作者所处时代的一种人格理想。三是疏放士风。元代文人在现实彷徨、科举取士无路的情况下,往往寄情于世外和神仙,"隐逸"成为元曲创作的一大主题。四是商人心态。正面描写商人家庭、刻画商人形象成为南方创作一大特色。五是情的礼赞。继承和发展了北方剧作中的进步爱情观,突破礼法和血肉之躯的束缚,又富有南方爱情剧中的瑰丽色彩和浪漫风格。六是富有南方风物和社会背景。[3]杂剧南迁后的艺术发展新方向,充分体现了元代东南士风特点,同时在艺术的形式与体制上又尝试改革。

在杂剧与南戏并行流播的杭州,两者不断交流融合,孕育了中国古典戏曲的新发展,"南北合套是南北戏曲音乐互补互化最重要的一个方面",使得北剧和南戏在演唱体制、剧本结构方面均有很多变化,尤其影响了南

---

[1] 俞为民:《元代南北戏曲的交流与融合》(上),《山西师大学报(社会科学版)》2003年第1期。
[2] 孔杰斌:《元代杭州杂剧作家群研究》,广西师范大学硕士学位论文2008年。
[3] 季国平:《元杂剧发展史》,河北教育出版社2005年,第328-344页。

戏从粗糙、随意向精良、成熟方面迈进，甚至对后来魏良辅革新昆山腔、形成新声昆山腔都有深刻影响。

（三）四大徽班进京与海派京剧形成

日本学者青木正儿《中国近世戏曲史》认为：高朗亭率徽班入京为"开新纪元之重要事件"。清乾隆五十五年（1790），乾隆帝八十寿诞之时，徽班奉旨进京祝寿，首先是高朗亭领衔的徽班三庆班，随后四喜、春台、和春相继进京。四大徽班进京是中国戏曲史上的一件大事，它们"吸纳、融合、磨炼出一个占了大半个中国和五十多个剧种的戏曲声腔——皮黄，更造就了中国京剧"[1]。所以说，"徽班是京剧的摇篮，没有徽班进京，也就不可能产生后来的京剧，更不会出现中国近代戏曲史上京剧艺术中那些异彩纷呈、繁花似锦的表演艺术流派。京剧的形成掀开了近代戏曲的崭新篇章，从这个意义上说，徽班进京开启了中国近代戏曲史的先河"[2]。因此，四大徽班进京被认为是中国文化史上的大事。

徽班的主要特点如下：一是徽人出资或组织掌管戏班。所谓"商路即戏路"，徽班源于徽州，在明清时期，"无徽不成镇"。早在四大徽班进京之前，徽班已由徽州盐商引介到扬州，并随着徽商的步履享誉全国。这些徽商多活跃于扬州、杭州、苏州等江南城镇。其中四大徽班中的春台班就是两淮盐业八总商之一江春的家班。二是主唱徽戏二簧调。安徽安庆石牌被看作徽调的发源地，"徽班演唱的声腔早期以昆曲为主，兼唱吹腔（枞阳腔、石牌腔）、高腔（徽池雅调）、乱弹（西皮、二黄、梆子）等；后期以西皮、二黄为主，兼唱昆曲、吹腔等。诸腔杂陈、兼容并蓄是徽班的生存法则"[3]。在徽戏声腔演变过程中，有两次至关重要，第一次是徽秦（秦腔）合流，第二次是徽汉合流。汉剧的前身汉调是流传于湖北境内的地方剧种，汉剧中的西皮、二簧与徽班中的西皮、二簧同源，但汉剧最大的贡献是将西皮、二簧融合为一个声腔系统，由此形成了皮黄戏。[4]至清代嘉庆、道光年间，进京的汉调艺人搭入徽班演戏，徽汉合流。三是以徽人及扬州、苏州的艺人为主，尤其是进京徽班的演员大部分是扬州人和苏州

---

[1] 汪晓峰：《论徽班发展的四个阶段》，《中国京剧》2021年第11期。
[2] 贾志刚：《破解徽班进京之谜》，《中国戏剧》2013年第6期。
[3] 刘文峰：《徽班进京的意义及徽剧的传承》，《地方文化研究》2019年第2期。
[4] 贾志刚：《破解徽班进京之谜》，《中国戏剧》2013年第6期。

人,又以扬州人居多。[1]

继四大徽班进京,江南社会对于京剧的贡献还在于海派京剧的形成。海派京剧亦被称为"外江派"或"南派",这是与北京京剧"京派""京朝派"遥相呼应的。京剧南下上海演出,始于清同治六年(1867)满庭芳开业。哀梨老人在《同光梨园纪略》中记载:"沪人初见,举国若狂。"此后,京津地区陆续南下的有杨月楼、周春奎、谭鑫培、孙菊仙等。到了光绪年间,沪上戏园京剧与昆、徽、梆子等合演更为普遍。19世纪末期,《铁公鸡》等一批动真刀真枪的武打清装戏上演,标志着海派京剧正式形成。民国年间,北京名角视上海为"外府"。上海经营戏园者,也争相邀请北京名角,南来北往的汇聚,加上沪上京剧界的共同努力,京剧海派风格愈以浓郁。其中尤以周信芳、盖叫天创作的"麒派"和"盖派"成就最高、影响最广泛,成为南派京剧的两大支柱。

海派京剧的艺术成就和贡献主要表现在以下几个方面:首先,自身艺术特色鲜明。京戏以连台本戏的情节剧见长。1867年,丹桂茶园首演连台本戏《五彩舆》,创造了"十本新排五彩舆,昆徽杂剧概删除"的奇效,由此掀起了晚清上海一茬又一茬的竞演连台本戏热潮。擅长火暴炽烈的武打,以迎合市民大众心理,这也是京戏能够在上海历久不衰的原因。[2]同时,不断创作新剧,翻演、新演的剧目仅仅在同治末年的两年多时间内就达800多部。[3]民国时期,京班演员在沪签约登台,一般一年要演400余场戏,除星期天日场演老戏外,夜场均上新戏。[4]另外,以灯彩戏和机关布景戏以及巧夺化工为炫目,且服饰往往妖冶、大胆、时髦。同时,关心新鲜的时代话题,尤其是19世纪末20世纪初,京戏艺人把人们最为关心、关注的问题,用最大众化、最通俗的方式编演在舞台上。总体而言,全方位地吸收中西、古今精华并予以创新,适应市场、大众审美需要。其次,至19世纪末20世纪初,随着民族危机加深和资产阶级民主革命思潮的高涨,有识之士以上海京剧界为前沿舞台,将戏曲改良运动推向

---

[1] 朱恒夫:《进京徽班的扬、苏二府籍主要演员及擅演剧目》,《四川戏剧》2021年第1期。
[2] 畸人:《红白斋剧谈》(四),《申报》1938年11月11日。
[3] 张古愚:《上海京剧忆往》,见中国人民政治协商会议上海市委员会文史资料委员会:《上海文史资料选辑》第61辑《戏曲菁英》(上),上海人民出版社1989年,第243页。
[4] 罗苏文:《论近代戏曲与都市居民》,见林克:《上海研究论丛》第九辑,上海社会科学院出版社1993年,第219页。

市民大众。最早在上海从事戏曲改良运动的是京剧界汪笑侬、潘月樵、夏月珊、王鸿寿、赵如泉、吕月樵、周信芳等形成的主营队伍,京剧改良促进了其他剧种的改良发展。再次,与北京遥相呼应并形成竞争态势下的发展张力。1912—1921年,众多京剧名角争相赴上海演出,如谭鑫培、刘鸿声、王又宸、王凤卿、时慧宝、高庆奎、余叔岩、杨小楼、尚和玉、俞振庭、梅兰芳、尚小云、荀慧生等。除了北京之外,各地演员多以来上海唱红才算"红",在上海轰动而成名。寄帆的《上海梨园沿革小记》记载,北京名伶似仅陈德霖一人始终未到上海。最后,海派京剧向大江南北辐射和扩张。"往北,经济南、青岛、烟台、天津、北京到达东北;往西,经长江逆流而上到达武汉、四川;往南,到达云南,福建、广东也有海派京剧的踪迹。"天津更是海派与京派京剧"合流"之地。[1]

(四)"中国五大戏曲剧种"之越剧、黄梅戏

越剧,诞生于浙江嵊县,原本为农民娱乐的"田头唱书",于1906年开始舞台化,当时被称为"小歌班"。此后,嵊县一带不断出现小歌班,主要流动于农村。1917年,小歌班初试上海,以失败告终。后于1922年进入上海"大世界"游乐场,且有了"绍兴文戏""的笃戏"等新称。此时,尚为清一色男伶。1923年,嵊县施家岙女子科班诞生,由此掀开了越剧女伶演出新篇章。抗日战争全面爆发后的1938年,"姚水娟挑大梁的越升舞台在租界公演,取得了巨大成功,这是女子越剧在上海流行的开始。从那以后越剧女班蜂拥进上海,越剧的盛行一发不可收拾。当年,租界里越剧剧场已经达到12所,与国剧京剧持平。""1940年以后,女子越剧的剧场达到三十余所,其人气压倒了京剧和其他地方戏,并基本维持到了1949年。"[2]随着女子越剧时代的开启,越剧男班几乎完全绝迹,所有表演的角色全部由女性担任。

20世纪50年代,全国专业的越剧团达280多个,而浙江省的业余越剧团则多达上千个,"1958年以后,上海大批职业越剧团支援全国各地,越剧成为流布于全国的一大剧种"[3]。在20世纪五六十年代,越剧电影《梁

---

[1] 蔡世成:《海派京剧的形成和发展》,《戏曲研究》1995年第2期。
[2] 张雯:《从乡村到都市——近代上海女子越剧的流行与社会文化变迁》,《天津音乐学院学报》2013年第3期。
[3] 中国戏曲志编辑委员会、《中国戏曲志·浙江卷》编辑委员会:《中国戏曲志·浙江卷》,中国ISBN中心2000年,第115页。

山伯与祝英台》《红楼梦》《追鱼》等风靡全国,并多次代表国家赴欧、亚友好国家和地区访问演出,被称为江南文化的结晶、中华艺术的代表[1]。

有学者从学术的角度分析认为,越剧流行、流播的主要原因:一是走传奇戏文之路。特别是在民国上海,聆听言情文化传奇的大众文化圈广泛存在,而越剧女伶及其所演绎之传奇剧贴近民国上海大众文化这一主流。二是女性消费市场的形成,且在都市内女性话语空间逐渐形成。三是势力、财力雄厚的宁绍帮,给予越剧很大的支持。四是不断改革带来的生命力。"不管是'的笃班'、'绍兴文戏'、'新越剧'的发展进程,还是'话剧加唱'、'导演制'、'彩色电影'、'现代戏'、'祥林嫂'、'都市戏曲'、'诗化戏曲'等关键词,从中均可发现,从越剧被人认识的那一天起,'学习与改革'就没有停息过。敢为人先的改革使越剧从嵊县走向上海,再从上海走向全国。"[2]特别是1938—1949年女子越剧的两次改革(即1938年姚水娟改良、1942年开始的袁雪芬改革),将女子越剧提升到了一个新的艺术高度。例如,袁雪芬向古典昆曲、现代话剧学习,参考电影艺术,引入导演制。五是独具魅力的戏剧表演风格。有人认为"'女子越剧'、'俊扮'、'十大流派'、'综合艺术'、'现代感的古典美'、'青春靓丽'、'明朗开放'等等这些源于剧种的特色,也是越剧在全国流播的重要因素之一"[3]。

黄梅戏在形成过程中亦有黄梅调、采茶调(或采茶戏)、茶篮戏、花鼓戏(或化谷戏)、龙腔、二高腔、皖剧、徽戏、怀府(或府调)、汉剧、弥腔等称谓,其剧种与采茶歌、花鼓调有密切关系,且受到青阳腔、徽调、汉剧的影响,后在安庆地区形成了怀腔。首先,其成形于安徽安庆。黄梅采茶调在18世纪后期的皖、鄂、赣三省交界地区发育形成,大概于清道光年间传至皖西,后在安庆石牌迅速发展,"将原来采茶戏一些羽调式、商调式的花腔小调,逐步改为安庆常用的徽调式",且"改用怀宁地方通俗易懂的语言"等。诸多音乐方面的变革使其逐步脱离自唱自娱的灯会形式,并出现职业性班社。自此,以安庆地区为根据地兴起的诸多班社向外流播,并于1930年确定了以安庆官话为演唱的标准语言,使唱腔渐渐趋于统

---

[1] 姜进:《女性,地域性,现代性——越剧的上海传奇》,《史林》2009年第5期。
[2] 沈勇:《越剧在全国流播的现象及本质》,《文化艺术研究》2013年第2期。
[3] 沈勇:《越剧在全国流播的现象及本质》,《文化艺术研究》2013年第2期。

一、柔和。[1] 其次，黄梅采茶调是黄梅戏的基础。黄梅采茶调是黄梅一带的民歌、小调及江西调、花鼓歌、桐城歌以及其他地方产生的民间歌谣的总称。黄梅戏具有浓郁的生活气息和清新的乡土风味。再次，影响力逐渐扩大，成为全国性流行剧种。黄梅戏最初只在乡镇县城演出，1926年进入省城安庆，至1936年始到上海。直至20世纪50年代，一大批有志于戏曲事业的部队文艺工作者和地方知识分子加入黄梅戏传统剧目的发掘与再创造的行列，从而大大地规范了黄梅戏舞台演出风格，丰富了黄梅戏的表现形式，增强了黄梅戏的文学性，发展了其唱腔和伴奏，使得原来的民俗性和通俗性得到质的升华，旋律更为优美，影响范围更为扩大。与此同时，严凤英、王少舫、潘璨刑、张云风等一大批优秀表演人才涌现，《天仙配》《女驸马》《罗帕记》等代表性作品也广为人知，最终使得黄梅戏从乡村草台登上了都市的大雅之堂，成为驰名海内外的著名剧种。

三、中国传统戏曲艺术的巅峰：昆曲

元末昆山人顾阿瑛修筑的玉山草堂，成为东南隐逸文人最大的活动中心，以"玉山雅集"之名，吸引四方名流俊彦在此诗酒相和、丝竹歌舞。在玉山雅集上，南曲歌手顾坚所唱即昆山腔的雏形。此时的昆山腔是南戏在元末流传到昆山以后，与当地方言、歌舞、音乐等结合的产物，既有顾阿瑛等文人自娱唱酬时的清唱，也有民间村坊小巷的俚俗演唱。昆山腔逐渐发展成为南戏四大声腔之一，且用昆山腔唱南曲在吴中渐成风气。这预示着昆曲从其艺术成形之初，就蕴含着雅的气质。

（一）品格之极雅

昆曲被誉为中国雅文化的代表，是因为昆曲品格主要由文人士大夫主导，尽管在繁盛时期，上自王公士大夫、下至贩夫走卒皆酷好之，而实际上昆曲雅俗兼具，雅是其根本。昆曲之雅主要体现在以下方面：

其一，在音乐唱腔方面。明代嘉靖、隆庆年间的魏良辅改革昆山腔，依照音韵学，对声腔格律进行严格规范，在宫调、平仄、气韵、声口等方

---

[1] 中国戏曲志编辑委员会、《中国戏曲志·安徽卷》编辑委员会：《中国戏曲志·安徽卷》，中国ISBN中心2000年，第98-100页。

面精雕细琢。新声昆山腔以水磨调为特征,俞平伯在《振飞曲谱序》中解释说:"其以'水磨'名者,吴下红木作打磨家具,工序颇繁,最后以木贼草蘸水而磨之,故极其细致润滑,俗曰水磨功夫"[1],形象地道出了新声昆山腔的精致、细腻。水磨调是宋元以来婉约词派的遗响,"转音若丝","功深镕琢,气无烟火,启口轻圆,收音纯细",[2]善于传情,能够在清幽舒缓之中,激起人们心底悠长的情思,与文人内心曲折、丰富的情感意志契合,"绕梁遏云,情迷意荡",特别宜于表达缠绵悱恻的爱情,满足了文人士子对才子佳人故事的憧憬、渴望。

新声昆山腔将昆曲引向和谐、圆融、适度、自然之美,其腔韵与传统中国美学暗合。和谐是昆山腔之魂,声、韵、调相协是魏良辅昆山腔改革的首要任务,并追求器乐之音与人声融合、相济。清代李渔曾总结昆山腔为"天人合一",这可能是中国传统美学理念尤其是吴地"自然"美学观的延续和体现。如唱曲要求适中、适可,对于腔板,"妙在下得匀净";对于曲调,强调"五不可",即不可高、低、重、轻、自作主张。不求太过的唱曲美学与传统社会倡导的"中庸"处世哲学有神似和相通之处。这是昆曲能够在文人中广受欢迎、登上大雅之堂乃至被朝廷规定为"正音"的重要原因。

昆曲具有精雕细琢之美。沈宠绥在《度曲须知》中说,魏良辅"每度一字,几尽一刻",在对《琵琶记》等作品予以声腔规范时,"一字不可放过",充分体现了"功深镕琢"的特点。其炼句之工、用腔之巧,盛于当时其他声腔,所以,其相比弋阳、海盐等腔更为复杂、精细,与改革前昆山腔的村坊小曲、里巷歌谣完全不同。精细、用工使得昆曲远离粗犷、率性,这种唱曲理念吸引着文人不断参与昆曲活动,并反复把玩、研磨昆曲。

另外,在配乐方面还增加了箫、三弦、提琴、阮、筝等,形成了比较雅致、齐全的管弦乐器组合。采用通行各地的官话——中州韵,这里的中州韵实际上是带有浓厚吴语读书音的中古官话。这些都接近读书人的审美。由此,衍生出昆曲与其他戏曲不一样的重要传承、传播形式:度曲、

---

[1] 俞平伯:《论诗词曲杂著》,上海古籍出版社1983年,第801页。
[2] 沈宠绥:《度曲须知》,见中国戏曲研究院:《中国古典戏曲论著集成》(五),中国戏剧出版社1959年,第198页。

清唱,并与优伶舞台演出泾渭分明,区分出高雅与流俗,使得昆曲无疑具有了与诗、词一脉相承的特点。

其二,在剧本文学方面。文人士大夫通过创作和欣赏昆曲剧本,言志、言情、言时事。梁辰鱼率先为新声昆山腔"量身定做"的《浣纱记》,使得新声昆山腔从清唱到搬上剧场,成为昆曲发展史上的重要转折。《浣纱记》讲述的是春秋吴越争霸的故事,但以曲笔的形式倾诉朝政腐败、阉党专政、知识分子心底深处的苦闷彷徨,可以说所唱的是"时代挽歌"。一方面,《浣纱记》使得"昆腔新声一用于文人传奇就溶合了时代主题。这也是昆腔新声得以风行于世的重要原因"[1],开创了明清传奇(主要为昆曲而制)以历史故事反映现实心声的时代倾向,昆曲从而成为文人言志的工具。另一方面,《浣纱记》文采绚丽、曲词典雅,又成为明清昆曲传奇"工丽之滥觞",此后的昆曲传奇剧本中即便下人、奴仆也往往满口"之乎者也"及华美骈俪之词。在中国文化史上,明清昆曲传奇堪与唐诗、宋词、元曲相媲美。从《诗经》直到宋词,中国诗歌文学一直是入乐的,强调要有吟唱时的音乐、文学共通美感。《浣纱记》使得昆曲文辞与音乐完美结合,昆曲实现了"承续诗乐一体的传统"[2]。

汤显祖于万历年间创作的《牡丹亭》,追逐"生可以死、死可以生"的"至情",这是晚明文学艺术、思想哲学界"言情"大潮中的一朵浪花,成为人们追求人性、高扬"情"字的一面大旗。"吴江派"曲学理论家沈璟的《红蕖记》,也背离了礼教的规制来描写青年男女的恋情,在"存天理、灭人欲"的理学盛行的时代,这些剧作家却给了"人欲"一定的伸张。"主情"为晚明昆曲传奇的绚烂之笔,与王阳明的"心学"、"泰州学派"掀起的思想波澜以及李贽的"异端"论同为一脉。这与明后期统治涣散、法制废弛、江南地区商品经济发展以及社会风尚骤变等都有深切关联。当然,昆曲传奇也抹不掉文人士大夫喜好风花雪月、才子佳人的所谓封建文人情调,故有"十部传奇九相思"之说。有学者对昆曲传奇剧本进行统计,其中爱情婚恋类题材作品占据80%—90%。[3] 文人士大夫将其个人际遇、

---

[1] 郭英德:《明清传奇史》,江苏古籍出版社2001年,第123页。
[2] 傅谨:《近代昆曲的衰落折射中国古典文化的当代境遇》,《中国社会科学报》第231期,2014年1月26日。
[3] 郭英德:《明清传奇综录》(上),河北教育出版社1997年,第12页。

情感追求、社会理想等饱含在昆曲之中。

其三,在舞台表演方面。 昆曲方寸舞台,却最大限度地吸纳和接续了我国古典舞蹈传统。 在表现形式上,尤以雅为重,这特别体现在舞台美术、家班演出、苏样引领、折子戏以及唱念做打等舞台表演方面。 清代乾嘉时期,在昆曲表演艺术史上有着特殊的意义,即"乾嘉传统"的形成,这一传统的特色即在于昆曲演出以折子戏为基础,两百多年的技艺积淀由此转化成相对定型的体制,唱、念、做的格式渐趋规范化,演员恪守规格,演剧作风严谨。[1] 折子戏将昆曲表演艺术的雅化几乎推到了极致。 在舞台形象塑造上,昆曲小生形象追求儒雅、风流,表现出十足的书卷气,体现了当时读书人的理想和审美追求。 所以,舞台小生形象常常为读书人所模仿。 昆曲服饰在采用当时最为高档的服饰面料——苏州丝绸的基础上,配以苏绣工艺,并不断吸收、容纳了发源于苏州并在社会上引领时尚潮流的"苏意""苏样"服饰款样。 而且,文人、艺人又对其进一步提升,形成高贵、典雅、精美、细腻的风格。 昆曲服饰色彩大多鲜明、清新,图案形象生动,意境深邃,重彩之处艳丽而不俗气,淡彩之中雅致而不单薄,给人以柔和精巧的美感。 服饰与唱腔、表演身段之细腻、委婉、轻缓等浑然一体,相互衬托,进一步奠定了昆曲舞台的美学基调。

(二) 繁盛之极胜

魏良辅改革昆山腔、梁辰鱼创作并演出《浣纱记》之后,昆曲可谓"姹紫嫣红开遍",新声昆山腔扶摇直上,一跃而为江南乃至全国剧坛盟主。 无论是业余清唱还是舞台表演,无论是民间职业戏班还是家庭戏班,无论是案头创作还是场上剧本,无论是在民间还是在皇室宫廷,都掀起了中国历史上戏曲演出、唱曲活动的热潮。 人们对它的狂热程度,即使在整个中国艺术史上也很难找到可以与其匹敌的。[2] 在地域上,从苏州扩散至江南,北上京城,广及全国,形成了真正的全国性的剧种。 直至《长生殿》与其后的《桃花扇》两本剧作,清代昆曲传奇创作达到最高点,这也是昆曲极盛而衰的转折点。 其繁盛程度大体表现在:

其一,在以苏州为代表的江南,昆曲与人们的生活自然融合。 明代嘉靖以后,昆曲以崭新姿态由发源地向江南各地迅速扩散、传播,一跃而为

---

[1] 参见李晓:《中国昆曲》,百家出版社2004年,第187-188页。
[2] 余秋雨:《笛声何处》,古吴轩出版社2004年,第4页。

主导声腔，并由此掀起了昆曲演出的热潮。人们在信仰、喜庆、社交、冶游等社会活动中多以昆曲"伴奏"，有些人甚至把它当作日常生活的"必修课"。在家庭、家族、行业组织、社团等社会群体内部及农村社区公共空间以及城市商业空间等，往往裹杂、弥漫着浓郁的昆曲意蕴。家庭是日常生活及人生礼仪活动的重要场所，昆曲亦成为家庭文化空间的基本且重要的细胞。节日里，家庭以演出助兴。家庭招待宾客演出也是社交环节的一个重要部分，特别是在文人、商人、官僚等社会群体中。常熟柏小坡的柏园，"凡吴中骚人、墨士、琴师、棋客咸集于中"，故"家有男女梨园按次演剧"。[1] 如有家庭戏班，则将演出变成助茶兴酒的常规项目。不仅官宦富商家庭的喜庆和节日活动离不开戏曲等助兴，就连拮据小民也往往如此，村社集体事务活动给戏曲曲艺发展提供了土壤。江南城乡在春耕前后、秋收完毕举办的社区性演剧酬神活动最为轰动、壮观，其中春季酬神演剧俗称"春台戏"。节令也是一场又一场演出高峰期，曾任吴县知县的袁宏道《迎春歌》中记录其盛况："梨园旧乐三千部，苏州新谱十三腔。"行业演戏更体现了成员间的密切配合和共同信仰。吴江盛泽镇在小满时，几百家丝行，共同出资演戏一天。苏州各地神诞日，"每称神诞，灯彩演剧"。江南游览场所管弦不绝、丝竹绕梁。亭榭、画舫、桥头、湖面以及风景名胜区等地都可以成为性喜风月者笙歌之所。在戏园兴起后，苏州人有宴会，皆入戏园。集会、结社是社交活动的典型形式，所谓"会集之间，必有丝竹管弦"，几乎逢"会"必演剧。即便以政治色彩浓厚而著称的复社，也是载酒征歌、赋诗演戏不断。

其二，流播全国，并形成全国性剧种。"吴优"、昆腔随着文人士大夫和商人的足迹一路播散，从江南到塞北，从东北到西南、东南，故"四方歌曲，必宗吴门。不惜千里，重资致之，以教其伶伎"[2]。各地戏班都以昆班为最高，纷纷聘请苏州一带的艺人和教师到各地去组班。[3] 后来，还渐渐形成浙昆、湘昆和北昆等支系，还有徽昆、赣昆、川昆、滇昆等。如今除了江苏省苏州昆剧团外，仍有江苏省昆剧院（南京）、上海昆

---

[1] 倪赐：乾隆《唐市志》卷上《园亭》，见《中国地方志集成·乡镇志专辑》第9册，江苏古籍出版社1992年，第508页。
[2] 徐树丕：《识小录》卷四，见《笔记小说大观》第40编第3册，台湾新兴书局有限公司1985年，第535页。
[3] 廖奔：《中国戏曲史》，上海人民出版社2004年版，第47页。

剧团、浙江昆剧团、北方昆曲剧院、湖南省昆剧团，以及浙江永嘉昆曲传习所，被称为"六团（院）一所"。后世戏曲中，"有昆腔基因的剧种有：昆弋腔、永昆、甬昆、湘昆、徽剧、广东正字戏、芜湖梨簧戏、江西东河戏、闽西汉剧、桂剧、粤剧、川剧、福建词明戏、河北高腔、辰河戏、湘剧、山二黄、吉安戏、巴陵戏、新昌调腔、山东莱芜梆子、武陵戏等。这些剧种是在苏昆流传他地后，因受当地方言的影响有所改变而形成的，但是整个声腔面貌和基本剧目还是昆曲的；或者吸纳了昆腔音乐的营养，与其他声腔熔为一炉，铸造成新的声腔"[1]。

其三，演出之盛。江南文士中的上层不仅擅长度曲、串戏，也竞相蓄养家班。明清时期的家班，遍布江、浙各地，而家班主人，一般为文人、官僚和商人。他们"出金帛，制服饰、器具，列笙歌鼓吹，招至十余人为队，搬演传奇"[2]。典型者如徽商，对昆曲演出之繁盛有重要的影响。徽商吴越石"家有歌儿"，"妖丽极吴越之选"。[3] 明代万历及其以后，家班林立，士大夫们居家无事，则"搜买儿童，教习讴歌"，"十室而九"，[4]"计自江以南，达于越郡，家乐之盛，甲于一时"[5]。与家乐相对应，明清时期，职业昆班遍布大江南北，江南尤甚，乾隆南巡时，苏、杭、扬三郡职业戏班竟达"数百部"之多。[6] 昆曲兴盛，导致戏馆的兴起，康熙年间，苏州"盖金阊戏园，不下十余处"[7]；乾隆时期，已发展至戏馆数十处，可谓城厢内外，"遍开戏园"。

因得到皇室宫廷的追捧，昆曲繁盛于皇家。明万历中期，苏州以及相邻的常、镇、宁和杭、嘉、湖已是"争尚苏州戏"，远在北京的皇宫也搭起昆班，"神宗始设诸剧于玉熙宫，以习外戏"，唯昆山腔为"官腔"，京师所尚戏曲，也以昆腔为贵。入清后，昆曲被朝廷奉为"正声""雅乐"，康熙五十四年（1715）皇帝六十大寿庆典时，由苏州画家王原祁主持创作的《万寿盛典图》反映，沿神武门到畅春园，戏台有40多座，正演出的有20

---

[1] 朱恒夫：《论戏曲剧种的定义与明清以来的种剧》，《南大戏剧论丛》2014年第2期。
[2] 张瀚：《松窗梦语》卷七，上海古籍出版社1985年，第139页。
[3] 潘之恒：《潘之恒曲话》，汪效倚辑注，中国戏剧出版社1988年，第72页。
[4] 陈龙正：《几亭全书》卷二十二《政书》，见《四库禁毁书丛刊·集部》第12册，北京出版社1998年。
[5] 陈去病：《五石脂》，江苏古籍出版社1999年，第352页。
[6] 龚自珍：《龚自珍全集》（上），中华书局1959年，第181页。
[7] 顾禄：《清嘉录》卷七，王迈点校，江苏古籍出版社1999年，第154页。

余座,剧目多为昆曲。康熙朝开设南府,专事宫廷音乐和演剧,以昆曲为主,昆伶常有近千人。康熙六次南巡,差不多每天都要观戏,乾隆南巡亦然。与康乾盛世相协,昆曲被誉为"盛世元音"。清廷出于社会治理的考虑,在文化政策上"止许扮演昆、弋两腔"[1],抑制"昆、弋"之外腔系,直到嘉道年间。在中国历史上,没有哪个朝代像清代这样对戏曲种类严格限制,这是封建社会文化专制制度发展到极致的一个表现。

(三) 体系之极备

昆曲留给后世中国的戏曲文化遗产最为丰厚,对后世戏曲的滋养也最为丰富,这不仅取决于其文学艺术及表演水平之高,也因为昆曲体系最为完备。

其一,在创作方面。昆山腔改革后,戏曲新兴题材——故事性强的"传奇"应运而生。明清时期,传奇创作基本上为昆曲量体定制,作品数量巨大,约有3 000部。[2] 昆曲的剧目丰富庞杂。明清时期,衍生出诸多的昆曲传奇创作流派,如明代的昆山派,是最早的昆曲创作流派。明末清初的苏州派,是中国戏曲史上阵容最强大的一个流派。在创作主题方面,除了爱情剧、历史剧之外,还有时事剧。明清之际"几乎所有重大的政治斗争都有相应的时事剧作品加以反映",其中尤以揭露魏忠贤暴政、歌颂东林党人的时事剧最多,[3]目前可考的就达42种。随着昆曲的场上演出,时事信息广泛流播,许多时事剧几乎"复原"现实社会状况,如描写东林党与阉党斗争之事的《清忠谱》,"该剧所写的人物与事件皆据事实,几无差异之处"[4]。

其二,在舞台表演方面。昆曲表演体系建立于宋元杂剧、南戏基础之上,是中国古典戏曲艺术最为成熟的表现形式。我国今天的戏曲表演体系就是在昆曲的基础上发展而来的。昆曲舞蹈也在形成过程中吸收、融化了历代传承下来的舞蹈、杂技、百戏、武打、特技、绝技等艺术形式。特别是昆曲身段艺术在清代乾嘉以来呈现出高度凝固化、规制化、符号化等"定格"性特征,使得做、表极其繁缛细腻、严丝合缝、逼真传神,并被

---

[1] 江苏省博物馆:《江苏省明清以来碑刻资料选集》,生活·读书·新知三联书店1959年,第296页。
[2] 庄一拂:《古典戏曲存目汇考》"例言",上海古籍出版社1982年,第1页。
[3] 郭英德:《明清传奇史》,江苏古籍出版社1999年,第302-303页。
[4] 朱恒夫:《论明清时事剧与时事小说》,《明清小说研究》2002年第2期。

严格传承下来。

其三,昆曲理论和批评。"明代的戏曲理论研究和批评则是我国戏曲理论批评的第一个高峰。"元代虽有《唱论》《中原音韵》《青楼集》《录鬼簿》等著作出现,但还没有形成理论研究的规模和风气,只是我国戏曲理论批评的初始期。 明代一批戏曲理论家和重要戏曲理论著作的出现,"形成了一些重要的戏曲理论观点,奠定了我国古典戏曲理论的基础"[1]。明代的戏曲理论家和剧作家往往兼具双重身份,在从事戏剧创作的同时也关注和研究理论。 例如,明代潘之恒的《潘之恒曲话》、沈德符的《顾曲杂言》、魏良辅的《曲律》、沈宠绥的《度曲须知》、祁彪佳的《远山堂曲品》、沈璟的《南曲全谱》等,涉及曲论、曲律和曲谱,以及剧作评论、美学慎思等方面。 清代有关昆曲的艺术创作、表导演论、声乐论等更加深化、丰富,"出现了许多杰出的理论家和论著,一些著作是在前代理论家研究的基础上,做了集大成的工作;一些著作则是对昆曲乃至中国戏曲艺术理论做了开拓性的研究;还有一些论著完善和补充了一些理论空缺,以此为中国戏曲的理论建设构建了较为系统的理论体系"[2]。 如李渔、黄旛绰、焦循、李调元、金圣叹、梁廷楠、徐大椿等,其中李渔"还是著名的戏曲理论家,他的《闲情偶记》不仅是当时最优秀的戏曲理论著作,而且也是有史以来对中国戏曲从编剧、教学、排练直到表演进行了系统研究,总结出许多直到今天还极具光彩的艺术规律的一部伟大著作,在中国戏曲理论史有着特殊地位"[3]。

昆曲实现了戏曲、文学、音乐、表演艺术的全方位继承、融合乃至集大成。 昆曲发展了我国自《诗经》以来"诗乐一体"的传统,还实现了南北文化的最大程度融合。 自魏良辅新声昆山腔开始,就吸收、容纳南北声腔优点,并把带有明显南、北文化差异的南曲、北曲熔于一炉,同时保持二者各自的艺术风格;引进北曲伴奏乐器并对其进行改造,增加江南丝竹乐器,改变了南曲演唱仅"徒歌"而不用乐器伴奏、北曲演唱虽有伴奏却多用弹拨乐器的局面。[4] 魏良辅改变旧有昆山腔,采用了北曲杂剧依字

---

[1] 王安葵、何玉人:《昆曲创作与理论》,春风文艺出版社2005年,第42页。
[2] 王安葵、何玉人:《昆曲创作与理论》,春风文艺出版社2005年,第150页。
[3] 傅谨:《浙江在中国戏曲史上的地位与贡献》,《文化艺术研究》2008年第3期。
[4] 周秦:《魏良辅与新声昆山腔》,《苏州大学学报》2001年第4期;吴新雷、朱栋霖:《中国昆曲艺术》,江苏教育出版社2005年,第15-23页。

传腔之演唱方式，[1]规定"五音以四声为主"，而"四声"之字音，"悉率中州音韵"。[2]此后，在创作、演出等方面，昆曲不断将南北各地的文化养料吸纳进来，形成了带有江南文化底蕴、博纳各地文化的全国性剧种。

历史的丰厚积淀，赋予今天的风华。2001年，昆曲成为世界首批、中国第一个"人类非物质文化遗产"，"是代表中国古典戏剧文学的最高品位，是古典音乐文化的最后遗存，是古典戏剧表演的完美体系"[3]。

四、衍变与传承：江南戏曲文化的当下图谱

（一）现存戏曲文化遗产状况

历史跌宕至今，所保存下来的戏曲类文化遗产非常丰富。目前，江南地区各地市级及以上级别的戏剧类非遗代表作共112项（表5-2），其中一半左右为同类目的不同流派，或同一项目流播在不同地区，例如发源于苏州的昆曲，流播至江苏南京、浙江杭州、上海等地，今天这些地方仍是昆曲的重要传承地。

表5-2 江南地区市级及以上级别传统戏剧类非遗代表作名录

地区	项目名称
苏州	昆曲、苏滩苏剧(或苏剧)、锡剧、滑稽戏(苏式滑稽)、昆曲堂名
无锡	锡剧、无锡滑稽戏
常州	锡剧、常州滑稽戏、上阮花鼓戏
镇江	扬剧(金派艺术)、丹剧
南京	越剧(竺派艺术)、阳腔目连戏、皮影戏、洪山戏、南京提线木偶、杖头木偶戏、昆曲、锡剧、扬剧
扬州	扬剧、木偶戏(扬州杖头木偶戏)、扬州昆曲

---

[1] 俞为民：《昆山腔的改革与南戏曲体的变异》，见高福民、周秦：《中国昆曲论坛2003》，苏州大学出版社2003年，第63、65页。
[2] 魏良辅：《曲律》，见中国戏曲研究院：《中国古典戏曲论著集成》（五），中国戏剧出版社1959年，第5页。
[3] 李晓：《中国昆曲》，百花出版社2004年，第2页。

续表

地区	项目名称
南通	淮剧、杖头木偶戏、童子戏
杭州	越剧、桐庐越剧、杭剧、淳安三角戏、临安目连戏、西溪哑目连戏、提线木偶、卫家班皮影戏、新叶昆曲、排八仙、滑稽戏、绍剧、婺剧
嘉兴	海宁皮影戏、桐乡皮影戏、海盐腔、海盐牌子、桐乡花鼓戏、平湖太保书、越剧
湖州	湖剧、小浦小京班、大河项家皮影戏、泗安皮影戏、湖州滩簧、长兴滩簧、德清滩簧戏、花鼓戏、二界岭花鼓戏、水口布袋木偶戏
绍兴	目连戏(绍兴目连戏)、乱弹(诸暨西路乱弹)、绍剧、越剧、新昌调腔
宁波	宁海平调、姚北滩簧(姚剧)、甬剧、三坑班(调腔)、三角棣紫云乱弹、响器木偶、宁海乱弹、布袋木偶戏
上海	京剧、昆曲、越剧、沪剧、滑稽戏、海派木偶戏、淮剧、奉贤山歌剧、扁担戏、皮影戏
芜湖	梨簧戏、南陵目连戏、湖阴曲、帮腔花鼓戏、无为庐剧
马鞍山	含弓戏、庐剧(东路庐剧)、傩戏、当涂采茶灯
宣城	皖南花鼓戏、皖南皮影戏、徽戏(徽戏童子班)
铜陵	黄梅、枞阳腔(吹腔)
池州	池州傩戏、梅街目连戏、石台目连戏、文南词、青阳腔、鸡公调
黄山	徽剧、徽州目连戏(歙县目连戏)
安庆	黄梅戏、岳西高腔、文南词、曲子戏、木偶戏、岳西木偶戏、怀腔、岳西弹腔、牛灯戏、龙腔
	共计112项(其中属于上海、安徽、浙江、江苏的,分别为10项、32项、43项、27项)

资料来源:地级市及以上政府公布的非遗代表作名录。

我国戏曲普查最新结果显示,全国现有剧种348个,其中分布区域在2个省、区、市以上(含)的剧种有48个,分布区域仅限1个省、区、市的剧种有300个。[1] 约有1/7以上的剧种流布在江南地区。江南有缤纷的戏曲种类,相关情况可见表5-3。

---

[1]《全国地方戏曲剧种共348个》,见中华人民共和国中央人民政府网 http://www.gov.cn/xinwen/2018-01/02/content_5252331.htm,2018年1月2日。

表 5-3 江南代表性剧种相关情况表

剧种名称	别名	主要声腔	形成/传入		流布地区
			年代	地点	省(市)内/外
安徽					
目连戏		青阳腔：四平头、吊腔、滚调等	明万历十年（1582）前	皖南地区	省内:南陵、青阳、黄山、安庆、巢湖等地
青阳腔	池州调	青阳腔	约明代中叶	青阳县	省外:皖、赣、闽、粤、湘、鄂、川、晋、鲁等省
傩戏		傩腔	明代	皖南地区	省内:贵池、青阳、祁门
徽戏	徽调、弹戏	吹腔、拨子、二簧、西皮、花腔杂调	清康熙前	安庆、石牌	省内:安庆、黄山、芜湖、巢湖等沿江、江南地区 省外:遍及全国
岳西高腔		高腔、滚调	明万历年间	皖南地区	省内:岳西县
黄梅戏	采茶戏、黄梅调、怀腔	平词、火攻、二行、三行、仙腔、阴司腔、彩腔、花腔	清末民初传入	鄂	省内:安庆、黄山 省外:皖、鄂、赣交界处
庐剧	倒七戏	二凉、三七、寒腔、花腔、端公调	清同治前		省内:六安、合肥、巢湖、芜湖等地
皖南花鼓戏		淘腔、北扭子、四平悲腔、花腔	清同治年间传入，清光绪年间形成	鄂、湘传入，形成于宣城、宁国等	省内:宣城、宁国、广德、郎溪等地 省外:苏、浙、皖毗邻地区
梨簧戏	平安戏	梨调、簧调、杂曲	清乾隆年间	皖南地区	省内:芜湖、马鞍山等地
文南词		正板、平板、快板、摇板、哭板、叙板	民国传入	皖南地区	省内:东至、安庆、宿松 省外:赣、鄂
含弓戏	江北泥簧	大曲、套曲	清末	芜湖、含山等地	省内:含山、和县、巢湖、无为、当涂、芜湖等

续表

剧种名称	别名	主要声腔	形成/传入		流布地区
			年代	地点	省(市)内/外
江苏					
昆剧	昆山腔、昆曲、昆腔	昆山腔	元末明初;明嘉隆年间魏良辅改革	昆山、太仓	省内:江苏全省 省外:除东北三省、西藏、内蒙古、甘肃以外的全国大多数省、区、市
锡剧	常州滩簧、无锡滩簧、常锡文戏、苏锡文戏	簧调、大陆板、玲玲调	清道光年间	常州、无锡	省内:苏州、无锡、常州、南通、盐城、扬州、镇江 省外:上海,浙江嘉兴、安徽郎溪县等地
扬剧	维扬大班、维扬文戏、维扬戏	梳妆台、剪剪花、补缸	民国初年	镇江、扬州	省内:扬州、镇江、南京 省外:上海、安徽来安、天长等县
淮剧	香火戏、江淮戏、淮戏	淮调、拉调、自由调	清同治年间	盐城、阜宁、淮阴、淮安、宝应	省内:盐城、淮阴、扬州、镇江等地 省外:上海
苏剧	南词、苏滩	太平调、弦索调、流水板等	明末清初	苏州	省内:苏州 省外:上海
通剧	僮子戏	七字调、十字调	20世纪30年代	南通	省内:南通
丹剧	啷当戏	啷当调	1959年	丹阳县	省内:丹阳、句容、镇江
滑稽戏	通俗话剧、什景歌剧、武侠滑稽、滑稽话剧、方言话剧、喜剧	民间小调、各地方戏常用曲调、中外歌曲和乐曲	民国初年	苏州、无锡、常州、上海	省内:苏州、无锡、常州、南京 省外:上海、杭州
洪山戏	香僮子戏	七字韵、十字韵	清末	六合县	省内:六合县、仪征县 省外:安徽来安县、天长县

续表

剧种名称	别名	主要声腔	形成/传入		流布地区
			年代	地点	省(市)内/外
高淳阳腔目连戏	阳腔连戏、阳腔目连		明中叶传入	高淳县	省内:高淳、溧水、溧阳等 省外:皖南
徽剧			清初传入	高淳、扬州	高淳、扬州、南通、盐城等地
京剧			清末传入		省内:江苏全省
越剧			1934年传入	苏州	苏州、无锡、常州、扬州、南京、淮阴、南通
浙江					
调腔	高调、高腔	调腔、四平	明末	绍兴	省内:绍兴、台州、杭州、宁波、舟山、温州等地
平调	宁海平调	平调、昆曲	明末清初	宁波、台州	宁波、台州、舟山
昆剧	昆腔、昆山腔、昆曲	昆腔	明万历年间传入		明清时期流行于全省,民国以后流传于杭、嘉、湖地区
绍剧	绍兴乱弹、绍兴高调、越剧	乱弹、扬路(吹腔)、调腔	清初	绍兴	省内:杭州、宁波、嘉兴 省外:上海
诸暨乱弹	西路乱弹	乱弹、扬路(吹腔)、皮簧、拨子、调腔、梆子	清初	诸暨	省内:绍兴、杭州、金华等地
甬剧	宁波滩簧、四明文戏	滩簧调四明南词、清水二簧、快二簧、三五七、杂曲小调	清末	宁波	省内:宁波 省外:上海
姚剧	余姚滩簧、鹦歌戏	四平、紧板、花腔、杂曲等民间小曲	清道光年间	余姚	省内:慈溪、上虞、绍兴

分论/209

续表

剧种名称	别名	主要声腔	形成/传入		流布地区
			年代	地点	省(市)内/外
湖剧	湖州滩簧、湖州小戏、湖州文戏	本滩调、烧香调、小戏调等	清末民初	湖州	省内:嘉兴 省外:江苏吴江、安徽广德、上海
越剧	的笃戏、绍兴文戏、嵊剧	吟哦调、四工调、尺调、弦下调	1906年	嵊县	省内:浙江全省 省外:上海、江苏、安徽、福建、江西、湖南、湖北、陕西、宁夏、新疆、北京、天津、重庆、贵州等
杭剧	武林调	平板、大陆板、游魂调等	1923年	杭州	省内:湖州、宁波 省外:江苏宜兴等
滑稽戏	通俗话剧、什景歌剧、武侠滑稽、滑稽话剧、方言话剧、喜剧	民间小调、各地方戏常用曲调、中外歌曲和乐曲	1942年	上海	省内:杭州 省外:上海、江苏南部
京剧	京戏、平剧、皮簧戏	西皮、二簧	1874年传入	北京	省内:浙江全省
目连戏		高腔、调腔、道士腔、念经腔	南宋时期传入	绍兴、金华、衢州地区	
皖南花鼓戏		淘腔、北扭子、四平、悲腔、民间小调	清末民初传入	湖州长兴、安吉等地	
黄梅戏	黄梅调、采茶戏、花鼓戏	平词、花腔、彩腔等	清末民初传入	湖州、嘉兴地区	
锡剧	常锡文戏	簧调、玲玲调、大陆调	清末民初传入	湖州、嘉兴地区	

续表

剧种名称	别名	主要声腔	形成/传入 年代	形成/传入 地点	流布地区 省(市)内/外
上海					
昆剧	昆腔、昆山腔、昆曲	昆腔	明嘉隆之际传入		市内:上海全市
沪剧	本滩、申曲	长腔长板、三角板、赋子板等	清道光年间,一说为清乾隆年间	上海郊区	市内:上海全市 市外:江苏南部及浙江杭、嘉、湖地区
京剧	京调、皮簧、平剧	西皮、二簧	1866年、1867年传入		市内:上海全市
越剧	的笃戏、绍兴文戏、嵊剧	吟哦调、四工调、尺调、弦下调	1917年传入		市内:上海全市
淮剧	江淮戏	淮调、拉调、自由调	1912年传入		市内:上海全市
滑稽戏	通俗话剧、什景歌剧、武侠滑稽、滑稽话剧、方言话剧、喜剧	民间小调、各地方戏常用曲调、中外歌曲和乐曲	20世纪40年代	形成于上海、江苏、浙江	市内:上海全市 市外:江苏南部、浙江杭州
奉贤山歌剧			1953年	崇明、奉贤	市内:奉贤、金山、南汇

资料来源:中国戏曲志编辑委员会、《中国戏曲志·安徽卷》编辑委员会:《中国戏曲志·安徽卷》,中国ISBN中心2000年,第72-74页;中国戏曲志编辑委员会、《中国戏曲志·江苏卷》编辑委员会:《中国戏曲志·江苏卷》,中国ISBN中心2000年,第104-107页;中国戏曲志编辑委员会、《中国戏曲志·浙江卷》编辑委员会:《中国戏曲志·浙江卷》,中国ISBN中心2000年,第73-77页;中国戏曲志编辑委员会、《中国戏曲志·上海卷》编辑委员会:《中国戏曲志·上海卷》,中国ISBN中心2000年,第94-95页。

以上为各地保存下来并成为当地代表性戏曲的剧种的总体情况,可谓繁花似锦。例如,曾流传到上海地区的有弋阳腔、徽剧、花鼓戏(后演变为沪剧)、梆子、粤剧、甬剧、绍剧、锡剧、苏剧、扬剧、评剧和南方歌剧等。此外,有的剧种随着时代发展,已湮没在历史的风尘中,如明万历初年形成于古徽州的徽昆，明代形成的余姚腔、海盐腔、杭州腔等。

（二）戏曲文化遗产类型特点

其一，基于吴方言、江淮官话两大类型方言的戏曲文化面貌多元。每一个地级市都有两至三个甚至更多项的戏剧类非遗项目，体现了江南的戏曲生活丰富多彩。而且，大多数地级市拥有以本地地名命名的戏曲剧种，苏州的昆曲和苏剧，无锡的锡剧，镇江丹阳的丹剧，扬州的扬剧，杭州的杭剧，嘉兴的海盐腔，湖州的湖剧，绍兴的绍剧和越剧，宁波的宁海平调和姚剧，上海的沪剧和奉贤山歌剧，马鞍山的含弓戏和当涂采茶灯，池州的池州傩戏，黄山的徽剧和徽州目连戏等，充分体现了明代以后，特别是清末以来，以方言、地域为基础的戏曲形成过程和命名特点；且大多数为江南本土生发的原生型戏曲，也有外输型，如花鼓戏、黄梅戏、木偶戏、皮影戏等少数剧种为外地传入江南。

其二，具有全国性影响力的戏曲众多。在我国目前的42项人类非遗项目名录中（截至2022年8月），戏曲类的有昆曲、京剧、中国皮影戏、粤剧和藏戏5项。其中，江南则有昆曲、京剧、中国皮影戏3个项目，且江南是昆曲的原生地、京剧的重要生发地。从国家级非遗名录来看，江南地区戏曲项目也非常丰富（表5-4）。

表5-4 江南国家级传统戏剧类非遗代表作名录

名称	公布时间	项目属性	所在地区（以地级市及以上为单位）
昆曲	2006年(第一批)	新增项目	江苏苏州
			江苏南京(江苏省演艺集团)
			上海市
京剧	2006年(第一批)	新增项目	上海市
	2011年(第三批)	扩展项目	江苏南京(江苏省演艺集团)
苏剧	2006年(第一批)	新增项目	江苏苏州
扬剧	2006年(第一批)	新增项目	江苏扬州
	2008年(第二批)	扩展项目	江苏南京(江苏省演艺集团)
	2008年(第二批)	扩展项目	江苏镇江

续表

名称		公布时间	项目属性	所在地区（以地级市及以上为单位）
木偶戏	杖头木偶戏	2008年(第二批)	扩展项目	江苏扬州
		2011年(第三批)	扩展项目	江苏南京(江苏省演艺集团)
	海派木偶戏	2011年(第三批)	扩展项目	上海市
锡剧		2008年(第二批)	新增项目	江苏南京(江苏省演艺集团)
				江苏无锡
				江苏常州
童子戏		2008年(第二批)	新增项目	江苏南通
滑稽戏		2011年(第三批)	新增项目	江苏苏州
				上海市
越剧		2006年(第一批)	新增项目	浙江绍兴
				上海市
沪剧		2006年(第一批)	新增项目	上海市
淮剧		2008年(第二批)	新增项目	上海市
新昌调腔		2006年(第一批)	新增项目	浙江绍兴
宁海平调		2006年(第一批)	新增项目	浙江宁波
乱弹(诸暨西路乱弹)		2011年(第三批)	扩展项目	浙江绍兴
目连戏	徽州目连戏	2006年(第一批)	新增项目	安徽黄山
	绍兴目连戏	2014年(第四批)	扩展项目	浙江绍兴
	南陵目连戏	2021年(第五批)	扩展项目	安徽芜湖
皮影戏(海宁皮影戏)		2006年(第一批)	新增项目	浙江嘉兴
甬剧		2008年(第二批)	新增项目	浙江宁波
姚剧		2008年(第二批)	新增项目	浙江宁波
绍剧		2008年(第二批)	新增项目	浙江绍兴
湖剧		2011年(第三批)	新增项目	浙江湖州
淳安三角戏		2011年(第三批)	新增项目	浙江杭州

续表

名称	公布时间	项目属性	所在地区（以地级市及以上为单位）
青阳腔	2006年(第一批)	新增项目	安徽池州
高腔(岳西高腔)	2006年(第一批)	新增项目	安徽安庆
徽剧	2006年(第一批)	新增项目	安徽黄山
庐剧(东路庐剧)	2011年(第三批)	扩展项目	安徽马鞍山
黄梅戏	2006年(第一批)	新增项目	安徽安庆
傩戏(池州傩戏)	2006年(第一批)	新增项目	安徽池州
文南词	2008年(第二批)	新增项目	安徽安庆
花鼓戏	2008年(第二批)	新增项目	安徽宣城

资料来源:中国非物质文化遗产网 https://www.ihchina.cn/。

其中,大多数是深受江南百姓喜爱的戏剧,也有享誉全国的昆曲、京剧、越剧等;还有全国性流播戏曲在江南的扎根,例如徽州目连戏,其与湖南辰河目连戏、河南南乐目连戏共同为全国性目连戏的代表。同时,在江南形成了庞大的目连戏根系,有梅街目连戏、石台目连戏、绍兴目连戏、临安目连戏、西溪哑目连戏和阳腔目连戏等。

其三,受南戏、滩簧系统影响的戏曲种类较多。南戏形成后出现了相异音调的多种南曲声腔,学界常认为有海盐、余姚、弋阳、昆山腔等四大声腔。今天虽仅存昆山腔,但是嘉兴的海盐腔也留有历史遗韵,新昌调腔往往被认为是余姚腔的唯一遗音。在艺术生命基因上受弋阳腔影响的有青阳腔、京腔、新昌调腔、宁海平调(调腔)、徽剧、岳西高腔、贵池傩戏等。[1] 南戏为我国明清以来地方戏繁荣提供了营养,对江南诸多地方戏的形成更是起到了根部养分的作用。"滩簧是长江三角洲地区的人们对产生并成长于该地的由说唱嬗变为戏曲的表演艺术的一种习惯性的称谓。"[2] 今天流行于苏、浙、沪地区的不少戏剧都是由滩簧发育而成的,例如苏剧、锡剧、沪剧、姚剧(姚北滩簧)、甬剧、丹剧、杭剧和湖剧等,还有湖

---

[1] 朱恒夫:《论戏曲剧种的定义与明清以来的种剧》,《南大戏剧论丛》2014年第2期。
[2] 朱恒夫:《滩簧考论》,上海古籍出版社2008年,第1页。

州滩簧、长兴滩簧、德清滩簧戏等,这些戏剧皆具有同源文化特征。

其四,古老剧种与年轻剧种并行、交织。有关我国剧种的历史年轮,区分"古老"和"年轻"的界限基本上在清中叶,"'年轻剧种'主要是清末民初由歌舞小戏或民间说唱转化为舞台演出的剧种,它们被习称为'小戏',以区别于昆曲、高腔、乱弹等声腔与表演均高度成熟,能演出政治军事题材剧目('袍带戏')的'大戏'。'大戏'和'小戏'的分野既是美学的性状描述,也包含了价值判断"[1]。除上述之外,江南戏曲在吴文化圈内部相互影响较深、传播更加密切。同时,吴文化圈的戏曲对江南整体的影响呈现为强基因性的特点。

纵观历史上的江南戏曲,知识阶层文化在商人、市民阶层中引领和发酵,外来文化、移民文化与本土文化大融合,特别是以江南文化"化"大江南北文化,且以本地文化为本位,始终本着主动性对他域文化进行吸纳,并自觉加以改造。改造、融合后的戏曲文化又通过向外传播、影响、交融,予以自我反哺,并臻于繁荣。这其中最有突破性的蜕变,往往是江南地域内相互促推并实现"新陈"。戏曲文化与文学、民间音乐、民间舞蹈、园林、手工艺、书画、饮食、民俗文化、旅游等相互交织、共同发展,彼此间密织越深,戏曲艺术越进阶。这其中对于文学的浪漫追求,始终是戏曲文化向上攀登的无形推手;对有品位、有内涵的俗世生活的追求,也是江南社会戏曲文化繁荣的直接推手。

---

[1] 傅谨:《戏曲剧种国家名录与疑难试释》,《民族艺术》2020年第4期。

第六章 书画艺术

书画艺术是江南文化的重要组成部分。在中国书画艺术发展的历程中，江南地区的书画艺术由于名家辈出、具有鲜明的地域特征而在此领域中独树一帜，尤为璀璨。

一、江南书画艺术发展历史

(一) 先秦秦汉时期的江南文字书法

江南地区的史前绘画，大约可追溯到 7 000 年前的河姆渡文化。河姆渡遗址博物馆所藏猪纹黑陶钵，向我们展示了江南远古先民高超的写实技术。书画同源，但文字的起源比原始绘画晚。大多数学者都认为良渚与龙山文化中的刻画符号是原始文字。现藏吴文化博物馆的黑衣陶刻符贯耳罐，出土于吴县（今苏州吴中区）澄湖遗址良渚时期的一口古井中，距今有 5 000 年的历史，上面的抽象刻画符号可能兼具原始文字的性质。这两种远古时期的"绘画"和"书法"遗存，是江南先民象天法地的伟大创造。

江南书法真正的起点，在吴越文化崛起的春秋战国时期。此时的江南，主要包含吴、越以及楚国的部分地区。江南书法的篇章亦主要包含以上三国的，长江流域和淮河流域若干小国的书法也属于广义的"楚系"范畴。与当时主流的中原文化相比，以上诸国的文化均带有江南的地域特征。此后，春秋战国时期极具地域特色的江南书法在大一统的秦代已难觅踪迹。两汉时期，江南书法又通过汉帝国兼蓄南北的文化政策，逐渐融入了统一的中华文化之中。

鸟虫书和鸟虫化的篆书，是东周时期江南书法的代表性书体。从不同鸟虫书的差异可以看出，出自周人的吴国虽远在江南且与当地土著融合较深，但始终保持着周文化的某些特质。同处江南的越人为夏人后裔，他们明显缺乏吴文化所含有的周文化特质。两国兵器铸造工艺精良，能够运用多种技法表现铭文，使得其书法呈现出一种精致的装饰感。楚文化天生与周文化相异，但从楚文字的发展进程来看，它们最初也学习和模仿周人文字。周人的文字规范大约在春秋中期被楚人抛弃。以楚国为先，带有浓郁地域特征的书体革新逐渐在长江流域展开。文字学家和书法史学者多用"楚系"来称之，以示其与周人书风以及其他几大区域性书风的区别。

秦汉"设郡县""书同文"政策，彻底改变了西周建立的以宗法制和分封制为基础的社会架构。国家各级行政管理和政务处理主要依托文书的形式推行，执行者是经过职业训练（包括书写训练）的文法之吏。在这种环境下，春秋战国时期各种地方文字失去了生存的土壤，迅速被秦文字（小篆和秦隶）取代。汉代在继承秦代遗产的基础上，大量运用楚文字中常见的偏侧锋运笔，对中锋运笔且字形内敛的秦隶进行全面改造，最终形成了左右开张、灵活有致的汉隶，这是南北文化融合的结果。

秦汉之后，统一的格局被打破，地域书风再次兴起。汉代晚期，北方地区陆续出现多位著名的书家，形成了一股新的书法潮流。但同时期的江南地区，书法新风格的发展则稍显迟滞。[1] 直到孙吴以后才集中出现重要的本土书家，如皇象、刘纂、岑伯然、朱季平等。此后，因时局变动，南人北上和北人南下的情况更为频繁，加速了南北文化的交流和碰撞，属于江南书法的繁盛时代即将到来。

(二) 六朝江南书画艺术

六朝是江南书画艺术发展的关键时期。三国以后，除西晋短暂统一外，孙吴、东晋和南朝宋、齐、梁、陈先后统治江南，定都建康（今江苏南京），称为"六朝"。这一时期，由于江南地区优越的自然条件和相对稳定的社会环境，经济得到很大程度的发展，文化艺术趋向繁盛。在书画艺术领域，出现了为后世所崇奉的百代宗师，取得了璀璨夺目的成就。

书法史上的"魏晋新书风"即由江南书家引领风骚。当时，各种书体交相发展，隶书继续程式化，楷书不断发展，草书由章草而演变为今草，行书也渐臻成熟。在汉代，隶书取代小篆的正体地位，文字书写从"古文

---

[1] 关于魏晋时期洛阳地区的书法新风和孙吴地区的保守传统，详见刘涛：《中国书法史·魏晋南北朝卷》，江苏教育出版社2009年，第13-17、43-54页。

字"时代跨进"今文字"的隶书时代。东汉后期,从隶书的俗写体衍生出行书和楷书。到了魏、晋,楷书取代隶书的正体地位。魏、晋两百年间,形成了以楷书为根基,以行书、草书为时尚的书风,这就是"魏晋新书风"。南北书风自东晋十六国开始即已分野,南方"今妍",北方"古质",新书风的主流在南方。公元5世纪末,北朝看齐南朝文化,书法汇入江左新书风。此后的唐、宋、元、明、清,主流书风都是延续魏晋书风。[1]

魏晋新书风的代表人物当推王羲之、王献之父子,特别是王羲之,将楷、行、草书全面推向"今妍"之境。"二王"父子出于琅琊王氏,随晋室南渡江左。东晋南朝的书法世家,还有高平郗氏、颍川庾氏、陈郡谢氏、太原王氏、泰山羊氏等,这些世家大族都是从北方南迁而来。江南本地的书法世家却也不容忽视,如吴郡张氏。最早见于文字记载的张氏书家是东吴时代的张弘,擅长飞白书和篆隶。西晋时,吴郡张氏中最著名的人物是张翰,"莼鲈之思"的典故即来源于他。张翰嗜酒如命,能草书。东晋时,张氏善书者是张澄、张彭祖父子。张彭祖擅长隶书,王羲之很喜欢他的书迹。南朝闻名的吴郡张氏书家,有张裕、张永、张畅、张融祖孙四人。其中,最出名的为张融(444—497),擅长东汉张芝一系的旧体草书,应当接近章草,不同于"二王"今草。六朝时期,江南土著士族唯有吴郡张氏书名不坠。[2]

魏晋南北朝时期的绘画,也出现了崭新的面貌。先秦、秦汉的绘画,主要种类有宫殿壁画、墓葬壁画、帛画、工艺装饰画及画像石与画像砖,其主要功能是服务于政治需求及丧葬文化,也用于装饰。由于汉末以来儒学礼教地位的动摇,思想层面得到一定程度的解放,加之恃才放达、不拘小节的名士开始出现,佛教进一步传入中土并被各阶层接受,起源于老庄思想的玄学在此时兴起,文学领域充满活力而富有创新精神,中国绘画也随之发生重要转折,表现为题材领域不断开拓、专业画家地位得到确立、绘画方法渐趋精到。

从题材来看,秦汉时期的绘画题材主要有三类。第一类出于政治教化的需要,如图绘三皇五帝,令观者产生敬仰之情;画出暴虐君主,让执政

---

[1] 刘涛:《魏晋书风:魏晋南北朝书法史札记》"引言",广东人民出版社2019年,第1-3页。
[2] 刘涛:《魏晋书风:魏晋南北朝书法史札记》,广东人民出版社2019年,第90-95页。

者吸取经验教训；再如汉宣帝在麒麟阁绘制十一位功臣的肖像壁画，目的是表彰功臣，激励臣子为帝王效力。第二类描绘现实生活，如画像石、画像砖中有关于宴饮、战争、乐舞、杂耍、生产、车骑出行等描绘生活实况的图像。第三类是关于日月星象、御龙飞升等神怪类题材，如马王堆出土汉墓帛画的内容。魏晋时期的绘画题材有所拓展，主要表现在两方面：一是文学类作品成为绘画表现的对象，如东晋顾恺之名下有《洛神赋图》，描绘了三国时期曹植所写《洛神赋》的故事情节；二是随着佛教艺术传入中土，佛像和佛教故事等题材进入绘画领域，如晋明帝司马绍就很擅长画佛像。[1] 从江南地区的情况来看，从公元3—6世纪，墓葬壁画几乎绝迹，佛教壁画只装饰寺庙，而不用来装点石窟。绘画作为一种独立的艺术形式在南方出现并得到长足发展，与大力倡导个性表现的文人文化的迅速发展有着密切的联系。[2]

从画家人数和身份地位来看，这一时期见于史籍记载的著名画家有近百人。代表性画家有吴国曹不兴、吴主赵夫人，西晋卫协（师于曹不兴），东晋明帝司马绍、王廙、戴逵、顾恺之，南朝宋代陆探微、宗炳、王微，齐代姚昙度、谢赫、谢惠连、毛惠远，梁代元帝萧绎、张僧繇、袁昂、江僧宝，陈代顾野王等。[3] 不仅画家人数大为增加，其身份也发生了变化，善画者多为文人、士大夫。当时的知名画家为人推崇，在社会上享有盛名，如东晋顾恺之被时人称为画、才、痴"三绝"。

从绘画方法来看，研究公元3—6世纪的绘画传统多依赖于考古发掘材料。这一时期江南最为重要的考古发现有安徽马鞍山朱然墓，江苏苏州虎丘路三国大墓，南京江宁西善桥，南京雨花台石子冈M5，南京栖霞区狮子冲M1、M2，丹阳等地南朝时期的帝陵及贵族墓葬等。[4] 朱然（182—249）是三国时期吴国名将，曾随吕蒙擒杀关羽，又与陆逊合力大破刘备。他北抗曹魏，西拒蜀汉，一生屡立战功。其墓于20世纪80年代被考古发掘，墓中出土随葬品140余件，大部分为漆木器，上面有丰富的绘画内容，包括以《季札挂剑图》为代表的历史故事画、描绘现实生活的画、祥

---

[1] 张彦远：《历代名画记校笺》上册，许逸民校笺，中华书局2021年，第327页。
[2] 杨新、班宗华等：《中国绘画三千年》，外文出版社1997年，第43-45页。
[3] 参见张彦远：《历代名画记校笺》（上、下册）卷四至卷八，许逸民校笺，中华书局2021年。
[4] 参见南京市博物馆、南京市考古研究所：《南朝真迹——南京新出南朝砖印壁画墓与砖文精选》，江苏凤凰美术出版社2016年。

瑞图和花鸟画。将朱然墓漆案《宫闱宴乐图》与河南省密县打虎亭二号东汉墓壁画《宴饮观舞图》进行比较，构图大体相仿，其整个场面比东汉密县墓壁画还要大，人物众多，情节复杂。东汉壁画风格显得气势弘阔，但不免疏放，只是表现大体动态；而朱然墓漆画则趋向精细，有细腻的表情等刻画。这也表明了从东汉晚期到三国时代画风的转变。[1] 南京、丹阳等地南朝时期的帝陵及贵族墓中，最重要的绘画内容为《竹林七贤与荣启期》拼镶砖画，该画描绘了三国魏正始年间嵇康、阮籍、山涛、向秀、刘伶、王戎及阮咸七人和春秋战国时的隐士荣启期的形象。八位人物被分为两组出现在墓的两壁，或演奏乐器，或凝视酒杯，或冥思遐想。画面上优美的线条令人联想到顾恺之人物画"春蚕吐丝"般的勾线技法。有学者从人物的坐姿和手部动作等方面进行研究，认为竹林七贤和荣启期绘画受到丝绸之路河西走廊、西域地区艺术程式的影响。[2]

（三）隋唐江南书画艺术

随着隋唐时期国家的再次统一，社会经济渐趋繁荣，书法绘画的发展也盛况空前。这一时期，书画领域名家辈出，各类墨迹写本、石刻碑铭、卷轴书画、石窟及墓葬壁画等极为丰富。隋唐时期的书法呈现出三大特征：其一是南朝书法的传承和南北书风的融合；其二是科举、铨选及教育制度的影响；其三是书法家文武兼修，刀笔并重。

在六朝到隋、唐的江南书法传承发展中，"二王"书法影响深远。生活在南朝至隋代的智永是王羲之七世孙，本名王法极，人称"永禅师"，会稽山阴（今浙江绍兴）人，陈时为吴兴（今浙江湖州）永欣寺僧人，入隋在长安西明寺。他曾在永欣寺刻苦习书，留下"退笔冢""铁门限"等传说。[3] 智永初从萧子云学习书法，后以先祖王羲之为宗，可说是"妙传家法"。他所创"永字八法"，为后代楷书立下典范。相传他曾写《真草千字文》八百本，散布江东诸寺，现传世的有墨迹、刻本两大类。墨迹本之一为日本私人收藏，据考唐代已传入日本；墨迹本之二为唐代贞观十五年（641）蒋善进临本，在敦煌藏经洞发现，现藏法国国家图书馆。刻本

---

[1] 林树中：《从吴·朱然墓漆画谈三国绘画》，《南京艺术学院学报（美术与设计版）》2004年第1期。

[2] 王汉：《南京宫山墓竹林七贤砖印壁画与五世纪丝绸之路》，《故宫博物院院刊》2021年第12期。

[3] 朱关田：《中国书法史·隋唐五代卷》，江苏教育出版社1999年，第13-14页。

也有两种：一种是北宋大观三年（1109）薛嗣昌摹刻于陕西西安，俗称"关中本"；另一种是南宋《群玉堂帖》四十行残本。

初唐的两位书法家欧阳询、虞世南都和江南书法有关，也都受"二王"书法影响。欧阳询年少时在江南长大，《旧唐书》本传称他"初学王羲之书，后更渐变其体"。综观他的书法，"初习梁陈时风，得大令展蹙之秘；复师北齐刘珉，笔力为之瘦挺；其后参学章草，领悟索靖用笔三昧；终于综合六朝精华，融为杨隋书品"[1]。他的书法融合南北书风，在唐初负有盛名，尺牍书迹在当时被作为典范，高丽还专门派遣使者求取他的书迹。另一位书家虞世南可说是江南书风的继承者。他是越州余姚（今浙江余姚）人，出身东南名门望族，曾跟随智永学习书法。入唐后为李世民所赏识，成为太宗皇帝的书法老师。虞世南擅长楷书和行书，是右军嫡系。唐太宗对王羲之书法的推崇，或许也受到他的影响。虞世南的外甥陆柬之是吴郡吴县（今江苏苏州）人，出身于世家大族。书法出自舅氏，后仿"二王"，掺入魏晋行法。他在唐高宗时担任太子李弘的书法老师，有《陆机文赋》墨迹传世。[2] 陆柬之之子陆彦远是出身于吴郡张氏的草书家张旭的舅舅及书法老师。而张旭又是大书法家颜真卿的书法老师，颜真卿著有《述张长史笔法十二意》一文，叙述自己向张旭（曾任金吾长史，史称"张长史"）求教笔法的经过，用问答的形式综述古今书法异同。从上述传承脉络管窥唐代书法的发展，可知来自南方的书法家对朝廷书风的影响无疑是巨大的。而天下统一以后，南北书家云集京城，互相交流，互为影响，南北书风得以交融，并能推陈出新，变清健而圆劲，在书法上开创出盛唐气象。

唐代帝王对书法的热爱是书法走向顶峰的重要原因。其实，帝王崇尚书法自古有之，从汉章帝刘炟爱好草书而形成"章草"书体之说，到魏武帝曹操在汉中石门见河中之雪浪而留下"衮雪"二字隶书石刻，再到梁武帝萧衍重视王羲之书法而在南梁出现历史上第一次学王书的高潮，历代帝王中不乏书艺精湛者。特别是六朝时期，东晋元帝司马睿、明帝司马绍、康帝司马岳、哀帝司马丕、简文帝司马昱、孝武帝司马曜及宋明帝刘彧、齐高帝萧道成、齐武帝萧赜等都擅长书法，其中以梁武帝书法成就最高。

---

[1] 朱关田：《中国书法史·隋唐五代卷》，江苏教育出版社1999年，第22页。
[2] 朱关田：《中国书法史·隋唐五代卷》，江苏教育出版社1999年，第34-36页。

唐代皇帝沿袭了帝王喜好书法的传统，大都善书，留有书名。上有所好，下必甚焉，整个唐代的书法风尚可想而知。特别是书法和科举及铨选等制度结合起来，再加上唐王朝非常重视书法教育，因而书法在整个社会层面得到了充分发展。

唐代，朝廷东西两京国子监有专门培养书法人才的学校"书学"，其他国子、太学、四门等以儒家经典为主要教学内容的学校的学生也要每天练习书法，地方上的府、州、县学和村学也将书法列为重要的教学内容。科举考试中书法为重要科目，如"明书"即书科，考试内容是文字学和杂体书法。经科举考试成功录取后，要获得任官资格，还要经过铨选，铨选考察四项内容，即"身、言、书、判"，其中"书"的标准是"楷法遒美"，要求楷书写得美观而有力道。[1] 唐代楷书代表性书家初唐有欧阳询、虞世南、褚遂良诸位，他们用笔劲挺，传"二王"法则；盛、中唐有徐浩、颜真卿，其书法有篆隶笔势，风格雄健；晚唐则有柳公权，集欧、虞、褚诸家特点，方拓峭险、风骨峻极，后世称"颜筋柳骨"。以上所举诸位的书法无不以笔力见长，成为朝廷教示楷法的典范，体现出唐代楷书崇尚力量的特征。

值得注意的是，晋、唐之间的大书法家，往往文武兼修。凡拿刀剑习武之人大都手腕有力，握笔写字的力量自然不同于一般文人。王羲之又被称为王右军，因为他曾任"右军将军"，这是一个武职。东晋时的琅琊王氏是握有兵权的武人家族，因而民间流传"王与马，共天下"之语。同时期的书法世家如高平郗氏、河东卫氏等都是武人家族，文武并重。[2] 唐朝情况相似，书法家也有武人身份。比如欧阳询的祖、父都是武官，有领兵征战的经历。褚遂良随父亲褚亮入唐后为秦王府近臣，任职铠曹参军，执掌王府器械及公廨营缮之事。颜真卿更是典型，曾任平原郡太守，"安史之乱"时守城抵御安禄山的叛乱，名重朝野，"颜平原"之称即由此而来。其书法展现的力量感跃然纸上，应与他带兵打仗、经常习武有关。颜真卿的老师张旭也是武官，曾任金吾长史，即京城卫戍部队的军官，他

---

[1] 朱关田：《中国书法史·隋唐五代卷》，江苏教育出版社1999年，第49-52页。
[2] 高平郗氏有大书法家郗鉴，《淳化阁帖》保留有其《灾祸帖》；他的女儿郗璿是王羲之的夫人，也是书法家。河东卫氏有书法理论家卫恒，著有《四体书势》；还有著名女书法家卫铄，是王羲之的书法老师之一。参见尹吉男：《唐代书画的传世魅力》，见荣新江等：《唐：中国历史的黄金时代》，生活·读书·新知三联书店2021年，第279-280页。

能写速度极快的狂草，手腕需要很大的力量。高宗、武后时期的草书大家孙过庭曾任右卫胄参军、率府录事参军，是管兵器库的低级武官。[1] 这一现象在唐之后就消失了，宋代开始文武官员泾渭分明，书法家主要是文官，这是唐、宋书法的重要区别之一。

绘画艺术在隋唐时期可谓繁荣，和诗歌、书法、雕塑等艺术门类一样，隋唐绘画的创造性和生命力在中国历史上是少有的。文化艺术的繁盛反映的是国力的强盛。唐代"有容乃大"的恢宏胸怀和气度为不同文化的融合发展提供了有利的环境。朝廷对艺术教化作用的重视也是绘画兴盛的重要原因，统治者直接组织绘画创作活动，如"功臣图""帝王图"等，极大地发挥了张彦远在《历代名画记》中所述绘画"成教化、助人伦"的礼教功能。

隋至初唐时期，江南绘画的情况和书法既有相似之处，也有不同的地方。相似之处在于，国家统一后，南北画家聚集，进一步促进了南北画风的相互影响、艺术经验的交流。如《历代名画记》卷八记载："初，董与展同召入隋室，一自河北，一自江南，初则见轻，后乃颇采其意。"[2] 这是指隋初董伯仁和展子虔分别从河北和江南被召入朝廷，最初董伯仁轻视展子虔，后来则能认识到对方的长处而互相学习。不同之处在于，江南书法的传承在隋唐时期脉络清晰，受到统治者高度重视，帝王推崇王羲之书法。而南方的绘画艺术在政治需求面前则显得逊色很多，因为当时最重要的绘画活动是要进行殿堂庙宇的设计和装饰，富有诗意和风格独特的南方艺术虽然没有受到压制，但若与可用来为新建政权歌功颂德的视觉艺术相比，却显得黯然失色了。[3]

唐代江南最值得一提的画家是张璪。他活跃于公元8世纪中、晚期，吴郡人，是被唐玄宗称为"诗、书、画"三绝的郑虔的学生。张璪善画山水松石，传说他能双手分别执笔画松，画山水重灵感，富于激情。他的山水画以墨为主，不贵五彩。这种"笔墨积微"的水墨画法在绘画技法上是极大的突破。因此，唐代许多著名的学者，如张彦远、朱景玄、白居易、

---

[1] 尹吉男：《唐代书画的传世魅力》，见荣新江等：《唐：中国历史的黄金时代》，生活·读书·知新三联书店2021年，第280页。书法家任职情况参见朱关田：《中国书法史·隋唐五代卷》相关章节，江苏教育出版社1999年。
[2] 张彦远：《历代名画记校笺》下册，许逸民校笺，中华书局2021年，第586页。
[3] 杨新、班宗华等：《中国绘画三千年》，外文出版社1997年，第59页。

符载和元稹等,都在诗文中盛赞他的画作。[1]

(四)五代宋元江南书画艺术

"安史之乱"后,大唐盛世不再。在风雨飘摇的晚唐、五代时期,政治上的动荡不安反向催发艺术创作。除西蜀之外,在相对稳定的江南地区,以南唐李氏的支持为依托,宫廷画院初具雏形,书画艺术取得了异常辉煌的成绩。山水进一步脱离人物画、宗教画的叙事背景,成为一类独立画科,逐步走向成熟。在北方,以荆浩、关仝为首的山水画大师多描绘太行山、关中一带景物;在南方,董源、巨然等名家多作江南山水景色,形成了"北派""南派"的不同风格。他们的山水画具有浓厚的地域特征,却都致力于表现自然界的真山真水,强调"以形写神",形成了现实主义风格。[2]

公元 960 年,赵宋"一统天下",李后主被俘,南唐画家随之北上。北派山水在郭熙、范宽等绘画大师的加持下,已然达到登峰造极之境。面对气势雄伟、秩序井然的北派山水,来自江南的画家选择追随南唐传统,以柔性线条和湿润笔墨描绘山水,呈现出与北方画派截然不同的平缓温润气质。在南唐、西蜀画院的基础上,北宋进一步设立和完善画院。宋徽宗衷于艺事,不断收集名画以充实内府收藏,甚至设置画学,以科举选拔、培养绘画人才。在他的支持下,北宋上自帝王宗室,下至文人、士大夫的艺术创作都非常活跃,艺术收藏和艺术理论得到快速发展。在众多名家高手中,苏轼、米芾等文人异军突起,他们喜画水墨山水、枯木竹石,作画讲究笔墨意趣,不求形似,"文人画"自此创兴。南渡之后,宋室偏安杭州,政治、社会虽动荡不安,但文艺产业在富庶的江南地区依旧活力不减。大量北方汉人涌入江南,其中不乏李唐、马兴祖等绘画高手。在南方,画师们一改北宋"大山堂堂"的山水布局风格,逐渐向诗意化的"边角之境"发展。立足于江南,南宋院画家融合北派硬朗的山水画风,江南山水画展现出新的面貌。

政治气候对艺术风格的影响持续到元代,随着南宋政权的瓦解,江南书画也面临革新的挑战。元立国之初,蒙元统治者武功有余而文治不足,

---

[1] 杨新、班宗华等:《中国绘画三千年》,外文出版社 1997 年,第 84-85 页。
[2] 迈克尔·苏立文:《中国艺术史》,徐坚译,上海人民出版社 2014 年,第 177 页。

加之民族分化政策，汉族知识分子入仕无望，备受冷落。在此背景下，文人画家借山水画自我表现和抒发内心困境，隐居避世成为元代山水的常见意象。这一时期文人作画时将诗、书、画融为一体，愈发追求笔墨意趣，使元代的画艺发展成为中国美术史上一个重要的转折。

（五）明清江南书画艺术

明朝政权的稳定并没有使得江南地区的书画艺术迅速恢复活力。明朝初年，朱元璋对一直以来拥护张士诚政权的江南地区进行严酷统治，江南富民被迫迁徙、文人进仕受阻、百姓赋税沉重。江南书画艺术虽一片黯淡，但仍旧迎合着皇家审美趣味，其中沈度、沈粲等华亭书家为明成祖朱棣所赏识，形成"台阁体"，为宫廷书家、科举之士所效法；而绘画方面，明初宫廷画院中虽然也有不少来自苏州的文人画家，但统治者更加欣赏南宋院体画风，来自浙江周边地区的画师们进入宫廷，杭州的戴进被推为"浙派"的开创者。戴进曾入宫而又出宫，使得浙派绘画风尚在宫廷内外走向兴盛。

明中期以后，明政权对江南的高压钳制开始松动，文人书画艺术随着江南社会生活的重归正轨和经济复苏而再度焕发生机。尤其是在苏州，发达的商业经济使得此地涌现出一大批书画家，祝允明、文徵明、陈淳、王宠等人将吴门书派发展至高潮，王世贞曾言"天下法书归吾吴"。文徵明又为"吴门画派"之首，与沈周、唐寅、仇英三家并称"明四家"。此地书画市场繁荣，不仅名家之作热销，书画赝品也十分盛行，伴随着书画收藏之热的兴起，吴地也出现了精于鉴定的具眼。至明末，"吴门书派""吴门画派"已有日薄西山之势，吴派在书坛与画坛的地位渐渐被以董其昌为核心的松江派所取代。

清朝初年，前朝留都南京聚集着一批抗清失败的江南文人遗民，其中以龚贤为首的"金陵八家"画家群体借描绘南京山水表达对故国的思念。

而董其昌在书画方面的影响一直延续至清朝。绘画方面，苏州"四王"（王时敏、王鉴、王翚、王原祁）直承董氏艺术趣味，追求复古、拟古，四人中在师古上集众所长、独出新意的为常熟王翚。书法方面，董其昌书风于康熙朝盛行一时，松江张照以董书入门，笔力更为沉鸷，为康熙帝所器重。

清朝中期，因盐业而兴的扬州成为当时江南最为繁华之地，盐商附庸风雅，乐于收藏，一大批书画家移居扬州鬻画为生，"扬州八怪"便是活跃于扬州的代表画家。[1] 这些画家性格狂狷，作画不泥古，追求奇峭，在绘画题材及笔墨上都进行了新颖大胆的尝试，郑燮笔下的兰竹、罗聘笔下的鬼等令人印象深刻。"扬州八怪"大多兼善书法，他们的书法也颇显狂妄。以金农为例，其隶书从汉隶而出，后独创"漆书"，横画粗厚，竖画细劲，这一怪异的隶书与两百年后出土的汉代签牌上的"诏书"二字，在形式上竟不谋而合。

江南地区的艺术中心不断随着经济中心的变化而转移。清朝晚期，西方列强入侵促使上海成为对外通商的口岸，经济繁荣的上海不断吸引着外来人口的流入，"海派"画家们将西方绘画技巧与传统绘画题材融合，为这些新兴的市民阶层创作了大量画作。吴友如所创办的《点石斋画报》以画作为传播新知的途径，从中可看到晚清生活诸场景，亦可观察到这一时期市民的审美趣味。

二、江南书画家及代表作品

（一）先秦秦汉江南书法撷英

1.《攻吴王夫差鉴》

吴、越、楚三国甚至整个南方地区的书法，春秋以后普遍流行一种新的风尚，丛文俊先生将之称为"长江流域的书体革新"[2]。此类文字介于鸟虫篆和北方传统型铭文之间，包含多种风格类型，既有偏重传统金文的《吴王夫差盉》《者减钟》《越王差徐戈》，也有倾向于鸟虫篆的《吴王光钟》《臧孙钟》《配儿句鑃》。如《攻吴王夫差鉴》铭文，它和楚、越文字存在较大差异，没有过度地对笔画进行拉长和屈曲，保持了较多西周正体文字的气息。

2. 鸟虫书

鸟虫书是春秋晚期到战国早期流行于长江流域的一种装饰美化字体。容庚、曹锦炎、施谢捷、丛文俊、董珊等多位学者均做过相关研究。吴、

---

[1] 聂危谷：《扬州八怪革新画风及其成因探析》，《扬州大学学报（人文社会科学版）》2012年第6期。
[2] 丛文俊：《中国书法史·先秦秦代卷》，江苏教育出版社2009年，第223页。

越两国冶金锻铸水平高超，擅长表现铭文极微处的细节。因此，它们的兵器铭文往往富于装饰性，面貌极多且构型复杂。吴国鸟虫书典雅含蓄，不失西周正体风范。越国鸟虫书在剑格、剑首等特殊部位，往往能别出心裁地根据具体空间随形布势，极尽变化之能事。楚国以及一些南方诸侯国的鸟虫书，不如吴、越两国的兴盛，字形的装饰性变化不大，除线条盘旋外还擅用肥笔以增华美之气。

3.《会稽刻石》

战国末年，秦人在长江中游地区的楚文化核心区推行统一的文法制度。湖南发现的大量秦代文书简牍，表明"书同文"政策的施行非常彻底。长江下游的江南之地也是秦帝国推行其文化政策的重点地区，始皇帝通过巡游以及具有象征意义的《会稽刻石》在此地树立权威。此碑传为李斯所书，章法井然，结体匀称，是秦代的标准小篆。至此，江南地区盛行已久的地域性书风被统一的秦文字取代，江南书法翻开了新的篇章。

4.《三老讳字忌日碑》和余姚木简

汉文化兼容秦文化的质朴和楚文化的婉约，汉隶即是在秦隶基础上融合楚文字书法灵动的运笔而形成的一种代表汉代气象的新书体。在远离文化中心的江南，书风则相对保守。从东汉早期的《三老讳字忌日碑》和《大吉买山地记》来看，它们既无春秋战国时期吴、越、楚文字的韵致，也较少沾染此时中原的流行风尚。

秦汉时期在全国统一推行的文法制度，打破了此前地域间的隔阂。自上而下的文书行政，促使文字书写得到规范和普及，文吏的跨地域任职则为书风的传播打开了通道。山东嘉祥武氏墓群的石刻中，《武开明碑》碑主的官职为"吴郡府丞"，《武荣碑》碑主之父为"吴郡府卿"。文化中心地区的大族成员在江南为官，应该是汉代的一种普遍现象。所以，汉代的江南书法，更多地体现了统一时代的普遍特征，并没有明显的地域风格。如近期在余姚发现的东汉木觚和封简，其书法风格和同时期其他地区所出简牍基本一致。

(二) 六朝隋唐江南书画家及其代表作

1. 王羲之、王献之父子

"二王"传统在中国书法史乃至文化史上几乎成了不朽的神话，其影响之大，世所罕见。究其原因，有父子二人所处时代和书体发展的背景，有他们自身的创造力，也有历代帝王及书家的推崇，更有王羲之《兰亭序》被誉为"天下第一行书"的传奇故事。就他们本身的艺术成就而言，王羲之、王献之父子对前人用笔、结字加以利用和改造，经过整合，取得了"俱变古形"的成功，将正书、行书、草书的形态推进到"今妍"的境界。[1]

在王羲之的时代，一方面，他继承南渡以后父辈们的书法风格，将西晋士人所师承的张芝、钟繇、卫瓘、索靖等的书风从中原传播到江南地区；另一方面，王羲之又是新书风的开创者、引领者，他的重要贡献是对钟派的正书、行书和张芝草书的发展。从他开始，东晋书风大变，人们学书不再效法"钟张"而趋就于他。他的变革手法和技巧体现在以下三处：一是用笔简练明快，譬如正书《来禽帖》，用笔已经大大简化，不像钟繇那样还用翻挑，写法简便了许多；二是结体欹侧，偏旁部件之间形成了大小、高低、偏正的关系，富有顾盼的情调，体现了"斜划紧接"的结体特征，剔除了"钟张"书法结构上的隶意；三是纵引笔势的扩张，将"章草"连笔仅在字内发展为笔势勾连于字与字之间的今草，也就是出现了大于"单字结构"的"字群结构"，草书的连绵情调更加浓郁。[2]

王献之的行楷书《廿九日帖》结体是"斜划紧接"的典型例子，王羲之《来禽帖》与之相比，则显"古质"。正如晋宋之际羊欣（370—442）对王献之书法的评价"骨势不及父，而媚趣过之"，"媚趣"体现出东晋后期书风比中期书风更为新妍。王献之书法中行草书最有特色，行草书为行书掺杂草法而成。他将行草笔势的连属纵引为"一笔书"的风流样式，[3]也就是将"字群结构"又往前推进了一大步。

2. 顾恺之

顾恺之（348—409），晋陵无锡（今江苏无锡）人。正如学者所指出的，凡是介绍中国绘画的书都会提到顾恺之，但是，要回答"顾恺之何许人也"这个问题还是颇费力气的。有关他的记载最早出现在5世纪中期刘义庆编纂的《世说新语》中，后又经过加工被纳入《晋书》。随着时间的推移，他的名气越来越大，到唐代所有文人都推崇他，以至于将三幅早期

---

[1] 刘涛：《中国书法史·魏晋南北朝卷》，江苏教育出版社2002年，第173页。
[2] 刘涛：《中国书法史·魏晋南北朝卷》，江苏教育出版社2002年，第171-172页。
[3] 刘涛：《中国书法史·魏晋南北朝卷》，江苏教育出版社2002年，第173页。

无名氏的作品也归入了他名下。这三幅绘画作品为《列女仁智图》《女史箴图》和《洛神赋图》。现在研究南朝时期卷轴画，依据的主要资料就是这三幅名画的摹本。[1]

《列女仁智图》根据西汉刘向（前77—前6）《列女传》而绘制。此书编纂目的是为了劝谏汉成帝不要沉湎女色而使朝政大权旁落外戚手中，应当维护刘氏政权。书中按妇女的封建行为道德准则和给国家带来的治、乱后果，分为母仪、贤明、仁智、贞顺、节义、辩通、孽嬖七卷，画作即其中"仁智卷"部分。现存画作为南宋人摹本，画面现存10段共28人，每段上还书有人名及颂辞。《列女仁智图》共收集了15个列女故事，此卷为残本，其中"楚武邓曼""许穆夫人""曹僖氏妻""孙叔敖母""晋伯宗妻""灵公夫人""晋羊叔姬"7个故事保存完整。"齐灵仲子""晋范氏母""鲁漆室女"3个故事只存一半，其余5个故事则已全部丢失。画作人物线条粗犷流畅，造型准确，特别是描绘的妇女，体态轻盈，婀娜多姿，尤为绝妙。构图布局则与汉画像石一脉相承。[2]

《女史箴图》也同样宣扬儒家道德规范。这幅作品根据西晋张华（232—300）《女史箴》一文绘制，也是讽谏类题材。原文12节，画作也应为12段，现存自"冯媛挡熊"至"女史司箴敢告庶姬"9段。与富有故事性的《列女传》不同，张华的文章是一篇宣扬女性道德观念的抽象说教，用图画表现难度较大。因此，画家往往撇开原著的抽象伦理，而着重描绘某些形象和事件。有时，他所绘的画面甚至和原作中严肃说教的语气相悖。[3]"人咸知修其容，莫知饰其性"这段即如此，画师描绘了两位宫廷女子对镜梳妆的场面，如果没有画面右边的文字提示，很难使人感到原文的警示意味。现存《女史箴图》是隋唐时期的摹本，画面上女性的容貌、体态、韵味能让人感受到画家注重刻画人物的"神韵"，和当时"传神论"的绘画理论正相符合。从绘画技法上看，画作用笔如春蚕吐丝，描绘人物形神兼备，游丝描线条优美婉转，画面宁静而典雅。

《洛神赋图》取材于三国魏曹植的《洛神赋》。这篇文学作品以浪漫主义的笔法描写曹植在洛水与洛神相遇并产生恋情，然而人神殊途，最终分

---

[1] 杨新、班宗华等：《中国绘画三千年》，外文出版社1997年，第47页。
[2] 参看故宫博物院官网杨新撰稿"顾恺之列女仁智图卷（宋摹）"条。
[3] 杨新、班宗华等：《中国绘画三千年》，外文出版社1997年，第48页。

离的故事。画作已经摆脱汉代以来说教艺术的窠臼，不再歌颂女性的道德，而是通过描绘她们的美丽容貌抒发作者对浪漫爱情的向往，[1]用绘画展现了文学作品所蕴含的真挚情感，以丰富的想象力传达出无限惆怅的情意和哀伤的情调。传世摹本有多种，其中以故宫博物院、辽宁省博物馆和台北故宫博物院所藏宋代摹本最为重要。

3. 虞世南

虞世南（558—638）为越州余姚（今浙江余姚）人，出身于东南名门望族。入唐受知于李世民，为秦王府十八学士之一，晚年获得唐太宗"博闻、德行、书翰、词藻、忠直，一人而已，兼是五善"的称誉，是凌烟阁二十四功臣之一。其书法胎息智永，擅长楷书、行书，为右军嫡系。《旧唐书》卷七十二《虞世南传》记载："同郡沙门智永善王羲之书，世南师焉，妙得其体，由是声名籍甚。"虞世南书名始于贞观年间，曾奉敕与欧阳询于弘文馆"教示楷法"，唐太宗对他极为推崇，书法以他为师。米芾《书史》载："太宗力学右军不能至，复学虞行书。"传世《晋祠铭》《温泉铭》酷似虞书也是事实。虞世南存世碑志有《孔子庙堂碑》，此碑为唐代碑刻中的杰出之作，在当时影响就很大，拓碑者络绎不绝，盛况空前。原碑早毁，现存西安碑林的为宋初王彦超再建、安祚以旧拓摹刻者。存世《汝南公主墓志铭》残稿墨迹本，或以为出自虞世南手笔，为《宣和书谱》所载行书九迹之一。[2]

4. 陆柬之

陆柬之（585—638）为吴郡吴县（今江苏苏州）人，出自江南世家大族之陆姓，高宗朝曾做过太子李弘的东宫书法教师。他的书法出自舅舅虞世南，晚年又学"二王"，尚其古雅。其传世作品有《五言兰亭诗》行书法帖，有墨迹、拓本各一。[3]另一种《文赋》是他的代表作，为纸本墨迹，是初唐时期少有的几部名家真迹之一。此作书写极为用心，《文赋》是晋代陆机（261—303）的文学理论作品，而陆柬之是陆机的后裔，因此陆柬之应当是以极其崇敬的心情来写《文赋》的。[4]《文赋》墨迹的章法

---

[1] 杨新、班宗华等：《中国绘画三千年》，外文出版社1997年，第49-52页。
[2] 朱关田：《中国书法史·隋唐五代卷》，江苏教育出版社1999年，第26-34页。
[3] 王连起：《陆柬之和他的兰亭诗》，《文物》2010年第2期。
[4] 钱超：《试论陆柬之书〈文赋〉的成因》，《文史杂志》2013年第3期。

和气韵,更多的是学习王羲之的。全篇144行,1 668字,字体以正、行为主,间参草字,虽三体并用,但上下照应,左右顾盼,配合默契,浑然天成。笔致圆润而少露锋芒,表现出平和简静的意境。笔法飘纵,无滞无碍,超逸神俊,深得晋人韵味,从中透露出深厚的《兰亭》根底。[1]

5. 张旭

张旭(约675—759)为吴人,初仕常熟县尉,后至左率府长史,世称"张长史"。开元年间与会稽贺知章、润州包融、扬州张若虚以诗文名天下,时称"吴中四士";又与贺知章等人并称"饮中八仙";其草书则与李白的诗歌、裴旻的剑舞并称为"三绝"。其母陆氏为陆柬之侄女,即虞世南外孙女。陆氏一族世代以书传业,不独陆柬之书法出众,其子陆彦远也能秉承家学,尤精笔法,见称于时,有"小陆"之谓。[2]在颜真卿的《张长史十二意笔法记》中,张旭自述"予传授笔法,得之于老舅彦远"。《新唐书》本传载其"嗜酒,每大醉,呼叫狂走,乃下笔,或以头濡墨而书,既醒自视,以为神,不可复得也,世呼'张颠'"。其和怀素齐名,并称为"颠张狂素"。李白、杜甫、韩愈都有描写张旭的诗文,记载他观公孙大娘舞剑器而草书有长进,观察自然界山水草木、风雨雷霆而心有所感,用草书加以表现。张旭擅长正、草两体,楷书存世有《郎官石记序》及1992年于洛阳出土的《严仁志》,草书传有《肚痛帖》及墨迹本《古诗四帖》二通,但均有争议。[3]张旭在当时的书坛影响很大,门生众多,他的传人有徐浩、颜真卿、李阳冰等人。

(三)五代宋元江南书画家及其代表作

1."平淡天真"的董源、巨然

尽管董源(生卒年不详)出生于今江西地区,却活跃于10世纪中期的南京一带。董源曾任南唐北苑副使,后人称其为"董北苑"。《宣和画谱》载其作品甚多,但传世寥寥。郭若虚《图画见闻志》载董源山水"水墨类王维,着色如李思训"[4]。现仅见"水墨"一路,《夏景山口待渡图》(辽宁省博物馆藏)可管窥一斑。图卷无作者署款,曾入南宋内府、元内

---

[1] 林清书:《陆柬之书〈文赋〉的书法艺术特点》,《龙岩学院学报》2018年第6期。
[2] 朱关田:《中国书法史·隋唐五代卷》,江苏教育出版社1999年,第109页。
[3] 朱关田:《中国书法史·隋唐五代卷》,江苏教育出版社1999年,第115页。
[4] 郭若虚:《图画见闻志》,邓白注,四川美术出版社1986年,第179页。

府、清内府，明代书画大师董其昌也曾收藏此卷，并认为是董源真迹。手卷采用"平远"构图，描绘了江南夏山景色。图中江水浩渺，山峦重叠，树木丰茂，云烟氤氲，舟船、渔夫、茅屋、乘客穿插其间，一片幽旷平和。画家塑造山石多用披麻皴和苔点，近看用笔草草，无具体形象，远观平远幽深，烟雨江南跃然纸上。山顶作矾头，宛有反照之色。河岸蜿蜒，沙渚横向伸延。董源的山水多写江南真山，南方的气候、环境对其绘画风格具有显著的影响，画面生机勃勃、平淡天真，表现出"一片江南"。

巨然（生卒年不详）学画于董源，南唐降宋后，随李后主前往京都，他的山水画也因此带有些许北派特色。《溪山兰若图》（美国克利夫兰博物馆藏）虽然用柔软的长披麻皴和矾头表现南方特色的圆头山坡，但巨嶂式的群山已然是北方体貌。

五代宋初，董、巨二人虽享誉于江南地区，但其山水画成就并未得到足够的重视。北宋末年，米芾对董源平淡天真的水墨山水推崇备至，给予"近世神品，格高无与比也"的高度评价。到了元代，董、巨成为画家复古、拟古的对象，随着明代董其昌等人"南北宗论"的提出，继承文人画主脉的董源、巨然自此被推上了神坛。

2. 米芾、米友仁与"米氏云山"

在中国绘画史上，人们以"米氏云山"来称谓由米芾（1051—1107）、米友仁（1074—1153）父子创立的文人画新样式。米芾早年四处为官，晚年谪居润州（今江苏镇江）。他精于鉴赏，徽宗朝被召为书画学博士，官至礼部员外郎。米芾继承董源"平淡天真"的传统，草创"米氏云山"，在《画史》中自称其画"因信笔作之，多烟云掩映，树石不取细，意似便已"[1]，这是米家山水的最初面貌。米友仁为米芾长子，南宋时官至工部侍郎。其风格、气韵与其父一脉相承，宋代邓椿《画继》形容"其所作山水，点滴烟云，草草而成，而不失天真"[2]。米友仁的《潇湘奇观图》可供我们一探"米氏云山"风格。画卷以写意的手法画江南的云海奇观，变董、巨苔点为"米点"，点皴错落有致，墨气淋漓，颇具平淡之意。米友仁常自称其画为"墨戏"，"墨戏"往往意在笔先，不状物形，其内涵与苏轼"论画以形似，见于儿童邻"相通，对后来"文人画"中的笔墨纵

---

[1] 转引自潘运告：《中国历代画论选》（上），湖南美术出版社2007年，第291页。
[2] 转引自潘运告：《图画见闻志·画继》，米田水译注，湖南美术出版社2000年，第307页。

放、脱略形状颇有影响。因运用湿笔水墨写意地表现烟雾迷离、微妙且难以捕捉的江南风景,"米氏云山"成为文人墨戏的代表。

3. 南宋"马夏派"

与恣意放纵的"米氏云山"相对,南宋"马夏派"山水经营位置、画面渲染细腻更具法度。"马夏"分别指马远(约活跃于1189—1225年)、夏圭(稍晚于马远),他们生活于钱塘(今浙江杭州),均为南宋画院待诏。二人师法李唐,继承发展了李唐画派的对角斜线布局、大斧劈皴。相比前人,他们精于造景,取景更加简练概括,构图多采用边角形式,有"马一角,夏半边"之称。夏圭所作长卷《溪山清远图》是"马夏派"作品中的杰作。其章法布局、笔法墨法层次分明,山石、树木描绘细腻,笔墨淋漓,边角式构图和虚实视觉差使画面呈现出理想化、诗意化特点。相比北宋气势恢宏的全景山水,"马夏"小景山水常常被认为具有深厚的政治意涵,边角式构图宛如偏安一隅的南宋王朝,是"残山剩水"的直观反映。但需注意的是,身处山色空蒙的西子湖畔,画家的艺术风格不免受环境影响,因此也不难想象为何"马夏"山水仅有一角半边景色了。

虽然马远、夏圭的风格对明初浙派产生了重要影响,但随着董其昌等人"南北宗论"的提出,被纳入"北宗"一系的"马夏派"也逐渐被边缘化了。

4. 赵孟頫的书与画

随着元代政治、社会的急剧变革,审美意味也随之转变,"文人画"占据画坛主流。元初,为摆脱南宋院体习气,钱选、赵孟頫等文人画家托古改制,刻意学晋唐、五代和北宋笔法。其间赵孟頫主张"作画贵有古意""书画本来同""云山是我师",一改南宋纤巧习气,引领时代风骚。

身为宋宗室而仕元,赵孟頫(1254—1322)因此饱受时人及明清文人非议,但他们又不得不承认赵氏书画造诣极为精深。同代陶宗仪、柯九思等人称其书画"国朝第一",后代张丑、傅山等人称其书法接王羲之"正脉"。

赵孟頫在书法上追钟繇,兼学"二王",又广泛涉猎唐宋诸名家,篆、隶、真、草无不冠绝古今,其中楷书、行书成就最高,创遒劲姿媚新风,楷书被后人誉为"赵体"[1]。赵氏传世墨宝极其丰富,《兰亭十三跋》是其行书代表作。此帖笔势翩翩,形聚而神逸,颇具东晋文人雅士风流倜傥之气。

赵孟頫的画师法晋唐,博涉山水、人物、鞍马、花鸟、竹石等题材,青绿重彩、水墨淡色等表现技法运用自如。其《秀石疏林图》(北京故宫博物院藏)写古木竹石,笔法以书法入画,飞白写巨石,篆法写古木,以"永字八法"写竹。画像之外,画家又于尾纸题诗"石如飞白木如籀,写竹还于八法通。若也有人能会此,方知书画本来同",表明其"书画同源"的艺术主张。该卷诗、书、画三位一体,作家的艺术主张与实践高度结合,《秀石疏林图》因此成为元代文人画最具代表性的作品之一。

5. "元四家"的崛起

很长一段时间里,马背上的帝国并不十分重视文治,在屈辱、压迫的大环境下,部分文人或主动或被动放弃"学而优则仕"的道路,或隐于市,或隐于林,以诗画自娱。

在做过书吏、经历入狱之后,黄公望(1269—1354)隐逸于富春山,往来三吴间。黄公望山水画居"元四家"之首,初学董、巨,后又得赵孟頫指点,"平淡天真"与"古意"兼得。《富春山居图》是黄公望现存最负盛名的作品。图卷的火劫甚为传奇,火焚后画卷存两段,较短的前段被称为"剩山卷",藏于浙江省博物馆;后段为"无用师卷",现藏台北故宫博物院。图卷是黄公望为无用师(郑樗)所作。至正七年(1347),黄公望隐居于富春山南楼中,一时兴起写富春山水景色。画家先即兴地经营位置,再逐步增添细节。三四载过去,画卷还未完成,黄公望只得随身携带,早晚得暇时,继续绘制。图卷山、水布局疏密得当,山峦起伏连绵,水天一色,渔舟点点。全图笔墨雅淡,浓淡、干湿并济,墨色变化万千。历经多年创作,图卷部分挥洒自如、逸笔草草,部分点染仔细,古朴有致。山石、林木、溪岸或干笔皴擦,或湿墨晕染,技法不尽相同。

吴镇(1280—1354)终生不仕,隐逸于林,靠卖卜为生,以诗文书画自娱。其山水多绘"渔父图",寄托他的隐逸情思;喜画墨竹,表现其清风高节。吴镇的作品上常题草书,师法怀素、杨凝式。《洞庭渔隐图》(台北

---

[1] 徐文平:《江南书法史》,上海古籍出版社2019年,第223页。

故宫博物院藏）是吴镇众多"渔父图"之一。图卷采用"一河两岸式"构图，巨松、钓徒、远景洲渚呈三段式排列。山石法董源、巨然，作披麻皴，浓墨点苔。松木挺秀、苍润，作蟹爪枝，可见李成、郭熙风貌。吴镇又题诗于卷上，表露其"只钓鲈鱼不钓名"的不逐名利且超尘脱俗心境。《洞庭渔隐图》与题诗相得益彰，文本语言与视觉语言珠联璧合，构成一个"诗情画意"的隐逸世界。

倪瓒（1301—1374）早年家境富裕，雅好博古，广集书画、鼎彝于清闷阁。晚年因官租、战乱等，卖田弃家，浪迹湖泖间。其多写太湖一带山水，早年法董源，晚年自成一家，自谓"逸笔草草，不求形似"。又长于书法，常在书画上题小楷，其书以隶入楷，极具特色。倪瓒的"萧淡画风"与其构图、用笔、用墨联系密切。同为"一河两岸式"构图，《容膝斋图》（台北故宫博物院藏）更加宽阔疏远，画中人迹、禽鸟、舟舸罕见，一片空旷冷峻。倪瓒创"折带皴"写山石，用笔方折，墨线如"折带"，意境寂寥萧瑟。明代张丑称倪瓒"惜墨如金"，通常以渴笔画山石、树木，画面整体清爽淡雅。《容膝斋图》是倪瓒暮年作品，其"萧淡画风"已然成熟。他的画风对明清文人水墨山水画影响颇大，董其昌认为其作品古淡天然，可称逸品，并将其与米芾相提并论。

王蒙（1308—1385）的山水有如《具区林屋图》《葛稚川移居图》般艳丽多姿，也有如《青卞隐居图》般水墨纵横。总体而言，其山水多绘重山复岭，布局稠密，苍郁深秀。生于艺术世家，王蒙自小受家庭环境熏陶，诗文书法兼工，善画山水。《青卞隐居图》（上海博物馆藏）取景繁密，采用高远结合深远的构图方法，绘吴兴卞山重峦叠嶂景色。其写山石笔法多变，参用长披麻、牛毛皴、解索皴等各种皴法，融为一体。林木勾染得当，墨色多端，画叶或点、或染、或刷，遍山树木葱茏，郁郁苍苍。虽然图卷主题为"隐逸"，但画面无一丝安逸恬静，反而喧嚣不宁，强烈的不安感扑面而来。该图为至正二十六年（1366）王蒙为其表弟赵麟所作，此时吴兴地区深陷战火，文人的隐居家园惨遭洗劫，他们在隐逸与出仕间犹豫不决，[1]内心之矛盾、紧张与不安最终通过高超的笔墨跃然纸上。该图因此成为王蒙绘画生涯的巅峰之作，其被董其昌称

---

[1] 文以诚、洪再辛：《家庭财富：王蒙1366年〈青卞隐居图〉中的个人家境与文化类型》，《新美术》1990年第4期。

为"天下第一王叔明"。

五代宋元时期是江南地区书画艺术发展的第一个高峰期。在书法艺术上,赵孟頫的书法影响了元、明、清三代士人,更远播至朝鲜半岛和日本。在绘画艺术上,最突出的贡献是文人画逐渐占据画坛主流,由此推动了中国绘画美学观念的变化,进一步发展了笔墨皴法,形成了诗、书、画一体的艺术形式。文人作画、写字,是不断师古的过程,因此五代宋元时期江南地区卓越的文人画家、书法家,对明清两代绘画、书法艺术的发展和画家、书法家风格语言的确立都做出了不可磨灭的贡献。

(四)明清江南书画家及其代表作

1. 沈度和"台阁体"书法

明初宫廷之中,书家们在展示才华和迎合皇帝审美趣味以保全性命之间选择了后者,带上"镣铐"的创作不免限制了他们的艺术生命力。松江沈度的书法在当时受到明成祖朱棣的赏识,其小楷出于赵孟頫,而姿态更为婉丽,凡金版玉册,皇帝必命其书,[1]从沈度所书《敬斋箴》可窥其书法的精巧雅致。帝王的偏好使得当时朝臣及求取功名之士纷纷效法沈度楷书,"台阁体"滥觞,甚至版刻字体都沾染时风。这种亦步亦趋的学书模仿虽肖得沈度小楷之形,但已是了无生气。

2. 戴进和"浙派"

书法如此,绘画亦然,而钱塘画家戴进在一众拜服于龙威之下的宫廷画家中显得尤为叛逆。他出身清贫,曾为锻工,但由于其画艺卓群,曾进入画院中,其《松岩萧寺图》中就留有"戴文进写于金台官舍"一款。可戴进在京中生活并不顺遂,不仅"为艺所忌"[2],所进呈的画作也因多绘屈原投江、七贤过关、四爪龙等触犯圣威之题材,给人以进谗之机。正统七年(1442),55岁的戴进选择离开北京重回故乡,潜心作画,晚年画艺愈加精进,追随者无数,后世称之为"浙派"。在戴进的画作中,可见其将熟练的绘画技巧运用于人物、山水、花鸟题材的创作之中,《春山积翠图》多见马远之意,用笔刚硬方折,而其晚年所绘《南屏雅集图》已融入元画颇具动感的山水造型以及活泼的笔法。

---

[1] 黄惇:《中国书法史·元明卷》,江苏教育出版社2009年,第199页。
[2] 郎瑛:《七修类稿》"事物类·戴进传",上海书店出版社2001年,第606页。

3. "吴门画派"与"吴门书派"的崛起

明中期以降,随着江南地区的复苏,文人得以享受昔日的闲适生活,书画市场的繁荣也为他们在功名仕途之外提供了另一种生活选择。在这样的背景下,"吴门画派"和"吴门书派"逐渐壮大。

(1)吴门画派

王绂、杜琼、姚绶、刘珏是江南地区最早涌现出来的一批继承宋元文人山水画传统的画家,在沈周和文徵明的接力发展之下,元末隐逸山水画中的冷清空寂为文人的淡泊自适所取代。在明代兴造园林的盛行与艺术赞助的活跃中,他们发展出了别号图、纪游图、雅集图等绘画题材,描绘文人的理想生活,为"吴门画派"奠定了基础,并推动着"吴门画派"逐渐成为当时最具影响力的画派。

沈周(1427—1509),一生绝意仕途,以诗、书、画为乐,自幼受擅长作画的父亲沈恒吉、伯父沈贞吉的熏陶,开始接触绘画,后师事刘珏。在父辈及老师的影响下,沈周从"元四家"入手,对他们画作的章法布局、用墨笔法进行认真临摹学习,早年画作之中很容易辨别出沈周的学习取法对象。从其41岁时为老师陈宽祝寿所作的《庐山高图》(台北故宫博物院藏)中就可以看到他对王蒙的学习,画中山石层叠,笔墨繁复,特别是在山石的皴法中交替使用披麻皴、解索皴,山林郁郁葱葱,与王蒙的《青卞山居图》有异曲同工之处。

在对宋元画家广泛学习的基础上,沈周逐渐形成了自己的个人风格。他常以粗笔描绘江南山水、园林小景,或是日常生活场景中的蔬果、花鸟,用笔自然,构图简洁。沈周似乎将他与世无争、自由自在的快乐融入其笔墨中以传递给世人。观其画,往往有平易近人、明朗舒畅之感。

文徵明(1470—1559),出身于官宦之家,既定的人生道路应是考取功名走向仕途,虽其从名师学文,勤勉苦读,却十举不中,直到54岁,才受荐入京,授翰林院待诏。然而仅四载,文徵明就主动请辞,返归姑苏以书画为伴。他从20岁随沈周学画,在沈周去世之后,将"吴门画派"的发展推向了又一高峰。

文徵明享年九十,高寿而终,在其漫长的艺术生涯之中积累了丰富的创作经验。他的山水画承接宋元文人山水画余绪,却更加严谨——构图平稳,笔法端正。在其80岁所作的《古木寒泉图》中,我们可以在这一窄长立轴上看到以往少见的粗放用笔。用墨设色方面,文氏学赵孟頫小青绿法,以浅绛为底,薄施石青石绿和朱色,显得淡雅和谐。[1]

唐寅(1470—1523),天资聪颖,父亲虽为商贾,却对其悉心栽培。唐寅与文徵明交往甚密,唐寅常前往文家向文林请教,并同文徵明一起向沈周学画,从吴宽、祝允明等文人游。[2] 1498年,唐寅参加应天府乡试,考中解元,但不幸在次年会试中受科场贿赂案牵连下狱,在友人的营救下方得以出狱,从此绝意仕进。返回苏州后,唐寅遂拜职业画家周臣为师,继承李成、郭熙及李唐的传统,将职业绘画技法与文人画情趣结合起来,[3]并成功地运用在别号图的创作实践中。无论邀画者是官员,还是商人、医生,在唐寅的画中都变成文人雅士的形象。唐寅用绘画的形式描绘邀画者的别号,巧妙安排的书斋、林石无不用以称颂主人的人品情操,画面所描绘的不仅仅是主人的园林别业,更是他们可逃离尘世、隐居于此的世外桃源。

相比前面三位画家,仇英的家境最为贫寒,曾为漆工,后从周臣学画。其高超的临摹能力为当时的收藏家项元汴、陈官所重,仇英得以在为藏家临摹修复古画的过程中,"山石师王维,林木师李成,人物师吴元瑜,设色师赵伯驹,资诸家之长而浑和之"[4],将较为全面的绘画技巧灵活运用于画中,以精致细腻的用笔绘工笔重彩,反而有清丽之感,其《汉宫春晓图》就可见一斑。

(2)吴门书派

"吴门书派"与"吴门画派"相伴产生,鼎盛期的代表书家为祝允明、文徵明、王宠、陈淳。他们从学习晋唐书法中开辟出新貌,与明初"台阁体"书家"学近时人书"的庸俗相区别。明代中期,苏州不仅是江南书坛中心,亦是全国的书坛中心。[5]

祝允明(1460—1526)因其家学渊源,从小受外祖父徐有贞的指导,"绝不令学近时人书"[6],在取法上不跟从近人,而是上追魏晋唐宋元之

---

[1] 杨新、班宗华等:《中国绘画三千年》,外文出版社1997年,第217-218页。
[2] 毛秋瑾:《唐寅与文徵明交游考》,《中国书画》2017年第4期。
[3] [美]高居翰:《江岸送别:明代初期与中期绘画》,生活·读书·新知三联书店2009年,第196页。
[4] 张丑:《清河书画舫》卷十二下,徐德明校点,上海古籍出版社2011年,第614页。
[5] 黄惇:《中国书法史·元明卷》,江苏教育出版社2009年,第255页。
[6] 祝允明:《怀星堂集》卷二十六《写各体书与顾司勋后系》,西泠印社出版社2012年,第565页。

书，广学诸家。青年时期，又得岳父李应祯的指点。祝允明青年时期多作小楷，中年以后开始转向草书，常于巨幅长卷书大字草书，笔意连绵，气势磅礴，开明代草书新面貌。

文徵明在取法上同祝允明一样，不附于时人，而从宋元上溯晋唐。他诸体兼善，尤以小楷最为称道，行草书结字稳当，秀雅平和，当时追随者颇多，"吴门书家"中的陈淳、王宠都曾从其学书。

4. 董其昌的书与画

文徵明去世后，苏州书画家在因循前人中故步自封，难以跳脱文氏藩篱。江南书法、绘画中心开始转向周边新兴城市——松江，董其昌成为这一时期江南书画界旗帜性人物。身居高位的董其昌，以其自身影响力促成"云间书派"及"华亭画派"的形成和发展。

在书法上，董其昌以晋唐入手，重视笔法，其行草书结字紧密有势，行距疏朗，追求淡、秀之美。绘画上，董其昌倡导宋元之文人画，并提出了第一个绘画流派说——"南北宗论"，这一理论的提出对后世中国绘画史的书写产生了深远的影响。如果以"形似"作为标准去衡量其画，那么董其昌笔下的山水略显变形抽象，若观其众多仿古之作，则与原作大相径庭。只有细读其用笔才可知，董其昌熟悉前人笔法，将其灵活变换运用于垒石造山中，其笔墨情趣可以使人忘记真实的自然。

三、江南书画理论及鉴藏

（一）江南书画理论

1. 六朝隋唐江南书画理论

六朝是中国画论的起始阶段。公元 4 世纪出现了最早的画论，其中包括传为顾恺之的《论画》《魏晋胜流画赞》和《画云台山记》三篇文章，文章中提出的"以形写神""迁想妙得"成为中国绘画超越感官、追求精神内涵的源头。宗炳（375—443）在《画山水序》中指出，山水画的价值和功能是"畅神"，即欣赏山水画是为了精神愉悦；王微（414—453）《叙画》则强调观察自然，绘画时应当发挥主观能动性去表现山水的不同面貌。这是最早的两篇山水画论。半个世纪之后，谢赫（活跃于公元 500 年左右）归纳出绘画"六法"，即气韵生动、骨法用笔、应物象形、随类赋彩、经营位置、传移模写,从绘画首先要表现对象的内在精神,到如何用笔刻画物象的外形、结构、色彩,再到构图和摹写作品,将绘画的创作和流传过程都概括进去了。谢赫根据这些标准在其所著的《古画品录》中品评了公元3—5世纪的27位画家。姚最(生卒年不详,一说536—603年)《续古画品录》介绍了活跃于南朝齐、梁时期的20位画家。

书论的发展比画论起步早,先秦秦汉时期的画论还只有只言片语,如孔子绘事后素、庄子解衣般礴说等,均是借画论道,画论尚处于萌芽阶段;而汉代已有成篇的书论传世,如东汉崔瑗《草势》、蔡邕《篆势》即书论之嚆矢。六朝时期,书论著述已相当丰富,东吴有皇象《与友人论草书》、张弘《飞白序势》一卷,东晋有刘劭《飞白书势》一卷、王羲之《自论书》、庾翼《与羲之书》、王珉《行书状》、康昕《右军书赞》,南朝宋有羊欣《采古来能书人名》、鲍照《飞白书势铭》、虞龢《论书表》等,南朝齐有王僧虔《论书》(《答竟陵王子良书》)一卷及《书赋》一卷、王俭《书赋序注》一卷、萧子良《答王僧虔书》等,南朝梁有萧衍《答陶弘景书》、陶弘景《与梁武帝论书启》(五篇)、袁昂《古今书评》等,南朝陈有智永《题右军〈乐毅论〉后》。[1] 这些书论著述大体能分为书体、书史、批评、技法、鉴定、著录、书论七大类。书体类大多以某一书体命名,如《飞白书势》;书史类以人物为中心,如《采古来能书人名》;批评类如王僧虔的《论书》和袁昂的《古今书评》;技法类如传为卫夫人的《笔阵图》及传为王羲之的《题卫夫人〈笔阵图〉后》;鉴定类如陶弘景和梁武帝之间的书启;著录类如虞龢《论书表》中分类抄录法书名目三种;书论类则特指触及书法本体问题的理论类著述,如王僧虔的《书赋》。[2]

隋唐时期,书画理论的撰述集中在长安地区,如张彦远的《历代名画记》和《法书要录》。在绘画理论方面需要论及的江南人为张璪,是吴郡人,活跃于公元8世纪中后期。前文已提到作为画家的张璪,他同时还是一位理论家,著有《绘境》一篇,早已失传。[3] 他提出"外师造化,中得心源"的创作方法,即画家要将客观物象与主观感受统一起来,在中国美术史上具有重要意义,对后世绘画理论及实践有很大影响。

---

[1] 刘涛:《中国书法史·魏晋南北朝卷》,江苏教育出版社2002年,第349-350页。
[2] 刘涛:《中国书法史·魏晋南北朝卷》,江苏教育出版社2002年,第338-348页。
[3] 张彦远:《历代名画记校笺》下册,许逸民校笺,中华书局2021年,第739页。

2. 宋元江南书画理论

宋元江南书画家长于艺事,又精于鉴赏,与书画艺术的发展、繁荣相应,书画理论也步入了新阶段。

米芾的画论一枝独秀,可见于《画史》。书中载其崇尚高古,作人物为不沾染画师习气,取法东晋顾恺之;作山水为去"李成、关仝俗气",不作大幅,信笔作画,只求意似。米芾喜"平淡天真"的江南绘画,是崇南抑北的鼻祖。他于论著中对董、巨不吝赞美之词,认为董源的绘画"不装巧趣,皆得天真",巨然"得天真多""平淡趣高",却评价关仝"峰峦少秀气",李成"多巧少真意",对南北两派褒贬分明。米芾的个人审美、绘画风格固然使其更加欣赏清润自然的江南山水,但是也与文人环境密不可分。北宋欧阳修、苏轼、沈括等文人提倡神似论。六一居士云:"古画画意不画形,梅诗咏物无隐情。忘形得意知者寡,不若见诗如见画。"东坡居士云:"论画以形似,见与儿童邻。"梦溪丈人云:"书画之妙,当以神会,难可以形器求也。"[1]文人尚感兴,重画之神气、意趣,极具现实主义风格的北派山水自然难入文人之眼。

元代艺术理论,当属赵孟頫的艺术主张影响最大。其艺术理论与书画实践紧密相连,主张"作画贵有古意",《鹊华秋色图》《红衣西域僧图》是其复古杰作;主张"书画本来同",《秀石疏林图》是"书画同源"主张的具体实践;同时,师法造化,主张"到处云山是我师",其《鹊华秋色图》就是以写生为基础创作的。赵孟頫"书画同源"的思想对同代和后辈的绘画创作和品评皆有影响。柯九思在其基础上丰富了书法入画的笔法,"尝自谓:'写干用篆法,写枝用草书法,写叶用八分,或用鲁公撇笔法,木石用金钗股、屋漏痕之遗意。'"。汤垕在《画鉴》中从书法鉴赏的角度观唐宋画之笔意,评论韦偃画马"笔力劲健,骏尾可数,如颜鲁公书法",评论武宗元画人物"人物仙仗,背项相倚,大抵如写草书然"。[2]赵孟頫的复古思想持续影响着元、明、清三代画家,文人画家纷纷师法前人,与古为徒。

钱选与赵孟頫同属"吴兴八俊",是元初著名的文人画家与理论家。相传,赵孟頫曾学画于钱选,二人关系密切,虽一人在朝,一人在野,但持相近的艺术观点,均主张复古。明代董其昌的《容台集》、曹昭的《格

---

[1] 张曼华:《中国画论史》,广西美术出版社2018年,第150-186页。
[2] 葛路:《中国画论史》,北京大学出版社2009年,第142页。

古要论》记载了几则钱选与赵孟頫对"士气""士夫画"的讨论。 赵孟頫问何为"士气""士夫画",钱选答曰"隶体""隶家画"。"隶家"又作"戾家",本意指外行人,文人画兴起之后,专指文人画家、业余画家,与职业画师的"行家"概念相对。[1] 作为南宋遗民画家,钱选不喜欢前朝职业画家之纤巧柔弱习气,认为"愈工愈远",作士夫画若精工细腻"便落邪道",于是钱选身体力行复古唐、北宋法格,所提倡的"士气"是一种质朴古拙之气,其古朴稚拙的《浮玉山居图》《王羲之观鹅图》符合士夫画特性。

倪瓒被认为是首个明确提出作画不是为了"状物形",而是为了抒发思想感情,即"胸中逸气"的文人画家。[2] 他在《答张藻仲书》中写道:"仆之所谓画者,不过逸笔草草,不求形似,聊以自娱耳。"[3] 这种"自娱"的创作态度、"逸笔草草,不求形似"的创作形态,切中宋、元文人画重笔墨写意的精神内核、尚神韵的美学思想。 虽然没有明言,但早在文人画创立之初,苏东坡、文同、米芾等文人画家已发表过相近的观点。

以上文人画论,尤其是元代文人画论,大多散见于同时期或后代其他画家的诗文著作之中,相对比较系统、完备的元代画史论著仅见汤垕《画鉴》与夏文彦《图绘宝鉴》。 汤垕在《画鉴》中对其在南北两地所见画家作品和画风进行了品评,在《杂论》部分提出自己的观画之法:"先观气韵,次观笔意、骨法、位置、傅染,然后形似,此六法也。"[4] 汤垕推崇的"气"实际上是一种"天真"之气,尚"天真"之气为元代文人画的美学趋势;受赵孟頫"书画同源"思想影响,"笔意"也被纳入考量之中;而形似则是最后,可见元代文人画的"写意"风气。 与《画鉴》相比,夏文彦所著《图绘宝鉴》卷帙庞大,收录更加完整、系统,然而作者自己的见解不多,主要对前人画论进行了摘要汇编。 江南文人所著画史不仅为后人研究元代画家绘画风格提供了参考依据,也代表着当时画坛主流的绘画思想和审美观念,具有一定的普遍性。

有元一代,因绘事盛而论画法者众。 李衎、王绎、黄公望等文人画家分别著有《竹谱》《写像秘诀》《写山水诀》,分属墨竹、人物、山水三个不同类别。 李衎于《竹谱》中详述墨竹画之源流、竹之画法,连矾绢、粘帧、调

---

[1] 张曼华:《中国画论史》,广西美术出版社2018年,第194页。
[2] 张曼华:《中国画论史》,广西美术出版社2018年,第196页。
[3] 倪瓒:《清閟阁集》,江兴祐点校,西泠印社出版社2010年,第319页。
[4] 转引自潘运告:《元代书画论》,湖南美术出版社2002年,第330页。

色、用墨、竹子品种也有述及。[1] 王绎则论述了人物肖像的画法和肖像画用色办法，他总结的"三庭""八格"等人面比例要诀，一直沿用至今。黄公望于《写山水诀》一书中总结前人山水画法，结合自身创作经验对山石树木的笔墨着色、章法布局、风格气韵及绢的上矾方法都有简扼的论述。

以上画论均属于作者的经验之谈，除了关注绘画之对象、技法外，画家们不约而同地关注绘画材料——绢、笔、颜料等。着眼媒材的物质性，文人画的笔墨意趣实现最大化，画家的绘画艺术语言得到进一步丰富。此外，文人作画虽多为抒发"胸中逸气"，笔墨放纵，但他们又不约而同地强调作画之"理""法"，即遵循艺术创作的规律、自然的法则。李衎认为"故学者必自法度中来，始得之"，黄公望指出"作画只是一个'理'字最紧要"，王绎提出"凡写像须通晓相法"。[2] 基于此，以上画家回归至绘画的对象，在长时间的观察、写生中，整理、归纳出作画之法理。

3. 明清江南书画理论

经过宋元时代在收藏方面的积累，明中期后恢复活力的江南再度成为私家收藏之重镇，积累了丰富的古代书画，为江南书画家们在全面继承古代艺术传统的基础上开辟个人风格提供了丰沃的土壤。明清江南书画鉴藏文化也推动了书画理论的书写，这些书论、画论或散见于品鉴时留于书画的题跋，或见于文集，[3] 或有专著梓行，其影响超越江南，辐射全国。

由元入明的王履（1332—1391）虽以医行世，但其博览群书，于诗画皆有造诣，其画师法夏圭。洪武初年，王履策杖登华山，写得四十余图，并赋诗题于画上。[4] 后王履曾再画一遍《华山图》，并写下《华山图序》，[5] 这一篇幅不长的画论保留了王履对山水画的思考。王履将张璪

---

[1] 李衎生于蓟丘（今北京市），1285年起，李氏长期外任江浙地区，其墨竹艺术与绘画理论在此得到发展，《竹谱》完成于1299—1307年期间。参考赵天叶：《赵孟頫与李衎的杭州行迹》，《杭州（周刊）》2018年第24期；另外参考赵天叶：《李衎〈竹谱详录〉各版本考析》，《美术》2020年第3期。

[2] 潘运告：《元代书画论》，湖南美术出版社2002年，第259-286页，第426页。

[3] 黄惇：《中国书法史·元明篇》，江苏教育出版社2009年，第390页。

[4] 王履《华山图》册，纸本，墨笔或设色，34.5厘米×50.5厘米，第一页落款时间为洪武十六年（1383），图页40幅，另有自记、跋、诗叙、图叙66幅，合成一册。故宫博物院藏29幅，其余藏上海博物馆。

[5] 参见彭锋：《重读〈重为华山图序〉》，《南京艺术学院学报（美术与设计）》2018年第2期。作者在阅读《王履〈华山图〉画集》时发现《华山图序》手写本本名为《重为华山图序》，序中也提到王履"麾旧而重图之"。

的"外师造化,中得心源"进一步发展为"吾师心,心师目,目师华山"。王履辩证地讨论了意与形的关系、"宗"与"不宗"等问题,肯定了"意在形",画家需要写生体验自然,而不是一味临摹古人,否则"愈远愈伪"。但绘画并不能仅仅停留在对外形的描摹之中,而是需要经过一个漫长的过程,从自然外形中提炼出审美意象。虽然画史中的王履被认为是学马远、夏圭,但观其《华山图》册中与马、夏不同的大斧劈皴的使用以及全景式构图,更能体会其序中所言"处夫宗与不宗之间"的含义。

吴门诸书家均未留下关于书法的专著,他们的书论多见于文集中保留的书法题跋。从总体上来看,"吴门书派"的书学思想体现了对"台阁体"学近人书的反对,主张复古、拟古,但同一时期的书家,如祝允明、文徵明二人的书学思想也存在不尽相同之处。

祝允明在《奴书订》中提出了书法取法应"沿晋游唐,守而勿失",但同时他认为创作中也要发挥主观性情,达到"从心所欲而不逾矩"。在祝允明去世后,"吴门书派"执牛耳者为文徵明,其书学思想及审美情趣对"吴门书派"影响颇为深远。从文徵明《甫田集》所收录的题跋中可见,文徵明对苏、黄、米、蔡"宋四家"评价甚高,推崇赵孟頫书法,其书论在崇高、拟古的基调上强调"笔墨苍劲,典雅有法"[1]。二人书学思想之不同也体现在书法面貌上,祝书率意洒脱,而文书则典雅平正。

董其昌的书论见于其书画题跋以及《画禅室随笔》《容台集》等著作中,涉及用笔、结字、章法、用墨以及书法审美等诸多方面。在学习古代书法经典时,董其昌主张师古与师心的统一,观其临作往往与原作之貌相去甚远,这其实是董氏熟习历代古帖用笔后的巧妙运用。[2]董其昌的书画美学思想受禅宗思想影响很大,以禅喻书为其书论的一个特点。其将"淡"作为书法审美的核心标准,在掌握精熟的笔法技巧上再加以个性发挥,才可达到"淡"的境界,即"熟后求生"。

山水画的"南北宗论"最早由莫是龙提出,经由董其昌的完善,在《容台别集》的《画旨》中进行了较为完备的论述。"南北宗论"以禅宗的南顿北渐为喻,将山水画分为以王维、董源、巨然、米芾父子及"元四家"为代表的南宗,以及以李思训、马远、夏圭、赵伯驹为代表的北宗。

---

[1] 黄惇:《中国书法史·元明卷》,江苏教育出版社2009年,第392页。
[2] 肖燕翼:《董其昌书学概述》,《故宫博物院院刊》1992年第3期。

南宗和北宗在艺术风格及技法上各有不同,前者重"渲染"而具有"士气",后者重着色和勾斫,因精工而俗。董其昌推南宗为"正传"而贬斥北宗,实际上是对文人画在画史上地位的确认。"南北宗论"开辟了中国画流派分析的先河,这一理论作为中国画学史上最有影响力的理论之一,至今仍为学界所关注。

(二) 江南书画鉴藏

1. 六朝隋唐江南书画鉴藏

书画鉴藏古已有之,根据文献记载可追溯至汉代,《汉书》卷九十二《游侠传》中说西汉陈遵擅长书法,写给人的尺牍均被收藏。东汉帝王也收藏书法名家的书迹,北海敬王刘睦"善史书,当世以为楷则",刘睦死前,汉明帝派驿马"令作草书尺牍十首"。汉章帝时,齐相杜度善作习字的范本,汉章帝曾诏令杜度草书奏事。东汉后期赵壹在《非草书》中记载,西北地区学书者争相收藏张芝及其后学们的草书书迹。汉朝人收藏名家的书法,有的是作为学习书法的范本,有的是为了欣赏笔墨韵味,有的则是当作炫耀的资本。[1]

曹魏西晋时期,王室的丰富收藏在五胡乱华时被战火焚毁,士族之家所藏的法书大多毁于晋室南渡之际。但仍有一些私家收藏的汉晋名家书迹保存了下来,如王导携钟繇《尚书宣示表》过江,后赠与王羲之。东晋士人有保存手迹的习惯,如王羲之保存王导的书迹,王羲之妻弟郗昙保存王羲之书及诸名贤遗迹。东晋收藏最富者为桓温之子桓玄(369—404),他凭借手中权力用各种手段搜罗"二王"等人的法书名迹,还有向人显示藏品的嗜好。[2]

桓玄最终被刘裕赶出京师,东晋御府的藏品于是成为刘宋初年御府的藏品。南朝刘宋帝王大多工书,也雅好收藏,随着政局的治乱,内府收藏也历经散失和搜求再聚。宋明帝时御府所藏魏晋名迹,虞龢《论书表》著录颇详,有张芝、钟繇、索靖、"二王"等书迹,数量可观。此时,私家收藏以宋武帝刘裕弟刘道怜之子刘义宗(?—444)为最,其兄刘义庆是《世说新语》的作者。他爱重"二王"书迹,以重金搜罗藏品,激起造假作伪之风。南齐初年内府所藏法书数量只有刘宋的九分之一,王僧虔又进

[1] 刘涛:《中国书法史·魏晋南北朝卷》,江苏教育出版社2009年,第521页。
[2] 刘涛:《中国书法史·魏晋南北朝卷》,江苏教育出版社2009年,第523-524页。

献卷帙，包括内府没有的孙权、桓玄、王导、张芝、索靖等人书迹和内府也有的王氏一门多人的书迹。[1]

南朝梁搜访天下，富有收藏，梁武帝尤好图书古迹。广见博览如陶弘景，都在《与梁武帝论书启》中惊讶于梁内府收藏书迹之多，甚至流露出"羡掌典之人"的心情。梁朝名迹的主要部分是"二王"书，唐朝张怀瓘《二王等书录》记载，梁天监年间（502—519），"二王"书有一万五千纸；唐朝武平一《徐氏法书记》也记载，梁大同（535—545）中，"右军书迹，咸归梁府"。可惜"天府如海"的收藏，在战乱中被付之一炬。辗转保留下来的藏品，后归唐朝贞观御府。陈朝时期御府收藏的法书，有一部分意外得自墓葬，郗昙墓中有王羲之书及诸名贤遗迹，墓葬被盗后，这些被没收归于秘府。陈朝有一本王羲之《乐毅论》递藏，智永称之为真。他所临集王字《千字文》是梁朝的摹本，共临写了八百本，成为浙东诸寺庙中的藏品，到唐朝一本"值钱数万"。直到唐朝初年，朝廷搜访法书名迹依然以江南为重点地区，表明南方仍然有王氏书迹或者摹本秘藏流传民间。[2]

张彦远《历代名画记》卷一《叙画之兴废》也记载了各朝代绘画收藏。"魏晋之代，固多藏蓄，胡寇入洛，一时焚烧。宋、齐、梁、陈之君，雅有好尚。"[3]六朝时期，绘画收藏的情形与法书名迹的相类似，统治者狂热收藏，改朝换代时这些画作又惨遭损毁。令人印象深刻的是齐高帝萧道成（479—482年在位）曾收集了42位画家的348卷作品，并对它们进行了分类，于处理政事的余暇欣赏不已。此后，梁武帝和梁元帝又多加搜集，却在"侯景之乱"时内府图画数百函惨遭焚毁。平乱之后，所有画作都搬迁至江陵。西魏将领于谨攻陷江陵，梁元帝将降之际，下令将所聚名画法书及典籍焚毁，于谨在灰烬中抢救出书画4000多轴，全部带到长安。陈朝又开始重新收集，共有800余卷。张彦远的叙述使人感受到南朝帝王对绘画艺术的重视，以及当时盛极一时的收藏之风。[4]

---

[1] 刘涛：《中国书法史·魏晋南北朝卷》，江苏教育出版社2009年，第525-528页。
[2] 刘涛：《中国书法史·魏晋南北朝卷》，江苏教育出版社2009年，第528-532页。
[3] 张彦远：《历代名画记校笺》，许逸民校笺，中华书局2021年，第24页。
[4] 张彦远：《历代名画记校笺》，许逸民校笺，中华书局2021年，第24-31页。另参见杨新、班宗华等：《中国绘画三千年》，外交出版社1997年，第45页，"42位画家的248幅作品"，数字应为348。

隋灭陈之后，江南王室藏品载归北方，收藏中心也由江南转移到北方。陈朝的800余卷图籍归隋，隋炀帝专门建"妙楷台"和"宝迹台"收藏书迹和古画。隋亡后，原有秘藏本该归唐朝，可在运输途中遭遇意外，大部分沉于水中，使得唐初内库只有300卷。太宗朝尽力购求，武则天朝修内库图画时，画工们锐意摹写并按原样装裱，真迹被移花接木归私人所有，辗转以后又归天府。当时重要的收藏事件是王方庆向朝廷进献王氏一门"二十八人书共十卷"，王方庆是王褒一支的后人，而王褒是西魏攻陷江陵时被虏至长安的梁朝文化名流。王方庆所献应当是王褒从江陵携带至长安的王家书迹。"安史之乱"期间，朝廷收藏耗散很多，到唐肃宗、唐德宗之时，时局艰难，更无暇顾及内府收藏了。[1]

2. 宋元江南书画鉴藏

宋元时期，各阶层人士对艺术品的赏玩已形成风气，皇家内府庋藏丰富，文人的各类书画雅集不断，坊市间茶肆酒楼悬挂图画，艺术氛围极其浓厚。浓郁的艺术氛围使艺术品交易市场活力升腾，《东京梦华录》载北宋大相国寺、朱雀门外及州桥之西即为有名的书画交易市场，《武林旧事》记南宋临安的坊市有专卖"纸画儿"铺。[2]直至元代，杭州一直是书画交易中心之一。

宋元时期的书画鉴藏，皇家、士大夫、民间收藏三足鼎立。两宋时期，皇家直接参与市场的力度很大，极大地促进了书画市场的繁荣。宋徽宗笃好赏鉴，授意编撰《宣和书谱》《宣和画谱》《宣和博古图》等书籍，著录宣和御府所藏历代法书墨迹、绘画、青铜器，现存展子虔《游春图》、王献之《鸭头丸帖》等字画皆为徽宗内府旧藏。南宋初建，高宗访求法书名画不遗余力，官方常于榷场回购北方遗失之物，[3]故绍兴内府所藏文物不弱于宣和内府。

随着士人阶层的崛起，士大夫逐渐成为宋元收藏家之主体。"宋人赏鉴精妙，无出于米南宫元章"，这是元人汤垕对米芾赏鉴能力的评价。米芾曾任徽宗朝书画学博士，过眼书画无数，为北宋文人鉴藏家中的佼佼者，

---

[1] 张彦远：《历代名画记校笺》，许逸民校笺，中华书局2021年，第31-33页。
[2] 宋芳斌：《传播媒介另一副面孔：两宋书画市场、画院的媒介属性和特点》，《美术学报》2020年第2期。
[3] 段莹：《南宋榷场与书画回流》，《故宫博物院院刊》2016年第3期。

他在《画史》《书史》等书中记载了所见、所藏书画的鉴赏心得。在米芾眼中，鉴赏是一种综合的行为："赏鉴家谓其笃好，遍阅记录，又复心得，或自能画，故所收皆精品。"[1]痴迷赏鉴之人，能书能画，对于赏鉴自有心得，因此区别于"好事者"。而收藏绘画也有三六九等之分，具有劝诫意义的佛像人物画为上，烟云变幻的山水次之，花草竹石紧随其后，仕女翎毛则不值得收藏。宋代，书画作伪已非常普遍，《画史》记有添名款、装裱做旧、临摹等书画作伪方式。辨别绘画风格、题字和钤印文字、图画中人物服饰和建筑形制等，皆是米芾鉴藏书画真伪的方式。[2]

宋元交替之际，大量内府收藏书画流落民间，元初江南地区的书画收藏由此活跃，王芝、周密、鲜于枢、柯九思等文人收藏家涌现。书画藏品除了引发审美共鸣外，对于元代江南文人藏家来说还具有更实际的作用。在聚会雅集之中，江南收藏大亨以"书画会友"，珍贵的藏品往往令与会仕人交口称誉，藏家们通过藏品结交元廷官员，因此获得举荐、入仕的机会，王芝、柯九思等人均是在此种方法的基础上入仕。[3]据曹蓉的考证，元初江南仕人由于转官、休假往来南北两地，随身携带的书画藏品因此在交游中频繁流转，[4]但多数书画珍品最终流入元内府。元文宗、大长公主祥哥剌吉是元代皇室收藏的两大巨擘，柯九思以其高深的鉴赏能力为他们服务，承担着中介者的角色。[5]柯氏时任奎章阁鉴书博士，内府所藏书画多经他鉴定，王献之《鸭头丸帖》、董源《夏景山口待渡图》等字画都有其鉴定题跋或钤印，其鉴赏水平之高和过眼书画之多历来为人称道，后人将其与米芾相提并论，称其为"柯南宫"。柯九思与汤垕、张雨等文人交好，汤垕《画鉴》是其与柯氏于大都论画所著。

3. 明清江南书画鉴藏与著录

明代皇室收藏管理混乱，相当数量的书画珍品流入民间。而在江南，

---

[1] 转引自潘运告：《中国历代画论选》上，湖南美术出版社2007年，第293页。
[2] 赵娟：《北宋书画鉴藏研究——以〈图画见闻志〉、〈画史〉为例》，《艺术百家》2012年第2期。
[3] 赵盼超：《元初江南地区收藏家王子庆的交游与庋藏》，《中国国家博物馆馆刊》2012年第2期。另参考方匡水、李小芬：《柯九思与元文宗时期的内府书画鉴藏活动》，《美苑》2015年第4期。
[4] 曹蓉：《〈云烟过眼录〉中的鉴藏活动——元初的古物交易与流转》，《艺术工作》2018年第5期。
[5] 陈韵如：《汤垕〈画鉴〉与元中期画史知识的重塑》，《故宫学术季刊》2020年第1期。

随着明中期后经济的复苏,以及书画艺术的商品化,元代的好古之风在富庶的江南再度掀起,民间私人书画收藏兴盛。这一时期涌现出了沈周、文徵明、华夏、项元汴、王世贞、董其昌等一批收藏名家。其中的鉴藏家又有不少兼具书画家身份,他们因其自身的书画创作经验,而有较好的鉴别能力,同时又在经眼历代书画的过程中,逐渐提升自己的鉴赏能力及艺术创作能力。沈周、文徵明乃至晚明董其昌皆是如此,他们凭借出色的鉴赏能力,成为鉴藏群体中的核心。[1]

虽然明代所涌现出来的收藏世家在入清之后经历了兵乱以及清内府对散落民间大量书画作品的征收,但仍有部分江南收藏世家的后人们守住殷实家底,太仓的王时敏、王鉴便是此类藏家。经过累世后人的保护和经营,至清末,江南所涌现出的一大批收藏世家的书画收藏数量十分可观,在苏州地区,就有"贵潘"潘祖荫、"富潘"潘颖昌、顾文彬之"过云楼"、吴湖帆之"梅影书屋"等。

江南权贵不吝钱财,争购书画,这一风气使得书画价格陡增,市场上鱼目混珠之伪作层出不穷。而文人书画家们因其良好的书画创作能力常常参与鉴赏活动,他们对书画往往以文人的标准来审视,重视雅俗之别,逐渐形塑出富有文人品位的江南收藏标准。

在书画作品的题跋中,常常可以看到当时书画家、收藏家、鉴赏家或商人的参与。书画家们通过这张复杂的交际网,与江南各地藏家亲密来往,得以过眼、临写江南藏家所藏历代书画,爱好雅玩的文人士绅在书斋中与好友鉴赏品评书画的鉴古场景常被绘于画中,如文徵明的《真赏斋图》以及前文所提的别号图中都时常可见这一场景。

为保存珍贵的历代书画作品,在书法方面,明代中期以后,江南私家刻帖成为一种风尚,主要是翻刻前代法帖以及经过鉴定的自己所藏历代墨迹或是帖主个人书法,为学习历代书法乃至当代书法经典提供了大量的范本,引导学书风气。[2] 在绘画方面,可从保留的大量临作、仿作中看到画家们对原作笔法、构图的潜心学习,这些临作、仿作也为保存和传播历代书画艺术成就做出了贡献。董其昌则在临摹中另辟蹊径,虽然他的画作

---

[1] 黄朋:《元明清三代民间书画收藏史略论》,见华人收藏家大会组委会:《名家谈收藏·文化篇(上、下)》,东方出版中心2009年,第214页。
[2] 方波:《文化资本与文化商品:明代江南私家刻帖的一个面向》,《文艺研究》2012年12期。

中多见题为临作、仿作,但这些画作与原作相去甚远,实际上,这是他在临摹之中熟悉诸家笔法,自由地进行笔墨游戏的结果。

明代江南的书画著录也主要是对私人藏品的编写,著录内容记载个人收藏或是过眼的书画题目、印鉴、题跋、尺寸、流传、鉴伪等信息,为书画的流传和考证研究提供了重要的参考价值。在宋代《宣和书谱》《宣和画谱》的基础上,明代朱存理《珊瑚木难》、陈继儒《妮古录》、赵琦美《铁网珊瑚》、张丑《清河书画舫》等书画著录相继问世。

清代的私人收藏活动在乾隆以前依旧盛行,但这一时期北方的私人收藏抬头,江南稍显落寞,虽有朱彝尊、王时敏这些收藏大家,但未见他们编写书画著录。民间私人收藏在乾隆时期更是陷入了一个低谷,乾隆时期所编写的《秘殿珠林》《石渠宝笈》虽然展示了清宫收藏之富,但可窥见此时民间所流传的历代书画精品已不多,私人藏家或只能降格求之。[1] 此时,江南地区可见的书画著录有毕沅《广堪斋藏画》、谢希曾《契兰堂所见书画》、陶梁《红豆树馆书画记》等。

四、江南书画艺术的特征及历史地位

综上论述,江南书画艺术特色明显,成就突出,在中国书画史上占有重要的历史地位。

(一) 早期江南文字书法:图案化与装饰性特征明显

魏晋是中国书法的高峰期,也是江南书法发展的繁盛期。以此为界,魏晋以前的江南书法,可称为"早期江南书法"。按现存书迹所属的时代,可以将早期江南书法细分为西周、东周(春秋战国)、秦汉三个时期。

西周的《宜侯夨簋》铭文和关中地区的周人文字并无区别,但并不能反映此时期江南书法的真实面貌。从历史层面看,周初的江南可能没有成熟的文字。随着一些小诸侯被分封在江淮和江汉等南方地区,他们的文字可以被看作江南书法的先声。

东周的江南书法主要包括吴、越和楚系书法,它们因各自的文化差异而有所不同。但从整体看,它们均具有江淮地区的一些普遍特征,即各种

---

[1] 陆蓓容:《从〈石渠宝笈〉看民间书画鉴藏盛衰》,《紫禁城》2015 年第 9 期。

鸟虫篆和鸟虫化的篆书同时流行。吴越文字的载体以兵器最多,图案化和装饰化是吴越文字区别于周人文字的最大特征。它们主要有三种类型:一是传统类;二是字形狭长,笔画纤细屈曲类;三是吴越特色的鸟虫书。其中,吴国礼乐器铭文基本延续了西周正体大篆的特征,这是它和同处江南的楚、越等国文字最大的区别。这些现象可能反映了吴文化中所隐存的某些周人因子,是中原礼乐文明和江南原始地域文化交融后的产物。但吴人在努力保持周文化传统的同时,也逐渐被当时流行的装饰美化风潮影响。

秦汉是大一统的时代,各具特色的吴、越、楚文字先后消亡,取而代之的是中央政府统一推行的规范文字。由此,秦汉时期是江南书法地域特性特征被隐去的时代,也是江南书法融入中国书法的时代。

(二) 六朝隋唐江南书画:古质今妍、盛世雄风

张彦远在《历代名画记》中写道:"江南地润无尘,人多精艺。三吴之迹,八绝之名,逸少右军,长康散骑,书画之能,其来尚矣。"[1]张彦远的时代,"三吴"指的是吴郡(今江苏苏州)、吴兴(今浙江湖州)、丹阳(今江苏镇江);"八绝"是指"吴之八绝",包括皇象的书法和曹不兴的绘画;"逸少右军"当然是指王羲之,"长康散骑"则指顾恺之。从王羲之、顾恺之生活的公元4世纪到张彦远生活的公元9世纪,时间已过去五百年,因此张彦远要用"其来尚矣"形容江南地区书画传统由来已久。

六朝时的江南,文采焕烂,书画艺术更是引领风骚。东晋末年出现"二王称英"的局面,南朝更是以"二王妙迹"为指归。"二王"的共同特点之一就是"妍",王羲之的书法比起"钟张"已经"妍媚",而王献之的"媚趣"更胜王羲之,"二王"之间也有"质妍之殊"。王氏父子在南朝的影响力也有彼此之分。刘宋当道的书家几乎都是王献之书法的传人,因而宋齐时期形成了"比世皆高尚子敬"的局面,其中羊欣最为著名。扭转这一风气的是梁武帝,他好文尚古,不赞成学献之书,也不提倡王羲之书法,而是极力主张学钟繇。结果是"今瘦"的王献之书风从此消歇,"古肥"的钟繇书法并未昌明,而体势居间的王羲之书法却兴盛起来,也使得南朝主流书风在梁朝发生了由学王献之向学王羲之的转变。陈隋之际的智永作为王羲之七世孙极力学王羲之书法,临写王羲之《真草千字文》八百

---

[1] 张彦远:《历代名画记校笺》上册,许逸民校笺,中华书局2021年,第126页。

本,浙东诸寺各施一本。智永是推广右军书法的功臣,犹如羊欣之于王献之。[1]

唐代书法的发展和帝王的重视密不可分,一方面是由于帝王对书法的爱好,另一方面也出于收揽文士的政治需要。唐太宗曾为《晋书》撰写四篇论史文章,其中就有《王羲之传赞》,称赞逸少书法"尽善尽美",表明了他对王羲之的推崇。然而,大唐盛世的气象完全不同于偏安一隅的六朝。永嘉南渡之后,渡江名士大都信奉"五斗米道",服食丹药,崇尚清谈,老庄学说大盛,玄学兴起。王羲之处在这样的时代,未能免俗,旷达疏放,几乎超越老庄。而唐代士大夫都勇于任事,尤其是在"贞观之治"那段时间,富有积极用世的"有为"精神。在文化领域,包括书法绘画艺术,都具有奋发向上、朝气蓬勃的时代精神。身处这一时代的帝王及士大夫书法家,他们的思想、气质、情操和胸襟,自与右军迥异。因而,唐太宗的《王羲之传赞》,可以说是积极利用王羲之的历史地位和社会影响,代表了初唐书势斟酌古今、融合南北的要求,得到士大夫阶层的广泛支持。欧阳询、虞世南、褚遂良作为杰出书家的代表,在继承王羲之书法的旗帜下,"变古制今",改造王羲之书体,终于形成外晋内唐或名晋实唐的一代书风。[2]

(三)宋元明清江南书画:文人趣味成为主流审美

从五代至宋元明清,江南书画领域特色更为鲜明,无论书画技法还是理论成就都十分显著。

其一,江南山水风格的形成。五代时期,在南唐李氏皇室的激励和支持下,江南地区在文化艺术上取得了异常辉煌的成就,这些成就被灭亡南唐的宋朝视为赶超的标准。[3]当时,在以南唐都城金陵为中心的淮河以南地区,形成了一种独特的山水画风格,后世称之为"江南风格",对其后的画家产生了巨大影响。代表人物有前文所述两位山水画大师董源和巨然。另外,南唐宫廷画院学生赵干的《江行初雪图》也成为传世的重要代表作。董、巨二人创立了一种松散、湿润的画法,和描绘坚硬、多石的北方山水传统全然不同。这种画法特别适于描绘江南水乡那种河湖密布、雾

---

[1] 刘涛:《中国书法史·魏晋南北朝卷》,江苏教育出版社2009年,第262-264页。
[2] 朱关田:《中国书法史·隋唐五代卷》,江苏教育出版社2009年,第39-48页。
[3] 杨新、班宗华等:《中国绘画三千年》,外交出版社1997年,第95页。

气弥漫的景色,淡淡的墨色和流畅的笔触创造出近乎空灵的崇高感。[1] 这种风格特征对"元四家"及明代"吴门画派"都有重要影响,是文人画追求意境美感的先声。

其二,元代赵孟頫"书画同源"理论的提出及实践。早在唐代,张彦远在《历代名画记》中已用三对例子来说明"书画用笔同法":一是王献之"一笔书"和陆探微"一笔画",都是连绵不断;二是张僧繇绘画所用点曳斫拂这类啄磔技法,依照卫夫人《笔阵图》而成,点画技巧相通;三是吴道子的绘画极其出众,他是跟随张旭学习的笔法,张旭号为"书颠",吴道子为"画圣"。[2] 赵孟頫提出"书画同源"是在宋代苏轼提倡文人画之后,苏轼主张绘画要直抒胸臆,在笔端倾注感情,不能像画工那样千篇一律,于是画家在诗文书法方面的修养尤显重要。赵孟頫则在《秀石疏林图》后题诗:"石如飞白木如籀,写竹还于八法通。若也有人能会此,方知书画本来同。"他发展了苏轼有关文人画的主张,同时践行了自己的理论,不仅在《秀石疏林图》上用书法的用笔勾勒树石假山,而且在他的代表作《鹊华秋色图》《水村图》等画作中,都以荒疏萧散的笔法,像写字一样留下笔墨痕迹,一改绘画的"描"为书法的"写"。赵孟頫之后,元明清的美学发展,绘画、文学、书法三者已经无法分割,特别是"元四家"和"吴门画派",更是将文人画发展到极致。

其三,董其昌"南北宗论"的巨大影响。董其昌在《画旨》中提出了在中国山水画史上影响深远的南北宗的绘画理论,认为南宗属于文人画的范畴,北宗则以宫廷画家或职业画家为尚,并且推崇文人画,贬低宫廷及职业画家。董其昌区分南北宗并不是按照地域上的南北,而是以画家的身份、画法、风格为标准。北宗画家多为皇家宗室或宫廷画家,其绘画多以着色山水、界画为主;南宗画家多具有文人和画家的双重身份,绘画多以水墨为主。这一理论对晚明和清代的山水画创作都有重要影响,清代山水画在一定程度上是对董其昌思想的一种回应。由于康熙皇帝的重视,董其昌在画坛上的地位得以加强。"南北宗论"在清代将"南宗"演变成"正统""正宗",其代表人物有"清初六家",即王时敏、王鉴、王翚、王原

---

[1] 杨新、班宗华等:《中国绘画三千年》,外交出版社1997年,第94-96页。
[2] 张彦远:《历代名画记校笺》上册,许逸民校笺,中华书局2021年,第111-112页。

祁、吴历、恽寿平。他们和董其昌一样,都是江南人,在画法理论上深受董其昌影响,在清代画坛上占有主流地位,被视为"南宗正脉"。"南北宗论"的美学观点,尚率真、崇士气、喜平淡、重笔墨,推崇文人画,在很大的程度上促使画家提高了自身文化修养,并为许多画家指明了绘画的方向,这一点即使在当今画坛依然具有积极的现实意义。

第七章　园林文化

　　山水、植物、建筑，是中国古典园林营造的三大物质要素。"吴中诸山，奇丽瑰绝，实钟东南之秀"[1]。江南不仅素以湖山风物秀美著称于世，而且盛产湖石、黄石等优质造园石材；"三江既入，震泽底定"后，从苏扬到徽杭，各地都有密布的河网交织，处处都是"枕河人家"，丰富的水体也为江南文化平添了钟灵毓秀的清雅气息；在充沛雨水、温暖气候的滋养下，这里不仅植物种类丰富，而且有大量植物适合用于园林造景。因此，江南的环境资源为传统园林营造提供了得天独厚的自然条件。

一、江南园林的历史发展

　　上古时期，各地先民的建造技艺大都体现在城池和屋宇之上。"上古皆穴处，有圣人出，教之巢居，今南方巢居，北方穴处，古之遗迹也"，巢居就是以榫卯结构来营造木构的高建筑。巢居舟行是水乡泽国的人们几千年生产生活的基本模式，开启了江南早期建筑营造的第一步。在浙江余姚的河姆渡遗址中，发现了距今约 8 000 年的马尾松独木舟——华夏第一舟，以及距今约 7 000 年的干栏建筑和榫卯结构遗址；在杭州发现了良渚古城。一系列考古发现都确证了这一时期江南营造技术的高超水平。江南园林历史，见诸历史记载的，大都始于春秋时期。

（一）春秋时期：江南园林的发端

　　春秋时期，吴、越虽分属两国，文化上其实"同音共律，上合星宿，下共一理"。《左传》《国语》《吴越春秋》和《越绝书》等古籍中，对此间江南城池、宫苑和园林的建设，有零星的史料记载。

---

[1] 王鏊：《姑苏志》卷八，台湾学生书局 1986 年，第 131 页。

位于今常州武进区的春秋淹城,是国内东周时期遗存下来的最古老城市遗址。城池由三城三河组成,充分利用了江南水乡的地形特征和资源优势。公元前514年,伍子胥进言吴王阖闾,"凡欲安君治民,兴霸成王,从近制远者,必先立城郭、设守备、实仓廪",得到吴王首肯后,"子胥乃使相土尝水,象天法地,造筑大城"。[1] 这就是苏州古城2 500多年历史之发端。20余年后,勾践也在范蠡的建议下,在绍兴建造宫城,即蠡城。《越绝书》载:"勾践小城,山阴城也……阳城里者,范蠡城也。西至水路,水门一,陆门二。"[2]此外,吴王夫差在今南京城西筑造冶城;在扬州修筑邗城,开挖邗沟,开启了后世瘦西湖风景区的先河。后来越王勾践又在南京秦淮河边筑造越台等。春秋时期的江南园林,大都依托于这些城池而建,其中尤以苏州和绍兴的造园活动最为热闹。

这一时期的江南园林大致可以分为三类:

第一类是王侯宫苑,包括城中的宫室及供王侯出行临时驻跸或休闲的娱乐区。《吴越春秋》记载阖闾在位时"自治宫室",大兴土木,有吴王宫的前园、梧桐园,又有离宫别苑,如长洲苑、姑苏台等,"秋冬治于城中,春夏治于城外姑苏之台",朝食于"鲔山",昼游于"苏台",到"鸥陂"射雁,在"游台"驰马,在"石城"取乐,到"长洲"围猎。[3] 吴王夫差时扩建姑苏台,"三年乃成",台高三百丈,周围五里,可以远眺三百里,"周旋诘屈,横亘五里,崇饰土木,殚耗人力。宫妓数千人,上别立春宵宫,为长夜之饮,造千石酒钟。夫差作天池,池中作青龙舟,舟中盛陈妓乐,日与西施为水嬉"[4]。勾践灭吴称霸后,也在绍兴一带广造台苑,有越王宫台、斋戒台、离台、中宿台、灵台、美人宫、宴台、望乌台、贺台等。《越绝书》中记载:"勾践之出入也,齐(斋)于稷山,往从田里,去从北郭门。炤龟龟山,更驾台,驰于离丘,游于美人宫,兴乐中宿,过历马丘。射于乐野之衢,走犬若耶,休谋石室,食于冰厨。"这些专为观景、游猎、休闲等"出入游卧"而造的园林通常空间范围巨大,建筑布局松散,多依托自然山水、城池,具有鲜明具体的游乐目的,其中以长洲苑

---

[1] 赵晔:《吴越春秋校注》,张觉译注,岳麓书社2006年,第55-56页。
[2] 袁康、吴平辑录:《越绝书》,徐儒宗点校,浙江古籍出版社2013年,第54页。
[3] 赵晔:《吴越春秋全译》,张觉译注,贵州人民出版社1993年,第158页。
[4] 袁康、吴平辑录:《越绝书》,徐儒宗点校,浙江古籍出版社2013年,第54页。

最为著名。

第二类是养殖生产园与围猎之场。朱长文《吴郡图经续记》卷下中说:"鸡陂墟者,畜鸡之所。豨巷者,畜豨之处。走狗塘者,田猎之地也。皆吴王旧迹,并在郡界。又有五茸,茸各有名,乃吴王猎所。"另外,阖闾、夫差父子还有养鱼的鱼城,豢养麋鹿的麋湖城和鹿城,饲马的马城,种豆的豆园,专供酿造的酒醋城,接待来使的巫榀城,放置船只的椷溪城等。这些所谓的城,其实就是王室的生产园,是兼具娱乐功能的生产性景观。越王勾践也为游猎营建了乐野苑,《越绝书》称,"乐野者,越之弋猎处,大乐,故谓乐野。其山上石室,勾践所休谋也。去县七里"。

第三类是王孙、权臣与名士宅第园。《吴门表隐》说,在苏州钮家巷有吴太伯十六世孙武真的宅第"凤池";战国时楚相春申君治吴,在故吴国子城曾建桃夏宫,司马迁《史记》说:"吾适楚,观春申君故城,宫室盛矣哉!"

从现有这些零散的文献中可以看出,春秋战国时期江南造园的某些特征,对后世这一带园林艺术的发展有深刻影响。

第一,春秋时期,吴越虽然位列诸侯,其园林规模俨如后世的皇家园林。春秋以降,王权式微,礼崩乐坏,周王室几乎没有多少能力对诸侯加以实质性的节制,以至于诸侯国君游猎苑囿及园池楼观的规模皆可与后世皇家园林相比肩。投射到园林实体上,就如吴地长洲苑,"吴王初鼎峙,羽猎骋雄才。辇道阊门出,军容茂苑来"[1],苑囿空间范围巨大而难以界定,苑内的园池、亭台营造随意,数量众多,布局零散,缺少整体规划。

第二,造园目的在于盘游之乐,春秋时期吴越王侯园林这一鲜明特征,标志着江南园林已经跨越了兴造高台广池以娱神求仙的神本时代,走在了从神本向人本转型的历史前沿。可见,江南园林艺术从发端时刻起,即显示出与其他建筑在空间功能与审美趣味上的明显差异。

第三,从现有的文字资料来看,春秋时期,江南在造园技术和技巧上,已经非常发达。传说姑苏台高三百尺,这里可能包括了其所依托的山势、响屦廊、琴台、玩月池等建筑,或利用声学传播原理,或借助光的映

---

[1] 周振甫:《唐诗宋词元曲全集·全唐诗》第三册,黄山出版社1991年,第838页。

像规律,来实现逐乐的造景目的,也显示出吴民造物设计充满奇思妙想的特征,因此有学者说:"吴国园囿是苏州园林的起步期,也是苏州园林的第一个高潮期。"[1]

春秋时期,江南园林一经创始,便有了惊世的不俗开局。尽管如此,早期园林粗犷简朴的痕迹在这一时期江南园林艺术上,也留下了清晰的时代烙印。如园林与古建之间的区别还不是很清晰,造园以建筑为主,园林中的山水、植物造景等还很少;园林之乐还仅仅停留在浅层次的感官追求上;造园选址有明显的率意和随机性,主题意识寡淡,或以地名、建筑名,或以功能、物产来给园林定名称;建筑与山水等园林景境构成要素之间缺少内在的整体性呼应,多是机械相加。

(二) 秦汉至宋元时期:江南园林的发展

秦汉时期的江南一带远离皇权中心,相较于关中和京洛,园林营造活动也相对安静。尽管如此,此间江南园林也有明显的长足发展。

前朝的一些旧园林,到了秦汉时依旧留有遗存,其中影响最大的是吴王的长洲苑。枚乘曾上书吴王刘濞说:"夫吴有诸侯之位,而实富于天子;有隐匿之名,而居过于中国。夫汉并二十四郡,十七诸侯,方输错出,运行数千里不绝于道,其珍怪不如东山之府;转粟西乡,陆行不绝,水行满河,不如海陵之仓;修治上林,杂以离宫,积聚玩好,圈守禽兽,不如长洲之苑;游曲台,临上路,不如朝夕之池;深壁高垒,副以关城,不如江淮之险。此臣之所为大王乐也。"[2]汉大赋铺张扬厉、劝百讽一,其间措辞存在夸张,然而,从中也可以看出,长洲苑此时依然是巨大的、具有综合性功能的大园林。此外,《越绝书》说:"桑里东,今舍西者,故吴所畜牛、羊、豕、鸡也,名为牛宫。今以为园。"[3]可知,到了汉代,阖闾、夫差时那些界限不甚清晰的园囿,已经逐步被缩小、被界定——吴越前朝王侯园林此时已经到了"夕阳无限好"的阶段。

此间,江南园林发展有三个重要的新方向,园林艺术的类型也因此逐渐丰富起来。

其一是出现了早期的官署园林。秦汉时会稽郡治在苏州,其中的太守

---

[1] 魏嘉瓒:《苏州古典园林史》,上海三联书店2005年,第61页。
[2] 班固:《汉书》卷五十一,中华书局1964年,第2327页。
[3] 袁康、吴平辑录:《越绝书》,徐儒宗点校,浙江古籍出版社2013年,第54页。

舍园就是苏州最早的官署园林，这一类型的园林发展到唐宋时，达到了鼎盛。

其二是出现了早期的文人宅第园林，这在中国园林史上具有重要意义。苏州有笮家园、五亩园、陆绩宅园等。《吴门表隐》说："笮家园在保吉利桥南，古名笮里，吴大夫笮融所居。"[1]五亩园在桃花坞，晚清人谢家福在《五亩园小志序》中说："园在苏城西北隅，介阊、齐两门之中，汉时为张长史植桑地。"[2]这是一所文人私家的生产园。陆绩宅在临顿里，以郁林石（廉石）为世人所称赏，开启了后世园林品石、以石励志的先河。此外，在其他各地，如在绍兴会稽县治东二里有陈嚣宅园，在会稽山阴有钟离意和梅福的宅园；在上虞县西南的金罍山上有魏伯阳隐居修道的宅院；在余姚屿山之南有汉日南太守虞国的宅园，中有水域雁池。东汉张衡在《归田赋》中描述了诗意栖居生活："于是仲春令月，时和气清；原隰郁茂，百草滋荣。王雎鼓翼，仓庚哀鸣；交颈颉颃，关关嘤嘤。于焉逍遥，聊以娱情。"苏州、绍兴的这几处私园使张衡的想象实现了物化。

其三是开发了风景园林。秦汉时通过开发自然风景资源来创建大尺度的公共风景园林环境，开启了后世公共园林事业的先河。东汉时，会稽太守马臻积极推动鉴湖景区的建设。苏州虎丘地处阊门之外，出城西行的水路绕山丘而过，这里环境优美，从春秋时起已成吴中胜地，阖闾埋冢后，这里既是重要的墓园，也是"重岩标虎踞"的风景名胜区，素有"吴中第一名胜"的美誉。顾湄在《虎丘山志》中说："自吴国以来，山在平田中，游者率繇阡陌以登。"[3]西汉初年，在绍兴山阴的稷山上，有为汉文帝母薄太后之父建造的灵文墓园，"会稽郡置园邑三百家，长丞以下吏奉守冢，寝庙上食祠如法"[4]。

六朝是一个长期充满动荡与离乱的时代，也是中国艺术理论发展的觉醒时代，就古典园林而言，这是一个艺术活动热闹、审美趣味驳杂、艺术理论与规范正在创建的时代。北方皇家园林依旧沉醉于追求浅层的感官快乐，园林活动充斥着荒淫、迷信、偏执、放荡、豪奢、斗富等乱象，江南

---

[1] 顾震涛：《吴门表隐》（卷十三），江苏古籍出版社1999年，第3页。
[2] 王稼句：《苏州园林历代文钞》，上海三联书店2008年，第124页。
[3] 吴彦进：《吴历史文化丛谭》，首都文具制造公司爱达印务出版机构2013年，第102页。
[4] 司马迁：《史记》卷四十九，岳麓书社2002年，第335页。

文人园林审美却已经逐渐进入自然简朴、淡泊率真的自然山水园林时代。西晋左思在《招隐诗》中说："何必丝与竹，山水有清音。"[1]东晋简文帝司马昱说："会心处不必在远，翳然林水，便自有濠濮间想也，觉鸟兽禽鱼自来亲人。"[2]这些都是对此间自然山水园林审美思想的简要概括。这种清雅高格的审美趣味代表了六朝园林艺术的最高水平，也具有最持久的艺术生命力。五胡乱华和晋室南渡，推动着北方士族不断南迁，也促进了江南文化艺术的发展，江南各地自然山水园林和"有若自然"的城市文人私家园林，逐渐成为引领时代艺术风尚的典范。

宗白华先生说：晋人向外发现了自然，向内发现了自己的深情。山水虚灵化了，也情致化了。[3] 慕恋自然山水、寄情山水之间，是六朝时期江南文化艺术最显著的特征之一。他们为兰亭的"茂林修竹""清流激湍"而流连忘返，为"山阴道上"应接不暇的美景而赞叹，为"千岩竞秀，万壑争流"而陶醉，把"古来共谈"的"山川之美"视作可以使人自我超越的"欲界之仙都"。在这一审美思想的影响下，江南自然山水全面进入人们风景园林审美的视野，人们常常筑亭台于山阿，筑楼阁于城头，借山川营造景境，为后世江南各地的公共园林发展奠定了基础。

自然山水审美思想也全面影响了六朝江南文人的三种园林理景设计：山庄别墅、村居田园和城市小园。

六朝各地士族大都在封山占水的基础上，建构了大大小小的山庄别墅，如谢安在江宁东山和绍兴东山都有园墅。谢灵运位于绍兴郊外的始宁别业"傍山带江，尽幽居之美"，堪称当时之最。山园面积极大，自然山水环境优美，有童仆数百人，谢灵运还在其中精心营构了大量建筑，时常与一群道友吟游其间，并写了《山居赋》，比较全面地记录了山居生活和园林景境。

村居田园是当时社会地位相对较低的文人隐居山村的朴素小田园。例如陶渊明、刘遗民和周续之并称"浔阳三隐"，其中，尤以陶渊明菊篱小园名气最大，对后世乡村园林的影响也最深。

六朝时期，江南各地城市园林快速发展，其中建康（今江苏南京）作

---

[1] 姚思廉：《梁书》卷八，中华书局1973年，第168页。
[2] 刘义庆：《世说新语》，刘孝标注，上海古籍出版社1982年，第1529页。
[3] 宗白华：《春风如酒：过有诗意的生活》，江苏凤凰文艺出版社2019年，第258页。

为六朝古都，私家园林数量为江南各地之最，一些王侯和权臣的宅园极尽华丽。如刘宋阮佃夫宅园"金玉锦绣之饰，宫掖不逮也"[1]，南齐吕文度"广开宅宇，盛起土山，奇禽怪树，皆聚其中，后房罗绮，王侯不能及"[2]。

从园林空间形态和理景设计的角度来看，对后世文人园林艺术发展影响最大、最直接的却是一些相对自然朴雅的文人小园。东晋顾辟疆的宅园素有"吴中第一名园"之称，园林以茂林修竹扬名天下，可知此时的园林在植物选配与理景设计上已有比较明确的主题意识。此外，吴地士民以众筹的方式来招贤纳士，为谯郡（今安徽宿州）孝子、桐庐高士戴颙"共为筑室"，为其所造宅园"聚石引水，植林开涧，少时繁密，有若自然"[3]。这既是苏州文化艺术史上的美谈，也是苏州城市园林叠山最早、最清晰的文字记录。南朝庾信在《小园赋》中说，"若夫一枝之上，巢夫得安巢之所；一壶之中，壶公有容身之地"，"一寸二寸之鱼，三竿两竿之竹"，也照样"可以疗饥，可以栖迟"，可得豪门园林同样的"且适闲居之乐"[4]。此类园林环境和设计思想成为后世文人园林写意理景不断模仿的范例。

六朝时期，南北政权长期对立并峙，江南皇家园林也在这样的局面下，得到了快速发展。赤乌十年（247），孙权在建康城的玄武湖一带建造太初宫；孙皓登基后，在太初宫之东"大开苑囿，起土山，作楼观，加饰珠玉，制以奇石，左弯崎，右临硎。又开城北渠，引后湖水激流入宫内，巡绕宫殿，穷极伎巧，功费万倍"[5]。这就是东晋及南朝四代的皇家华林园之伊始。六朝帝王多有豪奢放荡之气，因此，皇家园林中也常有"六朝金粉"的味道。几代君王不断踵事增华，在华林园之外，又先后兴建了芳林苑、乐游苑、江潭苑、建兴苑、湘东苑、兰亭苑、玄洲苑等皇家园苑。

六朝帝王多佞佛，江南文人也多喜释教，很多文人还皈依了佛门，舍宅成寺，因此，佛寺在六朝江南遍地开花，迎来了"南朝四百八十寺"的空前盛况。这些佛寺和本土道观大多有园林空间，有的就建造在灵山秀水

---

[1] 李延寿：《南史》，周国林等校点，岳麓书社1998年，第1109页。
[2] 李延寿：《南史》，周国林等校点，岳麓书社1998年，第1113页。
[3] 沈约：《宋书》卷93，中华书局1973年，第2277页。
[4] 朱东润：《中国历代文学作品选》上编第2册，上海古籍出版社1979年，第215页。
[5] 许嵩：《建康实录》卷四，上海古籍出版社1987年，第71页。

之间,形成了新的园林类型,即寺观园林。

唐代在政治、经济、军事、文化、艺术上,都达到了历史上的最高水平,呈现出大开大合、兼容并包、自由奔放的开放型时代文化特征,经济和文化的繁荣,为园林艺术快速发展奠定了坚实的基础。唐代,江南园林在体量和数量上,稍逊于长安和洛阳,然而,唐代又是江南和江南园林实现巨大跨越的时代。

以"安史之乱"为节点,唐代江南实现了从自我欣赏到备受瞩目的跨越。顾况在《送宣歙李衙推八郎使东都序》中说:"天宝末,安禄山反,天子去蜀,多士奔吴为人海。"[1]大历十四年(779),吴县县令梁肃在《吴县令厅壁记》一文中说:"自京口南被于浙河,望县十数,而吴为大。国家当上元之际,中夏多难,衣冠南避,寓于兹土,参编户之一。"[2]北地南来的移民如潮似海,居民总数竟占后来吴地编户居民的三分之一。主动选择的背后,是发现、认同和欣赏,江南从此成为中国文人心中的向往之乡。白居易的"江南忆"最忆是杭州,次忆是苏州;晚唐韦庄《菩萨蛮》词说:"人人尽说江南好,游人只合江南老。"从这些吟咏诗词中可以清晰地看到,此间文人对江南流连缱绻的情怀和心迹。到了宋代,王禹偁就在《南园偶题》诗中直言,"他年我若功成后,乞取南园作醉乡"[3]。

江南园林精巧、雅致、写意的地方化个性特征,在唐代也渐渐成了文人造园普遍接受的艺术审美准则。白居易回忆自己前半生的造园:"凡所止虽一日二日,辄覆篑土为台,聚拳石为山,环斗水为池。"[4]韦夏卿在《东山记》中说:"谢公东山亦非名岳,苟林峦兴远,丘壑意深,则一拳之多,数仞为广矣。"[5]这些言论与江南造园思想和实践互为表里,也是对江南文人造园审美观念的认同与概括,为后世文人造园打下了坚实的理论基础。此间,江南园林营造也实现了全面快速的发展。

第一,唐代江南各地在城市园林化的建设道路上取得了巨大进步。苏州已是"绿浪东西南北水,红栏三百九十桥",扬州也是"广陵城中饶花光,广陵城外花为墙",杭州则是"余杭形胜四方无,州傍青山县枕湖。

---

[1] 许总:《唐诗史》(下),江苏教育出版社1994年,第92页。
[2] 乌廷玉:《隋唐史话》(下),中国国际广播出版社2009年,第142页。
[3] 王禹偁:《小畜集》卷七,商务印书馆1937年,第72页。
[4] 朱金城:《白居易集笺校》,上海古籍出版社1988年,第2737页。
[5] 陈新、谈凤梁:《历代游记选译》,中国戏剧出版社1991年,第255页。

绕郭荷花三十里,拂城松树一千株"。可见,江南诸古城早在唐代,已经个个都像大花园了。同时,围绕城市的湖山资源,杭州、南京、苏州、扬州、绍兴、镇江等地的城市公共园林环境也都逐渐进入了快速发展的阶段。

第二,江南各地私家园林蓬勃发展。苏州地方志中记录了唐代名园20余个。潘儒巷任晦宅园内"有深林曲沼,危亭幽物"[1];临顿路有花桥水阁,白居易歌之:"扬州驿里梦苏州,梦到花桥水阁头"[2];桃花坞西侧有孙园,元稹在《戏赠乐天复言》诗歌中说:"孙园虎寺随宜看,不必遥遥羡镜湖"[3]。此间苏州最受后人关注的园林是陆龟蒙在临顿里的宅园。陆龟蒙是郁林太守陆绩的后裔,出身名门世家,却甘做"江湖散人",是晚唐闻名当世的高士。他的宅园"不出郛郭,旷若郊墅",且与汉代陆绩宅和后世拙政园、归田园居都在相同地界。从其好友皮日休的十首五言诗咏来看,此园乃"一方萧洒地",园内不仅有大面积的生产田园,具备强大的生产功能,更有绕屋绿竹、蕉窗淅沥、月上石台、鹤鸣鹭影等美景。皮、陆二人在这里垂钓、品茗、饮酒、释易、说玄、歌诗、论画,这些所谓的"梦魂无俗事"及其情境,成为后世中国文人山水画卷和私家园林中最典型的园居场景。[4]

绍兴历来都是人文荟萃之地,著名文人如王维、皇甫岳、王翁信、方干、李绅、戴叔伦、权德舆等都在这里有宅园或别墅,至于一些园主姓名不详的园亭、楼馆、别业、山亭、精舍等,更是难计其数。其中贺知章的"剡川一曲"面积非常大,既有唐玄宗诏赐的背景,又得山水风物之胜,是当时越中影响较大的名园。

扬州自古繁华,大运河的开凿又大大推动了扬州的发展,春风十里扬州路,"园林多是宅,车马少于船"。此外,金陵、润州、徽州、抚州等江南各地,也都呈现出城市园林密集发展的局面。

第三,以苏州为代表的江南郡治园林臻于完善。从白居易和韦应物等人的相关诗歌中可知,苏州郡治的衙署园林不仅风景优美,而且亭、台、

---

[1] 何锡光:《陆龟蒙全集校注》(下),凤凰出版社2015年,第1074页。
[2] 白居易:《白居易集》,岳麓书社1992年,第850页。
[3] 周振甫:《唐诗宋词元曲全集》,黄山书社1999年,第3001页。
[4] 周振甫:《唐诗宋词元曲全集》,黄山书社1999年,第4584页。

楼、阁等观景建筑也很丰富，园林环境兼具休闲、生产、读书、理事、交游等多种功能。苏州衙署园林建设已到了比较成熟阶段。

五代吴越国时期，钱氏三代郡王及其亲贵皆"好治林圃"，因此，这段时间成为江南园林艺术史上的黄金时期。归有光《沧浪亭记》说："钱镠因乱攘窃，保有吴越，国富兵强，垂及四世，诸子姻戚乘时奢僭，宫馆苑囿，极一时之盛。"[1]

钱镠从绍兴迁都杭州后，围绕西湖大力改善提升城市环境品质，一方面设置撩湖兵，系统化地持续治理西湖，同时，皇亲贵戚们又在西湖边上建造了大量园林。其间，代理督抚苏州的主要是钱元璙和钱文奉、钱文㑹父子。钱元璙在城内有南园、东圃，在城外还有一些别第。南园位于古城的南部，今文庙建筑群所在之地就是南园之一角。园林"酾流以为沼，积土以为山，岛屿峰峦，出于巧思，求致异木，名品甚多，比及积岁，皆为合抱。亭宇台榭，值景而造，所谓三阁、八亭、二台、龟首、旋螺之类"[2]。钱文㑹在雍熙寺西治有金谷园，园内"高冈清池，乔松寿桧"，到北宋时朱长文在这里营造了著名园林乐圃。在古城东蒔门内，有钱文奉的东庄，或称"东墅"，"营之三十年，间极园池之赏。奇卉异木及其身见皆成合抱，又累土为山，亦成岩谷。晚年经度不已，每燕集其间"[3]。此处到明代时为状元吴宽的东庄，当代为苏州大学校园。钱氏外戚孙承祐，在南园之东南依水建有私家池馆，"傍有小山，高下曲折，与水相索带"[4]，此即为沧浪亭之始。此外，钱氏治吴期间，兴建寺观的热情堪称空前绝后。《吴郡图经续记》说："崇向尤至，于是修旧图新，百堵皆作，竭其力以趋之，唯恐不及。郡之内外，胜刹相望，故其流风余俗，久而不衰……寺院凡百三十九。"[5] 苏州寺观园林也达到了盛极一时的局面。可见，五代时的江南园林不仅得以沿着晚唐时的轨迹持续进步，而且已经从安静变得热闹，并已渐渐从与中原齐驱发展，转而跃居全国领先了。

钱氏纳土助力北宋和平统一，从五代到北宋，江南园林艺术发展一脉相承，其间没有因朝代轮替而出现明显的界限。然而，"建炎兵祸"却使

---

[1] 郭预衡：《历代文选·明文》，河北教育出版社2001年，第126页。
[2] 朱长文：《吴郡图经续记》（下），中华书局1985年，第43页。
[3] 范成大：《吴郡志》卷十四，陆振岳点校，江苏古籍出版社1986年，第191页。
[4] 范成大：《吴郡志》卷十四，陆振岳点校，江苏古籍出版社1986年，第189页。
[5] 朱长文：《吴郡图经续记》，见《四库全书》，上海古籍出版社1991年，第18页。

吴地郡民"扫荡流离，城中几于十室九空"[1]，江南园林也几乎被消灭殆尽，宋室南渡后，江南园林艺术在废墟上重新复兴起来。由于北方汴洛一带战事频仍，中国文化艺术中心随之南移，园林艺术也从南北并峙格局进入了江南独秀阶段，杭州、苏州、吴兴（湖州）等地园林艺术得到快速发展。

经历晚唐五代，到北宋时，杭州城从湖山风景到私家园林、寺庙园林，都出现了高度繁荣的局面。南宋皇室迁都后，皇家园林和贵戚园林的加持，推动杭州园林发展迎来鼎盛时期。据《梦粱录》《武林旧事》《西湖游览志馀》等典籍所记，南宋时西湖山水之间的园林数以百千计，其中，对后世影响最大的是南宋时确定下来的西湖十景，迄今不仅风物依旧，而且十景的题名也影响远播，为西湖后世成为国际最美风景园林奠定了坚实的基础。

南宋时，湖州因"山水清远"，且毗邻杭州，也深受士大夫择居所钟爱，园林发展达到了极盛。周密在《吴兴园林记》中说："城中二溪水横贯，此天下之所无，故好事者多园池之胜。"[2]

此外，绍兴的私家园林也比较多，著名的有西园、小隐园、沈氏园、曲水园、水竹居、涉趣园、寄隐草堂、五云梅舍等，其中沈氏园因陆游和唐婉的爱情故事而声名远播，且园林迄今尚有遗迹。润州（镇江）也有一些依山傍水的园林佳构，其中以米芾的海岳庵（研山园）、沈括的梦溪园最为著名。北宋时，退居金陵的王安石在钟山脚下构筑了半山园。几百年桑田沧海，这些历史名园绝大多数没能够保存下来，甚为可惜。

苏州在宋代为平江府郡治，今存最早的苏州城市地图《平江图》就绘制于南宋绍定年间。宋代苏州园林与杭州、湖州园林三足鼎立，而且，两宋时的一些名园，如朱长文的乐圃、苏舜钦的沧浪亭、史正志的万卷堂（网师园）、范成大的石湖别墅等大都保存至今，有的已经成为世界级的重要文化遗产。从现有的历史文献上看，宋代苏州园林具有这样一些特征。

第一，私家园林已经完全成为主流。宋代苏州私家园林不仅在总量上远远超过历代总和，也超过同时期的寺庙园林和官署园林，而且私家园林

---

[1] 范成大：《吴郡志》卷一，陆振岳点校，江苏古籍出版社1986年，第6页。
[2] 周密：《癸辛杂识》，王根林校点，上海古籍出版社2012年，第2页。

的艺术审美水平也最高,园林主人如范仲淹、苏舜钦、梅尧臣、朱长文、叶梦得、范成大等,不仅是当世的著名文人、文坛名宿,而且人生阅历丰富、人格品质高尚、文化素养深厚,这些都大大地提升了私家园林艺术的审美境界。

第二,园林兴造主题明确,造境色调更加简淡,写意成为造园的主要手法。两宋苏州文人造园强调怡神养性、涵养品格、超俗自适,精神追求的层次大大加深。因此,许多兴造水平高的园林皆有鲜明而深刻的主题,园林题名与景名皆主题鲜明、景境和谐。宋代苏州文人造园再度全面回归写意,既是对五代造园好奇尚奢风气的涤荡,也标志着私家园林"卷石""勺水"写意手法日渐成熟,园林艺术色调和风致更加细腻、朴素、淡雅。这为后世苏州园林走向全盛,成为世界园林艺术典范,奠定了坚实的基础。

第三,城市园林化发展步伐加快。随着城市经济的快速发展,宋代苏州不仅私家园林数量剧增,官署园林总量也超过历代总和,如府学、长洲县署、吴县署、平江府署、节度使治所、茶盐司、提刑司、府判厅等,皆有附属的园圃台池。其中,子城内的郡治附属园林规模逐渐扩大,北宋时已经达到城园合一的极盛状态。同时,密集分布在古城内外的佛寺和道观也多有园池,加上文人、富户以及一般人家也会在后院略施园林化的点缀,苏州城市全面园林化的局面已经初步形成。随着城市的逐步园林化,范成大的石湖别墅、李弥大的西山道隐园等,代表了私家园林逐渐向城外发展的新动向。

第四,园林的生产功能依旧强大。两宋苏州园林主人大多已经致仕退养,或因失意而决计辞宦,他们对园林经济生产都有一些实际的依赖,因此也多能继承陆龟蒙在宅园里的雅趣与田事。如朱长文的乐圃不仅寄托了他的"乐天知命故不忧",而且中有粮仓"米廪",其他农产也非常丰富,"《药录》所收,《雅记》所名,得之不为不多。桑柘可蚕,麻纻可缉,时果分蹊,嘉蔬满畦,摽梅沈李,剥瓜断壶,以娱宾友,以酌亲属,此其所有也"。乐圃先生既乐于其中"曳杖逍遥,陟高临深",也乐于"种木灌园,寒耕暑耘"。[1] 总之,园林雅事与田园农事,都是其"万钟不易"的

---

[1] 王稼句:《苏州园林历代文钞》,上海三联书店2008年,第18页。

乐事。其他如梅宣义的五亩园、章粢的桃花坞别墅、范成大的石湖别墅等，也都具有强大的园田生产功能。

元代，蒙古贵族对江南的统治仅有半个多世纪，但是，由于奉行种姓制度、人分十级，加之废除科举、轻视农业、重视工商等政策，人杰地灵、才士云集的江南一带一度遭受了巨大冲击。尽管如此，江南园林艺术发展并没有停滞。

第一，元代江南商品经济高度发达，园林营造持续发展。在中国商业史上，元朝不仅商业得到空前的发展，商人也受到了高度的尊重。东南一带富商云集，有盐商、手工业商人、海洋贸易商人，也有文化商人。高度发达的商业文明，对江南园林艺术至少造成了两个重要的影响。一方面是传统手工业利用重商轻农的利好政策快速发展，城市经济空前繁荣，为造园艺术持续发展打下了坚实的物质基础。另一方面是诗、文、书、画等艺术作品的商品化，为东南文人开辟了耕读之外的艺术人生之路，而这些文人恰是那个时期江南园林的主人。李日华在《紫桃轩杂缀》中说："士君子不乐仕，而法网宽，田赋三十税一，故野处者得以货雄，而乐其志如此。"[1]元代后期，书画、古董等雅玩的商品化，是"野处者得以货雄"的基础，也是文人治宅造园、求田问舍的重要经济支柱。无锡梅里倪云林的清闷阁、云林堂闻名当世，《锡山志》说倪云林"日坐清闷阁，不涉世故。间作溪山小景，人得之如拱璧，家故饶赀"[2]。因此，元代江南文人尽管鲜有位列公卿的背景，却营造了不少的园林，尤其是元代后期，吴地儒生雅士、山人隐者、道士释僧，皆多有园池、草堂、亭馆或林圃，文化名人园林雅集之盛，堪称空前绝后。

第二，文人深度参与造园过程，园林艺术活动更加丰富。随着士、农、工、商传统等级被彻底颠覆，科举之路也被堵死，传统文人一度沦落为"九儒十丐"的社会末流。没有了特殊的地位与尊严，也就没有了特殊的责任，尽忠尽孝的正统人生价值观、家国责任感，在元代江南文人身上也逐渐消失。尽管元仁宗皇庆二年（1313）恢复了科举，南方士子们对报效国家、建功立业已经渐趋冷漠，却为积极参与园林兴造储备了充分的热情与才情。他们造园、居园、游园、赏园，为园林写诗、作记、题款、绘

---

[1] 陈田：《明诗纪事》，上海古籍出版社1993年，第393页。
[2] 吕少卿：《林泉高致：元四家绘画》，天津人民美术出版社2005年，第91页。

画,有的甚至染指了累石、植树等工程环节。位于苏州潘儒巷的世界文化遗产狮子林就始建于其时,"元至正间,僧天如、惟则延、朱德润、赵善长、倪元镇、徐幼文共商叠成,而元镇为之图"[1]。倪瓒、朱德润、徐贲等,都为狮子林绘制了园图。倪瓒、朱德润也分别为徐达左的耕渔轩绘制了《耕渔轩图》,倪瓒还为高进道绘制了《水竹居》,张渥为顾德辉绘制了《玉山雅集图》等。文人在园林中最多的活动还是饮酒联句、歌诗作赋,其间汇编的耕渔轩雅集诗歌《金兰集》和玉山佳处的《玉山名胜集》,是此类活动最集中、最具代表性的典范。

第三,山林园与江湖园营造兴盛。晚明计成在《园冶·相地》中认为,筑园选址以山林地和江湖地为上。早在南宋时期,苏州私家园林走向城外湖山与村野的趋势就已经初现端倪,元代这一趋势进一步发展,分布在辖区县邑湖边、山野的园林数量远远多于城内园林。从扬州、南京、镇江、常州、无锡、苏州,到杭州、绍兴、松江等地的山隅水泮,几乎到处都有值得吟诵抒怀、流连栖迟的园池小品。元末学者陶宗仪说:"浙江园苑之胜,惟松江下砂瞿氏为最古……次则平江福山之曹,横泽之顾,又其次则嘉兴魏塘之陈。"[2]这里分别指的是松江盐商瞿霆发的瞿氏园、常熟富室曹善诚的梧桐园,以及嘉善县的陈爱山园。

(三)明清时期:江南园林的兴盛

在世界园林艺术大舞台上,东方园林、西亚园林和欧洲园林三足鼎立。其中,东方园林的代表是中国园林,现存中国园林精品主要是明清以来的江南私家园林。明清时期,尽管北京城内外的皇家园林、贵戚园林也一度繁荣,并留下了大量的园林遗存,但实际上,这些园林设计营造大都是从江南获取的造园物质材料、艺术灵感,设计师和匠作人群也都主要来自江南。

明清江南园林艺术的兴盛,可以凝练地概括为四个方面:名园多且有遗存、大师多且职业化、艺术理论体系建构完成、施工程式化与分工精细化。

第一,名园多且有遗存。明清江南各地有多少园林,难以精确统计。时人黄省曾在《吴风录》中说:"至今吴中富豪,竞以湖石筑峙,奇峰阴洞,至诸贵占据名岛以凿,凿而嵌空妙绝,珍花异木,错映阑圃。虽闾阎下户,亦饰小小盆岛为玩。以此务为饕贪,积金以充众欲。而朱勔子孙

---

[1] 钱泳:《履园丛话》,中华书局1979年,第20页。
[2] 陶宗仪:《南村辍耕录》卷二十六,文灏校点,文化艺术出版社1998年,第367页。

居虎丘之麓,尚以种艺垒山为业,游于王侯之门,俗呼为花园子。其贫者,岁时担花鬻于城市,而桑麻之事衰矣。"[1]可知,园林之于明代苏州,不仅是一种空间和环境艺术,而且是一种生活方式了。乡村亦如城市,明代以苏州为中心的东南一带就是个风景如画的大花园。晚明钟惺在《梅花墅记》中说:"出江行三吴,不复知有江,入舟舍舟,其家大抵皆园也。乌乎园?园于水,水之上下左右,高者为台,深者为室;虚者为亭,曲者为廊;横者为渡,竖者为石;动植者为花鸟,往来者为游人,无非园者。然则人何必各有其园也。身处园中,不知其为园,园之中各有园,而后知其为园,此人情也。予游三吴,无日不行园中,园中之园,未暇遍问也。"[2]

有人统计,明代苏州仅著名的园林就有271座,《越中园亭记》记录绍兴也有276座园林,其他如杭州、松江、金陵(南京)、常州等地的方志文献中,都有大量的园林记录。盛清时,吴中进士沈朝初说:"苏州好,城里半园亭。几片太湖堆崒嵂,一篙新涨接沙汀。山水自清灵。"扬州更是一度后来居上,乾隆年间仪征文人李斗在《扬州画舫录》中说:"杭州以湖山胜,苏州以市肆胜,扬州以园亭胜。三者鼎峙,不可轩轾。"[3]

明清时期的江南部分名园经历几番鼎革,遗存流传至今,成为传统文化极其重要的载体和遗产。其中比较著名且面积较大的,有"江南四大名园"南京瞻园、无锡寄畅园、苏州拙政园和留园,以及苏州的艺圃、环秀山庄、耦园、退思园、怡园,上海的豫园、古猗园、醉白池、秋霞圃,扬州的小盘谷、个园、何园,南京的煦园,徽州唐模的檀干园,湖州南浔的小莲庄,等等。

第二,大师多且职业化。中国古代很早就对"巫医、乐师、百工"有比较清晰的分类,百工匠作的技艺传承也有其各自的方式和路数。园林营造过程自设计到大量的建筑工程和植物种植,属于"劳力者"层面的鄙事,很少有文人直接参与设计和施工。唐代以后,随着城市文人私家园林渐渐兴盛,写意取代写实成为园林设计营造的主要手法,文人遂逐渐深度参与到园林的设计营造过程之中。与此同时,随着东方审美趣味的不断提

---

[1] 杨循吉:《吴中小志丛刊》,陈其弟校点,广陵书社2004年,第176页。
[2] 钟惺:《隐秀轩文》,张国光校点,岳麓书社1988年,179页。
[3] 李斗:《扬州画舫录》,潘爱平评注,中国画报出版社2014年,第103页。

升,职业的园林匠师也通过不断提升综合性文化素养,逐渐转向文人化。元明以来,江南一带高水平的、职业化的文化匠人辈出,这也是推动江南古典园林艺术水平不断提升的重要原因。明代前、中期有"谢叠山""陆叠山",晚明时有计成、张南垣、张南阳、李渔、石涛等,盛清以后"仇好石、董道士、王天于、张国泰皆为妙手,近时有戈裕良者,常州人,其堆法尤胜于诸家"[1]。其中,张南垣把造园职业技艺带入京城,祖孙三代承揽了清代前、中期北京大部分的园林工程,时人称之为"山子张",与"样式雷"共为美谈。

第三,艺术理论体系建构完成。中国园林艺术历史悠久,但理论体系却迟迟没有建构起来,唐宋以来,人们大都是用山水画和诗文的理论来评说园林。明代中叶以后,江南不仅迎来了艺术作品创作的鼎盛局面,也迎来了文人园林乃至中国传统园林艺术审美理论大总结的时代。晚明江南不仅园林艺术大师云集,先后出现了周秉忠、张南阳、计成、张南垣等造园艺术家,以及王世贞、王士性、袁宏道、谢肇淛、文震亨、李渔、张岱等一大批热衷于园林且具有高深园林艺术理论修养的文人,还出现了《长物志》《园冶》《闲情偶寄》等艺术理论专著,以及《五杂俎》《遵生八笺》《小窗幽记》《陶庵梦忆》等与园林艺术关系密切的笔记。这标志着中国古典园林理论体系建构已基本完成。

第四,施工程式化与分工精细化。晚明以来,江南古典园林从设计到施工,逐渐形成了一套完整的流程,计成在《园冶》中,把这一过程概括为从审美总论(园说)、踏勘地形(相地)到规划立基、营构屋宇、建筑装饰、叠山理水、墙垣铺地等几个层层推进的程式。这一流程迄今依然是园林设计施工的基本过程。此外,以香山帮为代表的江南匠作分工也逐渐精细化、专业化,推动了相关工艺走向精益求精的发展方向。如建筑工程有木作,假山营造有专门的山石匠,墙垣砌筑、贴饰和砖雕等有砖细工,植物种植有花园匠人等。可见,传统园林艺术和技术在缓慢演进的过程中逐渐走向了成熟。

(四)近现代:江南园林的变迁

晚清时期的太平天国战争,对江南园林的发展造成了巨大冲击。短短

---

[1] 钱泳:《履园丛话》,孟裴校点,上海古籍出版社2012年,第222页。

几年里,江南多地名园几乎受到了全面的摧毁,尤以苏州园林遭受的冲击最为严重。俞樾在《留园记》中说:"庚申、辛酉间,大乱荐至,吴下名园半为墟莽,而阊门之外尤甚。曩之阛城溢郭,尘合而云连者,今崩榛塞路,荒葛罥涂。每一过之,故蹊新术,辄不可辨。而所谓刘园者,岿然独存。"[1]直到同治、光绪年间,苏州园林才再次迎来复兴局面,"经受战乱之苦的张之万、沈秉成、吴云、李鸿裔、俞樾、顾文彬、盛康因缘际会,相聚吴门,苏州园林迎来了春天"[2]。今存拙政园、留园、耦园、怡园、退思园、听枫园、畅园、鹤园等名园,大多是此间复兴、重修时确定下来的理景格局。此外,明清以来,以皖南和浙西为代表的村落园林发展迅速并臻于完善。这种园林类型后来成为经典村落环境,其中徽州的西递和宏村如今已被列入世界文化遗产名录。

纵观近代以来的一百多年间,江南园林发展经历了三个重要阶段。

其一是西风东渐影响下的中西合璧交织发展的转型阶段。这一变化始于清末终于民国,江南各地都有相应的案例,尤以上海、湖州南浔最为集中、鲜明。此类园林各地都有一些被完整或部分地保留下来,如位于上海静安区的味莼园(张园),湖州南浔的小莲庄,苏州的天香小筑、荫庐,无锡的梅园、蠡园等。园林基本风格依旧延续了传统风格,局部出现了现代材料的建筑、欧式的门窗和廊柱、彩色的玻璃等。

其二是中华人民共和国成立后约四十年的修复与保护阶段。抗日战争时期,苏州古城遭受了日本侵略者的严重破坏,江南园林也经历了一段艰难的岁月。中华人民共和国成立后,各地方政府先后成立了文物管理委员会、园林管理处等专门机构,对一些度尽波劫的历史名园进行了抢救性的保护修复,先后有多座历史园林被列为全国重点文物保护单位。与此同时,各地先后都把历史名园当作所在城市的公共园林资源和旅游资源,江南古典园林很快融入现代社会生产之中,实现了从古典到现代的跨越。

其三是近三十年的盛世复兴阶段。继1980年纽约大都会博物馆的明轩落成后,以苏州园林为代表的中国传统园林迎来了输出海外的新阶段。1997年和2000年,拙政园、留园、网师园、环秀山庄、沧浪亭、狮子林、耦园、艺圃、退思园相继被联合国教科文组织列入世界文化遗产园林名

---

[1] 卜复鸣:《留园导读》,苏州大学出版社2017年,第32页。
[2] 沈慧瑛:《同光年间苏州园林的大合唱》,《苏州日报》2020年10月10日。

录,国内外风景园林学界关于江南园林的历史文化价值、艺术审美特征、工程技术智慧等方面的学术研究也随之上升到前所未有的高度。2014年,美国《新闻周刊》遴选出一批代表中国文化的标志性符号,"苏州园林"继"孔子""汉语""故宫""长城"之后排名第五。此外,随着中国经济建设和社会发展进入大国崛起、民族复兴、盛世繁荣的阶段,人们对典雅精致的江南园林的需求也日渐高涨,对传统园林的保护与传承、创新与兴造,都进入了水平高、范围广、需求大的新局面。大量新的江南古典园林如雨后春笋,再次出现在各地城市的角角落落,典雅的江南古典园林与千年的文化历史再次合力,续写着中国现代的城市文明之新篇章。

二、江南古典园林的代表

(一) 苏州拙政园与留园

在苏州诸园之中,拙政园和留园不仅同为明代留存下来的园林,而且现存园林面积都很大,园林平面布局都分为中、东、西三个部分,都在1961年与避暑山庄、颐和园同批被列为全国重点文物保护单位,并在1997年被列入世界文化遗产名录。尽管如此,二者之间的园林景境特色差异还是非常明显的。

拙政园始建于明正德年间,园主是辞官归乡的御史王献臣。园林位于古城东北,是古城内相对幽偏朴野之地,历史上这里曾有以廉政著称的陆绩的住宅,晚唐名士、自号"江湖散人"的陆龟蒙也曾于此筑园耕隐。王献臣引用西晋潘岳《闲居赋》中"灌园粥蔬,以供朝夕之膳;牧羊酤酪,以俟伏腊之费。孝乎惟孝,友于兄弟。此亦拙者之为政也"[1],为园林取名"拙政",寄托了园主因拙于从政而归隐田园之意,似于陶渊明的"守拙归田园"。园林初造时,林庐田圃、池溪花竹,为一派村野生产园景象。文徵明为此园绘图三十一景,并在图中题诗作跋,此外还撰文《王氏拙政园记》:"凡为堂一、楼一,为亭六,轩槛池台坞涧之属二十有三,总三十有一,名曰拙政园。"[2]

历经五百年风雨沧桑,园林先后易主十多次,经历过私家园林、道台

---

[1] 萧统:《文选》,海荣、秦克校点,上海古籍出版社1998年,第108页。
[2] 文徵明:《文徵明集》,周道振校辑,上海古籍出版社1987年,第1275页。

衙署、巡抚行辕、府邸、会馆、校园、城市公园等多种角色转换,园林空间逐渐形成了东、中、西三园合一的格局,园中建筑的数量也在这一过程中不断递增。自1949年以来,园林先后经过两次集中修复,经多年持续保护,如今定格的景境风貌呈现出以下四个特色:

其一是水绘之园。拙政园以水为核心要素设计造景,这是从明代就呈现出来的环境特色,从文徵明所写园记和所绘三十一景图中可知,园林在初造时,小飞虹、梦隐楼、小沧浪、芙蓉隈、意远台、钓䂬、深净亭、玉泉、竹涧、槐雨亭、桃花沜、怡颜处、柳隩等十几处重要园景,都是临水设计而成,[1]带状的水体贯穿了全园。尽管历经五百年的沧桑,园林如今依旧是一带长流、三园潆洄,水木明瑟、佳景如画。

其二是尺度巨大而建筑类型齐全。拙政园现有面积七十余亩,今存忠王府和苏州博物馆一带的土地也曾是拙政园的一部分,其是中国现存最大的私家园林。人们常说江南私家园林小巧精致,拙政园却是既宏大又精巧的典范。随着历史演变,园内的建筑也不断增多,现存亭台楼阁、厅堂馆斋、山池轩榭,几乎涵盖了江南传统园林中全部的建筑类型,其中仅亭子就有各不相同的31座,堪称园林建筑博物馆。

其三是园林景境丰富,三区各有特色。拙政园理景设计既兼顾了气候特征和季节变化,分别为春、夏、秋、冬四季设计了不同的重要观景区域,也分别为琴棋书画、读书演剧、听风听雨、登高眺远等设计了专门的局部景境。园林由东、中、西三部分整合而成,其中,东部区域的理景基本遵循了明末清初王心一建造归田园居的格局,中间堆筑高大的土山,溪流环绕,周围理景开阔舒朗。中部区域景境最为古朴,基本保留了拙政园早期的园林景境风貌,水环山耸,隔水观山,有浓郁的城市山林气息,也是拙政园景境中的精华所在。山巅之上的雪香云蔚亭是一个值得静坐沉思的好去处——残雪未消,静坐于亭中,四周蜡梅飘香,落光叶子的树枝在寒风中萧瑟作响,环境中的浓浓冬意氛围,可以启迪人们于此心斋坐忘,检点过去一年的是非成败,回顾世事的沧桑与轮回。西部区域在晚清时为富商张履谦所有,空间面积较小,建筑却较多,因此,给人的整体感觉是景致丰富却略显壅塞。

---

[1] 董寿琪:《苏州园林山水画选》,上海三联书店2007年,第45-77页。

长期动荡辗转的历史造成了一园分三区的局面，景境风貌也体现出同中有异、兼收并蓄的特色，生动诠释了传统园林步移景异的设计手法。同时，园林以水元素为核心，在中部还保留了一条自东向西的视线廊道，把三园连成一体，又远借城中的北寺塔，成为传统园林借景设计的典范。

留园在明代初造之时名为东园，园主徐泰时（1540—1598），字大来，号舆浦，长洲（今江苏苏州）人。万历八年（1580）进士，先后仕历工部主事、营缮郎中、光禄寺少卿、太仆寺少卿等职。徐氏因涉嫌贪贿而被解职，"回籍听勘"期间营造了东园，其女

苏州拙政园中部借景远处的北寺塔

婿范允临在《明太仆寺少卿舆浦徐公暨元配董宜人行状》中说他："一切不问户外事，益治园圃，亲声伎。里有善垒奇石者，公令垒为片云奇峰，杂莳花竹，以板舆徜徉其中，呼朋啸饮，令童子歌商风应蘋之曲。"[1]徐家另有西园，即今西园寺。此间，吴县县令袁宏道、长洲县令江盈科先后数度来园造访，留下了关于东园景境的早期资料。袁宏道在《园亭纪略》中说："徐冏卿园在阊门外下塘，宏丽轩举，前楼后厅，皆可醉客。石屏为周生时臣所堆，高三丈，阔可二十丈，玲珑峭削，如一幅山水横披画，了无断续痕迹，真妙手也。堂侧有土垅甚高，多古木。垅上太湖石一座，名瑞云峰，高三丈余，妍巧甲于江南。"[2]江盈科在《后乐堂记》中说，园内有牡丹、芍药、紫薇、芙蓉、木樨、木兰、红梅、野梅等花卉，并作诗："名花杂植数百茎，四时常得教春住。"[3]这种私家园林的花园化倾向，也是晚明苏州园林发展的一个普遍趋势。今按范来宗《寒碧庄记》可知，入清以后，"东园改为民居，比屋鳞次，湖石一峰，岿然独存，余则土

[1] 范允临：《输寥馆集》卷五，北京出版社1997年，第314页。
[2] 袁宏道、袁中道、袁宗道：《三袁随笔》，四川文艺出版社1996年，第53页。
[3] 江盈科：《江盈科集》，岳麓书社2008年，第54页。

山瓦阜,不可复识矣"[1]。东园此后的再次复兴,已是在清代中期刘蓉峰入园为主的时候,因主人姓刘,故人们称之为"刘园"。清末,盛康(1814—1902)、盛宣怀(1844—1916)父子从刘氏手中购得园林,因感慨咸丰庚申兵燹,苏州园林几乎损毁殆尽而此园独存,于是更其名为"留园",这也与园林中遗存的一块古篆匾额"长留天地间"相互印证。园林在此后的一百多年间,曾被短暂用作抗日军队的指挥部、日寇的养马场,直到中华人民共和国成立后才得到了系统的修复和保护。

留园景境的最大特点是以《桃花源记》为设计意象的完整理景体系。留园入口是一条转折了七次、狭窄且悠长的廊道,路径辗转曲折,光线忽明忽暗,最后在"绿荫"水阁处瞬间打开视线,呈现出袁宏道所说的"横批山水"。留园入口的这般设计,通常被人们视作曲径通幽、欲扬先抑的范例。看遍园林中心区域的横岭侧峰、广水深溪,经过水面的曲桥小岛,人们会再次回到入园时的那条长巷之中,再转入东部以石林小院和冠云峰为中心的建筑和奇石理景区。冠云峰高约 6 米,集太湖石之瘦、漏、透、皱诸特征于一体,是江南园林四大奇石之一。在这一区域的西北墙垣上,有一个造型简单朴素的月洞门,题额为"又一村",穿过月洞门就可进入园林西部宛若自然的巨大山林区。如果人们是在三月中下旬游园,就会发觉,这曲曲折折一路下来,到处都有灿烂的桃花;在园林最西南角的转角墙面上,还嵌有一块砖刻,上书"缘溪行"三个字;在三面围墙一面大山之间,是一片平整的草地和桃林,一条桃林夹岸的溪流。这时候,人们就会自然而然地想到《桃花源记》中的描述:"武陵人捕鱼为业。缘溪行,忘路之远近。忽逢桃花林,夹岸数百步,中无杂树,芳草鲜美,落英缤纷。""世外桃源"的景境被巧妙而系统、曲折又完整地呈现出来。

留园景境的又一特点是量多意深的奇石理景。以卷石代山的奇石理景是江南园林的常见手法,留园中的奇石不仅数量多且寓意深。嘉庆年间的园主刘蓉峰嗜石如痴,先后收集了大量奇石置于园中,并精选其中的十二峰,分别为之取名:玉女、一云、印月、青芝、鸡冠、奎宿、猕猴、仙掌、累黍、拂袖、箬帽、干霄。刘蓉峰还请来著名画家王学浩为十二峰——绘图,请潘奕隽等吴门名流为之分别赋诗,又据此给自己也取了个名号"一

---

[1] 卜复鸣:《留园导读》,苏州大学出版社2017年,第15页。

十二峰啸客"。这些奇石如今大都尚在,其中在石林小院处分布最为集中。当代游客常有人去石林中找寻十二生肖动物形象,实际上,刘蓉峰在《石林小院说》一文中已经比较充分地记述了留园奇石理景的深刻寓意:"虽不足尽石之状,备岩麓之幻,亦足以侈我观矣……虽然石能侈我之观,亦能惕我之心。《易》曰"介于石",《诗》曰"他山之石,可以攻玉"。《易》言其德,《诗》言其功……嶙峋者取其棱厉,砳碎者取其雄伟,崭巀者取其卓特,透漏者取其空明,瘦削者取其坚劲。棱厉可以药靡,雄伟而卓特可以药懦,空明而坚劲可以药伪。"[1]

园林主人是借助奇石理景来自我砥砺情操、修养心性,这些石头与园林中的花木山水一样,都是主人的人格导师与精神知交,都是用以锤炼家族高贵文化精神的重要元素和载体。

(二)苏州沧浪亭与网师园

在苏州现存古典名园中,有多处园林理景设计的主题都与江湖隐居有关,其中,沧浪亭和网师园是与此主题关系最为紧密而直接的两座园林。

苏州沧浪亭宛若城市山林

沧浪亭位于古城之南,在今文庙(五代时钱元璙的南园)的东偏南处,五代时曾是中吴军节度使孙承祐的私家池馆;北宋庆历年间,苏舜钦(1008—1048)旅居苏州,购此废园作私家别院,沧浪亭之名即始于此。苏舜钦是北宋著名诗人和书法家,出身于显宦门第,年轻时仕途顺利,曾以才华过人、敢于直言名重当世。后因变卖衙门中的废纸换钱置酒宴客,遭到政敌算计,被御史台弹劾而革职为民。苏舜钦满怀悲愤和失落之情,漂泊南下,来到苏州,寓居古

---

[1] 王稼句:《苏州园林历代文钞》,上海三联书店2008年,第55页。

城西北隅。后于古城东南角买了五代时遗留下来的一座废园，筑亭其间，引用《楚辞·渔父》中"清斯濯缨、浊斯濯足"之意，为亭命名"沧浪亭"，自拟为无罪遭忧的屈原，整日于其间吟诗咏啸，抒怀解闷。其《沧浪亭记》比较完整地记录了这个过程。元、明间，沧浪亭从私家园林转变为佛寺的附属园，虽几经废圮和重修，但是园和亭的名字都没有改变。清朝时沧浪亭因毗邻江苏巡抚衙门，园林成为地方官员聚会和接待访客的佳处，康乾二帝也曾数度驻跸园中，园林因此得到了较好的保护、增修、充实和提炼。1997年，沧浪亭被遴选为世界文化遗产。

"沧浪亭"是苏州现存古典园林中最古的一个园名，其现存园林景境有两个鲜明的特征。

其一是城市山林的理景风貌。沧浪亭理景属于典型的山园合一的整体设计，亦即园林以土石相间、宛若自然的巨大人工山林为核心，建筑和植物造景皆围绕山林地形来搭配组织，沧浪亭恰好就坐落在山林之巅。早在苏舜钦买园造亭时，就在《沧浪亭记》中指出了园林环境的这一显著特征，"草树郁然""坳隆胜势""林木相亏蔽"则有山林隐居之趣，"三向皆水""前竹后水"则可以抒沧浪渔歌之怀。[1] 苏舜钦择取此地筑亭啸咏，寄托自己宦海浮沉、遭受谗妒的感慨，达到了景物与情怀高度和谐统一的境界。这一园景特色迄今依然，也为名园千年一脉的发展奠定了重要基础。

其二是深沉厚重的场所精神。园林文化厚度是一个不断叠加、持续生成的过程。苏舜钦漂泊吴门寄情沧浪，貌似远离了是非名利场，从此"迹与豺狼远,心随鱼鸟闲"，实际上他不仅没有真正内心释然，还常常借酒浇愁，四年后就在愤恨潦倒中病逝。北宋有禁止衙门私自变卖废纸充作营收的明确规定，苏舜钦因此而遭受弹劾，有咎由自取的制度依据。他临终也没有认清自己在这场"废纸换酒钱"案件中的过错，没有明白是过于恃才傲物、意气性刚的个性缺陷害死了自己。清代江苏巡抚宋荦却从中看出了端倪，因此，他说："我辈凭吊古迹，履其地则思其人，思其人则必慨想其生平。"[2]后来，康熙驻跸此园，特意关照地方官员，此地可用作议事和接待，却不可用作办公，大概也是出于此番考量。后世的地方官员和士林乡贤就依托园林的历史故事和圣谕，对沧浪亭的景境文心不断进行累加式

---

[1] 王稼句：《苏州园林历代文钞》，上海三联书店2008年，第4页。
[2] 苏舜钦：《苏舜钦集》，沈文倬校点，上海古籍出版社1981年，第252页。

塑造和提炼。

到了晚清时,人们遴选了历代先贤594人刻画群像、勒石记颂,是为五百名贤祠;又把康乾二帝赐予江苏巡抚的诗歌刻作御碑立于园中。其中,康熙赐予吴存礼的诗歌是"曾记临吴十二年,文风人杰并堪传。予怀常念穷黎困,勉尔勤箴官吏贤";对联是"膏雨足时农户喜,县花明处长官清"。一诗一联的主题都是在告诫和勉励地方官员,要关切民生疾苦、勤政清廉。乾隆所写的七首组诗也是勉励地方官员和皇帝自己要尽心尽力、忠于职守。在沧浪亭见山楼下,还有道光皇帝手书赐予江苏巡抚陶澍的御笔"印心石屋",近旁有林则徐的草书"圆灵证盟",两则作品相互对应,表达以心证心、不忘初心之意。在明道堂背后有一抱柱联,为1739年巡抚徐士林所撰,对联大意是提示和鼓励地方官和乡贤,要以身作则、务实履职、朴素行事,共同努力教化地方的士习民风。在传统文化中,修竹有节、有竹不俗,梅花有凌寒开放的傲岸风骨,围绕大量饱含正能量的主题,沧浪亭还种植了二十余种竹子和大片的梅花。如此,清代沧浪亭便从官府议事接待的休闲之地、城市中的公共空间,变成了以环境场所精神来缅怀先贤、砥砺士风、倡导勤政廉政的德化高地,成为园林景面与场地文心完美融合的、展示吴地文化高风亮节精神的地标。

网师园,始建于南宋年间,初为扬州文人、藏书家史正志的万卷堂,附属园林名为"渔隐"。园林在元明期间的传续历史尚待考疏,清代乾隆年间,退休官员宋宗元购得此园,重新修复后取名"网师小筑"。园林随后又经历过太仓富商瞿远村、天都人氏吴嘉道、四川江中人氏李鸿裔、清将军达桂、奉天将军张锡銮等人之手,园名也相继被多次修改。其间,著名画家张善孖、张大千兄弟和著名艺术家叶恭绰等人都曾有寓居于此园的经历。1940年,园林为著名文物收藏家何亚农所有,何亚农对园林进行了全面整修,恢复"网师园"旧名。中华人民共和国成立后,何亚农子女何怡贞、何泽明、何泽慧等人将园林献给国家,后由陈从周先生领衔,苏州市园林管理处对网师园进行了系统的完善与增修,终成今日的名园景致。1997年,网师园被遴选为世界文化遗产。

网师园的面积较小,仅有5 000多平方米,园林景境主题却很大——网师即渔翁,隐居于江湖之上,此园的环境主题是浩渺无垠的江湖。与沧浪亭相似,网师园理景设计也有两个鲜明的特征。

其一是高超的小中见大设计技巧。人们游行于网师园中，会发现网师园位于边角区域的建筑，往往外墙与园林边界墙之间，都有一个夹巷设计，夹巷中间皆以湖石、花木营造出园中之园的景致，建筑前后皆是花园，花园中间点缀建筑；园林中所有建筑之间，几乎都被游廊连接在一起，游廊中有花窗、石刻等精妙的理景元素；此外，园林建筑中还大量地采用了通透的长窗；兀立的建筑高墙立面前面，总会有小庭轩或花木造景来弱化墙立面与地平面之间的对比。这样的设计大大增强了建筑空间与园林风景之间的相互渗透性，提升了宅园一体的设计效果，既满足了宅园中诸多的居住和生活功能，又增加了园林的造景层次。

苏州网师园彩霞池

其二是园林理景设计的高度整体性。园林中心区域的彩霞池虽然只是一片小池塘，却承载了象征着浩渺江湖的设计意象。为此，彩霞池周边设计采用了低平又曲折的亲水驳岸、比较低矮的水阁和体量较小的假山、相对稀疏低矮的植物（灌木），以此来降低水面周围的天际线，增强水面空间的寥廓之感；同时，在水池四周还综合采用建筑、植物、诗文等要素，从文化层面上，组合构成了左春、右秋、前朱、后玄的天地四方的象征体系，把小园水面设计成六合圆融的小宇宙，进而成为无边无际的大江湖。此外，为了拓展网师江湖的水面空间，园林的东西两个庭园的花街铺地也被处理为波浪起伏的形态，殿春簃前面的铺地还铺设了荷花、鱼虾等水生物图案，使整个园林中到处都渗透着江湖渔隐的主题。

也正是因为有这样的两个特点，陈从周先生才盛赞网师园的设计堪称"小园之极则"，是以少胜多的典范。

（三）扬州个园与何园

明清时期，扬州古城内外园林密集，盛清时更是一度秀甲江南，与杭州、苏州相较，有"扬州以园林胜"之说。在扬州现存的古典私家园林中，个园与何园保护最为完好，影响也最大。

个园位于扬州市广陵区东北隅，清嘉庆年间两淮盐总黄至筠在古园"寿芝园"基础上所创，现为全国重点文物保护单位。个园景境具有两个最鲜明的特点。

其一是竹景。竹以风姿秀雅著称，早在《诗经》中就为人们所喜爱，六朝以降更成为儒、释、道三教共赏的植物，东晋王子猷曾坚持"居必有竹"，北宋苏东坡歌之"有竹不俗"。园主黄至筠雅爱修竹，不仅在园中"种竹万竿"，还借用国画以三笔书"个"绘竹叶的方法，为园取名为"个园"，使园林以竹景名冠江南，这一点颇似东晋顾辟疆园。

其二是四季假山。个园假山理景，分别在入口处点缀笋石来代指春山春景；在园林核心区域以青灰色的湖石堆叠出翻云飘雾的状态，以湖石溶洞搭配古树名木，形成夏日的荫绿和清凉，借以代指夏山夏景；园林东北角的假山以黄石为材料，配植红枫，营造出苍凉秋意，以秋山代指秋季；园林东南角以宛若残雪的白宣石为材料堆叠假山，配植蜡梅，地面辅以冰裂纹铺装，围墙上凿四排风洞，用沿墙穿巷风营造寒风呼啸的效果，局部形成冬季冬景的意象。这种四季假山设计在全国各地多有类似作品，却以个园的设计最为完整巧妙。

何园位于扬州广陵区，始建于明末清初，原名寄啸山庄。光绪年间，原籍安徽望江县的何维键（号芷舠）致仕后退隐扬州，买旧园并更新扩建，遂成何园，现为全国重点文物保护单位。

何园理景设计具有三个特色鲜明的妙笔：贴壁假山、楼廊和片石山房。

园林在进门处设计了一抹贴壁假山，沿着入口处围墙向内延伸，转折后对接园中的楼廊。这可能是中国私家园林中体量最大的贴壁假山，绵延起伏、蜿蜒悠长，使人们有入园便似进山的感觉，既点缀美化了墙垣，也大大提升了园林的自然趣味。

何园回廊总长度约 1 500 米，其间不仅对接了园林中诸多重要建筑，具有晚清走马廊的鲜明特色，而且有楼上楼下的楼廊结构和里外对开的复廊设计，是实用功能与审美形式兼具、融合的佳构，成为中国园林中的孤品。

片石山房是何园中的园中园,原名双槐园,其中的假山是"清初四僧"之一的大师石涛所叠假山的仅存孤品。石涛绘画"搜尽奇峰打草稿",此假山堆叠也宛若山水画卷,高耸险峻、洞深壑幽、峰回路转,实为中国古典私家园林中假山精品中的精品。此外,假山临池贴墙,通过漏窗采光在水面形成明月光斑,在墙面以镜面反射山水形成山水虚像,组合成镜花水月意象,园林景境空灵、意趣高远,堪称绝妙。

(四)南京瞻园与煦园

瞻园位于南京的秦淮河畔,其始为明初朱元璋御赐中山王徐达府邸,得名出自欧阳修诗句"瞻望玉堂,如在天上"。园林迄今已约六百年,是南京现存最古老的园林,有"南都第一园"之美誉,与无锡寄畅园、苏州拙政园和留园并称"江南四大名园",现为全国重点文物保护单位。

越明历清,瞻园先后被用作江宁布政使衙署、乾隆南巡驻跸行宫、太平天国东王府、民国江苏省长公署等空间,园林环境也因此遭受了巨大损毁和改变。1960年,园林古建专家刘敦桢先生主持修复瞻园。

现存瞻园面积两万多平方米,园中亭台楼阁,小桥流水,景境如画。瞻园最大特点在于山石理景,园林假山不仅数量多、体量大,而且兼具北雄与南秀的审美风格。其中,北部假山多存明代遗构,临水兀立,高大雄奇,洞壑幽深,蜿蜒多趣;南部假山在深谷远岫之上,理出跌水瀑布;南北假山在园林西部以零星山石点缀联络,相互呼应形成主辅关系。

此外,瞻园内还有国内仅有的一处太平天国历史博物馆。

煦园在南京市玄武区,最早是朱元璋为招抚陈友谅之子陈理而建造的汉王府,明成祖朱棣时,收回汉王府改授其次子朱高煦,因此取名"煦园"。入清后,这里先后被用作两江总督衙门和江宁织造署的花园;康熙六次南巡,其中五次驻跸于此;太平天国占据南京时,这里成为洪秀全的天王府;1912年,孙中山在这里宣誓就任中华民国大总统,煦园旋即成为总统府。煦园现为全国重点文物保护单位。

煦园理景最突出的元素是水体,园中心水池取名太平湖,南北延伸的池岸线长达1800多米。围绕水面,其他理景次第展开,亭台楼阁,隔水对峙,石舫水榭,呼应相望。其间花木扶疏,竹林掩映,呈现出一派典型江南园林的审美风貌。

在建筑理景中,不系舟(石舫)成为煦园的标志。此外,桐音馆体量最大,且整体用桐木构造,以及暗藏了十二生肖造型的湖石假山,也都成为煦园中具有鲜明特色的古建造景。

(五)上海豫园

上海旧有华亭、云间、松江等别名,晚明松江人范濂著《云间据目抄》,其中一节内容专门记录了明代上海的私家园林。豫园在上海古城东北隅,始建于明嘉靖三十八年(1559),园主潘允端为父亲潘恩告老还乡、安享晚年所建,园名"豫",即"安泰",因此,此园本为"豫悦老亲"的亲情之园。

晚清时,上海成为最早对外开放的通商口岸,外国侵略者的蹂躏,以及太平军的战事,都对园林造成过破坏,后有二十余家工商同业会所入据园中,园林几无初造时的面貌。1956年,陈从周先生主持修复豫园,园林现为全国重点文物保护单位。

现存豫园面积约2万平方米,分为东、中、西三个区域。园林实景既有典型江南园林秀雅的山水理景,又在建筑及装饰上保留了沪上园林的华丽色彩。其中,孤赏石玉玲珑被列为江南园林四大奇石之一,时人王世贞曾以"压尽千峰耸碧空,佳名谁并玉玲珑"诗句盛赞之;位于西北角的黄石大假山,相传为大师张南阳之作,有"中国黄石假山第一"之美誉,晚清报人王韬赞美其"奇峰攒峙,重峦错叠,为西园胜观。其上绣以莹瓦,平坦如砥。左右蹬道纡折,盘旋曲赴,或石壁峭空,或石池下注。俄而洞口哈岈,俄而坡陀突兀,陟其巅,视及数里外。循径而下,又转一境,则垂柳千丝,平池十顷,横通略彴,斜露亭台,取景清幽,恍似别有一天。于此觉城市而有山林之趣,尘障为之一空"[1]。

上海另外还有秋霞圃、古猗园、醉白池、曲水园等几处古典私家园林,皆为江南园林的精品之作。

此外,杭州西湖畔的宋庄,无锡的寄畅园与梅园,湖州南浔的小莲庄,徽州歙县的檀干园,等等,都是江南私家园林中各具特色的精品名园。

---

[1] 王韬:《瀛壖杂志》卷二,陈成国校点,岳麓书社1988年,第62页。

三、江南古典园林文化论

江南园林不仅是美丽的环境艺术作品、最重要的旅游资源,而且记录了江南一带的完整历史和富有智慧与品质的生产与生活方式,集萃式地承载了民族传统的、优秀的文化哲学精神与艺术审美观念。江南古典园林艺术的发生与繁荣,根植于江南特有的文化土壤,其兴衰与演变又密切关乎中国传统文化的现实与未来。

(一)江南园林艺术的文化土壤

江南地区物产资源丰饶、自然环境优越、文化特色鲜明、文化辐射影响力巨大。这样的自然、文化环境铸就了江南园林的特色,文人园林一枝独秀,成为中外园林史上的经典。

第一,东南名区,以道家哲学为文化筋骨。

清人龚自珍在《己亥杂诗》中说"安用迂儒谈故道,犁然天地划民风",意思是说南北不同的地理环境是造就文化差异的根本原因。在早期历史文献中,有大量文字记录了江南与中原在文化风尚方面的巨大差异。

儒、道哲学是中国传统文化早期的两支深根和主脉。《吴郡志》卷二有谓:"江南之俗,火耕水耨,食鱼与稻,以渔猎为业","其俗信鬼神、好淫祀"。《长洲县志》中说,"其土污潴,其俗轻浮,地无柔桑,野无宿麦,饪鱼饭稻,衣葛服卉","学校之风久废,诗书之教未行","故风俗澄清而道教隆洽,亦其风气所尚也。盖隔中夏之政,浸小国之风"。[1]突破传统上以儒家为正统的文化立场,人们就会发现这些貌似轻鄙的文字恰恰真实记录了江南地区早期文化历史上的重要个性,亦即存在于水乡泽国之灵山秀水间的道家思想特质。或缘于地理空间上的国小地偏,或因为长期远离京畿的中央王权,或因得益于水耨渔歌的生产方式,中国历史上早期充满浪漫思想的道家哲人,大多数生活在吴楚泽国,道家思想长期、持续在东南震泽的山水之间生根开花、生机勃勃。因此,明人黄省曾在《吴风录》中说:"自甪里、披裘公、季札、范蠡辈前后洁身,历世不绝,时时有高隐者。"[2]东汉严光的富春江垂钓,西晋张翰为"鲈鱼莼菜"之思而率意归

---

[1] 王禹偁:《小畜集》卷十六,商务印书馆1937年,第223页。
[2] 杨循吉:《吴中小志丛刊》,陈其弟校点,广陵书社2004年,第175页。

乡,东晋士林的兰亭雅会与东山风流,陶渊明的菊篱诗酒,晚唐陆龟蒙笠泽渔隐于太湖之滨,北宋苏舜钦巾幅小舟寄情于苏城沧浪,等等,都曾长期成为江南一带士风所向的标杆。

相对于儒家礼制文化思想的中庸平稳、仁和善守等特性,道家文化显得更加乐观旷达、个性灵动、善于创新。道家哲学塑造下的江南风俗与文化的基本品格,是江南园林文化艺术长期持续繁荣发展的大前提,不仅为江南历代名园笼罩上鲜明的清雅隐逸风貌,而且渗透到园林兴造的过程之中,使之在艺术与技术上长期保持全国领先的水平。

第二,国中名邦,以儒家思想为文化血脉。

诗礼教化、耕读持家,是中国文化历史上历时最久的普遍共识。江南一带的早期儒家文化虽不若齐鲁和中原一带浓郁,却也有泰伯三让的遗风、季札观乐的佳话,以及澹台灭明、"南方夫子"言偃等儒家先贤。"东南财富、西北甲兵",唐宋以后,江南一带的资源禀赋、地缘优势和政治环境,吸引着历代北方的名士显宦不断迁移南渡、卜居东南。这些都在不断地培植江南传统文化中儒家文化的厚度。徽州被称为"进士之乡",苏州被称为"状元之乡",与此都有着深刻的内在关系。

清代陶澍抚吴时,在沧浪亭拓建了五百名贤祠,绘历代名贤群像594帧,以供世人缅怀瞻仰。对于苏州来说,这不是首创,也非孤例。宋代叶梦得《避暑录话》说:"吴下全盛时,衣冠所聚,士风笃厚,尊事耆老。来为守者,多前辈名人,亦能因其习俗以成美意。旧通衢皆立表揭为坊名,凡士大夫名德在人者,所居往往因之以著。"为贤德人士立坊以旌表,在江南具有广泛性、普遍性,与苏州五百名贤祠相比,无锡惠山历代名贤祠堂群更为壮观庄重,徽州和浙江一带乡村的宗祠和牌坊,更是林立密布。尊美德、重廉洁、崇正义、尚公平,这些旌表先贤的坊曲和名祠,使江南自然淳朴的风尚成为一种鲜明的具象,其本身也因此成为江南文化的一个个地标,不断地激励着本地士林。

第三,多元包容、海纳百川的人文情怀。

务实朴素、博大包容的人文情怀历来是江南文化的一个鲜明特色,这也为江南文化能够历久弥新、生生不息地长期持续领先发展奠定了重要基础。三千年前,泰伯自西北奔吴,并以流亡公子的身份率民建邦,就是对这种文化风气的生动诠释。唐大历十四年(779),梁肃在《吴县令厅壁记》中说:"自京口南被于浙河,望县十数,而吴为大。国家当上元之际,中夏多难,衣冠南避,寓于兹土,参编户之一。"[1]明人黄省曾在《吴风录》中归纳得更为直接:"梁鸿由扶风,东方朔由厌次,梅福由寿春,戴逵由剡适吴,国人主之,爱礼包容,至今四方之人,多流寓于此。"[2]苏州沧浪亭五百名贤祠所供奉的贤君子中许多都来自吴邑之外,从某种意义上说,苏州堪称历史上江南一带最为成功的移民之乡。多元包容、海纳百川的文化品格,既是历代文化精英、名流显宦流寓江南、卜居吴越的重要原因,也最终成就了地灵人杰、江左风流的美好成果。如今,长三角一带依旧是全国集聚人才的重要高地。

江南历代名园大多是历代名贤的家园,中国传统文人精英通常具有兼修三教、博学多才的文化素养,文人园林也因此常常融汇了文学、书法、音乐、绘画、建筑等诸多艺术元素,成为一个传统文化多元融合的集纳式载体。因此,历代名园也是全面融入士林清流人文品格的精神家园,为园林主人培育高贵的家族文化精神,建构了润物无声的育人环境。

第四,务求精巧,富有智慧的造物风尚。

以儒家哲学为代表的传统文化有着重道轻器的特征,造物审美追求"制器尚象""文质彬彬"。江南造物则更多地表现为务求精巧、富有情趣。"自吴民刘永晖氏精造文具,自此吴人争奇斗巧以治文具"[3],造物尚巧的案例贯穿了整个吴越一带的工艺美术史。

在建筑方面,这里有被誉为"华夏第一城"的良渚古城、春秋淹城,以及水陆双棋盘格局的苏州古城,园林、楼观、石桥、砖塔、民居、最早的干栏建筑和榫卯结构等,无不凝聚了这一带人民造物的大巧与睿智。据说夫差在姑苏台曾为西施营造响屐廊,在馆娃宫造玩月池,这可能是较早利用回声共鸣与光线反射原理提升园居环境品质的成功案例。在经济生产与工艺美术方面,早期有吴王剑、吴钩、越王剑闻名天下;明代以后,苏州香山帮更是几乎成了能工巧匠和中国建筑最高水平的代名词;在生产什物、生活日杂及雅玩清供方面,"苏式"一度不仅意味着一流的品质,而且成为引领时尚的指南。晚明江南文人张瀚说:"今天下财货聚于京师,而

---

[1] 乌廷玉:《隋唐史话》下,中国国际广播出版社2009年,第142页。
[2] 杨循吉:《吴中小志丛刊》,陈其弟校点,广陵书社2004年,第175页。
[3] 杨循吉:《吴中小志丛刊》,陈其弟校点,广陵书社2004年,第175页。

半产于东南,故百工技艺之人多出于东南,江右为伙,浙、直次之,闽、粤又次之。"[1]又说:"至于民间风俗,大都江南侈于江北,而江南之侈尤莫过于三吴。自昔吴俗习奢华、乐奇异,人情皆观赴焉。吴制服而华,以为非是弗文也;吴制器而美,以为非是弗珍也。四方重吴服,而吴益工于服;四方贵吴器,而吴益工于器。是吴俗之侈者愈侈,而四方之观赴于吴者,又安能挽而之俭也。"[2]造物技术高超的匠人群体和艺术审美水平高超的文化精英群体,是成就苏州园林最主要的两股合力。

江南地区不仅造物机巧精致、工艺卓越,而且对劳作活动和能工良匠非常尊重。在儒家思想中,士、农、工、商品阶清晰,君子"劳心",耕织、渔猎、园圃、手艺等,都是"劳力者"的事情。然而,在江南文化传统中,士固然可敬,农、工、商却也不可鄙,其间的界限并不分明,而且,许多士人对于耕、渔、园、圃之类小道、小器技术,也倾注了大量的热情和才情。明末才子张岱甚至把良匠治器这一传统鄙事,上升到"进乎道"的高度:"陆子冈之治玉,鲍天成之治犀,周柱之治嵌镶,赵良璧之治梳,朱碧山之治金银,马勋、荷叶李之治扇,张寄修之治琴,范昆白之治三弦子,俱可上下百年保无敌手。但其良工苦心,亦技艺之能事。至其厚薄深浅,浓淡疏密,适与后世赏鉴家之心力、目力针芥相投,是岂工匠之所能办乎?盖技也,而进乎道矣。"[3]

第五,兴商好游、通达乐观的人生态度。

明人王鏊《姑苏志》卷十三有谓:"今观之吴下,号为繁盛,四郊无旷土。其俗多奢少俭,有海陆之饶,商贾并凑。精饮馔,鲜衣服,丽栋宇。婚丧嫁娶,下至燕集,务以华缛相高。女工织作,雕镂涂漆,必殚精巧。"从早期范蠡逐转货物通有无之利,到宋元海洋贸易兴盛,手工业者以技艺闯荡大江南北,江南一带重商兴商的传统,可以被视为造物尚巧、尊重手工风气的延续。明清时期,徽州新安商人一度赢得"无徽不成镇"的高誉,苏州商人则被称为"洞庭商帮"或"钻天洞庭",繁荣的城市商业使苏州逐渐成为"最是红尘中一二等富贵风流之地"。清人李斗在《扬州画舫录》中说:"杭州以湖山胜,苏州以市肆胜,扬州以园亭胜,三者鼎

---

[1] 张瀚:《松窗梦语》,盛冬铃校点,中华书局1985年,第76页。
[2] 张瀚:《松窗梦语》,盛冬铃校点,中华书局1985年,第79页。
[3] 张岱:《陶庵梦忆》,岳麓书社2016年,第16页。

峙,不分轩轾。"[1]近现代以来,徽商、浙商、苏商在中国传统商业、金融资本和民族工商业等多个方面,都走在了中国商业发展的前列。

富庶的经济使江南一带长期有竞逞豪奢、耽好冶游的风尚。早在春秋后期,吴王阖闾就曾"出入游卧,秋冬治于城中,春夏治于城外,治姑苏之台。旦食鲲山,昼游苏台,射于鸥陂,驰于游台,兴乐石城,走犬长洲"[2]。到了明清时,春游石湖、西山,夏游葑门荷荡,秋月夜游虎丘,已经成为苏州人民一年之中必有的休闲活动。晚明内阁大学士申时行写诗说:"九月九日风色嘉,吴山胜事俗相夸。阖闾城中十万户,争门出郭纷如麻……"[3]这种竞豪奢、好冶游的风尚和通达乐观的人生态度,也是推动苏州历代园林持续繁荣发展的重要动力。

(二)江南古典园林艺术的特色与价值

依据园林的所属关系,中国古典园林被划分为皇家园林、私家园林和寺观园林几类,如果增加地形、位置、尺度、功能等多个标准,还可以细分出江湖园林、山地园林、城市园林、乡村园林、庭园盆景、公共园林、风景名胜等更多类型,晚明计成在《园冶》中就根据地形划分了至少六种类型。中国所有古典园林类型在江南都有案例,而以城市私家园林最为典型。

1. 江南古典私家园林的特色

在江南各类古典园林中,私家园林的特色最为鲜明,因此也成为江南园林艺术的代表。江南古典私家园林的艺术特色可以分为共性与个性两个层次。

第一,江南古典园林审美的一致性特色。

童寯先生认为,江南园林"称呼上虽有祠园、墓园、寺园、私园之别,或属于会馆,或傍于衙署,或附于书院,但其布局构造,并不因之而异,仅有大小之差,初无体式之殊"[4]。今人游观江南园林,也常常从亭台楼阁的建筑、粉墙黛瓦的色调、门楼花窗的装饰、匾额楹联的文蕴等要素中,去品赏其间的典雅、精致与匠心,最后发现这些历史名园审美面貌似乎大抵相近。可见,尽管文化艺术层面的"江南"概念范围广阔,园

---

[1] 潘宝明:《扬州名胜大观》,苏州大学出版社2017年,第32页。
[2] 赵晔:《吴越春秋》,苗麓校点,江苏古籍出版社1986年,第56-57页。
[3] 顾禄:《清嘉录》,江苏凤凰文艺出版社2019年,第258页。
[4] 童寯:《江南园林志》,中国建筑工业出版社1984年,第12页。

林艺术审美却具有鲜明的一致性特色,这主要表现在空间布局、构成要素、理景手法、基本色调、工程技术等多个方面。

在空间布局方面,江南园林的特征常常被人们简单概括为宅园合一,这也成为中国园林的普遍性特色。这种布局空间,无论尺度大小,都不会把园林和建筑分属两置,也不会刻意强调建筑空间的中心地位,而是追求园林环境与建筑空间的渗透融糅,既能很好地提升园林环境的利用率,也能充分优化园居日常生活的品质。

在构成要素方面,江南园林的一致性特色非常鲜明直观。建筑方面多亭台楼阁、曲桥游廊、假山水池,植物方面常用本土花木四季搭配,其中尤其喜欢使用梅、兰、菊、竹、松、桂、蕉、桐等富有雅意的植物。此外,还常常用匾额楹联、诗文书画来点缀空间氛围和提炼环境主题。

在理景设计手法方面,江南园林理景通常以自然山水画为蓝本,以曲径通幽的层层转折来展示园景,以小中见大的写意手法来表现主题,留白朴雅,框景如画,对景自然,漏景含蓄。理景设计不仅整体和谐自然,而且细节极致典雅,代表了中国乃至东方园林的最高艺术水平。

在艺术审美的基本色调方面,江南园林通常在粉墙黛瓦的生活气息中,蕴含着诗书礼义,在朴素淡雅的自然美之中,透露出精致高贵的气息。

在工程技术方面,江南园林是中国传统工艺美术和工程技术的最大、最完整的综合性载体,其中的木构建筑、假山、铺地、花窗、砖雕、木雕等,大多出自明清以来的苏州香山帮工匠之手。

第二,江南古典园林的审美个性特色。

江南古典私家园墅,大多在初造之时寄托了园主对人生沧桑、一世浮沉的反思与感悟,属于私人订制的环境艺术。因此,古典名园即便是营造于同一时代,理景要素基本相同,但在约略相似的艺术风貌之外,彼此之间也会有各不相同的审美特色。人们在品鉴中国园林艺术审美的时候,常用"景境"一词,指的是客观园景与主观感受交融渗透所形成的审美境界,其中"景"是园林审美的物质基础,具有真实可视性,"境"是情感理想融渗于实景后形成情景交融的整体审美效果。从景境营造的角度来品鉴江南古典名园,就更容易发现其间各不相同的审美差异。

2. 江南古典园林的价值

江南古典园林是中国传统人居环境的典范,其中苏州古典园林中的一些经典之作已被列为世界文化遗产,即便是在人类已经进入信息化阶段的21世纪,依然具有重要的综合性价值。

其一,江南传统园林是先贤们营造、传承下来的美好人居环境,具有极其丰富且重要的文化价值,是重振中华民族文化自信的平台。

江南古典园林的文化价值可以分为物质文化和精神文化两个层次。前者是指凝结在亭、台、楼、阁、廊、桥、轩、榭、窗、墙,以及匾额、楹联、陈设等物质要素上的精美艺术形式与高超的工程技术;精神文化是指园林环境体系中深度渗透的文化思想、价值观念及家族文化等。两者都很重要,而后者则是江南古典园林的价值核心。

中国传统文化讲究修身养性、养正法古、言传身教、润物无声,因此,以砥砺自我、教育子女、淳风厚德、邻里和睦、见贤思齐等为旨归的美育德化,成为江南古典园林环境设计最重要的目标之一。每座名园都有借助环境来化育人们道德情操、人格品质,激发人们见贤思齐的设计,园林也因此成为气氛浓郁的育人空间。例如,刘蓉峰营造的苏州留园石林小院,"嶙峋者取其棱厉,砺礴者取其雄伟,崭嶻者取其卓特,透漏者取其空明,瘦削者取其坚劲。棱厉可以药靡,雄伟而卓特可以药懦,空明而坚劲可以药伪"[1]。荣德生先生在无锡梅园遍植梅花,以梅花的品格来砥砺自我、教育国人,园林环境浸透着家国使命的情怀和人间大爱的精神,成为江南园林从古典向现代、从私家园林向公共空间转型的典范。[2]

今人常把江南古典园林艺术视作已经凝固的历史文化遗存,认为其美则美矣,却不属于现代社会。实际上,虽然时过境迁,但是人们对友爱、恭敬、诚信、宽仁、孝敬、勤奋、节约、公正、廉洁等美好道德品质和修养情操的要求,还是完全一致的。因此,对于当代的环境艺术设计实践而言,江南古典园林环境育人思想不仅具有很大的理论启示意义,一些具体的设计方法和经典案例还具有很强的应用价值,尤其在实现民族伟大复兴、重振民族文化自信的过程中,江南古典园林的文化价值显得尤为重要。

其二,江南古典园林还具有重要的工程科学研究价值。从营造工程的角度来看,江南古典园林环境营造涉及地形、建筑、植物、土壤、气候、生态等多方面的科学知识和相关技术,江南名园总是能够因地制宜地营造

---

[1] 王稼句:《苏州园林历代文钞》,上海三联书店2008年,第55页。
[2] 郭明友:《论无锡梅园的审美特征与历史价值》,《中国园林》2014年第12期。

出精美宜居且生态和谐的佳境。其中,无论是精湛的传统工艺、工程技术,还是朴素的思想、科学的规律、睿智的规划,对当代的相关专业领域都具有重要的启示价值。[1] 例如,历史上以"徽州六邑"为代表的村落园林非常发达,不仅有晚明的环翠堂、晚清的檀干园之类的私家名园,还有以村落为单位的乡村园林体系,如黟县的宏村、西递,婺源的李坑,绩溪的龙川,歙县的唐模、呈坎、雄村等。这些村落经过长达数百年的持续规划建设,与所处地理环境深度融合,形成的人与天调、意象丰富的整体环境体系,其构成要素既包含了建筑、山水、植物、文化等传统园林要素,又包括了村落内的水口园林、祠宅路桥,以及村落外围的山峦河湖、林壑田畴等更大尺度的风景环境,形成了历史上的"十里桃花人家"和今天真正意义上的具有浓浓乡愁的美丽乡村。这些活态的最美乡村人居环境既延续了千年的历史文脉,又昭示着未来中国美丽乡村建设的发展方向,同时凝结着大量形而下的高水平的工程技术。

此外,江南各地利用古典园林资源,发展建构绿色低碳经济产业链,既提升了各地城市旅游产业的效益和品质,改善了城市整体环境,也促进了对古典园林文化遗产的可持续保护。

---

[1] 郭明友:《基于风景园林视角的中国传统村落园林审美特质研究》,《中国园林》2017年第7期。

第八章　工艺美术

工艺美术是江南文化极为重要的构成元素，特别是宋元之后，江南的工艺美术在生产规模、品类、技艺、形式等方面全面发力，由此确立了在全国的优势地位。江南人因之创造出了独具特色的衣饰、用品、建筑、园林等，以适应这里雅致的生活方式，而且江南工艺美术还以前沿的价值理念、独特的审美特征，引领了中国传统工艺美术风尚，影响波及大江南北，乃至于海外。毫无疑问，江南是中国工艺文化的富壤。

一、江南工艺美术发展历史

江南地区的工艺美术精致细腻、灵动含蓄，有着自身的价值追求和独特的审美品格。俗话说，一方水土养一方人文，任何艺术风格的形成，都有其特殊的生成条件，且有一个萌发、生长、成熟的过程。

早在新石器时代，江南文化即已展现出特有的发展脉络和不凡的格局。春秋时期，江南地区的先民们创造了灿烂的吴越文化，礼乐初建，城垣高大。秦汉时期的江南虽一度沉寂，但经过三国时期的大力开发，以及随后中原士族的大举南迁，江南本土文化与中原文化得以交融，彬彬文风开始取代英武之气。相比于北方的战乱与政权的更迭，江南地区凭借安定的社会环境，发展经济，逐渐走向康富之路。由唐至元，中国的经济文化重心逐渐南移，江南地区不仅成了国家财赋重地，更因人文蔚起，发展为人文渊薮。空前发达的海外贸易，大运河的南北贯通，有着强烈水性意蕴的江南文化艺术之风开始风靡大江南北，为后世积淀了宝贵的精神文化遗产。而明清时期特殊的社会经济环境，终于把江南工艺美术锤炼得更加成熟，光照寰宇。

（一）特殊的地理人文生态

一个地区文化艺术的发展，本身就是地理环境的人文化过程，从而自然会打上这个地区地理人文风貌的烙印。正如朱启钤在讲到中国建筑特点时所说的："余维我国南北建筑之式样，北以雄健胜，南以秀丽纤巧见长，俱如其气俗人情。"[1]江南地区是著名的鱼米之乡，农业发达，人口稠密，自公元9世纪以来一直是中国经济最发达的地区。江南工艺美术的繁盛，离不开得天独厚的自然资源优势。

江南地处亚热带向暖温带过渡地带，气候温润，四季分明，非常适合人居和各类农作物生长。但是，由于地处低乡，常有台风发生，传统的稻麦作物易受积水之害，而桑树天然的防水效果则更适应在低乡区域生存。[2]自明中期以来，农民赋役成本的日益加重和自然灾害造成的经济损失，多种因素促使植桑业逐渐从辅业变为主业，从而影响到丝织业的发展。[3]传统农业结构的变革为江南工艺的发展与成熟提供了得天独厚的物质基础，促成了江南丝织工艺的发达。明清时期的苏州与江宁（南京）、杭州已并列成为我国丝绸生产的三大织造中心，苏州更是被誉为"丝绸之府"。

江南地区有着丰富的水资源，整个地理形势呈三角形，不仅面朝东海，拥有广阔的海岸线，而且域内江河纵横，湖泊星散，是中国河网密度最高的地区。[4]不论是江河湖海，还是支流塘汊，有水的地方往往就有码头。它既是水陆交通的集结点和转运站，又是人流、物流的集散地和枢纽，是市场交易的场所和城市汇聚的区域。它不仅具有明显的商业色彩，而且常常是时尚流行的先行区。[5]明清时期，各地域的商人穿流于此，商品流通蔚为壮观。虽然这里不是很多原材料的产地，却有最利于加工制造业发展的先决条件，即物流的发达。全国乃至通过对外贸易流通的各类资源多汇集于此。

商业资本的大量集聚、城市居民尚利之风的盛行、城镇化步伐的加快

---

[1] 朱启钤：《题补云小筑图》，见崔晋余：《苏州香山帮建筑》，中国建筑工业出版社2004年，第229页。
[2] 敬森春：《明清吴江地区水土变化与农业发展》，苏州大学2019年硕士学位论文。
[3] 敬森春：《明清吴江地区水土变化与农业发展》，苏州大学2019年硕士学位论文。
[4] 钱念孙：《江南地理文化与才子型君子人格》，《群言》2020年第12期，第35-38页。
[5] 钱念孙：《江南地理文化与才子型君子人格》，《群言》2020年第12期，第35-38页。

等诸多因素的共同作用,推动了江南文化的繁荣和社会的进步。此地教育发达,黉序崇宏,书院林立,书肆栉比,藏书宏富,文才辈出,文士汇聚,学术流派先后辉映,精英文化繁荣昌盛,大众文化精彩纷呈,地域文化璀璨夺目,又是全国极为重要的文化中心。[1] 在明清两代的科举考试中,江南十府一直占据着显要的位置,其中明代科甲鼎盛的13府中,江南占7府;清代科甲鼎盛的9府中,江南占6府。明清两代全国状元共203名,其中,江苏、浙江有105名,占全国的51.7%。[2] "江南才子"一词,从明清以来一直流行,这本身就是江南文人聪慧明达的一种符号化表现。[3] 众多的文化精英汇集于江南,影响着文化的进退,这对形成江南工艺特有的文化内涵起到了重要作用。在优渥富足的经济环境之下,人们在这里品茗抚琴、吟诗作画、博古藏珍,尽展江南风流,于风雅中唤起了各类文化产业的兴旺与发达,推动了江南工艺品市场的成长。碑刻、版画、篆刻、文人画、文房用品等更是其中的杰出代表。

自宋元以来,多才多艺的文化人在江南地区层出不穷,他们有的曾经官高禄厚,有的则一生布衣,其中许多人在绘画、戏曲、造园以及家具陈设等方面显露出超群的才艺。他们不但在思想意识上对江南工艺的主体思想起了导向性的作用,还直接或间接参与工艺实践。可以说,文人艺术家对江南工艺风格的形成至关重要。江南一直是全国手工艺最发达、优秀匠师最集中的地方,匠师们依靠自身的创新智慧和高超技艺,领导着工艺品市场的潮流,创造出作品比价古董的神话。同时,江南地区商品经济的发达,也加速了工艺品的商品化过程。商人势力的壮大,使其参与工艺创作的热情与能力上升,拥有高级工艺品成为其跻身文化上层、改变身份地位的重要手段。正是士商结合,才联手推动了江南工艺时尚的形成与发展。而伴随着商品经济的发展、市民阶层的兴起,他们的思想和审美要求也为江南工艺美术注入了鲜活的大众文化血液。

(二)史前工艺文明形态初显

从地理环境来看,江南地区被连成一体又各具形态的一湖(太湖)、两江(长江、钱塘江)、两海(黄海、东海)所包孕,从而奠定了其水性文化

---

[1] 范金民:《明清地域商人与江南文化》,《江海学刊》2002年第1期。
[2] 刘士林:《江南文化理论》,上海人民出版社2019年,第1页。
[3] 钱念孙:《江南地理文化与才子型君子人格》,《群言》2020年第12期。

母体的属性，使这里的人们在审美观上天然形成了蕴藉、灵动、追求和谐的品性。又由于濒临大海，更容易接触海外文化，所以人们的视野也相对开阔，赋予了文化创造以很强的开放包容性。

虽然在旧石器时代，江南地区的工艺美术并没有留下太多的遗迹，但到新石器时代，其物质文化成就变得十分突出。江南地区不仅成为中国稻作文化区的中心，还为中华文明贡献了干栏式结构建筑、磨光黑皮陶、漆绘陶、玉器、纺织品等独具特色且影响力极大的先进物质文明成果，尤其是良渚文化的琢玉工艺，一度将中国的玉文化推向了高峰。

著名考古学家苏秉琦先生曾经提出，中国历史地理，在某些意义上，大体可以分为两大部分——面向海洋的东南部地区和面向亚洲大陆腹地的西北部地区。东南部地区在我国社会历史与民族文化的形成过程中一直起着重要的作用，如流行于全国广大地区的以"鼎、豆、壶"组合而成的礼祭器就源于这一地区。严文明先生认为长江下游的河姆渡文化、马家浜文化、良渚文化是古越族创造的史前文化。新石器中、晚期，中国迎来了工艺美术发展的第一次高峰，代表性的如彩陶、黑陶、玉器和石骨角器等，在表现形式和工艺技术上都呈现出明显的区域差异以及多元化风格。如对比红山文化玉器与崧泽-良渚文化玉器，红山文化的典型器是鹰、龟等象生器，玉猪龙、C形龙神兽，或鸟或兽或云的勾云形器，以及方形器、筒形器、联璧等几何体。而崧泽-良渚文化玉器，除了延续河姆渡、马家浜文化多玦、璜、环等小件装饰品之外，崧泽时期还出现了琀，说明了玉殓葬的萌芽；良渚文化大墓的随葬玉器数量更是惊人，仅瑶山一个7号墓就出土了667件精美的玉器。崧泽-良渚文化时期的典型器有琮、璧、钺、三叉形器、柱形器、冠状器、镯形器，以及各色环、管、珠、璜、牌、锥形器等，其中有相当部分玉器不再是装饰品，而是显示身份等级的礼器，特别是琮、钺等玉器上面的神人纹，有着神秘而又特殊的象征意义。而璧、琮，一直到商周时期，仍是中国最重要的礼器组合。此后，玉被比于"德"，演变为中华民族独特的玉文化，带动了中国玉器工艺的全面发展。

（三）先秦—隋唐工艺美术的多元融合

先秦时期的中国经历了从以血缘关系为纽带向以地域关系为纽带的社会转型。伴随着地域关系的日趋复杂化，中华民族多元一体格局的逐渐形成，各国之间的文化技术在江南这块土地上得到了充分的交流、融汇与提升。特别是与礼仪制度和征战相关的工艺品类,青铜器、玉器、服饰、建筑、车、兵器等的制作都达到了极高的水平,蕴含着丰富的工艺美学思想。《考工记》中的"天有时,地有气,材有美,工有巧,合此四者,然后可以为良"[1],强调"天人合一"的最高原则,明确了判断工艺优劣的标准,对中国古代工艺的发展产生了深远影响。

这一时期,江南地区的青铜工艺,通过吸收和消化中原地区先进的工艺技术和装饰,孕育出了与之联系密切而又不失地方性的类型,容器多以尊、盉、提梁壶(卣)等为主体,饮酒器相对缺乏,形成了区别于中原的无饮酒器的礼器组合形式。青铜乐器则比中原更发达,特别是铙、镈等大型打击乐器,分布地域广、数量多、独具特色。句鑃,作为一种用于飨宴和祭祀的手持打击乐器,为吴越地区所独有。青铜剑、戈等兵器更是独步天下。

春秋中、晚期,吴越地区的青铜冶铸水平已跃居列国前茅,有许多新创造,地方特色愈发彰显。

首先,青铜礼器铸造工艺更加高超,制作考究,器壁匀薄、配件严密。春秋时期,地方诸侯各自为政的格局打破了周王室对青铜器铸造和使用的垄断,也改变了商周时期青铜器作为祭享器和礼器的单一属性,风格由原来的肃穆庄严朝着轻巧实用的方向发展。吴越地区的青铜礼器在保留了礼器功能的基础上,通过更加复杂的铸造技术和装饰技艺的提升,应生活和审美之需,创造出了丰富灵动的器型样式。《淮南子·修务篇》曰:"夫宋画、吴冶,刻形镂法,乱修曲出,其为微妙。"特别是一些特殊的铸件,看何山东周墓提梁盉、上海博物馆藏吴王夫差盉、虎丘千墩坟东周蟠螭纹三足提梁盉等连接活动附件,均采用了分铸连接技术,其环扣配合程度之精密,为中原铜器所不如。吴江同里湖出土的扁圆形鼓腹棘刺纹铜尊,满饰蟠虺纹,芒如针尖的细密棘刺,只有在吴地方能见到。这种繁密峻深的外范刻塑纹饰,一旦完成再难加工修饰,即便是当代砂型铸造工艺都极难实现,反映了春秋时期吴国精湛的青铜铸造技术。

其次,纹饰布局合理,满密精细。虽然蟠螭纹、蟠虺纹、螺旋纹、羽状纹、云雷三角纹等,是许多地区普遍流行的装饰纹样,但吴越地区的更

---

[1] 我国第一部系统论述工艺类型和制作规范的专著。参见闻人军译注:《考工记译注》,上海古籍出版社2008年,第4页。

加细密精致，特别是在盖面和腹部装饰双线S形的蟠螭纹，成为这一区域文化的典型纹样。

吴越铸铜技术的先进性还体现在兵器上。《战国策·赵策》云："夫吴干之剑，肉试则断牛马，金试则截盘匜。"在制造精良的吴国兵器中，最闻名天下的是青铜剑，传说吴王有干将、莫邪、胜邪、鱼肠、盘郢、湛卢、辟闾、属镂之剑，吴国军士有扁诸之剑。圆首有格剑应为吴越首创。有学者将湖北江陵望山一号墓出土的越王勾践剑与山西原平县峙峪村出土的吴王光剑比较后，发现两剑铸造和修饰工艺完全一致，但吴王光剑剑身有火焰形花纹，与越王勾践剑上的菱格形花纹风格迥异，又显示出吴越两地不同的地域特色。吴越两地制造精良的兵器中，名噪一时的还有戈、矛、铍等。如安徽省六安九里沟窑厂出土的吴王诸樊戈，穿侧胡上铸有铭文"攻吴王姑发诸樊自作元用"，援基两面还饰有双勾变形鸟纹。山西万荣县庙前村后土庙附近贾家崖出土的一双王子于戈，援、胡部皆有错金鸟书之字，正面六字识为"王子于之用戈"，背面一字为"王"。字体纤秀，鸟形似画，内端还有错金云纹，十分华丽。鸟书即鸟篆文，这类铭体实物最早始见于吴国的"王子于之用戈"，至于越、楚、蔡、宋诸国兵器上所见，很有可能仿自吴器。

春秋战国时期是中国玉器发展史上的一个重要阶段。吴地的玉器工艺在经历了商周时期的沉寂之后，伴随着国力的强盛，再创高峰。苏州的严山窖藏、真山大墓、小真山D1M1、D3M1、D4M2、D4M3都出土过不少高等级玉器。这一带曾是吴越两国的交界地带，一度还归于楚地，因而在玉器上出现了吴、越、楚交融的风格特征。如严山窖藏的双龙首玉璜，龙嘴大开的样式在同一时期的其他地方极为少见，直到战国中、晚期才开始在其他地区出现。从玉器纹样上也可以看出吴地虽然继承了周制，但比中原其他地区更加自由。苏州多蟠虺纹、鸟纹、变体夔龙纹、兽面纹、卷云纹、弦纹、绳索纹等，其中的蟠虺纹，不仅是青铜器的主要纹饰，在玉器上也多有表现，且往往附以绳索纹，使用阴线和浅浮雕的手法，布局繁缛细密。典型器就是真山大墓出土的虎形玉饰，其尾部及腹部都有装饰绳索纹，玉瑷廓内也饰以绳索纹。值得一提的是吴国遗存中还有仿兵器的圭类玉器，见真山出土玉戈，严山窖藏出土玉斧、绿松石钺等，却未见同一时期墓葬中原常见的玉圭、玉璋等，表现出与中原完全不同的玉礼器使用模式。 但是,这种方条类玉器在越国墓葬中则较多。 除此之外,吴地还出土不少随葬的玉剑首、玉剑格等玉兵器,玉戈、玉矛等也较为独特。 而越国墓葬也多见玉兵器,特别是玉剑首、玉剑格等,反映出两地文化的一致性。

商周时期,吴越两地几何印纹硬陶与原始瓷器也有了飞跃发展。 环太湖流域是中国原始瓷器走向成熟的地区,为后来这里成为青瓷业中心,推动中国青瓷技术的发展奠定了基础。 商周时期还出现了模仿青铜器造型和纹样的印纹硬陶,西周、春秋之交,吴越地区已普遍使用高温龙窑技术来烧制印纹硬陶。 到春秋战国时期,这两种工艺愈发成熟,且创造性地体现于仿青铜器和玉器功能及造型形式,制作出来的原始瓷色釉如铜,声音如磬。 在越文化圈,随葬印纹硬陶和原始瓷器的现象十分突出,且多见于高等级墓葬,说明这一时期原始青瓷已成为青铜礼器、乐器和玉器的部分替代品。 苏州唯亭夷陵山出土过一件原始青瓷簠,盖已失,但簠内还有四个烧结的黏附在簠底的小簠,其中一个存盖,盖顶中心塑一鸟状物,簠腹遍饰锥刺纹,通体施黄褐色釉,这种装饰也只见于吴地的青铜器,应是吴地的独特创造。

在经历了春秋战国时期工艺美术的辉煌之后,秦汉时期的江南,相较于中原地区工艺美术中心的活跃,相对沉寂,但瓷器和漆器等仍有不同程度的发展。 直至六朝时期,相对安定的社会环境又为工艺美术发展提供了新的机遇,环太湖流域成为中国青瓷业的制造中心。 受佛教、道教的影响,工艺美术形式还表现出多元杂糅的倾向。 最典型的莫过于青瓷堆塑罐的出现与流行,房舍楼阁、飞禽异兽、佛像普生、仙人祥瑞等群像杂陈。 与文人文化相关的雕塑、园林艺术也有了较大程度的发展,江南工艺美术朝着文人化、艺术化的精神向度不断精进。

(四) 宋元时期独树一帜的范式

中国传统工艺美术的发展,有一个一脉相承的问题。 在经历了历史的沉淀之后,到宋元时期,江南工艺美术开始形成自己独特的文化内涵,并以逐渐清晰的面貌,为江南工艺在明代的成熟奠定了基础。 明代江南一跃而成全国工艺美术的生产中心和风尚策源地,即脱胎于宋元传统,并在此基础上有所发展与演变。

宋代的江南,得益于地产丰富、人杰手巧,工艺生产日趋兴旺,逐渐成为全国领先的工艺生产中心。与此同时，一些与文人生活、宗教活动有关的新生工艺也获得了广阔的成长空间；民间工艺得到长足发展，手工艺名家辈出。而伴随着江南工艺生产和消费的持续兴旺，依赖于当地物产、消费市场和著名艺人的带动，许多工艺品生产渐趋集中，为明代江南各地工艺美术中心的形成奠定了基础。

首先，传统工艺生产持续扩大并领先全国。这一时期，江南的传统工艺品类丰富多样，主要有织绣、雕刻、陶瓷、漆器、金属饰物、编织品、灯彩、人造花、工艺绘画等几大类[1]。它们的生产逐渐在全国居于领先地位，主要表现在以下两方面：第一，材料更加多样，用途更加广泛。如苏州传统石雕（包括碑刻），在唐代传统的石灰石雕刻的基础上，还增加了花岗石、汉白玉（白石）、大理石等雕刻，应用范围也扩大到建筑装饰、工艺摆设和摩崖碑刻。而发现于苏州云岩寺塔的大量灰塑图像，则证明北宋初期苏州已经产生了灰塑工艺，并被作为双层套筒式砖塔的建筑装饰，是我国迄今所知保存最早的灰塑艺术遗存。[2] 江南丝织业历史悠久，产品精美。除了唐绫是传统名产之外，中纱从南宋以后也传于四方。元代，平江所出产的各种纱，仍然独领鳌头，暗花纱尤其名贵，后又发明了纱绢边、纱地、克丝花三法纱，其花纹疏而不密者曰"天净纱"。[3] 第二，技艺精湛。精益求精是江南工艺的传统。苏绣、杭绣中的闺阁绣，受宋代书画风格影响终成体系，渐成精细雅洁的风格特征，正如明万历年间张应文所著《清秘藏》所载："宋人之绣，针线细密，用绒止一二丝，用针如发细者为之。设色精妙，光彩射目。"

其次，与文人生活、宗教活动相关的工艺美术品类发展突出。宋代是中国士人地位提升的重要时期，他们在安逸的生活中追求雅致自然的审美意趣，引领中国工艺美术确立了典雅的最高规范。与文人活动有关的工艺品类得到了很大程度的发展，表现在书画装裱、古籍装帧、雕版印刷、日用摆设等众多领域。其风格上也融入了更多的文人旨趣。无论是官窑瓷器还是漆器、金银器、锦绣织物，都趋向于雅致的审美倾向，如追求光素

---

[1] 朱亮亮:《江南工艺的地域性与人文性》,《上海工艺美术》2011年第1期，第47页。
[2] 张朋川:《苏州云岩寺塔北宋初年灰塑图像初析》，2007年12月17日"首届非物质文化遗产·东吴论坛"发言稿。
[3] 卢熊：洪武《苏州府志》卷四十二"土产"，江苏省地方志编纂委员会：《江苏历代方志全书·苏州府部》，凤凰出版社2016年，第412页。

无饰或少有雕饰，注重造型结构和材料肌理所带来的自然之美等，表达了文人注重内心素养的纯净与洁身自好、淡泊雅致的精神品德。即便这一时期的人们已能制造出鲜艳的朱漆、戗金、螺钿、犀皮等工艺繁复的漆器，但造型端庄、没有修饰的光素黑红漆器仍是文人特别钟情的好物。在他们眼里，最高级的瓷器釉色是天青、牙白等自然单纯的颜色，以及有泪痕、开片等抽象美的肌理效果。即便有花纹也多半通过划花或剔花的手法暗含于釉面之中，绝不彰显，有含蓄宁静之美。南宋文人花鸟画的兴盛也影响了工艺美术，有的甚至直接将画稿引入装饰，画院的发达，更是为输出画稿提供了有利的条件。江苏武进县南宋墓出土过一件园林仕女图戗金莲瓣形朱漆奁，该奁的侧壁由银扣分成四层，每层皆饰以牡丹、莲花等写生折枝花卉。同出的另外两件漆器上也可见到类似的折枝花纹。用植物比喻君子人格理想的"梅兰竹菊""本固枝荣""岁寒三友"等图案在当时亦十分流行。江南织锦技艺至宋代达到高峰，花色日繁，以明丽古雅见长，并被广泛运用于装裱书画、古籍、锦盒和礼品等。由于崇尚绘画，缂丝织绣工艺也都转向追慕名人书画，由过去以实用功能为主转向艺术鉴赏。南宋江南缂丝名家吴熙、沈子蕃对缂织书画及其技艺的新发展，均做出了重要贡献。元代著名画家赵孟頫的妻子、浙江吴兴人管道昇的存世作品绣观音像，融丝绣与发绣而成，神情飘逸，格调高雅，代表了当时刺绣工艺的审美风尚。

在文人的导引下，江南地区的人们对工艺的要求越发精益求精，促进了技艺的提高和规范化发展。如《营造法式》所确立的官方营造标准，对于中国建筑及其装饰的传承与规范性发展至关重要，影响一直持续到明清。举凡丝织品、金银器、玉器、漆器、瓷器、文具等各类工艺美术莫不显现出精良的品质。虽然都市生活衣食丰饶，但居民对生活品质绝不苟且，即便只两人对坐饮酒，亦讲究杯盘碗碟的搭配，喜用银盏之类，这在宋人的笔记中有不少描述。讲究格调与趣味的悠闲生活，必然使看画、品茗、焚香、饮酒成为不可或缺的居家生活方式。考究的盘盒器皿，不厌细巧的时宜巧玩，将江南人民的生活装点得丰富而娴雅。士大夫们以"吾辈自有乐地"的心态，不与时同，展开了对精雅的文具、怡人的茶道、韵致的书画的赏鉴和追捧，在彼此的唱酬中，引领出一轮又一轮的新时尚。在日常生活中，一些日用器皿逐步演化为具有欣赏陈设意味的艺术品。如本为酒器的玉壶春瓶和梅瓶，到这一时期，腹部修长、丰肩，向下收敛，整个器型犹如亭亭玉立的少女，造型合理沉静、柔美秀雅。饮食器皿则突破了半圆形的造型样式，创制出八角形、瓜棱形等新形式，在丰富传统造型的基础上，抒发了追求自然主义的美学向度。

在文人的带动下，品鉴古物也蔚然成风。博古成为当时流行的绘画和工艺装饰主题。传世的不少宋人博古图中都可见到文人墨客赏鉴古董的场景，也可见到铜鼎、香炉、瓷罐、瓷瓶、执壶等。随着古董品鉴范围的扩大，这一时期还出现了许多由文人所撰的金石著作，如北宋赵明诚的《金石录》《考古图》《宣和博古图》，南宋杜绾的《云林石谱》、赵希鹄的《洞天清录》等。从中可以发现，宋代文人研究和赏鉴古物的范围十分广泛，翰墨书画、钟鼎彝器、琴、砚、怪石、研屏、笔格、水滴、瓷器、石刻等不一而足，足见宋人以古雅为上的审美理想。而这些理论必然会对整个社会的工艺风尚产生重大影响。崇古好古，成为宋人生活艺术的重要内容，反映到工艺美术上，便出现了许多仿古的造型和纹饰。

南唐时期，中国已出现"文房"的概念。与之相应的笔、墨、纸、砚等开始成为江南传统的工艺美术品类。如果说在此之前，最精美的工艺多体现于祭祀礼器、寺庙用具和宫廷用品等方面，那么从这一时期开始，则发展出了以文房、闺房用品与茶具等生活化产品为导向的工艺产品，其中江南地区的贡献极大。与此同时，江南的宗教活动也非常兴盛，使得某些相关的工艺生产获得了进一步发展。为了满足宗教活动的需要，江南人还把当地特有的珍贵物产做成供器，体现出江南民间工艺与当地民俗活动的密切联系。

宋元之际，也是江南地区工艺名家辈出的时期，涉及门类众多，极大地提升了江南工艺美术在全国的地位。如宋代泥塑艺人袁遇昌，孟元老《东京梦华录》载："摩睺罗惟苏州者极巧，为天下第一，今木渎袁家所制益异众工。"而元代苏州人朱碧山所制银槎杯也是远近闻名，成为后世追捧的重要收藏品，仿品不绝。同时，这一时期还形成了一些著名的职业群体。如北宋末年，官府于苏州设立应奉局，征调吴郡能工巧匠赴东京营造苑囿，其中就有很多香山匠人，香山帮开始形成。另外，苏州碑刻群体也在形成之中，苏州碑刻博物馆所藏南宋《平江图》碑即由吕梴与张允成、张允迪兄弟合刻而成。

江南工艺美术的新气象引发了中国工艺文化结构的改变，这在此后的明清时期得到进一步强化，由此迎来了工艺美术的黄金时代。

（五）明清时期引领全国风尚

邹逸麟在《中国历史人文地理》中指出："在漫长的中国传统社会里，冶炼业和手工艺的发展，推动了整个社会生产力，改变了我国社会经济结构，增加了商业的流通，改变城市和交通布局，促进区域之间的联系，同时对人们的政治、经济、文化观念的改变都有过重大影响。"[1]成熟于明代的江南工艺，在其对外传播和发生影响的过程中，也对江南人的心理产生了或多或少的影响，提升了他们对自身区域文化的认知度和自信心；而江南工艺在当时的先进地位和极富江南特色的地域文化内涵，又是对江南区域文化价值的张扬，从而奠定了其在全国的地位，成为各地仰慕的对象、仿效的楷模。

江南工艺美术既是物质的，又是精神的；既是实用的，又是艺术的。它既对江南人民的物质生活起了极为重要的作用，又是江南人文精神的集中体现。正如王士性所称，江南"人既繁且慧，亡论冠盖文物，即百工技艺，心智咸儇巧异常。虽五商辏集，物产不称乏，然非天产也，多人工所成，足夺造化"[2]。"足夺造化"反映了实用和艺术的完美结合。而这种造化之功，不仅需要熟练的技术，更需要精心构思以及吸收融合其他相关艺术的长处，因而具有较高的文化知识含量。江南工艺正是扩大了这样的一种内涵，代表了江南文化最精神化的一面，从而带动了外地人对江南文化的向往之心。江南精美的刺绣、缂丝、丝绸产品为人们竞趋华美、追逐时髦创造了条件，人们的服饰变得日趋多样化和时尚化。顾起元的描述非常有代表性："余幼见前辈内服之最美者，有刻丝、织文。领、袖、襟、带，以羊皮金镶嵌。若刺绣则直以彩线为之，粗而滞重，文锦不轻用也。其后废织文、刻丝等，而专以绫纱堆花刺绣。绣仿露香园体，染彩丝而为之，精巧日甚。"[3]

此时，江南工艺美术对外的影响日渐扩大，已成为从京师到各省、从

---

[1] 邹逸麟：《中国历史人文地理》，科学出版社2001年，第238页。
[2] 王士性：《广游志》卷下"物产"，见王士性：《地理书三种》，周振鹤校点，上海古籍出版社1993年，第227页。
[3] 叶梦珠：《阅世编》卷八"内装"，见钱泳、黄汉等：《笔记小说大观》，江苏广陵古籍刻印社1983年，第180页。

社会上层到一般百姓仰慕的对象,"江南风格"几乎成了人人仿效的楷模。"江南风格"不仅在样式上成为外地临效的对象,而且也是技术的楷模。明代江南地区工艺美术的制作水平在许多方面已领先全国,所谓"江南工艺天下第一",并不夸张。 正如张瀚所言:"其民利鱼稻之饶,极人工之巧。 服饰器具,足以炫人心目,而志于富侈者,争趋效之。"[1]又见王绮《寓圃杂记》:"凡上供锦绮文具珍馐奇异之物,岁有所益,若刻丝累漆之属,自浙宋以来,其艺久废,今皆精妙,人性愈巧而物产愈多。 至于人材辈出,尤为冠绝。"明末徽州休宁人胡正言,弃官后寓居南京,在其十竹斋中,雇佣了十数名刻工,用五色套印出了《十竹斋画谱》《笺谱》,花卉羽虫,色彩逼真,栩栩如生,成为学画的范本,"销于大江南北,时人争购"。 光为十竹斋包揽经营的汪姓良工就成了巨富。[2] 明时杭州盛行雕版画,据说"殆无不出歙人手,绘制皆精绝"[3]。 万历年间,广东、福建的纱帛及天鹅绒生产远近闻名,不仅原料取给于湖丝,而且丝织技术也是向江南看齐,"漳纱旧为海内所推,今俱学吴中机杼。 织成者工巧,足复相当,且更耐久"[4]。

二、江南工艺文化中心

自宋以后,借助于"天时、地利、人和",江南地区作为中国经济文化中心的地位基本确立,这里经济富庶、商业繁盛、文化昌明,不仅盛产文人、艺术家,也产生了众多能工巧匠,群星璀璨。

自南朝开始,"江南"渐成人人艳羡的憧憬。 然而,伴随着政治中心的不断变迁,地缘差异与交通环境的改变,自然经济和商业贸易发展的不平衡,江南区域范围内,也逐渐形成了不同的文化中心。 魏晋南北朝至北宋,作为六朝国都的建康(今江苏南京),与身处运河与长江交汇之地的扬州先后成为江南文化发展的中心。 南宋时期,江南的核心之地转至都城临安(今浙江杭州)。 从明代中叶开始,虽然苏杭并称,但杭州以湖山胜,

---

[1] 转引自谢国桢:《明代社会经济史料选编》(中),福建人民出版社1980年,第81页。
[2] 张海鹏:《明清徽商资料选编》,黄山书社1985年,第206页。
[3] 范金民:《明清地域商人与江南文化》,《江海学刊》2002年第1期。
[4] 沈定均续修,吴聊薰增纂:光绪《漳州府志》卷三十九《帛之属》,见《中国地方志集成·福建府县志辑》第29册,上海书店出版社2000年,第930页。

而苏州不仅工商业发达，而且人文蔚起。这种态势一直延续到晚清民国初。[1] 而这些不同的文化中心，其工艺美术的整体面貌也都表现出很大的差异性，个性化特点突出。

（一）以苏州为核心的苏南地区

苏南地区是中国稻作农业的发源地，在水网密布的生活环境中，形成了鱼米之乡、舟船之乡、花果之乡、石桥之乡……这种水乡既有天作，也有许多人为的创造，而创造者主要是工匠、农民和渔民。早在新石器时代，这里就孕育了发达的建筑、纺织、制陶、漆器、雕刻等工艺。先秦时期，这里成为吴国的政治中心，既是吴、越、楚争霸之地，又是三方文化交会之所。在礼制和诸侯争霸的社会环境影响下，形成了以技艺高超的玉器、青铜器、兵器制造为主的传统工艺，为礼仪活动和贵族生活服务的原始瓷器工艺也是异常兴盛。秦统一全国后，以吴越文化为核心的区域性文化被纳入华夏文化体系，区域物质性创造成果没有凸显。直至三国东晋时期，江南文化才再次勃兴。北人南迁带来了先进的农耕和纺织技术；在相对安定的社会环境下，六朝文化艺术得到全面发展，并辐射到周边地区；苏南成为制造青瓷、铜镜和髹漆工艺的中心；玄学思想也改变了江南文人的审美观，更加重视人的内在精神、心境和气质的表达。无论是绘画、陶塑还是砖画，都讲究线条的优美灵动，这也促进了工艺水平的提升。南朝四百八十寺，受佛教的影响，在青瓷、漆器、陵墓石刻、画像砖制造等工艺中出现了莲花纹、忍冬纹，以及护佑佛法的神人神兽等新装饰题材。加上道家的流传，在使用广泛的青瓷堆塑罐上，制瓷、雕塑、宗教信仰融为一体。唐代，苏南地区佛教继续兴盛，特别是五代吴越国割据时期，与佛教有关的建筑装饰和工艺美术相对发达。如苏州虎丘塔所出的五代紫绛绢地绣宝相花睡莲经帙、云纹瑞花锦经帙，前者在织物上用集套针和散套针绣出金黄浅蓝莲花，后者则采用五代时期南方流行的四出变体雪花——瑞花为主，搭配以云纹、海棠，色彩以藏青、淡蓝、白色相配，十分雅致。这两件织绣作品都是佛经的包装。

宋元时，中国经济文化中心的南移，进一步推动了苏南工艺的发展，吴越的土壤里开始孕育新的文化内涵，"文人艺术"风尚兴起。特别是南

---

[1] 朱栋霖：《苏州，引领江南风骚500年》，《江苏地方志》2021年第1期。

宋定都临安,对与之相近的苏南地区的工艺发展起到极大的促进作用。与优雅的品质生活相关的高级锦缎、金银器、漆器的生产中心也都转移到了苏南。许多工艺美术跻身全国一流,名家辈出。尤其是苏州,得益于地产丰富、人杰手巧,工艺生产日趋兴旺,开始成为苏南地区的工艺中心,并逐渐领先全国。

明代中期之后,"江南既是兴旺繁盛的经济中心,又是开放活跃的文化中心,甚至是明朝廷的人才中心"[1]。据明清进士题名录,明清两代苏南地区的应天、镇江、常州、苏州四府,共考取进士4 000余人,约占全国总人数的7.8%;此外,苏州在明代是全国的绘画中心,整个苏南地区画家约占全国总数的1/3。[2] 文化的繁盛,孕育出庞大的文人阶层,并将文化素养转化为日常生活的一部分,打造出了苏南地区精致高雅的艺术化生活。从明万历年起,昆曲的兴盛带动了苏南地区剧装戏具和民族乐器制作的发展;由吴门派和松江派先后掀起的艺术潮流与绘画群体的不断扩大,促进了书画装裱、修复和颜料制作等技艺的发展;私家园林的普遍兴建则推动了建筑营造、明式家具、陈设类器具工艺的发展;宜兴紫砂壶制作技艺则伴随着茶文化的发展而不断推陈出新;文人雅集和各类赏玩鉴藏活动的活跃,还使得常州、嘉定、苏州等地的竹刻工艺大放异彩;红木小件、仿古玉器、仿古铜器引领高端工艺品消费时尚;戏曲小说的繁盛与出版业的发达,使南京、苏州成为著名的版画中心,姑苏版画享誉大江南北,甚至成为海外畅销的艺术品;民俗活动的空前活跃与丰富内容,催生了秦淮花灯、苏州灯彩、虎丘与无锡泥人,以及以扬州、金坛刻纸为代表的各地剪纸工艺的热潮;织中圣品南京云锦,苏州吴罗、宋锦、缂丝成为供应皇室的臻品。除此之外,盆景、雕刻、刺绣等工艺的发展也无不体现着苏南人对品质生活的追求,举凡琢玉、雕金、镂木、刻竹、髹漆、装潢、象生、针绣等各个门类的工艺,苏南人都能极尽工巧,有的甚至达到了"鬼使神工"的技艺高度。正如明人张岱在《陶庵梦忆》一书中所写:"吴中绝技,陆子冈之治玉,鲍天成之治犀,周柱之治嵌镶,赵良璧之治梳,朱碧山之治金银,马勋、荷叶李之治扇,张寄修之治琴,范昆白之治三弦子,

---

[1] 陈宝良:《明代社会生活史》,中国社会科学出版社2004年,第24页。
[2] 朱云峰:《文化人类学视域下苏南手工技艺类"非遗"的活态传承研究》,《美术教育研究》2020年第12期。

俱可上下百年，保无敌手。"[1]

处于文化前沿地带的苏州，人才卓越，汇集了众多的文化精英，操持着文化的进退，这对形成苏州工艺美术特有的文化内涵起到了重要作用。借助于经济上的宏观调整，本已具有相当基础的手工业迅速发展，与农业一起成为苏州地区经济的两大支柱。工艺美术的发展也由过去主要依赖地理条件和艺人的个人发挥，转变为更多地受商业影响、由市场左右的新局面。工艺美术生产和消费成为城市的一道亮丽景观，"凡上供锦绮、文具、花果、珍羞奇异之物，岁有所增，若刻丝累漆之属，自浙宋以来，其艺久废，今皆精妙，人性益巧而物产益多"。及至嘉靖、万历年间，苏州工艺美术，如金银器、铜器、玉雕、木雕、竹雕、牙角器、漆器、灯彩、装裱、刺绣、缂丝、织锦、制笺、制扇、乐器、玩具、家具等，全面开花，蓬勃发展，并在内部有了比过去更加细密的专业分工，不但由此形成了以手工业者为主体的新市民阶层，并且工艺制作风尚高雅，巧夺天工，成为全国的楷模。入清以后，其势炽盛，孙嘉淦《南游记》记载，苏州在康熙年间已是"阊门内外，居货山积，行人水流，列肆招牌，灿若云锦，语其繁华，都门不逮。然俗浮靡，人夸诈，百工士庶，殚智竭力以为奇技淫巧，所谓作无益以害有益者与"[2]。所谓的"奇技淫巧"，指的就是包括工艺品在内的各种手工制作。而宋元时期逐渐形成的分散中心，也在进一步集聚，且生产规模更大、范围更广、能力更强。苏州工艺美术的整体水平明显提高。在阊门内外，逐渐形成了工艺品的专业产销市场，城外主要集中在山塘街、南濠街，城内则以今西中市、东中市为轴心，南北巷陌，分布几遍，匠作麇集，工巧百出。清人纳兰常安在其笔记中又提到："苏州专诸巷，琢玉雕金，镂木刻竹，与夫髹漆、装潢、象生、针绣，咸类聚而列肆焉。其曰鬼工者，以显微镜烛之，方施刀错；其曰水盘者，以砂水涤滤，泯其痕纹。凡金银琉璃绮绣之属，无不极其精巧，概之曰苏作。广东匠役亦以巧驰名，是以有'广东匠，苏州样'之谚。然苏人善开生面，以逞新奇。粤人为其所驱使，设令舍旧式，而创一格，不能也。故苏之

---

[1] 张岱:《陶庵梦忆》卷一"吴中绝技"，见施蛰存:《文学珍本丛书》，上海杂志公司1936年，苏州大学图书馆特藏部藏。
[2] 孙嘉淦:《南游记》，上海广益书局1933年，第27-28页。

巧甲于天下。"[1]显然,这里的"苏作"就是针对制作工艺而言的。

不仅如此,在人文生态和经济生态的相互作用下,苏州工艺美术逐渐成长壮大,并形成了若干产业集群。追求闲适生活的苏州文人,多喜雅集,而园林是最好的去处,所以他们对园林的环境艺术非常讲究,喜立碑刻,陈设书画及文玩珍宝。由于苏州多书法篆刻名家,所以碑镌业十分发达。为了营造风雅的生活氛围,苏州文人喜用艺术品装点空间,除了请名人题字作画之外,与此结合的缂丝、刺绣也都成了市场上受追捧的高价工艺品。同时,与文人追求风雅的清玩活动相适应,折扇成为风靡之物,这使竹刻工艺有了发展空间,与之相配的扇面也十分讲究,多采用泥金、洒金工艺或文人画稿,有的还用到画绣。围绕鉴藏活动,以艺术品包装为核心的产业群也十分发达,如与装裱相关的绫锦业及配套的画轴、匣子、几座等精美的小件工艺也随之发展起来。藏书业的兴盛,则带动了书籍版刻业的发展,苏州成为东南地区刻书中心之一。随着大批文人艺术家的聚集,苏州开始成为全国文化艺术的中心。特别是以戏剧为中心的产业群发展突出。与之相关的剧装戏服、乐器也都成了苏州的工艺名产。苏州戏衣多喜加绣,这对刺绣业来说又形成了联动。为演出活动提供场所的戏楼、戏船在苏州也是构建独特,形式多样。为了传音清远,突出昆曲演唱的悠扬婉转,多选择在园林水榭、门楼、卷梢等地演出,这些地方因此成为苏州能工巧匠施展才艺的重点。明清苏州的戏文雕刻,也是一枝独秀。而在苏州市民阶层中,还广泛流行着游赏活动,乘坐画舫是最流行也是最奢华的旅游方式。随着商业和旅游业的发展,苏州阊门至虎丘山脚的河渠两岸,云集了大批工艺作坊和商业店铺,它们制作了大量的版画、山水名胜图、玩具(包括玩偶)、实用刺绣、灯彩等。这种工艺产业之间的相互牵动、相互影响的群状关系,不仅促成了工艺行业间的分工与协作,而且推动了工艺的不断进步。

入明以后,苏州的文风与经济共盛。苏州文化人对工艺思想的推进、工艺技术的提升、民间工匠与士大夫的交流,起着十分重要的作用,特别是形成了以诗、书、画、印为主要结构形式,以古雅精巧为审美特征的工艺美术风格。如果说"认真雅致""清雅灵秀""自然天成""崇古尚雅"是

---

[1] 纳兰常安:《宦游笔记》(二),台湾广文书局1971年,第947-948页。

苏州工艺美术审美的内在精神向度，那么"华丽秀美"就是苏州工艺美术与"苏式"生活方式最协调的审美形式表征。苏式建筑飞檐立柱精巧的尺度和曲线，丝竹歌舞委婉的声腔和优雅的舞姿，家具陈设不事雕琢的古朴和考究的造型，文具器物的精雕细刻和极高的品位，华丽秀美几乎统摄着苏州工艺美术的每一个细节，这使苏州工艺美术突破了历史上流传下来的传统风格，成为当时最时尚的代表。

苏州工艺美术是吴地文化的创生和传承，是江南优越的地理环境造化的，更是明、清两代苏州经济社会文化发展的结晶。思想的自由、经济的繁荣、社会活动的丰富，成为推动苏州工艺文化繁荣至今的根本动因。在今天全国工艺美术品14个大类中，苏州拥有12个，多达3 500个花色品种。刺绣、缂丝、盆景、玉雕、灯彩、泥塑、乐器、笺纸、漆器、檀香扇、桃花坞木版年画、苏式家具等，享誉全国。苏州传统工艺美术属于国家级非遗项目的有18个，约占全市国家级非遗项目总数的52.94%；属于省级非遗项目的有61个，约占全市省级非遗项目总数的53.98%；属于市级非遗项目的有92个，约占全市市级非遗项目总数的51.11%。[1]

苏州是传统与现代深刻交融的城市，比较而言，得益于深厚的地域文化积淀和坚实的经济实力支撑，苏州传统工艺产业优势明显，呈现出品类多、水准高、规模大、基础强的四大特点，是名副其实的"工艺美术之都"。

（二）以扬州为代表的苏中工艺

扬州、泰州、南通，即为民间俗称的苏中地区，与经济发达的苏南地区只有一江之隔，同属江南文化圈。但因为所处的区域位置正好是长江下游南北东西文化交流的通道，从历史上来看，这里又是中原文化与吴（楚）文化交会的地方，所以工艺文化的面貌表现出更多的融汇各方的复杂性。

扬州地处江苏的中部、长江的北端、江淮平原的南端，作为历史古都，先后有广陵、江都、维扬之称。唐朝时期的扬州号称"东南第一商埠"，

---

[1] 国家级非遗项目统计截至2021年5月24日公布的第五批国家级非物质文化遗产代表性项目名录；省级非遗项目统计截至2016年1月15日公布的江苏省第四批省级非物质文化遗产代表性项目名录；市级非遗项目统计截至2020年4月20日公布的苏州市第七批非物质文化遗产代表性项目名录。数据统计来源：苏州非物质文化遗产信息网，http://www.szfwzwh.gov.cn/gjml/c100。

有天下"扬一益二"之誉,"扬州地当要冲,多富商大贾,珠翠珍怪之产",当地金银铜器、锦彩、米、糖、药材等业十分兴旺,冶炼铸造也有较高水平。当时的扬州港常常停泊着大量船舶。中唐以后,扬州更是"侨寄衣冠及工商等多侵衢造宅,行旅拥弊",进入"富商大贾,动逾百数"的繁华盛世。"烟花三月下扬州"开始被千古传诵。宋代以后,全国经济重心南移,扬州成为南北交往的中心城市,也是运河文化与盐商文化的发祥地。扬州盐商主要是徽商,他们凭借对食盐的垄断经营,获得了高额的利润。一夜"暴富"的盐商把大量的资金用于建设园林楼阁,追求文化艺术生活享受。

　　无论是唐朝还是清朝前期,扬州经济繁荣的最主要原因是便利的交通条件——京杭大运河的开凿与运行,它奠定了扬州作为中国南北交通枢纽的地位。经济上的繁荣必然带来文化上的发展。扬州地处江淮要冲,四面八方的文化向这里渗透,在这里积淀,逐渐被扬州文化所吸收。

　　扬州工艺美术早在两千年前的西汉已有相当水平。考古工作者在今天的邗江县甘泉山附近发掘过好几座广陵国的王室大墓,出土了大批精美的铜器、金银器、漆木器、玉器、陶瓷器等。其中2号墓出土的一件嵌绿松石王冠形金饰,形体虽小巧,但集中了掐丝、炸珠、焊接、镶嵌等技法,内嵌的绿松石有如芝麻粒大,反映了当时精湛的金细工艺水平。自汉以来,扬州还是铜镜和漆器的重要产地。浅刻手法的铜镜具有典型的江南地方特色。

　　漆器在汉代受到高度重视,多由官营工场制造,并承接了战国的高超技艺。当时最著名的两大漆器产地是四川和湖北,但从考古出土的汉末三国时的漆器来看,江南的制作水平也不低。特别是安徽马鞍山东吴朱然墓出土的犀皮鎏金扣皮胎漆耳杯,系目前已知最早的犀皮漆工艺品,表明该工艺很有可能起源于江南。另一件锥刻戗金黑漆盒盖,则在一个边长22.6厘米、高11.5厘米的盒盖上用锥刻戗金手法刻画了成组的云气纹,线条遒劲纤细,动感十足,其间还穿插以65躯神禽异兽,以及拱手握剑、执节执旗的人物,髹漆工艺与绘画技艺完美结合。而在扬州出土的不少漆器中也不乏精品,如扬州市郊西湖胡场20号墓出土的彩绘云兽纹漆枕,造型别致,装饰华丽,在汉代漆器中极为罕见。邗江县甘泉乡姚庄西汉墓出土的一件针刻云纹漆罐,纹饰细腻生动,皮壳泽亮如新,可谓汉代针刻漆器工艺的代表作。隋唐宋元时期，扬州成为全国经济和交通的重要枢纽，漆器工艺更加兴旺，至明代，扬州漆器达到全盛时期。主要工艺有雕漆、百宝镶嵌、点螺、平磨螺钿、骨石镶嵌、刻漆、彩绘勾雕等，品种包括各式漆屏风、橱柜桌椅几凳、瓶盘碗盒、文房用品等三百余种。至今点螺漆器仍是驰名全国的特色名品。

扬州的玉雕工艺自古即称发达。1984年在邗江甘泉老虎墩东汉墓出土了一件新疆和田白玉质地的跪坐状的辟邪玉壶，集圆雕、镂空、浮雕、阴线细刻手法于一体，是东汉玉器的杰出代表。此后，扬州的玉雕工艺未曾中断，到清代更是名匠辈出。以擅作大件和仿古器著称的扬州玉作，多向朝廷呈贡，同时也为宫廷造办处输送技艺高手。现存故宫博物院珍宝馆的大型玉雕作品《大禹治水图》就是清代乾隆年间由扬州艺人进献的珍品。扬州也因此成为与北京、苏州三足鼎立的琢玉中心。"扬作"玉雕多为人物、花卉、炉瓶、雀鸟、兽类、山子雕等品种，造型大气，雕琢精细。以秀丽文雅、玲珑剔透著称于世。尤其山子雕是最能代表扬州玉雕地域风格特色的传统品种，至今传世不绝。

扬州的雕版印刷也是与苏州、南京的齐名的代表工艺。南宋乾道二年（1166），由州学教谕汤修年主持刻印了沈括的名著《梦溪笔谈》，并成为后来各种刊本的祖本。元代扬州的官刻、私刻书业十分发达。明万历年间，除了官刻以外，全国最负盛名的民间雕版印刷中心几乎全部集中到了江南。明刻本字体整齐，行格紧密，插图精美，显示出高超的技艺和极高的审美要求。伴随着江南商品经济的发达和江南市民文化的兴盛，大量的插图本戏曲小说得以出版，彩色套印技术达到高峰。到清代，江南的雕版刻书之风依然盛行，除了"天下书版之善，仍推苏、杭、金陵"外，扬州亦名闻天下。特别是康熙年间，扬州刊刻了不少大型类书，代表作为《佩文韵府》。康熙年间"扬州诗局"奉旨刊刻的《全唐诗》，时称《康版全唐诗》，被当时公认为精刻本的杰作。清代学者阮元校刊的《全唐文》巨制，初刻本也是在扬州完成的。扬州还以刻经著称。最有影响的郑学川（字书海）曾创立五个刻经处，共刊刻藏经约三千卷，其刻本被坊间誉为"扬州刻本"。现今扬州藏经院还保存着大量的佛教经、律、论的木刻版片，为我国佛教史、思想史、文化史研究提供了许多重要的材料。

商业文化的发达，使得与市民生活相关的民间工艺得到蓬勃发展。其代表如扬州刺绣、灯彩和剪刻纸。扬州刺绣的两大特色是水墨写意和仿古山水,这与扬州画派和地域文化的影响分不开。扬州刺绣针法缜密、艳丽、工整、光洁。在江南,节俗张灯十分普遍,特别是元宵佳节,扎灯、观灯乃民间千百年来的传统。扬州灯彩大多小巧玲珑,色彩鲜艳却不俗气,尤以牛角和羊角制成的明角灯(琉璃灯)最具地方特色,形式有官灯、折灯、走马灯、动物灯、花卉灯等,造型优美。扬州剪纸也是与南京剪纸、南通剪刻纸、金坛刻纸齐名的江苏民间剪纸工艺代表,它与扬州漆器一起在2006年就已被列入首批国家级非物质文化遗产代表性项目名录。扬州剪刻纸剪、刻结合,讲究线条清秀流畅,平看一条条,提起成一片,构图精巧雅致,形象夸张简洁,题材广泛,举凡人物、花卉、鸟兽、虫鱼、奇山异景、名胜古迹均能一一呈现。

(三)中西杂糅的"海派"工艺中心——上海

鸦片战争以后五口通商,相关口岸城市随之兴起,原先围绕运河交通而发达的城市逐渐衰退。1843年上海被迫开埠,开启了其百年浩荡巨变的序幕。在随后不到十年的时间里,其贸易量就超过了福州、厦门、宁波,甚至广州。由于交通发达,商业繁荣,对外贸易活跃,城市经济迅速兴盛,原来的滨海渔村变成了对全国乃至世界都有很大影响的商业城市。社会文化生活渐趋丰富多元。

上海开埠以后,因海港码头扩展,水陆交通便利,内外贸易日渐繁盛。原来在苏州的客商也纷纷迁来上海设立办货庄,如各产地的绸庄都在此设立了推销机构。加上租界势力的日渐壮大,上海在西方列国的"保护"下,社会环境相对安稳。为躲避战乱的威胁和太平军、清军的兵锋骚扰,邻近上海的苏杭地区的商人、官僚、地主、知识分子等纷纷举家迁往上海,这使得上海在短时期内人口数量迅猛增长,资金财富集聚。

开埠之前,传统工艺美术在上海有着较长的历史,主要表现在戏剧服装用品、丝绒玩具、剪刻、绣品、手工编结等方面。[1]受政治、经济环境因素的影响,开埠以后的上海不但汇聚了大量的政界商贾、名人雅士,也吸引了大批手艺人前来谋生。清末民初进入上海的手工艺人多来自杭州、苏州、无锡等邻近地区,他们在这里设立作坊,开张门店,并且带来

---

[1] 王敏:《工聚八方 艺达四海——海派工艺美术形成探因》,《上海工艺美术》2014年第4期。

了精巧玲珑、秀丽细致的各派工艺艺术风格。[1] 自清末以来有玉雕、牙雕、木雕、雕漆、镶嵌、绒绣、抽纱、花边、织带、编结、绢花、剪纸、地毯、面塑、草帽、裱画、工艺扇、丝绒玩具、戏剧服装和用品等十几个行业。从中就可以感受"聚"的能量。[2] 如海派玉雕"洋装派"新摆件的兴起就是"苏州工""扬州工"来上海之后，为满足当时上海一些外国人的需求，在传统技艺基础上创新出的新样式。首饰、花饰、仿古件也是当时海派玉雕紧随时代的一些流行品种。20世纪30年代，海派玉雕就已达到比较高的艺术水平，作品《翡翠大宝塔》先后参加过1913年和1939年两届世界博览会，并被美国旧金山博物馆长期收藏。

伴随着对外通商与文化交流的活跃，西方的物质文明成果也开始大量涌入上海，中西方文化在这里交流、碰撞与融合，孕育出了独具特色的海派工艺文化——创新、开放、包容和时尚。[3] 上海的本地市民也接受了新颖的生活方式与西方的艺术理念，大量的书画艺术品也在上海市场进行交易，呈现出巨大的市场需求和发展空间，吸引了众多的书画家、手工艺从业者们汇聚于此，并刺激培养着上海艺术品市场的发展。[4]

随着通商口岸被注入大量的资金与各类资本，上海的商业与工艺美术得到迅速发展，特别集中在琢玉、竹刻、漆器、竹木家具等工艺行业；同时，从西方传入了各种商品，其中包含不少工艺美术品，工艺美术技艺也因此传入，影响较大的有绒绣、抽纱、花边、绣衣、机绣、毛线编织、磨钻和洋镶首饰等。同时，相关的工艺著作也较多出版，如1917年商务印书馆出版了张叔平编辑的《编物图说》，以及一部日本《造漆洋法》的译作。为了更好地传教，当时上海的一些外国教会也纷纷开办慈善事业，创办工艺美术教育机构。如同治三年（1864），徐家汇天主教堂在土山湾设立孤儿院，同时附设美术工场，开设了素描、油画、雕塑、木雕、金属工场、玻璃工场、印刷、藤器、陶器、编织等科目，更促进了上海手工业及

---

[1] 严仕华：《清末民国时期上海工艺美术研究（1843—1937）》，华东师范大学2015年硕士学位论文。
[2] 王敏：《工聚八方 艺达四海——海派工艺美术形成探因》，《上海工艺美术》2014年第4期。
[3] 龚世俊：《海派文化影响下上海工艺美术的传承与创新》，《装饰》2016年第4期。
[4] 严仕华：《清末民国时期上海工艺美术研究（1843—1937）》，华东师范大学2015年硕士学位论文。

工艺美术的发展。[1] 上海工艺美术博物馆收藏了不少"四刻一雕"(象牙细刻、瓷刻、砚刻、竹刻和木雕)的经典作品,既富有时代气息,也蕴含着江南的文人品位。

木雕是上海的传统工艺,有着悠久的历史。上海木雕按材料分为白木雕、红木雕和黄杨木雕三大类。白木雕构图饱满,层次清晰,刀法精细,富于变化,多用于插屏、屏风等陈设品,也有家具、台灯、果盘等兼具欣赏和实用功能的用品。红木雕采用小块红木,用镂雕、圆雕、深浅浮雕等技艺,在文房、烟具、花插、仿青铜器等工艺品上表现山水、花鸟、瓜蔬、虫鱼等题材,造型精致、纹饰简练、做工挺括。黄杨木雕则是在我国传统雕刻技法的基础上,吸收了西洋雕塑在比例、结构、重心、线条等方面的处理手法制作出的一些圆雕作品。

嘉定竹刻也是上海的传统工艺,约创始于明朝隆庆、万历年间,距今已有400多年的历史。纵观其发展历程,从明代中期的端庄敦厚、质拙浑朴,到清代早期的秀气遒劲、奇巧新颖,再到清代中期的富丽堂皇、绚丽多姿,以至清末逐渐变得素雅平淡。嘉定竹刻以画理入刻竹,将诗、词、书、画、印合于一体,讲究意境、情趣,散发出浓郁的文人气息。嘉定竹刻大都为笔筒、香筒(薰)、臂搁等文房用品,成为海派工艺文化延续至今的代表,2006年入选第一批国家级非物质文化遗产代表性项目名录。

砚刻工艺是中国传统文房器具工艺类型之一。它集书法、绘画、雕刻诸工艺于一体,具有较高的艺术价值与收藏交流价值。上海的砚刻始于明代,造型古朴浑厚,构图匀称饱满,雕刻刀法刚劲有力,线条流畅,作品细腻逼真,在行业内堪称一绝,与苏州、常州一带的刻砚、藏砚历史有着渊源。以上海砚刻巨匠陈端友为代表的海派砚刻,创作题材广泛,并结合了中国传统艺术与西方写实主义的表现方法,严谨细致、形神自然,细微之处见真功,彰显出海派工艺文化之精髓。

顾绣也是发端于上海的传统工艺。兴起于明嘉靖、万历年间,创始者是明代宿儒顾名世长子顾汇海之妾缪氏,传至顾名世之孙顾寿潜与其妻韩希孟时,技艺登峰造极,名噪江南。顾绣以绣画为特色,创一代新风。而后内传技艺随顾氏后人的传绣,流入民间,并风靡长江下游,对苏、

---

[1] 龚世俊:《海派文化影响下上海工艺美术的传承与创新》,《装饰》2016年第4期。

湘、蜀等绣种产生了一定影响。

民国时期,海派工艺美术风格最突出的还是表现在旗袍和家具工艺上。旗袍虽然不是创始于上海,但正是上海将旗袍这一创新的中国服装新样式推进到了引领海内外流行风尚的程度。设计师根据西式的时装样式不断改造旗袍,使之紧跟时代的发展。当时的许多美术家直接或间接参与设计,不断将最新的国际流行元素融入旗袍设计,生产出了不少出自西方装饰艺术风格的融汇变通纹样;海派旗袍设计师和裁缝们还根据欧洲时装样式,对宽大的旗袍进行改进,使腰身和下摆收紧,将旗袍造型从宽松的直线型、"A"型改变到曲线型、"H"型;还有受欧美胸罩的影响,旗袍开始在胸部两侧开胸省,使整体造型变得立体;等等。在工艺制作上,海派旗袍也是精益求精,而且随着社会风尚和审美流变,不断改良传统的裁剪方式,融合新的裁剪技术,如工具上采用洋针和缝纫机,提高制作实效,加速了旗袍的变更与流行。在材料上,西式的洋布、暗钮、花边、拉链等均被融入旗袍设计中。旗袍造型与花样不断翻新,时时求变。

清末民初,西风东渐,西方建筑及古典式样的家具也开始传入上海,促进了室内陈设风尚的变化,上海的传统家具制作随之进行了各种变革。"海派家具"应运而生。如吸收西方弯曲木制作技艺,并结合中国人对于家具的消费习惯,创造了新的弯曲木椅形制。20世纪20—30年代,又将西方装饰艺术风格融入家具工艺中,兴起了"摩登"家具的新样式:繁杂的古典装饰母题被代替以几何形的新式图案,题材既有法国装饰艺术的典型纹样,也有中国传统的花草瓜果、仙鹤寿纹等吉祥纹饰,还有把玫瑰花、玫瑰叶和核桃、枣、葫芦组合在一起的花果纹样,这被上海人称为"摩登花"。家具形状则以简练的几何造型为主,但采用了中国传统的红木材质、榫卯工艺和攒边装板结构。功能应用也是多卧房家具,但比传统家具更加讲究舒适度。对于海派家具而言,金属家具和软体家具的出现也是以材料发展为基础的"突破性创新"。

(四)以黟、歙为中心的徽州地区

徽州地处万山之中,虽山川秀丽,但"其地险狭而不夷,其土骍刚而不化"[1],能够开垦出来进行种植的土地所占比例很小。艰苦的自然条

---

[1] 罗愿:《新安志》卷2《叙贡赋》,见《宋元方志丛刊》第8册,中华书局1990年,第7624页。

件造就了徽州人坚忍不拔、积极拓展的开放气质。 正如南宋休宁知县祝禹圭所道,"山峭厉而水清澈,故禀其气、食其土以有生者,其情性习尚不能不过刚而喜斗,然而君子则务以其刚为高行奇节,而尤以不义为羞"[1]。秦汉之前,主要生活在这里的是山越人,文化属性归于山地游耕文化。 自秦置黟、歙二县,中原文化亦开始渗入,至东汉初年,即有中原大族迁徙徽州。[2] 徽州成了民族文化融合之地,既承载了中原文化的儒雅风范,又渗透着山越文化的刚强气质。 而宋代以后经济文化重心的南移和商品经济的发展,为徽州的崛起提供了新的发展机遇。 贾而好儒成为徽州社会的习俗风尚。 徽州商人多喜与文人交集,趋雅好艺,喜置园亭、购书画、办雅集、藏书籍、买法帖、购古玩等。 宣纸、歙砚、徽墨等文房类工艺美术随之有较大发展。 工艺美术最为集中的地区在今天的黄山和宣城一带,包括建筑、雕刻、文房等。

  由于徽州地处群山之中,地狭人稠,徽民多寄命于商,或以手艺为生,这成为徽州民风的传统。 特别是明万历年间,由于盐政改革,徽商垄断淮盐和浙盐两大盐场,积累了巨额资本。 但在商界执掌牛耳的徽州人,始终固守着徽州宗族社会的秩序,商业利润大都回输家乡,如置族田、建祠堂、构豪宅。 但由于徽州多山区少平地,建筑的平面布局相对紧凑狭小,而政治权力的缺乏,又使他们受建筑规制的限制不能随心所欲。 为了展现财富,他们不得不在装饰上大做文章,所以徽州的砖石木雕建筑装饰极为发达。 题材以孝道、忠义、冠礼、福禄寿等为主,宣礼尊儒之气尽显。 明末清初,中国画坛上兴起了新安画派,讲究画面的典雅绚丽,反映到同时期徽州的版画、家具、建筑雕刻等工艺美术领域,相比于江南其他区域,更加讲究结构和层次的变化。 如砖雕工艺往往从近到远层层深入,雕琢繁缛,画面丰满。 而且,徽派砖雕多砌筑在房屋朝外的一面,未进大门便能一眼望见,张扬显露,装饰语境带有浓厚的入世色彩。

  徽州书业虽然历史悠久,但徽州版画直到元末明初才揭开了辉煌的历史篇章。 明万历时,徽州版画后来居上,建安、金陵版画皆黯然失色。特别是专业画家与版刻艺人的相互辅佐,成就了徽派版画艺术的文人画色彩,并且使版画完全超越了仅仅是图书装饰与图解的功能,成为可以独立

---

[1] 转引自程敏政:《新安文献志》卷12"记",明弘治十年刻本。
[2] 栾成显:《徽州文化的形成与演变历程》,《安徽史学》2014年第2期。

的、雅俗共赏的艺术品。在技艺上，他们继承了雕刻凹版墨范的精细传统，刀法纤劲而工丽，再加上隽秀、婉约的文人之风，徽派版刻艺术在明代中期独领风骚，形成了对其他地区版刻艺术的强力影响。尤其是安徽虬村黄氏刻工群体功不可没。徽人宗族观念极强，举凡一族做一事，大则一邑，小则一村，同姓相沿，蔚然成风。嘉靖、隆庆时，黄氏一族多操剞劂之业，名工层出不穷。郑振铎先生就认为"时人有刻，必求歙工，而黄氏父子昆仲，尤为其中之俊，举凡隽雅秀丽或奔放雄迈之画幅，一入黄氏诸名工手中，胥能阐工尽巧以赴之，不损画家之神意"，并把它们喻为当时版画艺苑中"真正的天之骄子"[1]。

宣纸是我国传统的"文房四宝"之一宝，至今已有1 500多年历史。宣纸采用安徽省泾县境内及周边地区产的青檀皮和沙田稻草，不掺杂其他原材料，并利用泾县独有的山泉水，按照传统工艺使用特殊配方，在严密的技术监控下进行生产，具有润墨和耐久等独特性能，供书画、裱拓、水印等高级艺术使用。[2] 宋代以后，宣纸受到宫廷内外文人墨客的竭力追捧。宋末元初，曹姓人迁徙至泾县西乡小岭一带，在前人基础上，接续研制系统的宣纸工艺，脱颖而出，一度垄断了宣纸的生产经营。元代绘画的繁荣，使宣纸有了更大的发展空间，宣纸工艺日趋成熟。明宣德年间（1426—1435）由皇室监制的"宣纸"出现。此后，宣纸成为泾县特有的地理标志产品。

歙砚是中国四大名砚之一，原料产于安徽黄山山脉与天目山、白际山之间的歙州，因而又称"歙州砚"。歙石的产地尤以婺源与歙县交界处的龙尾山（罗纹山）下溪涧最优，开采千年，久享盛誉，因此，又有人称歙砚为龙尾砚。根据砚石研究专家程明铭先生的研究和对现存出土古砚的综合分析，[3]歙砚始于汉代，晋代及南北朝时期不断发展，唐宋时已遍及中华大地，到明清两代，歙砚更是有了长足的发展，并倾向艺术化方向。唐咸通年间，李山甫即有诗为赞，"追琢他山石，方圆一勺深。抱真唯守墨，求用每虚心。波浪因文起，尘埃为废侵。凭君更研究，何啻值千

---

[1] 周心慧、王致军：《徽派·武林·苏州版画集》，学苑出版社2000年，第2页。
[2] 转引自王星星：《基于空间格局分析皖南地区非物质文化遗产保护和开发》，南京艺术学院硕士学位论文2019年。
[3] 方韶：《歙砚的历史演变》，《合肥工业大学学报（社会科学版）》2012年第5期。

金"。南宋理宗时，徽州知府将龙尾旧坑砚作为"新安四宝"之一，每年定期向朝廷进贡。清代藏书家鲍廷博收藏的《歙州砚谱》中道，"婺源砚。在唐开元中，猎人叶氏逐兽至长城里，见叠石如城垒状，莹洁可爱，因携以归，刊粗成砚，温润大过端溪。后数世，叶氏诸孙持以与令。令爱之，访得匠斫为砚，由是山下始传。至南唐，元宗精意翰墨。歙守又献砚并蒸砚工李少微，国主嘉之，擢为砚官，令石工周全师之，尔后匠者增益颇多"[1]。帝王亲自设置砚务官督采歙石，可见歙砚地位之高。

（五）杭州为首的杭嘉湖地区

历史上的浙江就是一个"百工之乡"，从新石器时代的良渚玉器，到南宋的官窑瓷器，再到明清时期的官营织造，始终引领着高档工艺美术品生产的潮流。影响到民间，丝绸、印刷、瓷器、造船、制扇以及兵器制造工艺的发展也是十分显著。依靠发达的商业网络，许多优质的工艺品得以流通到全国，影响甚至远及海外。

浙江特有的人文地理环境、生产生活方式、历史上的多次人口迁徙和内外经济文化交融，造就了浙江人民兼有农耕文明、海洋文明和商业文化的特质，孵育了浙江源远流长的重视工商的思想。[2] 宋代以后，直至近现代，浙江的商业资本大量用于购置土地、社会交往、奢侈生活等，以及与之相关的工艺美术生产领域。特别是士绅群体的消费，成为工艺美术市场的主要推动力。明人陈继儒曾记录了万历二十三年（1595）八月二十五日在朋友项元汴家中所见的各种奇珍异宝、古董时玩等，既有本国器物，又有舶来品，"余于项玄度家，见官窑人面杯、哥窑一枝瓶、哥窑八角把杯、又哥窑乳炉、又白玉莲花胭脂盒、又白玉鱼盒、又倭箱倭几、又宋剔红桂花香盒、又水银青绿鼎、铜青绿提梁卣，盖底皆有款，又金翅壶、又商金凤头尊、有四螭上下蟠结，而青绿比他器尤翠，皆奇物也"[3]。项元汴是嘉兴兼士绅与商贾双重身份的大收藏家。另据嘉靖时人归安（今浙江湖州）姚翼记录的富家大族的收藏情形，"余尝观世之贵游公子，往往驰心于金玉珠玑、珊瑚翡翠之好，而竭其力以致之；间或厌苦世俗而稍务

---

[1] 王云五:《丛书集成初编》"不见史及其他四种"，商务印书馆1993年。
[2] 郭因、袁行霈:《中国地域文化通览·浙江卷》，中华书局2013年，第343页。
[3] 转引自周光培:《历代笔记小说集成：明代笔记小说》第28册，河北教育出版社1995年，第576页。

为清虚者,则或奇花怪石,或古器图画,终其身淋漓燕嬉于其中而不出"[1]。 在文人的导淫导奢下,江南地区累积了一定财富的商贾,也开始对艺术品进行投资经营。 而且,这一时期的许多商贾本身也有较高的文化修养,士绅与商贾联手推动了工艺美术品市场的发达。 鉴赏精美物品的文化消闲活动十分活跃。

从南宋以后,杭嘉湖地区依托丰厚的资源和发达的物流,成为四方物产集结之地。 农副产品和原料生产地的优势,还促成了专业化手工业生产基地的形成。 太湖流域素以栽桑养蚕、缫丝织绸闻名于世。 得益于地缘优势和江南良好的人文生态,杭嘉湖地区此时已是中国丝织工艺的生产中心和商品交易中心,并且,丝织工艺开始向着艺术品方向发展,如缂丝、刺绣都转向摹写古人或名人书画,以欣赏功能为主。 而今天传世的许多缂丝、刺绣精品也大都出自苏州、杭州等地。 杭州丝织业在明代以"杭绢"最为著名。 这是一种没有花纹的素织物。 与朴素的"杭绢"形成鲜明对比的是龙袍等高档丝织品,由当地的染织局承做,织造龙袍的花织机高达一丈五,需要"能手两人扳提花本",每织几寸都要进行图案的变幻,一件龙袍需要几架织花机分段完成。[2] 可见技艺之高超复杂。

浙江还是中国古代青瓷的发源地和主要产区,也是将中国青瓷工艺推向高峰的中心之地。 从浙北湖州商代原始瓷的滥觞,至浙南龙泉窑在清代的消亡,前后达 3 000 余年。[3] 在此期间,出现了越窑、龙泉窑、南宋官窑等名动天下的著名窑口,影响深远。 越州青瓷追求类冰似玉、青翠鲜润的釉色效果,被时人赞颂为"千峰翠色"。 龙泉青瓷则以粉青、梅子青等自然葱翠的釉面为上品。 而南宋官窑瓷器的造型大多出自《宣和博古图》,釉质肥厚润泽,犹如"凝脂"。 这与江南文人参禅悟道、追求自然之理的美学导引不无关系。

我国的雕漆工艺约出现于唐代,到元代,江南异军突起,出现了以张成、杨茂为代表的大家。 他们都是嘉兴府西塘人,以擅作剔红得名,又工戗金、戗银法。 今故宫博物院就藏有他们的作品,如杨茂造"花卉纹剔红

---

[1] 姚翼:《玩画斋藏书目录序》,见黄宗羲:《明文海》第 3 册卷 212,上海古籍出版社 1994 年,第 351 页。
[2] 丁愫卿:《从〈天工开物〉看明代杭嘉湖丝绸文化》,《中国民族博览》2019 年第 12 期。
[3] 郭因、袁行霈:《中国地域文化通览:浙江卷》,中华书局 2013 年,第 447 页。

渣斗""山水人物纹剔红八方盘",组织严谨,刀法有力。而张成的作品则以髹漆肥厚、雕刻精细而著称。《万历嘉兴府志》载,浙江嘉兴的雕漆工张德刚、包亮等,都曾被征召进京,授任"营缮所副"。[1] 可见,到明代时,嘉兴依然还是雕漆的生产中心。

中唐五代之时,杭州的雕版印刷业开始初闻天下,到北宋,已是全国刻书的重镇。叶梦得《石林燕语》卷八中曾提到"今天下印书,以杭州为上,蜀本次之,福建最下"。正因为杭州刊书的良好声誉,当时朝廷的出版主管机构——国子监的"监本书"也在杭州刻印。

此外,据明人姚叔祥所记,杭州织席、金银箔,湖州丝绵,皆为出口日本的名产,"大抵日本所须皆产自中国,如室必布席,杭之长安织也;妇女须脂粉,扇、漆诸工须金银箔,悉武林造也;他如饶之瓷器、湖之丝绵、漳之纱绢、松之棉布,尤为彼国所重"[2]。

三、工艺文化的血脉交互

任何艺术风格的产生与发展,都离不开一定的文化语境和环境。环境首先促使了特定的地域品格产生,同时促使了相应的艺术形式、艺术品类及其文化内涵产生。而造就江南工艺美术的各种因素,都交会在明代这一特定的时期、长江三角洲这一特定的地域。这样的天时、地利把江南工艺美术推上了历史的高峰。江南工艺美术任何一种优秀品质都值得江南人骄傲,然而,她的每一种品质都离不开与地方文化的血脉联系。从京师的皇家气派到皖南的清秀民风,从南京虎踞龙盘的王气到苏浙民间的乡情,甚至海外种种奇异的习俗,都给江南带来无尽的滋养和难以取代的文化新质。所以,我们在对江南工艺美术的自身结构及其特征进行阐述之后,再进一步把目光投向其与各种文化艺术要素间的交互,以期更全面、更立体地看待江南工艺美术的生成机制。

(一) 共生共存的江南工艺文化圈

江南文化圈不仅将长三角地区各区域文化融为一体,且始终保持着开放交融的品格,通过便利的交通、频繁的商业往来以及匠人的迁移流动,

---

[1] 沈尧中:《万历嘉兴府志》卷二十二,上海古籍出版社2013年,第378页。
[2] 姚叔祥:《见只编》卷上,转引自王云五:《丛书集成新编》,商务印书馆1936年,第50-51页。

各区域工艺美术不断产生交互影响。以松江为例,研究明式家具的人常引用松江人范濂《云间据目抄》卷二《记风俗》中的话:"细木家伙,如书桌、禅椅之类,余少年曾不一见。民间止用银杏金漆方桌。莫廷韩与顾、宋两公子,用细木数件,亦从吴门购之。隆、万以来,虽奴隶快甲之家,皆用细器,而徽之小木匠,争列肆于郡治中,即嫁妆杂器,俱属之矣。"范濂生于嘉靖中期,那时书桌、禅椅等细木家具,松江还很少见,直到万历时有人从苏州购买了几件,从而导致松江日用家具的变革,即从以银杏金漆方桌为主,再发展到"虽奴隶快甲之家,皆用细器"。

自明代,徽商在苏州异常活跃。他们在获取巨额商业利润的同时,也将苏州人的生活方式和艺术品位带入徽州,使徽州的艺术发生了深刻变化。这主要是因为当时的苏州经济、文化处于强势地位,从而形成了徽州更多地受苏州影响的局面。如苏州造园家计成,曾与明末歙县名士郑元勋过从甚密,应邀为其设计私园,在扬州构筑了以"柳影、水影、山影"而著称的影园,从而促进了苏州造园思想的弘扬与传播。[1] 而徽州女子服饰也备受"苏式"的影响,"则六邑各有所尚。大概歙近淮扬,休近苏松,婺黟祁近江右,绩近宁国。而歙休较侈,数十年前,虽富贵家妇人,衣裘者绝少,今则比比皆是。而珠翠之饰,亦颇奢矣。大抵由商于苏扬者启其渐也"[2]。此外,贾而好儒是徽州社会的习俗风尚,较高的文化修养,使徽商更乐意与苏州的士绅交流。同时,他们也知道,要想融入苏州社会并站稳脚跟,首要的任务就是得到主导苏州文化的文人集团的认可,因此他们除了以儒商自居以外,还"乐与贤大夫亲"[3]。当然,由于商品经济的冲击,传统的义利观也在苏州社会发生了改变,甚至产生了"工商亦为本业"的观念,所以也就会出现"吴士大夫咸愿与之游"的景象,[4]如安徽绩溪的胡氏宗祠(建于明代嘉靖年间)现存文徵明手书的"世恩堂"匾额。黄惇先生认为,徽籍印人崛起于明代嘉靖后期,就与苏州文人篆刻艺术的传播相关。当时最有名的徽籍印人方大治、詹景凤、何震都曾经向吴门文氏兄弟学习,足见吴门印风对徽派篆刻艺术崛起的重大

---

[1] 计成:《园冶图说》,赵农注,山东画报出版社2003年,第5页。
[2] 王振忠:《徽州社会文化史探微》,社会科学出版社2002年,第327-328页。
[3] 张海鹏、王廷元:《明清徽商资料选编》,黄山书社1985年,第168页。
[4] 张海鹏、王廷元:《明清徽商资料选编》,黄山书社1985年,第168页。

影响。而定居太仓的歙县人汪关，年轻时亦效法文彭印风，后在精研古印的基础上，突破时习，独创"娄东印章"，熔铸了苏、徽两地的地域个性。[1]

文化交流是双向的。明代中期以来，江南各地文化艺术发展如火如荼，已成燎原之势，处在核心地位的苏州虽有明显的经济、文化优势，但包融开放的文化品格亦使其并不忽视对周边文化的吸收，有些苏州工艺美术就是在江南其他地区的影响下才得以提升的。最明显的例子是版画和刺绣。苏州版画早期受杭州、福建和徽州版画的影响比较大，在工艺与风格上似为附庸，后来却不断壮大，形成了自己鲜明的特色。顾绣与苏绣也有一种交叉影响的关系。由于苏浙是丝绸的传统产地，这里的妇女把刺绣作为主要副业，长于刺绣者不乏其人。上海顾绣于嘉靖、万历年间兴起，它以绣画为特色，创一代新风。而后来随着顾家渐衰，子孙只能设帐授徒，以传绣为生，内传的技艺开始流入民间，并风靡长江下游，对苏、湘、蜀等绣种产生了一定影响。由于顾绣质高价贵、名声在外，经营苏绣的商人出于牟利的目的，往往将绣品冠以顾绣之名。而《吴县志》更是直书"苏绣"为"顾绣"。这种交叉影响既成就了顾绣，又改革了苏绣，两者相得益彰。

明清时期，江南地区已经形成了一个以苏州为中心的市场体系，与全国各地形成紧密的经济联系。商品、人员的流动，各地资源的汇集，为苏州工艺美术的发展提供了源源不断的"给养"。如苏州所需的染料大多依赖外地，要从江西、湖广、浙江南部等地输入。蓝靛是明清时期苏州染布的主要原料，消耗量很大，苏州胥门外夏驾湾和枫桥镇是江西靛青以及北方棉花的集散地，而嘉兴府平湖县的乍浦镇，则是浙南靛青的输入地。大批工匠和专业艺人纷至沓来，使苏州工艺美术融入了新的风格。其中，徽派的影响相对较大。徽商丛聚苏州，成为在苏的最大地方商人集团，在他们的带动之下，一些高水平的艺人也开始流寓苏州，传播着徽派艺术的奥妙，从而使苏州工艺美术明显地受到了徽派艺术的浸润。以苏州版画为例，明代苏州的书籍插图最初出现于弘治元年（1488）吴人莫旦编刊的《吴江志》和《石湖志》，质朴、单纯。嘉靖、隆庆年间，版画插图水平

---

[1] 唐力行等：《苏州与徽州——16—20世纪两地互动与社会变迁的比较研究》，商务印书馆2007年，第318页。

有所提高。到万历以后,苏州版画走向兴盛和繁荣,优秀作品大量涌现,艺术水平突飞猛进。城市文化的发展、市民阶层对戏曲和通俗小说的需要与日俱增固然是重要原因,万历以后外地刻工尤其徽州刻工大量寓居苏州更是有很大贡献。由徽州刻工主镌的苏州插图版画,除保持了徽派秀隽健美的传统之外,还散发出轻灵、活脱的气息。《水浒传》在当时拥有相当多读者,武林容与堂所刊,吴凤台、黄应光刻图的《李卓吾先生批评忠义水浒传》图版线条圆润而不失劲挺,古拙中透出秀雅,正是徽派大家风范。而苏州刊刻的《李卓吾先生批评忠义水浒传》,构图手法与容与堂本基本相似,但典雅清秀的韵味似更浓些。

(二)江南各地工艺美术的互惠互补

在长期的历史进程中,江南地区在经济、文化、社会各方面逐渐趋同,形成了一个共同体,但是,由于区域内部发展的不平衡,地方传统之间又或多或少存在一些差异。这种特点也必然会通过工艺美术显示出来。一方面,体现了社会精神文化生活的工艺美术,其区域风格的差异恰恰成为各个区域之间相互交流、互动互补的必要条件,另一方面,这也是提高和发展地方工艺美术的基本动力。

首先,区域相近很容易形成工艺文化的相似性。以民居建筑为例,无论是徽州、苏州,还是杭州,其结构特征基本相似,反映了地理和社会环境的影响。从气候条件来看,江南地区炎热多雨,导致屋面坡度与挑檐加大,屋面装饰备受重视。而夏秋闷热,暑长寒短,又使通风问题变得突出,从而导致了成列的花隔窗装饰的发展。加上天气炎热与房屋密集,故多建造封火山墙作为防火设施,封火山墙的轮廓变化构成了建筑外观变化的重要因素。雨水多、地面潮湿,导致柱础相较北方为高,以防止柱脚腐烂,柱础也就有了更大的装饰空间。从内部结构来讲,江南的民居建筑多采用弯形的单步梁,在元代已见于浙江宣平县延福寺大殿,后沿袭至清,已成为一般苏式梁架的标准做法(苏州工匠称之为"眉穿")。[1]

江南地区不仅有地缘上的相属,人文风俗也逐渐趋于同化。文化情趣上不仅有文人雅士之趣,且有豪华富贵之风。南宋范成大《吴郡志》"风俗"篇说:"吴郡、会稽、余杭、东阳其俗亦同,然数郡川泽沃衍,有海陆

---

[1] 张仲一、曹见宾、傅高杰、杜修均:《徽州明代住宅》,建筑工程出版社1957年,第24页。

之饶，珍异所聚，故商贾并凑。其人君子尚礼，庸庶淳庞，故风俗澄清而道教隆洽，亦其风气所尚也。"明代江南普遍流行包袱式彩画这一建筑装饰形式。据《中国古代建筑史》第四卷，现存明代包袱式彩画计有彩衣堂、程梦周宅、明善堂、凝德堂、罗东舒祠宝纶阁等27处，主要分布在苏州东山、常熟、无锡宜兴以及安徽的呈坎、屯溪等地。从已发现的这些彩画来看，大多施用在檩、梁、额枋处，且直接绘制于刨光的木件上，不做地杖。木件俱为淡灰色，无披麻捉灰，事先只做"填补"和"钻生"的处理。因为地杖容易开裂，不做地杖，直接描绘，反而使彩画的附着力增强，这也是江南彩画保存较好的原因。彩画规格以烟琢墨做法为多，有的较高等级的则会使用沥粉贴金，其主要构件图案以几何锦纹为主。

然而，由于区域历史发展的多样性与变动性，江南地区内部的文化面貌也存在一些差异。同样是建筑装饰，徽州和苏州的差异性就比较明显。在徽州，很少看到像苏州住宅中常见的客厅、书房、倒座房之类的布置，也少有苏州官僚住宅中附设花园的做法。为了展现财富，徽州人更喜欢在建筑装饰上做文章。苏州的建筑装饰相对于徽州地区，则带有一种出世情结，在追求细腻秀美的同时，会多一份灵动与自由，艺术性特征更为明显。

当然，除了社会经济、人文风情的影响之外，地域本土的个性化创造也是区域艺术多样性的发生机制。周芜就曾对黄氏兄弟分别在杭州与苏州所刻的插图风格做过一个形象的比喻，说他们分别是"出阁的大家贵妇人"与"闺中的弱女子"。[1]"月光式"版画最早应诞生于万历年间的徽派墨谱插图，或许与徽墨的圆形画面相关，后随着徽籍刻工的流动，进入苏州、杭州的插图版画中，在晚明的苏州得到了更广泛的运用。苏州的"月光式"圆径多在12厘米范围以内，虽小却极见绘刻功力，而整个版面设计也与徽派"月光式"有很大的不同。徽派的"月光式"多居中布置，苏州版则居中偏下，基本没有题字或印章，整个版式干净利落、简约秀气，成就了"苏式"特有的版刻风格。

(三)苏州工艺美术在江南的核心地位

苏州工艺美术在江南各地文化艺术中，始终占据着主导地位，并通过士、商、匠的合力推广，在整个江南地区得到进一步的扩散，发挥了重要

---

[1] 周芜：《徽派版画史论集》，安徽人民出版社1984年，第13页。

的影响力,成为江南艺术的核心。所谓核心,主要包括两层含义:其一,它是江南区域艺术的人文主体;其二,它作为一种品样,还是江南其他区域仿效的样板。

明人郑若曾(1503—1570)早就意识到"人文"对苏州工艺美术的重要意义。他说:"苏州乃南都之袵褥也,人文财赋甲于天下。"[1]所谓"人文"乃概指社会文化的总体。明代的江南以苏、杭为中心,带动了区域的整体发展,使江南成为中国经济文化的前沿地带。作为江南乃至全国最发达的城市,苏州不仅是经济的中心,还是文化的中枢。

优越的经济环境、文化的高度发展,始终影响着苏州人的心态。除了重文崇教、注重人文精神的培育之外,苏州人还以一种从容而闲适的态度,创造着新的文化品位和审美追求,这对其他地区的社会风气和审美活动造成了很大的冲击与影响,使其对外辐射具有一种人文的意义。

由于各地对苏州文化整体和人文环境的仰慕,他们的艺术品位多以苏州为尚。苏州遂成了创造品位的都会。清代苏州木版年画的迅速发展,对扬州、南京、上海、南通、盐城、东台、泰兴等地都产生了比较大的影响。扬州年画相传最初从苏州贩运,后来自己刻印,但刻法套色均与苏州版画大同小异,画的形式有堂幅、屏条、灯片、门画、年画等。南通一带的民间年画,最初模仿苏州版画,以神码和门画为主,但在套色上较苏州年画更趋浓重,有的甚至还套金加银。[2]

苏州工艺美术的蔚为成风,得力于苏州丰厚的文化资源与繁荣的商品经济。虽然其理念来自士人,实际的操作却在商贩和市场,而邻近府州的士、商、工匠更是苏州工艺风尚向外传播的重要媒介。生活于嘉靖至万历初期的苏州名士王世贞和安徽文士詹景凤曾一起议论苏州文士和徽商密切交往的情况,凤洲公(王世贞)曰:"新安贾人见苏州文人,如蝇聚一膻。"东图(詹景凤)曰:"苏州文人见新安贾人,亦如蝇聚一膻"。这一段对话最能反映出当时苏州士人与徽州商人交游的盛况。艺术市场的繁荣,吸引着更多的商人,并由此自发形成了阊门内专诸巷艺术市场。至清初,这里"琢玉雕金、镂木刻竹,与夫髹漆、装潢、象生、针绣,咸类聚而

---

[1] 郑若曾:《江南经略》卷2上"苏州府总论",见《四库全书·子部》第728册卷73,上海古籍出版社1987年,第1页。
[2] 姜彬:《吴越民间信仰民俗》,上海文艺出版社1992年,第501-502页。

列肆焉",而且"凡金银、琉璃、绮绣之属,无不极其精巧,概之曰苏作"。[1] 苏州装裱名手迭出,也是苏州书画市场繁荣的结果。如詹景凤记其乡人叶氏购得《葛仙翁移居图》一卷,专程"持入吴装潢"[2]。正是各地商人和苏州艺术市场的紧密关系,使苏州工艺美术审美风尚得以层层向外传播。

四、江南工艺文化的历史地位与价值

江南工艺文化的发展源远流长,并且在政治、经济、文化、技术、科学等因素的共同影响下形成了独特的工艺美术风格,它与时俱进,始终焕发着耀眼的光芒。江南工艺作为江南文化中的经典,在历史上曾经发挥过巨大的文化启蒙作用。如今的江南已经成为中国现代化发展的前沿,她不但创造了经济快速发展的奇迹,而且正在造就一个融汇古今中外多元要素的"文化江南"。今天江南的各类工艺美术经过经济体制改革已走上蓬勃发展的道路。江南工艺的精益求精,江南工艺的典雅秀美,江南工艺的开放和包容,都深深植根于历史以及江南这块热土。

(一) 中国工艺文化历史演进的产物

江南工艺美术始终保持着强有力的时代性和地方性特征。虽然在历史上,其他地域风格对它也产生过或多或少的影响,但是,江南工艺的核心价值并没有发生重大变化,保持了文化独立性基础上的丰富性。这种卓尔不群的精神价值,正是其不断创造时代最高典范,成为时尚潮流引领者的内在基因。江南工艺美术风格的形成,是中国艺术发展史上的一个重要现象,它见证了中国官方的艺术向民间的、地域的艺术流动的过程,是中国传统艺术流变的缩影。从周到唐,在中国占据主力的是为贵族阶层服务的官方工艺美术,生产的中心主要集中在中原地带,江南地方工艺的表现并不突出。此后,东晋北方士族南迁,南京成为南朝的统治中心,这不仅使江南民风由尚武开始向尚文转变,而且直接促进了江南工艺文化的发展,使官方工艺美术实现了南流的可能。由于官方工艺美术直接服务于特权阶

---

[1] 转引自谢国桢:《明代社会经济史料选编》,福建人民出版社 2004 年,第 227-228 页。
[2] 转引自卢辅圣:《中国书画全书》第 4 册,上海书画出版社 1998 年,第 25 页。

层,可以借助国家的力量,集中最好的材料、技术,用不计血本的代价完成艺术品的生产制作,所以最能代表当时工艺美术的发展水平。因此,统治中心的迁移,自然就会将这样一种实力带出,从而客观上促成了最高工艺水平的流动。

  两宋时期,伴随着中国文官制度的成熟和完善,士人的地位逐渐上升,文人、士大夫的审美趣味和思想观念开始发挥主导作用,从而确立了适用、典雅的工艺美术品调。同时,与市井经济高度发展相生而起的还有艺术品的世俗化倾向和浓郁的生活化气息。宋王室南迁临安,使北方士族、百姓(包括工匠)如潮水般涌向南方,历史再一次为江南工艺文化送来了给养和发展机遇。临安重建王都的大兴土木,不仅刺激了江南地区的消费和投资,也为其培养了大批的工匠队伍,官方的、经典的艺术样式又一次流向了这里。而从六朝之后,江南逐渐形成的人文传统也为其接受两宋文人气质的工艺美术风格奠定了基础,正统的、官方的工艺美术在江南得以延续。

  进入元代,身处南宋故地的江南人民,在政治、法律上备受歧视,因而对民族传统文化艺术更加缅怀和珍视,保留两宋古雅遗风、固守宋代士人审美理想与民族气节互为表里,成为他们捍卫"正宗"文化的精神体现。同时,蒙古统治者的民族歧视政策和对科举的轻忽,使得这里的文人失去了优越的社会地位和政治上的前途,从而摆脱了对政权的依附,开始通过向社会贡献智力谋取生活资料,因而既加强了个人的独立意识,也加强了同一般民众,尤其是市民阶层的联系,开启了文人艺术与民间工艺的合流。而当北方的民间工匠首先被大量征调到官府作坊中去的时候,南方工匠的相对自由又为江南民间工艺的发展创造了良机。种种迹象表明,明朝的建立,对于江南工艺美术发展而言,并没有重新开启一个新的时代之风,而是在服从承前启后的艺术惯性的同时,集前人大成而分流开源,酝酿更成熟、更丰富的文化内涵。所以,将江南工艺放置于大的历史时空中去看,它产生的脉络十分清晰。

  (二)代表了明以后中国工艺的主流

  江南工艺的风格具有造型自然细腻、装饰巧变丰富、色彩清丽淡雅的特点,而且以工精艺绝领先全国,以秀美含蓄的审美风尚引导时尚潮流,代表了明以后中国工艺美术发展的主流方向。

宋元以后,江南成为中国工艺美术最大的生产基地,汇集了来自四面八方,国内和海外的众多资源,包括材料、技术、生产者、经营者以及品评家等,表现出极强的集聚性功能。同时,作为汇集了"海陆珍宝,百工技艺"的佳丽之地,江南还向外输送着品位和时尚,带动了全国消费风尚的变迁,使其成了向外进行文化辐射的中心。可以说,江南风格完全超越了地方艺术风格的意义,成为引领全国的样式。

江南工艺美术糅地方风格和时代风尚于一体,既延续了宋元以来文人艺术的审美内涵,以古朴典雅为最高范式,又迎合了市民文化生活的发展需要,突出俗趣。正是在文人士大夫阶层和市民阶层的双向选择中,江南工艺走向了雅俗相向、融合发展的新路,从而改变了过去以贵族、文人士大夫为审美主导的单一化局面,在中国中古以来逐渐开始的工艺美术审美风尚的多元化发展方面迈出了重要一步。

江南工艺美术还承接了宋以来开启的中国艺术商品化的先河,将工艺美术的商品化推进到一个更广阔的发展空间中。明清的江南,士不言利、耻与商匠为伍的传统观念被彻底打破,审美趣味也受到商品生产和市场价值的制约,出现了迎合不同阶层(如宫廷、贵族、官僚、地主、商人、市民等)消费需要的多样化消费品位。而且,通过市场竞争,进一步刺激了产品样式的更新换代,产品造型和装饰变化之快,除了趋新尚奇心理之外,市场驱动功不可没。

(三)江南工艺是真正的典范

江南工艺美术作为中国传统艺术的载体,是时代文化重要的风向标。它之所以能在宋元之后攀升到中国工艺美术的领先地位,除了自然人文环境因素之外,还与江南地区经济的高速发展有关。经济基础为江南工艺美术的发展提供了充足的材料、技术、人力、资金来源,地处商业交通网络核心的地缘优势,加上海外市场进一步开拓的国际背景,为工艺美术生产的持续发展提供了良好的条件。而代表了精致化发展方向的江南工艺美术,以及它所承载的文化内涵,还与江南特有的文人与世俗生活相结合的文化生态有关。在江南,无论是清玩赏鉴与家居陈设的特种工艺品,还是日用生活的普通消费品,大都具有一种素洁清雅的风格。

江南工艺美术既讲究高精,又追求全面;既有天下第一、独领风骚的尖端产品,又以品类齐全、规模宏大见长。同时,江南工艺美术还能完整传承、不失神韵。特别是匠师队伍文化素养相对较高，更利于他们对传统的理解，从而形成传承的良性发展。宋元以后，江南一直是全国手工艺最发达、优秀匠师最为集中的地方。江南的匠师们依靠自身的创新智慧和高超技艺，引领着工艺美术商品化的潮流。当然，对技艺的研思殚精，也是江南工艺美术留给后人的最有意义的价值内涵。而始终保持应古趋新的开放心态，更是江南工艺美术与时俱进、不断发展的核心机制。

因此，江南工艺的典范意义，已完全超越了其作为一种艺术样式的范畴，同时也超越了人们对地方范式的理解。自明代开始，江南工艺就已越过长江大河向全国播扬。江南工艺是江南人的创造，也是国家文化财富的象征。而江南工艺持续发展的顽强生命力更是一笔宝贵的精神遗产。20世纪90年代以来，经济体制和外贸市场的变化，使江南工艺美术生产主体从集体所有制企业改制为民营企业和个体作坊，市场竞争激起了新一轮江南风格的创新，使江南工艺美术获得了新的发展机遇。

千百年流传，江南工艺文化至今仍以其深厚的积淀、精湛的技艺、丰富的种类、独具民族内涵和地域特色而在中华文明的宝库中散发着夺目的光彩。

第九章 科举文化

大业二年（606），隋炀帝下诏设立进士科取士。这种完全以考试成绩作为授官依据的选才制度，适应了六朝以来中央政府打破世族垄断仕途局面、扩大自身统治基础的时代需求，随之，在唐代以后被确立为中国文官选拔制度的主流和基础，具有深远的历史意义。从隋唐至明清，科举制度经历了一个逐步规范化、成熟化直至程式化的发展历程。与此同时，全国经济重心由北向南迁移，江南地区更是成了全国瞩目的工商业高地，并长期保持领先地位。科举制度在江南地区持续推行了1 300年，录取了数以万计的进士，鼎甲人数之多冠绝全国，以至于状元被视为苏州的特产。由此可见，江南地区的科举文化发达，具有鲜明的特色。

一、科举制度的发展历程

（一）隋唐时期的确立与发展

科举制度是朝廷设科招考、考生自由报考，完全以考试成绩决定取舍的选官制度。科举制度的起源，一般是以进士科产生的时间作为标志，不过考虑到隋炀帝大业年间，与进士科并行的还有秀才科、孝廉科、明经科，而且诸科并无主次之分，所以这种追溯方式的通行，实则更多受到宋代以后科举考试主流尽归进士科的影响。这也从一个侧面说明，科举制度在隋唐时期的确立与发展并非一蹴而就，而是在前代选举制度基础上逐步予以整合和革新的，也正是在这个过程中，科举制度区别于前代选官制度的几个关键差异渐渐明朗起来。

以考试尤其是分科考试作为选拔人才的主流方式，是体现科举制度题中之义的主要内涵。清末张之洞为前代选官制度进行了分期，认为"取士之法……汉魏至隋，选举为主，而间亦用考试……唐宋至明，考试为主，而亦参用选举"[1]，可见他的依据也正在于此。不过，真正体现科举制度确立之要义的，并不仅止于考试本身的权重、考试科目的设置，更在于考试参与资格的认定，以及考试优劣标准的取舍。

首先，士子能否"怀牒自进"（自由报考），是科举制度区别于前代选官制度的关键之处，也是体现科举制度开放性的本质特点。

在隋朝创立科举制度之前的 700 多年里，选官制度的基础一直是形成于西汉文帝时期的察举制，即使两汉之后曹魏创立的九品中正制，也是在察举制的基本框架内，更为强调以门第等级作为选才授官的依据。从科目设置、考试内容以及组织形式来看，科举制度明显承袭自察举制，比如，两者的科目体系都拥有经常性科目（即常科）、非经常性科目（即特科），汉代创设的常科科目（秀才科、明经科、明法科）、特科科目（贤良方正科）也为唐代所沿用。

唯有是否允许自由报考才是区分察举制与科举制度的根本特征。

汉魏以来的士人，无论是应征于察举制下的孝廉和茂才，还是应选于九品中正制下的各级候补官员，都须通过自下而上被动荐举的方式取得应征资格。尽管在政治相对清明的西汉武帝、东汉开国三帝统治时期，相当一批杰出人才经由荐举而补充到官员队伍中来，但是，魏晋以来世家大族得以垄断仕进之途并固定其自身特权地位的制度根源，也正在此处埋下了伏笔。

当九品中正制从曹魏时期皇权强化自身的手段，转而成为两晋以降士族巩固特权的工具，尤其到了东晋后期，高度成熟的门阀政治已经能够跨出其作用影响范围之外时，就昭示着旧的选官制度已完成历史使命。随着隋唐大一统王朝的重建，强化皇权毫无疑问已成为新的历史趋势，在此过程中，统治阶级势必需要打破选官制度的预设藩篱，以达到扩大统治基础的目的，以自由报考为核心的科举制度由此登上历史舞台。

自由报考体现了科举制度的开放性，尽管在隋初草创之时，还没有在实际中得到明确的贯彻，直到唐初高祖武德年间下诏允许举人"自举""自进"，才真正将"怀牒自进"正式固定下来。需要指出的是，尽管自由报考意味着打破门第对考生资格的限制，意味着为数众多的中小地主也能够

---

[1] 张之洞：《变通政治人才为先遵旨筹议折》，见赵德馨：《张之洞全集》（四）《奏议·光绪二十七年》，武汉出版社 2008 年，第 8 页。

拥有跻身官员队伍的机会，但是，从纸面诏令落至实处绝非一蹴而就，实际上唐代前期平民子弟并不具备应对科举考试的优势与意愿，他们转而选择以更有希望的胥吏、从军这两种方式来进入仕途。不过，从整个唐代选官来源构成看，尽管科举录取名额有所限制，但出身科举的官员比例仍然持续增长，唐后期有超过四成的官员来源于此，超过门荫、杂流，科举堪称选拔官员的第一大途径。

其次，完全以差额考试成绩作为决定考生去留的选官依据，也是科举制度区别于前代取士制度的重要特征。而差额选拔能否体现公平公正，在很大程度上取决于考试内容的效度与考试方式的效度，这也正是隋唐时期尤其是唐代科举选择以便于测度的文化知识作为考试内容的深层原因。

隋唐时期的科举考试，按照举办的时间间隔分为常科（举）和制科（举）两大类，常科考试每年都进行，制科考试则不定期举行。常科考试主要分为秀才科、进士科、明经系诸科、明法书算等专科四大类型，其中隋代以秀才科最受推崇，而唐代以后进士科转而取得超越诸科的优势地位，并在宋代以后几乎成为科举考试唯一科目。制科考试种类繁多，涉及文辞、军事、吏治、儒学等方面，见载于《唐会要》的就超过60种，唐代是制科考试科目最为丰富的时期。

唐代科举考试形式大致分为帖经、问义、策问和诗赋四类体例。帖经、问义考查考生对儒家经典和历史知识的熟悉程度。帖经类似今日之填空题，以孔颖达《五经正义》为指定教材，考生需要根据记忆将考官自经典中任意截取某段内所缺之字填写出来；问义则要求考生根据要求叙述典籍内容及其大义，一定程度上弥补了帖经的不足，以笔作答称墨义，当面作答称口义。两种考试方式各有利弊，几经争论，自文宗以后定于口答一途。策问可以上溯到汉代策问贤良，考查考生对实际政治社会问题的解决能力，需要考生在熟悉经史的基础上，具备对时务的了解，同时亦须具备相当的写作能力。但策问考试渐渐僵化，代之而起的是诗赋。诗赋本与箴、论、表、赞等文体同属杂文，诗体称试帖诗，赋为诗的变体，两者对格律要求很高，在录取中的比重越来越大，是唐代科举偏重文辞的体现。

不同科目的考试，在不同阶段的程式并不一致，录取标准也不尽相同。譬如，隋代和唐初地位最高的秀才科，沿用两汉以来的旧制，即试方略策五道，按照文、理优劣划分四等标准，考生需要通过县、州两级考试才能取得应试资格。方略策对考生构成很大的难度,而且录取标准也坚持宁缺毋滥,因此隋唐时期能够通过秀才科的寥寥无几,每科所录不过一二人,唐高宗永徽二年(651)以后停科。明经系诸科是隋唐两代沿袭汉制所设的科目,根据唐代儒学发展有所因革损益,考试内容为指定的数部儒家经典,先帖经,继之口试,再答时务策三道,每科录取约百人,是进士科录取额的四倍。

进士科创始于隋代,其考试内容和录取标准因时而动,自唐代因得到统治阶层的重视而在诸科之中取得一枝独秀的地位。唐初,进士科试策、帖经,以策文作为录取的主要依据,而评价策文高下的标准不在内容而在文采,可以看出前代文尚浮丽的沿袭。高宗时加试杂文,杂文包括箴、表、赞、铭和诗赋,同时扩充策文和帖经的考核范围,在录取考量中权重最大的仍然是策。随着时间的推移,杂文中的诗赋地位越来越重要,直至玄宗后期杂文专用诗赋。更为重要的是,以往在进士录取标准中占比最大的策文,一方面因为偏重辞华而难返,不能适应统治者选拔人才解决实际问题的需求;另一方面唐代中期以后侧重文治,形成以文学取士的趋向,因此体现文学水平的诗赋逐渐取代策文,成为进士科录取的主要标准,其间虽有反复,但进士科偏重诗赋的趋势直至唐末不改。

此外值得一提的是,武则天长安二年(702)为选拔武官设立武举,此后科举考试文、武并行。武举考试也分为常科和非常科:常科有平射、武举二科,其中武举科较为重要;而非常科有谋略、才艺、平射、筒射四科,都有高下等第之分。总体而言,因为武举考试内容需要专门训练,社会基础有限,主要受益的是能够自幼从家族中接受必要训练的武人世家,所以终唐之世,武科录取人数不多,影响有限。

(二)宋元时期的调整与定型

宋太祖建隆二年(961)正式恢复科举考试,随之经历近百年的调整与巩固,考试科目日益集中,考试管理渐趋严密,考试规模稳步扩大,科举制度在宋代最终定型。虽然继之在元代大部分时间里科举被废停,但随之在明清时期迅即恢复,并很快进入高速发展的全盛阶段,这充分说明科举制度在宋代的调整及其影响是不可替代的。这些调整涉及科举制度的各个方面,并从北宋一直持续到南宋才最终定型,体现出科举制度与唐宋政治的深刻关联。

其一，考试科目集约化直至单一化的趋势最终完成。一方面，自唐代以来在定期举行的常科体系内获得广泛重视的进士科，其优势地位在宋代继续扩大，并于北宋中后期实际取缔明经诸科之后，成为宋元明清唯一的常科考试科目。另一方面，不定期举行的制科考试在北宋前期达到鼎盛之后随即衰落，并自南宋之后名存实亡。

同时，新的科目探索也时有所现。除去上述常科、制科考试科目外，北宋前期设置了恩科，赐给勋臣和圣裔子弟科举出身，并为年纪老迈的屡试不第者提供参加廷试的机会或者某些低级官衔。此外，为具有超常智商的童子设立童子科，为经济能力雄厚的富户提供纳资途径。这些都是进入仕途的特别通道。北宋后期，还设置词科选拔专职为宋廷起草文书的人才，甚至在徽宗时一度取消考核文化知识，实行完全以德行表现为考核内容的"八行取士法"。不过，除去进士科与武科持续实行以外，其他科目均于南宋前后相继废止。

其二，考试内容有效性以及可信度的提高。一方面，占主流的进士科考试内容由唐代中期之后以诗赋为主，逐步转向以经义和策论为主。这一转向过程与北宋历次改革运动联系密切，历经变动与反复之后最终在北宋后期固定下来，有利于选拔朝廷所需要的经世致用之才。另一方面，进士科重心即经义部分的考试方式，也在宋神宗熙宁四年（1071）正式摒弃了唐代以来通行的帖经、墨义而改试大义。这两项转变的开始均可追溯到唐代，至此告以完成，并在接下来的 700 多年里因袭不改，充分证明以经义取士相较以诗赋取士，更能选拔出对现实政治社会有所认识并具备实际治理能力的人才；而减少直至取消基于记诵能力的考试方式，有利于引导考生深入浅出地理解并表达经书要义，保证了考试内容的信度与效度。

其三，考试管理严格化以及成熟化。宋代科举考试组织与管理的严格化举措，主要体现在考场管理与考卷评定两个方面，不断推行各项防弊之法，以践行科举考试公开公正与平等竞争的题中之义。考场管理方面的防弊措施贯穿于考试全过程，主要针对的是考官收受请托与考生舞弊犯禁这两类痼疾。一是自北宋初期即实行"锁院制度"，考官自受命之日起在试院封闭直至放榜为止，杜绝考官与考生及请托人进行联系的可能；二是将唐代后期开始尚未固定的"别头试"普遍推行，即在州、县一级的解试和中央一级的省试过程中，对应试的考官亲属故旧实行专立考场、另行录取的回避制度；三是取消唐代省试不排座次的惯例，在考前排定座次并张榜公布，考生必须按此座次就座，不得移易；四是严格继烛之禁，不允许考生在日落之后继续借助烛火答卷，以防范其作弊；五是严格禁止考生挟书、传义和代笔。

考卷评定方面的防弊措施，一是相继罢止唐代以来盛行的"公荐"和"公卷"，从制度上扫清科举考试中残存的察举推荐成分，为贫寒士子夯实公平竞争的土壤；二是正式创立封弥、誊录制度，以字号代替试卷上的考生姓名等信息，并另行誊录考生答卷，防止阅卷官通过辨认考生名贯和字迹而徇私舞弊的可能；三是实行初考、覆考、详定三级评定机制，并制定严格的试卷等级评定规则。此外，为减少考官阅卷的主观因素，针对诗赋和策论考试制定相应的声律与行文规则。

其四，教育考试相结合趋向一体化的过程曲折前进。虽然唐代的学校已经被纳入科举的轨道，出自中央与地方官学的生徒在唐代前期是主要的考生来源，就重要性而言要超过由州、县解送的乡贡。但随着时间的推移，先是由国子监贡举及第比重渐渐落后于由京兆地区州、县贡举及第，导致考生竞相于后者投牒取解而放弃入学国子监，继之又因唐代中期战乱的影响，官学凋敝的态势一直持续到北宋建立之后相当长一段时间。在北宋中期前后的改革运动中，兴学重教成为共识，经过四次兴学高潮，中央与地方各级各类学校得以复建，为学校与科举相结合提供了条件，使得学校教育经历在科举考试资格取得，乃至替代后者部分职能方面的影响得到强化。这有助于学校摆脱成为科举附庸的命运，为科举制度选人功能的发挥奠定了坚实的育才基础。

其五，考试体系分级化以及聚合化的格局就此确立。以进士科为例，唐代常科是逐级限定资格的两级考试：能够参加第二级即中央层面省试的考生，或为通过馆学考试的生徒，或为通过州县府试的乡贡，及第之后仍需通过吏部铨试，才能真正获得授官。北宋对此有所更易，一是增设殿试，一是取消吏部铨试，确立三级考试机制。具体而言，宋代将唐代在府、州或国子监、太学举行的第一级考试称为"发解试"，按照一定的名额和比例录取具有省试应试资格的举人，第二级考试即省试是决定举人能否及第的关键一环，合格者获得参加第三级考试即殿试的资格，由于殿试不再差额淘汰，考生通过殿试之后即完成科举考试的全部环节。

不过，两宋时期高度发展的科举制度在元代走入低谷，长期废止不前以致倒退，这是科举制度实行以来最长的停顿。究其原因，在于元代选官制度一改唐宋以来科举取士的主流传统，而在高级官员和中下级官员的选拔上，分别对蒙古、色目贵族子弟以及吏员进行政策性倾斜，因此科举制度在元代一直面临着兴废无常的命运，是元代统治者推行重吏轻儒方针的牺牲品。不过，虽然元代科举考试不兴，总计举行十六榜科举所录取的1 300余人，尚且不及北宋前期单榜所取之数，但在考试内容方面以朱熹注解作为经义考试评定准则，这是程朱理学正式拥有官学统治地位的标志，堪称科举发展史上影响深远的变动。另外值得一提的是，宋代科举的第一级考试即发解试，是以州作为组织单位的，而元代改为以行省作为组织单位，并确立了三级考试的举办时间。

元代科举在考试内容和录取方式上实行分榜制，蒙古、色目人与汉人、南人分在两榜考试和录取，前者的考试难度大大低于后者，而在授官待遇方面又大大高于后者。虽然元代在正榜进士录取名额外，还专为国子监生员设立副榜，为积满分数但名黜正榜者提供入仕之途，也专门设立寓试科以加拨解额给流寓外乡的儒士，但这些笼络士心的举措仍无法遮掩元代统治者推行民族歧视政策的总体目标。元代科举式微的影响无疑是显而易见的，大批吏员取代儒士担任各级各类包括学官在内的行政职务，势必导致相当部分尤其是南方地区的知识分子游离在权力体系之外，构成一种迥异于唐宋社会流动的历史图景。

（三）明清时期的成熟与固化

总体而言，科举制度在明清时代经历了从高度成熟乃至固化，转而衰落并最终退出历史舞台的过程。明清两代科举制度在考试科目、内容与形式方面的进展，虽然没有超越宋代定型的框架，但在考试规范性和公平性，以及选才的有效性方面取得了更多进步。不过此过程中，科举制度不可避免地从高度成熟走向固化教条，孜孜于形式公平而损失实质公平。更为关键的是，以经义取士为核心的选官制度已经不能满足清末以后趋于复杂化与专业化的官员队伍需求，因此在实行了整整1 300年后，科举制度在清末走向终结。

明清两代科举制度虽未超出宋元时期已然定型的框架，但在框架之内一直进行调整，以保障科举考试如常发挥选才职能，最终达到巩固大一统国家的既定目标。这些调整包罗甚广，从出题范围与答题规范的固定，到考务组织与考场管理的强化，以及录取名额与授职方式的分配，皆有所涉。这些调整形式各异，力度不一，亦有反复，均有助于科举考试更为有效、彻底地践行公平、公开和规范。

一是标准化和统一化是明清两代科举考试在内容和形式两方面调整与巩固的坚定方向。元代科举考试确立"四书""五经"和"程朱之学"作为经义考试范围和标准，明清两代沿袭不改，并以诏令的形式予以强调。同时，习称为"时文""制艺"的八股文，也在此标准化命题大势下随之产生并发展。八股文并非源自官方明文规定，而是明代成化以后逐渐盛行开来的"四书""五经"义的答题格式。这种讲求谋篇布局、以对偶排比为表现特征的作文之法，是标准化考试发展到一定程度之后必然出现的事物。

二是严密化和公平化是明清两代科举考试在考务和过程两方面组织与管理的长期趋势。对考官、考生以及考场等各个容易导致舞弊的环节，宋代已经摸索出一套行之有效的防弊制度，不过制度落实层面的防弊与周期性自上而下的除弊，仍然无法杜绝甚至阻止科场舞弊的出现和恶化。因科举考试业已成为明清时期主流入仕途径，利薮所在，上自天子以至权臣、内官，下至考生、考务、考官，皆曾以不同形式卷入谋私舞弊案内，其损害科举公平之程度不一。这充分表明防弊措施实际执行不力，至少不如条文规定的那样严密，而纵使后者在考官回避、考场搜检、试卷封誊和阅卷方面自有一系列防范规定。

三是定额化和平衡化是明清两代科举考试录取名额制定和分配方面的总体方针。除去元代和诸代开国之初选官来源多途并进以外，隋唐以至明清的选官体系均以科举考试为核心。科举功名的有无和等级，是决定士子是否具有铨选资格和优势的最重要的因素，而自明代以降，乡试中式者可以终身拥有举人功名，以及包括永久参加会试、入国子监读书和选官的各项资格。因此，实行差额淘汰之乡试、会试录取名额的制定，上系官员队伍的数量控制以及官学教育的质量评价，下联考生个人命运出处，始终与朝廷对人才的需求保持高度统一。

除去开国之初不拘额数或者广增额数的特例，明清两代各省乡试严格按照朝廷事先统一规定的解额进行录取。解额之名，取自举人解送京师参加会试之旧义。而解额制定的依据，主要是先期各省举人考取进士人数的相对位序，亦即各省科举实力，同时向京城和边远落后地区进行明显倾斜，亦即人为调节以达到地域平衡的既定目标。实际上，平衡化不但体现在乡试解额分配，更显著贯彻于会试实行南、北、中分卷录取。明清两代人口总数持续增长，不过官缺的数量却长期处于稳定，因此从明至清的乡试解额总数虽然有所增长，但十分缓慢，增幅也极为有限。

明清两代科举制度在高度成熟之后转入固化，囿于自身无法克服的多重危机，逐渐走下历史舞台，先于帝制崩溃而终结了1 300年为国选才的使命。科举制度自产生之时便时常面对批评，对其所选非人的局限乃至危害的认识，当以明清时人的谴责最为彻底和严厉。

第一，科举考试命题范围、答题格式和阅卷规范在14世纪以后由高度成熟、固定走向僵化，选才质量不断降低，直至最终失去选才功能。科举考试自宋元以来固定为进士科一科，统一以经义取士，命题范围限定在"四书""五经"之内，并规定采用程朱理学一派对经义的解释，考生试"四书"和经义的答题格式也逐渐归于注重对偶和排比的八股文一途。无论是严格划定命题内容，还是明确限定答题规范，都是科举考试公平、公正和规范的有力保障，但随着时间的推移，这些保障却在实践过程中无一例外变为选才的阻碍。科举本为选拔出理解和掌握儒家伦理教化思想，以及具备未来任官所需文书撰写和审理政务能力之才，因此乡试和会试的前两场分别试经义和论、判以及诏、诰、表、笺，第三场和殿试则加试策。如此安排显然并非无的放矢，乃是要选拔出熟悉治理国家之思想和实践的人才。但是，从隋唐至明清，时日既久，科次渐多，可供考官出题的余地日益狭窄，而考生也大可根据固定的题型备考，以大量诵记范文替代全面理解经义，应试时再将背诵的范文搬套于考题。这种应考方式无疑是有效的，所以不但流行开来而且普遍化，使得科举考试选拔合格人才的功能步步弱化，应该说，这是某种考试制度高度成熟之后必然凸显的矛盾。

第二，更为严重的是，科举制度的工具化从考试体系本身延伸至更为广阔的学校教育以及社会心态领域，这是各级各类学校在科举指挥棒下成为后者附庸而失去独立性的关键原因，也是教育体系空心化、士子学风空疏、人心舍本逐末的深层肇因。

如果将科举制度衰败的原因归咎于应考举子的诸种功利现象，这种观点在相当程度上有倒果为因的嫌疑。生逢当世，人心思进，即使以谋取功名富贵的心态来竞逐科场，也本是无可厚非的，北宋真宗皇帝就曾写下至今耳熟能详的《劝学诗》,诗内以"千钟粟""黄金屋""颜如玉"等种种利诱劝导"男儿欲遂平生志,五经勤向窗前读"。因此,考生视科举为利薮是由来已久、不足为奇的,相较而言,更值得追问的是,何以围绕着科举制度的批评在明清时期日益频繁并集中到应考目的和试文格式这两方面?

对科举制度的批评,自其产生时便时有所现,随着科举制度在明清时期的高度成熟并取得支配地位,其固有的局限在新的历史背景下随之扩大,并经由时人的言说和笔述而得以充分表达。所谓新的历史背景中,科举考试录取难度日益加大和科举考试内容形式固定统一是两个主要方面。考试录取率取决于朝廷官缺和应试人数之间的差额,作为传统中国历史上罕见的户籍人口高速倍增期,明清两代的朝廷所能提供的官缺数却并没有明显增长,因此无论是解额数长期固定的乡试录取,还是允许举人重复参加的会试录取,其难度都变得越来越大。同时,为保障考试的公平,命题范围和答题格式势必趋于固定和统一,科举考试录取非人的情况变得不再偶然和随机,有识之士对其选才实效的质疑和谴责也越来越深入。而其质疑和谴责所及,多归咎于八股文的流行,这种归因之所以典型和普遍,在很大程度上是由于记诵套用八股文成为教学的核心,造成学校教育和科举考试双重的空疏,并进而危害科举制度的有效性。

细究之下,考生应试目的的功利和八股文的流行,实为明清时期科举考试失效的表现而非原因。同样,科举制度的崩坏,也实为同期选官制度失灵的表现而非原因。导致选官制度失灵的,显然是包括选官制度在内的整个国家政治制度已经不再能够自如适应近代以来世界发展的潮流。此前大一统帝制国家的理政核心在于选官,以得人为先,中央朝廷是否具有组建和管理官员队伍的能力,是决定国家能否富强的关键,因此学校教育和选举制度都将培养和选拔符合朝廷需求的官员列为核心任务。如果说自由报考、以文取士的科举制度是顺应隋唐帝国以来和巩固大一统内在需求的历史必然,那么走过1300年历程之后,它已不再能够适应近代国家发展对于人才的新要求,和同样未能成功实现转型的帝制晚清政府一起走向灭亡,也是历史的必然。

二、江南地区的科举成就

清朝康熙年间的苏州人汪琬是一位著名散文家,他生平常被引用的一则轶事：某日他在翰林院当值时，把梨园子弟和状元概括为家乡的两项土产，引得一众竞相夸耀各自家乡土产的同侪默然赞同。[1] 汪琬生前所能知晓的苏州状元，明代以前的11位密集分布于唐朝末年和南宋末年这两个时段，明代的8位较为均衡地分布于明中、后期各朝。此外，汪琬生前尚能获悉顺治、康熙朝接连出现的7位苏州状元。因此，支撑起汪琬底气的事实，应该就是明代特别是清代初期苏州状元辈出的盛况。

这则流传很广的轶事连同苏州盛产状元的现象，为江南地区科举成就写下了令人信服的注脚。诚然，状元辈出即使不是衡量一地科举实力的关键指标，也是体现该地士子科举竞争力的重要方面之一。不过除此之外，进士和举人的数量、占比在评价一地科举成就方面，也是非常重要的指标。从这三方面来衡量的话，那么江南科举自隋唐以来的历程，显然并非自始至终都如同清代全盛时期那样蔚为大观，而是自有其从边缘走向中心，再由高峰逐步回落的演变过程。

（一）科名与科次

衡量一地科举成就的主要指标是拥有科举功名尤其是进士功名的人数。就此而论，江南地区的优势非常明显。据范金民统计，明清两代江南考取进士人数占全国的15.24%，全国每7位进士中就有1位出自江南。[2] 不过，这一优势的取得并非从来如此，而是迟至16世纪后半叶，亦即明代中、后期才愈益明朗和稳固。换言之，江南进士人数在全国所占比例的稳步上升直至独占鳌头，是在科举制度实行1000年之后才逐渐确立起来的，直至17世纪后期至18世纪前期的半个世纪中达到顶峰。江南科举从边缘走向中心的历程，是在唐宋以来中国经济重心南移的历史背景下，伴随着江南地区成为全国工商业经济中心而逐步完成的。

隋代，进士科地位不显，进士人数语焉不详。唐初以后，进士科地位越来越重要，除去屈指可数的特例，每年开科所取进士人数相当有限。清代学者徐松《登科记考》一书统计，有唐一代266次进士科考试总共录取了6642位进士，平均每科进士及第者约25人，遗憾的是其中大部分进士的具体情况无从得

---

[1] 钮琇：《觚賸续编》卷四《物觚·苏州土产》，见《续修四库全书》第1177册，上海古籍出版社2002年，第147页。
[2] 范金民：《明清江南进士数量、地域分布及其特色分析》，《南京大学学报（哲学·人文科学·社会科学）》1997年第2期。考虑到该文所指的江南地区尚不包括长江以南安徽以及浙西宁波、绍兴，所以本文所指的江南进士人数所占全国的比重，还要更高一些。

知。而唐代江南进士人数，因资料受限，说法不一，较近的统计数字如下：

唐代江苏地区进士总数为 118 人，其中包括吴郡（苏州）68 人、丹阳郡（润州）20 人、晋陵郡（常州）14 人、广陵郡（扬州）9 人。若以"安史之乱"为唐代前期与后期的分隔点，那么，江苏地区进士考取年份的时间分布，也呈现出明显的前疏后密，这是值得注意的一个现象。唐代首位江苏进士是太宗贞观元年（627）的上官仪，他祖籍陕州而出生于江都，在他之后半个世纪都没有出现新的江苏进士，直到高宗永隆元年（680）徐州人刘知幾才打破了这个局面。包括上官仪、刘知幾在内，及第年份可考的唐代前期江苏进士计有 17 人，其中润州 13 人、苏州 2 人、徐州及扬州各 1 人。到了唐代后期，江苏进士人数增长快速，及第年份可考者有苏州 46 人、扬州 6 人、润州 4 人、常州 3 人、楚州和徐州各 1 人。此外，还有 40 位及第年份不可考者，其中苏州 20 人、常州 11 人、徐州和润州各 3 人、扬州 2 人、楚州 1 人。[1] 此时的苏南地区进士人数增长极为明显。

唐代浙江地区进士总数为 92 人，其中出自杭、嘉、湖、宁、绍的 63 人，在时间分布上也是前期少、后期多。[2] 唐代安徽地区进士总数为 39 人，其中出自长江以南宣州、歙州、池州的为 26 人。[3] 这 26 位进士及第的年份，也是前期少而后期多，乃至相差数倍。其中，池州一地在唐代末期数十年间接连出现 15 位进士，是非常突出的一个现象。[4]

两宋尤其是南宋时期，进士科录取名额较唐代有了突破性的增长，共计举行了 118 次进士科考试。其中，北宋开科 69 次，总计录取进士 19 071 人；南宋开科 49 次，共录取进士 23 319 人。

据统计，江淮地区（即属本文所指江南）在北宋时产生了 1 097 名进士，到南宋时增加三成，达到 1 315 人。其中，今属苏州地区（含昆山、常熟、吴县）增幅较为明显，从 229 人增至 417 人，成功超过了今属常州地区，后者（含武进、金坛、溧阳）在北宋时产生了 423 名进士，但到南宋时跌落到了 345 名。不过，从增幅来看，今属无锡地区（含宜兴、江阴）还要更加显著。北宋时，这一地区产生了 88 名进士，至南宋，增加到了 239 人。此

---

[1] 许友根：《唐代江苏进士考辨》，《科举学论丛》2020 年第 2 期。
[2] 李志庭：《浙江通史》第 4 卷《隋唐五代卷》，浙江人民出版社 2005 年，第 209-211 页。
[3] 王光照、周怀宇：《安徽通史·隋唐五代十国卷》，安徽人民出版社 2011 年，第 324 页。
[4] 陈贤忠、程艺：《安徽教育史》，安徽教育出版社 2006 年，第 231 页。

外,保持增长势头的还有今属南京地区(包括江宁、上元、溧水、六合)、华亭地区。但今属镇江地区、扬泰地区则出现了程度不一的萎缩。[1]

可考的北宋浙江进士计有1 657人,其中临安(杭州)165人、秀州(嘉兴)85人、湖州248人、明州(宁波)160人、越州(绍兴)191人。可考的南宋浙江进士5 735人,其中杭州484人、秀州363人、湖州320人、明州791人、越州417人。[2] 而两宋时期长江以南安徽地区的进士人数,据信为959人。

元代科举制度长期停废,终元一代总计开科16次,共录取进士1 139名。[3] 立于北京国子监的元代进士题名碑在明初遭到毁坏,因此元代进士资料一直残缺不全。从清代著名学者钱大昕开始,重构元代进士录的工作持续进行。根据较近的考证,元代江南进士总计51人,包括杭州地区9人,绍兴地区7人,苏州、宁波、应天地区各5人,徽州、华亭地区各4人,宁国、池州各3人,镇江、湖州、嘉兴各2人。[4]

由上可知,唐代江南进士占全国进士总数的比重大致为3%,时间分布上是前期人数少而后期人数多,呈现出明显的增长趋势。宋代江南进士占全国进士总数的比重,根据统计口径的不同,大致在11.86%至13.92%之

---

[1] 李天石、潘清:《江苏通史·宋元卷》,凤凰出版社2012年,第352-356页。
[2] 邓涛:《宋代浙江进士研究》,安徽师范大学硕士学位论文2015年。另(美)贾志扬《棘闱:宋代科举与社会》(江苏人民出版社2022年,第276-278页。)根据方志记载统计两宋时期进士人数为临安(杭州)658人,嘉兴(秀州)427人,湖州540人,苏州530人,润州253人,越州(绍兴)474人,明州(宁波)873人,常州892人,江宁府116人,池州72人,宣州285人,徽州433人,广德77人,太平92人,扬州20人,通州19人,泰州110人,高邮29人。亦即浙西地区2 972人,苏南地区1 969人,皖南地区959人。
[3] 沈仁国:《元朝进士集证》,中华书局2016年,第2页。
[4] 此为笔者据沈仁国《元朝进士集证》开列各榜进士统计所得。另检得万历《杭州府志》卷56《选举二》开列元进士28人(蒙古、色目榜23人,汉人、南人榜5人);光绪《嘉兴府志》卷44《选举一》开列元进士8人;同治《湖州府志》卷10《选举表·进士一》元进士22人;正德《姑苏志》卷5《科第表上》开列元进士6人;正德《松江府志》卷25《科贡上》开列元进士1人;万湘容《宁波科录·宋元卷》(浙江大学出版社2017年)开列元进士14人;乾隆《绍兴府志》卷31《选举志二》开列元进士25人;嘉庆《新修江宁府志》卷29《科贡表一》开列元进士11人;严其林《镇江进士研究》(复旦大学出版社2014年)开列元进士2人;嘉庆《重修扬州府志》卷39《选举一》开列元进士8人;乾隆《太平府志》卷20《选举志》开列元进士14人;乾隆《池州府志》卷33《科目表上》开列元进士13人;光绪《广德州志》卷34《选举志·进士》开列元进士8人;嘉庆《宁国府志》卷6《选举表》开列元进士11人;道光《徽州府志》卷9《选举志上·科目》开列元进士14人。沈著《集证》与旧志所载有所差异,原因或为《集证》较为严格划定进士身份的可靠程度,因此笔者根据《集证》内进士身份可靠者进行统计,数字较旧志所载数为少。

间。而元代江南进士占全国进士总数的比重,应不低于4.48%,可见宋代以后江南进士比重大幅回落。

明代共计开科89次,登科进士总数为24 595人。[1] 清代共计开科112次,登科进士总数为26 849人。[2] 相较唐代、元代的低录取人数与宋代的高录取人数,明、清两代的进士录取总数显得适中和稳定。根据范金民的分析,入明之后的一个世纪里,江南进士人数占全国进士的比重总体上已经接近宋代的均值,个别科次如景泰二年(1451)甚至超过20%,但江南进士人数占全国比重的高峰期,实际是从16世纪中期开始的,一直持续到18世纪进入尾声,才逐步转入另一个世纪的下行期。而19世纪的整体下行趋势也绝非陡然式下降,而是由幅度较小的逐年下降累积而成,从最高峰接近20%的比重,逐步下降至8%的比重。

科举名次也是有助于衡量江南科举竞争力的一大指标。江南地区的状元亦如进士一般,从唐宋时期逐步增长,经历元代的低谷之后,在明代中期后步入快速增长期,于清代中期达到鼎盛,此后逐步下降。江南状元由少变多直至遥遥领先的发展历程,与中国古代状元籍贯自北向南推移的总体趋势,以及唐代中期这一时间分界点,都是一致的。[3]

唐宋时期,浙西共有13位状元,其中宁波5位,杭州和绍兴各3位,嘉兴和湖州各1位。皖南的状元数少,又多寄籍之例,集中在徽州地区,总数不及浙西的一半。而唐宋时期苏州产生了11位状元,且几乎都集中在唐末(7人)和南宋(4人),这与浙西状元也多现于南宋(8人)有类似之处。可见,虽然元代科举不振,但南宋之后江南地区的科举实际已在稳步发展之中。

明清时期江南地区状元辈出,形成科举史上无法忽略的现象级盛况。据范金民统计,明代89位状元,不包括扬、通、泰和皖南在内,仅苏南和浙西八府就有21人,接近总数的1/4。而清代112个状元,苏州一府并太仓州就有29人,连同常州(7人)、湖州(6人)、杭州(5人)、徽州与镇江(各4人)、江宁与嘉兴(各3人)、松江(1人),江南地区状元人数超

---

[1] 龚延明、邱进春:《明代登科进士总数考》,《浙江大学学报(人文社会科学版)》2006年第3期。
[2] 毛晓阳、金甦:《清代文进士总数考订》,《清史研究》2005年第4期。
[3] 韩茂莉、胡兆量:《中国古代状元分布的文化背景》,《地理学报》1998年第6期。

过全国总数的一半。[1]

另据统计,除去太平府以外,明代江南所辖苏南、皖南各府均有鼎甲(即以一甲进士及第的状元、榜眼、探花)进士,包括苏州府 18 人,常州府 14 人,应天府 11 人,松江府 5 人,宁国府 3 人,徽州府、扬州府各 2 人,池州府、镇江府各 1 人,总计 57 人。[2] 再加上浙西五府的鼎甲进士数,江南地区的鼎甲进士数已然超过明代总数的一半。清代亦是如此,不包括皖南和扬、通、泰在内的榜眼和探花人数,已经分别占清代总数的 35%和 46%。[3] 实际上,若非明清两代会试实行分卷录取,江南的进士、鼎甲进士和状元人数无疑将更多。

综上所述,如果从所出进士人数占全国进士总数比重这一指标来衡量地区科举成就,那么江南科举在历史上有两个高速增长期:第一个增长期从唐代后期开始,延续至整个两宋时期,在这个增长期内,江南进士人数占全国总进士数比重完成了两个倍增,从 3%增至 12%;第二个增长期从明代中期至清代前期,江南科举成就在这个增长期内达到鼎盛,尤其是 16 世纪中期至 18 世纪,江南进士人数占全国的比重逼近 20%,是唐宋以来的最高值。相比较而言,第二个增长期持续的时间更长,回落的速度更缓,直至清代最后半个世纪,江南科举步入尾声,进士人数占全国比重约为鼎盛期的一半。值得一提的是,江南鼎甲进士尤其是状元的人数与时间分布,也符合上述增减特征。

当然,还有一个因素值得重视,即伴随着地区经济开发所带来的江南人口增长。前述自唐宋以来江南进士人数占全国总数比重的两次高速增长期,同时也是江南人口快速增长期,全国进士向江南集聚现象的背后,也正是全国人口向江南集聚的历史过程。

(二)区域与家族集聚现象

江南地区是科举制度实行 1 000 年之后最为突出的人才高地。不过,数量庞大的进士在这一高地并非均衡分布,而是呈现出极为明显的集聚趋

---

[1] 范金民:《明清江南进士数量、地域分布及其特色分析》,《南京大学学报(哲学·人文科学·社会科学)》1997 年第 2 期。
[2] 管宏杰、郭培贵:《明代南直隶鼎甲进士地域分布与社会流动》,《历史档案》2022 年第 1 期。
[3] 范金民:《明清江南进士数量、地域分布及其特色分析》,《南京大学学报(哲学·人文科学·社会科学)》1997 年第 2 期。

势。集聚的方向则有两个：就地区而言，向环太湖平原的苏、松、常、杭、嘉五府集聚；就区位而言，向各府、州的附郭县即城区或城郊集聚。归根结底，是向展现出超强科举竞争力的少数望族集聚。从这个角度而言，江南科举成就并不适用于江南全境，实际上主要是由特定地区、特定区域的少数科举望族所取得的。

首先，从数据来看府一级江南进士区域分布的集聚现象，从唐代到清代江南进士高地并非一以贯之，有着各自的升降浮沉，主要趋势是从沿海向北、从内陆向东这两个方向转移至太湖平原。

进士集聚现象其来有自，在科举制度实行不久的唐代，黄河流域和长江下游地区是全国进士两大集中地，唐代进士人数排名靠前的京兆府、河南府、苏州就位于这两大集中地。虽然江南进士是从唐代后期才逐渐增多的，但彼时苏州就已经表现出日后成为江南地区进士集聚高地的显著优势。[1]

两宋时期，苏州进士人数虽然未曾停止增长，但各种原因导致在江南地区的排名位于明州、常州、徽州、杭州、越州、湖州之后。同时期常州进士人数要占到苏南地区的几乎一半份额，不过，进入南宋之后常州进士人数下降明显。另外，同期苏南润州（镇江府）、升州（江宁府）的进士人数变化具有共同的特点，即北宋时起步较晚，人数较少，随着时间的推移逐渐增多，增幅较为明显，尤其是升州进士人数从北宋到南宋达到200%的增幅。这个阶段，江南进士更密集地位于沿海和内陆地带，同时太湖平原的府、州、县进士人数已经以较快的速度开始增长。

经历元代普遍低谷之后，江南地区从明代中期开始成为全国科举最兴盛之地。在地区内部，明代进士人数排名依次是苏州（1 065人）、绍兴府（933人）、常州府（644人）、宁波府（588人）、嘉兴府（467人）、杭州府（446人）、松江府（429人）、徽州府（409人）、扬州府（285人）、湖州府（283人）、应天府（250人）、镇江府（185人）、宁国府（155人）、太平府（95人）、池州府（72人）、广德州（35人）。[2] 而清代江南进

---

[1] 需要指出的是，解读唐代苏州进士人数占比时，需要考虑到苏州辖境区划变动。唐代苏州辖境实际包含南宋以后松江府全境以及嘉兴府的一部分。从这个意义上讲，明清时苏州进士人数占比，固然与唐代相较显著提高，但其实际增长的比率，还要比数字显示的更高。
[2] 吴宣德：《明代进士的地理分布》，香港中文大学出版社2009年，第256-262页。

士在各府的分布则依次是杭州府（896人）、苏州府（843人，含太仓182人）、常州府（666人）、绍兴府（515人）、嘉兴府（508人）、湖州府（387人）、扬州府（362人）、松江府（259人）、徽州府（246人）、江宁府（244人）、镇江府（283人）、宁波府（238人）、宁国府（165人）、通州与海门厅（合计121人，明属扬州府）、太平府（60人）、池州府（37人）、广德州（14人）。[1]

统计明清两代进士人数，两宋时期排名第一的宁波已经被苏州所取代，苏州和杭州分别是明清两代江南进士人数最多的府级单位。此外，绍兴、常州和嘉兴也是稳定的高密度进士集聚地。可见，明清江南进士主要分布在环太湖的平原地区即苏、松、常、杭、嘉五府以及邻近的绍兴等地。

其次，如果分县统计进士人数，可知明清两代江南地区近半数进士都分布在排名居前的十个县。明代江南各县进士人数名列前茅者依次为：绍兴府余姚县（375人）、宁波府鄞县（280人）、松江府华亭县（279人）、宁波府慈溪县（230人）、常州府武进县（227人）、常州府无锡县（216人）、绍兴府山阴县（205人）、苏州府昆山县（203人）、苏州府吴县（202人）、苏州府长洲县（196人）。[2] 上述各县，除余姚、慈溪、昆山、无锡外，均为府治所在的附郭县。明代所出进士超过200人的县级政区共有15个[3]，江南地区有9个。

清代江南各县进士人数排名则为：杭州府仁和县（377人）、杭州府钱塘县（336人）、常州府武进县（206人）、苏州府吴县（202人）、湖州府归安县（158人）、苏州府长洲县（144人）、绍兴府山阴县（142人）、绍兴府会稽县（139人）、宁波府鄞县（133人）、杭州府海宁州（119人）。[4] 除去海宁以外，均为附郭县。清代产生200位进士以上的县份共有8个，[5]江南地区占了一半。

[1] 沈登苗：《清代全国县级进士的分布》，《社会科学论坛》2020年第1期。
[2] 吴宣德：《明代进士的地理分布》，香港中文大学出版社2009年，第256-262页。
[3] 江南地区之外，明代产生200位进士以上的县份，另有兴化府莆田县（520人）、泉州府晋江县（391人）、南昌府南昌县（263人）、福州府闽县（236人）、吉安府安福县（235人）、南昌府丰城县（211人）。
[4] 沈登苗：《清代全国县级进士的分布》，《社会科学论坛》2020年第1期。
[5] 除仁和、钱塘、武进、吴县之外，清代产生200位进士以上的县份，还有直隶大兴县（423人）、宛平县（259人）和福州府闽县（298人）、侯官县（243人）。

一般而言，各府附郭县所出进士人数都在府内各县居于领先地位。如松江府附郭华亭县明清两代所出进士人数均为同时期一府之内上海县的2倍。而杭州府附郭钱塘、仁和二县所出进士与同府海宁县的差距，从明代的2倍扩大到清代的3倍，至于与余杭、临安的差距就更加悬殊。徽州府附郭歙县进士人数在明代是同府休宁、祁门县的3倍，清代差距虽然有所缩小，但仍然在2倍左右。苏州、常州、绍兴、宁波和嘉兴府的情况则有所不同，即府内都存在堪与附郭县比肩的非附郭县。如明清两代苏州府的昆山和常熟、明代绍兴府的余姚、明代宁波府的慈溪、明清常州府的无锡、明清嘉兴府的平湖，所出进士人数与同府附郭县相比没有明显差距。

整体而言，将近一半的江南进士聚集在苏、松、常、杭、嘉、绍六府的附郭县内，密集程度可以想见。常州府的武进和无锡、松江府的华亭、应天府的江宁、杭州府的钱塘和仁和、湖州府的乌程和归安、徽州府的歙县都是各府进士的集聚中心。那么，积聚在上述城市抑或城郊的进士们，又是出自哪些家族呢？

我们已经知道，江南进士高度集聚在太湖平原的城市和城郊，而在环太湖诸府城区居住的，除去大量工商从业者外，还有自明代中期以来集中在城区居住的江南地主。他们一般聚族而居，拥有大量源自土地和工商业的财富，能够为子弟应举提供必要的经济条件。这些望族正是江南进士的超级"孵化器"。出生于苏州的著名历史学家顾颉刚，就曾指出"苏州地主家庭训练子弟适应科举制度之才能，其技术性在全国为最高"[1]。

唐宪宗元和七年（812）归融进士及第之后，他的5个儿子全部考取进士，使长洲归家成为苏州科举史上第一个成就"五子登科"佳话的大族（另一例是清代昆山徐乾学家，徐家两代出了9个进士，同胞兄弟三鼎甲、五子同登科）。更为罕见的是，归家自唐懿宗咸通十年（869）至唐哀帝天祐二年（905）的30多年间还接连出了5位状元。[2] 这5位状元之间有祖孙、父子和兄弟，堪称天下状元第一家。宋明以降，像苏州归家这样拥有超强科举应试能力的大族，可以说在江南并不罕见。如苏州府长洲

---

[1] 顾颉刚：《苏州史志笔记》，江苏古籍出版社1987年，第168页。
[2] 归家5位状元分别是唐懿宗咸通十年（869）的归仁绍；唐僖宗咸通十五年（874）的归仁泽（归仁绍弟）；唐昭宗景福元年（892）的归黯（归仁泽子）；唐昭宗光化四年（901）的归佾（归黯子）；唐哀帝天祐二年（905）的归係（归佾弟）。见徐松：《登科记考》，中华书局1984年，第653、857、867、898、924、930页。

的韩家,常熟的翁家、瞿家,吴江的叶家;常州府武进的恽家、庄家,金坛的于家,无锡的秦家,宜兴的路家和任家;应天府溧阳的狄家、史家;镇江府丹阳的茅家;杭州府钱塘的汪家,海宁的陈家;嘉兴府的项家,平湖的屠家;湖州府乌程的闵家;徽州府的汪家、程家、吴家、胡家、方家等,都是世代簪缨之家。

又如,自明代成化二十三年(1487)叶绅考取进士起家以来,直至乾隆五十四年(1789),吴江分湖叶氏出了7位进士。清代长洲彭氏一门出了祖孙2位状元[祖彭定求为康熙十五年(1676)状元,孙彭启丰为雍正五年(1727)状元]、1位探花、14位进士,有"昭代科名第一家"的美誉。吴县潘氏在短短30年间出了1位状元、2位探花,李鸿章为其家题匾"祖孙父子叔侄兄弟翰林之家"。还有海宁陈家,从16世纪初至19世纪60年代的3个半世纪里,出了2位榜眼、31位进士、103位举人,以至于陈家女眷将夫婿出任广西巡抚这样的一方要职视作"出为粗官"而感到不悦,原因就在于陈家科举兴盛,叔侄子弟出任尚书、侍郎、都御史之辈比比皆是,相形之下便显出其绌了。

或许是因为近因效应的存在,人们往往对距离自己较近的历史更为关注,而江南进士所取得的辉煌成绩,是中国科举制度最后300年历程中浓墨重彩的一笔,所以人们不断关注、感叹和记取这个距离当代最近的科举盛况。为什么江南能够成为明清两代毋庸置疑的科举最高地?这个问题之所以能够长久引起人们的好奇,足证科举制度长期稳定推行,已然使公开、公正和公平的考试选官共识深深根植中国社会。对国家而言,选才机制是否良性运行,关系到社会流动是否健康有序、统治基础是否固实可靠;对个人而言,是否能够以及在多大程度上达到考试要求,是决定本人社会地位和家族命运的关键。凡此种种,使得人们一再思索和探究促成江南科举成就的诸种有利因素。

晚清苏州城中一位富户曾谈及几项科举成功的必要条件,一是"读书要有本钱,要请名师教授,而且家中要有书可读",二是"读书要耐守",因此"为什么那些绅士家中科甲蝉联,他们有了这种优点,再加以有了好子弟,当然事半功倍了"。[1]"读书有本钱"这种看法,既是生活在科

---

[1] 包天笑:《钏影楼回忆录·读书与习业》,上海三联书店2014年,第82页。

举时代的人们的直观感受，也是今人所归因江南科举成就达成的基础因素。

唐宋以来，全国经济重心南移，江南成为经济首屈一指的发达之区，这是江南科举在明清时期大放光彩的基础条件。因为科举考试需要长年累月地专门训练和持续投入，如果考生不能够获得充裕的财力支持，是无法一一通过各级考试直至最终考取进士的。更不用说，随着考试竞争加剧，重复乡试、会试成为常见的现象，有时甚至要持续数十年，相关费用就更是一笔庞大的开支。譬如苏州著名文人、书画家文徵明10次乡试皆不售，他的曾孙文震孟也是在经历11次会试之后才以一甲一名进士登第的。所以，全国进士向江南集聚，江南进士向居住在太湖平原城区的望族集聚，正是因为有经济实力雄厚的大族，他们才具备这样的财力。当然，还有一半的江南进士并非出自城居地主之家，而是来自相对宽裕的庶民家庭，这也得益于江南地区经济发达的时代因素。作为全国工商业制造中心和流通中心的江南，相对全国其他地区而言是整体和普遍发达之区，所以这些庶民之家为江南进士提供了源源不断的后备军。尤其是出身商人之家的进士，是明清时期江南进士群体不可或缺的重要组成部分，明代苏州状元施槃和顾鼎臣就是两个例子。而杭州进士数登顶江南的一大重要因素，也是因为有大量寄籍杭州应考的徽商子弟。

虽然江南进士数量变化确实与江南社会经济周期变化存在着相当程度的一致性，但经济因素并不是江南进士人数众多的全部原因，否则便很难解释为何在江南地区内部仍然存在着经济地位与进士人数并未表现出高度正相关的例子，因为相当数量的附郭县并非府内经济最为发达之地。可见在经济因素之外，还存在其他有利因素，譬如自六朝以来绵延不绝的崇文风气和全社会的重教氛围，就称得上是江南科举独步全国的重要原因。

北宋几次兴学，江南地区府、州、县学和书院都得到长足的发展，教育发达；江南地区的南京、苏州和杭州又是全国刻书业中心，读书人获取书籍较为便利，藏书家辈出。更为关键的是，江南读书人以通过科举跻身仕途为最终目标，以获得科举功名为自身价值的首要体现，因此带着强烈的目的性刻苦诵读时文，虽然这种功利性的读书并不完全符合道问学的宗旨，但确是江南社会热衷科举入仕的真实写照。

当然，如果我们在更宽广的历史视域下审视江南科举成就的取得及其特征,那么将能发现这实际上是更大历史过程的一个重要组成部分。隋唐以前,中国文化与教育的中心位于开发较早的北方地区;隋唐以后,南方地区开放进程加快、开放程度加深,文化与教育中心开始从北方转移向南方,并在南宋建都临安之后最终完成了这个过程。元明以后,除去作为国家政治中心的北京地区具有较大的文化和教育优势外,南方地区的文化和教育处于毋庸置疑的领先地位。科举成就的取得,正是儒学教育和文化发展水平的集中体现。从这个角度而言,江南科举从唐宋开始快速发展直至明清领跑全国的历程,以及江南进士向特定方向的集聚现象,说明了儒学教育从隋唐至宋元在江南发展、成熟并于明中期之后达到鼎盛,并在19世纪后期逐步衰落。19世纪以前儒学教育在江南的盛行和成功,是由工商经济、城市化以及文教氛围多重因素合力促成的。而19世纪后半期江南科举的大幅回落,并不全然意味着重学兴教风气在江南的减退,因为同一时期教会学校教育、新式学校教育在江南推行并有所发展,在一定程度上冲击着儒学教育独尊的传统教育体系。时风所至,科举仕进不再是江南士人唯一的目标与全部价值所在。就这个意义而言,江南科举衰退所昭示的,是中国科举制度将要告别历史舞台的命运,也是江南社会教育文化近代化历程的开始。

三、江南科举文化的影响

近代上海著名报人和小说家包天笑出生于苏州,他在19岁时进了学,也就是获得了秀才身份。在晚年,他回忆自己5岁开蒙时的场景,还是历历在目:由母舅送学,外祖家送来装着"四书"和方块字的小书箱,以及定胜糕和粽子。糕粽的谐音是"高中",是科举时代的吉语。而粽子里有一只裹成四方形,名为"印粽";有两只粽子裹成笔管形,名为"笔粽",谐音为"必中"。第一天上学完毕时,塾师陈先生将包天笑的小书包翻转过来包住字版,称之为"书包翻身",并把"印粽"交给他捧回家,希望学生有朝一日抓一个印把子。[1]这一年是1881年,江南进士占全国比重最低的时期,科举制已经走到临近终点的末期,但它在苏州百姓日常生活刻

---

[1] 包天笑:《钏影楼回忆录·上学之始》,上海三联书店2014年,第6-7页。

下的印记,还是非常深刻的。

科举制度推行1 300年,不仅为江南社会带来人数甚巨的进士、举人和生员,形成了一个事功卓著的科举人群,也在教育、生活、观念等多个方面塑造了独特的江南科举文化。如今,当人们惊叹江南尤其是苏州科举成就的辉煌时,却也很难回避这样一个问题:为什么吴地并未诞生具有全国影响力的政治家和思想家,而所诞生的人才大多在文艺创作领域内?[1]虽然这个问题实际并不适用于江南地区全境,不过,它仍然提供了一个能够帮助我们更全面地看待江南科举文化影响的视角。

(一)走出科场的江南进士

科举制度对江南社会最直接的影响,是持续制造为数甚众的进士,构成了一个突出的地域文人团体,在中国传统社会后期的政治舞台、文化艺术和区域社会各方面发挥重要的影响。当然,江南进士群体鱼龙混杂,大相径庭者在在有之,其影响也良莠兼具。

科举制度本以选拔官员为宗旨,江南进士在中央和地方各级政府里各任其职,居京官者多主调和,居地方官者亦多施政平和,在政治舞台的不事张扬与在科举考场的成就卓著,形成一种鲜明的对照。随着江南进士占全国比重的快速增长,这个群体的履职表现对朝政的影响越来越不可忽视。

其一,政治作为方面。唐代江南进士中,政治才能最为突出的是唐德宗贞元八年(792)拜相的嘉兴人陆贽。他在知人善任和西北边防方面建有功勋,时誉连连。北宋江南进士事功以吴县范仲淹为最,其力推的庆历新政是北宋前期著名的改革运动。作为11世纪重要的政治家和文学家,他在苏州首创义庄,也是宋代宗族发展史上的一个里程碑。

江南进士在明清时期跻身显要京卿者为数不少,据范金民统计,在有任职情形记载的3 400余位明代江南进士(不包括皖南及宁绍、扬泰)中,接近一半仕至京卿,其中位居内阁辅臣、六部及台谏要职的比例高达23%,另有30%担任过地方督抚、布按等官及主要僚属,可见明代江南进士的仕途是非常光辉的。其中,事功显要者以钱塘人于谦称最,他是在明代中期伊始的统治危机中力挽狂澜的治世能臣。弘治和嘉靖后期两位辅臣

---

[1] 严迪昌:《"市隐"心态与吴中明清文化世族》,《苏州大学学报(哲学社会科学版)》1991年第1期。

徐溥（宜兴人）、徐阶（华亭人）也有良相之称。另有长洲韩雍主持平定广西桂平大藤峡瑶民起事，余姚王守仁平定"宁王之乱"，这又是江南进士在文治之外所建立的武功。

以上还都是以个人治才闻名的江南进士，以群体政治主张彰显自身诉求的社团，是以江南进士作为主要力量的东林党。虽然时风转移常常对后人评价东林党产生影响，东林党自身也确实存在与同时期政治派别一样的弊病，但是，这个团体对天下兴亡和国家社会的关心，以及早期主要成员轸念民艰的主张和情怀，是晚明之后尤其是清代士子所及不上的。

明清两代江南进士中出类拔萃之辈，尤其是状元常由翰林而入中枢要职，比如明代长洲吴宽和文震孟、昆山毛澄、朱希周和顾鼎臣，以及清代昆山徐元文、长洲韩菼、彭定求、彭启丰、陆肯堂，常熟归允肃、翁同龢，吴县潘世恩、洪钧，都是充任过讲官的一时之选。此外，江南进士常常出任乡、会试考官以及学政，这是能够发挥其所长的职位。

不过从整体而言，江南进士尤其是其中的佼佼者状元，在处理朝政时往往秉持居中调和的宽大方针，这种小心谨慎、温良敦厚、循规蹈矩的性格本是江南人所推崇的，但袭用至仕途中，便往往成为江南进士取得政治作为的阻碍。突出的例子便是明代内阁首辅申时行，这位状元出身的人臣之首，就并没有留给后人太多积极的有为影响。而清代苏州辈出的状元，也没有取得与后人期待相侔的政治成就。顾颉刚曾历数清代18位苏州状元的政治作为，除去在西北地理研究方面有所建树的洪钧，以及拒绝依附权臣和珅而导致仕途重挫的钱棨外，其他都不过擅长作八股文字、缮写墨折，即使像潘世恩、陆润庠这样仕途显要之辈，也没有什么值得后人赞叹的成就。

其二，文化建树方面。与政治作为相比较，江南进士在文化领域取得的成就更为突出。明代江南"吴中四子"里的徐祯卿，并称"娄东三凤"的张泰、陆釴、陆容，合称"金陵三俊"的王韦、顾璘和陈沂，以及公认的古文大家王鏊、唐顺之、归有光，还有先后主盟文坛的领袖王世贞、钱谦益，无一例外均为进士出身。清代更是如此，叶燮、沈德潜是清初诗学理论建设方面的重要人物，虞山诗派、太仓诗派的主要成员也都具有进士功名。

另外，江南进士还在学术和文艺著作的编写方面做出了无法代替的贡献,成为推动相关领域发展进步的决定力量。在学术方面,南宋钱塘进士张九成、慈溪进士杨简在宋代理学中占有重要地位。南宋鄞县进士王应麟在空疏学风的大背景下践行实证,其代表作《困学纪闻》是清代考据学的先导。明代余姚进士王守仁,无论事功、学问皆为一流,是心学集大成者,提倡"致良知",主张"知行合一"。清初文学家王渔洋被称为"明第一流人物,立德、立功、立言,皆居绝顶"。同为余姚进士的黄宗羲是开创清代浙东学派的杰出思想家,他所写的《明夷待访录》是领先于时代的民主启蒙思想著作,不但对君主专制制度进行了较为彻底的批判,而且提出了政治改革方案和理想社会模式。清代鄞县进士全祖望作为浙东学派继黄宗羲、万斯同之后的代表,在史学方面成就极高,著有《鲒埼亭集》等。另一浙东学派重要成员余姚进士邵晋涵在史馆任职十余年,负责《四库全书总目·史部》提要撰写,并协助毕沅审定《续资治通鉴》。清代绍兴会稽进士章学诚是浙东学派的殿军,他年届不惑才考取进士,科举可谓坎坷,继而并未入仕,将毕生精力投入史学事业,其代表作《文史通义》是唐代刘知畿《史通》之后最重要的史学理论专著,此外还编纂了相当数量的州县志书。当然,还必须提及清代杭州仁和进士龚自珍,他虽在幼年时跟随外祖治朴学,但能够捕捉时代新风,摆脱古文经学和理学的束缚,成为清代后期今文经学家的主要代表。

在科技著作方面,宋代钱塘进士沈括的《梦溪笔谈》是11世纪中国科技史上划时代的著作,显示出作者在天文学、数学、物理学和地学方面的卓越才能。明代湖州乌程进士潘季驯一生4次主持治黄工程,并著有《河防一览》,总结一生治黄的实践经验。明代上海进士徐光启编纂《农政全书》,他与同时期的杭州进士李之藻和杨廷筠一起被认为是17世纪西方近代科学译介入华的3位代表人物。清代杭州进士项名达同时还是著名的数学家。

在史学撰著方面,江宁进士焦竑的《国朝献徵录》,嘉定进士钱大昕的《廿二史考异》、王鸣盛的《十七史商榷》,以及常州进士赵翼的《廿二史札记》等,都是明清史学的突出成就。在文学戏曲方面,太仓进士王世贞主盟文坛20余年,在文艺理论、文学创作乃至戏曲理论、史学方面均有成就;常熟钱谦益为清初诗坛盟主,并与太仓吴伟业、合肥龚鼎孳合称"江左三大家";绍兴山阴进士祁彪佳著有《玉节记》《远山堂曲品》《远山堂剧品》等;吴江进士沈璟是著名的戏曲家、曲论家;等等。

其三,影响区域社会方面。以江南进士(包括举人和生员)为主体的居乡江南缙绅,作为明清江南社会地位举足轻重的阶层,其中很多人深度参与到工商业活动中获取利润。即使未能进行规模经营者,也以卖文收取润笔为常事。此外依靠特权和巨量资本开设典铺的更是不乏其人。如明代嘉靖间,湖州乌程进士董份,官至礼部尚书,后来致仕居乡,开设有百余间质舍(即当铺)。前述文坛领袖王世贞也是如此,从中取得丰厚收益。正因为如此,他们对于商业、商人的价值,能够产生超越传统农本商末的认知。

不过明代中期以降,社会各阶层普遍追逐财富、讲究排场,时风所至,握有一系列特权的江南缙绅们,也不乏与民夺利、侵害乡里的行径。这些行径包括但不限于:一是依靠国家给予科举功名所有者的优免赋役特权,或逃避拖欠,或转嫁负担,或揽纳平民钱粮而侵吞之,甚至仗势逼迫小民投献田产以达到侵夺的目的;二是通过科举考试和仕宦经历所结交的门生故吏关系网,作为请托关说、奴役乡人的保护伞,进而把持乡里,肆意掠夺,在这个过程中,蓄养家奴是明代中后期江南士大夫之家普遍的风气,主奴矛盾常常比较紧张,成为导致明末江南奴变频发的肇因;三是拥有政治特权和巨量财富的江南缙绅,较平民更易有奢侈消费和生活、追逐时尚和排场的意愿和能力,在相当程度上可以说,他们是导致江南社会风气奢靡的推动者和主要力量。

(二)江南文化的科举履痕

科举制度在连续实行的 1 300 年中,除去诞生数以万计江南进士以及更多的举人、生员,形成了一个为数甚众的科举人群抑或功名阶层之外,还在江南社会的学校教育、大众心态以及社会流动等方面刻下了明显而持久的履痕。可以说,科举是我们更为立体和全面认识江南文化的一把钥匙。这把钥匙不仅能够揭示江南文化特质形成的历史,也能够昭示江南文化发展的前路。

其一,崇文和重教之所以能够长期成为塑造江南文化特质的重要标识,固然是六朝之后江南社会风气由尚武转向崇文的大势所趋,但在隋唐之后,科举制度无疑是吸引江南民众普遍向学,促使江南精英积极兴学的关键动力,因为这是决定大族小户家业长青的主要途径。从这个角度而言,科举制度是唐宋以来江南地区教育和文化水平得以提高并长期保持优势不坠的基础因素,而这又恰恰彰显了传统时代江南文化的又一层内在特质,那就是与时俱进,能够迅速适应时代大势所趋的潮流。

江南社会普遍乐学、勤学,各个阶层都重视子弟教育、劝勉子弟应考,现存相关记载从北宋中期开始就不绝于书,如北宋后期苏州人朱长文就在他修纂的《吴郡图经续记》里提到家乡风俗是"垂髫之儿皆知翰墨";明代昆山古文大家归有光更是直言不讳地指出吴地人以从事科考入仕以外的生业为耻辱,举子应考之心坚如磐石,至老不悔。虽然时人不乏批判之声,如明代中期多次会试失败的吴县举人黄省曾就认为书生只是把科举作为谋生手段,就像经商一样,以将本求利之心读书仕进。不过读书的功利性,却终究无法否定读书的有益性。

虽然最终能够通过科举成功入仕的概率很小,但是全社会重学的风气势必提高江南地区的整体文化水平。曾在15世纪后期因海难漂流至中国沿海的朝鲜人崔溥,就感受到江南人"以读书为业,虽里闾童稚及津夫、水夫皆识文字",他每到江南一地以笔写字央人问讯,总能得到解答,但"江北不学者多",他每欲问之,对方都以自己不识字为由而无法解答。[1] 可见江南社会的科举应试受众毕竟有限,但是,由科举应试教育带动的大众普及教育(识字、书写以及计数能力),为江南地区提供了大量具有基本读写计算能力的经营者和劳动力,这是江南以外地区无法与之相提并论的。

其二,江南频出进士,科举成就斐然,因此在江南地区常年生活着数量可观的致仕官员,以及大量游离在仕途之外、从事商业和服务业的低级功名士子。这些人本非江南所独有,其活动却对构筑江南文化的独特性有着不可替代的作用。

宋元以来,拥有各类科举功名、进退于仕途内外的士大夫文人,具有必要的财力、高雅的品位以及对精致生活的追求,他们是江南地区园林建造的主导群体。明代中叶以戏曲理论著称的华亭名士何良俊,提及当时江南地区的造园热潮,凡是家中具有一定财力和房屋条件的,都要构筑一个园子,至于士大夫之家更是互相攀比,以至于当时江南城市中园林的分布

---

[1] 葛振家:《崔溥〈漂海录〉评注》,线装书局2002年,第194页。

密度达到了惊人的地步。显然，论园林的规模和设计，一般富户地主是根本无法与进士出身的官绅相提并论的，如苏州王献臣的拙政园、太仓王世贞的弇山园、松江顾名世的露香园、上海潘允端的豫园、无锡邹迪光的愚公谷等，都是享有盛誉的文人园林。从时间和分布来看，明代是江南园林发展的黄金时期，由太湖平原东部和北部的苏、松、常、镇、宁逐步南移至杭、嘉、湖、绍，到了清代，长江北岸的扬州也有不少名园。而明代中后期恰恰是江南科举高峰的开始，太湖平原也是进士集聚程度最高的地域，这从一个侧面显示了科举制度与江南文化的深度关联。

其三，科举制为宋代以后尤其是明清时期江南士绅提供了必要的文化权力和社会权威，使他们成为创办维系江南宗族与促进社会持续稳定运行的义庄和善堂的主导力量。无论是惠泽一族的义庄，还是跨越族际的善堂，都是旨在完成敬宗收族、教化民众之既定目标的事业。这是官方力量不容易长期发挥稳定作用的领域，因此需要在地士绅阶层居中筹办。从这个角度来看，江南科举之兴盛也不失为江南社会事业开展所不可或缺的前提和背景。

其四，专经现象也是管窥科举制度与江南文化相互作用关系的一个重要视角。所谓专经，是指特定地域的考生对"五经"中的某一部经典具有明显的应试偏好，这种现象其来有自。由于现存相关资料以明代的最为系统和整齐，所以目前有关科举专经的研究也以明代的最为详细和深入。据统计，唐宋的大部分时间，以及从明代直至清代乾隆后期实行"五经"取士为止，《诗》《尚书》《易》一直是全国范围内考生录取比例最高的3部经书。无论在北宋中期实行按比例分经取士之前还是之后，记忆和理解难度相对较大的《春秋》《礼》二经都不容易成为考生通常的选择。[1]

江南科举中的专经现象，既与上述全国范围内的宏观特征有所印证，也具有局部的个体特征。比如，明代会试中式者一般是三成至四成治《诗》，接近三成治《易》，两成左右治《尚书》。专经《诗》的县域以常熟和慈溪最为著名，专经《易》的区域有鄞县、长洲县和晋江县，专经《尚书》的有福建莆田县、南直隶无锡和吴江县、浙江嘉兴等。上述提及的江南诸县，绝大部分都是所出进士人数较多的县份。至于会试中式者选

---

[1] 丁修真：《决科之利：科举时代专经现象述论——兼论科举人才的地理分布》，《华东师范大学学报（教育科学版）》2015年第4期。

择比例均不足一成的《春秋》和《礼》二经,均以难学难考而著称,不过即便如此,余姚县以治《礼记》,歙县、祁门以及淳安、华亭以治《春秋》而中式的士子,就人数而言在全国还是尚属可观的。[1]

值得重视的是,科举专经现象在江南的形成,是经师、家学、地域等多重因素交错影响所致,不但对专经所及地域内士子选择该经具有相当程度的导向作用,而且常常通过人员和著作的流动向江南以外的地区传播,并持续产生影响,构成了一种特殊的区域文化特性。从这个角度而言,科举制度为宋明以来江南思想文化打上了自己的烙印。

---

[1] 陈时龙:《明代的科举与经学》,中国社会科学出版社2018年,第77、88、93、101、112页。

第十章 科技文化

自古以来,江南地区崇文重教,人文荟萃,科技领域人才辈出。历史上的江南在农业、水利、中医、数学、建筑、光学仪器等方面都取得过突出成就,为中国古代科技发展做出了重要贡献。

一、农业科技发展

江南是中国的"鱼米之乡"。在历史演进中,农业生产技术逐步发展,唐以后全面加速,经济社会获得长足发展,江南成为国家经济发展的重心,而苏州为江南重中之重。宋代称"苏湖熟,天下足",明清时期江南已成为中国经济社会最发达的地区,苏州则为江南地区的经济、文化中心。

(一)农业科技主要成就及特色

江南地区是中国农业起源中心之一,在水稻种植及相关技术方面具有重要特色,不仅水稻农业起源早,而且从南北朝以后经济快速发展,逐渐成为全国的经济中心。在农业发展的同时,农业科技亦取得了长足进步。江南地区在耕作栽培、良种选育、农具、肥料、复种等方面较为先进,为精耕细作农业发展奠定了重要基础。

1. 农具革新

农具发明和改进是农业发展的一个重要标志。江南稻作文明有几千年历史,在这个发展过程中,农具的发明和使用是其中最重要的技术因素之一。从马家浜文化开始至宋元时期定型成熟,发明使用了多种农具,包括灌溉、耕种、脱粒、脱壳、碾糠、磨粉、榨油等各个门类,满足了农业生产的需要。

马家浜文化时期,产生了"耜耕"及犁形农具。在崧泽及良渚文化遗址中,发现了斧、锛、凿、石犁、石镰、耘田器等,石制农具种类增多,农业生产工具明显进步。春秋战国时期,由于冶炼技术的发展,产生了"斜向平行篦纹锯镰"等金属农具,大大提高了生产力。汉代开始,苏州地区逐步使用铁制农具,铁犁的发明促进了农业生产力的发展。魏晋南北朝时期,随着北方农作技术及农具的引入,江南地区开始使用铁犁、耙、耖等铁制农具,水田耕作的耕—耙—耖作业方式,尤其是铁犁牛耕技术对农业生产有巨大推动作用。

唐代,江南江东犁(曲辕犁)的创制、使用和推广,完善了土地垦耕及深耕技术,农业生产力得到大幅提高。江东犁的记载始见于吴郡陆龟蒙所撰《耒耜经》,其曰:"冶金而为之者,曰犁镵,曰犁壁。斫木而为之者,曰犁底,压镵,曰策额,曰犁箭,曰犁辕,曰犁梢,曰犁评,曰犁建,曰犁槃。木与金凡十有一事。"[1]说明了犁的十一个部件。江东犁(图10-1)与直辕犁比较,具备节省人力畜力、犁体回旋灵活、便于调节犁地深度等诸多优点。江东犁的出现是我国耕犁发展史上的一次重大革命,也是水田耕作农具体系形成的重要标志。

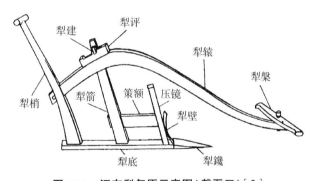

图10-1　江东犁复原示意图(戴吾三)[2]

宋元时期,江南农具不断创造完善,农具体系趋于定型和成熟,涉及耕作、灌溉、施肥、收刈、加工等农业生产各环节,门类齐全,多达几十种。[3]其中水车的广泛使用,尤其是大型龙骨车的使用,大大提高了农田灌溉能力。如熙宁八年(1075)吴越大旱,运河干涸,运用龙骨车抽水

---

[1] 张春辉、戴吾三:《〈耒耜经〉版本校勘纪要》,《文献》2000年第1期。
[2] 张春辉、戴吾三:《江东犁及其复原研究》,《农业考古》2001年第1期。
[3] 丁晓蕾、孙建、王思明:《江南稻作农具民俗遗产的文化表现及其意义》,《中国农史》2015年第6期。

抗旱,"是岁大旱,运河皆旱涸,不通舟楫。……遂率民车四十二管,车梁溪之水以灌运河。五日河水通流,舟楫往来"。[1] 可见大型龙骨车抽水效率之高。宋人居简阐述了龙骨车的结构和功能:"方槽而横轴板盈尺之半,纳诸槽侧而贯之,钩销连环与槽称,参差钉木于轴曰猨首,蹴以运其机,涧溪沼沚无往不利,独不分功于樗梭,一人之力龙骨则一人至数人。车则任力于湍随崇卑之宜。虽灌溉之功丰约不齐,其得罪于凿坠抱壅则钧也。"[2] 同时,新农具的创制体现了较大优越性,如耨用于田间中耕除草,既优于耙锄,又替代了手足之劳。王祯《农书》言:"耘荡,江浙之间新制也……既胜耙锄,又代手足。况所耘田数,日复兼倍。"[3] 减轻了劳动强度,提高了生产效率。

明清时期,农具更为细化,种类繁多,特色鲜明。乾隆《吴江县志》记载了多种农具,如:取土有畚,凿土有锹,芟草有锄,耘麦有槌,去草有锡,卫髀有竹马,刈稻有鐔,曝稻有竿,击稻有床,翻谷有爬,脱谷有桄,去秕有筛,扇粟有车,击屑有枷,削藁有豁。粮食生产各个环节都有专门工具,功能区分细致,能够满足农业生产和农事活动的需要。江南农具体系的定型和成熟,提高了农业精耕细作水平,促进了农业向纵深发展。

2. 二熟制的推行

作物种植制度尤其是粮食作物种植制度关系到人们对粮食的基本需要,这是农业的核心,也是国计民生之根本。粮食作物生产无疑是江南农业经济的主导。吴地由于水利建设的逐步完善,农业获得先期发展,由此带来了经济社会的全面变化。早在魏晋南北朝时期,吴地就出现了再熟稻,西晋左思《吴都赋》有"国税再熟之稻"之说,再熟稻或连作稻生产能够满足人们的需要,《宋书》说江南"地广野丰,民勤本业,一岁或稔,则数郡忘饥"。自唐代开始,江南出现了稻麦复种制,形成一年二熟。宋代江南麦子种植获得普及,太湖地区吴郡一带发展稻麦二熟制的种植方式,提高了复种指数,增加了粮食作物产量。朱长文《吴郡图经续记》载:"吴中地沃而物夥,其原隰之所育,湖海之所出,不可得而殚名也。

---

[1] 单锷:《吴中水利书》卷十《水治》,清嘉庆墨海金壶本。
[2] 居简:《北磵文集》,复旦大学出版社2014年,第281页。
[3] 王祯:《王祯农书》,王毓胡校,农业出版社1981年,第233页。

其稼,则刈麦种禾,一岁再熟。稻有早晚,其名品甚繁。"稻麦复种,一年再熟,传统圩田区的高冈田块被充分利用,提高了土地利用率,获得了更高的粮食收成。

同时,宋代浙西地区再生稻继续发展。在河网密布地区,稻谷收割后于田间放水,产生再生稻。范成大《吴郡志》载:"再熟稻,一岁两熟。"又言:"今田间丰岁已刈,而稻根复蒸,苗极易长,旋复成实,可掠取,谓之'再撩稻',恐古所谓'再熟'者即此。"这种再熟连作稻,虽然不是现代意义上的双季稻,却是一岁可以收获两季的稻谷。当然,北宋引进"占城稻",使江南地区水稻种植形成晚粳—早籼搭配,在原有晚粳基础上增加了一季早籼,为明清时期双季稻发展奠定了基础。

明清时期,江南区域总体形成了粮食作物与经济作物互补的种植格局,但水稻种植仍然占据主导,粮食作物种植普遍形成二作制。明初,江南平原稻麦一年两作制已经普及。[1] 明清之际,人口大增,促进了稻麦二熟制向双季稻连作制的发展。康熙年间,苏州引进"御稻",其"一岁两种亦能两熟",双季稻连作栽培获得成功。17世纪中叶,江南地区水稻与冬季作物的一年二作制取得优势地位。[2] 作物轮作复种和间作套种逐渐发展,间作套种方式呈现多样化,如早稻—晚稻、水稻—大豆、小麦—大豆、小麦—棉花等多种方式。

3. 农业精耕细作技术不断提高

魏晋南北朝时期,江南地区农业生产已由粗放逐渐走向精耕细作。唐宋时期已经完全摆脱"火耕水耨"状况,农业生产精耕细作体系趋向成熟,农田耕作技术已经相当完备和精细,农业生产技术向纵深发展,塘浦圩田系统建立,水田成为江南尤其是苏州农业发展的重要基础。北宋郏亶推崇五代吴越农田水利,其在《奏苏州治水六失六得》中言:"天下之利,莫大于水田;水田之美,无过于苏州。"[3] 唐代陆龟蒙在《耒耜经》中涉及耙、礰礋、礝碡等"江东田器",这些农具在犁耕基础上,可以碎土、平田、去草,对于稻田作业极为重要。南宋高斯得在《宁国府劝农文》中

---

[1] 黄宗智:《长江三角洲的小农家庭与经济发展》,中华书局2000年,第78页。
[2] 李伯重:《"天"、"地"、"人"的变化与明清江南的水稻生产》,《中国经济史研究》1994年第4期。
[3] 范成大:《吴郡志》卷19《水利》,陆振岳校点,江苏古籍出版社1999年,第264页。

说:"浙人治田,比蜀中尤精。 土膏既发,地力有余,深耕熟犁,壤细如面,故其种入土坚致而不疏。 苗既茂矣,大暑之时,决去其水,使日曝之,固其根,名曰靠田。 根既固矣,复车水入田,名曰还水,其劳如此。 还水之后,苗日以盛,虽遇旱暵,可保无忧。"[1]这里除了土壤深耕,还涉及"靠田"技术,靠田即烤田,在水稻分蘖末期,放水晒田,促进水稻生长发育。 宋元时期,江南出现烤田、耘田、耥田等农田耕作技术,标志着农业精耕细作技术的提高。

明清时期,经济作物发展迅速,江南地区不断挖掘地力,对山地、草坡、滩涂进行改造,形成了湖田、沙田、梯田的多元土地利用格局。 随着精耕细作的深入,对玉米、山芋、马铃薯、烟草等一批新作物进行引种,提高了土地利用率,形成了种植业、畜牧业和经济作物全面发展的农业生产格局。 与此同时,肥料技术同步发展。 江南尤其是太湖地区历来注重以粪肥田,产生了猪粪、羊粪、鱼粪、蚕粪、塘泥等多种肥料使用方法。 肥料来源丰富,在基肥、追肥及"看苗施肥"等方面有了新的发展。 清代前中期,江南肥料技术在明代的基础上有了重要进步,施肥技术及制肥过程的改进和饼肥的引入等方面实现了普及和推广。[2] 肥料技术为农业精耕细作提供了重要基础。

4. 良种选育

自古以来,江南地区十分重视稻种选育,不断淘汰陈种,推出新品,水稻品种不断增加。 优良品种的选育对稻米质量、粮食产量的提高,缩短熟制及精耕细作程度的提升产生重要影响。 太湖地区是我国历史上优质稻米的著名产地。 自唐以来,这一地区的优质稻米生产一直十分发达。 研究统计,自唐至民国时期太湖地区水稻品种资源,共查得水稻品种617个,其中有文字明确描述特性的优质品种为72个。 宋代太湖地区文献记载的水稻品种有65个,昆山、常熟二地占其中的84.6%。 明清时期,水稻品种更加丰富,优良品种多达49个,较唐宋优良品种几乎增加了4倍。[3] 就苏、常二州而言,宋代水稻品种有46种,明代上升为118种,清代则为259种;其中新的优良品种增加更快,唐宋时期增加了10种,明

---

[1] 高斯得:《耻堂存稿》(二)卷五,商务印书馆中华民国二十四年,第99页。
[2] 李伯重:《江南农业的发展(1620—1850)》,上海古籍出版社2007年,第53-57页。
[3] 闵宗殿:《太湖地区历史上的优质水稻品种资源》,《古今农业》1994年第1期。

代增加了 24 种，清代增加了 16 种。 苏州地区水稻品种独占鳌头，清代康熙《吴江县志》记载水稻品种 104 个，《高邮州新志》记载的品种也有 78 个，二者合在一起达 182 个。[1]

苏州地区具有优质稻栽培的传统，唐时红莲稻以香味闻名，陆龟蒙诗云："遥为晚花吟白菊，近炊香稻识红莲。"[2] 宋时昆山、常熟水稻"名品甚繁，农民随其力之所及，择其土之所宜，以次种焉。 唯号'箭子'者为最，岁贡京师"。[3] 由于优良品种的推广，在塘浦圩田技术、施肥技术、精耕细作等因素的影响下，太湖地区水稻亩产明显高于其他地区，明代高于全国平均水平 1 倍，清代也是远远高出全国平均水平。[4]

（二）农学文献与农业科技总结

中国历史上农书繁多，体现了古代农业的兴盛及农业技术、农学理论知识的不断积累。 唐代，江南具有代表性的农书为陆龟蒙的《耒耜经》和陆羽的《茶经》，是第一部农具和第一部茶叶专著，在农书史上具有重要价值。 陆龟蒙所撰《耒耜经》篇幅短小，结构严谨。 书中记述了犁、耙、礰礋、䃺䃺 4 种农具，其中以犁的记载最为详细，介绍了江东犁的部件名称、形制、结构和尺寸、所用材料及功能，在中国农具史上具有重要地位。

宋元时期，江南农书增多，其中《陈旉农书》《王祯农书》最具开创性。 前者是第一部反映南方水田农事的专著，后者兼论了南北农业技术。《陈旉农书》创见颇多，并且构成了完整的农学体系。 该书阐述了"因地制宜"的土地利用方法，创新"地力常新壮"的土壤肥力理论。《王祯农书》中的《农器图谱》以约 300 幅插图介绍农具构造及用法。 该书创建了"授时指掌活法之图"，成为农家"月令派"的最高成就："盖二十八宿周天之度，十二辰日月之会，廿四节气之推移，七十二候之迁变，如环之循，如轮之转，农桑之节，以此占之。"[5] 这些方面的成就标志着农书的新发展，在农学史上具有重要地位。

明清时期，江南农书数量大增，农书内容及质量有了新发展。 明代产

---

[1] 闵宗殿:《江苏稻史》，《农业考古》1986 年第 1 期。
[2] 龚明之:《中吴纪闻》卷一《红莲稻》，上海古籍出版社 1986 年，第 10 页。
[3] 朱长文:《吴郡图经续记》卷上《物产》，江苏古籍出版社 1999 年，第 9 页。
[4] 闵宗殿:《宋明清时期太湖地区水稻亩产量的探讨》，《中国农史》1984 年第 3 期。
[5] 王祯:《王祯农书》，王毓瑚校，农业出版社 1981 年，第 10 页。

生了《便民图纂》《汝南圃史》《涌幢小品·农蚕》《沈氏农书》等实用性农书，其中《沈氏农书》反映了嘉兴、湖州等地的农业生产技术，对江南稻作农业进行了总结。明代，苏州吴县黄省曾著有多部农书，其《理生玉镜稻品》《蚕经》《养鱼经》《艺菊书》被合为《农圃四书》，另有《种芋法》和《兽经》等农业著作，其农学成就正是吴地农业发展的产物，也是吴地农学传统的重要组成部分。还有一些农书虽面向全国但也涉及江南，如徐光启《农政全书》，另有宋应星《天工开物》涉及江南农业。前者是中国传统农学集大成之作，资料丰富，有所创见，对日本农书影响巨大；后者涉及农业生产技术及农业机械等，可视为农业技术史的阶段性总结。

清代，江南地方性、专业性农书大量涌现，出现了《补农书》《梭山农谱》《抚郡农产考略》《齐民四术》《浦泖农咨》《江南催耕课稻编》等一批农书。《齐民四术》《浦泖农咨》二书，体现了农学知识的广泛积累和普及应用，具有较强的实用性，内容涉及耕作栽培、农田水利、田间管理、轮作复种、施肥技术，还包括良种繁育、园艺、林业、蚕业、畜牧兽医、渔业、农产品加工贮藏及农具等，涵盖了农业生产技术的各个方面，对江南农业生产经验及技术进行了全面总结。

这一时期，由于蚕桑丝织业的发展，蚕桑类农书数量大增。江浙地区产生了《蚕桑辑要》《蚕事要略》《湖蚕述》《蚕桑说》《西吴蚕略》《山左蚕桑考》《吴兴蚕书》等大量农书，总结了蚕桑生产及技术。

二、水利治理

江南地处低洼之地，历史上水涝灾害频繁，太湖流域尤重，史称"水患为东南之大害"。水涝灾害严重危害了人们的生命财产安全，治水遂成为区域的头等大事。长期的水利治理，逐步实现了由"水害"到"水利"的转变，促进了经济社会的全面发展。

（一）水利工程建设

春秋战国时期，江南水利事业获得一定发展，苏州地区已经相当发达，区域内多条河道的开凿、疏浚及整治，为早期水系水网格局的形成奠定了重要基础。《越绝书》中"吴古故水道，出平门，上郭池，入渎，出巢湖，上历地，过梅亭，入杨湖，出渔浦，入大江，奏广陵"[1]，沟通了太湖和长江。又开浚胥溪，沟通太湖流域与青弋江、水阳江流域[2]；周敬王三十四年（前486），吴国凿邗沟，将长江、淮水连通；此外还开通疏浚胥浦、百尺渎、吴塘等河道，沟通了太湖与东海、钱塘江水系。

秦汉以后，江南地区水利事业不断发展。秦朝重修河道，开凿丹徒水道、陵水道，拓展了江南运河水网，促进了太湖流域的水上交通。汉代，在太湖东部开通了沟通苏州和嘉兴之间百余里的河道，[3]与陵水道相连，连通了苏杭一带的水路。东汉时期会稽太守马臻开浚鉴湖，在会稽、山阴两界筑塘蓄水，堤塘广阔，灌溉农田数千顷。三国时期，江南水利的重点在太湖流域的屯田。吴国开凿破岗渎，有利于储蓄水源，对开发赤山湖，促进句容地区农业水利发展具有重要作用。东晋南朝时，加强江南农田水利建设，在古丹阳湖地区大兴圩田水利，太湖平原的治水和治田，宁绍平原的水利建设、湖田开发及东南丘陵地区的塘堰工程等方面均取得重要进展。湖州荻塘的修建，为太湖南部和东南部塘浦圩田建设及河湖滩地的围垦奠定了基础。隋朝贯通大运河，连通海河、黄河、淮河、长江、钱塘江五大水系，其间江南运河获得拓浚修治，区域总体水利格局确立。

唐代，江南掀起了农田水利工程建设的高潮。自唐代中期到宋代，水利工程分布呈现出从江南西部丘陵高地向太湖以东平原集中的趋势。[4]太湖水利成为江南水利的重点。中唐以后，太湖流域、浙东地区大兴水利，除了主要河湖干道的修浚以外，还涉及陂、塘、沟、渠、堰、塘浦、堤等各种水利工程。唐代后期，太湖流域水利系统逐步形成，在河渠疏浚基础上，合理布局河道、沟洫，将浚河、筑堤、建闸等水利工程措施与农田建设结合起来，构建了塘浦圩田系统。唐宋时期，除整治江南运河外，吴地还开浚了数条区域性河道，如常熟塘、至和塘、横河、盐铁塘等，区域河道与江南运河共同构成了水上交通网络。

[1] 袁康、吴平辑录：《越绝书》卷二《吴地传》，乐祖谋点校，上海古籍出版社1985年，第10页。
[2] 郑肇经：《太湖水利技术史》，农业出版社1987年，第20页。亦有学者认为没有开浚胥溪，其原为自然河道。见魏嵩山：《胥溪运河形成的历史过程》，《复旦学报（社会科学版）》1980年增刊1，第53-58页。
[3] 《太湖水利史稿》编写组：《太湖水利史稿》，河海大学出版社1993年，第42页。
[4] [日]斯波义信：《宋代江南经济史研究》，方键、何忠礼译，江苏人民出版社2001年，第217-247页。

宋元至明清，江南治水围绕太湖展开了一系列水利工程建设，苏州地区开凿疏浚多条通湖水道和通江水道。通湖水道主要是苏州运河经数次整治，疏浚整修了苏州至杭州运河、娄江古道、吴江塘路及"至正石塘"，苏州城内河道亦得到疏通。运河修浚工程的实施，使得运河水流保持畅通。与此同时，太浦河、望虞河、吴淞江、胥江等水道以及通江水道浏河、白茆塘、福山塘、七浦塘等的疏浚，对太湖流域尤其是苏州地区的水利发挥了重要作用。同时，江南海塘建设兴起。北宋修筑老护塘；元代对古华亭县海塘进行局部修筑；明清时期江南海塘修筑工程渐多，对嘉定、上海和华亭三县海塘进行了大规模的修筑。

（二）太湖治理

由于太湖流域地区经济地位不断抬升，太湖治水在江南水利建设中具有突出地位。太湖治水的关键在于保持太湖下游水流通畅，排泄洪水，以防成灾，由此疏浚太湖通江达海的水道成为太湖治水的重点。历史上的太湖治水实践表明，太湖水利建设一方面是防御洪水对人们生命财产安全的危害，另一方面则在于农田水利建设。五代时期，吴越王钱镠确立了治水与治田相结合、治水为治田服务的治水方针。

宋元时期，太湖出水不畅，治理重点是解决下游洪水出路，所以开江浚浦成为太湖治理的主要任务。宋代太湖治水着重于蓄水与泄水、挡潮与排涝，以解决治水与治田的矛盾。范仲淹设想以吴淞江"裁弯取直"为突破，治理吴淞江，使太湖出水顺畅。吴淞江屡疏屡塞，淤积不断延伸。从太宗到徽宗期间，虽经历多次大规模疏浚，但效果不佳。徽宗时期太湖洪涝灾害更加频繁，政和及宣和年间，赵霖主持太湖治水，进行了大规模的开江浚浦工程，先后疏浚华亭、江阴、昆山、常熟一带的港浦河道，围湖造田。

宋代，很多治水专家参与治水实践，贡献治水智慧。范仲淹治水经验丰富，在《上吕相公书》《条陈江南、浙西水利》中提出，太湖治理应当采取浚河、修圩、置闸三者并重的治水方略，以解决蓄水与泄水、挡潮与排涝、治水与治田的矛盾，蓄泄兼顾，做到除水害与兴农田相结合。他主持疏浚了常熟白茆、福山、浒浦和太仓的七丫、茜泾等港浦。水利专家单锷专注于吴中水利，对苏州、常州、湖州一带，"凡一沟一渎，无不周览其源流，考究其形势"。经过30余年，撰写了《吴中水利书》。他关注太湖入水和排水两大问题，提倡在排泄积水的前提下，修筑围岸治理圩田；指出通过修建五堰、开通夹苎干渎以减少太湖来水,浚修江阴河港、凿吴江堤岸建木桥以及开通白蚬江、安亭江入海通道等,扩大湖水出路。其治水思想对夏原吉、归有光等人的治水实践有着重要影响。同时期的郏亶,著有《苏州治水六失六得》《治田利害七论》二文,总结前人治水得失,提出自己的主张。他认为苏州治水主要在于水旱并重、高低兼顾,以治田为主,以决水为后,制水以归海,恢复塘浦圩田制度;提出治水需要针对地形高低采取不同做法,将疏浚与筑堤结合起来,将低田之水排入吴淞江,集中水流冲刷河床,防止淤塞,便于排水。郏亶之子郏侨,继承父志研究太湖水利,综合了范仲淹、郏亶、单锷等的治水学说,阐述大、中、小结合的治水方针,主张疏浚塘浦,建闸控制,筑圩置闸,对其后的治水实践具有指导价值,发展了太湖治水理论。

元代,太湖水利治理主要在于吴淞江的疏导、圩田整治、江南运河的疏浚、浙西海塘建设等,形成了塘浦圩田和河道治理的综合治理思想。水利家任仁发认为,疏浚吴淞江是太湖治理的重点,这也是元代治理太湖的主流思想。他主持疏浚吴淞江,采用泄水、障水、限水三者并举的方法,治理太湖地区水灾。针对东太湖地区的水患,在沿袭"疏浚、筑围、置闸"治水理念的基础上,主张采用三种方法,"大抵治水之法,其事有三:浚河港必深阔,筑围岸必高厚,置闸窦必多广。设遇水旱,有河港、围岸、闸窦堤防而乘除之,自然不能为害"[1]。他著有《水利集》,其核心部分《水利议答》体现其治理太湖的水利思想。

明清时期,太湖治理重点在于太湖入海、入江通道的疏浚。明初,太湖重要出水口之一的吴淞江,淤积严重,太湖水入海受阻。一旦遇涝,成灾严重,对太湖治水以及农田灌溉造成全局性影响。归有光指出:"江水自吴江经由长洲、昆山、华亭、嘉定、上海之境,旁近之田,固藉其灌溉。要之吴淞江,之所以为利者,盖不止此,独以其直承太湖之水以出之海耳。"[2]夏原吉奉命治理太湖,吸收和运用了叶宗人"范家浜引浦入海"及周文英"掣淞入浏"等主张,完成了多个重大工程,疏浚吴淞江、刘家港、白茆河,开浚夏驾浦、范家浜,使苏松地区水利得到了有效治理。其后,周忱、林应训、林则徐等人治理太湖,都将吴淞江下游视为太

---

[1] 任仁发:《水利集》卷二,明钞本。
[2] 归有光:《震川集选》,见林纾选评:《寄王太守书》铅印本,商务印书馆1923年,第26页。

湖水利的症结。经历不断探索和治理，太湖水利格局大体形成，基本解决了湖河水道淤塞问题。

(三) 塘浦圩田系统

江南农业的发展得益于农田水利建设。在水资源开发利用史上，以太湖流域为中心的农田水利最为突出，其典型就是塘浦圩田系统的建立。

春秋时期，吴地已有很多大规模的农田，如"吴王田""吴王女胥主田"等，这是围田。战国时期，黄歇兴建了一些农田，他横向立塘，纵向开浦，郊野置陂，形成围田，这都是圩田的雏形。[1] 先秦至秦汉时期，苏州地区已经出现了围田耕作方式，在军屯、民屯等屯田基础上，塘浦圩田初具规模。六朝至唐代，塘浦圩田逐渐兴盛，太湖流域涌现出众多农田水利工程，一些水道的开浚往往也融于农田水利之中。五代吴越时期形成了塘浦圩田系统（图10-2），产生了五里、七里一纵浦，七里、十里一横塘的农田水利格局。太湖流域农田一直存在高地旱和低地涝的问题。低地则将圩堤筑高，高地则将塘浦挖深，因地制宜，综合治理，构建农田水利

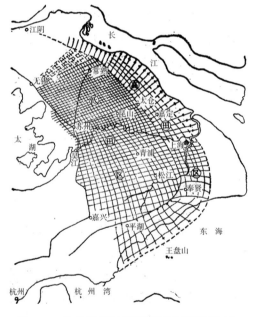

图10-2 五代吴越时期塘浦圩田示意图[2]

[1] 戈春源、叶文宪：《吴国史：商末—春秋》，人民出版社2001年，第185页。
[2] 郑肇经：《太湖水利技术史》，农业出版社1987年，第85页。

灌溉系统,以应对旱涝。塘浦圩田将治水与治田结合起来,开挖塘浦,以利宣泄,里筑圩田,以利种植。正所谓"吴中之财赋甲天下,而财赋之源在农田,农田之源在水利"[1]。

两宋时期,朝廷重视江南水利,圩田、湖田大量出现,昆山淀山湖、常熟尚湖等都有大片圩田。宋室南渡后,太湖地区人口剧增,土地利用开发加深,一些地势低洼的湖荡区得到开发,农田面积倍增。江南圩田规模很大,一圩方数十里,中有河渠,外有门闸,旱则开闸引水,潦则闭闸拒水;通过挖沟开渠、设置涵闸,贯通水流,采取分级控制、高低分排的措施,因地制宜,做到涝可泄、旱可蓄。郏亶提倡治水先治田,强调效仿古人治理低田、高田之法。他在《治田利害七论》中称:"低田常无水患,高田常无旱灾,而数百里之地,常获丰熟。"高低皆治,水旱无忧。他认为解决治田与治水矛盾的关键在于塘浦圩田的统筹规划,即"循古今遗迹,或五里、七里而为一纵浦,又七里或十里而为一横塘,因塘浦之土以为堤岸,使塘浦阔深而堤岸高厚。塘浦阔深,则水通流而不能为田之害也。堤岸高厚,则田自固而水可拥,而必趋于江也"[2]。纵浦横塘井然有序,排泄灌溉自成体系。在圩田治理技术方面,横贯常熟、张家港、太仓等地的盐铁塘,体现了最早的高低分片治理技术,在干河两岸挖塘浦,置堰门,筑圩田,使低田无水患,高田无旱灾,高低分开,旱涝兼治,实现了"高无旱、低无涝"的圩田格局。

宋代以后,圩田由大圩向小圩发展,圩区失修,水利问题突出,至明清时期,塘浦圩田系统渐趋崩坏。明代治水偏重于整治圩田水利。耿橘所撰《常熟县水利全书》,详细记载了兴修水利时规划、报审、施工和验收的全过程,对水利工程的缓急、劳动力组织、水利经费来源和开支、荒田开垦等进行了考察,并涉及水利建设中的取土方法、土质要求、筑堤夯实等技术细节。他倡导的"开河法""筑岸法",对于圩区浚河筑圩技术的记述极其详细,备受后人推崇。

江南尤其太湖流域地区的治水实践,一直以来都受到朝廷和地方主政者的高度重视,在此过程中,产生了诸多著名的治水人物,如春秋战国时的伍子胥、黄歇,唐代的白居易,宋代范仲淹、单锷、郏亶,明代的夏原

---

[1] 吴尔成:《水田修浚议》,见张国维:《吴中水利全书》卷二十二,清文渊阁四库全书本。
[2] 范成大:《吴郡志》卷十九《水利上》,陆振岳校点,江苏古籍出版社1999年,第268页。

吉、张国维，清代的林则徐等，他们总结治水经验，探讨治水思想、理论和方法，在水利建设事业中发挥了重要作用。宋代以后，江南水利专著不断涌现，据不完全统计，有关江南水利的著作有上百种，产生了如单锷《吴中水利书》，郏亶《苏州治水六失六得》和《治田利害七论》，任仁发《水利集》，夏原吉《苏松水利疏》，沈启《吴江水考》，归有光《三吴水利录》，张内蕴和周大韶《三吴水考》，姚文灏《浙西水利书》，张国维《吴中水利全书》，耿橘《常熟县水利全书》等诸多治水著作和专论，为后人治水实践提供了重要借鉴。

三、中医

中国传统医学运用气、阴阳五行等理论，在理论及医疗实践中创造了独特的体系，对维护人们身体及心理健康发挥了巨大作用。江南医学与祖国医学同步发展，在祖国医学史上具有十分重要的地位。

（一）江南医派及医家

江南医派林立，涌现出孟河医派、吴门医派、龙砂医派、丹溪学派、永嘉医派、钱塘医派、温补学派、伤寒学派、新安医派等许多著名医派，产生了葛洪、张景岳、叶天士、黄元御、徐大椿、朱震亨等一批著名医家。这里仅选择主要医派做扼要阐述，吴门医派另作讨论。

1. 江苏武进孟河医派

孟河医派的形成背景可追溯至汉魏时期，后历经朝代更迭，薪火传承。宋代许叔微著有《普济本事方》，开医案类著作之先河。明代王肯堂辑《六科准绳》，以列证详细、论治精准而著称。至清代，医馆林立，世家众多。其中费、马、巢、丁四家医术精湛，誉满杏林，以至"吴中医学之盛甲于天下，孟河名医之众冠于吴中"[1]。清末民初，医派以常州为基地，外传至沪、苏、锡等广大地区，影响中国医坛100多年。[2] 他们以高深的学术造诣，丰富的临床经验，对祖国医学发展做出了重要贡献。

费家以调治内伤杂病见长，费伯雄、费绳甫祖孙两人最为著名。费伯雄为孟河医派奠基人。《清史稿》称："清末江南诸医，以伯雄为最著。"他

---

[1] 张琪、曹震:《孟河医派概要》,《江苏中医药》2016年第10期。
[2] 刘心媛:《孟河医派三大家及传人档案追踪》,《中医眼耳鼻喉杂志》2019年第3期。

理宗医派百家，择善而从；法崇和缓平淡，归醇纠偏；方循辨证论治，临证变通；药图轻清柔和，简而攻专。费伯雄纳百家、创己新，著有《医醇賸义》《医方论》等书，留下了宝贵财富。费绳甫以善治危、大、奇、急诸症而闻名上海。马家以内、外、喉三科兼擅著称，至马培之影响最大，以外科见长，而以内科成名，他曾为慈禧太后诊疾而名声大振。马培之撰《外科传薪集》《马培之外科医案》，涉及外科临床备用方剂、外科病症治法及外科医案等方面，另有《务存精要》《外科集腋》医案，为马氏门人无锡邓星伯所收集整理。[1] 巢家代表人物是巢崇山、巢渭芳。巢崇山在上海行医50余年，兼治内外两科，刀圭之术尤为独到。巢渭芳跟随马培之学医，精内科，尤长于时病，名重乡里。丁家代表人物丁甘仁，师从马培之，兼蓄马氏内、外、喉三科之长。经后人整理其著述有《孟河丁甘仁医案》《丁甘仁临症用药113法》《孟河丁氏秘方录》等，其中《孟河丁甘仁医案》8卷，收载医案400余例，涉及伤寒、温病、内科、外科、妇产科等疾病。他开办上海中医专门学校，出任中医院院长，发起成立上海中医学会，并创办上海女子中医专门学校，为中医及其人才培养做出了重要贡献。丁甘仁遵循父命"积德行善，为善是从"，乐善好施，慷慨解囊，对于劳苦大众常免收诊金、赠予药物，资助学校、医院及慈善机构。孙中山曾以大总统名义赠其"博施济众"金字匾额。[2]

2. 浙江医派

浙江主要有丹溪学派、永嘉医派、钱塘医派与温补学派、伤寒学派等几大医派。元代婺州义乌（今浙江金华）的朱震亨，以"阳有余、阴不足"立论，开创了滋阴降火的治疗方法，创立丹溪学派。他与刘完素、张从正、李杲并列为"金元四大家"，在中国医学史上占有重要地位。他著有《格致余论》《局方发挥》《本草衍义补遗》等医书。其中《本草衍义补遗》，是对北宋寇宗奭《本草衍义》近200种药物的补遗和阐发，多有发明。宋代以陈无择为代表的永嘉医派，以《三因方》为理论基础，围绕编著、增修、校正、评述《易简方》，开展医学研究。在其弟子王硕、孙志宁等诸多医家的努力下，成就了永嘉医派。[3] 明代绍兴的张景岳，数十

---

[1] 刘心媛、顾紫琦：《孟河医派四大家》，《档案与建设》2019年12期。
[2] 刘心媛：《孟河医派三大家及传人档案追踪》，《中医眼耳鼻喉杂志》2019年第3期。
[3] 胡滨：《中医学术流派散论》，《中医文献杂志》2004年第4期。

年坚持研究《素问》《灵枢》，主张补益真阴元阳，慎用寒凉和攻伐方药，在临症上常用温补方剂，被称为温补学派。其著有《类经》《类经图翼》《类经附翼》等著作，学术思想影响很大。同时期宁波的赵献可，同为温补学派创立者，在命门学说等方面多有创见。明末清初，以钱塘医家张遂辰为代表，张志聪、张锡驹、高世栻、仲学辂等发展传承，形成了钱塘医派。该派是集讲学、研经与诊疗活动于一体，以维护旧论为学术主张的医学流派。清末绍兴的俞根初创立了绍派伤寒，在治疗温病、疫病方面颇有心得，具有江南地方特色。[1]

此外，浙江历史上还有诸多著名医家，如海宁的陈司成，为世界公认的治疗梅毒的专家，著有《霉疮秘录》，为我国最早梅毒病专著。清代钱塘的赵学敏，开创中西药汇合先例，著有《串雅内编》《串雅外编》《本草纲目拾遗》。海宁的王士雄，在长期医疗实践的基础上，著有《霍乱论》《温热经纬》等多部医学专著，对温病学说的发展做出了承前启后的贡献，尤其在霍乱的辨证和治疗方面有独到的见解。

3. 江苏江阴龙砂医派

龙砂医学，源远流长。清代中晚期至民国时期，产生了吴士瑛、吴达、薛福辰、柳宝诒、王旭高、张洵佳、张聿青等医学大家。历代龙砂医家在行医济世的同时，勤于著述。如沈金鳌著《伤寒论纲目》《杂病源流犀烛》《伤寒阴阳表里传变愈解》等，姜天叙著《风痨臌膈四大证治》，柳宝诒著《温热逢源》《柳致和堂丸散膏丹释义》，曹颖甫著《伤寒发微》《金匮发微》，高承炳著《本草简明图说》，姚球著《伤寒经解》《本草经解要》等，对中医理论及治疗实践具有重要价值。此外，龙砂医家十分重视中医教育与学术传承，注重医案撰写和整理并以此作为教学载体。柳宝诒、王旭高等10多位医家的医案成为龙砂医学医案的经典。总体而言，龙砂医学流派的主要特色与传统有二。一是重视中医教学与传承和培养名家。二是临床多有创见：姜天叙撰《风痨臌膈四大证治》，集四大证治之精粹；柳宝诒创助阴托邪法；张聿青于湿温善用流气化湿法，妙用温胆汤等，在疾病治疗上皆有心得，颇具创新。另外，龙砂医派还在办学结社与编辑刊

---

[1] 陈春圃：《浙江中医主要学术流派》，《中华医史杂志》1999年第4期。

物等方面贡献独特。[1]

(二) 吴门医派与温病学说

千百年来,苏州地区名医辈出,医学著述丰富,形成了独具特色的吴门医派,有"吴中医学甲天下"的盛誉,在中国医学史上具有重要地位。吴门医派主要特色是温病学说,温病学说对中国乃至世界传染病学发展做出了重要贡献。

1. 温病学说的创立与发展

吴门医学,起源于周,发展于宋元,繁荣于明,鼎盛于清,中西汇通于民国,其标志性成就是创立温病学说。温病学说的创立,使中医学在急性传染病和危重感染性疾病的病因动机、诊断和治疗方面取得了突破性进展,形成了完整的理论体系,对中医学的发展起到了巨大的推动作用。

元末明初,昆山的王履将温病从伤寒中独立出来,认为温病、暑病与伤寒的病因不同,治疗也不同。明末清初,吴县吴有性创立了瘟疫学说,撰《瘟疫论》,认为天地间存在一种戾气是温病的病原,"夫疫者,感天地之戾气也。戾气者,非寒,非暑,非暖,非凉,亦非四时交错之气,乃天地别有一种戾气"[2]。其将瘟疫与一般外感病、伤寒病区别开来;认为"邪从口鼻而入",打破了"邪从皮毛而入"的定论。《瘟疫论》对瘟疫免疫性论述也十分精到,同时记载了不少治疗传染病的新方法。吴有性关于瘟疫的论述,形成了一个比较系统的温病辨证论治纲领,充实了温热病学的内容,其戾气致病说,开我国传染病学之先河,在世界传染病学史上亦是一个伟大的创举。

清中期,吴县的叶天士根据温病病变的过程,首创"卫气营血"的辨证施治纲领。他把温病分为温热和湿热两大类,又具体区分为春温、风温、暑温、暑湿、冬温、伏温、发疹等,形成了温病学说完整的理论体系,确立了以吴地为中心的温病学派的学术地位。叶天士著有《温热论》等医学著作,对于温病学具有承前启后的重要作用,为温病学理论体系的形成奠定了基础。此后,吴县人薛生白撰写《湿热条辨》,补充完善了温病学说中湿热病的内容,对发病机理、症候演变及治疗方法等方面进行了

---

[1] 陶国水、顾植山、黄煌、陆曙:《龙砂医学流派源流与主要学术特色》,《中华中医药杂志》2021年第1期。
[2] 吴有性:《瘟疫论》"补疑",清文渊阁四库全书本。

全面阐述。其后，对温病学说发展做出贡献的还有吴鞠通、王孟英、柳宝诒等。吴鞠通写成《温病条辨》，建立了三焦辨证纲领，从而确立了温热学派包括病因、病机、诊断、治疗的理论体系；王孟英著有《温热经纬》，对温热学说的总结及普及起了较大的作用；柳宝诒将伤寒学说、瘟疫学说、卫气营血及三焦辨证学说融会贯通，并提出伏气学说。此外，作为中医重要流派，吴门医派除了创立温病学说外，在内科杂病诊治及络病理论、胃阴学说等方面也有重要贡献。

2. 吴门医派的特点

吴中多名医，吴医多著述，是吴门医派的重要特点。

第一，名医集聚。吴门医派重临床、重疗效、重师承，又敢于争鸣，重门派、兼百家，在吴门医派悠久的发展历史中形成了特色。据初步统计，元代吴中医家58人，明代近400人，清代近700人，[1]产生了一大批著名医家，如薛辛、葛可久、王履道、薛立斋、缪希雍、吴又可、叶天士、薛生白、周扬俊、徐大椿、张璐玉、尤在泾、王洪绪、陆九芝、曹沧洲等。

第二，吴医著述多。吴中历代医家，既有高超的临床技术，又有丰富的医学理论，善于著书立说，在长期的医疗实践中，为后人留下了大量的医学著作。明代长洲赵良仁《金匮方论衍义》的抄本、吴县沈野《暴证知要》的抄本、常熟缪希雍《神农本草经疏》的刻本、清代太仓萧霆《痧疹一得》的抄本、吴县缪遵义《温热朗照》的稿本等，都是珍贵的医学专著。据《吴医存见录》，历代吴医古籍有530余种，内容丰富，涉及中医学的内经、伤寒、温病、本草、方药、针灸及内、外、妇、儿、五官科等各个方面。

吴门医派还强调医德的传承。"有闻名邦国者；有饮誉乡里者；有创造发明，著书立说而成为一代宗师者；有精于脉理，善诊妙治而留范千百医案者；有广注阐解经典者；有专论克治时病者；有精通诸科者；有独擅一技者……总观诸贤，不惟医道高超，且皆医德隆厚。"[2]吴门医派是中国中医药文化的经典代表，传承发扬吴门医派的精神，弘扬吴门医学文化，对于现代医学事业具有重要意义。

[1] 杨税、吴梦婷、李辉：《吴门医派历史发展初探》，《亚太传统医药》2016年第18期。
[2] 俞志高：《吴中名医录》序三，江苏科学技术出版社1993年，第4页。

四、其他科技成就

江南地区的科技发展除了上述成就之外,在天文学、数学、冶炼、造船、地理学、建筑、光学仪器等诸多方面亦有重要贡献。

(一)天文学和数学

1. 天文学

春秋时期,吴国天文历法已采用二十八宿体系,并将其与春、夏、秋、冬四季相配合。三国时期,吴国太史令陈卓是著名的天文与星占学家,他整理甘、石、巫咸三家星官,绘制全天星官图。《晋书·天文志》中记载:"太史令陈卓总甘、石、巫咸三家所著星图,大凡二百八十三官,一千四百六十四星,以为定纪。"这是我国恒星观测的里程碑。东汉吴县人陆绩,通晓天文、历算,星历算数无不涉览,作《浑天图》阐述浑天说理论。东晋余姚的虞喜,首次提出并计算了岁差,为我国的历法改进迈出了开拓性的一步,并提出天文学理论"安天论"。南朝的祖冲之,出生于南京,曾在镇江、昆山任官。他将岁差引入历法,经过实际观测和计算,创制《大明历》,区分了回归年和恒星年,提出了用圭表测量正午太阳影长以定冬至时刻的方法。北宋时期杭州的沈括,著有科技名著《梦溪笔谈》,其中涉及不少天文学条目。

宋代,苏州石刻星图是世界著名的古星图之一,由黄裳绘制进献,南宋永嘉县王致远摹图、书文和刻碑,碑额题"天文图"。这是一幅圆形全天星图,以天球北极为圆心,用3个同心圆加宿度线表示。内圆是天球北极附近终年不没的恒星的界线,中圆是天球赤道,外圆包括恒星。与三圆正向交接有28条辐射状的线,表示二十八宿宿度线;另外还有一个与赤道相交的黄道。边界圈以外,每条辐射线的端点处注明二十八宿的宿度;在以外又有2个圆圈,圈内交叉写着与二十八宿相配合的十二次、十二辰及州国分野各12个名称。整个图上共刻绘恒星1 434颗,还画出了银河的界线。星图下有文字说明,概述了当时的天文学知识和星占理论,内容分为太极、天体、地体、南北极、赤道、日、黄道、月、白道、经星、七政五星、天汉、十二辰、十二次和十二分野等部分。该图有实际观测依据,具有较高精度,是我国古代遗留下来的宝贵科学遗产。[1]

明代,杭州人李之藻与传教士合译了多部西学著作,并协助徐光启修订了《大统历》、编制新历《崇祯历书》。浙江余姚黄宗羲精通天文历算和数学,推算考察日食、月食和远古年代,影响很大。明末清初,吴江王锡阐是著名的天文历算学家,对中西历法进行了专门讨论,著有《历说》《历策》《晓庵新法》《五星行度解》等,其中《晓庵新法》是中西合璧之力作,涉及天文基本数据和计算。清代,苏州李锐对四分历、乾象历等古历做了校注及数理考证,著有《日法朔余强弱考》《召诰日名考》等多部天文学著作。清代,安徽的汪莱通晓天文,制器观天,研究了第谷学说,在天文学上创见颇多。松江的徐朝俊撰《高厚蒙求》,涉及谈天、论地、中星表、日晷仪、自鸣钟等内容,在近代早期科技发展中具有重要地位。晚清时期,苏州王韬在西学影响下,编成《西学辑存六种》,为传播西学做出了重要贡献。他先后与伟烈亚力、艾约瑟等传教士合作,翻译出版了《重学浅说》《光学图说》《西国天学源流》等著作,并独立辑撰《西学原始考》《泰西著述考》《西学图说》等,其中《西学原始考》,涉及象纬、历数、格致、机器等多个方面,在天文历法方面,追根溯源,梳理了发展脉络。

2. 数学

江南地区的数学发展与祖国数学发展一脉相承。三国时期,吴国的赵爽研究张衡的天文学著作《灵宪》和刘洪的《乾象历》,注《周髀算经》,总结了勾股原理。稍晚的王蕃发展了张衡的天文数学,修正了张衡球体积公式。祖冲之在张衡、刘徽的基础上,将圆周率计算精确到小数点后第七位,成为数学史上的创举;并与其子祖暅依据等积原理(祖暅原理),圆满解决了球面积的计算问题,得到球体积公式。父子合著《缀术》,成为古代十大算经之一。

宋元是中国数学鼎盛时期,在算学、几何学等领域都取得了突出成就。沈括在数学领域亦有贡献,其"隙积术"和"会圆术",开"垛积术"研究先河,为球面三角学研究奠定了重要基础。该时期还产生了秦九韶、李冶、杨辉、朱世杰四大家。其中南宋钱塘的杨辉,在乘除捷算法、"垛积术"、纵横图以及数学教育方面贡献卓著,其"垛积术"是关于高阶

---

[1] 潘鼐:《苏州南宋天文图碑的考释与批判》,《考古学报》1976 年第 1 期;杜升云:《苏州石刻天文图恒星位置的研究》,《北京师范大学学报(社会科学版)》1982 年第 2 期。

等差级数求和的研究。他完成了二项式展开后系数构成的三角图形,被后人称为"杨辉三角"。杨辉著有《详解九章算法》《乘除通变本末》《日用算法》《田亩比类乘除捷法》《续古摘奇算法》,数学价值极高。

明代松江的徐光启,在科学领域成就卓越,尤其是在数学、农学、天文历法方面成就非凡,被称为"近代科学的先驱"。他与利玛窦合译《几何原本》,将西方逻辑推理的几何学引入中国。自明代开始,江南商业发展迅速,商业数学兴起。杭州人吴敬撰写的《九章算法比类大全》,标志着商业数学的进步和成熟。这也推动了珠算技术的发展。徽州的程大位,集珠算知识之大成,著《直指算法统宗》与《算法纂要》,完成了近代珠算算盘的完整叙述,堪称集成计算的鼻祖。明末清初吴江王锡阐受到《几何原本》的影响,定义数学名词和概念,在平面三角学有关公式及证明和中西数学的通约等方面做出了重要贡献。

清代,江南数学继续发展,并不断走向中西融合。清初,安徽宣州的梅文鼎毕生致力于传统天文数学研究,学贯中西,对清朝数学发展起了推动作用。他撰有《勿庵历算书目》,有天文、数学著作70余种,其中数学著作20余种;《梅氏丛书辑要》60卷,其中数学著作13种共40卷。梅文鼎的长孙梅瑴成,编成《梅氏丛书辑要》,校正《梅氏历算全书》,增删校订程大位的《算法统宗》。浙江海宁的李善兰创造了"尖锥求积术",发现"李善兰恒等式",并与多位学者合译《几何原本》(后9卷)、《谈天》《重学》等近代科学著作,成为解析几何、微积分等近代科学传入中国的开端。其著作《则古昔斋算学》代表了中国传统数学的最高水平。李锐在符号法方面最富创造,与汪莱等反复商讨,整理数学典籍,参与《畴人传》的编写,著有《弧矢算术细草》《勾股算术细草》《方程新术草》等,数学研究涉猎广泛。他在方程论方面取得突破,一些研究成果同笛卡尔符号规则不分轩轾,成为中国数学史上承前启后、继往开来的一位重要人物。同一时期,安徽歙县的汪莱著有《衡斋算学》《衡斋遗书》等著作,在方程论研究方面有新的突破,是我国方程理论研究的发端,在组合论、级数方面的研究颇富创见。此外,苏州的沈钦裴研究了《海岛算经》,在《四元玉鉴》中注《四元玉鉴细草》,著有《重差图说》。常熟的屈曾发著有《数学精详》(即《九数通考》),会通中西,结合生产生活实际讨论数学问题。苏州的江衡,为中西汇通及引进西方数学做了大量工作。他与傅兰雅合译

《算式集要》，著有《中西算学丛抄》《中西天文算学问答》等书。清代扬州学派代表人物之一的焦循，成为我国符号数学研究的先导。他著书数百卷，其中《里堂学算记》在数学领域具有重要价值。晚清钱塘的戴煦，发明求对数的"图表法"，补充了"定理级对数"和"自然对数级数术"两项定理，著有《重差图说》《对数简法》《外切密率》《假数测圆》等书。

近代江南数学家充当了引进西方数学的先锋，冯桂芬提倡西学，与徐有壬切磋数学，完成《弧矢算术细草图解》，与陈旸合著《西算新法直解》，标志着"中体西用"中国式高等数学著作的诞生。无锡的华蘅芳为近代数学发展和西方数学引入做出了重要贡献。他随李善兰学习研讨数学，钻研西学，曾与傅兰雅合译西学的多种代数、三角、微积分著作，其中《三角数理》是我国第一部系统的三角学著作。

清末绍兴的谢洪赉，曾入苏州博习书院就读，因受院长潘慎文赏识，协助潘慎文翻译自然科学类的书籍，如《代形合参》《八线备旨》《格物质学》等三角、代数、几何及物理类的著作，皆为潘慎文口述、谢洪赉笔录。他还翻译、编写了数学、地理学等自然科学类高等教材、中小学教材10余种。晚清杭州的项名达运用传统数学方法，对三角函数和对数函数等初等函数幂级数展开问题进行深入研究，推动了中国数学从初等数学向高等数学的过渡，其与同地的戴煦共同发现指数为有理数的二项定理。戴煦对二项展开式、对数展开式、三角函数的无穷级数展开式，正切、正割及其反函数的幂级数等的研究，具有先进性和代表性，首创了几种计数函数。杭州的夏鸾翔系统掌握了诸家之说，研究涉及数值分析、组合论、画法几何、解析几何、微积分等多个领域，对近代数学影响很大。

此后，江南地区涌现出数量庞大的现代科学家群体，数学家更是占有重要地位，如浙江的姜立夫、苏步青、陈省身、谷超豪、陈建功、许宝騄等，江苏有郑之蕃、程民德、潘承洞、华罗庚、潘承彪、胡明复等，上海的周毓麟、胡和生、洪家兴等。他们在数学领域成就卓著，成为中国现代数学领域的开拓者和领军人物，在数学研究与教育方面做出了杰出贡献。

（二）冶铸和造船

1. 冶铸技术

春秋战国时期，江南地区青铜器制作极为发达。出土铜器的遗址众多，出土铜器数量庞大，种类繁多，工艺精细。吴越两国的铸剑技术代表了冶炼铸造技术的高峰。在吴国历史上有干将、莫邪铸剑的传说,《吴越春秋·阖闾内传》载:"干将作剑,采五山之铁精、六合之金英,候天伺地,阴阳同光,百神临观,天气下降,而金铁之精不销沦流……使童女、童男三百人鼓橐装炭,金铁乃濡,遂以成剑,阳曰干将,阴曰莫耶。"传世的吴国青铜剑,拥有多项技术,如菱形暗花纹、剑首同心圆、铜锡合金以及剑身、格、茎、箍、首的复合成形技术,还有铭文成形技术、镶嵌技术、磨剑技术等,由此铸就了精良的剑。越王勾践剑,历经2 000多年仍保存完好,剑锋锐利,它采用高锡青铜铸造而成,运用复合铸造法,其技术工艺与吴国铸剑类似。

此后,苏州宋代有江氏官炉专司铸锅,明代发明了著名的苏钢法,清代冶炼技术有新进步,所谓"自欧冶子铸剑,吴中铁工不绝"。同治年间,华蘅芳说"苏州阊门外旧有钢行三家,以李永隆为最,其业专炼铁取钢,用料甚重,非有存铁十万不可,其钢甲于天下,遭乱无复有矣"[1]。晚清时,苏州昆山人赵元益翻译了《冶金录》,吴县人王季点翻译了《制羼金法》,书中介绍当时先进的冶金技术,体现了苏州对冶炼新技术的接纳和开创。

2. 造船技术

江南造船历史悠久,2 500多年前,吴国即以制造战船而闻名。吴国国都姑苏附近设有专门"船官",能制造各种类型的船只,《越绝书》称:"船名大翼、小翼、突冒、楼船、桥船,令船军之教比陵军之法,乃可用之。"各种战船大小不一、功能各异。越国造船业亦非常发达,《越绝书》记载:"勾践伐吴,霸关东,徙琅琊,起观台,台周七里,以望东海。死士八千人,戈船三百艘。"越人自古擅长航行,造船规模较大,种类繁多。

隋唐以后,江南地区的造船业依然居于全国领先地位。隋文帝因"吴、越之人,往承弊俗,所在之处,私造大船",下令:"江南诸州,人间有船长三丈以上悉括入官。"[2]造船规模可见一斑。宋代,苏州成为全国三大造船中心之一。据《宋会要辑稿·食货》,平江府造船场造八橹战船和四橹海鹘船,船只制造处于领先水平。尤需指出的是,明代南京或可称为中国最大的造船业中心,城内有五大官办船厂,分别为龙江船厂、

---

[1] 赵烈文:《能静居日记》,岳麓书社2013年,第563页。
[2] 魏徵:《隋书》帝纪二《高祖》,中华书局1973年,第43页。

宝船厂、黄船厂、快船厂和造船厂，分属工部与兵部管辖，能够建造包括皇帝御用船只、官船、战船在内的各类船只。郑和下西洋所用大型宝船即由南京制造。为了解决造船、修船中的各种问题，制定造船的各种制度、标准、样式，从而使造船、修船中的各个环节有章可循，工部与兵部还分别编刻了《南船纪》《龙江船厂志》《船政》《船政新书》等专门书籍。以此为基础，江南地区的航海技术更为先进，郑和远航西洋写下了江南地区航海的辉煌篇章。

（三）建筑、地理学及光学

1. 建筑技术

江南地区的建筑风格与北方迥然不同。明代，苏州产生了著名的"香山帮"，这是一个集木作、泥水作、砖雕、木雕、石雕、油漆、彩绘等多工种于一体的庞大工匠群体。苏州香山工匠擅长复杂精细的建筑技术，技术精湛，传承千年，享誉天下。从江南民宅、古典园林，到寺庙道观、京城皇家宫殿，他们营造了无数令人叹为观止的作品，对江南乃至北方官式建筑产生了重大影响，在建筑史上留下了浓墨重彩的一笔。"香山帮"代表人物是蒯祥和姚承祖两人。蒯祥被尊为"香山帮"的鼻祖。因技艺高超，被誉为"蒯鲁班"，官至工部侍郎，成为天下百工的总领头。姚承祖具有多个传世之作，现存怡园的藕香榭、灵岩山寺的大雄宝殿、香雪海的梅花亭等均是其杰作。他撰写了《营造法原》，记述"香山帮"的传统技法，该书被誉为"中国苏派建筑的宝典"，为后人传承"香山帮"的建筑技艺提供了标准，对研究"香山帮"技艺具有重要价值。"香山帮"在国际上也产生了重要影响。资料显示，迄今为止共有40多座苏州园林样本先后落户30个国家及地区，如美国大都会博物馆的明轩、日本大阪池田的齐芳亭、加拿大温哥华的逸园等，都是香山匠人的杰作。

2. 地理学

江南地区是"方志之乡"，地方志中包含了丰富的地理学知识。从唐代陆广微的《吴地记》到宋代范成大的《吴郡志》《揽辔录》《吴船录》，以及明代王鏊的《姑苏志》、民国《吴县志》等，都包含了许多地理学内容。苏州现存宋代石刻《地理图》是举世闻名的全国地图，标注了我国主要山川、河流、湖泊的位置和布局，以及长城和全国各级行政机构。其与西安的《华夷图》《禹迹图》，并称我国现存最古老的三幅全国性地图。宋代石刻《平江图》为传世最早的苏州城市地图,也是我国现存最早的碑刻城市地图。图上刻绘了宋代平江城的平面轮廓和街坊格局,绘制了城墙、护城河、平江府、平江军、吴县衙署和街坊、寺院、亭台楼塔、桥梁等各种建筑物,各种地理要素如水体、地貌、植被、交通、城墙以及政府和宗教建筑都一一标明,显示了较高的测绘水平。此外,明清期间苏州还有多幅古城图,如《苏州府城内水道图》《姑苏城图》《苏郡城河三横四直图》《苏城地理图》《苏州城图》《苏州城厢图》《苏城全图》《苏州巡警分区全图》。[1] 这些古城图对于研究苏州城市地理具有重要作用。

明清时期,江南地理学著作丰富。明代吴县的黄省曾涉及西洋地理与中西交通方面的研究,其地理学著作有《西洋朝贡典录》《吴风录》等,《西洋朝贡典录》记录了郑和下西洋所经历的 23 国,为研究明代海外交通、对外关系、海外贸易提供了重要资料。江阴的徐霞客,撰写地理学名著《徐霞客游记》,其中仔细观察并记录了各种人文、地理、动植物等状况。明末清初昆山的顾炎武著述颇多,其地理学代表作有《肇域志》《天下郡国利病书》等,在地理学、经济地理学等方面做出了特殊贡献。无锡顾祖禹以毕生精力专攻史地,研究沿革地理和军事地理,完成了鸿篇巨著《读史方舆纪要》,涉及历代行政区划、疆域沿革、山川形势、城市集镇、关塞险隘、津梁道路、川渎异同等内容,其中还附有各类地图。另外,在郑和下西洋过程中,江南学者留下了重要的地理学著述,如昆山费信的《星槎胜览》、南京巩珍的《西洋番国志》、绍兴马欢的《瀛涯胜览》和常熟匡愚《华夷胜览》等,记载了多个国家的自然地理和人文状况。

3. 光学仪器

明末苏州人薄珏,接受西方天文、地理学说,著文诠释,钻研天文、数学、机械制造等,在光学、天文学和机械制造方面贡献突出,能制造"千里镜"(望远镜)、水铳、地雷、地弩、大炮、水车、浑天仪等,是我国制造望远镜的第一人。他著有《格物论》《半豹论》各百卷,其中多部著作涉及天文历算,如《简平仪图说》《窥筒定中星图说》《网度窥天说》《半觚窥天论》《补中天论末议说》《荧惑守心论》及《太阳经纬书》《月离经

---

[1] 苏州地方志编纂委员会办公室、苏州博物馆、苏州碑刻博物馆、古吴轩出版社:《苏州古城地图集》,古吴轩出版社 2004 年。

纬书》《荧惑经纬书》《填星经纬书》等。[1]

明末清初苏州吴江人孙云球,是著名的光学仪器制造家。张若羲在《孙文玉眼镜法序》中,称他"尤精于测量、算指、几何之法,制远视、近视诸镜。其术乃亲炙于武林日如诸生、桐溪天枢俞生、西泠逸上高生,私淑于钱塘天衢陈生,远袭诸泰西利玛窦、汤道未、钱复古诸先生者也"。他在学习基础上,与同好研究实验,制造了存目镜、万花镜、鸳鸯镜、放大镜、幻容镜、夜明镜、千里镜(望远镜)等各类光学制品。根据近视、远视的不同情况,"随目对镜",对于中国眼镜的使用和推广具有重大意义。他著有《镜史》,讨论各种眼镜的制作,包括24种昏眼镜、24种近视镜、24种童光镜、远镜、火镜、端容镜、焚香镜、摄光镜、夕阳镜、显微镜、万花镜,另有鸳镜、半镜、多面镜、幻容镜、察微镜、观象镜、佐炮镜、放光镜、一线天、一线光,诸镜种种。其著作内容言简意赅,并配有相应的制作精美的版画。[2]清代苏州的褚三山在孙云球制镜基础上进一步发展了眼镜制作技术,雍正年间,苏州已经出现了生产眼镜的手工作坊,诞生了"褚三山眼镜"品牌,不但国内闻名,还远销日本,为中国眼镜业发展做出了不可磨灭的贡献。

清代安徽歙县郑复光,集中西光学知识之大成,不仅在数学、光学、机械方面颇有建树,还涉猎医学、气象、生物、考古、天文等领域,制造了中国最早的测天望远镜。他著有《镜镜詅痴》,是中国古代物理学史上第一部科学专著。

五、江南科技文化的特色

江南地区在科学技术领域取得了诸多成就,在中国科技发展中具有一定的历史地位,呈现出一些重要特点。

江南地域科技萌芽早,涉及技术门类多。在新石器时代早期的一些遗址中,就发现了包含较多技术元素的遗物,其中水稻生产及相关手工业技术方面相当发达,区域特色明显。浙江浦江县上山遗址距今 10 000—8 500

---

[1] 郑诚:《薄珏天文学著作新证》,《中国科技史杂志》2015 年第 2 期。
[2] 孙承晟:《明清之际西方光学知识在中国的传播及其影响——孙云球〈镜史〉研究》,《自然科学史研究》2007 年第 3 期。

年,是长江下游地区迄今发现的年代最早的新石器时代遗址。从遗址主体的出土遗物看,有大量石磨盘和石磨棒、石球以及刮削(切割)器等打制石器,在陶器掺和料中出现了稻叶、稻秆和稻壳碎片,还发现了镰形刀工具及房屋基址等;其食用稻米及稳定居住的信息,显示了从采集狩猎到原始稻作农业的过渡,为早期农业定居生活提供了一个重要例证。[1] 在与同时期甚至距今万年以远的其他文化遗址[2]的比较中发现,上山遗址显现出相对进步的一面,其夹炭陶及陶器形态的丰富性都是其他遗址所不具备的,这或许是迄今为止万年遗址中陶器复原率最高、陶器特征表现得最为完全的遗址。[3]

浙江萧山的跨湖桥遗址距今8 000—7 000年,在早期科技创造发明方面显得格外耀眼,其中,除了栽培稻以外,出土了大量的陶器、骨器、木器、石器等文物;有中国最早的独木舟及木作加工遗迹,还有漆器、针灸、陶轮、制盐、茶及茶釜、釉泥、颜料、木弓、数卦符号等,有一些技术发明在中国乃至世界具有开创性和标志性。[4] 井头山遗址、跨湖桥遗址与同时期黄河中上游的仰韶文化早期相比较,印证了"南稻北粟"的典型特征;与长江中游的湖南澧县彭头山文化等比较,说明长江下游地区稻作有着同样古老的起源,且在相关技术门类方面显得更为丰富。江南区域早期的科技萌发,为河姆渡文化及稍晚的马家浜文化、崧泽文化及良渚文化的科技发展奠定了基础,在四五千年以前,形成了发达的稻作农业、系统的水利工程建设、门类齐全的手工业、精湛的玉石工艺等,科技文化及工匠技艺凸显了江南特色。

随着时代的演进和知识的积累,江南科技发展全面铺开,尤其是在农业和水利工程建设方面更显特色。特殊的水环境和水涝灾害的频繁发生,

---

[1] 浙江省文物考古研究所、浦江博物馆:《浙江浦江县上山遗址发掘简报》,《考古》2007年第9期。

[2] 如湖南道县玉蟾岩遗址、江西万年仙人洞和吊桶环遗址、广西桂林甑皮岩遗址、广西桂林庙岩遗址、河北徐水南庄头遗址、北京怀柔转年遗址、北京门头沟东胡林遗址等;而作为古稻遗址的玉蟾岩和仙人洞、吊桶环是洞穴遗址,上山是野外露天遗址。

[3] 浙江省文物考古研究所、浦江博物馆:《浙江浦江县上山遗址发掘简报》,《考古》2007年第9期。

[4] 参见何振纪:《跨湖桥:华夏漆器文化的发源》,《中国生漆》2018第2期;柳志青等:《跨湖桥文化先民发明了陶轮和制盐》,《浙江国土资源》2006年第3期;傅嘉宾、沈再初:《跨湖桥遗址刻划符号与原始统计探析》,《统计科学与实践》2021年第9期;柳志青、柳翔:《针灸源于跨湖桥文化》,《浙江国土资源》2006年第4期等。

使得水利治理不仅关系人们生命财产安全,还直接关系农业生产的成败。尤其是以苏州为中心的太湖流域地区,治水成为区域发展的首要任务,在太湖、吴淞江及相关河流治理实践基础上,治水思想理论不断发展完善,渐渐形成了较为完备的水利治理体系和技术体系。与此同时,水资源得到充分利用,在农田水利方面形成独特的塘浦圩田体系,农业精耕细作技术不断进步,农业的加速发展推动了经济社会的全面繁荣。

江南地区的科学巨匠在西学传入及中西汇通等方面做出了突出贡献。

16世纪末,耶稣会传教士带来西方科学技术知识,江南地区的知识分子表现出了积极的态度,促进了西学东渐及其与中国传统科学的融合。被称为明末"天主教三柱石"的徐光启、李之藻、杨廷筠都来自江南,他们步入天主教之门,在寻求一种新的学术基础独特之处之外,还将眼界拓及"天学",引入西学并获得诸多成就。[1] 徐光启、李之藻与传教士合作翻译西学著作,编写天文历算书籍,引入了西方天文学、数学知识。明清之际,以苏州的王锡阐、安徽桐城方以智和宣城梅文鼎等为代表的科学家积极引进、吸纳西学,发展中学。王锡阐对中西历法做了比较,宣传"西学中源",定义相关数学名词和概念,实现中西数学通约,将西学纳入中法体系。方以智吸收融会西学,涉足光学、电磁学、声学和力学等诸多方面,总结我国古代科学成就,独到见解颇多;其子方中通和学生揭暄等在天文学、数学等领域做出了重要贡献。梅文鼎毕生致力于传统天文、数学研究,虽迎合"西学中源"说,但会通中西,影响了清代数学发展,其孙梅瑴成主编《数理精蕴》,以介绍西方数学为主,对清代数学亦产生了很大影响。

江南不仅是人文学术中心,也是科技文化中心,涌现出不少科技领军人物,推动了自然科学的近代转型与进步。乾嘉学派的吴、皖两派及扬、浙学派,其考据学学风氛围和科学方法对自然科学研究亦产生极其深远的影响,尤其是算学内容的辑失、校勘与考证,对19世纪中国数学发展有着积极作用。[2] 所谓"谈天三友"的焦循、汪莱和李锐,在方程论和符号

---

[1] [美] W.J. 裴德生、朱鸿林:《徐光启、李之藻、杨廷筠成为天主教徒试释》,《明史研究论丛》第五辑,江苏古籍出版社1991年,第477页。
[2] 乾嘉学派对科学探索具有两面性的影响。一方面考据学本身对科学求真、求理带来正面效应,另一方面坚持西学中源,对科学探索具有局限性。如阮元、罗士琳、骆腾凤等对西学多有贬低,对汪莱等以西学立论的学术创新不能认同。参见龚缨晏等:《西方人东来之后:地理大发现后的中西关系史专题研究》,浙江大学出版社2006年,第156页。

代数上的成就,为中国古代数学更新做出了重要贡献。19世纪中后期,西方科学开始系统传入,江南有一批融汇中西、承前启后的科学家取得了重要成就。其中浙江海宁的李善兰,杭州的项名达、戴煦、夏鸾翔,湖州的徐有壬,江苏无锡的徐寿、华蘅芳,常州的董佑诚,苏州的冯桂芬、王韬,安徽歙县的郑复光等贡献突出,促进了中国近代科学的转型发展。在西学引进中数学尤其突出,李善兰、项名达、戴煦、徐有壬、夏鸾翔、董佑诚、华蘅芳、冯桂芬等数学家,一方面坚持合作翻译西方科学著作,另一方面展开科学研究,他们在幂级数、三角函数、解析几何、微积分等诸多数学领域取得了重大成就,推动了中国数学从初等数学向高等数学的过渡,为中国近代数学发展奠定了基础。

物理学、化学等领域亦颇有建树。徐寿从事多种西方科技书籍的翻译工作,在化学方面贡献突出,为中国近代化学的启蒙者;他与华蘅芳等人制造出中国第一台蒸汽机,同时还设计制造了轮船和多种工艺器械,为近代工业发展做出贡献。郑复光在几何光学领域贡献独特,他作为19世纪上半叶中国第一位近代实验物理学家,对继后的邹伯奇、徐寿、华蘅芳等一大批近代科学家的涌现产生了深刻的影响,是为最终实现向近代科学的转折提供了基础以及逐代接轨有功的第一人。[1] 王韬在天文历算中做到了中西贯通,作为第一代走向世界的江南知识分子,他从事西学东传工作,与传教士翻译出版多部科学著作,为西学东渐、推动中外学术交流做出了巨大贡献。

在西学引进中,江南地区科学家表现出积极态度,在接纳西方科技,实现自身创造的过程中独领风骚,为中国近代科学发展做出了卓越贡献。由于长期的经济发展和文化积淀,江南地区营造了追求学术、求真务实的良好氛围,崇文重教、科学探究精神不断传承,学术研究者前赴后继,勇于担当科技创新重任,影响至深至远。江南大地涌现了大批现代科技精英,苏州、无锡、宁波等多个地区被誉为"院士之乡"。

---

[1] 宋子良:《郑复光和他的〈镜镜詅痴〉》,《中国科技史料》1987年第3期;汪昭义:《郑复光:清代首撰光学专著的实验物理学家》,《黄山高等专科学校学报》2001年第3期。

第十一章 学术文化

江南地区的学术文化,滥觞于春秋时期。汉晋南北朝时期,江南学术文化获得进一步发展,江南士人在儒学经籍的训诂诠释方面做出了不少贡献。隋唐宋元时期,江南地区人文蔚起,宋元时程朱理学获得广泛传播。明清时期,江南学术文化鼎盛一时。明代的阳明心学十分兴盛,而清代乾嘉吴、皖两派考据学交相辉映。晚清民国时期,江南学术文化向近代转型嬗变,呈现出新旧杂糅、中西激荡的特点。几千年来,江南学术文化一直在吐故纳新中前进,不断呈现出勃勃的生机和活力。

一、春秋战国时期——江南学术文化的滥觞和兴起

春秋战国时期是中国思想文化发展的黄金时代,先秦诸子的思想百花齐放、百家争鸣,促成了早期中国学术文化兴盛一时的局面。此时的江南地区,学术文化开始逐步兴起。大儒季札、言偃等将中原儒家思想文化传播至江南地区,兵学家孙武、伍子胥的兵学思想成就非凡。

(一)季札、言偃、澹台灭明与江南儒学兴起

江南是先秦时期儒学兴起与传播的重要地域,地处江南的吴地生活着季札、言偃、澹台灭明三位大儒。

季札是儒学的先驱,具有很高的文化修养。由于吴国为姬周流裔,历来奉周为正朔,与中原地区交流不辍,深受周公思想和中原文化的熏陶。及至吴王寿梦继位,吴地与中原地区的文化交流日益活跃,寿梦之子季札明德博学,更是学习周公礼乐思想的典范。他广泛结交中原各国的政要名流,与齐国的晏婴、郑国的子产、晋国的叔向都有很多交往。季札为人谦虚礼让,贤能多才,深受父亲的喜爱,以至于寿梦有意传位于他。但是,季札坚持周礼立嗣以长不以贤的原则,以礼自持,再三让国,固辞不受。

季札谦逊辞让的厚德感动了吴人，其让国行为也使他成为儒家的道德楷模。孔子称赞季札"吴之习于礼者也"[1]。

季札还是春秋时期杰出的政治理论家，有着杰出的政治预见力。他的为政理论主要有二，其中都贯彻着为政以德、以礼治国的政治理念。第一，他主张知人善任。鲁襄公二十九年（前544），季札出使鲁国，会见叔孙穆子，直言不讳地批评叔孙穆子不能知人善任，终致命运凄惨。他说："子其不得死乎？好善而不能择人。吾闻君子务在择人，吾子为鲁宗卿，而任其大政，不慎举，何以堪之？祸必及子。"[2]后来，叔孙穆子在鲁昭公四年（前538）被他儿子竖牛所害，季札之言应验。第二，他主张为政以礼，戒纵戒侈。鲁襄公二十九年（前544），季札出使郑国时对子产说："郑之执政侈，难将至矣，政必及子。子为政，慎之以礼。不然，郑国将败。"[3]季札入晋，言于叔向："吾子勉之，君侈而多良，大夫皆富，政将在家。吾子好直，必思自免于难。"[4]季札认为统治者不能过分放纵自己和臣子，应该谨慎地以礼治国，而官吏贪鄙的国家，其政必败。

季札精通礼仪，具有高超的艺术鉴赏力，曾从儒家观点出发对艺术本质做过深刻的剖析。鲁襄公二十九年（前544），他出使鲁国，欣赏周代的经典音乐、诗歌和舞蹈时，结合当时的政治背景对这些乐舞做了精辟评论，还进而申述了自己的政治观点。他赞扬《周南》《召南》《邶》《鄘》《豳》等乐舞，认为它们传达了"勤而不怨""忧而不困""乐而不淫""大而婉，险而易行"（大而婉约，俭节易行）的思想。他大加赞美《（周）颂》，称其"至矣哉，直而不倨（正直而不倨傲），曲而不屈（婉顺而不屈挠），迩而不偪（亲近而不逼促），远而不携（疏远而不离异），迁而不淫（变易而不乱），复而不厌（反复而不厌倦），哀而不愁，乐而不荒，用而不匮，广而不宣（广大而不夸张），施而不费（施舍而不费财，因民之利而利之），取而不贪，处而不底（安处而不凝滞），行而不流（行动而不放荡）。五声和，八风平，节有度，守而序，盛德之所同"，认为《（周）颂》传达了周和夏商盛世共同的政治理念。而在听到《陈》时却说"国无

---

[1] 刘向：《说苑校证》卷十九《修文》，向宗鲁校，中华书局1987年，第476页。
[2] 杨伯峻：《春秋左传注·襄公二十九年》，中华书局2016年，第1283页。
[3] 杨伯峻：《春秋左传注·襄公二十九年》，中华书局2016年，第1289页。
[4] 杨伯峻：《春秋左传注·襄公二十九年》，中华书局2016年，第1290页。

主,其能久乎"[1],认为其反映了陈国国君无道的统治,预示着陈国即将灭亡。由此可见,季札可以从音乐的曲调与歌词中观察民意、窥测治乱,显示了他极高的艺术领悟力和政治判断力。总之,季札在思想和言行上都贯彻着以仁为本、以礼定位的儒学精神,为儒家学说的形成与发展做出了重要贡献,是当之无愧的儒学先驱。

言偃,字子游,春秋时吴地常熟人,孔门七十二贤弟子中唯一的南方弟子。言偃年轻时从吴至鲁,师从孔子学习儒家经典,精通《诗》《书》《礼》《乐》,尤擅文学,声誉卓著。他从孔门受业后任武城宰,尊孔子之教,用礼乐教育士民,终日弦歌不绝。孔子经过武城,听到弦歌之声,笑着说:"割鸡焉用牛刀?"似乎认为言偃用礼乐对待下民是没有必要的。子游恭敬地回答说:"昔者偃也闻诸夫子曰,君子学道则爱人,小人学道则易使也。"[2]即认为人无分贵贱,教育总是有用的。孔子对言偃的回答很是满意,大加赞扬。言偃将礼乐教化直接应用于社会建设,在一定程度上打破了孔子"礼不下庶民"的说教,使一般民众也能享受到礼乐文化的熏陶,为礼乐文化广泛作用于社会带来了积极影响,是中国文化史上的一件大事。

言偃晚年回到家乡,以讲学和著述为业,为孔子儒家学说在江南地区的传播尽心竭力。孔子曾经赞许言偃:"吾门有偃,吾道其南。"言偃不负老师期望,不仅自己学问超群,而且为儒学在江南的传播做出了突出贡献,因此而被誉为"南方夫子"。明人姜渐在《吴县修学记》中曾表彰泰伯与言偃在吴地的教化功绩:"昔三代之有天下,文莫备于周,而泰伯实启之;教莫盛于孔子,而言偃实师之。自泰伯以天下让,而吴为礼义之邦;自言偃北学于圣人,而吴知有圣贤之教。由周而降,天下未尝无乱也,唯吴无悖义之民;由汉以来,天下未尝无才也,唯吴多名世之士。虽阅千数百载,而泰伯、言偃之风,至于今不泯。噫!教化之感人心而善民俗也如此。"[3]自唐代开始,言偃还被配祀孔庙,位列"孔门十哲",受到后人累世祭祀。

---

[1] 司马迁:《史记》卷三十一《吴太伯世家》,中华书局1959年,第1453-1454页。
[2] 孔子:《论语·阳货》,中华书局2006年,第205页。
[3] 姜渐:《吴县修学记》,见姜顺蛟、叶长扬修:乾隆《吴县志》卷一《艺文·学官》,清乾隆十年刻本。

澹台灭明,字子羽,鲁国武城人,是孔子的又一位高足。他受到孔子的重视与言偃有关。据说孔子询问言偃任武城宰时有没有发现人才,言偃向孔子推荐了澹台灭明。言偃说:"有位叫澹台灭明的人,做事始终为别人着想,不在乎自己的利益得失,因此总是能得到最好的结果。如果没有什么公事他不会特意来拜访我,也从不因为我的身份讨好我。"孔子听到此人品行如此端正,非常欣赏,欲收其为徒。然而,当孔子见到澹台灭明丑陋的相貌时不禁迟疑了,与他心目中的端正君子形象完全不符,但孔子依据自己"有教无类"的教育理念,还是收下了澹台灭明。澹台灭明虽然外形不佳,但拜孔子为师后潜心学习,致力于修身实践,处事光明正大,不走邪路。后来,澹台灭明向南游学到吴地,积极弘扬孔子的儒家学说,据说跟随他学习的弟子有300多人。他创立了一套自己的教育管理制度,影响甚大,在当地形成了一个有影响力的学派。而澹台灭明也成为有名的君子,其才干学识与高尚品格传遍了诸侯列国。孔子听到这些消息后十分欣慰,感慨地说:"吾以言取人,失之宰予;以貌取人,失之子羽。"[1] 澹台灭明学识品格受到孔子的高度肯定和赞许,后来被列为孔门七十二贤之一。

总之,儒学先驱季札及孔门高足言偃、澹台灭明一起为春秋战国时期江南儒学的兴起和传播做出了卓越贡献,江南地区也因此较早地受到了儒家思想的浸润和影响,成为中国儒学兴起和传播的重要地域。

(二)孙武、伍子胥与江南兵学理论的兴起

春秋时代诸侯争霸,相互之间攻伐不已,江南地区的吴国和越国先后崛起。在不断的军事战争实践中,吴、越两国的军事家们总结出了一系列精湛的军事理论,其中尤以孙武《孙子兵法》与伍子胥兵法最为著名。

孙武,字长卿,齐国人,因齐国内乱而南下入吴。后经伍子胥举荐,以兵法见称于吴王阖闾。孙武治军严明,辅佐吴王阖闾攻破楚国都城郢,几乎覆亡楚国。孙武最重要的贡献是著有《孙子兵法》一书,这是我国成书最早、最系统的论述军事战略战术的理论著作,对春秋列国军事战争实践进行了系统的理论总结,揭示了很多的战争规律。《孙子兵法》由"始计、作战、谋攻、军形、兵势、虚实、军争、九变、行军、地形、九地、火

---

[1] 司马迁:《史记》卷六十七《仲尼弟子列传》,中华书局1959年,第2206页。

攻、用间"13篇构成,其中"知己知彼,百战不殆"等战略思想在世界上都享有盛誉。概括而言,孙武的军事思想主要如下:(1)"兵者,国之大事,死生之地,存亡之道"[1],不可不认真考察和研究,而道义、天时、地利、将帅素质和法令则是决定战争成败的5个要素;(2)战争的上策,是不消耗己方的国力,而使敌人完全屈从自己,即所谓"不战而屈人之兵,善之善者也"[2]。(3)战争需要厚实的后勤支援,兵贵神速是用兵的重要原则,要做到"攻其无备,出其不意"[3],即强调出奇制胜和避实击虚。(4)强调在战争中要多做谋算,必须掌握敌人的动态,这样才能做到"知己知彼,百战不殆"[4]。(5)主张战术上"夺诡","兵者诡道"[5]"兵以诈立"[6],要能够做到虚虚实实、兵不厌诈。(6)主张集中优势兵力战胜敌人,即所谓"十则围之,五则攻之,倍则分之,敌则能战之"[7]。(7)主张在战场中随机应变,根据情况迅速做出反应,使自己始终立于主动和有利的地位,提出"兵无常势,水无常形,能因敌变化而取胜者,谓之神"[8]。既不能凭主观愿望制定作战方针,又不能一成不变,墨守成规,一定要根据敌情变化而决定战法。上述主张是孙武军事思想的核心要义。总之,《孙子兵法》第一次确立了系统、完备的军事思想体系,揭示了战争的普遍规律,把军事理论提高到了哲学高度,为历代军事家所颂扬,孙武也被后人尊为"兵圣"。

　　伍子胥,名员,楚国人,后投奔吴国辅佐吴王阖闾。他也是一位军事理论家,曾与孙武一起协助吴王阖闾带兵攻入楚都郢城,其学说足以留名于军事理论史。他曾总结对外战争的经验,尤以水战战法特色显著,著有《伍子胥水战兵法》等兵法著作,主张在水战中要讲究大小船只相互配合,各兵种协同作战、共同克敌,显示了卓越的军事才能。另外,伍子胥特别重视阴阳、气数、方位在军事上的应用,带有较强的神秘色彩。《越绝书》曾记载伍子胥相气取敌的大数,第十二卷记军气云:"其法如是,军无

---

[1] 孙武:《孙子兵法·计篇第一》,上海古籍出版社2006年,第8页。
[2] 孙武:《孙子兵法·谋攻篇第三》,上海古籍出版社2006年,第59页。
[3] 孙武:《孙子兵法·计篇第一》,上海古籍出版社2006年,第23页。
[4] 孙武:《孙子兵法·谋攻篇第三》,上海古籍出版社2006年,第85页。
[5] 孙武:《孙子兵法·计篇第一》,上海古籍出版社2006年,第23页。
[6] 孙武:《孙子兵法·军争篇第七》,上海古籍出版社2006年,第187页。
[7] 孙武:《孙子兵法·谋攻篇第三》,上海古籍出版社2006年,第70页。
[8] 孙武:《孙子兵法·虚实篇第六》,上海古籍出版社2006年,第170页。

气,算于庙堂,以知强弱。 一、五、九,西向吉,东向败亡,无东;二、六、十,南向吉,北向败亡,无北;三、七、十一,东向吉,西向败亡,无西;四、八、十二,北向吉,南向败亡,无南。 此其用兵月日数,吉凶所避也,举兵无击太岁上物,卯也。 始出各利,以其四时制日,是之谓也。"[1]伍子胥所论之阴阳、气数、方位,应是当时阴阳术数之学在兵法中的反映。 后来,阴阳、气数与方位成为中国古代兵学理论的重要内容,这与伍子胥的军事运用实践有着直接的关联。

总的说来,江南地区军事家的思想为吴国和越国军事与政治霸业提供了强大理论动力,有着现实的意义;同时,这些军事理论思想的创立也丰富了中国古代军事理论,是江南人民对中国古代军事文化的重大贡献。

二、汉晋南北朝时期江南学术文化的初步发展

汉晋南北朝是江南学术文化的初步发展时期。 西汉以后,儒家经学日益隆盛,特别是汉武帝实行"罢黜百家,独尊儒术"的政策后,经学成为显学。"五经"不仅是各级学校学习的重点内容,更是士人通向利禄功名的必读之书。 两汉时期,江南地区儒家经学初兴,但经学传承一直未曾间断。 魏晋南北朝时期,伴随着北方士人的南迁,江南地区的学术文化渐趋繁荣,开始涌现出一批著名的学者,经学、玄学、文学和史学等领域都取得了不小的成就。

(一) 显著的经学成就

汉代,江南地区的儒家经学初步兴起,各地的儒家学者都纷纷来到江南传播儒家经学。 西汉大儒董仲舒在武帝时曾任江都国相十年。 他在江都时,以"礼义"原则匡正江都王刘非之歧行,还用《春秋》"灾异之变"的学说测算气象,治理水旱。 董仲舒向武帝献"天人三策",提出著名的"罢黜百家,独尊儒术"。 从此以后,儒家典籍成为国家法定的经典,儒家思想开始成为汉代意识形态领域的统治思想。 另外,传施氏《易》的琅琊人鲁伯曾任会稽太守,传《尚书》"小夏侯之学"的张无故曾任广陵太傅;东汉豫章人程曾、北海郡安丘人郎宗等,也都来到江南地区传布儒学

---

[1] 袁康:《越绝书》卷十二《军气》,台湾商务印书馆 1983 年影印文渊阁四库全书本第 463 册,第 5 页。

经典与儒家思想。

从西汉后期开始,江南本土也出现了一些通经名家,如无锡人虞俊精通《春秋公羊传》,还以孝友闻名乡里;曲阿(今江苏丹阳)人包咸以习《论语》与《鲁诗》而著名,其子包福也专攻《论语》;无锡人王关擅长《易经》等。

魏晋南北朝时期,江南地区经学研究日趋繁荣,出现了以陆绩、虞翻、皇侃等为代表的一批著名经学家,撰成了一系列有影响力的经学著作,取得了很大的学术成就。

汉末,孙吴据有江东,吴地聚集了不少一流的儒家学者,如江东的陆绩、虞翻、阚泽,还有一批来自北方的儒者如张昭、诸葛瑾等,都是精研经典、学有专长。江南地区的经学研究以陆绩的成就最大。陆绩,字公纪,出身于著名的吴郡陆氏,其人"容貌雄壮",自幼学习勤奋,聪明过人,"幼敦《诗》《书》,长玩《礼》《易》",长大后成为"博学多识,星历算数无不该览"的大儒,因而交游广泛,当时东吴的大儒虞翻、荆州名士庞统,"皆与绩友善"。[1]《世说新语》记载:"庞士元至吴,吴人并友之。见陆绩、顾劭、全琮,而为之目曰:'陆子所谓驽马有逸足之用,顾子所谓驽牛可以负重致远。'"[2]这种品藻人物的玩笑言行,本身就是一种清谈的行为,由此可以看出对陆绩的肯定与褒扬。陆绩在天文历法与《周易》和《太玄》的研究方面具有相当高的学术水准,曾"作《浑天图》,注《易》释《玄》"[3],有不少著作流传于世。《隋书·经籍志》记载,陆绩著有《周易注》15卷、《扬子太玄经注》13卷,还有与虞翻同撰的《周易日月变例》6卷。陆绩所注《周易》,所述六爻发挥旁通卦爻之变,实际是一部开创以玄释经端绪的著作。汤用彤先生曾在《魏晋玄学论稿》中按照地域思想的不同,将魏晋时期的《易》学分为三派:一是江东一带,以虞翻、陆绩为代表;二是荆州,以宋忠为代表;三是北方,以郑玄、荀融等人为代表。他认为:"荆州一派见解最新,江东一带也颇受这种新经义的影响,北派最旧,大多传习汉儒的'象数'。当时讲《易经》的又多同时注意《太玄》。宋忠对扬子《太玄》《法言》两书,素称名家。

---

[1] 陈寿:《三国志》卷五十七《吴书·陆绩传》,裴松之注,中华书局1959年,第1328-1329页。
[2] 刘义庆:《世说新语校笺》卷中《品藻第九》,徐震堮校笺,中华书局1984年,第273页。
[3] 陈寿:《三国志》卷五十七《吴书·陆绩传》,中华书局1959年,第1328-1329页。

虞翻、陆绩既是《易》学专门，也都颂习《太玄》，可以为证。何晏、王弼史书推论他们是'玄学之祖'，两人皆深于《易》学，更是不用说了。"[1]汤先生的观点，既勾画了当时《易》学各派的情势，又对我们理解魏晋初年南北经学与玄学的互相渗透和改变有着重要的启迪。

虞翻，字仲翔，会稽余姚人，是江东士族中最有成就、最有影响的经师。根据《三国志·吴书·虞翻传》及裴松之注，虞翻少而好学，有高气。初为会稽太守王朗之功曹，孙策征会稽败王朗，亦辟为功曹，后为富春长。孙权建立东吴政权后，以其为骑都尉。虞翻以治《易》学而闻名，后世以之与荀爽、郑玄并立，号称"易学三家"。虞翻治《易》，乃是承其家学渊源。虞家祖传《易》学，自他的高祖零陵太守虞光治孟喜氏今文《易》始，至虞翻已达五世。虞翻认为："经之大者，莫过于《易》。自汉初以来，海内英才，其读《易》者，解之率少。至孝灵之际，颍川荀谞号为知《易》，臣得其注，有愈俗儒……南郡太守马融，名有俊才，其所解释，复不及谞……若乃北海郑玄、南阳宋忠，虽各立注，忠小差玄而皆未得其门，难以示世。"[2]虞翻将汉末治《易》的名家荀爽、马融、郑玄等一并责过，认为他们均囿于章句，对于《易》理实难发挥，"前人通讲，多玩章句，虽有秘说，于经疏阔"，于是自撰《易注》一书，以批判诸家俗说和纠正妄言。《易注》一出，即深受时人好评和推重，孔融就盛赞此书为"东南之美"，"与神合契，可谓探赜穷通者也"[3]。这也是当时又一部开以玄释经风气的著作，影响深远。清代著名《易》学家惠栋认为，汉魏师说可见者十余家，只有郑玄、荀爽、虞翻三家可以为观，而在诸家《易》注中，以虞氏《易》学最为可取，因而推崇它为汉《易》之正宗。虞氏《易》学影响之大，由此可见一斑。

阚泽，字德润，会稽山阴人，据《三国志·吴书·阚泽传》，阚泽"家世农夫，至泽好学，居贫无资，常为人佣书以供纸笔，所写既毕，诵读亦遍"，因此得以究览群籍，兼通历数，显名于世。汉建安年间，阚泽因察孝廉，而任钱唐长，后迁郴令。孙权称帝后，任尚书，后任中书令，拜太子太傅。阚泽学行兼美，以儒学勤劳、博学通达而闻名，极受时人推重。

[1] 汤用彤：《汤用彤学术论文集》，中华书局1983年，第298页。
[2] 陈寿：《三国志》卷五十七《吴书·虞翻传》，裴松之注，中华书局1959年，第1322页。
[3] 陈寿：《三国志》卷五十七《吴书·虞翻传》，裴松之注，中华书局1959年，第1320页。

每当朝廷大议，对经典有所疑问之处，经常向他请教。孙权曾询问他："书传篇赋，何者为美？"阚泽想借此以明治乱，就说："贾谊《过秦论》最善。"其政治关怀可见一斑。就学术思想而言，阚泽擅三礼之学，亦善历法，这两个方面均有建树，备受时人赞誉。虞翻曾经称赞"阚生矫杰，盖蜀之扬雄"，"阚子儒术德行，亦今之仲舒"。他将阚泽比作扬雄和董仲舒，可见时人对其推重之高。故当阚泽卒时，吴主孙权竟为之"痛惜感悼，食不进者数日"。[1]

孙吴时期，吴郡还有一位精研《诗经》的著名学者陆玑，著有《毛诗草木鸟兽虫鱼疏》2卷。此书独辟蹊径，特色鲜明。四库馆臣曾给予高度评价："虫鱼草木，今昔异名。年代迢遥，传疑弥甚。玑去古未远，所言犹不甚失真，《诗正义》全用其说；陈启源作《毛诗稽古编》，其驳正诸家，亦多以玑说为据。讲多识之学者，固当以此为最古焉。"[2]由此可见该书在《诗经》研究中的重要价值。这部著作奠定了《毛诗》博物学的基础，为后世《诗经》辩证名物派奠定了重要基础。

西晋时期，玄学兴起，经学独尊地位不复存在。西晋经学在衰势中艰难维持，受到佛教不少影响，某些著作还贯彻了玄学精神。晋室南渡，偏安江左的东晋政权对西晋年间的清谈玄风加以反思，因而对玄风独扇之势加以一定抑制，统治阶级又主张重视儒学，于是衰微中的经学在东晋出现了一定转机。两晋时期的江南经学，就是在这样的时代背景下发展的。两晋时期，比较著名的江南经学家有虞喜、徐邈等。

南朝时期，江南地区出现不少精研经学的学者，其中比较著名的有陆澄、皇侃、顾野王和陆德明等。陆澄，字彦渊，南齐吴郡吴县人。据《南齐书》本传，陆澄"少好学，博览无所不知，行坐眠食，手不释卷"，是一位勤奋好学、博览群书、知识渊博的学者，后"起家太学博士"，入仕为官。他曾与以博闻多识著称的尚书令王俭辩论学术，结果"澄待俭语毕，然后谈所遗漏数百千条，皆俭所未睹，俭乃叹服"。[3]因而，陆澄在当世即有"硕学""书厨"之称。陆澄精于《易》学，但与当时普遍以玄

---

[1] 陈寿：《三国志》卷五十三《吴书·阚泽传》，裴松之注，中华书局1959年，第1249-1250页。
[2] 纪昀等：《四库全书总目》卷十五《经部十五·诗类一·毛诗草木鸟兽虫鱼疏二卷》，中华书局1997年，第189页。
[3] 萧子显：《南齐书》卷三十九《陆澄传》，中华书局1972年，第684页。

释经的学术风尚不同,主张以象数为《易》学正宗。 他还纵论经学嬗变及学官所设经注之得失,特别指出了著名学者王弼《易》注之非,并提出弘扬儒学、玄儒并立的学术主张,认为"玄不可弃,儒不可缺"。[1] 在当时玄学独盛的背景下,陆澄提出的儒玄并立的主张无疑是独立高远的学术识见。

南朝梁皇侃,吴郡人。《南史·儒林传》云:侃"少好学,师事贺玚,精力专门,尽通其业,尤明《三礼》《孝经》《论语》。"[2]他历任国子助教、员外散骑侍郎等职。 皇侃以儒学知名,于学讲说,听者常数百人。 皇侃经学著述丰富,皆"见重于世,学者传焉"[3],而最重要的当属《论语义疏》和《礼记义疏》,它们在经学史上占有承前启后的关键地位。

南朝梁陈年间的吴郡经学大师顾野王,对后世影响深远。 顾野王(519—581),字希冯,出身于吴郡名门顾氏。 顾野王自幼聪明颖异,长大之后更是"天文地理、蓍龟占候、虫篆奇字,无所不通"[4],成为著名的学者。 梁时曾任太学博士,陈时曾"领大著作,掌国史,知梁史事"[5],后为黄门侍郎。 顾野王一生著述宏富,在历史、地理、文学、书法、绘画等方面都有较深造诣。 天文学方面,他著有《符瑞图》10卷、《分野枢要》1卷、《续洞冥纪》1卷、《玄象表》1卷;地理学方面,他著有《舆地志》30卷;历史学方面,他著有《通史要略》100卷、《国史纪传》200卷、《顾氏谱传》10卷。 顾野王在语言文字学方面的成就尤其突出,所撰《玉篇》30卷,是继《说文解字》之后又一部重要字典,也是我国现存最早的楷书字典,正式奠定了楷体汉字的规范结构、字义和读音。 可以说,《玉篇》是中国汉语研究史与中国辞书编撰史上的里程碑,在中国文字学史上占有重要地位。

(二) 玄学思想的流播

玄学是魏晋时期的主要哲学思潮,是道家和儒家融合而出现的一种文化思潮。 东晋时期,伴随着北方士族大量南迁,玄学开始在江南地区传播和兴盛,清谈玄学成为上流社会流行之风尚。 东晋南朝时期,江南地区玄

---

[1] 萧子显:《南齐书》卷三十九《陆澄传》,中华书局1972年,第683页。
[2] 李延寿:《南史》卷七十一《儒林传·皇侃传》,中华书局1975年,第1743页。
[3] 李延寿:《南史》卷七十一《儒林传·皇侃传》,中华书局1975年,第1744页。
[4] 姚思廉:《陈书》卷三十《顾野王传》,中华书局1972年,第398页。
[5] 姚思廉:《陈书》卷三十《顾野王传》,中华书局1972年,第399-400页。

学的特色有三：一是家族化倾向明显增强，许多高门大姓将玄学奉为家学，习玄成风，延及数代，将精擅玄学清谈视为一种社会地位的标志；二是援佛入玄，佛理与玄理相参，为玄学的发展注入了新的元素和活力；三是玄学的主流学术地位得到肯定，东晋南朝时期的江南地区涌现出了一批才学德行兼备的玄学家。

永嘉南渡后，侨姓士族在政治上占据统治地位，他们擅长的玄学也因此成为思想文化领域中的主流。为了和侨姓士族交结，进而提高声望，吴郡大族的不少家族成员努力学习玄学，如吴郡顾氏中的顾和因为玄学造诣精深而得到了侨姓大族的青睐，王导甚至让其"入己帐眠"[1]。顾和还经常在家中与诸名士清谈玄言，并以此熏染、教育后代。

吴郡张氏更是因玄学而光大家风，历数百年而不衰，成为六朝时期著名的玄学家族之一。早在三国时期，张温就能"清谈干云"。西晋时，张翰已浸染于当时的玄风之中，能对玄学问题做深入的讨论。东晋以后，张氏家族成员中擅长清谈者比比皆是，并由此提升了家族的声誉。东晋时的张凭以长于清谈，得到清谈名家刘真长的赏识，朝廷任命其为太常博士。刘宋时期的张敷因擅清谈得到清谈名家宗少文"吾道东矣"的赞誉，由此名价日重，甚至还得到宋武帝刘裕的接见，被称为"千里驹"，委以显职。南齐张融更是擅长清谈，其"玄义无师法，而神解过人，白黑谈论，鲜能抗拒"[2]。张融在永明末年与周颙并称为清谈二家，两人相遇"辄以玄言相滞，弥日不解"[3]。梁代的张卷、张充、张嵊三人，均是"能清言"的玄谈家。总之，玄学的家族性传承，是江南地区玄学发展流播的重要特点。

（三）影响深远的文学成就

秦汉魏晋南北朝时期是江南文学史上的重要发展阶段，尤其东汉之后，伴随着吴郡顾、陆、朱、张四姓等文化士族的形成和发展，文学创作渐趋兴盛，江南地区涌现出不少在文坛上占有重要地位的文学家。

西汉初年，吴地的文学开始发展，辞赋最为兴盛，著籍于吴县的严忌、严助、严忽奇及朱买臣等人都是当时著名的辞赋家。西晋时期，吴郡

---

[1] 刘义庆：《世说新语》卷中之上《雅量第六》，上海古籍出版社1993年，第357-358页。
[2] 萧子显：《南齐书》卷四十一《张融传》，中华书局1972年，第729页。
[3] 萧子显：《南齐书》卷四十一《周颙传》，中华书局1972年，第732页。

文学家以陆机、陆云兄弟及张翰最为著名。陆机是西晋太康、元康年间最著声誉的文学家,被后人称为"太康之英"。就其创作实践而言,他的诗歌"才高词赡,举体华美"[1],注重艺术形式技巧,代表了太康文学的主要倾向。陆机所著的《文赋》,对文学创作动机、过程、方法、形式、技巧、文体和文风等一系列重要问题展开探讨,对我国古代文学理论中的一些基本范畴,如形象、心物、情性、虚实、有无、声律等也提出了自己独到的见解,在中国文学理论发展史上有着重大开创性意义,对后世文学创作和理论发展产生了重要影响。陆云,擅长诗文,且以短篇见长,提出"文章当贵经绮"[2]的主张,开启了六朝文学的先声。张翰,西晋吴县人,才学出众,擅于作文,文辞清新。永宁二年(302),身居洛阳的张翰因见秋叶飘零而思念其家乡吴中莼菜、鲈鱼的美味,遂作《思吴江歌》以抒怀:"秋风起兮木叶飞,吴江水兮鲈正肥。三千里兮家未归,恨难禁兮仰天悲。"后来,这首诗成为成语"莼鲈之思"的来源。南朝时期,吴郡文人辈出,著名的有陆厥、张融、顾野王等,其中张融是南齐永明文学变革时期的一位重要人物,在当时文坛上以赋和文论著名。其赋文辞优美,气势宏大。《吴郡志》中说张融平时言行"风止诡越,见者惊异"[3],文如其人,《南齐书》即说"融文辞诡激,独与众异"[4]。张融在创作中也追求"奇变",而且强调创作中的主体作用,主张"师耳以心,不可使耳为心师"。其实,这些创作主张与《文赋》《文心雕龙》在精神上是一脉相通的,反映了永明时期文学力求变革的时代呼声。他的代表作《海赋》与晋人木华《海赋》并为名作。

魏晋南朝时期,江南地区的文论成就卓越。《文赋》《文心雕龙》《诗品》等专著相继诞生,文艺理论取得了前所未有的进展。陆机的《文赋》是一部以赋体论文学的开创之作,其中提出"诗缘情"等主张,将诗歌的写作与个体生命的志趣爱好、理想追求紧密联系在一起。刘勰的《文心雕龙》是我国现存最早的一部文学理论研究专著,被誉为开创我国文学批评新纪元的文学理论宏著。南朝梁钟嵘的《诗品》,品评了汉晋以来五言诗

---

[1] 钟嵘:《诗品》,台湾商务印书馆1983年影印文渊阁四库全书本第1478册,第193页。
[2] 陆云:《与兄平原书》,见严可均:《全上古三代秦汉三国六朝文》之《全晋文》卷一〇二,中华书局1965年,第2043页。
[3] 范成大:《吴郡志》卷二十四《张融传》,江苏古籍出版社1999年,第351页。
[4] 萧子显:《南齐书》卷四十一《张融传》,中华书局1972年,第724页。

的优劣，是中国第一部诗歌评论专著。沈约的《四声谱》提出了较为完整的诗歌声律理论，首创"四声八病"之说，追求诗歌语言的音乐性，在我国音韵学发展史上占有重要地位。萧统、萧纲、萧绎重视文学的特性和美质，对当时的文学创作有着重要影响。另外，萧统还组织编纂了一部《文选》，世称《昭明文选》，是我国现存最早的古代诗文总集。

（四）杰出的史学成就

江南地区的史学滥觞于春秋时期。至两汉时期，江南地区的史学已经取得一定的成就。西汉至东汉初年，出现了《越绝书》和《吴越春秋》2部著名的地方史志著作。《越绝书》是记载春秋时期吴、越国历史的重要史籍，其作者历来说法不一，《四库全书总目》考证为会稽人袁康和吴平所著，该书的最终定型当是在东汉时期。《越绝书》今本有19篇，分15卷，当有少部分散佚。篇名中又有"内、外、经、传"的分别，应该是受到东汉经学特别是谶纬的影响所致。《越绝书》所记载的内容，以春秋末年至战国初期吴越争霸的历史事实为主干，上溯夏禹，下迄两汉，旁及诸侯列国，对这一时期吴越地区的政治、经济、军事、天文、地理、历法、语言等多所涉及。《越绝书》内容极其广泛，详细记载吴越交战、越王勾践生聚教训，最后兴越灭吴、逐鹿中原的经过，涉及兵法、权谋、术教等方面，被有些学者称为"复仇之书"；书中还记载了许多有关季节变化、农田水利、土地利用、粮食丰歉等内容，被不少学者视为一本发展生产、经世致用之书。《越绝书》中最可珍贵的是《越绝外传记·吴地传第三》和《越绝外传记·地传第十》2篇，详细记载了吴越地区山川、地理、物产等，学术价值独特，因而被一些学者尊为中国地方志之鼻祖。清代学者就曾提出"一方之志，始于越绝"的观点，可见《越绝书》史学地位之重要。《吴越春秋》原为12卷，今存10卷，为东汉初年会稽人赵晔所撰。《吴越春秋》是一部记述春秋时期吴、越两国史事的杂史。前五卷记述吴事，起于吴太伯，迄于夫差，称内传；后五卷记越事，自无余以至勾践，注重对吴越争霸史实的记载，称外传，从而形成了"内吴外越"的格局。有学者认为，"内吴"是尊吴太伯，尊吴的目的是为了尊越。在内容记载上，吴越争霸是叙述的重心，特别是勾践谋吴事记载尤详，反映了作者要"夸越之多贤，以矜其故郡"的主旨。这与《越绝书》的主旨不谋而合。《吴越春秋》具有很高的史料价值，是了解吴越历史的重要历史记载。

三国两晋南朝时期的江南地区,史学成就大放异彩。三国孙吴时期,研究汉史和当代史的学术著作开始出现,主要代表性著作有高岱的《汉书独行传》,韦昭的《吴书》,谢承的《后汉书》《会稽先贤传》等。两晋时期研究汉史的学者,主要是袁山松和袁宏。袁山松著有纪传体《后汉书》百篇,已亡佚。袁宏著有《后汉纪》30卷,是记述从世祖光武帝至献帝近200年历史事迹的编年体史书,其中各以8卷记光武帝和灵帝、献帝事,篇幅占全书一半以上。其内容上的这种轻重详略安排,反映了作者着意于写出东汉政权的兴起和衰亡。两晋时期研究三国史与晋史的学者,主要有孙盛、干宝、张勃、王隐、谢沈、陆机等。孙盛相继完成了《魏氏春秋》和《晋阳秋》二书。《晋阳秋》是记述晋朝一代的编年体史书,因词直而理正,受到史界的赞扬。干宝著有《晋纪》23卷,记自宣帝司马懿至愍帝司马邺53年史事,文字简约精核,被誉为"良史",特点是"其书简略,直而能婉"。该书对后代史学的影响,一是史例的创建,刘知几《史通·书事》曾记载干宝的"五志",如"体国经野之言则书之""才力技艺殊异则书之",可见《晋纪》凡例之一斑;二是首创了"总论"的史论形式,且史论精彩深刻,皆能切中要害。东晋会稽郡余姚人虞预,撰有《晋书》44卷,主要记载西晋史事。虞预还著有《会稽典录》24卷,记载从春秋到三国时期会稽郡几十个历史人物的生平事迹,是一部会稽郡地方志,史料价值很高。

　　南朝时期,江南地区的史学研究走向辉煌,不仅史学家众多,而且成果突出,质量上乘。这一时期最具代表性的史学成果,当属范晔《后汉书》、沈约《宋书》、萧子显《南齐书》3部正史的撰述。24部正史之中有3部撰于南朝时期,可见南朝史学成就之辉煌,史学地位之重要。范晔出身北方南渡大族,一生生活于吴地。宋文帝时以才学为用,官至太子詹事。范晔的《后汉书》,是在多种东汉史籍已经成书的条件下,以班固《汉书》为范本,主要以东汉官修《东观汉记》为基础,并参考华峤《后汉书》等数十种东汉史资料,删繁补略,考疑订误,精心结撰而成书。范晔在《后汉书》类传体例上博取此前众书之长,故类目比较周全,如《党锢列传》《宦者列传》,符合东汉政治的特殊情况。《后汉书》的史论是范晔撰著的用力之处,不仅笔势纵放、词语精练,而且见解深刻,例如《儒林列传》文后之论对东汉儒学发展之利弊的分析,《酷吏列传》《宦者列传》

对酷吏、宦官有褒有贬的评论,都具有辩证思维的因素和实事求是的精神。

沈约,吴兴武康(今浙江德清)人,历仕宋、齐、梁三朝,史家一般称他是梁朝人。沈约出身门阀士族,博通群籍,著有《宋书》100卷、《齐纪》20卷、《高祖纪》14卷等史学著作,但只有《宋书》得以完整保存下来,进入二十四史系列。沈约于南齐武帝永明五年(487)始奉敕纂修《宋书》,博观约取,仅一年间即成纪、传共70卷,后于梁武帝天监年间撰成"八志"30卷,全书齐备。其中,"八志"有些内容还追溯叙述至先秦或秦汉时期,说明沈约具有自觉的通贯古今、补前史之缺的史学意识。

萧子显,南朝梁兰陵人,是齐高帝萧道成之孙,与梁武帝也为远支同族,是当时很有才华的文人、学者。萧子显依据齐国史官的旧作,以纪传体的形式编辑南齐一代史事,著成《南齐书》60卷,得到梁武帝的准许和支持。《南齐书》由于是当代人记当代事,资料充裕,记述南齐史事详细,史料价值较高。同时,该书对追逋、征赋、水利记录较详,还保留了科技家和文学家的事迹,在经济文化史上有一定地位。

除了3部正史以外,重要的史学著作还有裴松之《三国志注》,裴骃《史记集解》,姚察《汉书集解》《定汉书疑》,臧荣绪《晋书》,释慧皎《高僧传》等。其中,刘宋时期裴松之的《三国志注》颇具特点,它不仅像一般史注那样解说词语、地理、典故、人物,而且用大量内容补充史事。对于相互出入的记载,尽量予以考订,发表自己的见解。这种见解,已不限于史事的考订,而且包含了历史评论、史学批评,于史学批评之中还论述了审定史料的原则和方法,使史注的内容极大地扩展,不只起到辅助阅读的作用,而是一种深入的史学研讨。《三国志注》引用的书籍达200多种,很多都已佚失,部分资料赖此得以保存,这使《三国志注》的价值大为提升。作为史注,《三国志注》融合补充史实、列举异同、考辨真伪、发表评论的方法,是裴松之的创造,对后世的史注之书有很大影响。

总之,汉晋南北朝时期的江南学术获得了进一步发展,取得显著的成就,产生很多不朽的经、史、文学名作,为江南学术文化的初步繁荣奠定了基础。

三、隋唐宋元时期江南学术文化的初步繁荣

隋唐宋元时期,是江南学术文化的初步繁荣时期。历经魏晋南北朝近400年的分裂动荡之后,中国社会迎来了期盼已久的隋唐王朝大一统时代。与大一统的历史文化背景相适应,隋唐王朝的政治、经济和学术文化都呈现出恢宏、博大、一统的格局。就文化领域而言,这一时期出现了引人注目的儒、道、佛三教并立之格局,三教在相互争斗中逐步走向融合共存,三教兼通的学者不断涌现,三教讲辩之风盛行一时。由于东汉以后国家分裂,经学研究南北殊途。北学拘泥保守而重章句训诂,不能别出新义;南学开放求新而重义理发挥,往往新义迭出。隋唐时期南北政治一统,文化局面随之一新,南北经学研究的内容与方法逐步趋向统一,人们日渐倾向于南方的经学,舍北从南成为一种潮流。隋唐之际,北学日渐冷落,南学日益兴盛,并且成为统一全国学术文化的主导力量。隋唐以来的经学,注重吸取佛老思想,由重考据的汉学传统不断走向以探求义理为主的宋学系统。因而,至宋元时期,理学勃兴,尤以程朱理学最为繁荣。理学成为影响中国古代社会后半期最主要的学术文化思想。江南是程朱理学兴起传播的重要地域,为学术文化发展做出了重要贡献。除了经学和理学之外,隋唐宋元时期江南地区的史学和文学成就也很突出,地方史志引领史学风尚,诗词散文冠绝全国。因而,隋唐宋元时期的江南学术呈现出一派生机勃勃、繁荣兴盛的文化图景。

(一)显著的经学研究成就

隋唐时期科举取士制度的确立,促进了儒家经学的发展,也提出了儒家经典及其诠释的整齐划一的客观要求,因此隋唐时期的经学研究多为文字的考释。隋代吴郡学者褚辉以精通三礼之学而闻名江南,隋"炀帝时,征天下儒术之士,悉集内史省,相次讲论,辉博辩,无能屈者,由是擢为太学博士"[1],著有《礼疏》100卷。昆山人张冲,南陈时曾任左中郎将,然非其所好,于是"覃思经典,撰《春秋义略》,异于杜氏七十余事,《丧服义》三卷,《孝经义》三卷,《论语义》十卷,《前汉音义》十二

---

[1] 魏徵:《隋书》卷七十五《褚辉传》,中华书局1973年,第1723页

卷"。[1] 张冲之子张后胤承传家学，曾为唐太宗李世民讲授《春秋左氏传》，对文义多有补释，主张德治为先，"以图帝业"，后任国子祭酒。余杭人顾彪编纂《古文尚书疏》20卷，被隋炀帝任命为秘书学士。另一余杭人鲁世达研究《诗经》有成，撰有《毛诗章句义疏》42卷。吴县人陆德明是隋唐之际著名的经学家和训诂学家，在南陈时曾采集汉魏六朝音切凡230余家，又兼采诸儒训诂，考证各本异同，撰成《经典释文》。隋炀帝时被擢秘书学士，迁国子助教；入唐任太学博士，拜国子博士。陆德明曾自言其《经典释文》一书，"古今并录，括其枢要，经注毕详，训义兼辩"，意图"示传一家之学，用贻后嗣"[2]，可见此书已开启了经学统一的先声。吴县人朱子奢，擅长文辞，精通《左氏春秋》，唐高祖年间任国子助教，贞观时任谏议大夫、弘文馆学士。史载朱子奢"为人乐易，能剧谈，以经谊缘饰。每侍宴，帝令论难群臣，恩礼甚笃"。[3] 太宗时，朱子奢还参加了《五经正义》的编撰，主撰《礼记正义》，是促进经学由分立走向统一的先驱。

中唐以后，唐王朝开始走向衰落，中央政府与地方藩镇之间、唐与周边少数民族之间的矛盾，错综复杂地交织在一起。在这种情势下，思想领域呈现活跃之势，经学研究开始跳出义疏的范围，经学家大胆吸收佛学禅宗的养分，开创自由解经的学术风气，以啖助、赵匡、陆淳的《春秋》研究为代表。他们以新的姿态研究儒家典籍，以经驳传，大胆怀疑和否定历代学者对《春秋》的解释，突破了株守章句的学风，开创以己意解经之新风，促进了宋学的萌发，有承上启下之功。因而，清代四库馆臣评价三人学术时说："合三《传》为一书者，自唐陆淳《春秋纂例》始。淳本啖助、赵匡之说，杂采三《传》，以意去取，合为一书，变专门为通学，是《春秋》经学一大变。宋儒治《春秋》者，皆此一派。"[4]四库馆臣肯定了啖助及其弟子在儒学发展中的承上启下之功，认为他们开启了宋学的先声。与陆淳同时代的著名经学家还有吴郡人施士匄。施士匄善治《毛诗》，兼

---

[1] 魏徵：《隋书》卷七十五《张冲传》，中华书局1973年，第1724页。
[2] 陆德明：《经典释文》卷一《序录》，上海古籍出版社2013年，第1页。
[3] 欧阳修、宋祁：《新唐书》卷一百九十八《儒学上·朱子奢传》，中华书局1975年，第5648页。
[4] 纪昀等：《四库全书总目》卷二十六《经部·春秋类一·春秋微旨三卷》，中华书局1997年，第334页。

治《春秋》，具有新的理论观点，喜引申发挥。唐文宗看了他的《春秋传》后，认为："穿凿之学，徒为异同，但学者如浚井，得美水而已，何必劳苦旁求，然后为得邪？"[1]《新唐书》记载，"大历时，助、匡、质以《春秋》，施士匄以《诗》，仲子陵、袁彝、韦彤、韦茝以《礼》，蔡广成以《易》，强蒙以《论语》，皆自名其学，而士匄、子陵最卓异"[2]。韩愈在《施先生墓铭》中亦对施士匄高度评价："古圣人言，其旨密微，笺注纷罗，颠倒是非；闻先生讲论，如客得归，卑让肫肫，出言孔扬。"[3]可见施士匄在学术界的地位。

总之，中唐时期以啖助、赵匡、陆淳为代表的江南学人开创的舍传求经、演绎经义的经学研究新方法开了宋代儒学疑经的先河，也使得唐代经学与江南地区产生了密不可分的联系。唐代经学有二变：一变在武德、贞观时期，以陆德明为代表的江南地区经学家完成了经学的南北统一，南方经学实现了一统天下的目标；一变是中唐啖助学派的舍传求经、阐发义理，江南学人因而在唐代经学史上占有重要地位，在开创宋学先风方面堪称功不可没。

宋元时期江南经学的主流是阐释性理的程朱理学。北宋政治家吴县范仲淹一生重视儒学修养和完美人格的实践。范仲淹学识渊博，博通儒家经典，深得《中庸》之精髓，尤其对《易》学有精深研究，曾亲自为理学家张载讲述《中庸》。宋仁宗天圣四年（1026），范仲淹曾在南京（今河南商丘）主持应天府学，训导督学皆有法度，因而吸引四方从学者辐辏而至，不少人日后高中进士，名扬天下，孙复和石介即是其中的佼佼者。其时，孙复、石介在范仲淹带领下进行经学学习与研究工作，大胆怀疑经典，主张"不惑传注"，要求直接从经文中寻求真谛、阐述心得。于是，范仲淹、孙复和石介师徒开启了宋代怀疑经传的学术先声，引发了宋代反章句训诂的风尚。继之以后，王安石、欧阳修等人更将宋代经学的疑古之风推向了新高度。自此之后，宋儒至疑便自立新论，后来更发展为完全师心自用，"六经皆我注脚"，这种大胆创新的精神促进了宋代学术的繁荣和发展。庆历三年（1043），范仲淹被任命为参知政事，推行新政，其中一项

[1] 欧阳修、宋祁：《新唐书》卷二百《儒学下·啖助传》，中华书局1975年，第5707页。
[2] 欧阳修、宋祁：《新唐书》卷二百《儒学下·啖助传》，中华书局1975年，第5707页。
[3] 屈守元、常思春：《韩愈集校注》，四川大学出版社1996年，第1553页。

改革措施便是"精贡举",即改革科举考试的形式和内容。范仲淹要求朝廷改变以往只注重辞赋和经文记诵的旧制,而以先策论和问大义的方法选拔对国家治理有用的实用型人才。而且,他还要求各州县皆立学校,参加科举考试者接受学校的相应教育。

在实践范仲淹教育改革理想的过程中,胡瑗是一位切实的教育家。胡瑗,字翼之,泰州海陵人,自幼苦读经书,精通儒家经典,学业有成,然一直未参加科举考试,在家乡以授徒为业。后来,他被范仲淹聘任为苏州府学和湖州州学教授。胡瑗大胆改革学校教学方式,在苏州、湖州两学皆设立经义和治事二斋,经义斋侧重学习儒家基本理论,而治事斋则重在培养学生的实际能力,尤其以农田、水利、军事和天文历算等实用科目为主,从而创造了注重实用的"苏湖教法",在当时产生了广泛影响。

两宋之交,至吴地大规模传授讲学的是号称"东南夫子""程门正宗"的杨时。杨时,字中立,自青少年时代即潜心钻研经史,中进士后为探求经义,闭门不出,沉浸于典籍之中达10年之久。致仕后一直以讲学为己任。杨时学问渊博,有经邦济世之才,为官政绩突出,爱国恤民,清廉正直,历官之处皆有惠政,民思之不忘。他学于程颢、程颐,与游酢、吕大临、谢良佐并称"程门四大弟子",将"二程"洛学传播至东南等广大地区,在"二程"和朱熹之间起到了承前启后的作用。政和元年(1111),他在无锡创办东林书院,为江南培养了大批的儒学人才。杨时提倡"中庸""兼爱",治学以"学以致用"为宗旨,"凡所论列皆切于世道"。著有《二程萃言》《周礼义辨疑》《诗辨疑》《论语解》等。尤袤,字延之,常州无锡(今江苏无锡)人,思想上主张"循名责实""节用爱人",并用之于政治实践取得显著成效,号称名臣。在儒学研究方面,他著有《周礼辨义》,对《周礼》有较为精到的研究。他是南宋著名的诗人,被誉为"南宋中兴四大诗人"之一,也是江南著名的藏书家。他根据自己私家藏书编目而成《遂初堂书目》,在经、史、子、集四部分类法的基础上做了很大改进,将图书分成44小类,开创了图书分类以小类划分的新体制,对后世图书分类产生了积极的影响。另外值得一提的湖州安吉人陈振孙,根据私家藏书著成《直斋书录解题》56卷,著录图书3 096册51 180卷,分别论述各书内容和学术源流,是我国古代第一部解题目录著作,起到了"辨章学术,考镜源流"的作用。

浙东学派是宋代著名的儒学流派，代表性学者有吕祖谦、陈亮、叶适、黄震等。因这些儒家学者的籍贯基本都在浙东地区，且其儒学思想主张与当时的很多空谈性理的理学家不同，形成了浙东事功学派（简称浙东学派）。他们不守门户之见，博纳兼容，力倡经世致用之学，与当时脱离实际、空谈义理性命的理学家展开了一系列激烈的交锋。浙东学派主要包括以吕祖谦为代表的金华学派，以陈亮为代表的永康学派，以薛季宣、陈傅良、叶适为代表的永嘉学派，以黄震为代表的东发学派。

吕祖谦，婺州（今浙江金华）人，世称东莱先生，是南宋金华学派的创立者。其以"中原文献之传"而博通经史，兼摄诸家，在当时思想界有着重要地位和影响，曾调停朱、陆之争，与朱熹、张栻并为"东南三贤"，在思想界与朱熹、陆九渊相鼎足。作为理学家，吕祖谦以"理"或"天理"作为世界之本原，所谓"事事物物皆有太极"，与朱熹的"理一分殊"和"太极"极为相似，同样也是以"礼"作为理在社会生活中的具体展现。不同的是，他亦强调"心"的主宰作用，他所说的"心外有道非心也，道外有心非道也"，与陆九渊的"道，未有外乎其心者"如出一辙。所以，在吕祖谦的思想中明显可以看到他对朱、陆思想的兼摄。同时，他非常强调学术的实用价值，亦即对现实事业功利的推崇，这也是浙东学派的主要特征。他还从"务实"的观点出发，注重史学研究，有《大事记》《历代制度详说》《东莱博议》等著作。

陈亮，永康人，是南宋永康学派创立者，著有《龙川文集》《龙川词》。其思想的核心是"物"，认为任何道理法则都不能离开具体的事物，所谓"夫盈宇宙者无非物，日用之间无非事"[1]，又说："夫道，非出于形气之表，而常行于事物之间者也。"[2]这种道在物中、理在事中的观点，跟朱熹的理在事先、道在物先的观点完全对立。他公开以功利作为自己的学术理论基础，同朱熹围绕"王霸义利""天理人欲"根本问题进行了激烈的辩论。朱熹把天理与人欲完全对立起来，陈亮则坚持天理与人欲相并存的观点，认为王道政治与霸道政治在历史上从来是交杂并用的，霸道原本于王道，不存在两者之间的绝对鸿沟，并痛斥那些"自以为得正心

---

[1] 陈亮：《陈亮集（增订本）》卷十《六经发题·书》，中华书局1987年，第103页。
[2] 陈亮：《陈亮集（增订本）》卷九《勉强行道大有功》，中华书局1987年，第100页。

诚意之学者,皆风痹不知痛痒之人也"[1],对理学思想进行了有力的批判。

薛季宣,温州永嘉人,是永嘉学派的开创者,具有强烈的爱国思想,特别注重研究当时的现实问题,主张"求经学之正,讲明时务,本末利害必周知之,无为空言,无戾于行"[2]。陈傅良继承了老师薛季宣的事功学说,在永嘉学派中处于承上启下的地位,主张为学必须务实,不喜欢空谈义理。他说:"所贵于儒者,谓其能通世务,以其所学见之事功。"[3]他对永嘉学派最大的贡献在于确立了"以经制言事功"的基本学术方向,即通过对古代典章制度的研究总结出切合当世的具体举措,以有益于当世的政治实践。叶适是永嘉事功学派的集大成者,著有《水心文集》《习学记言》等。他治学从"致用"立场出发,反对虚幻的道学和心学,认为"道虽广大","而终归之于物","非知物者不能至道"。[4]他还积极提倡功利,反对把仁义和功利截然对立的观点,认为仁义和功利是统一的,谋利而不自私其利、计功而不自居其功便是仁义。他的功利主义思想适应了当时南方社会经济发展的客观要求,有着历史性的意义。

黄震,字东发,庆元慈溪人,曾参与修纂宋宁宗和理宗两朝国史和实录,学宗朱熹,兼宗叶适,主张经世致用,知先行后,反对空谈义理,批评理学家"人心道心""即心即道"的思想,认为心只是灵明,不能传,也不须传,提出"道不离器""物各有理"的观点,主张知先行后,创立了东发学派,著有《春秋集解》《礼记集解》《黄氏日钞》。

元朝曾一度废除科举,对国家文化建设不够重视,因此经学有私相授受的性质。元明之际苏州人张士真以治《春秋》闻名。常熟人张麒,在家乡于苏州天赐庄设课授徒,以精通经学声闻乡里,学生谥之曰"文庄"。这些学者都是从私塾乡学中接受教育,然后隐居教授,为乡梓文教的昌明付出心力,也为经学延绵不绝的传承做出了贡献。元明之际武进人谢应芳(1295—1392)著有《辨惑编》一书,站在儒家正统立场,批判佛道说教与

---

[1] 陈亮:《陈亮集(增订本)》卷一《上孝宗皇帝第一书》,中华书局1987年,第9页。
[2] 薛季宣:《薛季宣集》卷二十五《答象先侄书》,上海社会科学院出版社2003年,第329页。
[3] 陈傅良:《止斋先生文集》卷十四《大理寺主簿王宁新知信阳军刘崇之并太府寺丞制》,上海书店1989年影印《四部丛刊初编》第183册。
[4] 叶适:《习学记言序目》卷四十七《皇朝文鉴·四言诗》,中华书局1977年,第702页。

鬼神迷信，反对淫祠祭祀与巫术活动，具有一定的进步意义。

（二）杰出的史学成就

隋唐宋元时期的江南史学，在正史编纂方面也取得了成就，主要是姚思廉撰成《梁书》《陈书》，后来被列入"二十四史"。姚思廉，吴兴武康（今湖州德清）人，自幼习史，博学多识，贞观初年任著作郎，官至散骑常侍。姚思廉为贞观"十八学士"之一，后来也名列贞观朝功臣，政治地位颇高。贞观三年（629），姚思廉受唐太宗之命修纂梁、陈二史。当时可供姚思廉参考的梁史资料有沈约等人撰录的《梁书》，许亨撰的《梁史》，何之元与刘璠各撰的《梁典》，姚勖撰著的《梁后略》等。陈史资料较少，今可知重要的有顾野王等人分别修撰的《武帝》和《文帝》二本纪，以及陆琼撰的《陈书》等。姚思廉之父姚察的旧稿实为姚思廉的主要参考资料。至贞观十年（636），姚思廉撰成《梁书》50卷、《陈书》30卷，后来都被列入24部正史之列。《梁书》《陈书》文字简洁优美，史料价值较高，是研究梁、陈两朝历史必不可少的重要资料。二书后来在清代被列为正史，是对二书史学价值的高度肯定。

隋唐宋元时期，江南地区地方志的编纂逐步兴起，取得了较为突出的成绩。在方志发展过程中，江南学者做出了重要贡献。据学者统计，这一时期仅苏州学者所作方志就有26种，如《吴地记》《吴郡图经续记》《吴郡志》等。这一时期，江南学者所撰的地方志中，丹阳人王存所作的《元丰九域志》也有很大学术影响。宋真宗大中祥符年间，学士王曾修有《九域图》，仅3卷。此后，行政区划多次变更。神宗熙宁八年（1075），都官员外郎刘师旦以州县名号多有改易，奏请重修。神宗诏命曾肇、李德刍删定，而以王存总其事。于元丰二年（1079）着手编修，至元丰三年（1080）闰九月书成，因"旧书名图而无绘事"，改称《九域志》。书成之后，又经多次修订，最终所反映的政区基本为元丰八年（1085）之制。《元丰九域志》全书分10卷，重点在于行政辖区范围的记述，始于四京，次列二十三路，分路记载所属府、州、军、监及其距京里程、四至八到、主客户数、土贡、领县数和名称；每县下又详列距府州方位里程和所领乡数镇堡、寨名目以及名山大川。据统计，记载内容仅镇的书目即达1 880余个，山岳、河泽亦各在1 000以上。书中所列土贡数额远较以往任何史书、地理总志为详，而所载镇名更为宋时其他地理总志所无。全书举纲撮要，简明扼要，但内容丰实，独具一格，是研究宋代历史经济地理和自然地理的宝贵资料。应该指出的是，王存所修《元丰九域志》的基本立场是着重于地理的实用性，与乐史的《太平寰宇记》将沿革地理和人文因素以及文艺作品熔于一炉的写作方法不同。虽然自宋代以后，地方志的编修越来越重视人文因素和文艺作品的搜集，但王存《元丰九域志》重视地方志实用性的地理学思想依然有一定价值。

四、明清时期江南学术的高度繁荣与总结嬗变

明清时期的江南，经济富庶，物质繁盛，文化发达，时人有"东南财赋地，江左人文薮"之誉。明清江南经济的发达，推动了学术文化的进步和社会风气的变迁。王阳明心学崛起，盛极一时，影响深远。明清之际，顾炎武、王夫之、黄宗羲三大家率先垂文作范，开启实学之风。清朝乾嘉年间形成了以考据学为特色的乾嘉学派，江南学人则成为乾嘉学派的核心。时至晚清，以王韬、冯桂芬等为代表的江南士人领风气之先，倡导西学，主张社会改良，为晚清中国的近代化做出了贡献。总的来说，明清江南地区的学术文化十分繁盛，具有总结嬗变的学术特征。

（一）经学研究繁盛

1. 从理学传播到阳明心学风靡

明代初年，儒学士人基本都是"朱子门人之支流余裔，师承有自，矩矱秩然"[1]。明初诸大儒均笃践履，谨绳墨，恪守前人成说，无敢改错。此时，江南地区的儒学也是循前人之途辙，基本没有创新。因而，明初至中期，江南儒学虽然始终传承着，但一直没有出现影响广泛的大理学家，总体成就不甚显著。

明朝前中期，江南地区的名儒理学家主要有金华宋濂、宁海方孝孺、昆山魏校、常州唐顺之等人。其中，理学成就较著者如宋濂，明初时受朱元璋礼聘，为太子朱标讲经，并为朝廷制定礼仪，主持纂修《元史》。治学兼宗朱陆，并受佛道影响。与高启、刘基并称为"明初诗文三大家"，又与章溢、刘基、叶琛并称为"浙东四先生"。著有《宋学士全集》。魏

---

[1] 张廷玉等：《明史》卷二百八十二《儒林一》，中华书局1974年，第7222页。

校为弘治年间的进士，后任太常寺卿，通晓诸儒之说，著有《大学指归》《六书精蕴》等。魏校的弟子唐顺之，活动在正德、嘉靖年间，"自天文、乐律、地理、兵法、弧矢、勾股、壬奇、禽乙，莫不究极原委"，他取古今载籍做类书，"为《左》《右》《文》《武》《儒》《稗》六编传于世，学者不能测其奥也"。[1] 总的说来，明朝前中期的江南理学家，大多潜心程朱性理之学，僵化地遵从宋儒之言，基本上没有理论建树，还因固守旧义致使理学走向了僵化。

但在明代中叶，浙东余姚人王守仁异军突起，创立了心学思想体系，并逐渐取代了朱学的地位。明中叶以来，朱学因其独尊地位兼之与科举功名挂钩已经成为士人空谈的对象，逐步走向了僵化。随着阶级矛盾激化和个人意志的发展，朱熹所说的理作为一种外在的强制力量，对于人们思想行为的束缚已然不能为时代所容忍。王守仁有见于此，大声疾呼"圣人之学不是这等捆缚苦楚的"[2]。他要将封建的仁义礼乐忠孝思想从外在的强制规范转化为人自身的内在欲求。于是，他宣称"天理本在我心"，以便有效地将人们的思想与行为重新纳入封建伦理规范之中。王守仁心学顺应时势在明代中叶沛然而兴，迅速传播于世，深刻地影响了明代后半期的中国社会。

王守仁，字伯安，浙江余姚人，学者称"阳明先生"。弘治十二年（1499）进士登第，历任南京刑部主事、鸿胪寺卿、兵部尚书等职，曾率兵平定边民反乱以及宁王朱宸濠的宗室叛乱。正德十六年（1521）年初，王守仁始于南昌提倡"致良知"学说，完成了其心学体系的建立。王守仁的心学思想体系，主要包括了这样一些内容：（1）格物说。王守仁的思想与朱学的相背驰始于他的格物致知之旨。朱学的格物，在于"即物而穷其理也。即物穷理，是就事事物物上求其所谓定理者也。是以吾心而求理于事事物物之中，析心与理而为二矣"。而王守仁的格物则主张心理合一，心即理。他说："若鄙人所谓致知格物者，致吾心之良知于事事物物也。吾心之良知，即所谓天理也"，"事事物物皆得其理者，格物也，是合心与理为一者也"。[3]（2）致良知。王守仁主张良知是先天即有而非后

---

[1] 张廷玉等：《明史》卷二〇五《唐顺之传》，中华书局1974年，第5424页。
[2] 王守仁：《王阳明全集》卷三《传习录下》，上海古籍出版社1992年，第104页。
[3] 王守仁：《王阳明全集》卷二《传习录中》，上海古籍出版社1992年，第44-45页。

天形成的说法。他认为每个人都有良知,这良知便是人的本心;人人按本性来说,都是圣人。因此,必须遵从良知的召唤,做到知行合一。那么良知何在? 答案是,"心即理也。天下又有心外之事,心外之理乎?"在王守仁看来,伦理纲常就是人们心中所故有的、先验的良知,所以要认识伦理纲常之"理"即所谓致良知,其途经不是通过外在的实践去获得,而是到心中去体认。(3)知行合一说。王守仁不同意宋儒知在行先的说法,他提出知行合一说。他的知行合一说,就是在要求行为和良知相一致基础上提出来的。他说:"我今说个知行合一,正要人晓得,一念发动处便即是行了。"[1]即是说,若是人们心中产生了某种"不善"念头,就必须立即"克倒"。王守仁镇压过江西等地的农民起义,因此他颇有感触地说:"破山中贼易,破心中贼难。"可见,王守仁的心学就是要人们自觉地破"心中贼",消除一切所谓的"邪念",从心底深处服从专制统治。

王守仁的心学思想,在教法上主张"无善无恶心之体,有善有恶意之动,知善知恶是良知,为善去恶是格物",直接诉诸每个人的直觉,具有强烈的批判色彩和自然主义理想色彩。这种思想对程朱理学通过科举考试过分约束心灵的知识界,以及在传统意识形态控制下的新兴资本者和市民阶层来说,是一种活泼的新道德,是一种除旧布新的新思想,很快得到了时代的认可。于是,王守仁的心学理论在学术界引起了强烈反响,四方学子纷纷投其门下执弟子礼。"王学"迅速占据了学术主流地位,很快成为风靡明代中后期的学术主流思想。

2. 顾炎武与清初朴学学风的开创

明清之际是一个重大的历史转折期。明朝末年,以王阳明为代表的理学流派,因其游谈无根、浮夸无物,已然走上了绝路。昆山顾炎武深感前代理学家虚浮亡国的腐败学风,开启了解放思想、踏实治学的朴实学风,产生了重大的影响。

顾炎武,学者称之为亭林先生,苏州昆山人。14岁为诸生,还与归庄一起参加了复社,27岁乡试失败后,放弃科举,开始从事有益于国计民生的实学。南明之初,先效命福王政权,后组织昆山起义。兵败家破,江南无以存身,自45岁开始游居北方,广交天下豪杰名士,遍览名山大川、

---

[1] 王守仁:《王阳明全集》卷三《传习录下》,上海古籍出版社1992年,第96页。

要冲胜地，最后选定华阴作为栖身之地，终身不与清朝当局合作。从1657年开始，顾炎武孤身一人踏遍鲁、冀、豫、晋、陕，为复明、为学术默默地努力。

顾炎武学识宏富，在经学、史学、小学、诸子、典制、金石考古、方志舆地、天文仪象、河漕兵农等方面都有精深造诣。他的著作极为丰富，除《亭林诗文集》外，主要有《天下郡国利病书》《肇域志》《音学五书》《金石文字记》《左传杜解补正》以及《九经误字》《石经考》《五经同异》《二十一史年表》《历代帝王宅京记》《山东考古录》《求古录》等。平生代表作为《日知录》32卷，是书以"明道""救世"为宗旨，包括了他的全部政治和学术思想，自称"平生之志与业皆在其中"，是他一生的研究心得所在。顾炎武的学术影响，与王夫之、黄宗羲相埒，被后世称为"清初三先生"，是清代学术的开山祖。

顾炎武治学中有两句话最为引人注目：一是认为圣人之道为"博学于文""行己有耻"[1]；二是"古今安得别有所谓理学者，经学即理学也"。[2] 他对当时学术界分门立户、党同伐异的习气深恶痛绝。对理学不取诸"五经"、《论语》而资之《语录》，王学末流空谈心性种种明末清初的学术积弊，给予了猛烈的抨击，认为这些喜言心学者是"陷于禅学而不自知"[3]。他还激烈地批判明儒空谈心性，误人误国，抨击他们"未得其精而遗其粗，未究其本而先辞其末，不习六艺之文，不考百王之典，不综当代之务"，"以明心见性之空言，代修己治人之实学"，结果导致了"神州荡覆，宗社丘墟"的局面。[4] 面对社会现实，顾炎武极其重视儒学讲究齐家治国平天下的一面，注重治道，改变风俗。因而，"明体达用，经世济人"成为他一生治学最为突出的特点。顾炎武以"博学于文""行己有耻"的治学主张相号召，一生大力践行崇实致用的学风，不懈地为扭转晚明以来空疏学风而努力，为清初实学之风开启先路，并做出了积极贡献，因此被誉为"清学开山之祖"。他一生治学，都以务实致用为依归，以"文须有益于天下"为指导思想，"凡文之不关于《六经》之旨、当

---

[1] 顾炎武：《顾亭林诗文集·亭林文集》卷三《与友人论学书》，中华书局1959年，第41页。
[2] 全祖望：《全祖望集汇校集注·鲒埼亭集内编》卷十二《亭林先生神道表》，朱铸禹校注，上海古籍出版社2000年，第227页。
[3] 顾炎武：《日知录》卷十八《心学》，上海古籍出版社2006年，第1048页。
[4] 顾炎武：《日知录》卷七《夫子言性与天道》，上海古籍出版社2006年，第402页。

世之务者，一切不为"[1]。他认为："君子之为学，以明道也，以救世也。徒以诗文而已，所谓'雕虫篆刻'，亦何益哉！""君子博学于文，自身而至于家国天下，制之为度数，发之为音容，莫非文也。"他所要求的博学的文，范围至广，不仅仅限于文字、文章之文，而是经天纬地，"观乎人文以化成天下"之文。其所谓的学，包罗个人和社会的各种问题，具有极其广博的社会文化内容。《清史稿》总结顾炎武的治学领域和学风说："炎武之学大抵主于敛华就实，凡国家典制、郡邑、掌故、天文、仪象、河漕、兵农之属，莫不穷原究委，考正得失。"[2]他的门人潘耒也称他"事关民生国命者，必穷源溯本，讨论其所以然"[3]，即说顾炎武非常重视有益于国计民生之实学。

顾炎武在治学中还非常注重考据，他对于"经义、史学、官方吏治、财赋、典礼、舆地、艺文之属，一一疏通其源流，考正其谬误"[4]，对于"每一事必详其始末，参以证佐，而后笔之于书，故引据浩繁，而牴牾者少"，"有一疑义，反复参考，必归于至当，有一独见，援古证今，必畅其说而后止"。[5]所谓"有一独见，援古证今"，即作文立论定要广泛搜求例证，精审考据，审慎得出结论的治学方法。这种考据求实的方法开启了清代"汉学"考据之风，他所著的《日知录》就是一部考据学精品。而且，顾炎武不仅注重书本知识的实证，还十分注意实地调查，反对"琐琐于典籍文字之间，而不求之于道里徒步之下"的汉儒旧风。他的历史地理著作《天下郡国利病书》就是文献资料考据与实地考察资料相结合的成果。实际上，顾炎武之所以在清学史上具有开山祖之地位，除了他治学领域广博、学问精湛外，更重要的还在于他开启了清初崇实黜虚、明道救世的学风。顾炎武考据求实的治学风格开启了乾嘉"汉学"考据之先河，奠定了清代朴实学风的总基调，而明道救世的治学宗旨则开启了清初的实学研究思潮与经世致用学风，流风所及，影响了整个有清一代。

---

[1] 顾炎武：《顾亭林诗文集·亭林文集》卷四《与人书三》，中华书局1983年，第91页。
[2] 赵尔巽：《清史稿》卷四百八十一《列传二百六十八·儒林二·顾炎武传》，中华书局1976年，第13167页。
[3] 潘耒：《日知录序》，见顾炎武《日知录》卷首，上海古籍出版社2006年，第1页。
[4] 潘耒：《日知录序》，见顾炎武《日知录》卷首，上海古籍出版社2006年，第1页。
[5] 潘耒：《日知录序》，见顾炎武《日知录》卷首，上海古籍出版社2006年，第1页。

3. 乾嘉学派的崛起和流变

在清朝文网严织的现实背景下，乾隆、嘉庆年间形成了以考据为中心的乾嘉学派。乾嘉学派分成三派，分别是以东吴三惠（惠周惕、惠士奇、惠栋）为代表的吴派，以戴震为代表的皖派，以及以阮元为代表的扬州学派。可见，江南士人是乾嘉学派的核心。

（1）吴派。吴派导源于惠栋的祖父惠周惕，而成于惠栋。惠氏三代传经，功力皆极深厚。实际上，有关清代汉学，虽然顾炎武在清初就已开辟先路，但直到惠氏才公开打出汉学的旗帜，与宋学分庭抗礼，奠定汉学的基础。江藩《国朝汉学师承记》即说："本朝为汉学者，始于元和惠氏。"梁启超也认为，"汉学"一词，最早就出于惠栋的《易汉学》。惠氏经学第一代是惠周惕，苏州吴县人，康熙年间进士，曾任密云知县，卒于官。惠周惕长于经学，精于考证，尤以研究《易经》见长，撰《易传》2卷，摒弃宋儒《易》学而专宗汉儒《易》说。其子惠士奇继承父业，使吴派经学传统得到发扬。惠士奇，人称"红豆先生"，康熙进士，官至侍读学士。在广东学政任上，提倡经学，使广东学风大变。他治经力主由训诂以明经义，于古音古字，一一疏通，并援引经史百家之文作为佐证，使艰涩古文无不贯通，撰有《易说》《礼说》《春秋说》。但总的说来，他们都尚未专宗汉学，到了惠栋才高举汉学的旗帜，信古尊汉，说经一依汉儒而旁求于周秦诸子。惠栋，字定宇，号松崖，人称"小红豆"，虽仅是生员，但学术成就很高，与戴震齐名。他自幼笃志向学，于经史诸子、稗官野乘及佛藏、道藏，无不泛览。惠栋对诸经皆有研究，尤邃于《周易》，撰有《周易述》《易汉学》《易例》《明堂大道录》《禘说》《周易本义辨证》《九经古义》《古文尚书考》《左传补注》等。关于惠栋的治学，梁启超曾用8个字概括，即"凡古必真，凡汉皆好"[1]。惠栋在清代开启了推崇汉儒、恢复汉学的源头。他认为汉朝学者对经书的解释接近原义，因而对汉代的经义注疏，花大力气进行整理发掘和研求。他的基本做法："以经为纲领，以传为条目，以周秦诸子为佐证，以两汉诸儒为羽翼，信而好之，择其善者而从之，疑则阙之。"[2]他对《易》学最为专注，以善治《易》

---

[1] 梁启超：《清代学术概论》，上海古籍出版社1998年，第31页。
[2] 杨超曾：《翰林院侍读学士惠公墓志铭》，见钱仪吉：《碑传集》卷四十六，台湾明文出版社1993年"清代传记丛刊"第108册影印本，第627页。

学著称,但其治《易》学方法与其父有异。 惠士奇尚能发表自己的见解,而惠栋的《易》学主旨在于勾稽考证汉儒各家《易》说,对郑玄、虞翻、荀爽、京房等治《易》诸说,一一采集,为之疏通证明。 总体说来,惠栋的经学具有尊古崇汉,固守旧说、述而不作,从文字音韵入手以探求经义等三方面的主要特点。 惠栋治经,对恢复和保存古籍做出了重要贡献,且重视经籍文字考证,为后世考据学做出了示范。 惠栋终身不仕,课徒著书,名满天下,培养了一批著名的学者,并形成了以惠栋为中心的吴派。 吴派学者,以尊汉为旗帜,壁垒森固,旗帜鲜明,与宋学分庭抗礼,标志着清代汉学的形成。 其时,经常与惠栋交游的除了他的弟子外,还有吴江沈彤、华亭沈大成等,另外汉学大家钱大昕、戴震、王鸣盛、王昶等都曾与惠栋交游问学。

惠栋之后,汉学盛行海内,吴地为它的大本营,人才辈出。 在这些吴派学者中,吴江沈彤著有《周官禄田考》,对周朝禄田制度做了详细考证,使"二千年来聚讼,一朝而决"[1]。 吴县余萧客作《古经解钩沉》,搜集唐以前的经注,勾稽排比,具有一定的学术价值。 常熟江声作《尚书集注音疏》,嘉定王鸣盛作《尚书后案》,均对《尚书》做了详细的考释与阐发。 钱大昕(1728—1804)是其中最为著名的,被称为一代儒宗。 钱大昕年轻时曾就读于紫阳书院,后来中进士,入翰林院,累官至少詹事,担任过山东、湖南、浙江、河南等乡试主考官,后任广东学政。 乾隆四十年(1775)丁父忧归,从此辞官。 历任娄东、钟山、紫阳书院山长,在紫阳书院共 16 年。 他早年受惠栋、沈彤等影响,精研古经义、音韵训诂之学,并旁及子史。 入京后,又研究《九章算术》和欧洲算法。 他并不专治一经,于经无所不通,并且重视史学,著有《廿二史考异》,该书是乾嘉史学考据的代表性著作。 钱大昕学识渊博,博综群籍,学究天人,扩大了经学研究的范围,是清代学者中的佼佼者。

(2)皖派。 皖派是与吴派并称的一个学派,其代表人物为安徽休宁人戴震。 吴派和皖派并不是两个对立的学派,两派的主张有许多共同点,因此相互影响,互为师友。 皖派较吴派后出,学术成就超过吴派。 吴派多治《周易》《尚书》,皖派则精于小学、天算,尤擅长三礼。 吴派提倡复

---

[1] 惠栋:《松崖文钞》卷二《沈君彤墓志铭》,清光绪刘氏刊本。

古，唯汉是好；皖派强调求真，方法严密，识端精审。王鸣盛曾论惠栋、戴震的学风不同说："方今学者，断推两先生，惠君之治经求其古，戴震求其是。"[1]章太炎论吴、皖两派区别时也说："吴始惠栋，其学好博而尊闻；皖南始戴震，综形名，任裁断，此其所以异也。"[2]又说吴派"皆陈义尔雅，渊乎古训是则者也"[3]，而"戴学数家，分析条理，皆缜密严瑮，上溯古义，而断以已之律令，与苏州诸学殊矣"。[4]章太炎的说法大致与王鸣盛之说相近。皖派的出现，是清代乾嘉汉学发展的高峰。吴派虽然已能和宋学分庭抗礼，但还不能排斥宋学，自皖派出，局面为之一变，"震（戴震）始入四库馆，诸儒皆震竦之，愿敛衽为弟子。……震为《孟子字义疏证》，以明材性，学者自是薄程、朱"。[5]此后，理学更加失去了吸引力，汉学取代宋学的地位，成为文化学术的主流，知识界"株守考订，訾议宋儒，遂将濂、洛、关、闽之书束之高阁，无读之者"[6]。

皖派的主要代表戴震，字东原，安徽休宁人。青年时师事于徽州婺源学者江永。江永精通礼学、音韵学和天算学，博学多识。段玉裁曾评价，"永治经数十年，精于三礼及步算、钟律、声韵、地名沿革，博综淹贯，岿然大师"[7]，是当时著名的考据学家，著述丰富。戴震的学问因之而全面增长。乾隆二十年（1755），戴震33岁，因避仇游学各地，与惠栋结成忘年交，与纪昀、朱筠、钱大昕、王鸣盛、卢文弨、王昶等有名学者结成好友，以学识名动京师。至乾隆三十八年（1773）戴震51岁时，奉诏以举人充《四库全书》纂修官，53岁会试落第后特准参加殿试，授翰林院庶吉士，55岁病死。戴震的学生很多，段玉裁、王念孙、任大椿、孔广森等都在其门下受业。

戴震进入四库馆校订《四库全书》之后，学问日进，对经学、历算学、地理学、文字学、音韵学等无所不通，精于考证，著有《古历考》《尔雅文字考》《声韵考》《声类表》《六书论》《考工记图》《通释》《续天文略》

---

[1] 洪榜：《初堂遗稿》卷一《戴先生行状》引王鸣盛语，清刻本。
[2] 章炳麟：《訄书详注·清儒第十二》，徐复注，上海古籍出版社2000年，第139页。
[3] 章炳麟：《訄书详注·清儒第十二》，徐复注，上海古籍出版社2000年，第142页。
[4] 章炳麟：《訄书详注·清儒第十二》，徐复注，上海古籍出版社2000年，第145页。
[5] 章炳麟：《訄书详注·清儒第十二》，徐复注，上海古籍出版社2000年，第151页。
[6] 昭梿：《啸亭杂录》卷十《书贾语》，中华书局1980年，第317页。
[7] 段玉裁：《戴东原先生年谱》，清刻本。

《毛郑诗考正》《尚书义考》《孟子字义疏证》等。戴震的学术成就一在考据学，二在哲学思想。戴震是一位卓越的考据学家，在音韵、训诂、名物、制度、天算、地理学方面的研究都有突出的贡献。在音韵学研究方面，他把古韵分为九类二十五部，并创造了阴、阳、入对转的理论；在训诂学上贡献最为突出，戴震一反宋明理学空疏之弊，力求追溯古代圣贤经典之真与实，开辟了一条从字音中探求词义的新途径。他对于声韵、文字和训诂三者之间的关系具有非常精到的认识，认为治学途经应该是由声音、文字以求训诂，由训诂以寻义理，治学必先由识字、解词开始，然后知语句、篇章之意。戴震对名物、制度以及古文献的校勘考证也做了很多工作，著《考工记图》对郑玄注多有订正。他把古代天文理论和古籍中的有关资料结合起来，解决了天文学上的一些疑难问题。在算学方面，他从《永乐大典》中整理出《九章算术》《海岛算经》等著作，还采用西方数学对勾、股、弦与圆的关系做了详尽论述，著有《勾股割圜记》《策算》等数学著作。戴震还重校《水经注》，使经、注分明，开创了以山川为主而求其郡县的地理考据法。

戴震治学并非为考据而考据，他不仅是一个卓越的考据学者，而且还是一个杰出的思想家。他较之当时其他汉学家尤为突出的是，不仅从治学方法上力破宋学之弊，恢复汉代朴学之风，更对程朱理学的思想体系进行了全面的清算，无情地揭露了封建理学以理"杀人"的本质。戴震对理学的批判，突出表现于《孟子字义疏证》一书。他借疏证《孟子》对理学进行尖锐的批判，反对以"存天理，灭人欲"之说对"人欲"全面遏止，提出"理存乎欲"的观点，要求"理"与"欲"的统一，他说："尊者以理责卑，长者以理责幼，贵者以理责贱，虽失谓之顺；卑者、幼者、贱者以理争之，虽得谓之逆。于是……在下之罪，人人不胜指数。人死于法，犹有怜之者，死于理，其谁怜之！"这就公开揭露了程朱理学倡导的所谓"理"完全是为"尊者""长者""贵者"服务的工具，封建礼教比封建刑法还要可怕。

戴震对宋明理学的批判，建构在坚实的经学基础之上，而且将其从理论层面转化为政治层面，体现出反传统、反权威的色彩。他呼吁"体民之情，遂民之欲"，痛斥"理欲对立"论的不合理，认为它冷漠严酷，不近人情，甚至到了"以理杀人"的地步。这表现了戴震对社会人生的关切，也反映了他对人性复归的终极关怀,具有一定的时代启蒙意义。

戴震对考据学的倡导,深刻地影响了学术界,遂使考据成为一时的学术潮流。戴震弟子众多,后世将其学术称为"汉学皖派",亦属于用地域因素作为标志。而实际上,他的学术宗旨与惠栋的学术宗旨有很多相合之处,甚至互相推崇、互相借鉴。吴、皖分派之说,更多只是后人为了研究方便进行的学术划分而已。

戴震的后继者可分为两派:一派继承其考据之学,方法更加严密,成就更加突出,但不谈义理;一派出考据之外兼谈义理,较全面地继承其治学途经。戴震的弟子段玉裁、王念孙及其子王引之等,继承发扬了戴震的考据之学,并取得了卓越成就。段玉裁,字若膺,江苏金坛人,著《说文解字注》,对中国文字音韵学贡献极大。段玉裁写有多部说经之书,是乾嘉学派后期的大师。而以剖析文字训诂为手段的考据学,在高邮王念孙、王引之父子之时发展到极致。王念孙著有《广雅疏证》《读书杂志》等,王引之著有《经义述闻》《经传释词》《字典考证》等,他们对中国古代训诂学的发展做出了重大贡献。继承戴震兼治考据、义理之学的有汪中、凌廷堪、焦循、阮元等,成为扬州学派的中坚。

(3)扬州学派。扬州学派是在乾嘉学派皖派的影响下产生的,他们大多数都是戴震的弟子,因而也有学者认为扬州学派是皖派的一部分。扬州学派继承了戴震的音韵训诂考据之学和哲学思想并有所发展,其中比较著名者有王念孙、王引之、汪中、焦循和阮元。之所以把这些学者又归为扬州学派,是因为他们既有历史上扬州学术文化传统的渊源,又受到了吴、皖两派朴学大师们共同的影响。扬州学派的大师们对吴、皖两派的学风都有所吸取。王念孙精审超过吴派,但在"贵专"方面似又更接近吴派。汪中、焦循、阮元既尊惠栋,更尊戴震。清代学术,吴派最专,皖派最精,扬州之学最通。扬州学派继承和发展了戴震治学的特点,首在能"创",如焦循研究《易经》,黄承吉研究文字学,均自创新例;次在能"通",王念孙研究训诂,阮元研究名物制度,汪中辨明学术源流,都能融会贯通,其治学规模、次第、方法,集吴、皖二派之长,又独具风格,如焦循在阐明性理、探究经学、教诫子弟等方面都强调"会通",主张"日新",反对"据守"和所谓"定论"。在求知领域上,扬州学派不仅研究经学,也研究史学、诸子、历算、词曲、戏剧等。在自然科学、哲学、教育、训诂、校勘等方面都有贡献。

(二) 史学研究发达

明清时期，江南地区的史学也颇为发达，无论是私家修史，还是地方志撰述都一时称盛，还出现不少影响全国的史学大家。

1. 王世贞的明史研究

王世贞（1526—1590），字元美，号凤洲，又号弇州山人，苏州太仓人，进士。明代文学家、戏曲理论家、史学家。王世贞是明代国史研究大家，著有《弇山堂别集》100卷，以及《史乘考误》等历史著述，在明朝当代史的研究与史料工作中有突出成就。王世贞在史学理论与史学批评方面有着精辟的见解。其一，他提出了"天地间无非史而已"的见解，认为"六经，史之言理者也"，[1]将一切文献都视为历史文献，明显地提高了史学的社会地位。他十分强调史学的作用，指出史书"一代缺而一代之迹泯如也，一郡国缺而一郡国之迹泯如也"[2]。因此，不能令历史记载残缺。其二，他对各类史料史籍的史学价值有着理性的分析。明代后期野史丛生，其中颇多捕风捉影、肆口失实的记述。对此，王世贞予以理性的辨析，他指出："国史人恣而善蔽真，然其叙章典、述文献，不可废也；野史人臆而善失真，然其征是非、削讳忌，不可废也；家史人谀而善溢真，然其缵宗阀、表官绩，不可废也。国以草创之，野以讨论之，家以润色之，庶几乎史之倪哉！如其笔削，以俟君子。"[3]王世贞的这些史学思想，充分显示了一位优秀史家的史学见识，有利于明代史学的发展。

2. 胡应麟的史学理论成就

胡应麟（1551—1602），字元瑞，又字明瑞，浙江兰溪人，自号少室山人，后更为"石羊生"。明代杰出文献学家，一生不为官，藏书4万多卷，在家治学著书。著有《少室山房笔丛》《少室山房类稿》《诗薮》。他的《四部正讹》是一部群书辨伪与辨伪学理论的专著；《史书占毕》是他考辨与评论史家、史书、史事的心得荟萃，其中颇有对史学的理论性见解。

---

[1] 王世贞：《弇州四部稿》卷一百四十四《艺苑卮言》，台湾商务印书馆1983年影印文渊阁四库全书本第1281册，第350页。

[2] 王世贞：《弇州四部稿》卷一百一十六《策·湖广第三问》，台湾商务印书馆1983年影印文渊阁四库全书本第1280册，第810页。

[3] 王世贞：《弇州四部稿》卷七十一《皇明名臣琬琰录小序》，台湾商务印书馆1983年影印文渊阁四库全书本第1280册，第218-219页。

胡应麟在史学理论方面有独到的见解,主要表现为以下两点。 第一,关于史家必备品德和素质,他提出了"公心""直笔"说。 胡应麟在刘知几"史才三长"基础上,提出自己的见解:"才、学、识三长足尽史乎? 未也。 有公心焉、直笔焉,五者兼之,仲尼是也。"[1]胡应麟认为一位合格的史家不仅应该具备才、学、识三长,还应以公正无私之心、直笔无隐的态度撰著历史。 第二,胡应麟不仅提出史家的一般性标准,还专门提出了"史有别才"论。 他说:"昔人谓诗有别才,吾亦谓史有别才也。"[2]胡应麟从史家标准与著史实践出发,得出了"史非专不可也""史非久不可也"的论断,认为史家不但需要专才、独断,而且修史要有较长久的时间才能成功,不可速成。

3. 万斯同与《明史》纂修

万斯同(1638—1702),字季野,浙江鄞县(今浙江宁波)人,是大儒黄宗羲的高足。 万斯同自幼聪慧,博闻强识,酷爱史学,精通廿一史,尤其精熟明代掌故。 他对清朝官修《明史》的纂修做出了重大贡献,甚至可以说是做出最大贡献的学者。 万斯同出身明朝官宦世家,其父万泰、兄万斯大、业师黄宗羲均曾参与反清斗争,因此他有着强烈的遗民意识。 修撰一部《明史》,保留故国之史,是他的理想与志业。 清政府为了笼络和安抚汉族知识分子的敌对情绪,也为了宣示自身统治的合法性,自顺治二年(1645)起便组织开馆纂修《明史》,然而当时全国尚未统一,直至康熙年间才真正开始纂修。《明史》纂修初期,清廷任命内阁大学士徐乾学和徐元文担任总裁官,他们力邀明史专家万斯同进入史馆。 本着存一代之史的想法,万斯同在老师黄宗羲的默许下接受了邀请,但提出不署衔、不受俸,只以布衣身份参与修史。 于是,徐氏兄弟先后以私人身份延请万斯同于家,帮助修史。 万斯同在《明史》修纂中的贡献主要有三:一是制定了凡例;二是拟定了传目;三是修改考辨删定史稿,当时五六十位纂修官的史稿都要送到万斯同处复审。 后来,大学士王鸿绪接任总裁之位,继续延请万斯同参与纂修。 至康熙四十一年(1702)万斯同逝世止,万斯同修成了416卷《明史稿》。 王鸿绪后来在万斯同史稿基础上又修成310卷《横云山人明史稿》,最终在大学士张廷玉主持下修成332卷官修《明史》。 由

---

[1] 胡应麟:《少室山房笔丛》卷十三《史书占毕》,上海书店出版社2009年,第127-128页。
[2] 胡应麟:《少室山房笔丛》卷十三《史书占毕》,上海书店出版社2009年,第132页。

此可见,万斯同416卷《明史稿》乃是官修《明史》的奠基之作。万斯同当时在史馆之中,虽是布衣之身,实际却是不居总裁之名,隐操总裁之柄,删定笔削《明史》史稿,为官修《明史》的最终完成做出了不可磨灭的贡献。

4. 顾炎武的史学成就

顾炎武治学领域广泛,经学成就突出,史学成就也极为非凡。他的主要史学著述有《日知录》《天下郡国利病书》《肇域志》等多种。《日知录》为考据札记性质的著述,条目繁多,每条各自针对具体问题予以阐释,其中包含许多考史内容。作者在撰著中考核修订,十分认真,立说确切精深。此书虽非系统著述,但在学术上影响很大,成为清代考据学示范之作。《天下郡国利病书》用功20多年,经由后人编次成稿,按明代的区划分省区叙述行政、经济得失以及地理风土,辑录了明代多人对时政、经济的议论,贯彻经世致用的宗旨。此书内容丰富,如漕渠、仓廒、粮额、马政、盐政、屯田、水利、赋税、徭役、户口、物产等无不记载,以土地、赋役、水利等内容居多,反映了明朝经济制度的变化过程和利弊得失,具有很高的史料价值。《肇域志》是一部未经厘正体例、删削定稿的地理总志,是当时顾炎武为了编撰该书而随手辑录史料的初稿。原稿共有十五个部分,分为两京十三布政司,但流传到乾隆末年,已佚失京师(北直隶)和江西、四川、广西四部分。现存十一个部分,各个部分的内容分量并不均衡,内容详略悬殊。该书始纂于崇祯十二年(1639),后因为顾炎武去世未能形成定稿,只有十五部抄本传世,今存十一部。该书对于研究清前期的历史地理有一定参考价值。

5. 黄宗羲与《明儒学案》

黄宗羲(1610—1695),字太冲,号南雷,人称梨洲先生,浙江余姚人。其父为东林党名士。南京福王时,他发动140人发布《南都防乱揭》,痛斥马士英、阮大铖等阉党余孽,被剿捕,九死一生。后知复明事不可为,遂闭门读书著述。其《明夷待访录》是一部批判君主专制的政论和史论著述。其中有激烈抨击君主为"天下之大害"的言论。文集有《南雷文定》,史著有《明儒学案》《明史案》《宋元学案》等。黄宗羲认为,"学者必先穷经,经术所以经世,乃不为迂儒"[1]。"穷经""经世"概括了黄宗羲的经学思想。 所谓"穷经",就是认真读书,穷究深研。 他认为"读书不多,无以证斯理之变化,多而不求于心,则为俗学"[2]。对于徒尚空谈、不务实事的人和学风,黄宗羲认为都是不足取的。 黄宗羲的《明儒学案》是中国古代第一部成熟的学案体史书,开辟了全新的史学领域——学术思想史。《明儒学案》的撰著结构是分宗立派地介绍学者及其著述、事迹与思想,间或加案语评析,重在揭示各个学者的宗旨,即其人一生治学的主导精神、学术特征。 对一些不同学派的人物,也有所叙述,他宣称"学问之道,以各人自用得着者为真。 凡倚门傍户,依样葫芦者,非流俗之士,则经生之业也。 此编所列,有一偏之见,有相反之论,学者于其不同处,正宜着眼理会,所谓一本而万殊也"[3]。 黄宗羲曾倡言"国可灭,史不可灭"[4],在这种历史观指导下,黄宗羲非常重视对明代史事的整理,其《明史案》《明文海》《弘光实录钞》等,大多是对其所生活年代的记录,保存了大量的史料。 黄宗羲的学术贡献还体现在讲学成就上,弟子多达数百人,成为清代浙东经史学派的创始人和思想领袖。 浙东经史学派的学术骨干有黄宗炎、万斯大、万斯同、邵廷采、邵晋涵、全祖望、章学诚等著名学者,集一时人才之盛,影响深远。

6. 钱大昕、王鸣盛、赵翼的历史考据学成就

乾嘉时期,考据学蔚成风气之后,著名学者有若群星争辉。 以历史考据学见长的有钱大昕、王鸣盛、赵翼等,成就之大、影响之远,已然毫不逊色于往代历史著作家。 钱大昕、王鸣盛和赵翼也被誉为"乾嘉考史三大家"。

钱大昕(1728—1804),字晓征,号辛楣,又号竹汀居士,苏州嘉定人。 进士,曾参修《热河志》《续文献通考》《续通志》等官修史书。 治史于正史、杂史之外,兼及舆地、金石、典制、天文、历算以及音韵,著有

---

[1] 江藩:《国朝汉学师承记笺释》卷八《黄宗羲》,漆永祥笺释,上海古籍出版社2006年,第810页。
[2] 全祖望:《全祖望集汇校集注·鲒埼亭集内编》卷十一《梨洲先生神道碑文》,朱铸禹校注,上海古籍出版社2000年,第220页。
[3] 黄宗羲:《明儒学案》卷首《明儒学案发凡》,中华书局2008年,第14-15页。
[4] 黄宗羲:《户部贵州清吏司主事兼经筵日讲官次董公墓志铭》,见沈善洪:《黄宗羲全集》第十册,浙江古籍出版社2012年,第300页。

《廿二史考异》100卷、《十驾斋养新录》20卷、《潜研堂文集》50卷等。钱大昕主张把史学与经学置于同等重要地位，以治经方法治史，自《史记》《汉书》，迄《金史》《元史》，一一校勘，详为考证，萃其平生之学，历时近50年，撰成《廿二史考异》，纠举疏漏，校订讹误，驳正舛错。《十驾斋养新录》以考史为主，兼考经学与其他内容。由于他具备精深的史学、天文学、数学、地理学、文字学、音韵学、金石学等知识，并将之运用于历史考证，所以取得许多突破。例如，他从音韵学的研究得出"古无轻唇音"的卓越论断，并据此指出十六国时期"秃发"氏即为"拓拔"氏，《晋书》中"赫连勃勃"等同于《宋书》记述的"佛佛"[1]。著述态度严肃、认真，做出的考证确切可信，具有很大的学术价值。钱大昕生前就已是饮誉海内的著名学者，王昶、段玉裁、王引之等著名学者都给予他极高的评价，公推其为"一代儒宗"，现代著名史学家陈寅恪称之为"清代史家第一人"。

王鸣盛（1722—1797），字凤喈，号西庄，江苏嘉定人。以汉学考证方法治史，主要著述为《尚书后案》30卷、《十七史商榷》100卷、《蛾术编》（有82卷或95卷本）等。《尚书后案》搜罗、汇辑汉人郑玄对《尚书》的注释，试图寻求汉代古文《尚书》已经散佚的轨迹。《十七史商榷》对《史记》至《新五代史》，包括《旧唐书》《旧五代史》等19部史书予以考证辨析，不仅校勘文字、考释史事和典制，而且对历史人物、历史事件、史书及其作者予以评议。例如，他对李延寿的《北史》《南史》有许多评议，指出其在记事上有"抑南尊北之意"，而且二书在有关人物褒贬的问题上，义例不一。[2]《蛾术编》是其晚年未完之作，考释内容多，分为十门，对历史和文献的考订比重较大，卷十二还对方志予以考述评论，其中多有精到见解。但王氏性情骄傲，他的这些著述中也存在考订失误、评论刻薄失当之处。他主张研究史学"总归于务求切实之意"，但"治经断不敢驳经，而史则虽子长、孟坚苟有所失，无妨箴而砭之"[3]。这表现了他治史既具备实事求是的精神，同时也有不敢触动经义的思想局限性。

---

[1] 钱大昕：《十驾斋养新录附余录》卷五《古无轻唇音》，见陈文和：《嘉定钱大昕全集》第七册，凤凰出版社2016年，第125-127页。
[2] 王鸣盛：《十七史商榷》卷五十四"北为正"条、卷六十八"《北史》例异于《南史》不可解"条，上海书店出版社2005年，第399、588页。
[3] 王鸣盛：《十七史商榷·序》，上海书店出版社2005年，卷首第2页。

赵翼（1727—1814），字耘松，号瓯北，江苏阳湖（今江苏常州）人，著有《廿二史札记》《陔余丛考》《皇朝武功纪盛》等史学著作。其中，《廿二史札记》是赵翼最负盛名的著作。这部著作的特点之一，是以归纳的方法汇聚历史事实，加以总结、概括或对比，揭示历史现象的共同特点，或者指出其重要区别，从而得出见解与评议。赵翼考史，有纵向的考察，也有横向的比较，长于归纳、比较，以发展的眼光审视历史，是赵翼治史超出其他史学家的关键所在。同时，赵翼的考释大多言简意赅，易读易懂。篇目的标题常有画龙点睛之效，有些条目很是引人入胜，令人不忍释卷。在考史的基础上注重议论，可以说也是《廿二史札记》一个特点。在史学评论中，对历代史书的修撰得失，分析周到，持论平实，其中不乏至今仍值得称道的重要见解。对于史事的评论，更是全书最为精彩的部分。有不少篇目考察古今风云变化、时势发展趋势，关乎"天下之情变，古今之得失"。因为他曾在地方为官，故而他的很多议论常常关注国计民生，讲解深刻精辟，可谓独辟蹊径。

7. 章学诚《文史通义》的史学理论创树

章学诚（1738—1801），字实斋，浙江会稽（今浙江绍兴）人。章学诚一生穷困潦倒，乾隆四十三年（1778）41岁时才考中进士，但自以为性格迂拘不敢入仕，靠书院讲席、编修方志、朋友周济维持生计。他长于史学，却不受时人重视。章学诚的主要著作有《文史通义》《校雠通义》《史籍考》等，编修过《和州志》《亳州志》《永清县志》《湖北通志》等多部方志。其著作以1922年嘉业堂所刻《章氏遗书》30卷、外篇18卷最为完备。他在史学方面最大的贡献是撰著《文史通义》。这是一部纵论文史、品评古今学术的著作，与唐代刘知几的《史通》并称中国古代史学理论的"双璧"。

章学诚的史学理论多有创见，他在治史宗旨、任务、态度以及历史编纂体例等方面都提出了很多杰出的见解。具体说来，主要包括以下几点：第一，他力倡史学经世致用论。章学诚生活的年代正是考据学如日中天、笼罩天下之时，然而章学诚却大声疾呼经世致用之学，明确地说："史学所以经世，固非空言著述也，……学者不知斯义，不足言史学也。"[1]他试

---

[1] 章学诚：《文史通义校注》卷五《浙东学术》，叶瑛校注，中华书局1985年，第524页。

图改变那种脱离现实、埋头考据的思想,在当时被视为异端邪说,但对后世产生了很大影响。第二,他提出了"六经皆史"论。《文史通义》卷首第一句就提出了"六经皆史也"的命题。章学诚认为,古代无经史之别,六经不过是孔子所整理的旧典而已,并非古代圣人立言垂教后世的空言,而是当时统治者治理国家的大事,以及各种典章制度的记录。"六经皆史"的提出,既可以矫正宋学空谈义理之弊,又可以反对乾嘉考据学闭口不谈义理的流弊,更为史料搜集、历史研究开辟了新天地。第三,对"史义"的推崇标榜。史义论是章学诚史学思想的中心,最终把中国古代的史学理论推向了高峰。章学诚说:"郑樵有史识而未有史学,曾巩具史学而不具史法,刘知几得史法而不得史意,此予《文史通义》所为作也。"[1]又说:"吾于史学,盖有天授,自信发凡起例,多为后世开山。而人乃拟吾于刘知几,不知刘言史法,吾言史意;刘议馆局纂修,吾议一家著述,截然两途,不相入也。"[2]章学诚重视阐发史意(也作史义),史义即历史理论和观点。他曾指出:"史所贵者,义也;而所具者,事也;所凭者,文也。"[3]章学诚主张只有具有史义的著作,才称得上是"成一家之言"的著作,否则只是材料汇编。第四,提出史德论。章学诚在总结刘知几才、学、识三长的基础上,提出史家更重要的素质是具备史德。史德即"著书者之心术",要求史家著史时应该做到"尽其天而不益以人",即要求史家辨明主客观的关系,在治史时要忠于客观历史事实,而不掺杂自己任何的主观偏见。第五,关于修史方法论。章学诚虽极力宣称"刘言史法,吾言史意",但是他还是对如何修史提出了精辟的见解。一是提倡编修通史;二是主张将史籍区分为撰述(著作之书)和记注(为著作提供材料的资料汇编)两类;三是主张改进史书体例,创立新史体。新史体由本纪(按年编排的大事纪要)、因事命篇的纪事本末和图表三部分构成,纲举目张,图文并茂。这实际上是要在纪传体之中融入纪事本末体的优点。另外,他还主张在纪传体中设立史官传。上述五项史学创见,相互间实际有着密切的联系,共同构成了章学诚的史学思想体系。

---

[1] 章学诚:《章学诚遗书》外编卷十六《和州志一·志隅自叙》,文物出版社1985年,第552页。
[2] 章学诚:《章学诚遗书》卷九《家书二》,文物出版社1985年,第92页。
[3] 章学诚:《文史通义校注》卷三《史德》,叶瑛校注,中华书局1985年,第219页。

(三) 清末江南学术的变革求新与传统固守

晚清以降,在资本主义坚船利炮的轰击之下,清王朝封闭的大门被打开,衰弱腐朽的清王朝已呈屡弱不堪的颓败之势。知识分子中的有识之士,发扬传统士人以天下为己任、忧国忧民的情怀,顺应时代潮流,提出了一系列改革的主张,产生了广泛的社会影响。随着"睁眼看世界"热潮的形成,要求学习西方先进技术、"师夷长技以制夷"的呼声不断高涨,涌现出一批要求改良的思想家,魏源、龚自珍、冯桂芬和王韬等均是其中的典型代表,江南地区由此成为中国近代改良思想的策源地。与此同时,还有俞樾和章太炎这样坚守传承儒家经学的学者,恪守着朴学的学风,成为清末学术史上的另一道风景。因而,清末江南的学术既有变革求新、回应时代的一面,又有固守传统、延续道统的一面,是在固守和变革的张力中走向近代学术转型之路的。

1. 常州今文学派兴起

在乾嘉考据学达于鼎盛的时候,一个新的学派已在萌芽、生长之中。这个学派叫常州学派,由常州武进人庄存与开其端,其外孙刘逢禄、宋翔凤衍其绪;流风所及,魏源、龚自珍发扬而光大之,至廖平、康有为而达于极盛。梁启超曾论定,龚自珍、魏源"籍贯虽然不是常州,然不能不说是常州一派",而"南海康先生的学风"亦"纯是从这一派衍出"。

清代中后期,由于西方文化的渗入和清朝统治的日益腐朽,以常州为主的一些开明知识分子利用《春秋公羊传》经义,提倡今文经学,主张因时变革,自成一派,称公羊学派或常州学派。常州学派的开创者是乾隆时期的学者庄存与。庄存与,武进人,乾隆十年(1745)进士,授翰林院编修,后历任直隶学政、礼部侍郎、山东学政等职。他提倡今文经学,发挥《公羊传》中的微言大义,肯定了《春秋》中进步的历史观,所著《春秋正辞》是公羊学派的第一部著作。继承庄存与学说的,是庄存与的外孙刘逢禄和庄述祖(庄存与之侄)的外甥宋翔凤。刘逢禄,武进人,自幼从外祖父庄存与、从舅庄述祖学经。其治经专主经文,严守家法,极力强调《春秋》为五经之管钥,进一步发挥了庄存与的思想,成为公羊学派的奠基人。刘逢禄最为推崇董仲舒和何休,认为他们阐抉公羊奥旨,"五经之师,罕能及之"。刘逢禄在所著《春秋公羊经何氏释例》《公羊何氏解诂笺》中,反复申述"圣人微言大义所在",鼓吹何休的"三科九旨",特别阐扬"张三世""通三统""大一统""内诸夏而外夷狄"等幽深微妙的旨意。宋翔凤，苏州长洲人，从舅父庄述祖受《公羊春秋》，复从段玉裁受文字学。庄述祖曾说："刘甥可师，宋甥可友。"宋翔凤撰有《论语说义》，认为《论语》系孔子言性与天道的"微言"所在，喜言西汉儒家所传的微言大义，但以阴阳解释"圣王大义"，有穿凿附会之嫌。常州学派治经从《春秋公羊传》入手，发挥公羊学说中某些入世变革思想，对近代资产阶级改良派思想体系的形成，具有一定的促进作用。常州学派的学术宗旨：主张用西汉崇尚"微言大义"的今文经学代替东汉专讲"训诂名物"的古文经学，以《春秋》为"五经之钥"，专主《公羊》家之言和董仲舒学说，所以常州学派又被称为清代的今文经学派或公羊学派。

刘逢禄和宋翔凤之后又有龚自珍和魏源弘扬其学，公羊学说遂传播天下，成为一时风尚。龚自珍，浙江仁和（今浙江杭州）人。龚自珍是清代经学思想演变过程中一位很关键的人物。幼年传承家学，并在苏州从外祖父段玉裁学《说文》，中举时主考为王引之，深受器重，所以龚自珍与汉学家渊源极深。进京后，从学于刘逢禄，习《公羊春秋》，写下了"从君烧尽虫鱼学，甘作东京卖饼家"的诗句，并盛赞"东南绝学在毗陵"（毗陵为常州古称）。他将《公羊春秋》的"据乱""升平""太平"三世改为"治世""衰世""乱世"的新三世说，借以发挥其改革社会的思想。他从刘逢禄学到治经上下贯通，以公羊学说贯穿社会历史问题的见识和气魄，认为历史变化总的规律是发展进化的，这与古文经学派中主张"恪守古训"的一些人认为"三代才是黄金时代"的复古思想极不相同。龚自珍观察社会和历史，具有重发展、贵变易、重视阶段的特点；魏源也以《公羊》学说的变易观来考察历史进程，提出了"气运说"，强调变易，研究当时的现实问题。自龚魏之火，借"春秋公羊学"来阐发改革主张，成为近代立志改革的志士仁人治学的一种新思路。

2. 冯桂芬、王韬的近代改良思想

冯桂芬（1809—1874），吴县木渎人。道光进士，官至詹事府中允。曾师从林则徐，重经世致用之学。读书"不屑以章句自囿，举凡天文、舆地、兵制、刑法、盐铁、河漕、食货诸书，靡不极虑专精，务欲推究其本原，洞彻其微奥，隐然负拨乱澄清之志"。[1] 青年时代，曾任两江总督陶澍的幕僚，学问渊博，名重大江南北。太平军攻克苏州，丁忧在家的冯桂芬避乱于沪上，创立"广方言馆"，培养外语人才。在此期间著《校邠庐抗议》，集中表达了他的政治改良主张。书名"抗议"，含"位卑而言高"[2]之义。全书 40 篇，要求清政府改革弊政，学习西方，为我所用，明确指出"古今异时亦异势……古法有易复有难复，有复之而善，有复之而不善"，应该"去其不当复者，用其当复者"[3]。他清醒地认识到中国已经落后于西方，指出"人无弃材不如夷，地无遗利不如夷，君民不隔不如夷，名实必符不如夷"，"军旅之事，船坚炮利不如夷，有进无退不如夷"[4]，因而提出要采西学、制洋器，"始则师而法之，继则比而齐之，终则驾而上之，自强之道实在乎此"[5]。在此基础上，他提出了一系列改良设想，如"公黜陟""汰冗员""复乡职""厚养廉""易吏胥""罢关征""变科举""广取士"等。冯桂芬上承林则徐、魏源等儒家经世派思想，又受到西方资本主义影响，下开维新变法之先河，是近代中国思想史上承前启后的人物。

王韬（1828—1897），吴县甪直人。自幼家贫，天资聪颖，18 岁中秀才。道光二十九年（1849）丧父后到上海英国传教士所办的墨海书馆工作。同治元年（1862），太平军进攻上海近郊，翌年他曾化名黄畹向太平军将领刘肇均上书献策，建议缓攻上海而争长江上游。此书被清军所获，被视为"通敌"而遭追捕。王韬在英国领事的帮助下流亡香港，在英华书院协助翻译《尚书》《竹书纪年》《诗经》《春秋左氏传》《易经》和《礼记》，其间曾赴欧洲游历，前后两年，后又游历日本。同治十三年（1874）在香港主编《循环日报》，宣传变法自强，认为世界万物都在变化，"变古以通今，势也"[6]，而变法必须"以欧洲诸大国为富强之纲领，制作之枢纽"[7]。他要求实行"君民共治"，以使"上下相

---

[1] 吴云:《显志堂集序》，见冯桂芬:《显志堂集》卷首，清光绪二年（1876）精刻本，第 1 页。
[2] 冯桂芬:《校邠庐抗议·自序》，中州古籍出版社 1998 年，第 69 页。
[3] 冯桂芬:《校邠庐抗议·自序》，中州古籍出版社 1998 年，第 68 页。
[4] 冯桂芬:《校邠庐抗议·制洋器议》，中州古籍出版社 1998 年，第 198 页。
[5] 冯桂芬:《校邠庐抗议·制洋器议》，中州古籍出版社 1998 年，第 199 页。
[6] 王韬:《弢园文录外编·变法上》，中州古籍出版社 1998 年，第 51 页。
[7] 王韬:《弢园文录外编·变法中》，中州古籍出版社 1998 年，第 53 页。

通"[1]，为中国近代最早提出君主立宪制政治主张的学者。光绪十年（1884）回到上海，出掌格致书院。他的著作有《弢园文录外编》《普法战纪》《法国志略》《漫游随录》等。

3. 俞樾、章太炎对朴学的坚守

晚清以降，经世致用的学风重新崛起，成为学界的主流。然而，在清末的苏州却有两位朴学大师，坚持传承朴学薪火，精研经史百家之学。他们就是俞樾和章太炎。

俞樾（1821—1907），字荫甫，号曲园，浙江德清人，中年后移居苏州，建宅园居住，人称曲园先生。道光三十年（1850）进士，咸丰五年（1855）任河南学政，因事罢归，遂潜心学术。历讲苏州紫阳、上海求志、德清清溪、归安龙湖等书院，晚年主讲杭州诂经精舍。他自称"余以山林之人，当桑榆之景，苟窃宋元之绪论，虚谈心性，是欺世也，余弗为也。苟袭战国策士之余习，高语富强，是干世也，余又弗为也。故尝与门下诸子约，惟经史疑义相与商榷"。[2] 可见他继承了清代汉学专重考据的学风。他治学宗高邮王念孙父子，认为治经之道在于正句读、审字义、通假借，因而在其著作中校正古书误文、辨明古义者甚多。所著《群经平议》，校正诸经句读、审定字义，颇为精当；《诸子平议》仿王念孙《读书杂志》，校正古文，阐明古义，甚有见地。又作《古书疑义举例》，对古文的一些特殊用法做了系统的总结，至今仍是训诂学上的重要著作。此外，他在诗文、书法、小说、笔记诸多方面都有非同一般的成就，确实是清末时期名副其实的学术大师。

章太炎（1869—1936），名炳麟，初名学乘，字枚叔，后因仰慕顾炎武（名绛），改名绛，号太炎，浙江余杭人。早年师从经学大师俞樾，是俞樾最著名的学生。章太炎出身于书香门第，自幼刻苦读书，喜欢《史记》《汉书》《老子》《庄子》及文字之学。甲午战败，他开始参加政治活动，加入强学会，担任《时务报》撰述，协办《正学报》《昌言报》，宣传维新变法。光绪二十六年（1900）作《〈客帝〉匡谬》，并毅然割辫，立志反清革命。二十九年（1903），撰《驳康有为论革命书》，又为邹容《革命军》

---

[1] 王韬：《弢园文录外编·重民下》，中州古籍出版社1998年，第65页。
[2] 俞樾：《春在堂杂文·井上陈子德〈西行日记〉序》，见沈云龙辑：《近代中国史料丛刊》第一辑第412册，台湾文海出版社1966年。

作序,被捕入狱。次年与蔡元培发起光复会。三十二年(1906)出狱后赴日本,参加同盟会,主编《民报》,与改良派论战。辛亥革命爆发后回国,任南京临时政府枢密顾问。1913年被袁世凯软禁,袁世凯死后获释。晚年在苏州设立章氏国学讲习会,主编《制言》,以讲学终老。章太炎主张夷夏之辨,反对满洲贵族的专政,鼓吹用革命暴力推翻清朝腐朽统治,但辛亥革命后,章太炎接受了"五族共和"思想,不再排满。政治上,章太炎主张建立民主共和制度,反对改良维新;经济方面,主张实行"耕者有其田"的土地政策,减轻赋税,发展生产,着力解决民生问题;章太炎早期哲学具有唯物主义倾向,认为"精气为物""智虑非气",又认为人的祸福与天无关,否定了"宿命论"的说教。他继承清代汉学传统,推崇黄宗羲、顾炎武、惠栋、戴震之学,学养却不仅仅限于小学和经学,而是"驰骋百家,掎摭子史,旁及西史,近在百年,引古鉴今,推见至隐"[1]。并致力于研究当世之务,寻求济世之计。章太炎的著作极为丰富,涉及领域广泛,著有《春秋左传读叙录》《镏子政左氏说》《小学答问》《说文部首均语》《国故论衡》《庄子解故》等。在历史学、语言文字学、古典文学领域,上探源头,下明流变,多所发明;精通佛学,坚持无神论的佛学观。他在文化史上是自成宗派的文化巨人。他矢志弘扬国粹,门人众多,如周树人、钱玄同、黄侃、柳亚子等都是他的学生,也都成了国学大家。

五、江南学术文化的主要特点

江南学术文化,从先秦时期季札、言偃将儒家文化传至江南算起,迄今已达2 500年之久。在2 500年的发展历程中,江南学术文化随着时代前进而发展,不断呈现出勃勃生机和熠熠光辉。深邃的学术思想和渊博的学术大家,几乎在不同历史时代的江南地区都曾出现。特别是在汉晋南北朝和明清时期,江南学术文化更是繁盛一时,不仅学术著作琳琅满目,学术思想异彩纷呈,而且学者大家犹如风起云涌般出现于江南地区。人杰地灵的江南地区,孕育了光辉灿烂的学术文化,为中华优秀传统文化的积累

---

[1] 章太炎:《致汪康年书》光绪二十二年十一月二十五日,见上海图书馆:《汪康年师友书札》(二),上海古籍出版社1986年,第1946页。

做出了重要贡献。

文化在任何地域的发展，总会呈现出一定的区域性特征，具有地域性色彩，江南学术文化的发展当然也不例外。通过对江南地区学术成就、学术思想与学术脉络的细致梳理和总结，我们认为江南学术文化具有以下几个方面的主要特征：

第一，南北交融，开放性强。江南文化具有很强的开放性，这一点从江南文化产生伊始就体现出来了。商代末年，陕西岐山脚下周族的泰伯、仲雍带领一批人来到当时还是一片蒙昧、未曾开发的江南地区，经过披荆斩棘的奋斗草创了句吴国家，史称"泰伯奔吴"。自泰伯南奔建立句吴国家之始，江南地域文化中就已融入了北方中原文化的因素。而就江南地区的学术文化发展而言，也是如此。早在先秦时期，孔门高足言偃和澹台灭明就将产生于中原地区的儒家文化传播到了江南地区。言偃本是吴地常熟人，他为了学习儒家文化专门到鲁国向儒家创始人孔子问学，学成归来后在吴地授徒讲学，为儒家文化在江南地区的传播做出了重大贡献，以至孔子都赞叹说："吾门有偃，吾道其南。"澹台灭明本是鲁人，后来游学至吴地后广泛授徒讲学，对儒家思想在江南的早期传播也做出了很大贡献。由此可见，江南学术文化产生伊始，就具有明显的南北交融的特点。汉晋南北朝，是江南学术文化的一个重要发展时期，也是江南学术文化发展的一个高峰时期。晋室南渡，北方士人大量南迁，中原地区的学术思想文化也随之大规模传入江南地区，并与江南学术文化相互接触、碰撞、激荡、交融，促进了江南学术文化不断更新蜕变，日益走向繁荣。唐末五代时期，北方战乱不断，社会经济日益凋敝，而此时的南方政权采取了守境安民的政策，注重发展经济，维护社会稳定，促进了南方地区的经济开发、社会繁荣，而江南地区的文化也随之进步。两宋之际，宋室南渡，北方士人又再次大量南迁，北方中原地区的学术文化再一次与江南地区的学术文化大规模交汇融合，加之宋代实行重文轻武的统治政策，使得江南地区的学术文化获得了极大发展。南北士人共同促成了南宋时期学术文化的繁荣局面，江南地区也成为程朱理学兴起传播的重要地域，为中国古代后半期学术文化的发展奠定了基础。到了近代，江南地区的学人又积极吸取西方科学技术与思想文化，中西文化交融会通，推动了学术的进步与中国社会的近代转型。

第二，学术精湛，思想深邃。江南地区的学术文化，就如同江南人的性格一般，肯于钻研，勇于创新，善于引领时代风尚。因而，江南地区历代皆有专业精湛的学术成果问世，有深邃的学术思想形成。西汉大儒董仲舒曾任江都（今扬州）国相，他向汉武帝上《天人三策》，主张天人合一，提出"罢黜百家，独尊儒术"的思想，深刻地影响了中国古代社会的学术文化。南朝梁吴郡人皇侃是当时著名的经学家，其所著《论语义疏》和《礼记义疏》不仅学术精湛，而且在经学史上有着承前启后的关键地位。南朝梁陈年间吴郡人顾野王是当时著名的经学大师，在语言文字学方面的成就尤其突出，所撰《玉篇》30卷是继《说文解字》之后又一部重要字典，也是我国现存最早的楷书字典，正式奠定了楷体汉字的规范结构、字义和读音，在中国文字学史上占有重要地位。南朝宋裴松之的《三国志注》，开创了史注新法。隋唐之际经学家陆德明的《经典释文》对儒家各种经典做了精深考订，采集汉魏六朝音切凡230余家，又兼采诸儒训诂，考证各本异同，开启了经学统一的先声。唐代史家刘知几提出"史才三长"说，所著《史通》是我国第一部系统的史学理论著作。明代王守仁创立了心学思想，其心即理的思想，深刻影响了明代的学术界。清代大儒顾炎武提出经学即理学的思想主张，开创清代朴学之先风。清代乾嘉时期，考据学盛行天下，江南学者钱大昕、王鸣盛、赵翼被誉为"乾嘉考史三大家"，所著《廿二史考异》《十七史商榷》《廿二史札记》都是极为精湛的考据学名著。时至近代，江南学人更是得风气之先，引领一时学术风尚，王韬的《弢园文录外编》、冯桂芬的《校邠庐抗议》都倡导近代改良思想，积极向西方学习，实现中国的近代化。由此可见，江南地区的学术研究不仅成果精湛，而且包含许多深邃的思想见解，常常引领一时风尚。

第三，引领风尚，勇于创新。创新是文化能够生生不息传承、不断进步发展的根本保证和力量之源。江南学术文化就是在不断创新中发展壮大，并且走向辉煌的。通观江南学术文化的发展历程，可以得出一个明显的认识：江南地区学术文化特别善于创新发展，常常引领时代的学术新风。这一点在上面已经有所提及，这里单独提出，就是为了突出强调江南学术文化的创新性特征。春秋时期孙武所著《孙子兵法》，是总结春秋时吴国战争经验写成的一部军事理论著作，其中不仅总结出了"知己知彼，百战不殆""避实击虚""攻其不备，出其不意"等优良的战略战术思想，还把军事理论提高到哲学的高度，为后世军事理论的发展奠定了基础、提供了标杆，至今依然有着理论价值和指导意义。就经学研究而言，儒学兴起于北方，东汉以后经学研究南北殊途，北学重章句训诂，南学重义理阐发。然而，随着隋唐的政治一统，南北经学逐渐走向统一，北学僵化训诂日渐衰落，南学义理阐发活跃日益兴盛，逐渐成为统一全国学术文化的主导力量。江南地区是程朱理学与明代阳明心学兴起传播的重要地域，为中国学术文化的发展做出了重要贡献。因此说，江南学术的创新精神不但引领着江南学术走向辉煌，更引领了中国学术的发展方向。就文史研究而言，汉唐以来江南地区的文学、史学研究成就也非常突出，善于创新，能够引领学术风尚。唐代刘知几的《史通》、清代章学诚的《文史通义》是中国古代两部最重要的史学理论著作，对中国古代的史学和史学理论做了精要系统的总结，促进了中国古代史学理论的研讨风尚。明代学人王世贞文史成就冠绝一时，清代学者钱谦益的文学成就罕有人匹，他们都是当时的文坛主盟，引领一时学术新风。清初大儒顾炎武开创了清代朴实考据与经世致用的学风，不仅为清代乾嘉考据学的形成奠定了基础，也为清代中叶经世致用学风的形成开启了先声。黄宗羲开创的浙东学派史学成就影响广泛，所著《明儒学案》开创了中国史学的学案体，为中国学术史研究的兴起奠定了基础。

总的说来，江南地区几乎在每个时代都有极具全国性影响的学术大师存在，从先秦的季札、言偃到汉晋南北朝时期的范晔、沈约、陆机、顾野王、陆德明，及其之后的刘知几、范仲淹、叶梦得、吕祖谦、王阳明、顾炎武、黄宗羲、惠栋、戴震、阮元、庄存与、龚自珍、冯桂芬、俞樾、章太炎等，可谓群星璀璨。他们以精湛的学术成果、深邃的学术思想、创新的学术追求，为中国学术的传承发展创新做出了重大贡献。因此，江南学术文化在中国学术史上占有极为重要的学术地位。

第十二章　方志文化

　　地方志是中华民族文化宝库中的一个重要组成部分,现存历代方志 9 000 余种 10 多万卷。 中国的地方志源远流长,在长期的发展过程中,名称、形式与内容体例屡经变化。 其中,江南地区的方志文化尤为璀璨,不仅成书早、数量多,而且种类丰富,尤多名志佳构,同时方志名家辈出,方志学于斯发端。 方志文化成为江南文化中一个标志性存在。

一、江南方志的流变

　　关于地方志的起源,学界存在很大争议。 比较多的学者主张方志多源说,认为方志与先秦时期的国别史、地理书、古地图等有着渊源关系,其最主要的依据是后世方志的内容无外乎地理与人文,且有些志书的序文中往往会提及先秦时期的国别史或《山海经》《禹贡》等地理书。 但是,从方法论的角度,依后世志书的内容而倒溯数百甚至上千年从而确定前后书之间的源流关系并不科学,这种线性思维完全忽视了人类社会发展的复杂性;而后世方志序文中的一些提法,只是反映了作者的观点,至于这种观点的科学性则少有人去追究,故而这样的观点其实并不能视为定论。 从史书记载来看,"方志"一词出于《周礼》。《周礼·地官》有谓:"诵训,掌道方志,以诏观事。"汉代学者郑玄注谓:"说四方所识久远之事,以告王观博古。" 清人孙诒让疏云:"方志,即外史四方之志,所以识记久远掌故,外史掌其书。"《周礼·春官》中又有外史"掌四方之志"的说法。 可见,最早的方志实乃"四方之志",亦即"说四方所识久远之事"的著述。这样的著述,现在所知有鲁国的《春秋》、晋国的《乘》、楚国的《梼杌》等。 而从流传至今的《春秋》一书可见,最早的方志其实就是地方史。因此,从源头而论,清代学者章学诚"方志乃一方全史",近代名家梁启超

"最古之史,实为方志"的论断都是不容忽视的。

(一) 江南方志的源头:《越绝书》

历史反映的是人类活动,而人类活动总是在特定的时空中进行的,由此记叙人类活动不能不关涉自然或地理的背景。《春秋》一书记地甚少。到了东汉时期,记述吴越地区史事的《越绝书》中便出现了专门记地的内容,《越绝书》因此便被后世有些学者视为"地志祖",认为"一方之志,始于《越绝》"。

作为一部成书较早的古籍,《越绝书》的作者、卷帙、书名等问题迄今在学界未取得共识。今本《越绝书》共15卷19篇,其中内传4篇、内经2篇、外传13篇,重点记述吴越两国相争事件,并涉及吴越地区农业、畜牧业、手工业以及地理风俗等情况。明代学者田汝成曾从文字结构等角度对该书的成书问题进行分析,认为该书"内经内传,辞义奥衍,究达天人,明为先秦文字;外传猥驳无论,记地两篇,杂以秦汉,殆多后人附益无疑也。本事篇序则又依托《春秋》,引证获麟,归于符应,若何休之徒,为公羊之学者。故知是书成非一手"[1]。而据《越绝篇叙外传记第十九》的一段隐语,包括《四库全书总目提要》(卷六十六)作者在内的众多学者推测"此书为会稽袁康所作,同郡吴平所定也"。由此看来,《越绝书》的成书经历了相当长的时间,最终经东汉前期的袁康整理,又经吴平订定才得以流传。

上引明代学者田汝成的研究给我们启发,《越绝书》中的"内经内传"主要包括荆平王内传、吴内传、计倪内经、请籴内传、内传陈成恒、内经九术等,可以说是该书的主体部分,其内容体例采用了地方史的写法。而"记地两篇"即外传记吴地传、外传记地传,明显杂有秦汉时期的内容,被指为"后人附益无疑"。为什么会出现这种"记地"的内容?这当与东汉初年"郡国之书"的编撰规定有关。

光武帝刘秀在建立东汉王朝以后,为表彰乡里之盛,诏撰《南阳风俗传》,于是"沛、三辅有耆旧节士之序,鲁、庐江有名德先贤之赞。郡国之书,由是而作"。而《越绝书》的编纂,正是这一时代背景的产物。《越绝外传记吴地传第三》中有"句践徙琅邪到建武二十八年,凡五百六十七

---

[1] 袁康、吴平辑录:《越绝书》"序",乐祖谋点校,上海古籍出版社1985年,第6-7页。

年"的说法[1],建武是光武帝的年号,二十八年即公元52年。这就说明该书定稿于光武帝统治时期。至于郡书的内容,并非如书名所显示的那样单纯,如《襄阳耆旧传》往往被误认为是单纯的人物传记,实际上按照宋人所撰《郡斋读书后志》卷一的考证,该书"前载襄阳人物,中载其山川城邑,后载其牧守"[2]。如此,我们即可理解《越绝书》在记载吴、越两国人物、史事时为何会加入山川湖泊、建置沿革、城邑、乡里、冢墓、交通等地理内容的原因了。

《越绝书》以外,又有会稽人赵晔所著《吴越春秋》一书,历叙吴越两国史事,重在记述春秋末期吴越争霸故事。对于该书的性质与内容,古今学者评价不一,也有学者视作早期方志。

(二) 江南方志的发展

魏晋南北朝时期,随着江南人文的兴起,记载地方情况的史志书籍不断涌现。见于著录的如《三吴郡国志》《吴兴志》《分吴会丹阳三郡志》《会稽旧记》《吴郡记》《吴地记》《丹阳记》《扬州记》《吴兴记》《会稽郡记》《会稽记》《会稽典录》等,总数不下数十种。这种现象在全国范围内也显得颇为突出。之所以出现这种情况,当与江南地区经济发展、文化渐趋兴盛以及私修史书风气的盛行密切相关。有学者指出,"考之史书,六朝浙江地方书的编纂者,大多为世族地主且盛负文名之士……并以当地人士及流寓于此者为多,地方官吏主持撰写志书甚少"[3]。这些地记,或叙人物,或述郡望,或记地理风土,均是方志的早期形式。与后世方志相比,这一时期地记尤为注重人物传与山志的编纂。人物传的大量出现,实与郡书的功能相一致,诚如唐代著名史家刘知几《史通·杂述》所说,"汝、颍奇士,江、汉英灵,人物所生,载光郡国,故乡人学者,编而记之","郡书者,矜其乡贤,美其邦族,施于本国,颇得流行,置于他方,罕闻爱异"。通过记叙乡贤,表彰他们的功绩,可以誉美乡邦,扩大门阀士族的影响。而大量山志的编纂,既与门阀士族开发山区的需求有关[4],也与文人士大夫寄情山水风气的盛行分不开。

---

[1] 袁康、吴平辑录:《越绝书》卷二,乐祖谋点校,上海古籍出版社1985年,第19页。
[2] 参见仓修良:《方志学通论》,齐鲁书社1990年,第48页。
[3] 王志邦、黄佩芳:《六朝浙江方志概论》,《丽水师专学报》1986年第3期。
[4] 王志邦、黄佩芳:《六朝浙江方志概论》,《丽水师专学报》1986年第3期。

进入隋唐，随着国家的重新统一，政治稳定，经济发展，文化繁荣，既为编纂地方志提供了客观条件，也对了解各地情况从而更好地进行统治提出了要求。正是从这一时期开始，政府逐步确立定期修志制度，官修地方志成为主体。

隋唐时期的方志形式与内容，既有对前代的继承，也出现了创新，主要表现为图经的广泛出现。从唐朝中期确立"州图每三年一送职方"（后改为五年一修）制度的情况可以推知，江南地区的图经编修应该较为普遍，但迄今能见到书名的仅有《开元（吴兴）图经》《吴兴图经》等极少数几部。而陆广微撰写的《吴地记》或许是现存唐代江南地区唯一的地方志。

宋代以后，方志日益成熟，其标志即地方志的名称渐趋统一，体例内容逐渐完备。在国家的统一要求下，江南地区的地方志愈益兴盛，数量大增，名志迭出，特色鲜明。南宋淳熙二年（1175）赵不悔修、罗愿纂《新安志》，是现存33种宋代方志中的代表。全书10卷，以纲目体形式全面记述徽州地区地理、人文、社会、经济等情况，奠定了后世方志所及方面之基础，"全书皆横排门类，以门类统辖事物，改变了唐以前地记、地志、图经、图志未能准确分门别类之旧习。有些门类著有小序，叙说原委、主旨，完备了方志体例"[1]。后世学者评价甚高，清人朱彝尊认为"简而有要……此地志之最善者"[2]。清代方志大家章学诚说过："今学者论宋人方志，亦推罗氏《新安志》与范氏《吴郡志》为称首，无异辞矣。"[3]范氏即苏州人范成大，晚年定居苏州城西石湖畔，作《吴郡志》。全书50卷39门，分门记述苏州及所属诸县山川风物、城郭坊市、官观寺庙、人物古迹、奇事异闻等各方面情况，其最大特点如《四库全书总目提要》所论，"征引浩博，而叙事简核"，为"地志之善本"。尽管章学诚对该书多有指摘，但仍认为"搜罗极博，证事亦佳"，"文笔亦自清简"，"其所以为世所称……得名亦不偶然也"。马光祖修、周应合纂《景定建康志》不仅创用纪传体的体裁编纂地方志，更提出修志必先定凡例，对后世方志编纂

---

[1] 黄苇等：《方志学》，复旦大学出版社1993年，第439页。
[2] 朱彝尊：《曝书亭集》卷四十四《书〈新安志〉后》，转引自黄苇等：《方志学》，复旦大学出版社1993年，第441页。
[3] 章学诚：《章氏遗书》卷十四《方志略例一》第2册《书〈吴郡志〉后》，商务印务馆1936年，第42页。

产生了重要影响。高似孙的《剡录》记载浙江嵊县地方情况，特设"县纪年"一目，开后世方志设立"大事记"的先例。常棠《澉水志》记录浙江海盐澉浦镇的情况，是中国现存最早的乡镇志，为后世乡镇志编纂树立了榜样。

明清是方志文化兴盛的时期，也是江南方志文化成就最为显著的时期。由于朝廷重视，明确颁布修志凡例，修志制度正式形成，方志内容、体例相对统一。加上江南地区经济较为发达，文化繁荣，人才辈出，为地方志的编纂奠定了良好的基础。因此我们看到，明清时期江南地区地方志的编纂极为频繁。以苏州府为例，据中国科学院北京天文台主编《中国地方志联合目录》，明代编修府志3部，清代编修府志7部（其中官修5部）；府属昆山县，明代编修县志3部，清代5部；府属常熟县，明代编修县志5部，清代12部。修志全覆盖、频率高应该是江南方志文化的一个显著特点，江宁府志、杭州府志、庐州（合肥）府志各修了6次，所有的县都编有县志，且大多多次编修。

乡镇志的编纂是明清时期江南地区的一个突出现象。随着明代中叶以后商品经济的发展，作为商品交易场所的市镇在江南地区蓬勃兴起，并在地方社会发挥出重要作用，随之而来的是大量地方士绅与知识分子致力于乡镇志的编写。需要指出的是，与省、府、州、县志不同，乡镇志的编写大都属于私修性质。乡镇志的编纂者基本上是当地的文人士绅。他们或出于保存乡邦文献的考虑，如道光年间《南浔镇志》的编纂者范来庚在自序中即说："自弱冠以来，即有志于此书，以为吾生既不能游览四方，求天下之名山大泽以自壮，而桑梓之乡，先人钓游之地，其风土人物茫焉莫辨，不几于饮水而昧其源、数典而忘其祖乎？"也有的是出于为国史或省府州县志储材的考虑，如清人蔡方炳在《吴郡甫里志序》中有言："盖天下者，一国之积也。一国者，一乡之积也。天下之大，靡不由一乡之小所积而成，使里巷讴吟，不有乡之人汇而传之，其何以上之太史删之，圣人表先而垂后哉？"基于上述原因，地方士绅文人遂将乡镇志编纂视为一种社会责任而投身其中，由此出现了乡镇志编纂的兴盛局面。据统计，明代所编乡镇志约53种，其中江苏、浙江两省即有48种，占总数的90%。清代所编乡镇志约318种，其中江苏最多，为206种；浙江其次，为77种；加上安徽6种，三省乡镇志共计289种，也占到全国总数的90%以上。[1]

方志名家辈出也是江南方志文化的一个重要特点。与江南地区修志成风、佳作迭出的现象相一致，江南地区修志人才济济，尤多方志名家。所谓名家，主要是指在修志过程中注重质量、在方志义理方面多有创见发明并对后世产生重要影响的方志学者。清代方志大盛，缘于大量著名学者的参与。安徽休宁人戴震为清代著名学者，也是地理学大家，学识渊博，著述宏富，在方志方面，曾主纂乾隆《汾州府志》《汾阳县志》《金山志》等。其重视地理沿革考订的修志思想影响甚大，并因章学诚的渲染而成为清代修志保守派的代表。浙江会稽人章学诚因仕途不顺，穷毕生精力于治史、修志与讲学。其在方志领域贡献尤大，主纂或与纂《和州志》《永清县志》《亳州志》《湖北通志》等十多部，撰著《方志辨体》《方志立三书议》《修志十议》等方志专论多篇，对方志源流与性质体例等多有辨析，在方志理论方面多有阐发，使方志学逐渐成为一种专门学问。此外，乾嘉时期考据学大师洪亮吉、孙星衍、李兆洛、钱大昕等均参与修志并取得一定成就。如此多的著名学者广泛参与修志并在方志理论方面多有阐述，成为清代江南方志文化的一道亮丽风景。

在众多大师参与修志、探讨义理的背景下，方志学作为一种专门的学问于焉形成，构成了江南方志文化的一个重要方面。对方志学的创立做出重要贡献的是章学诚。如前所述，章学诚穷毕生大部分精力于修志事业，自27岁随父参与《天门县志》的纂修，在35—55岁的20年中，主持或参与10多部志书的编纂，并写出系列方志论文，形成了一套较为完整的修志理论。如明确提出"志为史裁""志乃史体"，认为方志的性质属"史"。在为方志定性的基础上，他提出一系列主张："志为史裁，全书自有体例"，因此志书应立"三书""四体"；修志必须遵守"史家法度"，而要做到这一点，关键在于修志者"识足以断凡例，明足以决去取，公足以绝请托"；志书记载的内容应以历史文献为主；志书应具有经世作用等。由此可见，章学诚的修志主张涉及各个方面，立一家之言，自成体系。所以，近代著名学者梁启超曾评说："能认识方志之真价值说明其真意义者，则莫如章实斋。"

---

[1] 褚赣生：《明清乡镇志发展的历史地理考察》，见《历史地理》第8辑，上海人民出版社1990年，第246页。

(三) 江南方志的近代转型

晚清以来，在"千年未有之大变局"中，中国的政治、经济、文化、社会各方面均发生了明显的变化。受到西学的影响，根植于中国传统的地方志编纂也开始出现异动。最早反映这一变化的，是晚清著名思想家、苏州籍学者冯桂芬主纂的同治《苏州府志》。冯桂芬是进入近代以后最早提倡学习西学的先进中国人之一，尽管他担任主纂的《苏州府志》从编纂者到内容体例大都沿用旧制，但已注意采用新法。如他考虑到"旧志各图，粗存大略，方位远近，皆不可据"，因而在《修志凡例》中明确，既用咸丰初年依"新法，履地实测"的地图，又在同治初年，奉旨成立舆图局，用新法"绘苏省全图"，从而避免了旧志中地图方位失准的问题。随着时间的推移，尤其到了清末民国年间，地方志编纂越来越呈现出近代色彩。

越来越多的"新学"人士参与地方志的编纂。清末以前，担任地方志编纂的主要是拥有科举功名的官员和传统知识分子；而到了清末民国时期，许多士绅开始接受新式教育并逐步转型，往往既有"旧功名"，又有"新学历"。如民国十年（1921）出版的《宝山县续志》的主纂钱淦"以名进士游学东瀛……且长本邑民政者两载"，即具有"旧功名"与"新学历"的双重身份；民国《丹阳县续志》编纂者之一贺俞，"光绪癸巳恩科举人，癸卯会试挑取誊录。游学日本法政大学，毕业奏调大理院行走，补民科第二庭推事，兼署总检查厅检察官"[1]，也是一个既有科举功名又有留学经历且在政府部门任职的新式士绅。又如《三续高邮州志》的总纂高树敏为前清廪生，后担任民国高邮市议会议长、水利研究会主任；另一分纂者初为附生，后毕业于江苏师范学堂，任县立两等小学校长，且为江苏省议会议员。[2] 至于民国《川沙县志》的编纂者黄炎培则曾经中举并留学日本，更是为人熟知。这些地方人士已经不同于传统士绅，具有较新的思维与视野，从而推动了地方志编纂的近代转型。

地方志编纂的理念发生了明显变化。清末民国时期，随着国门洞开，西学东渐，西方的史学、社会学理论等传入中国，并对方志编纂产生影

---

[1] 胡为和等修，孙国钧等纂：《丹阳县续志》卷十三《仕进》，民国十五年刻本。
[2] 胡为和、卢鸿钧等修，高树敏等纂：《三续高邮州志》，见《三续高邮州志纂辑姓名》，民国十一年刻本。相关论述可参见陈蕴茜、曲兵：《论清末民初士绅与江浙地方志的变化》，《江海学刊》2004年第4期。

响。其中,江南地区的方志学者推波助澜,积极吸收西学理念,从事地方志的编纂。光绪十六年(1890),浙江绍兴人蔡元培在其起草的《重修上虞县志例言》中即提出,现时编修的地方志,应对以往的旧志"有因有革",强调"师古者得其意,不必袭其貌",并对章学诚在志书卷首必冠"皇言""恩泽"二纪的做法提出批评,认为应仿《华阳国志》体例以地篇居首。19世纪末20世纪初,西方进化史观传入中国,成为当时学者批判传统史学的理论武器,中国历史学界遂提出了"新史学"与"史界革命"的主张。在此潮流中,光绪三十四年(1908),江苏扬州人刘师培在《编辑乡土志序例》中明确提出,地方志应该"搜集人世之现象,推记古今之迁变,以验人群进化之迹",说明他受到进化论思想的影响,并希望以此指导地方志编纂。进入民国以后,随着政治体制的转变,民众思想观念、社会文化意识形态发生深刻变化,科学观念日益深入人心,这些变化对地方志的编纂产生了深刻影响。民国二十二年(1933)四月《上海市通志馆期刊》创刊词中强调指出:"我们以为编新志书,至少在消极方面,应当肃清迷信的色彩,摆脱封建的思想,扫除崇拜古昔的观念。"广大修志者积极应对,探索变革之道,如安徽《休宁县志》编辑委员戴琴泉认为:"当今时局为我国有史以来所未有,人事繁复,变故纷乘,以近二三十年为尤甚。方志记载往事,鉴往即以开来,故编制方法有不得不变之势。"[1]民国《黟县四志》指出:"欧风东渐以来,民权逐渐发达,民治一项极关重要,兹特增入政事志户口之前,庶不失民为邦本之义云。"[2]作为"新史学"重要组成的"民史观"也对地方志编纂产生了重要影响。绍兴人寿鹏飞在其所著《方志通义》中大声疾呼,修志"当从平民立场,乃得痛陈疾苦,盖方志为人民而作"。普罗大众的生存状态在方志中开始得到重视,如民国《鄞县通志·政教志》中有对全县各区婚姻状况、新生婴儿、鳏寡孤独、疾病发生等情况的详细记载;民国《无为县小志》设有"居民"一目,揭露社会黑暗,批判地主士绅横暴,指出农民"终岁勤勤恳恳,所得之半皆登士绅之仓库,衣食常至不饱",而地主士绅不仅"拥有广大田地,不耕而

---

[1]《休宁县志馆第一次报告书·关于编辑之文件》所收"戴委员琴泉意见书",转引自张小坡:《民国徽州地方志编纂理念的创新及实践》,《中国地方志》2010年第11期。
[2] 民国《黟县四志》"凡例",转引自张小坡:《民国徽州地方志编纂理念的创新及实践》,《中国地方志》2010年第11期。

食",还将农民"视若牛马,动辄恶声相加"。类似记述在以往的方志中是不曾有过的。

地方志内容、体例与方法不断更新。在内容方面,地方志摒弃了旧方志中歌颂皇权、宣传迷信的内容,而增加了反映时代特色的篇目,如民国十一年(1922)出版的江苏《三续高邮州志》"凡例"中称旧志"首列恩纶天章,以尊君主,于今已不适用";浙江《建德县志》卷首"编纂条例"也说"庙讳系一朝崇典……国体既更,此例自宜永绝"。越来越多的方志新增了反映社会进步、符合时代实情的篇目,如民国初年所修《宝山县续志》对光绪年间所编《宝山县志》内容进行增删损益,增加了新的类别,所谓"凡议会团体暨教育、实业、警察、交通诸要政为旧志所蔑如者,胥灿然大备焉"。[1]民国十五年(1926)所刻《江都县续志》主修钱祥保在序文中称:"庚子以后,国家设学堂、立警察、兴实业、筹自治,凡诸新政,其事前志所无,则门目不得不增。"尤须指出的是,志书应增加社会经济的内容,成为时人的共识。国民政府于民国十八年(1929)颁布实施的《修志事例概要》中明确规定,要重点反映土地、户口、物产、实业、地质、气候、交通、赋税、教育、卫生以及人民生活、社会经济方面的情况。一般而言,旧志书中经济部分的篇幅约占全志的5%,而民国时期的方志大为改变,如民国《川沙县志》中,经济部分占到了20%左右。

在体例方面,多数方志新旧杂糅,在旧的框架中增加篇目以反映新的内容。随着时代的进步,越来越多的方志突破旧有体例,或分段记述,或合志分编,前者如民国《安徽通志稿》的"民政考"中,其"户口编"分为3节,分别是"建省以前之户口记载""清代之户口统计""民国以来之户口统计",在同一志书的同一体例门类中,根据不同的历史段落,分别记述同一方面的内容;[2]后者如缪荃孙等纂《江阴县续志》,将民国以来的情况另编《江阴近事录》3卷附于志后,篇目中增加了时政、时事等。不能不提的是,黄炎培主纂的《川沙县志》在每卷卷首设有"概述""俾读者知本卷内容之大要",在地方志中首创"概述",被视为方志编纂体例上的创新与突破。

在方法方面,最重要的创新表现在两个方面:一是以科学方法测绘地

---

[1] 张充实等修,钱淦、袁希涛纂:《宝山县续志》"序",民国十年铅印本。
[2] 参见许卫平:《略论民国时期方志体例门类的变革创新》,《中国地方志》2002年第6期。

图。方志的早期形式之一即图经,图经由地图与文字说明两部分组成,故而地图是地方志的重要内容。早期的地图注重实用性与艺术性,缺乏数学要素,不够精准。进入近代以后,地方志修纂者开始注重地图的准确性,重视实地测绘,地理要素、数学要素都得到加强;而且,在传统方志关注的疆域图、城池图、官衙图、学宫图等以外,地图的使用出现了多元化现象,如民国《川沙县志》卷首就收有新式学校图(如《公立小学校图》《惠北小学校图》)、公共设施图(如《公共体育场图》《中山公园图》)、交通运输图(《上川交通公司路线总图》)等。二是以表格的形式表达相关内容。随着近代科学的兴起以及社会学、统计学等学科方法的引进,方志中出现了以表格形式记录户口、工厂、商号等,并引入阿拉伯数字,改变了过去仅用文字叙述的方法,简洁明了,且更为准确。如《江阴县续志》有沿革表、大事表、实业表、商家名录等;民国《川沙县志》大量运用图、表,夹叙夹议,如在介绍川沙县毛巾厂现状时,通过调查,形成"毛巾厂调查表""花边业调查表",表中含有厂名、地址、经理、商标、开厂时间、产量、机器数量、工人、工资、产额等详细信息。

综上所述,江南地区的地方志源远流长,历经变化,名志迭现,名家辈出,特色明显,在内容、体例、编纂方法乃至学术建构等方面屡有创新,在全国方志百花园中熠熠生辉,形成了一道亮丽的风景线。

二、江南特色名志掇英

在江南地区的地方志中,涌现出一批特色鲜明的名志佳构,深得学界的好评。兹举其要者评述如下。

(一)方志定型时期的代表作:《新安志》与《吴郡志》

在长期的历史发展过程中,地方志历经演变,至南宋时基本定型,这已成为学界的共识。从"地记"到"图经"再到"志",不仅是名称、形式的变化,更重要的是内容与体例的变化。即是说方志的内容由过去的以地理为主,转变为地理与人文并重,并由此而引起志书表达方式的改变。罗愿所纂《新安志》与范成大所撰《吴郡志》典型地反映了方志这一变化过程。

新安是徽州的古称,徽州之名出现于北宋宣和三年(1121)。南宋乾道九年（1173）赵不悔任知徽州时，聘请罗愿编纂州志，历时3年，于淳熙二年（1175）编成《新安志》。《新安志》共10卷，采用纲目体的方式。卷一州郡，卷二物产、贡赋，记全域之事，分沿革、分野、风俗、封建、城社、户口、坊市、官府、谷粟、水果、水族、税则、盐课等计44目；卷三至卷五分别记述徽属歙县、休宁、祁门、婺源、绩溪、黟县6县的沿革、户口、田亩、租税、镇寨、道路、桥梁、古迹等情况；卷六、卷七记先达；卷八记进士题名、义民与仙释；卷九载牧守；卷十杂录人事、诗话、杂艺、砚、纸、墨及神异、记闻等。由此可见，此志所记既涉地理沿革等，人文内容也极为丰富。后人对此志多有评述，肯定较多，《四库全书总目提要》认为"叙述简括，引据亦极典核……别于史传，较为有体"；章学诚认为"意存著述"是"其所长也"；朱彝尊称其"简而有要……此地志之最善者"。[1] 不过从方志史的角度着眼，"于一方诸人事物无所不载，奠定后世方志所及方面之基础"[2]，可以说是这部方志的最大价值。此志采用纲目体，以纲统目，结构严谨，层次分明，且州郡与属县各为门目，也为后世府州志的编写树立了范例。

在方志学家章学诚看来，《吴郡志》与《新安志》均为南宋方志的代表作，"范氏之《吴郡志》，罗氏之《新安志》，其尤善也"。《吴郡志》是范成大晚年隐居期间所作，初成于绍熙三年（1192），后经人增补，于绍定二年（1229）刊行。吴郡为苏州古称，此志记述苏州一地情况，共50卷，采用平列门目体，分39门。内容丰富，涉及面广。重视人文的记载应是此志的一大特色，其中仅"人物"一门即占了8卷，封爵、牧守、官吏、进士题名还不包括在内。《四库全书总目提要》评价其"征引浩博，而叙述简核，为地志之善本"，且"往往于夹注之中又有夹注……亦可云著书之创体矣"，被今之学者视为该志的最大特点。因为"据粗略地统计，全志所引的正史、野史、类书、专著、别集、笔记、方志等有近一百五十种，有约一百七十人的各类诗文，有的还是一人多篇。所有的引文，都注明书名、篇名和作者姓名，注中又有夹注。这种办法，在同时代的著作中不多见，

---

[1] 朱彝尊：《曝书亭集》卷四十四《书〈新安志〉后》，转引自黄苇等：《方志学》，复旦大学出版社1993年，第441页。
[2] 黄苇等：《方志学》，复旦大学出版社1993年，第438页。

它的好处是不言而喻的"[1]。 另外应该提及的是,本志于"山"一门外又单列"虎丘"一门,被章学诚讥为"不解类例"。 实际上,由于虎丘对苏州而言具有象征意义,范成大予以突出,将虎丘升格,正是为了反映苏州的地方特色。 这一做法,在20世纪80年代兴起的新中国第一轮修志中广受关注并得到肯定。 因此可以说,《吴郡志》的做法开了后世志书为突出地方特色而进行升格处理的先河。

(二) 现存最早的乡镇志:《澉水志》

镇本是出于军事目的而兴起,从北宋开始逐渐转变为商业聚落。 镇有地方志,也出现于宋代,有名可考者4种,即《澉水志》《乌青记》《青龙杂志》与《桃源志》,[2]均在江南地区。 显然,这一情况与江南经济发展、人文兴起的背景密切相关。 而现今留存下来的宋代乡镇志,仅有常棠编纂的《澉水志》一部。

《澉水志》是浙江海盐县澉浦镇的方志。 澉浦镇设置于唐代开元年间,至今已有1 300多年历史。 南宋迁都临安后,澉浦以其便利的地理位置而成为重要的对外贸易港口,商业兴盛,"户口约五千余,主户少而客户多"。 绍定三年(1230),镇官罗仪甫邀约镇人常棠撰写镇志,历时26年,最后成书《澉水志》。

《澉水志》共8卷15门,基本模仿州县地方志的体例,以纲统目。 卷一为地理门,含沿革、风俗、户口、赋税、镇名、镇境等内容;卷二为山门,含山、湾等;卷三为水门,含塘、湖、闸等;卷四为廨舍门、坊巷门、坊场门、军寨门、亭堂门、桥梁门;卷五为学校门、寺庙门、古迹门;卷六为物产门;卷七为碑记门;卷八为诗咏门。 全书虽仅1.5万字,但门类较为齐全,所以《四库全书总目提要》称其"叙述简核,纲目设备"。 此志虽因其简而存有不少缺憾,但不能否认其在方志史上的地位。 作为乡镇志的开创之作,其对后世方志编纂尤其是明清时期乡镇志的兴盛产生了深刻影响。《四库全书总目提要》认为,明朝以简约著称的韩邦靖撰《朝邑县志》即模仿此志而来。 清代学者钱大昕在为乾隆《续外冈志》作序时甚至

---

[1] 陆振岳:《点校说明》,见范成大:《吴郡志》,陆振岳校点,江苏古籍出版社1986年,第4页。
[2] 也有另外一种说法,王旭考辨,"今可考的宋代镇志仅绍定《澉水志》《乌青记》《乌青拾遗》和《青龙志》四种"。见王旭:《论宋代的镇志》,《史学史研究》2019年第3期。

称誉其可以与乐史的《太平寰宇记》、王存的《九域志》等书并传。

（三）最早采用纪传体的方志：《景定建康志》

从北宋开始，随着地理与人文并重，人文内容在方志中占比越来越大，方志的性质逐渐变化，由此导致其体例越来越多地受到史书的影响。宋代以前，司马迁《史记》所创立的纪传体影响最大，自然受到史家的模仿。南宋时期马光祖主修、周应合所纂的《景定建康志》，便是最早采用纪传体的方志代表作。

《景定建康志》共50卷，分为录、图、表、志、传5类，具体言之，留都录4卷，地理图（附地名辨）1卷，表（建康表总序与建康表）9卷，志由疆域、山川、城阙、官守、儒学、文籍、武卫、田赋、风土、祠祀10个部分32卷组成，传分古今人表与古今人物传计3卷，最后为拾遗1卷。除了史料价值值得充分肯定外，从方志编纂的角度，此志的主要特点有四：一是首创地方志的纪传体例，综合叙述地方各方面的情况；二是除志书总序外，每个门类前又有小序，说明编写宗旨，这同样是受到《史记》十表、八书及类传篇前"太史公曰"叙述方法的影响；三是此志修纂者明确提出修志必须先定凡例，这在方志史上也是首倡；四是系统阐述方志编纂的基本原则，即其《修志本末》中所提的定凡例、分事任、广搜访、详参订四个方面。这既是修志的4个程序，也是基本要求。这样的系统论述，此前较为少见，具有原创性。正是因为《景定建康志》富于创新、特色鲜明，深得后人称誉，《四库全书总目提要》认为其"援据该洽，条理详明，凡所考辨，俱见典核"；清代著名学者钱大昕《潜研堂文集》卷二十九收有为该志所作跋文，除肯定其史料价值外，还认为"与它志之例略殊"，是"义例之善者"；另一学者孙星衍在重刻该志的后序中也评价"《建康志》体例最佳"。《景定建康志》在编志程序和编纂方法方面，均对后世地方志编纂产生了重要影响。

（四）突破旧规、多有创新的近代名志：《川沙县志》

近代以来，受到西学影响，方志的内容、体例与编写方法都出现了很大变化。其中，民国时期黄炎培主纂的《川沙县志》最具代表性，备受关注。

川沙县位于上海之东，濒临东海，明朝嘉靖年间始设川沙堡，清朝嘉庆年间置川沙厅，1912年改建为川沙县，原隶江苏省，中华人民共和国成立后，于 1958 年划归上海市。民国以前，川沙编有 2 部方志，一为清朝道光年间所编《川沙抚民厅志》，一为光绪年间所纂《川沙厅志》。进入民国以后，乡人多次动议续修，屡行屡废，在主纂黄炎培等人的持续努力下，终于在 1935 年编成《川沙县志》，并于次年出版发行。

黄炎培是川沙县人，光绪二十八年（1902）中举，后留学日本，加入同盟会。辛亥革命以后，曾任江苏省教育司司长等职，长期致力于提倡职业教育以及乡村建设运动，卓有成效。中华人民共和国成立后，曾任中央人民政府委员、政务院副总理、全国人大常务委员会副委员长等职务。

黄炎培主纂的《川沙县志》共 24 卷，卷首列图，正文包括大事年表、舆地志、户口志、物产志、实业志、工程志、交通志、财赋志、教育志、卫生志、慈善志、祠祀志、宗教志、方俗志、艺文志、人物志、职官志、选举志、议会志、司法志、警务志、兵防志、故实志、叙录，各为一卷（选举志分为卷上、卷下）。综合卷首的例言、导言以及志书内容分析，此志无论在体例、内容还是在编写方法方面均可谓新意迭出，亮点多多。第一，门类较新。适应时代变化，突破以往方志的框架，增加了很多新的门目，如实业、交通、工程、教育、卫生、慈善、选举、司法、警务等。第二，重视门类之间的逻辑关系。方志门类的设置并非随意而为，应该注意其相互之间的逻辑，《川沙县志》卷首"例言"中对此有明确要求："其分卷顺序，先天然，后人为；先生产，后教养；先经济，后财政；先科学，后宗教。而职官、选举、议会，凡偏于时间性者次之；司法、警务、兵防，凡不得已之设施又次之；故实杂记地方故事又次之；而以叙录殿焉。"第三，设置"大事年表"，弥补志书横分门类的缺憾。尽管从宋代开始，方志已有"大事表"，但很少被后来的方志沿用。黄炎培认为"大事年表"的设置非常重要，"编方志必先立大事表，余主此甚坚"，原因在于史书的功用是为了讲清因果，方志作为史书的一种也不例外，但"一般方志，偏于横剖，而缺于纵贯，则因果之效不彰，必将若干年间事实串列焉"。与其他设有"大事表"的志书不同，黄炎培还特别强调，治方志者必须要有宽广的视野，"大事年表"中不仅列本地之事，还要"驰神全国乃至全世界"，因为在近代交通发展起来以后，"各方相互间之关系益广，一地方之治乱盛衰，往往根于其国运。苟地位特殊，或且进而随世界大局以为转变"。[1] 这样的认识，显然超越了同时代之人。第四，设置"概述"，"俾读者知本卷内容之大要"。"概述"设于各专志之前，颇类似于此前志书已有的"序例"，但在黄炎培看来，两者实有不同，"（概述）盖重在简略说明本志内容之大要，而不尽阐明义例也。将使手此书者，读概述后进而浏览全文，其繁者可以用志不纷，其简者亦将推阐焉而有得，或竟不及读全文而大致了了。此亦余所期期以为不可无者"。[2] 第五，表的大量使用。在体裁方面，《川沙县志》非常重视表的作用，黄炎培在志书"导言"中指出："今之方志体裁，用表者较少，其或有表，类皆限于建置、沿革、职官、人物、选举数门，有人表无事表，有分表无总表。"有鉴于此，"例言"中规定："表说相资，最便读者，今凡可列表者，多用表式焉。"所以，该志表格数量很多，包括大事年表、户口表、财赋表、工商表等，如"实业志"中即有农会联名表、川沙农场历年收支盈亏表、农具一览表、肥料一览表、商会职名表、典业一览表、出品得奖一览表等16种。这在其他志书中是极为少见的。第六，秉笔直书，扬善而不隐恶。方志主要由地方人士书写，出于桑梓之情，一般都扬善隐恶，这成为历代方志的通病。而黄炎培却一改旧弊，主张秉笔直书、"无隐无饰"，不必"为我乡人讳"。如"对于风俗，尽情描写"，辑录反映"底层社会思想"的歌谣90首，不因"有乖大雅"之讥而回避；对于清末地方自治过程中当地民间宵小造谣生事之举，"奋我直笔"，"类此重要文件，全录以存真象，绝无丝毫掩饰于其间"。

总而言之，黄炎培主纂的《川沙县志》立足实际，视野开阔，突破旧规，注重创新，在理论和实践方面均取得不凡的成就，对中华人民共和国成立以后的方志编纂产生了直接的影响。

三、江南学人对方志学的贡献

在编纂方志的实践中，江南地区的学者勤于思考，善于总结，重视理论研究并有所突破，初步构建了方志学的理论体系。

---

[1] 方鸿铠修、黄炎培纂：《川沙县志》"导言"，台湾成文出版社，1974年影印本，第20页。
[2] 方鸿铠修、黄炎培纂：《川沙县志》"导言"，台湾成文出版社，第21-22页。

近代著名学者梁启超曾对清代学术成就进行过系统整理与总结,其中《清代学者整理旧学之总成绩——方志学》中提及多位出生于江南地区并取得成就的方志学者,如江苏的阮元、洪亮吉、孙星衍、李兆洛、段玉裁、缪荃孙,浙江的章学诚、陆陇其,其他参与修志活动的名儒如江苏的顾炎武、钱大昕,安徽的戴震,浙江的全祖望等,真可谓群星闪耀。而论及对方志学的贡献以及在方志史上的盛名,则莫过于章学诚及戴震、洪亮吉诸人。

(一)章学诚创立方志学

章学诚是清代著名的史学评论家,也是一位杰出的方志学大师。他20岁后有志于学,"纵览群书",尤嗜史学。因所学不合时好,历经周折,迟至41岁时才高中进士,但又"自以迂疏,不敢入仕"。由于生活窘迫,长年辗转各地,以讲学与为人修志维持生活。年轻时受到父亲的影响,参与修志工作,并开始对方志编纂工作进行系统思考。先后主纂、参编方志11种,惜或未竟或遭毁,多数残缺不全,仅《永清县志》保存完好;撰写方志论文多篇,系统阐发自己对方志的理解。约而言之,章学诚的方志主张表现在以下方面:

第一,确定方志性质:"方志乃一方全史。"在方志的起源问题上,章学诚明确主张方志导源于周官外史所掌"四方之志"。其《方志立三书议》有谓:"余考之于周官,而知古人之于史事,未尝不至纤析也。外史掌四方之志,注谓若晋《乘》、鲁《春秋》、楚《梼杌》之类,是一国之全史也。"在《永清县志·前志列传》序例中也说:"志乘为一县之书,即古者一国之史也。"方志的起源决定了其性质"乃一方全史",他在多篇文章中不断强调"志属信史""志乃史体""部府县志,一国之史也"等。这一性质的判定,不仅扩大了方志内容的范围,更为其创立方志学奠定了基石。

第二,创立修志义例:方志分立三书。章学诚方志主张的一大贡献是创立了一套完整的修志义例,提出"方志立三书"的主张。他在《方志立三书议》中指出:"凡欲经纪一方之文献,必立三家之学,而始可以通古人之遗意也。仿纪传正史之体而作志,仿律令典例之体而作掌故,仿《文选》《文苑》之体而作文征。三书相辅而行,阙一不可,合而为一,尤不可也。""方志立三书"即指编纂方志时使用三种体裁,志是主体,"简明典雅"，是成一家之言的著述；掌故与文征，是地方重要政事资料与诗文资料的汇编。著述与资料并存，相辅而行，构成一部完整的方志。可以看出，"三书"是章学诚为方志安排的一种体例结构，是为矫正宋元以来方志"侈为纂类家言"弊端而发明的一种修志义例。

志作为志书的主体部分，应该采用何种体裁？章学诚的主张并非一成不变，而是随着实践经验的不断丰富而走向成熟。其在早年撰写的《答甄秀才论修志第一书》中提出，"皇恩庆典当录为外纪，官师铨除当画为年谱，典籍法制则为考以著之，人物名宦则为传以列之"，即分别以外纪、年谱、考、传四种体裁记叙相关内容。这四种体裁被归纳为"四体"。但正如仓修良先生所指出的，从章学诚所撰诸志来看，"确是纪、传、书（考）、表、图，诸体具备，一如正史之规，而并非所谓'四体'"，所以，"'四体'说不能代表章学诚的方志理论和主张"[1]。

第三，方志辨体：明确各类方志的记述范围与界限。宋元修志，多见郡（府）县二级。明清时期，随着朝廷重视，修志风气盛行，省、府、州、县各级均有志书，甚至乡镇村里、山水寺观各皆有志，由此出现了各级志书界限不明、内容重复、著述混乱等问题，如有的将州县志合而为府志，又将诸府志合而为省志（即通志），或者析省志为各府志，又将府志析而为州县志等。为此，章学诚专门著述《方志辨体》一文，澄清各级志书的记述范围与界限、撰写方法与要求，"如修统部通志，必集所部府州而成。然统部自有统部志例，非但集诸府州志可称通志，亦非分拆统部通志之文即可散为府州志也。诸府之志，又有府志一定义例，即非可以上分通志而成，亦不可下合州县属志而成。苟通志及府州县志，可以互相分合为书，则天下亦安用此重见叠出之缀旒哉！"所以，"所贵乎通志者，为能合府州县志所不能合，则全书义例，自当详府州县志所不能详。既已详人之所不详，势必略人之所不略"。总而言之，省级通志不能由所属府州县志拼集而成，同样也不能析分通志而为各府、州、县志，通志与府、州、县志各有自己的内容范围和义例要求，各有侧重和特点。章学诚方志辨体的主张切中时弊，对于消除修志中的思想混乱和提高志书质量具有重要意义。

---

[1] 仓修良：《方志学通论》，齐鲁书社1990年，第449页。

第四，资料积于平时：建议州县设立志科。地方志的编写建立在丰富的地情资料基础上。与地方相关的历史文献包括私记野乘、家谱图牒之类固属收集范围，但出于经世致用目的，章学诚强调志书应详今略古，而"今"即反映现状的资料，这一方面可以取自官方档案，另一方面也需要进行实地访问调查。这就牵涉工作责任、资料收集保存等诸多问题。为此，章学诚建议清朝政府应在各州县建立志科，专门负责收集、保管地方文献，为编志创造条件。他在《州县请立志科议》一文中说："今天下大计既始于州县，则史事责成，亦当始于州县之志"，"故州县之志，不可取办于一时，平日当于诸典吏中，特立志科，金典吏之稍明于文法者，以充其选"，"积数十年之久，则访能文学而通史裁者，笔削以为成书……如是又积而又修之，于事不劳，而功效已为文史之儒所不能及"。这一建议，反映了章学诚对编写地方志有全面系统的考虑，惜乎当时未被采纳。但他的这一设想，启发了新中国的修志工作，各级地方志办公室、方志馆的设立即其明证。

第五，方志评价标准：简、严、核、雅。章学诚还是一位方志评论家。章学诚的方志评论，主要表现在《武功县志》《朝邑县志》《吴郡志》《姑苏志》《滦志》《灵寿县志》和《姑孰备考》书后7篇（均收入《章氏遗书》卷十四"方志略例一"）。这7种方志虽成书有先后（分别成于宋、明和清初），但均出于名家之手，且问世后声誉卓著，被后世奉为典范。如康海的《武功县志》和韩邦靖的《朝邑县志》，被誉为"文简事赅，训词尔雅"，"乡国之史，莫良于此志"。但是，章学诚不囿于前人成说，在肯定其价值的同时，指出这些志书的不足，有的几至于全盘否定。如章学诚认为，康海的《武功县志》"芜秽特甚。盖缘不知史家法度、文章体裁，而惟以约省卷篇，谓之高简，则谁不能为高简耶？"至于韩邦靖《朝邑县志》，"今观文笔较康（指康海）实觉简净"，但若以志体来衡量，"韩氏则更不可以为志，直是一篇无韵之《朝邑赋》，又是一篇强分门类之《朝邑考》"。章学诚的指责与批评并非无的放矢。方志具有存史、资政和教化的功能，这是中国几千年来方志编纂连绵不断的根本原因。可是，康海的《武功县志》仅3卷7篇2万余字，而韩邦靖的《朝邑县志》更少，仅2卷7篇5600余字，无法体现方志作为一方综合性资料性著述的性质和特点，不能起存史作用。记述如此简略，往往导致记事不清的弊病。如《朝邑县志》"物产"一项仅69字,中有"果则瓜、桃、梨、枣"的记载。瓜有多种,各因其土宜而事栽培,朝邑县宜种何瓜,外人难以窥知。诸如此类,削弱了方志的资政功能,所以章学诚指斥其"不可以为志"是有道理的。

当然,记载是否真实准确、能否发挥志书的功能只是方志评论的准则之一。衡量一部方志是否为佳构,还应该有其他的标准。章学诚认为,一部方志是否为良志,要看它有没有体现简、严、核、雅的标准。简、雅是指方志的形式,即要做到简明、典雅,"欲其可以诵而识也",也就是说要据事直书、简单明了,而不要"专事浮文,以虚誉为事"。严、核是指方志成为信今传后的著述。当然,这个标准说来容易,真正做起来是非常困难的。以简而言,就有一个度的问题。韩邦靖的《朝邑县志》不可谓不简,但简而不明,简而不精。为使志书达到简、严、核、雅,必须严格遵守"史家法度"。同为著述,可以分为"文人之书、学人之书、辞人之书、说家之书、史家之书",非唯撰法不同,义例亦应有别,"文士撰文,惟恐不自己出;史家之文,惟恐出之于己""史体述而不造,史文而出于己",因方志为史家之书,自应遵守史家法度。他指出:"志为史载,全书自有体例。志中文字俱关史法,则全书中之命辞措字,亦必有规矩准绳,不可忽也。"[1]如果像文士所撰之文,则言之无征,不能信于后世,因此他断言"文人不可与修志"。

在章学诚之前乃至他的同时代人,对方志编纂中的一些理论问题或多或少有所论述,但大多是零星片断,没有形成系统的理论。而章学诚在吸取前人成果、总结自己实践经验的基础上,结合自身的史学素养,全面系统地阐述方志的源流性质、内容范围、体例体裁、资料收集保存等问题,自成体系,独具创新。因此,梁启超在《清代学者整理旧学之总成绩——方志学》中称,"能认识方志之真价值,说明其真意义者,则莫如章实斋","方志学之成立,实自实斋始也"。

(二) 章学诚与戴震的论争

章学诚的方志学思想在实践中形成,并在与方志同仁的驳难、商榷中发展。如他在编撰《湖北通志》时,针对同僚的非议与攻诘,撰有《湖北

---

[1] 章学诚:《章氏遗书》卷十四《方志略例一·与石首王明府论志例》第2册,商务印书馆1936年,第25页。评论参见王卫平:《章学诚与方志评论》,见《江苏地方志》1998年第3期。

通志凡例目录驳议》一卷，阐发自己的修志主张；再如在看到洪亮吉编成的《乾隆府厅州县图志》一书后，即对其拘泥旧制的行为提出批评，而洪亮吉也在《与章进士学诚书》中作出回应，进行辩论。章学诚与当时大儒戴震关于方志理论的论争，更是方志史上的一桩学术公案，引人关注，影响重大。由于当事双方均为江南地区之人，故而这也成为江南方志文化发展中的一个重要事件。

戴震（1723—1777），一字东原，安徽休宁人。乾隆二十七年（1762）中举，后因其学术声誉而应诏纂修《四库全书》，授翰林院庶吉士。作为清代中期著名学者，戴震学问渊博，于哲学、经学、音韵、训诂、天文、地理、历法、算学等皆有研究，是清代两大汉学流派中皖派的领军人物。他一生著述宏富，对方志理论也有颇多研究，并曾主纂或审定《汾州府志》《汾阳县志》《金山志》《应州续志》《寿阳志》等。

乾隆三十八年（1773），戴震与章学诚相遇于宁波道署，围绕对方志的认识以及编纂方法等问题发生了争论。此次论争，仅见于章学诚所撰《记与戴东原论修志》一文。由于对史学的见解不同，双方谈论伊始即充满意气，以致章学诚追记此事时犹感愤愤不平："戴君经术淹贯，名久著于公卿间，而不解史学，闻余言史事，辄盛气凌之。"双方争论的焦点是志书内容究竟重地理沿革还是地方文献，由此涉及方志的性质是地理书，还是历史书。按戴震的说法："夫志以考地理，但悉心于地理沿革，则志事已竟。侈言文献，岂所谓急务哉？"章学诚则不以为然，针锋相对地批评说："方志如古国史，本非地理专门，如云但重沿革，而文献非其所急，则但作沿革考一篇足矣，何为集众启馆，敛费以数千金，卑辞厚币，邀君远赴，旷日持久，成书且累函哉？……考沿革者，取资载籍，载籍具在，人人得而考之……若夫一方文献，及时不与搜罗，编次不得其法，去取或失其宜，则他日将有放失难稽、湮没无闻者矣"，所以，"考古固宜详慎，不得已而势不两全，无宁重文献而轻沿革耳"。争论次日，戴震将自己编纂的《汾州府志》出示给章学诚，并说："余于沿革之外，非无别裁卓见者也"，介绍自己改变旧志做法，考虑到"名僧必居古寺，古寺当归古迹"，而将名僧列入"古迹"门类，自认是一"创例"。章学诚同样予以反驳："如云僧不可以为人，则彼血肉之躯，非木非石，毕竟是何物耶？……无其识而强作解事，固不如庸俗之犹免于怪妄也。"

这次论争不仅是清代两大经史名家之争,更涉及方志的性质问题,扩而言之,牵涉方志的功用、地位等问题,因而历来受到关注。民国以至当代学者多有讨论,真相逐步得到揭示。

第一,章学诚《记与戴东原论修志》的记录存在片面性,不够客观。这次论争仅见于章学诚的记载,而戴震未留下片言只语。考察戴震有关方志的论述,所述戴震"但悉心于地理沿革,则志事已竟"的说法并不真实,是章学诚偷换了戴震"古今沿革,作志首以为重"的概念;而查核《汾州府志》可知,地理沿革固然是记述重点,人文社会的内容也占有相当篇幅。至于说其"名僧归于古迹"也不符合实际。

第二,戴震与章学诚的论争反映了不同的求道方式与治学路径。这次论争中确实存在着个人意气的因素,因为当时戴震已是大师级的存在、"名公卿争相交焉"的人物,且刚刚得到朝廷纂修《四库全书》的聘请,正是人生得意之时。而章学诚处处受挫,学术地位不显,处于"满怀抱负无以展,满怀经纶少人听"的人生失意阶段。身份地位的反差,使得双方在争论过程中带有个人情绪,也使得章学诚在记录此事时显得言辞过激。但是,归根到底,两人的分歧在于对求道方式的认识不同,进而导致治学路径的不同,如钱穆先生所说:"盖一主稽古,一主通今,此实两氏议论之分歧点也。"[1]

第三,戴、章之争既是编纂方法之争,也是方志学派之争。既往研究大多以此次论争为契机,认为清代修志中存在着分别以戴震为代表的"地理学派"(或称考据学派、纂辑派、旧派等)与以章学诚为代表的"史志学派"(或称撰著派、新派等)。近年来,有些学者提出戴、章之争只是方志编纂方法的论争,而非学派之争。其最重要的理由,如葛剑雄先生所指出的,古人所谓"地理"与现代地理学概念并不一致,始终不是独立学科,而只是作为历史学的分支与辅助,章学诚观点的实质只是强调了方志在历史学中的地位,而不是改变方志的属性。因此,章学诚与他人的分歧属于

---

[1] 钱穆:《中国近三百年学术史》,商务印书馆1997年,第424页。又,学界关于戴、章之争的讨论较多,其中较为平允者,如梅森:《方志性质之争抑或编纂方法之论——戴震与章学诚宁波道署论争辨析与方志学派存在与否之质疑》,《中国地方志》2014年第9期;张易和:《章学诚、戴震方志理论之争的研究评述》,《中国地方志》2019年第4期。

体例门类之争、方志在历史学中地位轻重之争,而非方志性质之争。[1]

但是,详细分析戴震、章学诚的方志主张可以发现,当时确实存在着不同的修志派别,只是后世所拟的"地理学派""史志学派"的名称未必正确而已。综合而言,清代修志派别约可分成"保守派"与"创新派"。保守派以戴震、洪亮吉为首,主张"贵因而不贵创",表现为方志的内容重在地理沿革,方志的编纂方法采用纂辑,方志的材料来源主要依据正史;而章学诚则是创新派的代表,主张"方志乃一方全史",内容重在记述人文社会,采用撰著的编修方法,资料来源既重历史记载,更重调查采访。[2] 清代修志派别的出现,正是方志编修兴盛、方志文化发达的重要表现。

四、江南方志文化的特点

通过对江南地区方志发展演变情况的梳理,可以发现江南方志文化具有鲜明的特点。

第一,江南地区的方志文化表现为"三多":修志人才多、名志佳构多、编志创新多。

江南地区的地方志编撰一向较为兴盛。魏晋南北朝时期,随着江南人文的兴起,记载地方情况的史志书籍不断涌现,见于著录者不下数十种,其作者大多为世族地主且盛负文名之士。宋元以后尤其明清时期,江南地区著名的文人学者大多有主持或参与修志的经历,如江苏的范成大、王鏊、祝允明、冯梦龙、顾炎武、钱大昕、阮元、洪亮吉、孙星衍、李兆洛、段玉裁、冯桂芬、黄炎培、缪荃孙,浙江的章学诚、陆陇其、全祖望、龚自珍、俞樾,安徽的罗愿、戴震、姚鼐等。其中不少人多次主持编撰工作,如戴震、章学诚、洪亮吉、李兆洛等。可见,江南地区修志人才济济,群星闪耀。

修志人才学识渊博、学问深厚,是方志质量的重要保证。由此,江南地区名志迭出,质量优、影响大,受人推崇。陆广微的《吴地记》是唐代

---

[1] 葛剑雄:《编纂地方志应当重视地理》,《中国地方志通讯》1983年第5期。上引梅森、张易和的论文对此也有强调。
[2] 详细论证,参见王卫平:《清代修志派别浅议》,《史志文萃》1987年第6期,又收录于王卫平:《中日地方志与江南区域史研究》,苏州大学出版社2014年,第11-17页。

江南地区留存至今的唯一的方志,从中可窥"地记"书之一斑,顾颉刚先生称其为"后继者的阶梯"。罗愿的《新安志》,被《四库全书总目提要》评为"叙述简括,引据亦极典核……别于史传,较为有体";朱彝尊称其"简而有要……此地志之最善者"。范成大的《吴郡志》"征引浩博,而叙述简核,为地志之善本",章学诚尽管也有所批评,仍认为"范氏之《吴郡志》……其尤善也","今学者论宋人方志,亦推罗氏《新安志》与范氏《吴郡志》为称首"。高似孙的《剡录》,首创"县纪年",开后世方志设立"大事记"的先河。马光祖、周应合的《景定建康志》首创方志纪传体的体裁。常棠的《澉水志》是现存最早的乡镇志。王鏊的《姑苏志》被《四库全书总目提要》评为"繁简得中,考核精当,在明人地志之中,犹为近古"。而在近代方志中,黄炎培主纂的《川沙县志》获评最高,在多个方面表现出创新之举,对新中国的方志编修产生了直接影响。

江南地区的方志之所以能成为名志,主要是因为能随着时代发展、社会进步而不断创新。如果以当代方志体例来观照,可以发现其体例的确立离不开江南方志学人的贡献。当代方志编纂先要"发凡起例",而早在南宋马光祖、周应合修纂《景定建康志》时即提出了"定凡例"的主张;稍后昆山县的《玉峰志》中也设"凡例五则"。当代志书一般以"大事记"为经,以"概述"为纬,一纵一横,统领全志。而志书设"大事记"可追溯至南宋高似孙的《剡录》,至于"概述"恐也是受到黄炎培《川沙县志》的影响。当代方志虽以章节体编排,但其主体内容依然采用了志、传、图、表等纪传体的表现方法,而志书采用纪传体系《景定建康志》首创。由此可知,江南地区的方志创新,为当代方志编修提供了范例,施与了直接影响。

第二,江南地区官方与民间均十分重视方志编纂,方志类型齐备。

宋代以来,江南地区经济发达,人文昌盛,为地方志的编纂提供了经费、人才的支持。响应朝廷倡导以及出于资政、存史、教化的需要,省、府(州)、县志大多由官方主持,而民间修志也极为兴盛。相对而言,江南地区的地方志编纂频率更高,以江苏为例,全省现存及已修府、州、县志有760余种,平均每个行政实体所修志书在15种以上。其中常熟自元朝至正二十二年(1362)至民国六年(1917)的500多年间,官私所修县志达30种,"平均每十八九年就有一种县志问世"。[1] 江南地区因其为人瞩目的经济、文化地位,地方官主持修志时丝毫不敢马虎,修志人员动辄数十人,成书字数多、卷帙庞大,"江苏地方志普遍篇幅较大,一部省志动辄上百卷,府志四五十卷,县志二三十卷。以清代、民国省志为例,现存志书、志稿4种,总共737卷,平均每种约185卷",远远超出处于政治中心地区的河北、辽宁等省志的篇幅。[2] 不仅省志,府县志亦是如此,道光《苏州府志》达160卷,堪称全国府志之最;乾隆《吴县志》成书113卷,恐也是其他县志难以比拟的。浙江的情况不遑多让,洪焕椿《〈浙江地方志考录〉前言》说,明代所修的浙江方志有49种988卷,以种数论仅次于江苏省的64种,但以卷数论却是超过江苏的934卷而居全国第一;清代浙江有方志266种5 757卷,种数居全国第八,卷数则居第四。[3] 除了官修志书外,江南地区私人修志也形成风气。很多地方人士尤其是士绅出于桑梓之情或责任心,希望通过修志为地方保存资料,为国史或各级修志提供素材,也为地方发展提供咨鉴,热衷于编纂志书。当然也有人希望以此确立在地方上的话语权。江苏常熟、吴江两县是私修志书风气最盛的地方,据研究,常熟自明弘治十六年(1503)到民国的400余年间,今存县志20种,其中官修9种、私人撰著11种;吴江在明代的9种县志中,有8种系私修。[4] 官、私所修志书,有不少出自同一家族人员之手,或父子相继,或子孙相承,从而涌现出不少的方志世家。

江南地区的地方志不仅数量多、篇幅大,而且种类齐全。省有通志,府(州)有府(州)志,县有县志,各种乡镇志及山水名胜志的大量涌现,成为江南方志文化中的亮点。如前文所述,乡镇志最早出现在江南,明清时期数量大增,不仅市镇有志,且一修再修,一些重要的村庄也各有志。山水名胜、寺观书院等专志蔚为壮观,如南京栖霞山寺志有7部,苏州虎丘山志也有5部之多。

---

[1] 张乃格:《存亡继绝传承文明——〈江苏文库·方志编〉前言》,《江苏地方志》2019年第3期。

[2] 张乃格:《存亡继绝传承文明——〈江苏文库·方志编〉前言》,《江苏地方志》2019年第3期。

[3] 洪焕椿:《〈浙江地方志考录〉前言》,见地方史志研究组:《中国地方志分论》,中国地方史志协会、吉林省图书馆学会编辑出版1981年,第199-200页。

[4] 张乃格:《存亡继绝传承文明——〈江苏文库·方志编〉前言》,《江苏地方志》2019年第3期。

第三，江南地区重视方志理论探讨，是方志学的发源地。

江南地区大量著名学者参与修志，将其学识贯彻于实践，并在此过程中加以总结提炼，进而上升为理论，使得江南地区成为培育方志理论的温床。章学诚、戴震的贡献已如前述。在清代方志学者中，洪亮吉在方志理论方面也有深入思考，曾提出"一方之志，沿革最要"，"一方之志，苟简不可，滥收亦不可"，"撰方志之法，贵因而不贵创，信载籍而不信传闻"，"博考旁稽，义归一是"等主张，就其系统性而言，足可为清代修志保守派的代表人物。[1] 再如钱大昕，尽管同为乾嘉考据学大师，但其修志主张别具一格，一方面认为方志是"舆地之书"，重视考据，且主张"古人事迹当以正史为凭"；另一方面，又不同意"纂辑"方志之法，而取折中态度，半为纂辑，半出心裁，同时又不断强调修志要格遵"史例"，采用史家之法。[2] 正是在这些著名学者的不断探索、相互驳难指证中，方志学理论才逐渐走向成熟。

地方志是江南文化的重要载体，也是传承江南文化的重要纽带。丰富的地方志记载，为各级政府的有效治理提供了经验参照，为各方面开展学术研究提供了翔实资料，为爱国爱乡教育、弘扬优秀传统文化提供了素材。唐宋以来江南文化的繁荣，有地方志的滋养与贡献；江南历史文化研究成为国际显学，离不开地方志的支撑。由此而言，江南方志文化具有重要的价值。而就中国地方志的发展历程而言，江南方志文化无疑具有引领作用与示范意义。

---

[1] 王卫平：《洪亮吉的方志学思想》，《史学史研究》1988年第1期。
[2] 王卫平：《清代修志派别浅议》，《史志文萃》1987年第6期。

第十三章　佛教文化

中国为世界文明古国之一，文明延续了5 000年。从地理环境来看，农业时代能够对中原汉民族造成威胁的，主要是行动迅捷、勇武剽悍的游牧民族，但游牧民族无法从思想、文化层面对中国传统文化产生强有力的刺激，以致晚清面对工业化的西方列强还每每以天朝上国自居。然而，农业时代还是有一种异族思想文化对中国文化产生了持续深刻的冲击和震荡，那就是来自印度的佛教。陈寅恪先生认为，佛教传入后，影响所及最初为义理之学，此后遍及文学、诗歌、绘画、音乐、建筑、医学等，域外新知识传入后，"中国之学问，立时增长元气，别开生面"[1]。美国学者狄百瑞在论及东亚文明的五个发展阶段时，也有"佛教时代"之说，只是最后佛教文化也融入中国传统文化，"流传既久，浑忘其外来之性质，凡今日所谓国粹者颇多类此"[2]。江南区域文化同样受到佛教的广泛影响，更在历史的沿袭传承中，逐渐形成了自身的特色。

一、佛教在江南的传播和演变

佛教为外来宗教，两汉之际传入中原，汉末三国时扩散至江淮，随即浸染长江中下游。佛教传入中国时，正是印度大乘佛教兴起的阶段，[3]

---

[1] 吴学昭：《吴宓与陈寅恪》，清华大学出版社1992年，第11页。
[2] 陈寅恪：《隋唐制度渊源略论稿》，生活·读书·新知三联书店2001年，第132页。
[3] 释迦牟尼创立佛教及逝世后一百年左右，弟子们尚意见一致，称原始佛教时期。此后佛教团内部对教义和戒律理解不同而出现分裂，形成诸多部派，称部派佛教时期。公元1世纪，大乘佛教兴起，形成中观和瑜伽两大派别。大乘佛教兴起后，将注重自我解脱的原始佛教和部派佛教称为小乘佛教，不过在印度，小乘佛教与大乘佛教始终并行发展。公元7世纪后，密教成为印度佛教的主流。13世纪初，由于伊斯兰国家的入侵，印度佛教在本土消亡，至19世纪末由锡兰（今斯里兰卡）倒传入印度。

因此影响中国的主要是印度大乘佛教。汉魏六朝,是佛教传入江南并得到广泛传播的历史时期。佛教于汉末传入江东后,很快得到孙吴的认同和支持。东晋立国后,中原地区佛教与玄学交融的风气也流传到江东,并随着帝王和王公大臣崇佛、高僧名士们精研义理,很快形成诸多学派,各自承袭师说,形成了佛教在江南地区的第一个传播高峰。

(一)佛教传入江东

佛教最初传入中国当在两汉之际,当时西域与中原、西域人与汉人之间基本上一直保持着交往,"正是在这种交往中,印度的佛教通过西域传到中国内地"。[1] 我国典籍中关于佛教的较早记载出现在《三国志》卷三十《乌丸鲜卑东夷传》裴松之注引《魏略》,其中称:"昔汉哀帝元寿元年,博士弟子景卢受大月氏王使伊存口受《浮屠经》曰复立者其人也。"景卢在《魏书·释老志》中作秦景宪,浮屠即佛陀(Buddha),《浮屠经》指描叙释迦牟尼事迹的佛经,复立即复豆,也是佛陀之意。大月氏因受匈奴压迫,于公元前130年左右迁入大夏地区(今阿富汗阿姆河以南),接受原大夏国的佛教信仰,此后不久,《后汉书》就载明帝夜梦顶有光明的金人,于是遣使往天竺访问佛法,携沙门摄摩腾、竺法兰东还洛阳,并在洛阳建立起中国第一座佛教寺庙白马寺,又译出我国现存最早的汉文佛经《四十二章经》。这应当是佛教传入中国的确切记载。[2]

魏晋以前,佛教在中原地区得到一定程度的流传,此时的佛教和黄老道、神仙方术有所混淆。《后汉书》载光武帝子楚王英"诵黄老之微言,尚浮屠之仁祠"[3],同祀黄老与佛陀,说明当时人尚不熟悉佛教,误与黄老道同。而佛教初入中国,立足未稳,也可以借黄老拓张影响、吸引信徒,两者互张声势、相得益彰。这一情形,与明代耶稣会传教士利玛窦着儒服、附会儒学不无相似。汉灵帝时,丹阳人笮融负责督运广陵(今江苏扬州)、下邳(今江苏睢宁)和彭城(今江苏徐州)三地租赋,在当地大造佛像,并以免除徭役的方式招徕游民,说明佛教已经蔓延至长江中下游。本

---

[1] 任继愈:《中国佛教史》,中国社会科学出版社1981年,第90页。
[2] 梁启超《佛教之初输入》一文认为:"佛教之来,非由陆而由海,其最初根据地,不在京洛而在江淮。"是为一说,南方佛教通过海路与东南亚、印度有联系当是不争的事实。见梁启超著,汤志钧、汤仁泽编:《梁启超全集》第十集,中国人民大学出版社2018年版,第566页。
[3] 范晔:《后汉书》卷四十二《楚王英传》,中华书局2000年,第964页。

为西域安息国王族的安世高,在东汉桓帝时只身东入华夏,到灵帝末年避战乱而游历南方,可以说是最早在江南留下痕迹的西土高僧了。

三国时期,孙吴依恃长江天险,与曹魏、蜀汉鼎足而立,江南地区由此迎来了历史上的第一个大发展时期,人口迅速增殖,不断扩郡增县,"经营辟划,不遗余力,而新县林立矣"[1],佛教也在这一时期得到了极大发展。在位时间最长的孙权对佛教优渥有加,吴国都城建业(今江苏南京)也成为长江流域乃至全国的佛教中心之一,诸多名僧荟萃,能和北方佛教重镇洛阳分庭抗礼,"三国时佛教之重镇,北为洛阳,南为建业"[2]。汉灵帝时,通晓六国语言的译经大师、生于洛阳的月氏后裔支谦,为躲避战乱,从洛阳移居吴地,孙权慕名拜其为博士,请他辅佐太子。支谦在吴地翻译佛经多部,其中包括广为流传的《维摩诘经》《首楞严经》等经典。支谦翻译和注释佛教典籍时,力倡文词简略、畅达经意,反对译文义理隐晦难明,对佛教的普及做出了重要贡献。支谦后隐居于苏州穹窿山,并逝于山中。

著名僧人康僧会,祖籍西域康居国,立志弘教江东,"欲使道振江左,兴立图寺",[3]遂杖锡东游,于赤乌十年(247)入建业,孙权为其立建初寺,这是继洛阳白马寺之后中国的又一座重要寺庙,也是南方地区的第一座佛寺,现名大报恩寺。孙权去世后,孙亮、孙休和孙皓相继登位,仍然保持着对佛教的礼尊态度。因此,孙吴立国江东前后不过50余年,却是江南佛教史上的开创时期,不仅涌现了江南的第一座佛寺、第一批移民江南的高僧、第一批在江南译出的佛教经典等,而且"佛教在江南的一些发展倾向,也是在东吴初具雏形的"[4]。

(二)两晋江东佛教

两晋时期,北方中原地区兵燹不歇,佛教徒纷纷选择南下,传教译经,使得佛教在长江流域得到进一步传播。

两晋时期仍然是佛教流传中国的早期阶段。当时对社会影响更大的思想潮流是玄学,而佛教义理精妙,与同样擅长思辨的玄学不无相通之处,

---

[1] 谭其骧:《长水集》(上),人民出版社1987年,第404页。
[2] 汤用彤:《汉魏两晋南北朝佛教史》,北京大学出版社2011年,第72页。
[3] 释慧皎:《高僧传》卷一《魏吴建业建初寺康僧会》,汤用彤校注,汤一玄整理,中华书局1992年,第15页。
[4] 严耀中:《江南佛教史》,上海人民出版社2000年,第30页。

于是佛教与玄学常彼此激荡、相互熏染。中观学派极为重视的大乘佛教思想奠基之作《般若经》有多种译本传入中原，引起士族阶层的研习兴趣。佛教学者和士大夫借用老庄玄学去解释《般若经》，名士若不能谈般若学，则失诸名士风范；名僧若不能言玄学，则失诸名僧身份，使得印度佛教般若理论与中国玄学思潮逐渐融会贯通。又由于研究者对般若性空的理解各出歧义，于是形成解释佛教般若学的"六家七宗"之说。根据刘宋时期庄严寺昙济及后人所载，"六家七宗"包括本无宗、即色宗、心无宗、识含宗、幻化宗、缘会宗和本无宗的支派本无异宗，其中占主流的是本无、即色、心无三宗。正是在大量包括名僧和名士在内的学者对般若学的孜孜研讨下，东晋时佛教般若学的社会影响甚至可以和玄学相媲美，形成一种具有民族特色的般若学思潮。故学者指出，"六家七宗"般若学说的产生，"具有时代精神的象征意义"，"属于汉地佛教学者（包括名僧和名士）独立研究佛学、建立自己佛学体系的初步尝试，其意义不可低估"。[1] 汤用彤先生也明确指出，研究般若学的名僧名士辈出，"是佛学在中夏之始盛"，而"西方教理登东土学术之林，其中关键，亦在乎兹"。[2]

西晋时期，般若学的研究中心在中原地区，但随着"永嘉之乱"后大量士僧南迁，般若学在江东日益兴盛。南下僧人大都拥有较高的学识素养，玄释兼通、长于清谈，因而常与名士交往，得到了上层人士对佛教的普遍支持。心无宗的创立者支愍度于"永嘉之乱"时南渡，东晋成帝时与康僧渊、康法畅共游江东，《世说新语·假谲》载支愍度过江前，筹谋"用旧义往江东，恐不办得食"。支愍度是知识渊博的佛教学者，世人颇重其秀异，因此"得食"之说恐怕很难成立，但支愍度入江东后，为求心无之说与江东玄学思潮更加契合，遂改变旧义，"自立新义，非后所追学，则似得其实也"[3]。又即色宗的代表人物之一支遁，本姓关，字道林，学于支谦，精擅玄学，辨理精微，常与诸名士相谈甚欢，有力地促进了佛学与玄学的交融。《世说新语·文学》载支遁曾注《庄子》一书中的名篇《逍遥游》，"卓然标新理于二家之表，立异义于众贤之外"。《逍遥游》历来号称难解，诸贤析理精微者唯郭象、向秀二家，支遁所注能"标新理""立异

---

[1] 蒋国保、潘桂明：《儒释合论》，吉林人民出版社2007年，第151页。
[2] 汤用彤：《汉魏两晋南北朝佛教史》，北京大学出版社2011年，第153页。
[3] 陈寅恪：《金明馆丛稿初编·支愍度学说考》，生活·读书·新知三联书店2001年，第180页。

义",当然缘于他精深的佛学功底,遂有"支理"之誉。后支遁入吴,在吴地立支山寺,又入剡地(今浙江嵊县)与会稽内史王羲之晤面,到绍兴立栖光寺,晚年被晋哀帝请入建康,讲授《道行般若经》。

中原大批高姓士族南迁后,很快陶醉于太湖平原和宁绍平原的佳山秀水,王羲之、王献之父子从越中归来,为鉴湖风光所折服,分别有"山阴道上行,如在画中游"[1]和"从山阴道上行,山川自相映发,使人应接不暇"[2]之语。于是从扬子江畔,到浙东沿海丘陵,都有士大夫营建宅第,汲汲于求田问舍,佛教寺观也随之悄然耸立于群山丛林间。兴宁二年(364),东晋朝廷应慧力法师奏请于今南京秦淮区集庆路建寺,因掘地得古瓦棺而称瓦官寺,东晋末年即拥有僧众近千,是中国佛教史上的著名寺庙之一。司徒王珣与其弟司空王珉各自在吴中虎丘山营建别墅,咸和二年(327)双双舍宅为寺,分称虎丘东寺和西寺,刘宋时竺道生在此弘法,虎丘山也随之由帝王陵寝转为佛教名山和旅游胜地。又吴中灵岩寺原为吴王馆娃宫旧址,东晋末太尉陆玩舍宅为寺。咸和三年(328),印度僧人慧理从中原云游入浙,至杭州见武林山(今杭州西灵隐、天竺诸山)奇峻清逸,于是构建灵鹫、灵隐等寺。

(三)南朝江东佛教

东晋灭亡以后,宋、齐、梁、陈四个王朝相继更迭,均立都建康,史称南朝,与中原地区的北朝相对。南北朝时,北朝帝王多有重视佛教者,但也发生过北魏太武帝灭佛、北周武帝灭佛事件,而以江南为中心的南方地区却很少发生辟佛运动。相反,南朝不少帝王都崇信佛教,加上佛教义理由般若学发展到涅槃师学,吸引了更多学者研讨义理,佛教在江东地区植根日深。

刘宋王朝的开国之君刘裕出身寒门,常礼遇高僧以提高声望,还借助佛教的宗教祥瑞功能,为自己的登基抹上一层合法性色彩。《高僧传》《宋书》《建康实录》等均载有类似江东刘将军受天命的符瑞记载,说明宋武帝刘裕熟稔宗教祥瑞之用。刘宋一朝最尊崇佛教的是宋文帝,他常与高僧研讨佛理,对竺道生的"顿悟成佛"说极为赞赏,对佛教能够化民成俗、止恶修善的社会教化功能也十分清楚,曾声称:"若使率土之滨,皆纯此化,

---

[1] 吴曾:《能改斋漫录》卷八,中华书局1960年,第208页。
[2] 余嘉锡:《世说新语·笺疏》,周祖谟、余淑宜整理,中华书局1983年,第145页。

则吾坐致太平,夫复何事!"[1]南朝齐武帝萧赜次子即竟陵王萧子良通经史黄老,尤喜佛法,不满范缜的无神论观点,后居鸡笼山邸时,"招致名僧,讲语佛法,造经呗新声,道俗之盛,江左未有也"[2]。萧子良推崇名僧,延揽说法,对南方佛教义理的繁荣贡献良多。

南朝最崇佛的皇帝要数梁代开国之君梁武帝,他对佛教的尊奉远超一般的帝王,甚至被视为"佞佛"的典型。但也有学者指出,梁武帝的本意,"是想以'两界'(世间、出世间)最高统帅自居,显示绝对权威和特殊地位。……他不以儒教的当然领袖为满足,还要成为佛教、道教的共同教主"。[3]应该说,博学多才的梁武帝对佛教的尊奉是虔诚的。天监十八年(519),梁武帝以九五之尊,从钟山草堂寺慧约亲受菩萨戒,法名冠达,成为真正意义上的"皇帝菩萨"。他极其重视佛教戒律,亲作《断酒肉文》,反复阐释禁断肉食的必要性,并身体力行,坚持蔬食,改变了汉以来僧徒可食三净肉的习惯,严格了佛教戒律。这一切足以表明梁武帝对佛教的信仰是真诚的。不仅如此,梁武帝尊奉佛教的同时并没有忽视儒学,他将儒家忠孝思想注入佛教义理,延续的仍然是儒家修身治平宗旨,如他自陈"弟子习学空无,修行智慧,早穷尊道,克己行法,方欲以家刑国,自近及远"[4]。只不过,梁武帝或许高估了佛教的教化作用,对剽悍好武的降将侯景来说,唯有武力才是王道,这才造成了一生好佛的梁武帝的悲剧结局。

与此同时,两晋时期风靡一时的般若学说开始消退,取而代之的是涅槃学、地论学、摄论学、成实学、三论学等。其中,涅槃学是研究并传播《大般涅槃经》的佛学派别,兴起于南朝刘宋之初,治学者称涅槃师,其中的关键人物是竺道生。竺道生本姓魏,出家后改姓竺,南朝著名的佛性论者之一,高僧鸠摩罗什的弟子,力倡佛性内在,主张涅槃佛性论与顿悟

---

[1] 释僧祐:《弘明集校笺》卷十一《何尚之答宋文皇帝赞扬佛教事》,李小荣校笺,上海古籍出版社2013年,第576页。
[2] 萧子显:《南齐书》卷四十《竟陵文宣王子良传》,中华书局2000年,第473页。
[3] 潘桂明:《中国居士佛教史》,中国社会科学出版社2000年,第199页。
[4] 释道宣:《广弘明集》卷二十八下《金刚般若忏文》,见《景印文渊阁四库全书》第1048册,台湾商务印书馆1986年,第744页。

成佛说，即"阿（一）阐提人皆得成佛"[1]，意思是极恶之人都可以成佛。众生皆有佛性的观点在印度佛经中也有，但竺道生是在《大般涅槃经》尚未完整传入之前，通过自己的研究得出的结论，说明当时的中国佛教理论界已经有了独创能力。但竺道生在当时受到排斥，不得不离开建康，入吴地虎丘山，今苏州虎丘仍留有"生公说法，顽石点头"的遗迹。成实学源于北方长安，齐、梁时期，成实学达到鼎盛，成实论师迭出。齐竟陵王萧子良就曾召集京师500余僧人，请僧柔、慧次演述《成实论》，并将该书删减为9卷略本，流传于世。梁武帝时，精研《成实论》的智藏、僧旻、法云称梁代三大法师。其中僧旻是吴郡富春（今浙江富阳）人，7岁出家，先后入虎丘西山寺、南京白马寺和庄严寺等，永明十年（492）于常熟兴福寺宣讲成实论，道俗云集，逝于大通元年（527），敕葬钟山开善寺。梁初，三论学在梁武帝的支持下迅速兴起。三论学主要研习大乘中观学派的《中论》《百论》《十二门论》三部经典，西晋时三论学的重心也在关中，"永嘉之乱"后，僧朗以摄山（今南京栖霞山）为中心，弘传三论学。僧朗弟子僧诠，有弟子数百，形成摄山三论学派。

东晋南朝的帝王和权贵倾心向佛的结果，是佛教在江南地区浸渍濡染，影响日益扩大。唐代诗人杜牧《江南春》云："南朝四百八十寺，多少楼台烟雨中。"虽有夸张，也的确是南朝江南佛法昌盛的生动写照。只是这一文学化的描摹，多少遮盖了六朝时期江南佛学相对注重思辨、义理之风盛行的事实。在很大程度上，隋唐时期中国佛教摆脱印度佛教的影响，学者僧侣纷纷开宗立派，创立中国化的佛教宗派，根底实在于魏晋南北朝时学者僧侣在佛理领域持续深入的研习和开拓。

二、江南地区的宗派佛教

经过魏晋南朝时期的学派师说发展阶段后，佛教僧侣和学者对印度的佛教经典精研日进，积累深厚，再加上唐代统治者（除唐武宗外）实行的宗教宽容政策，佛教与道教、伊斯兰教、景教等诸教并行，彼此交流震

---

[1] 释慧皎：《高僧传》卷七《宋京师龙光寺竺道生》，汤用彤校注、汤一玄整理，中华书局1992年，第256页。

荡，中国佛教终于在大一统的隋唐时期迎来了全盛。这一时期也是印度佛教中国化的重要时期，新的佛教宗派纷纷创立，其中具有全国性规模者如天台宗、法相宗、华严宗、禅宗、三论宗、净土宗、律宗、密宗等，每一宗派都各有自己的理论和修持体系。和魏晋南朝时期江南盛行各学派师说一样，隋唐时期的宗派佛教在江南同样枝繁叶茂，高僧辈出，江南地区成为佛教最重要的中心之一。沿至明清，在佛教普遍衰落的背景下，晚明江南涌现出四大高僧，一度出现中兴格局。

（一）隋朝天台宗的创立

隋朝虽然短暂，但对江南经济和社会发展的影响潜在深远。著名的京杭大运河，就是在隋朝大幅扩修的，并由江南贯通至都城洛阳，再北连涿郡（今北京）。隋贯通南北运河的动机是多方面的，既有经济因素又有军事因素，但全国经济和文化重心向江南的转移，是最重要的因素之一。隋炀帝杨广在历史上以荒淫无道著称，但这一定程度上是亡国之君必然遭受抹黑的结果。事实上，杨广对江南文化倾慕有加，他称帝前就任扬州总管10余年，登基初令世代勋贵、素有文名的窦威等编撰《丹阳郡风俗》一书。窦氏自诩为中原正统，对吴地文化采取蔑视态度，杨广极为不满，下令杖责窦威等，指责道："昔汉末三方鼎立，大吴之国，以称人物。故晋武帝云：'江东之有吴、会，犹江西之有汝、颍。衣冠人物，千载一时。'及永嘉之末，华夏衣缨，尽过江表。此乃天下之名郡。自平陈之后，硕学通儒，文人才子，莫非彼至。"[1] 可见江南在杨广心目中的地位。杨广又笃好佛教，为晋王时就请名僧智顗为授菩萨戒，后自称"菩萨戒弟子"，获封太子后自称"菩萨戒弟子皇太子"，颇能说明杨广对佛教的尊重。[2] 其后而起的唐王朝在宗教文化领域，注重不同性质的国际文化交流。如此一来，隋唐经济和社会呈现出海纳百川、气象万千的景象，为本土佛教徒创立自己的宗派提供了良好环境。加上江南佛教徒在魏晋时期精研佛理、建树良多，于是中国宗教史上的第一个宗派佛教，就出现于隋代江南。

---

[1] 李昉等：《太平御览》第三册卷六〇二，中华书局1960年，第2710页。
[2] 陈寅恪指出："中国佛教徒以隋炀帝比于阿阇世王，则隋炀在佛教中，其地位之尊，远非其他中国历代帝王所能并论。"参见氏著：《金明馆丛稿二编·武曌与佛教》，生活·读书·新知三联书店2001年，第161页。

中国佛教最早创立的一个宗派是隋朝的天台宗。天台宗汇聚融合南北各家义理和禅观之说，对隋唐以后成立的各宗派多有影响，以创始人智𫖮常居浙江天台山而得名；又因该宗奉《法华经》为根本经典，亦称法华宗。天台宗奉印度大乘佛教中观学派的创始人龙树大师为初祖。智𫖮，俗姓陈，南朝陈光大元年（567）东下金陵弘法，两年后在瓦官寺开讲《法华经》。智𫖮驻瓦官寺多年，后入浙江天台山。智𫖮与隋炀帝杨广关系融洽，经常书信往来，隋开皇十一年（591），时晋王杨广任扬州总管，邀请智𫖮前往扬州，并由智𫖮亲授菩萨戒。此后，智𫖮数度前往扬州。开皇十七年（597）冬，移驻金陵的杨广遣亲信至天台山奉迎智𫖮，身体不适的智𫖮勉强起身，行至石城（今浙江天台县赤城山）而入寂。杨广遂依智𫖮遗旨，于次年"遣司马王弘创建伽蓝，一遵指画"[1]，即在天台山另建佛刹国清寺。杨广与其父隋文帝杨坚一样，对智𫖮礼敬有加的重要原因之一和智𫖮力倡一念三千、圆融三谛有关，统治者"需要一种支持统一的理论。在天台宗教义中，他找到了他所需要的'圆融'理论"。[2]天台宗在陈、隋之际盛极一时，和智𫖮得到两代统治者的青睐器重有很大关系。

智𫖮逝后，天台宗稍有衰落，至第九代师祖湛然，重又中兴。湛然本姓戚，晋陵荆溪（今江苏宜兴）人，受学于天台高僧玄朗。后湛然游历江南各寺，38岁在宜兴净乐寺出家，又在苏州开元寺讲法。玄朗逝后，湛然住持天台国清寺，在各地显扬天台教法，慨然以中兴天台为己任。唐玄宗、唐肃宗和唐代宗三位皇帝都征召湛然入京，均遭其托病固辞。湛然弟子有道邃、行满、元浩等近40人，其中道邃、行满后传教于日僧最澄，最澄归国后创立了日本天台宗。元浩为苏州人，驻苏州开元寺，逝葬虎丘东山。元浩逝于唐宪宗元和十二年（817），受业弟子多人，其中常熟人晤恩，13岁时闻诵弥陀经，遂求出家，初投常熟兴福寺受训，后至昆山慧聚寺习南山律，又就杭州慈光院释志研习天台教典，"咸洞玄微"。天台宗历会昌法难后，典籍多有残缺，晤恩矢志寻绎，既讲解天台经典，又加著述

---

[1] 严可均辑：《全隋文》卷七，商务印书馆1999年，第74页。
[2] 欧大年：《中国民间宗教教派研究》，上海古籍出版社1993年，第174页。

申论,史称"使法华大旨全美流于代者,恩之力也"[1]。

(二) 净土宗在江南的流传

隋唐时期僧侣学者纷纷创宗立派,诸宗竞起、各擅胜场。从智𫖮建立天台宗开始,先后出现8个宗派,大体可分为三类:注重继承印度佛教教义的三论宗、法相宗、密宗,注重创造性和富含哲理性的天台宗、华严宗、禅宗,注重宗教实践的律宗、净土宗。这些宗派佛教中,最能体现中国文化特点的除了禅宗,即为净土宗。

净土宗是中国佛教宗派中的重要一支,指宣扬信仰阿弥陀佛、称念其名号以求死后往生净土的佛教派别,又称念佛宗。净土指佛国即理想世界,与秽土相对。净土思想渊源于印度,但在印度影响一般。据印度大乘佛教诸经中的说法,净土有多种,如药师佛净土、文殊净土等,其中对中国民众影响最大的是弥勒佛净土和阿弥陀佛净土。

东汉末期,弥勒信仰传入中原,两晋时期广泛流行,名僧道安就信仰并弘扬弥勒净土。南北朝时,中原地区弥勒菩萨的造像数量多于阿弥陀佛,说明当时弥勒信仰的影响超过了弥陀信仰,为净土信仰的主流。但是,弥勒信仰在民间社会并非如统治者希望的那样止于祈求福报,反成为民众反抗统治者的有力思想武器,从北魏到隋末,"多次农民起义与性质不明的暴动与弥勒信仰有关"[2],于是遭到官方的严厉镇压。与此同时,从南北朝晚期开始,弥陀信仰在社会上的影响力迅速扩大,至唐玄宗于开元三年(715)下诏禁断弥勒教后,净土宗就主要指弥陀信仰。

弥陀信仰在两晋南北朝时就已广为流传。净土宗初祖是北魏时期的昙鸾,他精研弥陀学说,著有注释净土宗基本经典《往生论》的《往生论注》2卷,论说精湛深刻,创立了一套民众化的弥陀净土学说,强调称名念佛的简单修行方法,为净土信仰的广泛传播奠定了基础。唐时净土宗日趋成熟,具有完备的宗教形态。高僧善导继承昙鸾前人成果,集中国净土学说与仪轨之大成,对净土宗贡献很大,被视为净土宗的实际创始人。也正是在善导那里,称名念佛的修行方式最终确立。"安史之乱"后,净土宗和

---

[1] 赞宁:《宋高僧传》卷七《大宋杭州慈光院晤恩传》,范祥雍点校,中华书局1987年,第161-162页。
[2] 唐长孺:《北朝的弥勒信仰及其衰落》,见《魏晋南北朝史论拾遗》,中华书局2011年,第200页。

北方的华严、唯识等宗一样,向经济日益繁荣的江南扩散。被净土宗奉为五祖的少康是缙云仙都山(今属浙江丽水)人,唐贞元初游历洛阳白马寺,慕净土教法而立下弘教志向。后少康在湖北江陵宣扬佛法时,有法师点化他称:"汝欲化人,径往新定,缘在于彼。"[1]言讫,法师即不见。这一记载当然未必真实,但少康此后以新定(今浙江淳安)为传道区域却是不争的事实,因此也可以看成是净土宗由少康南下传播的一个转折点。

净土宗自唐代始就已经形成较为成熟的理论和仪轨,具备完全的宗教形态,但并没有自己的教团,也没有法嗣相传制度,故日本佛教界曾名之为"寓宗"或"附宗",指不独立为一宗,寄寓他宗。也就是说,净土宗专指净土信仰,信净土者不必有师承,可以同时信任何宗派,任何宗派中人也可以同时信净土。从这个角度看,净土可以普及于佛门各个宗派。再从义理层面看,大乘佛教的概论之作《大乘起信论》称:"谓以专意念佛因缘,随愿得生他方佛土,常见于佛,永离恶道。如修多罗说,若人专念西方极乐世界阿弥陀佛,所修善根回向愿求生彼世界,即得往生。"[2]由于《大乘起信论》为中国佛教各宗派所重视,有着巨大的影响力,因此净土宗也被各宗接受。至两宋时,天台宗、华严宗、禅宗等各派均提倡兼修净土信仰,形成了各宗汇归净土的潮流。尤其是净土宗和天台宗,台净结合的趋势更为明显。被尊为净土七祖的宋代高僧省常,钱塘(今浙江杭州)人,淳化年间住杭州西湖昭庆寺,"通《起信》教旨,又习止观法门"[3],是一位典型的台净双修佛门高僧。

(三)禅宗风行江南社会

唐时,中国僧侣纷纷开创宗派,其中禅宗的创建标志着从印度传来的佛教已经完全中国化,对中国社会和文化各方面的影响也可以说以禅宗为最。

禅是梵语的简化音译,全译为"禅那",或称"禅定",指以安静打坐的方式,深入思考佛法,最后领悟大智慧而得到解脱。释迦牟尼当年在菩提树下证得涅槃,实际上就是一种禅定方法。作为佛教各派都不可缺少的

---

[1] 赞宁:《宋高僧传》卷二十五《唐睦州乌龙山净土道场少康传》,范祥雍点校,中华书局1987年,第631页。
[2] 高振农注:《大乘起信论》,中华书局2012年,第141页。"修多罗"指佛经,即净土《无量寿经》《观无量寿经》《阿弥陀经》三部经。
[3] 蓝吉富:《中国佛教百科全书》第6册,中华佛教百科文献基金会1994年,第3398页。

一种修持方法,禅定在佛教初入中国时就已经传入,而南朝梁时由南天竺泛海而来,后被尊为禅宗始祖的达摩[1],带来了一种新型禅法,属于当时流传的大小乘禅系的一家;到第五代弘忍时,蔚然发展成为禅门一大派别。弘忍门下弟子众多,知名弟子如法如、神秀、慧能等,但弘忍去世时,并未指定具体某位徒弟为衣钵传人,而是改变以往师徒单传为分头并弘。此后,北宗禅以弘忍弟子神秀为代表,在7世纪末叶至8世纪上半叶盛行于京城洛阳地区,武则天就曾遣使迎请年过九旬的神秀入京,并亲自问道。

弘忍的另一弟子慧能则往南方弘法。慧能出生于公元638年,广东人,俗姓卢,其父被贬官至岭南新州(今广东新兴县),不久去世,故慧能家道贫困,幼时未受过良好教育。唐龙朔元年(661),慧能赴湖北黄梅参礼五祖弘忍。弘忍去世后,慧能回到南方创立南宗禅。慧能禅宗与传统意义上的禅定以及南北朝各家禅学有根本性区别,由此也可以把达摩到弘忍五代法裔相传的过程,看成是禅宗的预备阶段。慧能门下弟子有怀让、行思、神会和玄觉等,至开元二十二年(734),慧能弟子神会在河南滑台大云寺无遮大会公开向北宗禅发难,争夺嫡传正宗之位。此后,南禅宗逐渐压倒北禅宗。

由慧能开创的南宗禅,否认传统意义上的禅定,不视禅定为获得智慧的必由之路,而把禅解释为自心本性的自然任运,直指个体的主观精神和心理状态。同时,慧能大力提倡顿悟成佛,不立文字(后来语录等著述日多),甚至以挥拳踢脚打棒的方式教育弟子,以期实现直指人心、见性成佛。如此,既抛弃传统佛教的浩繁经卷和深奥义理,又反对念佛得往净土的简单信仰方式,实质上为佛教开辟了另一条平民化的路途。因此,禅宗是中国佛教创造和革新的产物,也是中国独有的宗派,"它是汉民族以自己的思想方法和生活方式建立起来的,具有极其鲜明的民族文化色彩"[2]。禅宗也是中国流传时间最长、范围最广的宗派佛教。慧能的说法语录因此被奉为《坛经》,在佛教中,只有佛说的法才能被称作经,中国佛教僧侣的

---

[1] 胡适先生考证,达摩确有其人,来华"时还在宋亡以前",到7世纪中叶时,"达摩见梁武帝的故事""折苇渡江一类的神话",都还不曾出现。参见胡适:《菩提达摩考》,载欧阳哲生编:《胡适文集(4)》,北京大学出版社1998年,第252页。

[2] 潘桂明:《中国佛教思想史稿》第二卷,江苏人民出版社2009年,第589页。

说法语录被公开奉为佛经的,只此一家。

在慧能派系的南禅宗之前,江南地区不乏精擅禅学的高僧。如汉魏时,高僧安世高所授禅法极为流行,所译禅经《安般守意经》"为中夏初盛传之教法",其弟子有会稽(今浙江绍兴)人陈慧,"以行禅知名者也"[1],名僧康僧会就曾向陈慧请教禅学。禅宗四祖道信,有弟子法融,与五祖弘忍为师兄弟。法融是润州延陵(今江苏丹阳)人,出身当地望族,出家前通读儒家典籍。贞观十七年(643),法融于南京牛头山幽栖寺北岩下别立茅茨禅室,宣讲《法华经》等,轰动一时。时被淮南节度使杜佑辟为掌书记的刘禹锡记载:"揭立江左,名闻九围,学徒百千,如水归海。"[2]法融所创的牛头禅反对渐悟,以消除一切妄念达到无心为至高目标,在江东独树一帜,被视为禅宗世系中道信的旁出。其主要活动于金陵牛头山、摄山、钟山和润州茅山间,"他们的恋土观念异常浓厚,在一般僧侣群体中显得十分乍眼。牛头的历代嗣法者都选择润州人,也是禅宗中少有的现象,这使牛头禅系不能不带有更多的地方色彩"。[3]

慧能去世后,南禅宗分为南岳怀让和青原行思两大法系。南岳怀让系衍生出沩仰、临济两宗,青原行思系衍生出曹洞、云门、法眼三宗,合计五宗,再加上临济宗分出的黄龙、杨岐两派,合称"五宗七派"或"五家七派",成为唐宋时期的禅宗主流,主要活动区域也大都转入江南地区。其中,南岳怀让长居衡山,弟子马祖道一开始转向江西弘法,曹洞宗的活动中心也在江西。云门宗创始人文偃是嘉兴人,先在浙江游历,晚年到广东云门山开宗。法眼宗则由杭州人文益在金陵开宗,主要传人也活动于江南区域。如云门宗三传有重显禅师,先游历湖北访师问学,回江南后驻杭州灵隐寺,又至苏州洞庭东山主持翠峰寺。后应旧时好友、出知明州(今浙江宁波)的曾会相邀,赴任雪窦山资圣寺住持,聚众说法、倡扬宗风,有云门中兴之祖之称,世称雪窦禅师。苏州东山翠峰寺及旁边的悟道泉则成为吴人题咏之所,范成大《翠峰寺》诗称:"借问翠峰路,谁参雪窦禅? 应真庭下木,说法井中泉。"[4]临济宗因开创者义玄在镇州(今河北正

---

[1] 汤用彤:《汉魏两晋南北朝佛教史》,北京大学出版社2011年,第55页。
[2] 刘禹锡:《牛头山第一祖融大师新塔记》,见陶敏等校注:《刘禹锡全集编年校注》卷十七,岳麓书社2001年,第1118页。
[3] 杜继文、魏道儒:《中国禅宗通史》,江苏人民出版社2008年,第97页。
[4] 范成大:《范石湖集》卷二十,上海古籍出版社1981年,第284页。

定）建临济禅院而得名，数传至慧南、方会，分别开创黄龙派、杨岐派。方会数传至克勤，克勤弟子70余人，以宗杲、绍隆最为知名，分别创大慧（也称径山派）、虎丘二派。绍隆随侍克勤20余年，得嗣其法。宋高宗建炎四年（1130），住持苏州虎丘山云岩禅寺，世称虎丘绍隆。绍隆逝于绍兴六年（1136），建塔安葬于虎丘山阳。此后，杨岐系在苏州绵延不绝，直到元末。

宋代学者李觏曾指出禅宗之所以开枝蔓叶与其弘法方式有关，聚徒说法，有心得、有创见者往往以衣钵相传授，毫无门户、亲疏之见，"居无彼我，来者受之；嗣无亲疏，能者当之。诸祖既没，其大弟子各以所闻分化海内，自源而渎，一本千支"，于是"崇山广野，通都大城，院称禅者，往往而是"[1]。江南诸多清嘉山水、苍松翠柏之中，黄墙碧瓦随处可见，禅宗僧侣屡屡出没其间。宋亡之后，客居吴中的福建人郑思肖专门列举过宋代江南禅宗丛林之盛："向者径山、灵隐、天童、净慈、育王、中竺、雪峰、雪窦、蒋山、道场、能仁、东林、仰山、黄龙、开先、百丈、双林、鼓山、大沩、石霜、西禅、保宁、疏山、金山、焦山、何山、夹山、福严、圆通、江心、大慈、华藏，名刹百余，皆为法窟。大刹禅单近千数，小刹禅单亦不少。"[2]

（四）明清以来的江南佛教

入明后，佛教仍然影响广泛。明代最为流行的是净土宗和禅宗，且呈现出两宗合一的态势。明中后期，江南地区涌现出四大高僧，即云栖袾宏（浙江杭州人）、紫柏真可（江苏吴江人）、憨山德清（安徽全椒人）、藕益智旭（江苏吴县人），大多净、禅兼修。其中袾宏、智旭分别被尊为净土八、九祖。袾宏，字佛慧，号莲池，出家后四处游方，隆庆五年（1571）入杭州云栖山，见山水幽绝，于是结茅驻锡40余年，云栖寺也成为净土宗一大丛林。袾宏的佛学思想以净土信仰为主，又擅华严宗圆融说和禅宗禅悟，诸宗并扬，最后归于净土，在当时名声极大，不少名公巨卿与他结交。净土宗由于修行方法简单易行，仅需念佛即可仰仗佛力获得解

---

[1] 李觏：《太平兴国禅院什方住持记》，见王国轩点校：《李觏集》卷二十四，中华书局1981年，第258页。
[2] 郑思肖：《十方禅刹僧堂记》，见陈福康校点：《郑思肖集》，上海古籍出版社1991年，第284页。

脱，被称为"易行道"，容易赢得大量中下层民众，再加此时的佛教义理传统日渐衰微，于是净土法门风行各地，在各宗派僧侣的倡导下，深入民间社会，形成了"家家阿弥陀，户户观世音"的局面。

禅宗在明代同样流行。自南宋以来，程朱一派的理学家就以拒佛为己任，相形之下，与程朱分庭抗礼的阳明心学，口头上也辟佛，但心学以致良知的方式确立起人的精神主体性，反而与倡导直指个体深层自我意识，甚至以呵祖骂佛和毁书焚经极端方式倡导不迷信权威的禅宗颇多接榫之处，因此得到不少学者的认同，同样对晚明社会的思想解放具有重要的推动作用。由此也可以说，明代禅宗的流行，不像唐宋时期涌现大批学术素养扎实的高僧，而表现为学者从禅学中汲取理论资源，援禅入儒、儒禅结合，学者由此趋向于认同佛教，成为佛门中的居士。最典型的就是心学分传至泰州学派后，不少平民学者的观点与佛学旨趣日近，大儒黄宗羲就指出，阳明心学因为泰州学派而"风行天下"，也因为泰州学派而"渐失其传"，原因就是"跻阳明而为禅矣"[1]。李贽则表现出兼容佛、道的宽容态度，"愿作圣者师圣，愿为佛者宗佛。……故苟有志于道，则在家可也，孔、孟不在家乎？出家可也，释伽佛不出家乎？"[2]

明清之际，面临山崩地坼的社会大变局，不少江南士大夫激于顾炎武所说的"保天下者，匹夫之贱，与有责焉耳矣"[3]，遂奋起反抗。难得的是江南僧侣界也与士大夫、民众保持了一致的价值取向和立场，"世变之来，宗门不能独免，虽已毁衣出世，仍刻刻与众生同休戚也"[4]。著名史家陈垣抗战时为激励民众，专作《明季滇黔佛教考》，表彰明遗民和僧侣的民族气节和爱国精神，因该书所述限于滇黔，未能论及东南各省，于是又作《清初僧诤记》，勾勒明末东南法门中故国派与新潮派之间的矛盾，抨击明亡后甘心附逆的僧人，意在批评沦陷区媚事敌寇者。与此同时，还有众多明遗民悲愤清人入关厉行"剃发令"，不忍目睹华夏衣冠文物的沦丧，或遁入空门以示反抗，或借袈裟掩护反抗斗争，抗清志士、松江华亭人陈

---

[1] 黄宗羲：《明儒学案》卷三十二《泰州学案》，沈芝盈点校，中华书局1985年，第703页。
[2] 李贽：《李贽文集》第一卷《焚书》卷一《复邓石阳》，社会科学文献出版社2000年，第10页。
[3] 顾炎武：《日知录》卷十三《正始》，见陈垣校注：《日知录校注》，安徽大学出版社2007年，第723页。
[4] 陈垣：《清初僧诤记》卷二，见《陈垣全集》第18册，安徽大学出版社2009年，第347页。

子龙就是代表人物之一。清顺治二年（1645）八月，清将李成栋大举进犯江南，陈子龙的同乡挚友夏允彝和不少志士都因抵抗被杀，他隐姓埋名于嘉兴水月庵，托为禅僧，辗转嘉兴、松江间，联络各方义士筹谋复兴，于顺治四年（1647）在苏州被捕后投水而尽。

但从总体上看，明清时期随着专制皇权的日益强大，中国的宗教包括佛、道都开始走下坡路。特别是清代，对流行于汉族生活区域的宗教掌控日严，加上佛教本身的义理成分消弭，理论色彩减弱，难以推陈出新，对优秀人才的吸引力每况愈下，于是日益衰落，戒律日弛，直到近代西学传入。

鸦片战争后，天朝的大门被列强轰开，西学涌入，中国固有文化传统也在西学的强有力刺激下萌发出新的生机，尤其是一批受过西学熏陶的有识之士重新被佛教义理吸引，投身于佛学研究。晚清对佛学研究贡献最大的当数安徽人杨仁山居士，他是清末佛教复兴的一位关键人物，曾入曾国藩幕中督办军粮，痛心疾首于太平天国战争后江南文物荡然无存，佛教典籍散失殆尽，欲求研读而不可得，于是同好友一起创设金陵刻经处，刊印佛经。又于光绪三十四年（1908）冬，在刻经处创设祇洹精舍，以新式教育培养佛学人才。在金陵刻经处的影响下，长沙、北京、天津、重庆、常州、苏州、杭州、宁波等地，陆续成立刻经处或佛经流通处，于佛教典籍的重新传播裨益显著。除此之外，各地还纷纷成立旨在培养佛学人才的佛学院，发行佛学刊物，吸引了一批受过西学熏陶的学者加入研究队伍，推动了佛学研究的深入。

在众多法师和居士的努力下，佛教诸宗派在晚清江南呈现出复兴态势。欧阳竟无在金陵刻经处的研究部内设法相大学，从事法相唯识学的研究和传授，还编辑出版了唐代法相唯识学的经典。唯识宗严谨深入的义理分析也重新吸引了一批学者教授，在大学中开设唯识学的相关课程，从而在社会上掀起了一股唯识学的研究热潮。[1] 华严宗的复兴归功于常州天宁寺冶开和尚的法嗣月霞法师，他一生致力于僧伽教育，1914年在上海创

---

[1] 法相唯识宗是中国佛教宗派之一，以剖析一切事物（法）的相对真实（相）和绝对真实（性）而称法相宗，以强调无心外独立之境而称唯识宗。创始人是唐代玄奘法师及其弟子窥基，二人常住慈恩寺，窥基还有"慈恩大师"之称，又称慈恩宗。又由于该宗主要继承古印度瑜伽行派的学说，还有瑜伽宗之称。该宗派教义严密，分析周详，逻辑性和理论性极强，窥基后日益衰微。

办华严大学,以弘扬华严教义为宗旨,后主持常熟兴福寺,与师弟应慈于1917年在当地创办法界学院。净土宗则由于印光法师的大力弘扬而在社会上广泛流行,印光所著《印光法师文钞》在当时风行一时。1930年,印光法师移居苏州城内报国寺,由印光法师发起、以刻印佛书为己任的上海弘化社,也随之迁苏。1937年冬,印光法师应灵岩山寺监院妙真和尚之请,移住灵岩寺。灵岩寺在北宋改称秀峰禅院,清康熙重修后称崇报禅寺,咸丰十年(1860)毁于兵燹,修复后称崇报寺,1926年在普陀山真达法师主持下,转为十方净土道场,印光法师曾为道场制订规约5条,包括常年修佛、概不应酬经忏等。此后,灵岩山寺发展为海内外知名的净土丛林。

清末新政以来,知识阶层参与政治的意识日益高涨,辛亥革命后,组建社团风靡全国。台湾学者张玉法初步统计,创建于1899～1911年间的各类党会668个,其中宗教类6个;武昌革命爆发至1913年年底,新兴党会682个,其中宗教类15个。[1] 加上科举制度于1905年废除后,各地纷纷兴办新型教育,办教育首先需要场地,于是庙产兴学之风大起。面临机遇与挑战,佛教界人士的社团意识也迅速觉醒,各类佛教社团如雨后春笋般涌现。至1912年2月,由寄禅等高僧联合全国80多个寺院共同发起成立中华佛教总会,总部设在上海静安寺,其基层组织一度发展到22个省级支会,600多个县级分会,成为民国初年最著名的现代宗教社团。到1915年,在袁世凯政府的压制下,中华佛教总会逐渐停止一切活动。在一定程度上,中华佛教总会的成立是佛教组织向近代转型的开始,因此在中国佛教史上具有重要地位。

受到民国时期结社风气的影响,苏州佛教界也在20世纪20年代成立了佛教组织。1925年,苏州佛教界仍有不菲规模,报载"苏城内外,寺院庙宇,不下数百余处,所以(有)僧侣,亦不下三四千人"[2]。于是苏州佛教界先试图成立佛教联合会,并拟请曾发起成立中华佛教总会的太虚出任会长。《苏州明报》1927年2月15日载,"苏州佛教分会,昨日下午在仓米巷隆庆寺内,开正式成立会",会长为隆庆寺住持寄莲和尚,协会还设有副会长、评仪、会计、干事等各职员,"是日到会约计百人,大小寺院六

---

[1] 张玉法:《民国初年的政党》,岳麓书社2004年,第32页。
[2] 《组织苏州佛教会先声》,《苏州明报》1925年10月23日。

十余处"[1]。 1925年太虚正在北京呼吁并筹建中华佛教联合会,故上述"苏州佛教分会"很可能为中华佛教联合会的分会。

三、江南地区的高僧

自汉末以来,佛教就在江南地区滋长蔓延,无论是受过良好教育的社会精英,还是终日劳作仅得温饱的普通民众,都在潜移默化中受到佛教的影响。 正是在这样的氛围中,历代都有知名高僧和佛门居士涌现,以下择一二具代表性者稍加介绍。

(一)东晋僧坛领袖——慧远

慧远(334—416)是东晋名僧,俗姓贾,雁门郡楼烦县(今山西宁武)人。 为诸生时博览六经,但慧远的兴趣显然不在入世的儒学,崇尚避世的老庄之道对他的吸引力更大。 晋穆帝永和十年(354),20岁的慧远听闻高僧释道安在恒山弘法,于是携弟前往,听道安讲授《般若经》后,感慨称儒道皆为糠秕。 不过从之后的治学过程看,慧远精湛的佛理水平得益于他的儒道知识积累。 后慧远舍俗落发,立志追求佛理。

在跟随道安学习时,以发扬佛法为己任的慧远精思力践,以夜续昼,毫不在意生活的贫困。 三年后慧远就开讲《般若经》,并能援引《庄子》进行类比解释,听众很快晓然。 于是,道安特别允准慧远可以兼读儒道之书。 前秦建元九年(373),秦将苻丕攻下襄阳,道安被朱序所羁,于是分遣诸徒,临行前道安逐一教诲弟子,唯独对慧远不置一词,以示完全信任。 实际上,道安在慧远求学时就对他期望颇高,曾感慨称:"使道流东国,其在远乎!"[2]慧远遂携弟子数十人南至荆州,又准备前往广东罗浮山,经江西九江时,见庐山峰峦清秀,正是修行佳处,遂停住龙泉寺。 后慕名修行者日多,龙泉寺不敷使用,江州刺史桓伊为慧远众僧在庐山新建东林寺。 公元386年寺成,松林清泉环阶,山风清烟凝室,慧远自此常居东林寺,虽然足不出山,但身边追随者日增,且与外界交往广泛,有一大批学者文人、士族名流与之唱和。 正是在慧远的主持下,庐山成为当时

---

[1] 《佛教分会已正式成立》,《苏州明报》1927年2月15日。
[2] 释慧皎:《高僧传》卷六《晋庐山释慧远》,汤用彤校注,汤一玄整理,中华书局1992年,第212页。

"长江流域的最大佛教中心"。[1]

一般认为，慧远在庐山就力倡弥陀信仰。《高僧传》记载，公元402年，慧远召集僧俗120余人，皆贞信之士，在阿弥陀佛像前建斋立誓，共期西方极乐世界，并请贤士刘遗民作誓文。又以寺畔两池多植白莲，故名慧远所创之社为"白莲社"，慧远也被奉为净土宗初祖。尽管上说有无名氏的《莲社高贤传》为佐证，但仍有学者指出，"以慧远为首的东林寺教团，历史上习惯于称之为莲社。关于莲社得名由来，当事人没有留下什么直接说明文字，倒是后人给予了多种解释"。[2] 实际上，多位学者考证过，"慧远集十八高贤立白莲社之说却为伪托，以慧远为净土宗初祖是不合理的"[3]，如果基于谨慎的立场，那么慧远可以说是净土宗的先驱者之一。

当慧远在庐山声名大振时，北方的后秦国主姚兴（姚苌之子）于弘始三年（401）出兵破后凉，亲自迎接名闻西域诸国的高僧鸠摩罗什入长安，待以国师礼，请罗什在长安主持规模宏大的译场，广译佛经。潜心佛学的慧远对罗什极为尊重，主动写信问候鸠摩罗什，请教探讨佛理，10余年中双方的学术书信络绎往来。慧远向罗什提出数十条佛学义理疑问，罗什均一一作答，后人集双方问答而成《大乘大义章》（又称《鸠摩罗什法师大义》），二人问答成为中国佛教发展史上的一段佳话。在慧远的支持下，庐山修行的道生、慧观等北上长安，成为鸠摩罗什的弟子。而鸠摩罗什译出的佛教大乘重要经典如《成实论》《中论》等，也在慧远的倡导下广泛传于南方。

在佛教发展史上，慧远还以力持"沙门不敬王者"论而闻名。东晋成帝咸康六年（340），庾冰辅政时，"为帝出诏令僧致拜"[4]，他站在朝廷国家的立场上，认为佛教不仅与儒家纲常名教相冲突，更直接挑战王权的绝对权威。尚书令何充等多位大臣则反对庾冰的主张，认为佛教有助于社会安定、巩固王权统治，所以南朝皇帝从未要求沙门屈膝。到东晋末年，

---

[1] 谢和耐：《中国社会史》，江苏人民出版社1995年，第186页。
[2] 曹虹：《慧远评传》，南京大学出版社2002年，第123页。
[3] 陈扬炯：《中国净土宗通史》，凤凰出版社2008年，第92页。
[4] 释道宣：《广弘明集》卷二十五，见《景印文渊阁四库全书》第1048册，台湾商务印书馆1986年，第643页。

掌控朝政的太尉桓玄重提庾冰的话题,声称沙门亦受王权德泽,理应礼敬王者,"沙门之所以生生资存,亦日用于理命,岂有受其德而遗其礼,沾其惠而废其敬哉!"[1]时桓玄大权独揽,其他大臣虽有异议,最后仍然同意了桓玄的主张。桓玄又致信时俨然为南方佛教领袖的慧远,探询他的意见。于是,慧远复函明确表明沙门属尘外之人,不应致敬王者。后桓玄在元兴二年(403)十二月登位称帝,为取得佛教界和支持佛教的朝臣支持,态度转变,特地降诏允许沙门不必礼敬君王。尽管危机已经消除,慧远仍于翌年三月专门撰写长文《沙门不敬王者论》,指出在家佛教徒必须尊奉世俗纲常名教,忠君孝亲;而出家僧众以追求超脱生死的"泥洹"(即涅槃)、达到摆脱尘俗的觉悟为目标,自然可以不礼拜王者。慧远同时指出,出家僧众在形式上不礼拜王者,但他们传播佛法,实有裨益于君王的世俗统治,在家固然可以"助王化于治道",出家同样"协契皇极,在宥生民矣"。[2]

佛教传入中国后,教义中确实有和强调忠孝的中国文化相抵牾处,尤其是佛教在印度是超越政治权力的,传入中国后则必须处理好与独尊王权之间的关系,僧侣是否要致拜王者就是双方矛盾中最具代表性的。如陈寅恪先生所论,"当六朝之季,综贯包罗数百年间南北两朝诸家宗派学说异同之人,实为慧远"[3],慧远以其博洽的佛教知识和对佛教的坚定信仰,维护了向佛之人在世俗王权面前的独立地位,这确实是难能可贵的。当然,还要补充的是,慧远所处的时代,正是一个士家大族能与帝王分庭抗礼的特定历史时期,这是慧远能坚持"沙门不敬王者"之论的重要客观因素。

(二)永乐第一功臣——姚广孝

姚广孝(1335—1418),苏州府长洲县人,字斯道,号独庵老人、逃虚子。出身医家,14岁时在苏州妙智庵出家为僧,法名道衍。洪武年间,朝廷令礼部选拔通儒学的僧侣,道衍通过选拔却不受官。后成为燕王朱棣的头号谋主和登基功臣,84岁高龄时病逝,追赠荣国公,谥号恭靖,明成祖亲自撰写神道碑铭,并使其以文臣身份配享明祖庙,至嘉靖时才被移出

---

[1] 释僧祐:《弘明集》卷十二《桓玄与八座书道人敬事》,见释僧祐:《弘明集校笺》,李小荣校笺,上海古籍出版社2013年,第671页。
[2] 远法师:《弘明集》卷五《沙门不敬王者论》,见释僧祐:《弘明集校笺》,李小荣校笺,上海古籍出版社2013年,第254页。
[3] 陈寅恪:《金明馆丛稿二编·大乘义章书后》,生活·读书·新知三联书店2001年,第181页。

至佛教名寺大兴隆寺。

朱元璋在妻子马皇后去世后,选高僧为诸王诵经祈福,道衍受荐,很快获得燕王朱棣的信任,言语投契,后随朱棣至北平,住庆寿寺,成为朱棣的重要谋士。朱元璋驾崩后,建文帝登基,着手削夺诸藩王实权,"道衍遂密劝成祖举兵",当朱棣担心不得民心支持而犹豫不决时,道衍以"臣知天道,何论民心"之语,令朱棣起兵意念趋于坚决。朱棣起事后,道衍不仅有坚守北平城之功,更以谋主身份为朱棣提出诸多良策,尤其是建议朱棣不要拘泥于一城得失,直取帝都南京,帮助朱棣最终成功夺得帝位。明成祖登基后论功行赏,"道衍力为多,论功以为第一"[1],拜资善大夫、太子少师。明成祖和姚广孝言谈时,常呼"少师"而不直呼其名,出征北塞或往来北平时,都以姚广孝辅太子镇守南京。明成祖登基并非正常传位,因此必须重修《太祖实录》,乃以姚广孝为监修,可见明成祖对道衍的信任度之高。此外,百科全书式的类书《永乐大典》,也是由解缙和姚广孝共同主持编纂的,这也是道衍在中国文化史上的最大贡献。

虽然是明初政坛炙手可热的重量级人物,但道衍仍在一定程度上保持僧人本色。明成祖令他蓄发,不肯;赐他宅第和宫女,不受。不仅如此,道衍平时常居僧寺,朝会时道衍冠带整齐,退朝后仍着黑色僧服,因而有"黑衣宰相"之称。在佛学领域,道衍也有建树,翼卫佛教的立场极为鲜明。道衍著有《佛法不可灭论》,针对当时社会上的排佛言论,以与客对答方式表明他对佛教的虔诚之心,甚至断言"使世间圣人如孔子者,若见佛,则必尚而师之矣"[2]。

道衍还著有值得称道的《道余录》一文。《明史》本传称此文为道衍晚年所作,并不准确。结合道衍书中自序可知,元末兵乱,道衍于至正二十三年(1363)28岁时上杭州径山寺,跟随临济宗大慧派禅僧智及(号愚庵)习禅,学暇批阅典籍不辍,屡见二程和朱熹攘斥佛、老之论,心中不平。因为在道衍看来,二程和朱熹既然是"斯文宗主""后学之师范",如果批评佛教"必当据理,至公无私",那倒也无话可说,然而三人"不多探佛书,不知佛之底蕴,一以私意出邪诐之辞,枉抑太过",普通人尚且觉得

---

[1] 张廷玉等:《明史》卷一百四十五《姚广孝传》,中华书局2000年,第2711—2712页。
[2] 姚广孝:《姚广孝集》第一册,栾贵明编,商务印书馆2016年,第328页。

不平,"况宗其学者哉"?[1] 道衍检出《二程遗书》28 条、《晦庵先生语录》21 条,逐条剖析其中荒谬处。 但这篇《道余录》当时并未传世,直到约半个世纪后的永乐十年(1412),整理故纸的道衍检得旧作,加作自序后才得以流传。 由此可见,《道余录》是道衍早年于径山习禅时所作的读书笔记,为回击理学家肆意攻驳佛、老而作。 道衍捍卫佛教的这一立场至晚年仍初衷不改,所以在晚年重新作序。《道余录》一文直接指摘二程朱子,在二程朱子被官方列为圣贤、其著述被列为科举教科书的明清两朝,道衍所受压力是可以想见的。《明实录》就不客气地称:"广孝当著《道余录》,诋讪先儒,为君子所鄙。"但在今人看来,《道余录》对二程朱子的批评是从学术层面进行的,表现出的正是道衍维护佛学地位、敢于挑战权威的莫大勇气,难怪李贽要亲手校订该文了。

事实上,道衍确实是一个较为复杂的历史人物,后人评价不一,传统观念抑过于褒,今人多持肯定。 日本学者就称道衍为"明代初期政治、佛教史上不可忽略的伟大人物"[2],国内学者也有类似的观点[3]。 但站在儒家正统立场上,道衍的所作所为肯定是惹争议的,《明史》本传称他晚年遭到姊和朋友的冷遇,即为暗嘲。 可以认为,道衍一生以僧人自居,不蓄发、不娶妻,居住多在僧寺,说明他并不贪恋荣华富贵,超然物外,却有着与僧人并不一致的积极入世价值取向,渴望建功立业,投身红尘,以兵戈相加的方式将朱棣推上帝位,改变了明王朝的王位继承体系,中国历史的发展轨迹也因此发生改变,这使得道衍与世人心目中的僧侣出世形象大相径庭,后人对其褒贬不一的原因或正在于此。 李贽从功利角度出发,对道衍持称赞态度,"我国家二百余年以来,休养生息,遂至于今。 士安于饱暖,人忘其战争,皆我成祖文皇帝与姚少师之力也"[4],并以 75 岁高龄亲往崇国寺(大兴隆寺已毁)瞻仰其画像。 当然,李贽在思想史上毕竟有异端之称,他的观点未必能视为主流,尤其是道衍的《道余录》引起正统儒者的侧目,道衍自己对此也心知肚明。 清代著名学者钱大昕有《姚

---

[1] 姚广孝:《姚广孝集》第一册,栾贵明编,商务印书馆 2016 年,第 382 页。
[2] [日]中村元:《中国佛教发展史》,余万居译,台湾天华出版社 1984 年,第 463 页。
[3] 参见商传:《明初著名政治家姚广孝》,《中国史研究》1984 年第 3 期;何孝荣:《论姚广孝与"新明朝"的建立》,《史学集刊》,2019 年第 3 期。
[4] 李贽:《续藏书》卷九,见张建业:《李贽文集》第四卷,社会科学文献出版社 2000 年,第 169 页。

少师祠》诗称:"瀸瀸泉流槛外分,披缁入定戒香熏。空登北郭诗人社,难上西山老佛坟。好杀共知和尚误,著书赖有故交焚。依然病虎形容在,曾否声名直半文?"钱大昕的末一句倒没有贬低之意,因为"直半文"是道衍的自嘲之语。钱氏诗后又记:"少师自赞画像云:这个秃厮,忒无仁闻。名千古垂,不值半文。"[1]这首自赞诗恐怕就是道衍对自己一生的定位了。

(三)民国净土高僧——印光

印光法师(1861—1940),俗名赵丹桂,字绍伊,陕西郃阳(今陕西合阳)人,幼年随兄接受儒家正统教育,有辟佛之心。15岁时连病数年,读佛经书而矢志参佛,21岁在终南山莲花洞寺剃度为僧,法名圣量,字印光,自称常惭愧僧。后游南北诸方丛林,在湖北省竹溪县莲化寺整理晒经时,得阅残本《龙舒净土文》,于是深信净土,一生以净土为归,因仰慕东晋慧远大师而自号继庐行者。印光一生深研三藏教典,精勤修持,常年不懈,对近代佛教复兴,尤其是净土宗的振兴居功甚伟,是中国近代佛教史上影响最深远的人物之一。

光绪十九年(1893),印光应邀送经至普陀山法雨寺,后潜修寺中,全身心地投入修行,并精研佛理。1912年,佛教居士高鹤年取印光文章数篇,以"常惭"之名刊载于上海《佛学丛报》,引起读者关注。数年后,居士徐蔚如刊行《印光法师文钞》,颇受好评,于是又有续编、三编问世。1927年印光亲自编定的《增广印光法师文钞》由上海中华书局发行,收录各类文稿约40万字,内容包括净土宗修行原理和方法、修行者立身持家和处世原则等,谆谆引导信众行善积德、修心修行,语言平实,不空谈大道理,适合普通大众阅读,于是风行一时,成为近代以来流通最广的佛教著作之一。在民国时期的庙产兴学风潮中,印光法师多有护卫寺庙、保全庙产之举。1922年,江苏省义务教育期成会援引清末民初成例,向省政府提出借寺庙做校舍的议案,得到省政府支持,一时间江苏各寺庙惶恐不安。江浙定海知事陶在东意识到以兴学为名的侵夺庙产之风如不制止,很快会蔓延,遂请印光出面。在印光的斡旋下,魏梅荪居士持印光书信拜访新任

---

[1]《相城小志》卷六,台湾成文出版社有限公司1983年,第347-348页。又《日下旧闻考》引《郊亭诗话》载北京仰山寺有姚少师画像,亦有道衍自赞其上,内容与《相城小志》所载相同,参见于敏中等编:《日下旧闻考》,北京古籍出版社1985年,第1736页。

江苏省长韩国钧，这才得以撤销期成会的建议。

印光于净土宗义理多有发挥，专精致力，尤其对净土宗的"易行道"特点阐释深刻。印光大师谓净土法门"乃极难极易之法门"之说，即便"大彻大悟，深入经藏者"，因为"专主自力"，依然不能受往生之益，反而是愚夫愚妇，只需终日诚恳切念，就得往生西方，这是因为"专仗佛力"，再由"佛力"引发"自力"之故。[1] 又论禅宗与净土宗之异，指出两者"理本无二"，但论修行方式则"其相天殊"：禅宗讲究彻悟彻证，"惟仗自力，不求佛加"；而净土宗注重信愿行，"全仗佛力，兼自恳心"。[2] 所以对于普通信徒来说，印光坚决主张摒弃修禅、专修净业，"有禅无净土，十人九蹉路"，彻悟禅理、明心见性，对普通人来说实在太难，菩提路远，"尚未归家，即便命终"，[3] 这是印光法师对普通信徒的告诫。应该说，印光法师生活于19世纪后半期至20世纪前半期，正处于中国社会的近代转型时期，也是饱受列强侵凌、国内政局动荡不安的特定历史时期，穷苦大众但求果腹温饱，精深义理尽皆奢谈，而净土信仰既仗自力，更仗佛力，兼之修行简单，自然得到普通民众的青睐，这可以说是印光法师的著作在民国初期深受好评的重要原因之一。

1929年，印光法师结束了在上海校印著述的杂事，准备隐归。原拟接受广东弟子黄筱伟等邀请赴香港，后在真达法师等好友挽留下，于1930年春"由沪至苏州报国寺闭关"[4]。江浙地区佛教信徒众多，慕名向印光求法者日甚一日，印光遂于1935年2月1日登报《谢绝函件启事》，声明不再接收邮件。同年4月初，印光法师闭关期满，苏州士绅代表张一麐、李根源等再三祈请大师继续留苏。至1937年战事起，在诸弟子力劝下，印光法师于10月初移住苏州城外灵岩寺。日本军官以《大正新修大藏经》赠送灵岩山寺，印光法师婉言谢绝，体现了鲜明的民族节操。次年，印光法师亲作《灵岩山寺专修净土道场念诵仪规》并序，共计五条，以专诚念佛为宗，如第三条称："不传戒，不讲经，以免招摇扰乱正念。堂中

---

[1] 释印光：《印光法师文钞》上册《复习怀信居士书》，张育英校注，宗教文化出版社2000年，第303页。
[2] 释印光：《印光法师文钞》上册《与海盐顾母徐夫人书》，张育英校注，宗教文化出版社2000年，第95页。
[3] 黄夏年：《印光集·净土决疑论》，中国社会科学出版社1996年，第30页。
[4] 沈去疾：《印光大师年谱》，台北佛陀教育基金会，2000年，第202页。

虽日日常讲，但不升座，及招外方来听耳。"第四条称："专一念佛，除打佛七外，概不应酬一切佛事。"[1]在印光的熏染下，灵岩山寺精严戒行，佛风清正，当时即成为蜚声海内外的十方丛林，遗风余绪直至今日。

四、江南佛教文化的特点

佛教诞生于印度，是一种和中国本土文化截然不同的文化形态，梁漱溟就将印度文化与西方文化、中国文化并列，指出印度文化中只有宗教唯一独盛，"与西方人非一条线而自有其所趋之方向不待说，而与中国亦绝非一路"[2]。正因为如此，印度佛教对中国本土文化的激励作用是极其巨大的。当然，佛教传入中国后，必然会受到中国本土文化的浸染，彼此振荡乃至综融，最后成为华夏民族文化的一个重要构成部分。有学者指出，"佛教在到达东亚时就可以自由地脱下它曾经披过的印度外衣，而它的双手就可以自由地拾起新的文化包袱而背负着它前进"[3]。来自印度的佛教无论是进入中国，还是进入朝鲜、日本，都会与当地的文化传统相结合。同样，佛教辗转而入江南，也会受到江南区域经济和社会发展的影响，使得江南佛教呈现出一些自身的特色和价值。

第一，佛教在江南可谓兴盛，但从历史的角度看，这种兴盛有一个历史的嬗变过程，与江南经济和社会的发展息息相关。汉末佛教传入江淮，至三国孙吴立国江东，在数位孙吴国主的礼遇下，佛教在吴地迅速滋长蔓延，都城建业（今江苏南京）成为不逊色于北方洛阳的佛教中心，此后建业一直跻身江南佛教重镇之一。两晋时期，中原战乱频仍，大批名士和僧侣南下，于是般若学同样在吴地成为显学。到南朝刘宋时，涅槃学取代般若学而兴起，这一学术思想转变的关键人物之一则是吴地的竺道生。经过魏晋南北朝各家学派师说发展阶段的积累后，中国佛教终于在隋唐时期开花结果，在江南出现了中国佛教史上的第一个宗派即天台宗。而中原地区历经"安史之乱""靖康之难"，北人不断南下，于是佛教僧侣的活动中心

---

[1] 释印光：《印光法师文钞》下册《〈灵岩山寺专修净土道场念诵仪规〉序》，张育英校注，宗教文化出版社2000年，第1324-1325页。
[2] 梁漱溟：《东西文化及其哲学》，商务印书馆1999年，第73页。
[3] 狄百瑞：《东亚文明——五个阶段的对话》，江苏人民出版社1996年，第25页。

也渐次移入江南,如有学者指出,中国佛教的根基原来在北方,隋唐佛教大部分宗派也是在北方形成,"但自中唐起,佛教的传播发生了重大变化,教团的势力开始大规模转移"。[1] 三论宗、唯识宗、华严宗、密宗等之前盛于中原北方的宗派都相继南下,如华严宗净源大师为宋代高僧,先后住持泉州清凉寺、苏州报恩寺、杭州祥符寺,又入嘉兴、松江,逝于杭州慧因院,故明代僧人称:"夫华严一宗,始于贤首,成于清凉,定于圭峰,皆盛弘于北。传至晋水,则入杭矣。"[2] 至于明清以来最为流行的禅宗与净土宗,更是以江南为传教中心,晚明四大高僧皆为江南之人。陈垣先生考证明末云南佛教时,就指出佛教自明万历后,以东南为盛。晚清时,安徽池州人杨仁山居士在金陵创设刻经处,刊印佛经,又创祇洹精舍,为中国最早的僧侣学堂之一,门下弟子济济,近代中国的佛教复兴之路也由此开启。

佛教在江南地区的兴盛,主要有两方面的原因。一方面是江南各地山水清嘉,适合僧人出世修行。江南地区四季分明,太湖流域以平原为主,但不乏林木幽深的秀美山谷,宁镇地区群山环绕,浙江地区更是以丘陵为主,遍地佳山秀水,自然得到僧侣的青睐。孙吴时支谦隐于苏州穹窿山,东晋慧远常居庐山,南朝时栖霞山为三论宗中心。明代学者、浙江仁和人郎瑛记有江南地区的禅院"五山十刹"和教院"五山十刹",其中称"钱塘中竺、湖州道场、温州江心、金华双林、宁波雪窦、台州国清、福州雪峰、建康灵谷、苏州万寿、虎丘,为禅院十刹"[3]。此外,翻检明清江南各府县地方志,凡有山林处必有寺庙,均说明江南寺庙之广。另一方面,自三国孙吴以来,江南就步入了经济和社会发展的快车道,六朝时期以"三吴"为代表的江南已经以富庶知名,"安史之乱"后,江南地区的经济和文化重心地位逐渐确立,太湖平原成为全国的粮仓。明清时期江南地区更以商品经济繁荣而著称,市镇林立,工商业发达。经济发达有助于佛教的生存,"人们首先必须吃、喝、住、穿,然后才能从事政治、科学、艺

---

[1] 潘桂明:《中国居士佛教史》,中国社会科学出版社2009年,第466页。
[2] 释明河:《补续高僧传》卷二十五《明玄中猷法师传》,见《续修四库全书》第1283册,上海古籍出版社2002年,第328页。
[3] 郎瑛:《七修类稿》卷五"五山十刹"条,上海书店出版社2001年,第55页。此处"禅院"是指禅宗寺院,"教院"主要指天台、华严诸宗寺院。

术、宗教等等"[1]，毕竟僧侣阶层不事生产，如果所处地区经济欠发达，普通民众生活水准不高，那么僧侣的日常生活也会受到影响，更遑论募集资金修建寺庙、举办法事活动了。由此可见，江南地区佛教的兴盛是和经济社会发展相对应的。

第二，江南佛教的学术气息和思辨色彩相对浓厚。应该承认，佛教发展到大乘阶段后，已经形成了较为完善的义理系统和理论体系，逻辑思维的色彩较重，所以号称博大精深。初传入中国的佛教仍然保持着这种特色，很快和同样注重思辨的魏晋玄学产生共鸣。东晋有高僧竺法雅，不少衣冠士子慕名相随，但这些士子熟悉本土典籍而"未善佛理"，于是竺法雅"与康法朗等，以经中事数，拟配外书，为生解之例，谓之格义"。[2] 这种"格义"其实就是用中国本土的名词去解释佛学中的概念，或者说用本土固有的经典去解释佛教的教义，使得只具备儒、道知识背景的本土学者能够更好地理解佛教义理。由此可见，佛教初入中国，就呈现出较强的学术气息，这是佛教能够吸引大批士人的根本原因。此后，江南佛教承袭了这一特点，由于重视义理、平等探讨的学术气氛相对浓厚，经常在理论层面产生激烈争执，彼此驳难。齐武帝永明七年（489），崇佛的竟陵王萧子良邀集对手，与在历史上以倡导神灭论著称的范缜展开过激烈论战。梁武帝在位时，范缜仍然坚持神灭论，与数十名王公大臣和僧人论战不息。就其论战的规模之大和程度之激烈，在中国古代思想史上都是罕见的。更难得的是，在论战过程中，无论是竟陵王还是梁武帝，都没有借用世俗王权去强行压制坚持无神论的范缜，而是从理论层面展开激辩，结果对双方都有裨益。[3] 故钱穆指出，南方佛法则多由士大夫自由研习，试图用佛教哲学代替儒家思想，"因此北方佛教常带'政治性'，南方佛教则多带'哲学性'"[4]。

此后，在中国佛教总体上呈现衰落的态势下，江南佛教仍然保持着一

---

[1] 恩格斯：《在马克思墓前的讲话》，《马克思恩格斯选集》第3卷，人民出版社1995年，第776页。
[2] 释慧皎：《高僧传》卷四《晋高邑竺法雅》，汤用彤校注，汤一玄整理，中华书局1992年，第152页。
[3] 论战双方其实很难说就分出了胜负，范缜的无神论在理论层面已经算得上严密完整，但形散神灭之说仍难以解释薪尽火传的说法。实际上就客观效果而言，论辩的结果是刺激了佛教因果报应、轮回转世的完善，促使佛教有神理论的最后成型。
[4] 钱穆：《中国文化史导论》，商务印书馆1994年，第144页。

定的义理研究传统和水准,从而吸引了大批文人学者。自唐宋以来,文人士大夫就和佛教尤其是禅宗结下了不解之缘。如果说,唐宋时期参禅的士大夫分布广泛,那么明代以来与佛教关系密切的学者多在江南。明初名臣宋濂为浙江金华人,兼通儒、释,著有大量佛教经序、禅家语录序等。其40余篇沙门塔铭被憨山德清誉为"当代僧史"。晚明江南地区涌现出四大高僧,周边都聚集了大量士大夫居士,"禅风浸盛,士夫无不谈禅,僧亦无不欲与士夫结纳"[1]。到晚清,佛学义理再次成为众多学者汲取理论资源的重要来源。对晚清思想解放有当头棒喝之功的今文学家龚自珍和魏源,均为佛家虔诚信徒。学者考证,龚自珍在30岁以前就开始学佛,"三十三岁之后,佛教影响日益显著",[2]一生考辨、校雠佛学经典。道光四年(1824),龚自珍以"佛弟子"自称,道光七年(1827)四月正式受戒入佛门。推动晚清佛学研究的最大功臣当推杨仁山居士,除创建金陵刻经处外,又设祇洹精舍和佛学研究会,培养出大批居士佛学人才,对近代佛学研究和佛教事业做出巨大贡献。故梁启超论及清代学术时言之凿凿:"晚清所谓新学家者,殆无一不与佛学有关系,而凡有真信仰者率皈依文会。"[3]

第三,江南佛教还具有一定的独立性。这种独立性至少表现在两个层面,一是江南佛教与王权之间的关系远不如中原地区那么紧密。从历史上看,帝王不分南北,均有崇佛之举,但论及王权对佛教的影响,显然中原佛教更胜一筹。例如在北方中原地区,朝廷曾多次以官府的力量组织大规模的译经事业。北方十六国时期,先有道安在前秦苻坚的支持下,在长安广揽高僧组织译场,后有后秦国主姚兴,以国师礼迎高僧鸠摩罗什入长安,请他主持规模宏大的佛经译场近10年。唐代玄奘西行历经艰阻,游学印度17年满载回国后,得到唐太宗的支持,组织大型译场,朝廷又出面诏征天下寺院中擅梵文、通佛学的名僧襄助其事。由官方出资出力直接推动佛教译经事业,当然有助于佛教经典的流播,但同样可以说明中原地区佛教与王权的纠葛之深。

相形之下,江南佛教较少得到来自朝廷官方的强有力支持。实际上,即使是在以"佞佛"著称的梁武帝统治时期,梁代全国寺庙数和僧尼数最

---

[1] 陈垣:《陈垣全集》第18册《明季滇黔佛教考》,安徽大学出版社2009年,第119页。
[2] 杨光楣:《龚自珍与佛学》,见《铁道师院学报》1990年第2期。
[3] 梁启超:《清代学术概论》,朱维铮导读,上海古籍出版社1998年,第99页。

多时也就二千八百余和八万二千余,和北魏末年全国寺庙三万余所和僧尼近二百万完全不能比。尤其是在东晋时期,还出现了秉持佛教独立出世立场的慧远法师,其长篇大论《沙门不敬王者论》四千余字,从理论上阐明出家僧众可以在形式上不礼拜王者的理由,这样的声音在"皇权——官僚权力体系支配整个社会"[1]、王权在传统社会中拥有至高无上地位的传统中国,是极为难能可贵的。究其原因,除魏晋时期世家大族势力犹存外,还和江南地区的地理位置有关,即江南并非夺之即可掌控天下的兵家必争之地,站在中央王朝的角度而言,江南一隅并不适宜建立帝都,除南京为十朝古都、杭州为南宋都城外,大一统王朝的政治中心一般都不会放在江南。如果遭逢乱世,那么只要封锁江淮,江南之地即为偏安之所,这使得江南文化与政治权力的结合并非胶固不可分,相应地,江南佛教也乐意与皇权保持一定的距离。

第四,江南僧侣在佛教义理阐释领域往往有独到见解,甚至与主流佛教思潮相悖。晋宋高僧竺道生就是一位长于独立思考的佛教学者,他先入庐山,受学于高僧提婆,再至长安,得高僧鸠摩罗什亲炙。竺道生所处的时代,正是印度佛教经典不断流入和译成中文的历史时期,因此沙门僧侣,无不看重佛教经典。而道生治学,并不拘泥佛教经典原文,更注重文字背后的本义宗旨,因为"自经典东流,译人重阻,多守滞文,鲜见圆义",换言之,经过翻译环节的佛教经典,原先宗旨未必能得到原汁原味的呈现,所以学经者、诵经者更需深入思考和体悟。后竺道生在建康突破陈说,大胆提出一阐提人也可成佛之说,忤逆众见,被视为"背经邪说,讥忿滋甚"[2],以致无法在京城立足,不得不隐居虎丘。直至《大涅槃经》传入后,佛教界才发现道生所言与之若合符契。又如晚明高僧智旭,引禅学与异端李贽之言解"四书",矛头直指以朱子为代表的正统理学,这在明代官方尊崇朱子,学界"此亦一述朱,彼亦一述朱"[3],甚至理学家声称"自考亭(朱熹)以还,斯道已大明,无烦著作,直须躬行耳"[4]的大背景下,智旭不随波逐流、不人云亦云的独立向学态度可谓卓然。

[1] 刘泽华:《中国的王权主义——传统社会与思想特点考察》,上海人民出版社2000年,第15页。
[2] 释僧祐:《出三藏记集》卷十五《道生法师传》,苏晋仁等点校,中华书局1995年,第571页。
[3] 黄宗羲:《明儒学案》卷十《姚江学案》,沈芝盈点校,中华书局1985年,第179页。
[4] 张廷玉等:《明史》卷二百八十二《薛瑄传》,中华书局2000年,第4832页。

第十四章　道教文化

　　道教是中国土生土长的一种宗教，是中国传统社会的产物，比较原汁原味地保存和体现了中国传统文化的要义，从研究道教入手，在一定程度上可以窥得中国传统文化的内核，所以鲁迅曾在《致许寿裳》信中称"中国根柢全在道教"[1]。道教以"道"为最高信仰而得名，认为人生的意义在于长生不死、获得绝对自由，这可以通过一定的修炼方式实现，并由此形成了一整套以修道成仙为核心的理论体系。先秦时期就有关于神仙的诸种传说，但道教的真正形成要到东汉末期，以五斗米道和太平道的出现为标志。魏晋以后，在南北方道教学者的共同努力下，道教中容易被下层民众借用与世俗王权对抗的部分被删除。自唐宋开始，正一派逐渐成为江南道教的主流，全真派在江南也占有一席之地。明清以后，道教呈现衰落之势，但在江南民间社会中，道教仍然有着极为重要的影响。

一、道教在江南的传播和演变

　　江南自古以来，就有修道之士的诸种记载和传闻。自六朝开始，江南道教就在中国道教史上占据重要地位，在江东门阀士族的推动下，江南道教通过自我革新，形成了以得道修仙为核心的鲜明特点，还出现了两个道教宗派，即灵宝派和上清派，绵延数百年。

　（一）道教的形成和传入江南

　　道教和道家密切相关，古代也常以道家指称道教，但今天看来两者并不等同。道家是学术派别，《老子》《庄子》等最初都是学术著作，与宗教

---

[1] 鲁迅：《鲁迅大全集》第十一卷《致许寿裳》，人民文学出版社 2005 年，第 365 页。联系下文"以此读史，有多种问题可以迎刃而解。后以偶阅《通鉴》，乃悟中国人尚是食人民族，因成此篇"可知，鲁迅此语只是客观之说，并非对中国道教的特别赞许。

经典无涉。道家学说以"道"为最高范畴，将"道"视为宇宙万物的本原、事物变化的规律，主张无论是治国还是修身，都应该顺乎自然、清静无为。道教则属于宗教派别，作为宗教的道教需要理论支撑，于是早期道教就紧紧依附道家，与道家结下了不解之缘。实际上，《老子》《庄子》都不讲炼丹和符箓，反对信奉鬼神和巫术，亦不追求长生不死，更无羽化登仙之说，他们追求的乃是精神上的绝对自由和解脱。当然，道家思想体系中确实含有不少与道教相通的因素，如《庄子》中有不少神人想象，"不食五谷，吸风饮露。乘云气，御飞龙，而游乎四海之外"[1]。这类描述就直接被道教所吸收。正是借助道家学说理论，道教才得以构筑完成一套独特的宗教神学体系。到汉末，作为一种泛称的"道教"一词正式出现，《老子想尔注》载："真道藏，邪文出，世间常伪技称道教，皆为大伪不可用。"[2]

道教的正式成型要到汉末，但其历史渊源可以上溯到更为久远的先秦时期，而且有多种来源，除道家学说外，还包括早期的民间宗教和巫术，战国秦汉的神仙方术、阴阳五行说和黄老道等。在江南地区，修道之士至少在汉代就已经出现，史书记载了不少神仙方术之士，如《吴郡志》卷九《古迹》载，洞庭山有毛公坛，为汉人刘根修仙得道之处；葛洪《神仙传》卷三载，吴郡人沈羲学道蜀中，后主持"吴越生死之籍"；陶弘景《真诰》卷十二《稽神枢第二》载，吴人言城生，学道于"总括吴越之万神"的"东卿司命"；同卷还载有吴郡毗陵人韩崇，少好道，得林屋仙人授法，后任宛陵县令。

但是，作为一种较为完整意义上的宗教，道教的成型只能追溯到东汉中后期。一般来说，宗教的正式出现要满足一些基本条件，即形成特定的宗教信仰、宗教理论、宗教活动和宗教实体等。东汉时期，这几项条件大体都已经具备，特别是《太平经》（又称《太平清领书》）、《周易参同契》和《老子想尔注》这三部著作的出现，可以视为"道教信仰和道教理论体系形成的标志，把太平道和五斗米道看成道教活动和道教实体出现的标志"[3]。

---

[1] 郭庆藩：《庄子集释》，王孝鱼点校，中华书局1961年，第28页。
[2] 饶宗颐：《老子想尔注校证》，上海古籍出版社1991年，第22页。
[3] 任继愈：《中国道教史》，中国社会科学出版社2001年，第8页。

太平道产生于东汉灵帝时期，由巨鹿（今河北平乡）人张角创立。他利用《太平经》的善恶承负、周穷救急等社会政治思想发动民众，深得人心。中平元年（184），张角等发动黄巾起义，这是中国历史上第一次利用宗教来发动民众、反抗官府的起义，声势浩大，但在统治者的严酷镇压下归于失败，太平道也因此遭到禁绝。五斗米道出现于东汉顺帝时，沛国丰邑（今江苏丰县）人张陵（又称张道陵）到四川鹤鸣山修行传道，教人思过，又以符水咒法为人治病，得到大量民众的拥护，凡受道者纳五斗米，故称"五斗米道"。张陵去世后，弟子尊称其为"张天师"，因此五斗米道又称"天师道"。后张陵之孙张鲁率众在汉中建立起政教合一的政权，曹操集团崛起后，张鲁于建安二十年（215）降附。曹操对张鲁采取既拉拢又限制的策略，封张鲁为镇南将军、阆中侯，享高官厚禄，同时又把张鲁和大部分教众从川陕迁徙到中原，天师道遂在北方得到广泛传播。

汉末三国至两晋间，先后传入江东的有属于太平道支派的于君道、帛家道，属于五斗米道支派的李家道、清水道、杜子恭派等，其中影响较大的要数于君道。道士于吉往来吴会之地，设精舍读道书，又制作符水治病，吴地民众依附者甚众。孙策有一次大会诸将宾客，于吉盛服出场，三分之二的诸将宾客争相下楼迎拜，令孙策大为忌惮，不顾母亲和诸将求请，坚持将于吉公开处死，但信奉他的民众"尚不谓其死而云尸解焉，复祭祀求福"[1]。后孙吴国主孙权对早期道教多有扶持。《三国志》载，黄龙二年（230），孙权不顾陆逊等重臣反对，遣将军卫温、诸葛直率甲士万人浮海至夷洲（今台湾省）、亶洲，时传说秦始皇所遣方士徐福入海求仙药就在夷洲，结果两将仅获亶洲数千人而返，被孙权以"违诏无功"的罪名诛杀。可见孙权派遣卫温、诸葛直出海的本意并非开疆拓土或掠夺人口，而还在于寻找仙药，对道教求仙之说深信不疑。

西晋统一后，五斗米道开始流入江南。东晋定鼎后，由于统治阶层笃信，五斗米道在江南各地广泛传播。陈寅恪先生考证，东晋南朝的许多世胄高门大都信奉五斗米道，"青徐数州，吴会诸郡，实为天师道之传教区"[2]。著名的王羲之家族即是其中之一。王羲之本人信奉道教，向往

---

[1] 陈寿：《三国志》卷四十六《孙策传》，裴松之注，中华书局2000年，第822页。
[2] 陈寅恪：《金明馆丛稿初编·天师道与滨海地域之关系》，生活·读书·新知三联书店2001年，第17页。

隐遁山林、服食养性的优游生活，去官后"与道士许迈共修服食，采药石不远千里，遍游东中诸郡"[1]。王羲之诸子亦好五斗米道，次子王凝之最为笃信。孙恩聚众攻打会稽时，王凝之为会稽内史，部下皆请战，王凝之却入室祷告，对诸将声称已请得"鬼兵"相助，不做任何防备，结果为孙恩所杀。在江南影响最大的是五斗米道杜子恭一派。杜子恭出身吴郡钱塘杜氏家族，名炅，假托张鲁授命传道，吸引了很多高层士族成为信徒，其中包括沈约的高祖沈警等，而且杜子恭善符箓禁祝，能救治百姓，因此底层的普通民众更是拥护。杜子恭去世后，弟子孙泰继任五斗米道教主，眼见晋祚不固，有意起兵，被会稽王司马道子所杀。杜子恭的三传弟子、孙泰侄子孙恩逃入海岛，聚合亡命，称孙泰是"蝉蜕登仙"，并于隆安三年（399）在会稽起兵，自称征东将军，三吴地区皆响应。孙恩以海岛为基地，数度进犯三吴，屠戮门阀子弟众多，后被刘裕击败，蹈海自尽，还被信众称为"水仙"。孙恩去世后，妹夫卢循坚持斗争至义熙七年（411）。孙恩、卢循起事之所以规模大、时间长，三吴士庶多有响应，除以海上为根据地外，借用五斗米道维持笼络人心是一个重要原因。

（二）江南道教的改革和成熟

道教最能吸引上层统治者的，无疑是其服饵养生、健身广嗣甚至长生不死的种种仙术。上层统治者衣食无忧，最青睐和重视的就是道教中满足人生欲望、注重人生享受的内容，长生不死说更迎合了帝王无限制地享受世俗生活的亟切愿望，具有极其强大的诱惑力。从秦始皇派方士出海求长生药，到孙权遣将军浮海至亶洲，都说明了道教成仙之说的巨大魅力。到两晋时，出海寻仙人求药已经被证明是荒诞之举，于是不少帝王又转向修炼一途。早期道教还夹杂不少具有原始巫术成分的粗陋方术仪式，这部分内容正是道教得以吸引下层民众的关键。最令上层统治者难以接受的是，早期道教的教义具有不少济世度人、要求均平的成分，如太平道声称世间财物为"天地所以行仁也"，均为供济世人，积财亿万而不肯救穷周急者，则"罪不除也"[2]；五斗米道设置义舍，置义米肉于其中，让来往路人自行取用和补充，引导彼此陌生的民众开展互相救济。早期道教还有设立道官治理信徒的教团组织方式，太平道设有"三十六方"；五斗米道在张鲁主

---

[1] 房玄龄等：《晋书》卷八十《王羲之传》，中华书局2000年，第1398页。
[2] 王明：《太平经合校》卷六十七，中华书局1960年，第242页。

持下,更建成政教合一的政权,自号"师君",来学道者称"鬼卒",已信道者称"祭酒"等,构成相对严密的组织秩序。因此,早期道教常常和当时的政治斗争纠缠在一起,成为下层民众发动起义的宗教武器。有学者指出,东晋后期的孙恩起事,说明"以道教为活动手段的这一部分次等士族的代表人物,蓄谋取代门阀士族统治,取代东晋政权,本来是走在北府将前面的"[1]。

南北朝时,尽管中原与南方辐裂,但道教理论家和学者都不约而同地对道教进行了改造和革新,此后道教就逐渐"从一个非主流的,一个本来可能与皇权发生激烈冲突的、试图政教合一的宗教,变成皇权认可的主流意识形态和伦理观念的一个部分"[2]。推动北方道教改革的是著名道士寇谦之,他在北魏统治者的大力支持下,以儒家礼教为标准,内容合乎者保留、增益,悖逆者革除、废弃,又整顿组织、加强科律,使得北方的天师道更加契合统治阶层的口味,因此有时也称寇谦之改革后的天师道为"新天师道"或"北天师道"。南方则是由世居江东、笃信道教的吴地士族,尤其是出身吴地士族的著名道士共同推动的。自孙吴立国东南,江东就开始形成了一批世家大族,以吴郡顾、陆、朱、张四姓,会稽虞、魏、孔、谢四姓,以及宁镇地区的丹阳葛氏、许氏、陶氏和晋陵华氏等为首。他们世居江东,彼此通婚,在地方上拥有毋庸置疑的影响力和号召力。西晋灭吴后,对江东士族采取歧视态度,东晋时当地士族又受侨姓士族的压制,仕途多悒悒不得志,于是不少人转向道教以求心理慰藉。江东士族原多奉帛家道、于君道等,东晋后转尊五斗米道。东晋南朝时期,对江南天师道进行整顿改造的道教理论家和学者大都出于吴地世家大族,以葛洪、陆修静和陶弘景为代表。

首先从理论层面对道教做出革新的是葛洪。葛洪生活于东晋时期,出身丹阳葛氏,自号抱朴子。祖辈历任吴国要职,父亲葛悌西晋初任邵陵太守,卒于官,家道中落,因此葛洪幼时家贫,无钱买纸,就在纸上反复写字。但葛洪毕竟出身名门,涉猎诸史百家之书,知识渊博,对神仙导养之法尤感兴趣,著有《抱朴子》《神仙传》等。在道教史上,葛洪对道教长

---

[1] 田余庆:《东晋门阀政治》,北京大学出版社2005年,第255页。
[2] 葛兆光:《屈服史及其他:六朝隋唐道教的思想史研究》,生活·读书·新知三联书店2003年,第7页。

生成仙说的贡献首屈一指。葛洪认为,道教的主要目的就是长生成仙,获得解脱,"道家之所至秘而重者,莫过乎长生之方也","长生之道,道之至也,故古人重之也"。[1] 而成为神仙的途径有两条,内修之术如行气、养生等,外养之术如炼丹、服药等。此外,葛洪还将现实的纲常名教与道教的出世追求糅合在一起,宣称要成神仙,内修外养是不够的,还需要积善立功,以忠孝和仁信为本。经过葛洪的阐释和充实后,道教的神仙说理论体系大体完备,神仙道教的色彩也日益强烈,道教开始摆脱民间宗教的杂乱色彩。

到南朝初期,又有陆修静对江南道教做了进一步的整顿和改革。陆修静是吴兴(今浙江湖州)人,据说是三国吴左丞相陆凯后裔,世为著姓,但有关他的记载大多见于道书,正史中仅《南齐书·张融传》载他和另一吴郡士族张融有过交往。陆修静幼好儒书,但性喜道术,为宦数年后,弃绝妻子,入云梦山修道。元嘉末年,陆修静入京师建康,宋文帝闻名召见。孝武帝大明五年(461),陆修静隐居庐山东南修道,声名远播,于泰始三年(467)奉诏再入京师,宋明帝躬亲问道。此后10年,陆修静一直居于建康北郊天印山(即方山)崇虚馆,"大敞法门,深弘典奥,朝野注意,道俗归心。道教之兴,于斯为盛也"[2]。陆修静在此期间,整理道教经典、编撰《三洞经书目录》,建立起了较为完整的道教斋醮仪式,这是陆修静对江南道教的最大贡献。此外,针对天师道自张鲁降曹北迁和去世后,一度出现的组织混乱、科律废弛等严重局面,陆修静在《陆先生道门科略》中提出了整顿天师道组织系统的方案,但由于他的改革主张仍以三张旧制为基础,因此收效似不显著。

陆修静再传弟子陶弘景,成为江南道教自改革的集大成者。陶弘景出身丹阳陶氏宗族,世为名门,10岁时得葛洪《神仙传》,研读终日,萌生养生之志。37岁时,隐居江苏句容的句曲山(今茅山),逝于梁武帝大同二年(536)。与葛洪、陆修静一样,陶弘景博学多识,一生著述丰富,约80余种。陶弘景继承和发展了道教的养生传统,主张从养神、炼形两方面入手,形神双修,实现精神与肉体的长存不灭。道教神仙谱系的创立也是

---

[1] 王明:《抱朴子内篇校释》,中华书局1985年,第252、288页。
[2] 王恩河:《三洞珠囊》卷二《敕追召道士品》,见张继禹:《中华道藏》第二十八册,华夏出版社2004年,第415页。

陶弘景的一大贡献。如前所述，道教是中国本土生成的宗教，理论来源驳杂，导致道教神灵包罗万象，天神、地祇、人鬼和仙人、真人等应有尽有，互不统属，纷然无序。陶弘景在茅山期间专作《真灵位业图》，以7个等级将庞大的神仙群排列起来，尽管其中至高无上的最高神尚不凸显，但毕竟初步解决了道教的神仙排位问题。

（三）江南道教新宗派的创立

东晋南朝时期，江南道教的成熟还表现为道教宗派的形成，以灵宝派和上清派为代表。一般认为，灵宝派与上清派同时出现或略晚，但如果把上清派的最终成型时间定于陶弘景时期，那么灵宝派的形成当早于上清派。相对而言，灵宝派较重符箓，中下层信徒较多；而上清派重视精神修养，在士大夫群体中影响更大。

灵宝派是东晋末年创立在江南的一个道派。天师道随着张鲁北迁而流布中原后，散布各地的天师道徒活动积极，逐渐形成了一些新道派，灵宝派就是其中之一，以信奉和传承《灵宝经》而得名。《灵宝经》的形成，有一个逐步充实和增衍的历史过程，东汉时就有被称为"灵宝"的经诀或灵符之类出现，较为简洁，东晋葛洪时篇幅和内容日益增多。至于《灵宝经》的传授系统，道书记载荒诞无稽，学界一般认为可追溯至葛玄。葛玄是葛洪的从祖父，葛洪在《抱朴子》中反复引用《灵宝经》，并在《遐览篇》中著录该书，而葛洪之师郑隐正是葛玄的弟子。但至少在葛洪生前，灵宝尚未形成正式的道派。到葛洪的从孙葛巢甫时，造作《灵宝经》，于是从东晋末年到刘宋初年，信奉者大增，灵宝派才正式形成。

推动灵宝派风行南朝社会的主角是陆修静。陆修静的道学渊源较为复杂，自称不归任何门派的"三洞弟子"。他考述三张旧制撰写《陆先生道门科略》，说明他熟悉天师道教义和组织，又被尊为上清派第七代宗师，足以说明他在上清派的地位。但实际上，陆修静对上清派的贡献主要在于传承《上清经》，他本人并没有精研这部经书。但对灵宝派，陆修静倾注了大量时间和精力，撰写、考辨、阐释大量灵宝经书，如"所著斋法仪范百余卷"[1]，又静心考订《灵宝经》真伪，编出《灵宝经目》，广为补缀，并于元嘉十四年（437）进呈宋文帝。在陆修静的努力下，"灵宝之教，大

---

[1] 张大彬：《茅山志》，见张继禹：《中华道藏》第四十八册，华夏出版社2004年，第419页。

行于世"[1]。 齐梁时期,灵宝派的流行程度甚至超过了上清派。 梁时茅山每年腊月多寒雪,鲜有来访者,"唯三月十八日,辄公私云集,车有数百乘,人将四五千,道俗男女,状如都市之众,看人唯共登山作灵宝唱赞,事讫便散,岂复有深诚密契,愿睹神真者乎"[2]。 茅山本是上清胜地,结果登临的善男信女对上清道术无动于衷,却齐唱灵宝赞歌,可见灵宝派对民众的影响。

灵宝派的修炼方式,以符箓祝咒为主,同时兼重思神、诵经,但对金丹、房中术较为忽略。 和上清派相比,灵宝派更注重符箓,但和旧天师道祈福禳灾、驱鬼降魔,带有明显功利色彩的画符念咒相比又有所不同,因为灵宝派强调的是斋仪。 较早的灵宝斋仪著作《太极真人敷灵宝斋戒威仪诸经要诀》开篇即称:"夫学真仙白日飞升之道,皆以斋戒为立德之本矣。"[3]对斋戒科仪极其重视的陆修静更声称:"斋直是求道之本。"[4]灵宝派要求在举行礼拜、诵经等斋仪活动时,必须遵守严格的戒规仪礼,如建斋前要香汤沐浴、衣服悉净,节欲淡食、闭口息语,洗涤心意直至淡泊明净的境界,然后才能烧香鸣鼓,发愿请神。 在度人济世方面,灵宝派受到佛教大、小乘之说的影响,认为普度一切世人,是为天仙,而能度个人的只是地仙。

上清派也是我国的早期道教派别之一,因尊奉《上清经》而得名。《上清经》的问世,陶弘景有如下记载:"伏寻上清真经出世之源,始于晋哀帝兴宁二年、太岁甲子,紫虚元君上真司命南岳魏夫人下降,授弟子琅琊王司徒公府舍人杨某,使作隶字写出,以传护军长史句容许某,并弟三息上计掾某某。 二许又更起写,修行得道。"[5]"魏夫人"即魏华存,晋司徒魏舒之女,自幼好道,一生精诚修持,据传于晋成帝咸和九年(334)得道

---

[1] 闾丘方远:《太上洞玄灵宝大纲钞》,见张继禹:《中华道藏》第四册,华夏出版社2004年,第442页。
[2] 陶弘景:《真诰》卷十一,见张继禹:《中华道藏》第二册,华夏出版社2004年,第184页。
[3] 张继禹:《中华道藏》第四册《太极真人敷灵宝斋戒威仪诸经要诀》,华夏出版社2004年,第102页。
[4] 陆修静:《洞玄灵宝斋说光烛戒罚灯祝愿仪》,见张继禹:《中华道藏》第四册,华夏出版社2004年,第411页。
[5] 陶弘景:《真诰》卷十九,见张继禹:《中华道藏》第二册,华夏出版社2004年,第237页。

飞升,受位"紫虚元君上真司命南岳夫人",后被尊为上清派第一代宗师。杨羲本吴人,后居句容,被奉为上清派第二代宗师。兴宁二年(364),杨羲托称魏夫人诸仙降临,授以《上清》诸经,以隶书写出,再以经师身份传给许谧及其第三子许翙。许氏为句容天师道世家,许谧即著名道士许迈之弟。后许翙之子许黄民收集三君所写经符秘箓,先在奉道诸世家中流传,渐次流传民间。故有学者指出,"《上清经》与《灵宝经》《三皇经》同样,都是由杨、许、葛、华等东晋奉道士族合伙造作传播的"[1]。

东晋时期,上清派还只是初创。到南朝陶弘景时,作《真诰》一书,对上清派的源流和教义做了较为清晰和系统的叙述,作为宗派的上清派才最后形成,因此陶弘景成为南朝上清派的代表人物。陶弘景常居的茅山,古称句曲山,位于今江苏南部,西接金陵,东望太湖,山形清峻,洞墟天成,相传西汉时就有茅氏三兄弟在此修道成仙,晋高道鲍靓、许迈等据说都曾居住茅山,但当时尚未成为上清派的基地。陶弘景到茅山后,与诸弟子披荆斩棘,历时七载,创建华阳道馆。在陶弘景及其弟子的不懈努力下,茅山实际上已成为上清派的中心,后世也称上清派为茅山宗,陶弘景为茅山宗的实际创始人。当然,南朝时上清派的道馆不仅集中在茅山,江南其他地区也有分布,如京师建康(今江苏南京)的崇虚馆、海虞县(今江苏常熟)招真馆等。此外,在修持方法上,上清派弟子出家居道馆,注重个人精、气、神的修炼,重心放在服食仙药和炼丹,通过炼神来达到炼形,供奉元始天尊为最高神,也兼习灵宝、三皇及天师道经戒法箓。

自陶弘景开始,以茅山为中心的上清派广泛传播于江南各地,拥有大批信徒,尤其是上清派重精神修养的方式,与文化素质相对较高的江南士大夫口味相吻合,帝王将相、公卿世家也多有信奉者,意味着其得到了官方的认可。因此,上清派的形成,标志着自葛洪以来的江南道教已经由原先的天师道成功转型为神仙道教,完全排除了早期道教中反映底层民众诉求、不利于统治阶层的因素。历经隋唐、两宋,上清派历代传承不歇,人才辈出,其中不乏学问精深者,在道教诸派中一直占据重要地位。元以后,上清派与灵宝派等一起被并入了江南正一派。

---

[1] 任继愈:《中国道教史》,中国社会科学出版社2001年,第141页。

二、江南地区的正一派和全真派

唐宋两朝是中国道教的繁盛时期,茅山宗在唐代开枝散叶,不乏在中原地区都享有盛誉的知名高道,成为具有全国性影响的道教宗派。唐以后,道教的主要教派为正一派和全真派,全真派兴起于北方,主要活动场所也在北方,但在元末明初和明末清初也一度传播于江南,流传不歇。唐以后,江南符箓诸派渐渐统一至正一派,尤其是明清和民国时期,江南地区成为正一派的最主要传播区域之一。

(一) 隋唐时期的江南道教

早期道教的教义理论体系较为粗糙,不如佛教精致。西晋惠帝时,天师道祭酒王浮常与沙门帛远论争,愤而作《老子化胡经》,伪称老子入天竺化为佛陀,以诋毁佛教,此后道佛两家之间冲突接连不断。陆修静居京城崇虚馆时,司徒袁粲召集沙门学者集会于庄严佛寺,与陆氏展开辩论。宋齐间著名道士顾欢发表《夷夏论》,又引起佛道之间空前激烈的一场辩论。至隋唐时期,道教在统治者的扶持下,历经南北朝的改革,终于迎来了道教史上的灿烂时期。

隋初,秉承北周设通道观研究三教学术的制度,于长安玄都观汇聚三教学者纵论学理。隋代还编有道教教义百科全书《玄门大义》,包罗宏富。唐帝室尊奉老子为先祖,唐高祖李渊曾亲往终南山拜谒老子庙,并将道教初祖太上老君(按道教说法老子为其化身)作为李氏的祖先加以祭祀;中宗神龙元年(705)更令天下贡举之士兼习《道德经》;天宝元年(742),敕封庄子、列子、文子、亢桑子(或称亢仓子)为"真人",其著作为"真经";开元二十九年(741),"于京师置崇玄馆,诸州置道学生徒有差"[1],入者习《老子》《庄子》《文子》《列子》,并参加类似明经科的专门性科举考试,称为"道举"。唐代道教在相对薄弱的理论建设方面也卓然可观,以重玄学派为代表。[2] 重玄学派的学者以《庄》释《老》,援佛入《老》,关注人的内心世界和精神境界,把道教哲学提升到本体论的高度,上承先秦魏晋玄学,下启宋明理学,在中国思想史、哲学史上都占据

---

[1] 王钦若等:《册府元龟》卷六三九《条制一》,中华书局1960年,第7762页。
[2] 重玄之说,出自《道德经》第一章"玄之又玄,众妙之门"。

重要地位。

纵观有唐一代,帝王宗室尊奉道教,社会上崇道风气昌盛,各地道观林立,斋醮仪式健全、道门科律完整,各大宗派日趋繁荣,尤其是在诸多高道的共同努力下,道教的教义体系得以系统化、理论化,因此堪称我国道教史上的繁荣时期。位于江南的茅山宗同样进入鼎盛时期,高道辈出、人才济济,唐代社会的知名道士有不少都来自茅山,如王远知、潘师正、李含光、司马承祯等。他们本就具有较高的文化素养,又勤修苦练,或著书立说,或弘扬道法,都具有全国性的影响。

如茅山宗第十代宗师王远知(一作王远智),出身琅琊王氏分支,博综群书,15 岁时师事陶弘景,[1]先后得到多位帝王如陈宣帝、隋炀帝、唐太宗、唐高宗和武则天的礼遇。史载唐高祖李渊举兵前,王远知就密传符命,为其制造舆论。李世民登位之前领兵平定王世充时,曾与房玄龄微服拜访他,王远知见后即一口道出李世民的身份:"此中有圣人,得非秦王乎?"又以"方作太平天子,愿自惜也"[2]之语劝谕秦王,说明王远知关注政局变化,与李氏走得较近。他去世时,还被武则天追赠金紫光禄大夫。王远知弟子潘师正,为茅山派第十一代宗师。潘师正拜入王远知门下,尽得真传后,奉师命入中原,称嵩山为其修真之地,修行数十年,茅山派在中原的影响也以嵩山为根据地,向周边拓展。唐高宗在洛阳时请潘师正作符辞,遭婉拒,后唐高宗祭嵩山时亲往潘师正所居逍遥谷,"见薜荔绳床将朽败,余无火粒之具,唯两瓢贮青饲饭耳"[3]。李时珍《本草纲目》记载,青饲饭本为仙家服食之法,其实就是蔬菜汁染米。潘师正的修行生活可谓简单到了极点,唐诗人陈子昂就称赞他有陶弘景之遗风,"玄标仙骨,雅似华阳"[4]。又有茅山宗第十三代宗师李含光,广陵江都(今江苏扬州)人(一说常州人),家世业儒,中宗神龙元年(705)度为道士,住苏州龙兴观,后移嵩山修道。玄宗开元十七年(729),学道于王屋

---

[1] 日本学者如吉川忠夫、前田繁树等指出,王远知师事陶弘景一说值得怀疑。参见小林正美:《唐代的道教与天师道》,王皓月等译,齐鲁书社 2013 年,第 126-127 页。
[2] 刘昫等:《旧唐书》卷一百九十二《王远知传》,中华书局 2000 年,第 3485 页。
[3] 刘大彬:《茅山志》卷十一,见张继禹:《中华道藏》第四十八册,华夏出版社 2004 年,第 421 页。
[4] 陈子昂:《陈子昂集》卷五《续唐故中岳体玄先生潘尊师碑颂》,徐鹏校点,上海古籍出版社 2013 年,第 114 页。

山阳台观司马承祯。唐玄宗有一次询问他金鼎修炼之说,李含光答称:"道德,公也,轻举,公中之私耳。若忽道德而求生徇欲,则以系风。"[1]轻举指飞升登仙,如果只埋首修炼而不重道德修养的提高,那么飞升是很渺茫的。李含光这一回答,借用了儒家常用的公私之辨,以提高道德修养为公、飞升登仙为私,带有较为明显的儒家色彩。

上述茅山宗高道,王远知的足迹基本不出江南,唐太宗敕润州在茅山置太受观。而自其弟子潘师正开始,茅山宗师的修行场所已经不限于茅山。潘师正勤修于河南嵩山;司马承祯在王屋山置坛室以居,逝后又葬于王屋山西北的松台;此外衡山、庐山、武陵(今湖南常德)等都有茅山道士的行迹,说明茅山宗的影响已经遍及全国,故唐著名书法家颜真卿称"茅山为天下道学之所宗"。[2]

(二)宋元时期的全真派和正一派

两宋是道教的又一个繁盛时期。一般来说,宗教的成熟与兴盛,总是和理论领域的建树息息相关的。在这方面,宋代沿袭了唐代注重道教义理的优良传统,继续以中华文化的道家老庄之学为本,汲取佛学精华,加以融会贯通,如内丹派融摄禅宗、以道解佛,进而对自然宇宙、社会人生等都提出了富于道教特色的新观念和新解释,为宋代理学家构建宇宙人生观提供了极具启发性的理论资源。[3]宋代也是历史上编著道书最多的朝代,据统计,现存《道藏》《续道藏》共收录道教书籍计1 470余种,其中确定宋人编著者210多种,还有近百种疑为宋人编著,总计约占五分之一。两宋还多次编修《道藏》,为后世《道藏》的编修奠定了良好基础。

和唐代统治者借助道教来强化统治的合法性一样,宋代帝王同样借助道教来应付内忧外患。宋真宗于澶渊之盟后,深以为耻,参知政事王钦若

---

[1] 刘大彬:《茅山志》卷十一,见张继禹:《中华道藏》第四十八册,华夏出版社2004年,第422页。

[2] 董诰等:《全唐文》卷三百四十《有唐茅山元靖先生广陵李君碑铭并序》,中华书局1983年,第3445页。

[3] 北宋五子中,邵雍、周敦颐为钟吕、陈抟一系内丹传系,"考河上公本图名《无极图》,魏伯阳得之以著《参同契》,钟离权得之以授吕洞宾。洞宾后与陈图南(陈抟字)同隐华山,而以授陈,陈刻之华山石壁。陈又得《先天图》于麻衣道者,皆以授种放。放以授穆修与僧寿涯。修以《先天图》授李挺之,挺之以授邵天叟,天叟以授子尧夫(邵雍字)。修以《无极图》授周子,周子又得'先天地'之偈于寿涯。"参见黄宗羲原著、全祖望补修、陈金生等点校:《宋元学案》卷十二,中华书局1986年,第515页。

劝说真宗以"天瑞"来粉饰天下,并一语道破天机:"陛下谓《河图》《洛书》果有此乎? 圣人以神道设教耳。"[1]于是,宋真宗决意以道教为工具挽回声誉,具体途径就是造作天书、崇奉圣祖。 宋徽宗更是历史上的崇道皇帝,他宠信多位道士,其中包括擅长箓符的茅山宗第二十五代宗师刘混康,并专门为其修建天宁万寿宫。 政和五年(1115),温州道士林灵素声称九霄以神霄为最高,而宋徽宗本是"神霄玉清王者,上帝之长子,主南方,号长生大帝君"[2],令宋徽宗愈加兴奋,此后崇道更趋狂热,自称"教主道君皇帝",以人、神、教三位一体的主宰者自居。 南宋诸帝同样崇道,由于南宋立都临安,因此对江南道教影响更大。 临安吴山原有三茅观,绍兴二十年(1150),宋高宗赐额三茅宁寿观,命神霄派道士蔡大象为知观;绍兴二十九年(1159),又令宫中太监刘敖为道士,赐名刘能真,"专奉宁寿香火"[3],此后三茅宁寿观成为南宋皇家宫观。 宋高宗还有诗赐刘能真,将收复中原的希望寄托于三茅真君,诗云:"忆昔长江阻飓风,于今神马又成龙。 炎兴指日中原复,剩是茅君翊翼功。"[4]宋理宗对道教的尊奉并不亚于宋高宗,他崇奉真武神,绍定年间下令重修京师真武专祠佑圣观,殿宇宏丽,"命道流修晨香夕炬之供"[5],此后民间祭拜真武之风大盛。 又宠信女冠吴知古,"人皆侧目"[6],以致不断有大臣上书弹劾,但理宗均置之不理,甚至反罪及大臣。 淳祐七年(1247),太常博士牟子才在奏折中批评理宗"今日醮内庭,明日祷新宫;今日封神祠,明日迎佛像。 倚靠于衲子,听命于黄冠,是皆无益之举"[7],这是当时理宗沉湎道教的生动写照。

两宋又是道派林立的历史时期。 道教宗派经过千余年的发展,根据其学理,主要可分为内丹和符箓两派。 六朝至唐末,服食丹药者络绎不绝,

---

[1] 李焘:《续资治通鉴长编》第六册卷六十七,中华书局1995年,第1506页。
[2] 脱脱等:《宋史》卷四百六十二《林灵素传》,中华书局2000年,10486页。
[3] 潜说友:《咸淳临安志》卷十三,见《景印文渊阁四库全书》第490册,台湾商务印书馆1986年,第165页。
[4] 阮元:《两浙金石志》卷九《宋高宗赐刘能真御制诗刻》,浙江古籍出版社2012年,第205页。
[5] 吴自牧:《梦粱录》卷八《佑圣观》,中国商业出版社1982年,第62页。
[6] 周密:《齐东野语》卷十三,张茂鹏点校,中华书局1983年,第245页。
[7] 杨士奇等:《历代名臣奏议》卷三百十一,见《景印文渊阁四库全书》第441册,台湾商务印书馆1986年,第629页。

往往中毒夭亡，于是外丹成仙说由盛而衰，不再占据主流，内丹说则乘时而起，如从宋代开始广泛流传的八仙人物，都是内丹道传人。宋代后期，中原地区出现了一些锐意改革的新教派，重要者如真大派、太一派和全真派等。其中，全真派创立于金初，传教过程中坚持儒、释、道三源同流，因而社会基础广泛，是宋元以后最著名的内丹道派。全真派因始祖王嚞自题所居庵为"全真堂"而得名。王嚞出生于宋徽宗政和二年（1112），原名中孚，字允卿，后改名世雄，入道后改名为嚞，字知明，因追慕陶渊明的高风亮节而取道号重阳子。早习儒，兼习骑射，相传金正隆四年（1159）遇甘河仙人得授口诀，于是悟道出家，并在终南山筑墓穴曰"活死人墓"。后入山东宣扬全真教义，收马钰、丘处机等七位弟子。卒于金大定十年（1170），葬于终南山刘蒋村，从此被全真派尊为祖庭。

两宋符箓派原有正一、上清、灵宝三大派，分别以龙虎山、茅山、合皂山为本山，三家鼎立，皆以江南为主要传播区。此外，还有神霄派、龙虎派、武当派、清微派等派别，大多从三山符箓分化而来。宋哲宗绍圣四年（1097），曾敕三山为"经箓三山"。从北宋中期开始，正一派日渐昌盛，俨然成为三山符箓的领头宗派，而隋唐盛极一时的上清派则相对衰落。正一派即天师道，据传张陵四世孙张盛从中原迁居江西龙虎山，隋唐五代时正一派声名不显。宋真宗大中祥符八年（1015），召见第二十四代正一天师张正随，赐号"真静先生"，为正一天师受朝廷赐号之始。此后直到南宋末的第三十五代天师张可大，正一派几乎代代都受宋廷赐号，可见正一派与官方关系之密切。南宋嘉熙三年（1239），理宗诏令张可大提举三山符箓兼御前诸宫观教门公事，主领龙翔宫，正一派从此名正言顺地成为江南符箓诸派之首。

元朝建立后，实行相对宽容的宗教政策，从元世祖忽必烈开始，蒙古王室开始大规模地崇奉藏传佛教即喇嘛教，多位喇嘛僧人成为帝师。但忽必烈出于兼容并蓄、广事利用的考虑，也不摒斥汉传佛教和道教等，中统二年（1261），就曾"遣王祐于西川等路采访医、儒、僧、道"，[1]因此道教在蒙元时仍然影响较大。

北方的全真道由王重阳创立，但真正发扬光大的实属丘处机。丘处机

---

[1] 宋濂等：《元史》卷四《世祖本纪》，中华书局2000年，第47页。

字通密，号长春子，山东栖霞人，约20岁时拜王重阳为师，后在龙门山修炼，开创全真龙门派。元太祖十四年（1219），丘处机偕弟子18人，应诏从山东莱州出发，行程万余里，抵达西域大雪山，拜见成吉思汗。成吉思汗向丘处机询问长生之道，丘处机坦然答称以"清心寡欲为要"。难得的是，丘处机明知蒙古铁骑所向披靡，常有大肆屠戮之举，仍然以"一天下者，必在乎不嗜杀人"[1]和敬天爱民等晓喻，得到元太祖的尊重，敬为神仙。丘处机回燕京后居白云观，受赐虎符、玺书，命掌天下道教，于是设坛说戒、广收门徒，全真道盛行于元朝，如晚清罗浮山道教学者陈铭珪所指出："道教之兴，以元为盛……道教至元而极盛，亦至元而多歧。"[2]苏州道观玄妙观的得名即和丘处机有关，至元十八年（1281），"丘长春等七真以黄白飞升术进，诏改今额"[3]，即由天庆观改称玄妙观。南方的符箓派同样受到元廷的笼络，忽必烈仿效其祖成吉思汗礼遇全真道士丘处机的先例，于1259年派密使入龙虎山，向天师张可大探问天下大势，得到二十年后混一天下的满意答复。南宋亡后，忽必烈于1276年召见张可大之子、第三十六代天师张宗演，命其主领江南诸路道教、赐银钱。此后历代正一天师也都被元廷封为"真人"。第三十八代天师张与材，还于大德八年（1304）被封为"正一教主"，第三十九代天师张嗣成，也被封为"翊元崇德正一教主"，掌道教事务。正一派领袖统领符箓诸派的地位已经不可撼动。

(三) 全真派在江南的传播

全真派兴起于北方，宋末元初逐渐形成了北方全真派（内丹为主）、南方正一派（符箓为主）互相对峙的局面。朱元璋逐鹿天下时，广进贤才，道佛之士均有搜罗。政权稳定后，即对佛道两教采取抑制态度，但全真派作为具有全国性影响的道教教派，又以戒律相对严格著称，因此明清两朝

---

[1] 宋濂等：《元史》卷二百二《丘处机传》，中华书局2000年，第3026页。
[2] 陈铭珪：《长春道教源流》卷一，见李一氓：《藏外道书》第31册，巴蜀书社1992年，第2页。
[3] 李光祚修、顾诒禄纂：乾隆《长洲县志》卷三十，见《中国地方志集成·江苏府县志辑》第13册，江苏古籍出版社1991年，第378页。按，乾隆《长洲县志》称圆妙观，为避康熙讳。

在江南仍然得到一定程度的传播。[1] 尤其是知名高道,大多出自南方,所谓"当明之世,全真之显著者多出南方,而北方无闻焉,岂元末北方大乱,于是宫观残毁、徒众星散,遂尔失传耶?"[2]

明太祖朱元璋征战天下时,常求助道家卜测之法,一些全真派道士也为朱元璋所笼络,如洪武初,有全真道士丘玄清任监察御史,后超擢为太常寺卿。南京城内的全真道观也不少。最著名者是朝天宫内的全真堂。朝天宫在元代称永寿宫,洪武十七年(1384)重建,又设道录司于宫中,兼具道教宫观和道教管理机构的双重身份,洪武朝后期每遇大节,行庆贺礼,常选择朝天宫举行。朝天宫内旧有全真堂,在山之阴,源于宋代的全真庵,元末明初,全真道士尹蓬头、张三丰曾于此修炼。靖难之役后,明成祖朱棣慕全真道士张三丰名,召请不得,建像于全真堂供奉之。因此,朝天宫内的全真堂就是明初京城全真派的传播中心。后朱棣迁都北京,遂以北京白云观取而代之。但是,南京仍保留六部、都察院等一套中央机构,仍然是东南地区的政治和文化中心,东南全真道观也仍然以全真堂为首,明成化年间还加以修葺,万历间"今堂废不知何年"[3],后官至工部尚书、时任礼部祠祭司郎中的葛寅亮主持重修全真堂,择地于山后隙地,林木蔚郁,环境清幽,正是道家修身养性之所。至清朝乾隆时期,全真堂依然存在。南京还有地位仅次于朝天宫的洞神宫,在明代前期颇具影响力。《明英宗实录》记载:"南京洞神宫道士言:'仁宗皇帝、宣宗皇帝尝幸其宫,而宫前迫民居,山门尚未作,乞敕南京工部徙其居民。'上不允,且曰:'敢再以请,必罪之。'"明仁宗、宣宗曾亲自驾临洞神宫,说明当时的明代皇室对洞神宫殊为重视。但是,明英宗严词拒绝洞神宫道士拓建山门的请求,又说明洞神宫在明英宗时已经受到冷遇。

江南其他府县同样也有全真派道观,数量较少。《江南通志》记载,苏州府有"全真道院在府光福迂里",苏州城外的"太微律院在府浒墅关

---

[1] 明时全真派在北方的影响更著,晚明沈德符记载,正月十八日为京师北平灯市收灯日,是日不但游人塞途,"四方全真道人不期而集者,不下数万"。参见沈德符:《万历野获编·补遗》,中华书局1959年,第902页。
[2] 陈铭珪:《长春道教源流》卷七,见李一氓:《藏外道书》第31册,巴蜀书社1992年,第119页。
[3] 葛寅亮:《金陵玄观志》卷一《朝天宫重建全真堂记》,见《续修四库全书》第719册,上海古籍出版社2002年,第143页。

南",毁于明末;松江府有"长春道院在府南门内桥北,元大德十年建,为境内全真教祖","太素道院在府南郭外,元至正九年建,南瞰瓜泾,林木幽蔚,宛在人外,中有端坐全真之所曰云巢","全真庵在新坊桥东南,明洪武二年知县舒裕建,祀张平叔,一名紫阳观"。[1] 明代杭州最主要的全真丛林是重阳庵和紫阳庵。重阳庵位于杭州吴山东麓青衣洞旁,始建于唐,元代成为全真道观,明初朱元璋下令归并儒道寺庙,重阳庵于"洪武二十四年立为道院"[2],并为杭州全真道院之首。之后历经修葺,1861年毁于兵火。紫阳庵位于瑞石山客鳌峰,始建于宋代,元至元年间,"道士徐洞阳得之,改为紫阳庵"。[3] 徐洞阳托称张平叔曾住山传诀,故改是名。张平叔即北宋内丹学的集大成者张伯端之字,又是全真南宗创始人,元代南北全真合流后,受封为紫阳真人,故紫阳庵之名当为纪念张伯端。明时紫阳庵荒废,崇伟殿堂尽为茂草,令人嗟叹。至正统九年(1444),道士范应虚重建,基本恢复昔日盛况。清雍正十二年(1734)重修。

明末清初,全真支派龙门派一度兴起。龙门派奉丘处机为祖师,奉丘处机弟子赵道坚为创派宗师,但有明一代,龙门派声名不显,弟子凋谢。直到第七代宗师王常月,革新教义,力倡戒行精严,得到清王朝的扶持,于顺治十二年(1655)离开华山入京,次年奉旨主讲白云观,登坛说戒、广度弟子,于是迅速发展壮大。康熙初,王常月又将传道重心转向江南和南方地区,吸引接纳了一批身怀国破家亡之痛、耻于剃发易服,且文化素养较高、组织活动能力强的明遗民,为龙门派注入了一股新鲜血液,呈现出兴盛局面。王常月南下时率有弟子詹守椿、邵守善等多人。此后历住湖州金盖山、苏州穹窿山、南京栖霞山等,久衰的全真派一时呈中兴之势。王常月逝后,弟子在江南各地开山立寺,衍生出许多龙门小支派。如陶守贞在湖州金盖山开启云巢支派,传嗣多代;金筑老人开启天柱观支派,以浙江余杭金筑坪天柱观为传道中心;黄赤阳开启杭州金鼓洞支派,

---

[1] 董之隽等:《江南通志》,见《景印文渊阁四库全书》第508册,台湾商务印书馆1986年,第412—432页。
[2] 沈德潜等:《西湖志纂》卷九,见沈云龙:《中国名山胜迹志丛刊》第二辑,台湾文海出版社1971年,第576页。
[3] 田汝成:《西湖游览志》卷十二,见王国平:《西湖文献集成》第3册,杭州出版社2004年,第142页。

主持杭州大德观等。

（四）明清以来的江南正一派

自宋元时期龙虎山正一派得到官方扶持并主领三山符箓后，其余符箓诸派包括上清派、灵宝派、清微派、净明派等，皆被视为正一派的分支。明清时期，正一派的影响总体上要超过全真派。明初，南京朝天宫是执掌全国道教的道录司公署所在地，正一和全真两派俱受管辖，而朝天宫由正一道士执掌。但朱元璋对正一派也有所抑制，洪武元年（1368），召龙虎山张陵第四十二代孙张正常入朝，以"至尊惟天，岂有师也？"[1]为理由，削去其"天师"之号，改封"真人"。此后"天师"成为民间俗称，官方不再认可，但仍赐银印，秩同二品。洪武五年（1372）又敕令掌天下道教事。

清朝统治者定鼎中原后，起初对道教加以维护，顺治六年（1649）敕命正一真人张应京掌理道箓，赐敕印，掌天下道教事，两年后又允其入京觐见。但从乾隆开始，清王朝对正一派首领的地位一贬再贬，对道教徒的活动一限再限，乾隆四年（1739），"嗣后真人差委法员往各省开坛传度，一概永行禁止"[2]。如果有道士不听禁令擅自传法，一经发现，连张真人也要承担连带责任。两年后，第五十六代天师张遇常真人进京祝寿，鸿胪寺卿梅珏成疏称"道流卑贱，不宜滥厕朝班"，于是停止正一真人的朝觐筵宴成例。再到乾隆十七年（1752），"改正一真人为正五品，不许援例请封"[3]。此后龙虎山张真人的品阶有所恢复，但官方对道教的总体态度是抑制贬降。

明清时期，江南是正一派的最主要传播中心之一，主要流行自宋元以来形成的新符箓派之一神霄派。神霄派始创于北宋江西道士王文卿（一说林灵素为实际创始人），自称其符法出于元始天王诸子之一的高上神霄玉清真王，强调符箓与内丹相融合，因迎合了宋徽宗的需要而迅速风行，传承不绝、支派横出。北宋后期的著名道士张继先、刘混康、林灵素等，皆是神霄雷法的传人。至宋末元初，吴兴（今浙江湖州）人莫起炎成为神霄派

---

[1] 赵翼：《陔余丛考》卷三十四，栾保群等校点，河北人民出版社1990年，第615页。
[2] 刘锦藻：《清朝续文献通考》卷八十九《选举六》，商务印书馆1936年，第8494页。
[3] 赵尔巽等：《清史稿》卷一百十五，中华书局1977年，第3332页。又降品之说，《清朝续文献通考》卷八十九载为乾隆十二年（1747）。

代表人物之一。莫起炎潜心学道，习五雷秘法，曾应元世祖召至京城，奉旨祈雨，雷雨立至。明代名士宋濂撰《元莫月鼎传碑》，称元廷有旨令掌道教事，"月鼎以年耄辞"[1]。后求还江南，寓居玄妙观，有弟子数十人。此后，苏州玄妙观的神霄派延嗣数代，明清时期涌现出不少高道。莫月鼎有再传弟子张善渊，吴地华山人。元世祖时，张善渊携弟子应召入朝，命召鹤祈祷辄应，于是"命为平江道录，住持天庆观"，后改绍兴昭瑞宫、镇江道录，"吴有水旱，必求拯于善渊，皆出而应，未尝失期"。[2]周玄真是元末明初人，从嘉兴至苏州葑门外报恩道院，能以符箓召宿鹤，名所居曰"来鹤轩"，自号鹤林先生。入明后，数次见召于明廷，以祈雨灵验而名著当世，声振朝野。入清后，苏州又出现了以施道渊为创始人的穹窿山派。施道渊是苏州吴县横塘人，早年受戒于全真派名道王常月，后改宗正一派，得龙虎山徐演真授五雷符秘法。施道渊后，弟子仍传承不歇，直到清代中后期。

明清两朝的正一道虽然衰微，但在民间社会中的影响仍然巨大。康熙六年（1667）统计，全国"道士共二万一千二百八十六名"[3]，近僧尼总数的五分之一。且随着清王朝疆域的开拓，一些原来受道教影响薄弱的地区，也陆续建立起道教庙宇。江南地区正一道观林立，民众每逢祈雨求晴、治病祛瘟、消灾免祸，或求发财致富、生男育女、考取功名，都要向各类神灵求助，请道士来做各种法事。正是在这种旺盛的需求中，清代江南地区的道士逐渐成为一种职业，自清代乾嘉年间就已经形成。清代吴人顾震涛就谓当时的道士、和尚与机匠们立桥待雇如出一辙，"道士晨聚富仁坊巷口，和尚晨聚双塔寺前，谓之奔副音（亦作赴应）"[4]。"奔赴应"是散居社会、自行谋生道士的俗称，与看管宫观的道士相对。道教本来是一种宗教信仰，道士以自我修行、救度世人为业，其生活依靠民众施舍或庙产收入，但随着明清道教的衰微，道士不得不通过做法事即"做道场"的形式，向民众提供祈福禳灾、超度亡灵等服务，并收取相关费用，从而维持道士自身的生存。这种情形，历经民国至今，依然盛行于江南民间社会。

---

[1] 宋濂：《宋濂全集》第二册，黄灵庚校点，人民文学出版社2014年，第1070页。
[2] 顾沅纂辑：《玄妙观志》卷三《道流传上》，见龚鹏程、陈廖安：《中华续道藏初辑》第6册，台湾新文丰出版公司1999年影印版，第5页。
[3] 徐珂：《清稗类钞》第四册，中华书局1984年，第1939页。
[4] 顾震涛：《吴门表隐》卷二，甘兰经等校点，江苏古籍出版社1999年，第23页。

至清末民初，道教有所复兴。清末实施新政，鼓励成立各类民间团体和组织，实行自治，这为江南宗教团体的复兴提供了契机。苏州道教界响应号召，也为维护自身利益计，早在光绪年间就在玄妙观成立吴县道教公会，是全国较早成立道教公会组织的地区之一。民国元年（1912）9月，正一派首领、龙虎山第六十二代天师张元旭，在上海和苏州、无锡、松江、嘉定、镇江等地正一庙观的代表，共同发起成立中华民国道教总会，但一直未能真正展开活动。南京国民政府成立后，对道教采取禁止态度，一度还否认龙虎山张天师的合法性。苏州地区的吴县临时行政委员会成立后，宣布取缔道教，引起以苏州道教公会为首的城内道教徒们的集体反对，后吴县临时行政委员会因财政等请求辞职而不了了之。民国二十五年（1936），正一、全真两大派联合在上海成立中华道教会，随即时局发生变化而自行中止。

三、江南地区的知名道士

江南地区历来有着信巫鬼、重淫祠的社会风气。自汉末以来，道教就在这一区域滋生蔓延，有着极其广泛的社会影响，并涌现出一些在中国道教史上都占据重要地位的著名道士。为避免重复，本节择取前文涉及不多的两位高道予以介绍。

（一）坚持夷夏大防——顾欢

顾欢（420—483），字景怡，一字玄平，吴郡盐官（今浙江海宁）人，祖父在东晋隆安年间避乱徙吴地。顾欢笃志好学，少时家贫无力入学，经常在学舍后倚壁听讲，成年后得入雷次宗[1]门下，通晓儒、玄之学。母亲去世后，顾欢连续六七天滴浆不入，又在母亲坟墓旁盖草庐守墓，此后决意隐居不仕，在剡溪边的天台山开馆授徒。齐高帝萧道成称帝不久，受征至京的顾欢自称"山谷臣"，向萧道成提出治国以道德为纲的建议后，请求退归山林。萧道成下诏褒奖，在顾欢东归时又赐麈尾、素琴，说明顾欢此时已经由儒入道。永明元年（483），齐武帝诏征顾欢为太学博士，顾欢仍然谢绝。到晚年，顾欢按道教方式修炼，不与人交往，晨旦出门，山林小鸟常聚集他的掌中啄食。去世前自知时日无多，赋诗言志，后逝于剡

---

[1] 据《宋书》卷九十三《雷次宗传》载，雷次宗生活于南朝刘宋时期，提倡分科教学，对隋唐时期的专科教育起到了直接影响作用，又是庐山东林寺十八高贤之一。

山，享年64岁。

在中国道教史甚至文化史上，顾欢都占据重要地位，这和他持攘佛论有关。汉明帝遣使前往天竺迎摄摩腾回到洛阳，这是汉地有僧侣之开端，但此时佛教的传播刚刚起步，影响不显著。两晋的佛教学者为扩大佛教的影响，仍然借用玄学名词去解释佛教教义。随着佛教在中国的根基日固，与本土文化抵牾日增。东晋南朝时，佛学与儒学间有著名的形神之争，即佛教徒认为形灭神存，而本土儒家学者认为形灭神谢。佛道之间的冲突同样加剧，双方在争夺上层统治者的支持和普通信众的供养方面展开竞争，甚至互相攻讦。西晋时，天师道祭酒王浮与佛教徒帛远争论二教长短，又增益前人诸说作《老子化胡经》，指斥佛教是夷狄之教，流传于老子出关后以夏变夷的社会，自然不适用于华夏民族，引起双方激烈争辩。到南北朝时，佛道之间互相诋毁，争论愈烈。在上述背景下，顾欢专门著《夷夏论》，将佛道之争推到一个高潮。"夷"初指上古东方部族，后泛指中原华夏族之外的少数民族，也可以说是尊奉儒家文化的中原农耕民族对周边游牧民族的蔑称，因为在先秦儒家看来，中原华夏族周边各民族的文化程度相对落后，不谙儒家礼仪，是为夷。顾欢用"夷"指称佛教和佛教徒，实质上借用了儒家的夷夏之辨，具有较为明显的文化层面的民族优越感和排外色彩。

顾欢认为，佛教的服饰、饮食、习俗等都与华夏礼仪显得格格不入，处于尚未完全开化阶段，而道教源出华夏文化，与华夏礼仪并不相悖，因此尽管"佛道齐乎达化"，仍然"而有夷夏之别"。换言之，佛教仅适用于夷邦，坚持"舍华效夷，义将安取"[1]？顾欢的这一反问不乏警示的味道，强调的是奉行夷戎教法将危及华夏文化礼仪。顾欢之论立足夷夏大防，强调民族文化的地域性，迎合了当时对外来文化输入持抵制立场的民族情绪，表现出文化上的保守态度，也得到了不少支持。但是，顾欢其实是假借儒家大旗，来行扬道抑佛之实，并没有真正深入教义层面去分析佛教不适合于汉民族的原因，因此他排佛的理论说服力并不强大。

事实上，顾欢之论不仅遭到很多佛教徒的反对，一些态度开明的士人学者也持反对态度。南齐著名隐士、曾七次谢绝齐武帝征召的明僧绍就撰《正二教论》，强调教化方式不应为华夷所拘，贵贱也不在于礼俗形迹，而

---

[1] 萧子显：《南齐书》卷五十四《顾欢传》，中华书局2000年，第633页。

应该从义理教义方面去探讨佛教是否适合于华夏民族。即便从夷夏观出发，孔子评判夷夏的标准也是文化而非地域，《论语·子罕》载孔子欲居九夷，人或问九夷为陋鄙之地，孔子回答称："君子居之，何陋之有？"孔子的这一旨趣，唐代韩愈一语点破："孔子之作《春秋》也，诸侯用夷礼，则夷之；进于中国，则中国之。"[1]中原华夏族的诸侯如果忽视礼法、遵循夷礼，那就以夷狄看待；进入中原的异族如果倾慕汉族文化、遵循礼法，那就以华夏族看待。故学者认为，"中国传统的'夷夏之辨'包含着开放与封闭的双重内涵"[2]。毕竟，不同民族和社会有着迥异的社会结构和发展道路，无论是内部结构还是外在表现都各具独特性和差异性，民族文化本身就意味着"民族差异和群体特性"，[3]唯其如此，以一种宽容姿态开展文化交流与借鉴才是各民族走向文明的必然之路。

（二）穹窿山派创始人——施道渊

施道渊（？—1678）是明末清初江南道教界的著名道士，字亮生，一作谅生，自号铁竹道人，苏州吴县人，13岁时在阊门外朝真观出家为道士。清初，施道渊筑室于尧峰山，晨夕修炼，历有年所，一日慨叹称自己独居山野处，"饮瀺粮松，自善其身"，却"无纤毫功，非太上旨也"，[4]于是住持穹窿山。又《穹窿山志》载，施道渊住持穹窿山是出于吴地士绅请愿。穹窿山原有三茅真君殿故宫，亦是千年古观，但岁久倾圮，山径榛芜，于是当地士绅敦请施道渊出山。施道渊也"慨然身任"，率二三弟子"辟荆棘而葺茅茨，侣麋鹿而茹藜藿，旦则被露而出，夕而带星而归"，在当地官府乡绅鼎力支持下，不及十年而上真观成，香火鼎盛，号称"东南大道场"[5]。发起士绅之一并为上真观捐出大笔资金的长洲乡绅蒋惟城，也不无自豪地称穹窿之名传遍大江南北。一时之间，吴中道院以穹窿山最盛，穹窿山支派也随之声名显赫，四方征请。按清制，只有极少数官

---

[1] 韩愈：《韩昌黎文集校注》卷一《原道》，马其昶校注、马茂元整理，上海古籍出版社1991年，第17页。
[2] 贾小叶：《1840~1900年间国人"夷夏之辨"观念的演变》，《史学月刊》2007年第10期。
[3] [德]埃利亚斯：《文明的进程：文明的社会起源和心理起源的研究》第一卷，王佩莉译，生活·读书·新知三联书店1998年，第63页。
[4] 顾诒禄：《玄妙观志》卷十《铁竹道人画像记》，见龚鹏程、陈廖安：《中华续道藏初辑》第6册，台湾新文丰出版公司1999年影印版。
[5] 杨右烈：《穹窿山志》卷一《穹窿山上真观记》，见龚鹏程、陈廖安：《中华续道藏初辑》第3册，台湾新文丰出版公司1999年影印版。

观享有优免赋税的特权，上真观就是其中之一。今穹窿山祖师殿存有青石碑《奉宪优免穹窿山上真观斋粮田差徭碑记》，由住持朱守贤于康熙十八年（1679）十月立，碑身高约170厘米，载施道渊曾置吴县、吴江田产约900亩，于康熙十四年（1675）奏准得免各项杂差。施道渊去世后，地方官府要求一体当差纳税，于是道观方面再次提出申请予以优免，得到苏州知府及江南承宣布政司等批准后，特勒石永遵。

不仅如此，施道渊对苏州城中的玄妙观亦有贡献。时玄妙观主殿三清殿年久失修，有坍塌危险，道众无力修复，于是退休在家的内阁大学士、曾任吏部尚书的金之俊上穹窿山邀请施道渊兼任玄妙观方丈，主持修复三清殿。自康熙元年（1662）起，施道渊募金雇人，鸠工庀材先修三清殿，续修雷尊诸殿等，再重建三重弥罗阁，经过努力，玄妙观尽复旧貌，"规模宏整"，且"所费钜万，一钱不私"。[1] 康熙十五年（1676），施道渊应裕亲王之邀主醮京师，公卿折节，但施道渊不耐应酬，醮毕即归。两年后施道渊羽化，清廷裕亲王专为《题施铁竹像》赞。

施道渊是清代正一、全真两派互相融合的典型代表之一，19岁从龙虎山徐演真法官习得五雷法，是神霄派传人，一生也以符箓法术显闻。但他幼时尝遇道士张信符授内炼丹诀，又先从全真龙门派宗师王常月受戒，为龙门派第八代弟子。王常月于清康熙六年（1667）南下入湖州金盖山，"明年秋，姑苏施法师亮生、吕律师守璞来迎"，[2] 说明施道渊与其师王常月关系良好。后施道渊改宗正一，开启盛极一时的穹窿山派。穹窿山派实为正一、全真两派合一，因为施道渊及其传人大都从正一道士学习符法，以五雷秘法闻名，设坛祈雨、治病祛邪，辄有灵验，但施道渊对本派符箓道法鲜有阐扬，在施行道术时又强调要运用内丹心法，还引入全真丛林规制，要求为方丈者须出家住庙、不蓄家室。当然，苏州民间社会中，有不少关于施道渊设斋建醮、祛病禳灾的神异传说，这其实和明清以来正一派的符箓法术具有一定的现实作用因而受到民间百姓欢迎有关，也是明清以来道教更趋世俗化的表现之一。

[1] 李铭皖、谭钧培修，冯桂芬纂：同治《苏州府志》卷一百三十五，见《中国地方志集成·江苏府县志辑》第10册，江苏古籍出版社1991年，第474页。
[2] 李一氓：《藏外道书》第31册，见闵一得：见《金盖心灯》卷二《詹怡阳律师传》，巴蜀书社1992年，第187页。

四、江南道教文化的特点

道教是中国传统文化的重要组成部分。道教对中国社会的影响包括上层、下层两个方面。修道成仙之说主要针对占统治地位的官僚士大夫阶层，他们享有各种政治和经济特权，如何更长久地享受人生正是他们所关注和追求的，因而历代道士都能够在统治阶层中觅到知音，秦皇汉武、唐宗宋祖，还有成吉思汗、明成祖等，无不对道教尊重有加，都期盼道教能够延长自己的生命。以普通民众为主的社会中下层人士中，道教的道德说教、心理慰藉和养生健体功能则发挥着巨大的影响力，多神崇拜、积善承负等宗教观念也广泛植根在民间社会，普通民众把自己无法解决的现实问题诉诸神仙，或者请道士做法事，超度逝者、慰藉生者，获得一种心理上的安慰。道教还不断把一些民间信仰对象，包括地方神异人物和民间俗神都纳入道教神仙的谱系中，使得道教与民俗活动的结合更为紧密，道教和民间社会的联系也进一步强化。自六朝以来，江南地区的经济和社会发展十分迅猛，唐宋以后逐渐成为全国的经济和文化中心。特殊的地理环境和历史文化背景，也使得江南道教文化具有了一些区域性的特点。

第一，和北方道教相比，江南道教更偏重理论建设，尤其是在唐宋以前。作为本土文化的产物，道教的教义和体系确实都不如佛教精深严密，早期道教更成为下层民众反抗官府的宗教武器。从南北朝开始，南北道教共同开始了自我革新之路，在剔除道教中不利于官方统治的内容的同时，更注重道教自身的教义整理和建设。后者尤其以江南道教为代表，葛洪提出的神仙说理论体系，陆修静建立的完整道教斋醮仪式，陶弘景确立的道教神仙谱系和注重个人精、气、神的修炼方式，都使得道教以一种全新的姿态出现在世人面前，得到上至帝王公卿、下至百姓庶民的普遍认可。梁启超就指出，南北方的道教和佛教都一样，"南方自由研究，北方专制盲从"[1]。道教义理的完整和成熟，反过来又吸引了更多文化素质较高的士大夫成为道教信徒。六朝时期，知名高僧皆来自北方，东晋时常驻庐山、俨然成为南方佛教界领袖的慧远就是山西人。而江南道教则不同，绝大多数知名高道都是江东人士。以上清派宗师为例，第一代宗师魏华存是

---

[1] 梁启超：《中国佛法兴衰沿革说略》，见汤志钧、汤仁泽：《梁启超全集》第十集，中国人民大学出版社 2018 年，第 436-437 页。

山东人，在世时为天师道祭酒，后知中原将乱，偕二子渡江，从第二代宗师、吴地句容人杨羲开始，上清宗师几乎是清一色的江南人，而且很多都出身当地士族，如陶弘景出自南朝士族丹阳大姓陶氏。

第二，从历史上看，江南道教与官方的关系可谓紧密，很多知名高道都与官方保持着密切的往来。东晋时期的五斗米道，可以说就是在世家大族的支持下才得到广泛传播的，影响最大的杜子恭一派的杜氏本是钱塘大姓，与琅琊王氏、吴郡陆氏、吴兴沈氏等世族交好，因此在东南士族群体中影响深远，甚至形成了一个与南迁士族相抗衡、以道教为联络纽带的世家大姓群体。东晋南朝时期，道教理论家和学者对江南天师道进行了大力整顿与改造，他们大都得到了朝廷的支持。陆修静于元嘉末年入京师建康，宋文帝慕其道风，邀请入宫说法。宋明帝时，专门在京师北郊天印山筑崇虚馆，成为陆修静整理道教经典、重订道教科律的主要场所。南朝另一位著名道士陶弘景，辞官后归隐茅山，但依然关心时务。时任雍州刺史的萧衍（后为梁武帝）取代南齐前后，与萧衍早年交好的陶弘景令弟子进呈"数处皆成'梁'字"的图谶，梁武帝即位后，恩礼愈笃，"国家每有吉凶征讨大事，无不前以咨询。月中常有数信，时人谓为山中宰相"[1]。南朝以后，茅山宗高道辈出，经常成为帝王的座上客。隋唐时期的茅山宗是道教主流，第十代宗师王远知得隋炀帝敬重，隋炀帝甚至亲执弟子礼，他又与秦王李世民交好；第十一代宗师潘师正弘传茅山经法于北方，得唐高宗礼遇；第十二代宗师司马承祯先后得到唐睿宗、唐玄宗的器重，赏赐甚厚，玄宗还让司马承祯在王屋山自选形胜后起置坛宇；第十三代宗师李含光声名更著，玄宗受三洞经箓时，遥尊李含光为度师，"所以优游句曲，郁为王者之师；出入明庭，特宠肩舆之贵"[2]，这是宗教意义上的"帝师"。宋代茅山宗依然传承不歇。第二十三代宗师朱自英，也曾被宋真宗赐号国师，还为明肃太后（宋真宗皇后）传授道经；第二十五代宗师刘混康，先后得宋哲宗、宋徽宗赏遇，徽宗赐刘混康敕书并诗达70余通。宋元以后，龙虎山正一派成为江南道教的执牛耳者，更是屡屡得到官方的封赏，并代表朝廷主领三山符箓。

---

[1] 李延寿：《南史》卷七十六《陶弘景传》，中华书局2000年，第1268-1269页。
[2] 颜真卿：《有唐茅山元靖先生广陵李君碑铭并序》，见董浩等：《全唐文》卷三百四十，中华书局1983年，第3446页。

江南道教和官方联系密切的原因主要有三个。其一，江南道教本身义理完整，能够吸引一些对道教真正抱有好感并认同道教义理的帝王，如梁武帝、隋炀帝、唐玄宗等。其二，道教追求修炼成仙对上层统治者充满诱惑。自葛洪改革道教后，成仙就成为道教的核心教旨，这对于在世间尽享荣华富贵的帝王公卿来说，诱惑力之大难以抗拒。即便道教发展到后期，成仙之说渺不可求，依然有延年益寿之效，因而为富贵阶层所认同。其三，道教的祈福禳灾有利于官方朝廷维护统治。作为一种宗教，道教同样具有稳定人心、维护秩序的重要作用。如宝正三年（928）三月，77岁的吴越国王钱镠亲自投龙简文于苏州太湖，自称"大道弟子、天下都元帅、尚父、守中书令吴越国王钱镠"，并称吴越国民安俗阜、道泰时康，"特谒诣洞府名山，遍投龙简，恭陈醮谢，上答玄恩"[1]。按道教有投龙大斋，或投金龙，或投玉简，唐宋时在苏州地区颇为流行，皆为祈福免灾，苏州道教圣地林屋洞共出土8条金龙、3枚玉简、3枚金钮等。直到民国时，江南道教仍力图发挥维护社会安定的功能。如1934年夏，苏州地区遭逢数十年不遇的大旱，自5月起，至7月21日才降大雨。其间，苏州城内居民遭遇饮水、食粮、粪便运输三大难题。7月1日起，吴县道教公会举办了一次规模盛大的打醮仪式，历时20余天，每天参加的道众达200余人，并伴有大规模的出关帝会、出猛将会等求雨民俗活动，这在当时的《吴县日报》《苏州明报》等报纸上都有报道。[2]

第三，江南道教从宋元开始，注重实用的特点日益彰显，在民间社会的影响力也不断增加。宋元以后，道教的理论建设乏善可陈，教义义理难以出新，不再像六朝至唐宋时期吸引容纳大量高素质士人加入。与此同时，在生产力相对欠发达的农业社会中，普通民众遇到难以解决的自然灾害和难以解释的自然现象时，也需要来自宗教层面的帮助和慰藉，于是道教所具有的祈福禳灾、驱邪镇煞、祈雨求晴、治病祛瘟、奠祭超度等实用功能，越来越受到民间百姓的欢迎。在这样的背景下，江南道教的理论色彩逐渐淡化，实用功能日益突出，表现为符箓派兴起和道士职业化。

[1] 陈垣：《道家金石略·太湖投龙记》，文物出版社1988年，第198页。
[2] 时国民党吴县党部并不认可，声称解决干旱"必有其正当途径，在今科学昌明时代，决非迷信神力，所可为功"，并反对少数民众"争将泥塑木雕之偶像，焚香点烛，奉迎出巡，锣鼓喧阗，鞭炮齐放"的做法。参见《苏州明报》1934年7月22日《县党部特派员孙丹忱劝告民众：防旱救灾须循正当途径非迷信神力所可为功》。

第十五章　民俗文化

中国幅员辽阔，民族众多，在长期的历史发展过程中，生活于不同地域的民众创造了丰富灿烂、各具特色的地方文化。地方文化的独特性是我们认识中华文化的起点和基础，而这种独特性常常扎根于地方社会的土壤，存活于普通民众的日常世界，深藏在观念和思想意识里；也就是说，体现在地域民俗生活中，并随着时代的变迁缓慢地改变其样貌。以太湖流域为中心的江南社会，风物清嘉，民性温润，崇文尚华，敬祭乐生，从一个重要侧面演绎了璀璨的江南文化。

一、江南民俗之嬗变

与不断变化的政治和经济事件相比，民俗传衍的连续性总是让人在短时期内难以觉察其移易。值得注意的是，"现有的习俗和历史上的习俗，有时看来很相似。但不一定是同样的东西。即使是同样的东西，因为历史条件变了，其间也必有差异"，要之，地域的风俗习惯"都是社会的存在，也都是历史的一部分……研究民俗，也常常要采用历史的解释"。[1] 这样的解释只有联系地域经济社会的显著变迁，以相当长的时段为单位，对黏滞的民俗进行分割，才能显示出其清晰的演变脉络来。对于江南民俗来说，以宋代为界，前后存在明显的差异：宋代之前，鲁朴而渐变；宋代之后，文华而求新。

1. 早期：朴野

这里的早期指六朝之前。先秦时期，越过长江的东南地方，远离京

---

[1] 白寿彝：《民俗学和历史学》，见张紫晨：《民俗学讲演集》，书目文献出版社1986年，第62、67页。

畿，文明程度相对较低，被中原文化视为蛮夷之区，因此，周人泰伯、仲雍南来，被司马迁认为适彼"江蛮"。

直到汉代，江南地区依然采用"火耕水耨"的生产方式："地广人稀，饭稻羹鱼，或火耕而水耨，果隋蠃蛤，不待贾而足，地埶饶食，无饥馑之患，以故呰窳偷生，无积聚而多贫。"[1]"饭稻"，以稻米为主食；"羹鱼"为江南最具特色的饮食民俗之一。两者形成了江南人的饮食口味。"饭稻羹鱼"以鱼米之乡的饮食偏好，表现了蛮夷江南的朴野生活方式。

蛮夷江南在服饰方面的朴野突出表现为断发文身，并延续至春秋时期。《史记》记载"泰伯、仲雍二人乃奔荆蛮，文身断发"[2]，表明他们入乡随俗；在"同气共俗"的越地，《史记》又记："文身断发，披草莱而邑焉。"[3]刘宋裴骃《史记集解》引应劭言：江南土人"常在水中，故断其发，文其身"[4]，解释说，断发文身之习与水乡江南的生产劳作相关。但在中原人眼里，这不免显得朴野，所以《礼记》说："东方曰夷，被发文身。"[5]与断发文身相合的衣襟左掩之式，即"左衽"，同样被中原人看作蛮野。《史记》载："剪发文身，错臂左衽，瓯越之民也。"[6]江南"左衽"，与瓯越同。在《论语》里，孔子称："微管仲，吾其被发左衽矣。"意味着，在主流生活话语中，只有落后的少数民族才会左衽。

最能体现江南民俗朴野气质的莫过于尚武民风。早在春秋时期，"好相攻击""轻死易发"便已成为江南民风的特色。《汉书·地理志》称："吴越之君皆好勇，故其民至今好用剑，轻死易发。"在这种氛围里，出现了一批慷慨悲歌、伏节死难之士。《战国策·魏策》记载，魏国大臣唐雎威胁秦王时提到的专诸和要离便是吴人："夫专诸之刺王僚也，彗星袭月"，"要离之刺庆忌也，苍鹰击于殿上"。专诸之怒，"有万人之气，甚不可当"；要离之愤，"乃自断手足，伏剑而死"。[7]吴越的尚武民风，固然与恶劣的自然和生产条件之下激烈的生存竞争状态有关，同时也是"长期从事血族

---

[1] 司马迁：《史记》卷一百二十九《货殖列传》，中华书局1959年，第3270页。
[2] 司马迁：《史记》卷三十一《吴太伯世家》，中华书局1959年，第1445页。
[3] 司马迁：《史记》卷四十一《越王勾践世家》，中华书局1959年，第1739页。
[4] 司马迁：《史记》卷三十一《吴太伯世家》，中华书局1959年，第1446页。
[5] 李学勤：《礼记正义》，北京大学出版社1999年，第398页。
[6] 司马迁：《史记》卷四十三《赵世家》，中华书局1959年，第1808页。
[7] 赵晔：《吴越春秋》，江苏古籍出版社1986年，第18、33页。

复仇和对外掠夺的战争自然养成"的,而且,这种社会风气并没有随着吴国、越国的灭亡而很快消逝。秦朝末年,项羽率骁勇善战的江东八千子弟,起事于吴中,"叱咤入关中"(李白诗),尚武精神威震一时,残响不绝。秦汉以来,尽管江南地区的政治背景已发生了翻天覆地的变化,但数百年来铸就的心理素质依然如昔。这不仅因为民风具有一定的稳定性和持续性,还与江南远离北方政治中心,经济、文化相对处于停滞状态有关。尤其是三国鼎立时期,偏处一隅的孙吴政权,实力与敌国相差悬殊,不能不以武立国,从而使江南地区固有的尚武精神蔚成风气。[1]

2. 中古:趋文

早期以尚武民风为重要特征的江南民俗,从东晋后期开始发生变化,日益趋于文雅。这一过程历经数百年,至宋代方告完成。

《颜氏家训》记南朝江南风俗:"南间贫素,皆事外饰,车乘衣服,必贵齐整。"[2]一改蛮野之气。《隋书·地理志》对包括皖南宁绍在内的江南民俗评价甚高:"其人君子尚礼,庸庶敦庞,故风俗澄清,而道教隆洽,亦其风气所尚也。"[3]可见,当时趋文程度已经非常明显。

随着文明开化程度的提高,江南清嘉风物受到人们的关注。以饮食为例,"东南之人食水产,西北之人食陆畜"[4],以风土使然,本不足怪,但发展稍后地区的食俗,常常受到歧视。西晋吴郡文学家陆机在洛阳为官,有一次去拜访太原人王武子。王指着跟前摆放的数斛羊奶酪,问陆机:"你们江南有什么名菜能与此相比呢?"陆机说:"有千里莼羹,但未下盐豉耳!"意思是,江南的莼羹非常美味,只是最后要加上盐豉调和煮熬。[5]对江东有此美食颇感自豪。与陆机差不多同一时期的同乡张翰,见秋风起,乃思故乡菰菜、莼羹、鲈鱼脍,曰:"人生贵得适志,何能羁宦数千里以要名爵乎?"遂命驾而归。几种美食竟使张翰去高官而不稍恋,可见江南人物的心气。

盛唐之后,茶饮在中国开始普及,尤其是在陆羽《茶经》问世之后,饮茶很快成为一种社会风尚。陆羽及其《茶经》对于江南具有特殊的意

---

[1] 曹文柱:《六朝时期江南社会风气的变迁》,《历史研究》1988年第2期。
[2] 颜之推:《颜氏家训》,中华书局2014年,第45页。
[3] 魏徵、令狐德棻:《隋书》卷三十一《地理志》,中华书局1973年,第887页。
[4] 张华:《博物志》,中华书局1985年,第20页。
[5] 梁实秋:《雅舍谈吃》,四川人民出版社2017年,第221页。

义。他在湖北茶区跟随僧人种茶和制茶,最终在太湖茶乡苕溪找到人生的归宿。《茶经》首云:"茶者,南方之嘉木也。"事实上,两晋南北朝时期,太湖周边的乌程和阳羡之区种茶已闻名遐迩。只有风物清嘉的太湖流域,才会造就出陆羽的《茶经》;也只有在这里,以《茶经》为理论的茶道才会慢慢渗入地域社会生活;并且也只有在这里,茶道的玄关妙理才能成为民众生活的素常用度。所谓日常茶道,在江南,除了普通人家"开门七件事(柴米油盐酱醋茶)"之茶事外,还包括孵茶馆。孵茶馆成了江南闲逸生活的表征。

中古江南民俗不断趋文的变化,有其深刻的社会背景。首先,社会经济的快速发展改变了江南的社会结构,使残余的氏族制度失去了生存的土壤。自东汉末年开始,大批北方人民为避战乱而南下,带来了先进的生产技术,尤其经孙吴及南朝各代的开发,江南经济一改往昔地广人稀的局面,渐居全国发达之区。其次,随北人南来的北方先进文化,涵化了江南人的性格。唐杜佑《通典》谓:"永嘉之后,帝室东迁,衣冠避难多所萃止,艺文儒术斯之为盛,今虽闾阎贱品,处力役之际,吟咏不辍。"[1]再者,东晋南朝以后,江南尚佛之风渐盛,佞佛者相信因果报应,暗示可以获得人生的苦难解脱,这在某种意义上改变了江南人的心理结构,暴戾的行为被"多儒学,喜信施"之风取代。最后,安定的社会环境逐渐消靡了江南尚武精神。六朝时期,中原地区战乱不断,而江南则处于相对安定的状态。长期安定的和平环境软化了江南的蛮野民俗,使之向崇文重道方面转化。[2]

3. 近世:尚华

明清时期经济社会的繁荣引发了江南社会民俗的尚华之风。明代松江人何良俊说:"年来风俗之薄,大率起于苏州,波及松江。二郡接壤,习气近也。"尚华的风气至万历年间已经非常明显,并愈演愈烈,直到清前期依然如此。康熙《吴江县志》称,明初"习尚俭素……百年后,人始尚文乐仕,而俭素之习因而渐移。迩来弥甚,厌故常而喜新说,好品藻而善讥

---

[1] 杜佑:《通典·风俗》,中华书局1992年,第4580页。
[2] 王卫平:《从尚武到尚文——吴地民风嬗变研究之一》,《苏州大学学报(哲学社会科学版)》1992年第3期。

评,淳庞之气鲜有存者"[1]。近代江南社会的尚华风俗主要表现为如下数端:

其一,奢华之风弥漫。对此,王卫平曾作专文,从衣、食、住、游以及婚丧喜庆、赌博士等诸多方面,进行了详细展示。他指出:"明清太湖地区的奢靡风气与传统封建社会的病态高消费行为有所区别,它是在特定时期(资本主义萌芽产生时期)和特定地域(商品经济最为发达地区)首先出现的,因而带有明显的特征。一方面,它与商品经济的高度发展有关;另一方面,它表现为社会各阶层的普遍参与,因此,它的积极作用也是显而易见的。"[2]具体地说,奢华之风对于解决城市失业人口问题,对于传统伦理道德观念的冲击,对于手工艺特色产品的刺激等,都具有很重要的意义。总之,奢华之风"间接地推动了资本主义萌芽的发生和发展"。

其二,从商风气日趋浓厚。明清时期的江南,发达的商品经济逐渐改变了传统社会奉行不辍的重农抑商思想,形成了重商风气,也在无形中改变了人们的择业观。生活于清乾嘉时期的苏州人沈复,秉承父意,初以游幕为生,却不以此为"快事",一直徘徊在幕业与从商之间。乾隆五十三年(1788),他在绩溪幕府中,"见热闹场中卑鄙之状不堪入目,因易儒为贾"。乾隆五十八年(1793),沈复与诸友人集资作本,往岭南经商。嘉庆五年(1800),将儿子逢森托友人转荐学习贸易。[3]为官、习幕、从商,父辈、同辈、子辈,从沈家人的经历可见,乾隆盛世的江南人,尤其是中产之家的财富观和择业观已逐渐趋于多元化。这是因为:"由于在18世纪有更多致富的机会,所以精英的范围也在扩大,包括了文人、商人和富裕的地主,其人数无疑在增加,且在人口总数中的比例也在提高……人们对体面职业的看法有所扩展。由于科举功名和官府职位很不容易得到,

---

[1] 郭琇修,屈运隆撰:康熙《吴江县志》卷十三"风俗",康熙二十四年(1685)刻本,苏州博物馆藏。

[2] 王卫平:《明清时期太湖地区的奢侈风气及其评价——吴地民风的嬗变研究之四》,《学术月刊》1994年第2期。

[3] 参见小田:《盛世日常:〈浮生六记〉所见江南社会》,《苏州大学学报(哲学社会科学版)》2020年第5期。

所以不再被看作是唯一公认获得成就的标准。"[1]

这一变化从清康熙时苏州东山诗礼之家的《吴氏家训》中亦可见端倪："人生会当有业……农桑本务，商贾末业，书算医伎，皆可食力资身。人有常艺，则富不暇为非，贫不至失节。男子贤愚不齐，士农工商各安其业，无忝祖先已矣！"[2]在这里，虽说仍持农本商末之说，但从社会行业结构的角度看，已充分肯定了其他非农技艺的合理性，并将这些行业视为"常艺"。这无疑开阔了耕读传家者的传统眼界，开了近代择业观之先声。

其三，拜金思潮风行。与奢华和重商相表里的拜金思潮，在江南社会风行一时。人们争言财利，利欲横流，势必导致拜金思潮蔓延，并渗透到社会生活的各个方面。在传统社会里，"士之子恒为士，商之子恒为商"，商人的地位低下，列于四民之末，人们耻与来往。而到了明清时期，在拜金思潮的影响下，出现了"满路尊商贾，穷愁独缙绅"的情况，连一向清高的士大夫亦折节下交："昔士大夫以德望为重，乡里富人，羞与为伍，有攀附者必峻绝之。今人崇高财货，贿拥资厚者，反屈体降志，或订忘形之交，或结婚姻之雅，而窥其处心积虑，不过利我财耳，遂使此辈忘其本来，足高气扬，傲然自得。"[3]婚嫁论财突出表现了江南社会的拜金思潮。康熙时江苏昆山龚炜称："吴俗风气日下，男计奁资，女索聘财，甚有写定草帖，然后缔姻者，于是礼书竟同文券，亵甚矣。"[4]

近世江南民俗的尚华，是南北经济中心转移的产物。至宋代，江南社会富庶而发达，南宋时出现了"上有天堂，下有苏杭"的俗语。明中叶以来，江南经济社会进入了高速的增长时期。具有经济理性的农民积极从事桑树、棉花等经济作物的种植，以及生丝、丝绸和棉布业的手工业生产，以此获取更高的经济收益，农产品商品化程度不断加深，多层次商品市场非常活跃。广阔的海外市场增加了对丝绸和棉布的需求，进一步刺激了江

---

[1] [美]韩书瑞、罗友枝：《十八世纪中国社会》，陈仲丹译，江苏人民出版社2009年，第123页。
[2] 吴之宪纂修：(苏州)《武山吴氏族谱》，康熙十八年木活字本，见王卫平、李学如：《苏州家训选编》，苏州大学出版社2016年，第27页。
[3] 转引自王卫平：《明清苏州社会风尚的变迁——吴地民风嬗变研究之二》，《历史教学问题》1993年第4期。
[4] 龚炜：《巢林笔谈》卷三，中华书局1981年，第56页。

南社会的发展。作为江南经济中心的苏州成为全国最为繁华的城市,中国文化进入苏州时代。

4. 近代以降:求新

19世纪60年代之后,中国经济社会的发展被纳入资本主义世界体系,江南社会经历了全方位、根本性的改变。既是全方位的改变,民俗自然也包括在内;所谓根本性的变化,表明这种改变涉及社会性质。因此,近代以降,江南民俗的异变突出表现为求新,而这种新变,一部分体现为与传统专制制度的对立,同时体现为对近代西方社会生活的崇尚。

"农业工具的创造和发展是农业生产习俗的重要内容。"[1]从19世纪末开始,西方的一些改良农机具开始传入中国。如20世纪20年代,江苏就在全国范围内最早使用抽水机,其中,尤以无锡、常州等地使用得较早较多。据调查,无锡是全国使用机器戽水最普遍的县,该县有两个村的机器戽水占到灌溉面积的76%,这是全国最高水平的记载。[2]如果以农具的使用作为农业生产习俗发展阶段的标志,那么,近代江南已经从木与金属的复合工具阶段向半机械化、机械化过渡。

服饰的变化最为显著,而剪除发辫具有向旧制度革命的意义。民国元年(1912),江南地方政府谆劝民众剪辫,但千百年来养成的陋习,自非一朝所能革除。在民国社会氛围中,时间一长,留辫之习渐至消失。女子发饰开始富有近代生活气息。民初,苏州女子髻尚新奇,流行之新髻有燕尾、蝴蝶、三星、双龙、螺旋、高丽、倒垂鸳鸯等,不一而足;女子健步,"不尚婀娜之致"[3]。衣饰的改变令人眼花缭乱。苏州新派人士的装束令人咋舌:"绸伞高攀足踏革履之女界学生华丽煞","马鞭高挥身穿军服之将弁人材气焰煞","草帽高戴口衔雪茄之少年学生时髦煞","襟褂白兰嬉游道旁之浮荡子弟顽皮煞"。[4]苏州振华女校校长王谢长达(1848—1934),于光绪二十七年(1901)发起成立"放足会",自任总理,将放足方法印成"说帖",至四乡及邻近省县广为宣传,倡导妇女放足。在吴江盛泽,"三寸金莲"的小脚,至20世纪20年代已变成"六寸圆庐"了。[5]

---

[1] 乌丙安:《中国民俗学》,辽宁大学出版社1985年,第57页。
[2] 章有义:《中国近代农业史资料》第3辑,生活·读书·新知三联书店1957年,第876页。
[3] 段本洛:《苏州手工业史》,江苏古籍出版社1986年,第252页。
[4] 《苏州之七煞》,《时报》1912年8月20日。
[5] 马良佐:《我为女同胞叫曲》,《新盛泽》1926年3月11日。

天足之风一盛，女子模仿西洋妇女，"都穿起高跟尖头的皮鞋来了"。中产阶级的姑娘更时髦一点，效法当时西方女子，赤足穿起平底圆头鞋。[1]

清末民初，江南社会中的一部分新进知识分子开始采用文明结婚礼仪。这种婚礼充分尊重男女当事人的意见，而不再像传统上只是听命于父母之命、媒妁之言，反映了人们对自由平等的时代精神的追求。文明结婚备有证书，由证婚人在婚礼上宣读，来宾共唱文明结婚歌。20世纪20年代在吴江黎里，人们觉得文明结婚还不够文明，提倡采取更新式的方式：结婚的时候，邀集男女两家至亲好友，在公共场所，开一个茶话会，由有学问的名人演讲结婚的意义。仪式结束后，新郎新娘游历名山大川，或通都大邑，增长见识，涵泳爱情。最好是组织小家庭，废除拜跪和一切无谓的礼节。[2]

信仰民俗也发生改变。1923年，吴江盛泽中元节赛会期间，东社庙内陈列各种名花异卉，游人歌唱名曲，对吟山歌。有人甚至提倡取法美国之华盛顿纪念会、南洋嘉年华会，"扮演新奇，暗寓讽劝"[3]。1924年吴江双杨会期间，上演了多种传统和现代戏剧，展现养蚕织绸的生活场景，还借绸业公所举办手工业品展览会。[4] 可以看出，随着时代的进步，昔日信仰民俗正日渐徒具形式，为新的内容所替代。

综上，近代以降，江南社会民俗的变化醒目而迅速，人们把这种新变笼统地概括为"洋气"：在1926年的江南人中，"从京里来，自有一番京话，从上海来，自有一番海话，把听的人如坠五里雾中……洋来洋去，足见一个洋字很时髦。"这种洋气，反映了数十年间西风东渐，江南社会对近代生活方式的追求："世界的动向不管是在巴黎或是在英伦，只要发生了能够波到中国来，江南人的生活，马上就有了一个适应；而且他们的适应，是具着创造的模仿，造成独立思考的风尚……江南人民一部分的生活，是紧张的，进步的，新陈代谢的。"[5]

---

[1] 尉南：《足》，《新盛泽》1925年9月1日。
[2] 亚子：《婚姻改良说》，《新黎里》1923年5月6日。
[3] 蘧：《赛会小言》，《新盛泽》1923年9月11日。
[4] 周德华：《双杨会》，《吴江文史资料》第7辑1988年，第186页。
[5] 刘翔：《江南社会的解剖与再造》，《新运月刊》1936年第34期。

二、江南民俗举偶

1. 苏州水乡妇女妆饰

直至20世纪50年代,苏州东乡的劳作妇女还保持着独特的妆饰,为鱼米之乡的物质生活方式提供了历史见证。这种妆饰从头到脚,各具特色。

三角头巾,水乡人称它"包头",是一块包裹头部的布巾。中青年妇女的包头用两色或三色布料拼接而成。它的主体部分呈长方形,用黑色或青色布做成;两侧部分以白色、浅蓝、翠蓝等不同颜色的布料拼制,呈三角形,故称"三角头巾"。整个一块包头,样式呈30度梯形状。在包头的边缘用异色布绲边,或彩线锁边,在下端绣出花朵。梯形上端两角另缝两根布带,有时还挂着两个鲜艳的绒球,走路时,绒球在发髻前的头顶上左右晃悠,煞是俏丽。年龄不同,包头稍有差异。老年妇女的包头,多用单色的深蓝或黑色布料做成,色彩对比不鲜明,也不绣花,显得古朴、简洁。

水乡包头完全是妇女为方便劳作而自创的发明。插秧弯腰垂头,头发容易被风吹起,遮住双眼,沾满泥水的双手又不方便撩开,此时包头可以起到挡风护发的作用;在烈日下劳作,包头让人免受炙烤之苦;在收割、脱粒时,包头能保护头发和头颈不受草屑和灰尘的污染;冬天,包头实际上起到帽子的作用。

水乡妇女的上衣中,肚兜最有特色。水乡妇女的肚兜呈正方形,对角使用,凹弧形领窝,再贴上异色布,绣上花卉图案。领部两边钉纽襻,连结绒丝带或银链条,套于颈项;左右两角系有带子,绾结在背后。肚兜是贴身内衣,是清代才有的名称。清代太仓人顾张思《土风录》按言:"今谓之肚兜,妇女所带,亦谓之抹胸。"[1]吴地妇女一年四季都有戴肚兜的习惯,尤其在炎炎夏日田间劳作时,透风、凉爽;晚间纳凉时戴个肚兜,既文明,又美观。包天笑介绍说:"江浙两省的乡村妇女,全数是不缠足的,所以她们和男人一样赤脚下田,视为常事。到了夏天,男人赤裸上

---

[1] 顾张思:《土风录》,上海古籍出版社2015年,第41页。

身，女人到底不好裸体的，但年老的妇女，往往只穿一马甲。"[1]这"马甲"即肚兜，天然而不雕饰。

水乡女子的鞋，最亮丽的莫过于绣花鞋。绣花鞋的主要特色是，一双布鞋被赋予了各种美好的生活寓意。旧时，苏州甪直新娘的花鞋有三套：婚礼上穿"玉堂富贵"鞋，绣有玉兰、海棠、芙蓉和桂花等花纹；新婚期间穿"福寿齐眉"鞋，上绣蝙蝠、双桃、荸荠、梅花等图案；另有一套"梅兰竹菊"鞋，交替着穿。三套花鞋都绣有"万年青"纹样，祝福夫妻百年好合、白头偕老。[2]中年女子的鞋多绣有梅花和荷花，因为梅花风姿高雅，而荷花品格高洁，以这样的图案表示中年女子的雅洁、逊让。70岁以上的老年妇女穿"年年增福寿""来世称心""寿山福海"等图案的绣花鞋为多。"年年增福寿"图案，由荷花、桃子、蝙蝠、榛子、万年青等组成：桃子寓长寿之意，蝙蝠谐"福"音，榛子谐"增"音，万年青表示"年复一年"，以此祝福老人家长寿。

水乡特色浓郁的妆饰千百年来为村妇们所喜爱。这是吴地劳动人民的创造，它曾经适应了稻作农业的需要，反映了日常审美情趣，它的拼接绣缝技艺，为我们展现了一种独特的视觉艺术，充分体现了人类文化的多样性。

2. "水八仙"

水乡江南，珍馐美馔数不胜数，真正能够体现水乡特色的是水生菜肴。就水生蔬菜而言，吴地就有"水八仙"之说，包括茭白、莲藕、水芹、芡实、茨菰、荸荠、莼菜、菱角等八种。其中，莼菜、茭白和芡实最受吴人偏爱。

莼菜多生于南方湖泽中，"惟吴江城东庞山湖所产紫背丝细瘦，与他处白背丝粗肥者，风味有别"[3]。清明前后，莼菜嫩茎生叶，细如女子头钗时，采食最宜。吴地濒临太湖诸乡，每值春仲清晨，呼卖莼菜声悠扬相接。叶圣陶描述道："莼菜本身没有味道，味道全在于好的汤。但是嫩绿的颜色与丰富的诗意，无味之味真足令人心醉。在每条街旁的小河里，石

---

[1] 包天笑：《衣食住行的百年变迁》，苏州市政协文史编辑室编印，第53页。按：包天笑的这本著述登载于香港《新晚报》1973年7月5日到10月6日。
[2]《甪直镇志》编纂委员会：《甪直镇志》，文汇出版社2013年，第671页。
[3] 范烟桥：《茶烟歇》，中孚书局1944年，第172页。

埠头总歇着一两条没篷的船,满舱盛着莼菜,是从太湖里捞来的。取得这样方便,当然能日餐一碗了。"[1]

茭白,雅称菰菜,江南所产的一种水生植物。李时珍《本草纲目》云:"江南人呼菰为茭,以其根交结也。"人们所食,就是它的根茎,在水的滋润下,出落如白玉,入菜则鲜脆甘香。清代美食家李渔说,蔬食之美,一则在清,一则在洁,茭白兼而有之,自是美不胜收。当茭白抽出水面,层层翠绿的叶鞘有如剑棱,望之森然;剥开外裹的叶衣,露出其中的茎干,肉白如白玉、似薄冰,鲜嫩水灵,清爽可人。起初,农人把茭白当作粮食充饥,特别是在荒年,[2]后来成为水乡江南的家常菜蔬,乡人常常以它就着圆润如珠的白米饭吃,个中的美味,有谁能解?"稻饭似珠菰似玉,老农此味有谁知"[3],作为田园诗人的江南陆放翁自然是心怡神会了。

芡实,一年生水生草本植物,苏州人俗称"鸡头米",因为芡实在未剥开前,外形像鸡冠。此物虽于中国南北各地都有分布,但在遍布池塘、湖沼的江南尤为多见。范烟桥《茶烟歇》介绍说:"鸡头有厚壳,须剥去之,乃有软温之粒,银瓯浮玉,碧浪沉珠,微度清香,雅有甜味,固天堂间绝妙食品也。"[4]芡实采收时间为9月中下旬,因此,在苏州桂花飘香的时节,普通人家一字排开,竞剥"鸡头米"成为一道独特的地方风景。

羁旅异乡的儿女,一旦吃到这些水生仙品,极易牵惹乡愁。前文提及的西晋文学家吴人张翰,在洛阳为官多年后,忽而念起家来。《晋书·张翰传》载:张翰见秋风起,乃思吴中菰菜和莼羹,曰:"人生贵得适志,何能羁宦数千里以要名爵乎?"遂命驾而归。吴地的水生菜肴分明寄寓着水乡儿女对自然生态的敬畏之心,对自然馈赠的感恩之心,对自然时序的顺应之道,对辛勤劳作的充分尊重,对精细生活的不懈追求,而所有这一切,就是对吴地风物的寄情。

3. 孵茶馆

盛唐之后,茶饮在中国开始普及,尤其是陆羽《茶经》问世之后,饮

---

[1] 叶圣陶:《藕与莼菜》,见叶至善等编:《叶圣陶集》第5卷,江苏教育出版社1998年,第68页。
[2] 江力群:《郭巷茭白》,见吴县县委宣传部等:《吴中物萃》1988年内部资料,第78页。
[3] 钱仲联、陈桂声校注:《陆游全集校注》,浙江教育出版社2011年,第54页。
[4] 范烟桥:《茶烟歇》,中孚书局1944年,第127页。

茶很快成为一种社会风尚。在吴地,这种风尚除了普通人家"开门七件事"(柴米油盐酱醋茶)之茶事外,也包括孵茶馆。

交流信息是茶馆社交的主要内容之一。在20世纪40年代,"喝茶是苏州人社交上第一件要事,每天早上九至十时,下午四至五时是各界人士不用通知的默契的集会时间。试以最大的吴苑来例罢,到那集会时间,前后各厅各棚,楼上楼下,走廊过道,都挤满了茶客"[1]。商人坐茶馆很大程度上是为了了解商业信息。茶馆聚合了不同行业的社会角色,所谓"往来三教九流客,进出五湖四海人"。商业信息往往在这里汇聚。蚕茧上市、茧行开秤的时节,茧价就是茶馆里的中心议题。吴县洞庭西山盛产梅子,每到梅子上市季节,桥堍下那爿茶馆里,已坐满了一屋子乡下人,悠闲地喝着茶,高谈阔论一些山地货行市、农村新闻。[2] 市镇茶馆因此而产生了集聚效益。

悠闲啜茶的乡人最感兴趣的是共同体新闻。在乡村茶馆中,虽间或涉及诸如孙中山先生的民生主义、天下为公、琴棋书画等高雅话题,是为清谈,但更多的还是家长里短、琐事日常。茶馆里的这些新闻被昆山千灯人称为"百鸟声",所谓"听了茶馆百鸟声,百样戏文也呒劲","一日不听百鸟声,拿起铁锹呒精神",可见,茶客们对茶馆新闻已产生了精神依赖。[3] 这种依赖,并不是对信息本身的依赖,因为他们都知道,茶馆里异闻奇事,可信可不信。真正依赖的,是茶馆中的交流氛围,它可以暂时转移乡人们平日里的辛劳和单调情绪,使其在精神上倍感轻松愉悦,是为休闲。

清中叶以来,吴地茶馆休闲的主要方式是听评弹。评弹与茶馆相伴而生,一边喝茶,一边听书,再休闲不过了。苏州人说,除戏剧外,苏州最流行的是说书。[4] 书场一般设在茶馆里。在号称"江南第一书码头"的常熟,茶馆大都兼作书场。民国之后,苏州的书场如雨后春笋般涌现。1937年前在吴县浒墅关的南津苑茶馆,每日下午、晚间有两场评弹演出,听客500余人。[5] 有学者研究指出,民国时期苏州城区先后存在过的比

---

[1] 赵少林:《苏州的业余生活》,《民众生活》1930年第1卷第8号。
[2] 方舟:《山地货行》,《申报》1936年6月9日。
[3] 顾雨时:《千灯纪韵》,江苏人民出版社2008年,第63页。
[4] 包天笑:《钏影楼回忆录》,中国大百科全书出版社2009年,第45页。
[5] 殷岩星、莫节根:《史说浒墅关》,现代出版社2009年,第112页。

较大的茶馆书场达170家之多。[1] 茶馆里喝茶听书成为吴地百姓最主要的休闲方式,说书先生也因而受到特别的尊敬:"他们通过卓有成效的历史和道德知识的传播,在不经意间薪传着我们民族的文化传统。"[2]

晚清以来,随着城乡生活的现代推进,茶馆的许多功能逐渐被其他方式所取代。社会新闻、商业资讯的传播,邻里纠纷的解决,等等,已经不再依赖茶馆了,但是,这就是吴地水乡人曾经选择的生活方式。

4. 蚕俗

太湖地区的气候特别适于蚕桑的饲养与种植。"靠着太湖附近的各县,生长的蚕最多"[3],有"蚕家多半太湖滨"之说。在传统时代,蚕农凭经验养蚕,收成不稳定。祈盼蚕业丰收成为他们念兹在兹的事情,"近吴风俗半蚕桑",于是便有了种种蚕俗。

从"窝种"开始,乡农们即使平日最要好的,也不往来了。外人来,冲了蚕神可不是闹着玩的! 他们至多在稻场上低声交谈一两句就走开。[4] 这是个神圣而神秘的季节,地方志里称为"蚕月":家家闭户,即便邻居戚族,亦不相往来,谓之"蚕关门"。直至作茧之后,方可开放。若质诸村女,则曰:"蚕性颇怪,切忌撞破,苟任生客猝入蚕室,往往停不食叶,或成僵毙。"[5] 遇有不速之客冒昧上门,吴县西部人家,主人会取一束稻草扔到门外,以示丢了晦气;宜兴蚕月里家里焚香,不让戴孝的或有病的人来串门,说是蚕有蚕神,须小心翼翼地侍候。[6] 关门养蚕,一方面使田家可以专心致志,另一方面减少人际往来,客观上也防止了蚕病的传染蔓延,是一种养蚕的老经验。

在蚕月里,乡人讲话时的禁忌特别多,生怕得罪了冥冥中的神灵,造成损失。如见到死蚕,悄悄拣出扔掉,不能说"死"字;"生姜"因为与"僵尸"谐音,不能说;"完了"有完蛋的意思,所以吃好饭只能说"吃好了",不能说"吃完了";酱油呈赤褐色,是蚕生病时的病态,不能说,改

---

[1] 吴琛瑜:《晚清以来苏州评弹与苏州社会:以书场为中心的研究》,上海人民出版社2010年,第56页。按:这里的统计包括了苏城周边的木渎、枫桥、浒关等镇。
[2] 金曾豪:《蓝调江南》,古吴轩出版社2003年,第17页。
[3] 王冰:《中国的茶和丝》,文通书局1948年,第22页。
[4] 茅盾:《春蚕》,《现代》1932年第2卷第1期。
[5] 鸡冠:《蚕娘新语》,《申报》1931年4月30日。
[6] 吴冠中:《永无坦途:吴冠中自述》,湖南美术出版社2015年,第10页。

称"赤辣子"。清代桐乡濮院人陈梓《养蚕词》说:"掘笋不叫笋,叫笋蚕要损;吃姜勿唤姜,唤姜蚕要僵。"[1]凡此种种,都是这个意思。

蚕禁的态度有些消极,更为积极的态度是占卜和祈求。上元之夜,宋人杨万里在形如茧丝的粉米饭中藏置吉语,以占一岁之祸福,谓之"茧卜":"儿女炊玉作茧丝,中藏吉语默有祈。小儿祝身取官早,小女只求蚕事好……心知茧卜未必然,醉中得卜喜欲癫。"既称茧卜,主要是占验蚕事。专门祈求蚕事丰稔称为"祈蚕"。太湖诸山村民,多以蚕桑为业。四月蚕忙中,"比户壶醪豆肉,争向神祠叠鼓祈蚕。巫讴杂进,杯珓占年,小姑拈香默祝,童子舞柘跳踉,笑语喧哗,日斜人散"[2]。在传统时代,对于这样的祈祷,蚕农特别是老年妇女是十分认真的。1937年在无锡春天香汛中,老妪会在提前一天的晚上,赶到娘娘庙"坐夜"。有人问她们:"坐一夜,不疲乏吗?"她们"似乎听不懂"这种问话,"睁着两眼呆望着"。无锡当地人解释道:"她们是整夜念佛的,这样才能表示她们的虔诚,娘娘菩萨才会特别好待她,保佑她的蚕宝宝好。"[3]

即使如此小心翼翼,还是不能确保好年成。民国以降,政府和科研院所等提倡并帮助蚕农进行科学养蚕,取得很大实效。科学的力量渐渐使许多蚕俗淡出了人们的生活,成为传统时代的地域记忆。

5. 迎赛猛将

江南迎赛猛将为奉祭一位驱蝗的神明,号称刘猛将。在地方文献中,神的原型刘姓,宋代抗金名将,相传,其死后在江淮间显灵驱蝗,于南宋景定四年(1263)被敕封为"扬威侯天曹猛将";清政府改变原型,把顺帝时镇守江西的名将刘承忠作为"驱蝗正神刘猛将军",列入官方祀典。[4]在苏州西南的太湖沿岸乡村,猛将赛会丛生成片,而以东山为盛。元旦日,乡人奉猛将出巡,谓之"贺年";正月初六巡湖滨,听村人肩扛而逛,曰"逛会";初九日,前山各村猛将集合塘子岭上,举行"抢会";十三日致祭猛将神,俗呼"满算";六月二十四日雷祖诞,进香于蓊山庙,人们抬刘猛将前往,登舟赏荷。最让人期待的是正月初八的潦里提灯会。相

---

[1] 刘文、凌冬梅:《嘉兴蚕桑史》,浙江工商大学出版社2013年,第92页。
[2] 袁景澜:《吴郡岁华纪丽》,江苏古籍出版社1998年,第30、142页。
[3] 寄洪:《无锡蚕丝业中的劳动妇女》,《妇女生活》1937年第4卷第7期。
[4] 陈正祥:《中国文化地理》,生活·读书·新知三联书店1983年,第50-57页。

传，某年初八晚上，潦里农民抗租，提灯来太湖厅请愿，史称"潦反"。[1] 自此以后，人们每年赛会以纪念这次抗租运动，甚至不少人直接把猛将会称为"出潦反"[2]。每年的初八晚上，"以潦里人前导，擎一杏黄飞虎旗为指麾，绣旗一举，升神椅疾冲下岭……时则万头攒动，人声鼎沸，足步雷鸣，势如潮涌"[3]。当晚，人们提灯周游全山，各村猛将堂前灯烛辉煌，旗杆上点燃塔灯。

在毗邻东山的香山，"各村集均供奉刘猛将神像，为其能驱蝗也。正月赛祀最为热烈，夜间锣鼓喧闹，各村舁神赴宴"；在光福，中元前后的猛将会"村村有之，农人报以驱蝗之功也"[4]。西华大王庙、猛将神庙，每届春间，农民例有集资演戏酬待大王之举，近邻之红男绿女，扶老携幼，群往看戏，远如光福、香山、金墅、东渚各乡亦有扁舟一叶，到西华看戏者。[5]

以善人桥为中心的穹窿老会，就是在上述各个"子会"的基础上形成的猛将总会："会中偶像相传为总猛将，各地猛将皆属其管辖，故乡民尊之崇之。"穹窿老会越7年举行一次，每次消耗非一般庙会可比，以1934年为例，"单就马匹一项而论，为数有二百余匹之多，远由昆山、无锡、太仓等处雇来。其他如臂锣、臂香、台阁等等，亦莫不应有尽有。仪仗长可五六里"。届时，40个村子四五千人参加，"农辍于野，商怠于市，万人空巷，争先快睹；费时计三日"。穹窿老会有固定的行会路线：第一日走善人桥，第二日走木渎，第三日走香山，仪仗所经，户户烧香，至为虔诚。出会的意旨贯穿此间，"祈求保境安民，冀在此七年内风调雨顺"。[6]

猛将赛会让人们体察到农民的恐慌和无助心理。当天气亢旱，蝗灾发生时，一群蝗虫，"飞则俱飞，歇则俱歇，有时飞过空中而不歇下，有时一群歇下，田苗立尽，有时虽歇下而秋毫无犯"。农民缺乏蝗虫"合群"或

---

[1] 杜歌：《东山出会汛》，《莫厘风》1947年第8期。
[2] 于麂：《"潦反"颂》，《莫厘风》1947年第8期。
[3] 洞庭东山旅沪同乡会：《乡志类稿》1944年11月，第314页。
[4] 参见小田：《在神圣与凡俗之间——江南庙会论考》，人民出版社2002年，第310页。
[5] 《演剧酬神之冷寂》，《苏州明报》1926年2月20日；《西华节场之热闹》，《苏州明报》1926年2月18日。
[6] 王洁人、朱孟乐：《善人桥真面目》，吴县善人桥农村改进委员会印行1935年，第35页。按：文中有关穹窿老会的内容叙述，未注明出处者源于此，后不赘。

"封口"的常识，便"以为是神明彰善瘅恶，故使蝗虫实行其赏罚。如该处人民平日作恶，则蝗虫非特歇下，而且田苗必被食尽。如该处人民平日行善，则蝗虫封口，虽全体歇下，而不损一草一木"[1]。这样的解释当然是荒唐的，但是，处于小生产条件下的农民除此还能有更理性和科学的理解吗？穹窿老会辖区内的会众只能匍匐在捕蝗神灵刘猛将军的脚下！

关于迎神赛会的"迷信"，时人有更为公允的看法："细细探求，则亦并非纯为迷信，半属于求乐也。农民终年辛劳，并无一正当娱乐，调剂精神，尤以女子为甚。故于农闲时，则做戏，出会，一方面固为求神保佑，一方面则为农家乐事……犹之都市中人，看名影片，听名伶戏，亦趋之若鹜。"因此，有近代乡村改革家认为："惟有实施农民教育，以增进其智识，培养科学观念，在不知不觉之中施以感化，同时提供正当娱乐，以陶冶其性情，改变其迷信举动。再灌输农业常识使之对于农业有改进之思想，不致凡事皆托之于鬼神。凡此种种，皆系急要之图，实为破除迷信必要途径。"[2]这位东山旅沪乡亲的建设性的考虑立即被付诸实施。1947年6月，洞庭东山旅沪同乡会想"让东山群众也有领略世界上新鲜见闻的机会"，几度联系，首次在东山放映彩色影片13部，其中就有农业科教片《蝗虫的生长与扑灭》等。3个夜晚共有近15 000人观看了影片。[3] 看惯赛会戏的东山人，被外部新奇的世界深深吸引住了。

6. 摇航船

明清以来在太湖流域，有一种来自乡里的买卖人，每日从固定的村落，摇着航船，按照固定的时间、固定的路线，出现在某个固定的市镇上，人们称他"摇航船的"。他们的活动形成一种制度，"在太湖周围地区非常普遍"[4]。马觐伯，苏州东乡胜浦人，20世纪40年代初生人，自懂事起，他就晓得他的外公是"摇航运船"的：

从我居住的宋巷村开船出发，到唯亭或甪直等地为终点，当天来回，早出晚归。航船通常人货混装，俗称"便船带便货"……早上开船前，外公用一只大海螺的壳做的螺号连吹三通，一二通是催客人上船，第三通后

---

[1] 刘丕基：《蝗虫合群和封口的误解》，《民间旬刊》1931年第28期。
[2] 醒农：《东山农村迷信问题之商榷》，《莫厘风》1947年第2期。
[3] 《洞庭东山志》编纂委员会：《洞庭东山志》，上海人民出版社1991年，第510页。
[4] 费孝通：《江村经济》，江苏人民出版社1986年，第177页。

就起锚拔篙开航……村民听到螺号声,就急急地携带农副产品上船。有的捉着鸡,有的拎着蛋,也有的背一捆蒲或是草绳,还有的带着谷子或麦子等粮食,乘航船去集镇上交易。每次乘客多少不一,少时只有五六人,多时将有二十来人……外公的航船,在青丘浦上来回往返,日复一日,年复一年,不知度过了多少个春秋。[1]

在20世纪30年代的吴江开弦弓村,开往震泽的"摇航船"每天早晨要开船的时候,也会吹上两三通螺号,但它不是催客人上船,而是通知村里人准备好要买卖的货品,因为在那个村子,航船主的主要事务是代客买卖:

"摇航船"的嘴里叫着"嘎嘎",两岸的人家拿了油瓶酒罐在沿河等着,"××,替我打200钱油","××,替我带两个皮蛋"……"××,我有只羊替我带上街去","你想卖多少?""五六只洋,你看罢。"于是羊就牵上了船。[2]

航船主是开弦弓村民的购买代理人,但他是免费的,因为镇上的店铺定时会送他一些礼物或招待他。大多数店铺依赖航船得到乡村这个广阔的市场,对于他们来说,失去一条船就意味着很大的损失。航船主仅仅依靠店铺的礼物当然远远不足以维持生活,他们在充任乡村生产者的销售代理人时可以获得更多的报酬。开弦弓村的航船主与震泽镇的丝行保持密切联系,了解市场行情,懂得他们的习惯做法和商品包装等要求,可以使村民的蚕丝能卖到好价钱。村民在卖脱生丝后,付给航船主佣金。付出佣金的村民有权把航船当作交通工具使用,也可以委托航船主购买货物。因此,航船主就是村民的买卖代理人。[3]

这是1936年夏天费孝通在开弦弓村亲眼观察到的情形。60年后的1995年,他再访震泽,从历史与现实的贯通中说明了航船制度的价值:

乡村的农户、航船和街上的商家构成了一个适合水乡交通体系的有效商业网络:农户和商家同时既是买方又是卖方。这种买卖关系是通过航船这个中介建立的……航船是可以看得见的,服务的意识却无法触摸,而正

---

[1] 马觐伯:《乡村旧事——胜浦记忆》,古吴轩出版社2009年,第166页。
[2] 费孝通:《江村通讯》,山东画报出版社1999年,第84页。
[3] 费孝通:《江村经济》,江苏人民出版社1986年,第177-181页。

是这种意识才是震泽商业体系的精髓。换言之，这种服务意识和行动把镇与乡连结起来，既保障了区域内人们的生活，又使区域内经济得以顺利运行和繁荣发展。[1]

今天，对于江南水乡人的生产生活来说，航船也许没有旧时代那么重要了，然而，密切的城乡关系以及在这种关系中呈现出的彼此需求、和谐共生、互利共赢的法则，依然是现代生活所不可或缺的。

7. 春台戏

在传统农业社会里，伴随着农事节奏，江南地区休闲生活呈现不同的样态。清代嘉道年间，顾禄《清嘉录》记苏州乡下："二三月间，里豪市侠，搭台旷野，醵钱演剧，男妇聚观，谓之春台戏，以祈农祥。"[2]所谓"春祈秋报"，说明春台戏的演出，不只在香尘十里的春时，也常常在年成丰收的秋日。乡民在这两个时段空闲一些，便凑钱聘请戏班来演戏。这种戏，春天做得比较多，所以在传统上称之为"春台戏"。蔡云《吴歈》云："落灯便演春台戏，又引闲人野外看。"

宋元之后，以至明清，昆剧、徽剧、各乱弹班、京戏相继登上江南各地春台戏的舞台。进入民国，又增加了来自浙江嵊县、新昌的越剧。在苏南苏、锡一带，昆剧、京戏演得多一些，而苏州更欣赏昆剧。晚清苏州的戏剧，"以昆剧为正宗，其余的所谓京班、徽班等等，都好像野狐禅、杂牌军一般"[3]。在无锡延祥乡的七房桥，供钱氏家族使唤的乐户"袭明代旧制，世习昆曲锣鼓，歌唱吹打"。钱穆回忆晚清乡村生活时说道："遇喜庆，即在宅前大厅搭台唱昆曲，打锣鼓。或分两台，或只一台。或一日夜，或三日夜不等，先兄及余少时尚犹闻之。"[4]

民国时期，昆剧"全福班""鸿福班"等仍然活跃在春台戏舞台上。他们的戏船行水路，路线有这么几条：北上从苏州开往无锡、常州、宜兴、溧阳、江阴等处，南下到太湖南面的杭嘉湖地区，以大运河为主；东向由苏州向太湖东面的昆山、太仓、常熟、青浦、松江各乡镇码头，以苏

---

[1] 费孝通：《费孝通全集》第 15 卷《再访震泽》，内蒙古人民出版社 2009 年，第 74 页。
[2] 顾禄：《清嘉录》，江苏古籍出版社 1986 年，第 55 页。
[3] 包天笑：《钏影楼回忆录》，中国大百科全书出版社 1984 年，第 45 页。
[4] 钱穆：《八十忆双亲·师友杂忆》，生活·读书·新知三联书店 1998 年，第 7 页。

州河为主要航路。[1] 戏班每到一个码头，人群便欢呼："全福班来了，唱一台戏吧！"他们总是高兴地停下来，满足乡人的愿望，一个码头接着一个码头地演下去。[2]

春台戏的场子够简单，往往就在一块农田之中，南向的一面搭一个芦席棚，北向的一面高搭一座戏台，中间的空地就是留给看戏人站立的。戏场经过看戏人几天的挤踏，草根踏光，但乡下人满不在乎，他们相信，田土经这样的一踏，会格外地肥沃，禾苗格外地丰收。[3]

江南地区春台戏的演出有很多理由，最通常的理由是酬神，实际上不过是娱人。"乡村人民娱乐的机会，本来很少很少，所以遇到这样的机会，莫不尽情享受。"[4]在享受春台戏的同时，民众也接受着教化。常熟虹桥等处，每年例有春台戏，1919年又在陈介坝开演，乡人往来不绝。记者按言："各乡藉名祀神开演戏剧者，现身设法，感化愚人，可补教育之不逮，其意甚佳。"[5]戏剧史家徐慕云认为，中国戏剧含有"此乃千锤百炼的民族精神，确有不可泯灭的价值。所以改良剧本，对于发扬一切的忠、孝、节、义一切美德的戏剧，确实应当保留而提倡"[6]。

8. 江南端午节

人们普遍地认为，端午节俗起源于楚地纪念战国时期著名爱国诗人屈原，但在江南，尤其在苏州，人们在端午所纪念的人物却是伍子胥。

伍子胥（约前559—前484），名员，字子胥，春秋时期吴国的大臣、军事家。春秋末年，伍子胥遭谗杀，被悬首于城门示众，尸体被装入袋里，投于江中。苏州民间故事称：伍子胥之尸浮至太湖口，当地百姓怜爱他，将其捞起埋葬。后人把悬挂人头的城门称为"胥门"，把抛尸之江称为"胥江"，把浮尸最后出现的湖口称为"胥口"。[7]《史记》记载："吴人怜之，为立祠江上。"[8]说明伍子胥死后不久，吴人已把他当作神来祭

---

[1] 陆萼庭：《昆剧演出史稿》，上海教育出版社2017年，第379页。
[2] 张允和：《最后的闺秀》，生活·读书·新知三联书店1999年，第142页。
[3] 影呆：《春台戏》，《申报》1937年5月24日。
[4] 杨汝熊：《乡村教育与乡村庙会》，《乡村教育》1936年第1期。
[5] 《虹桥乡：戏剧到处开演》，《常熟日日报》1919年3月31日。
[6] 徐慕云：《中国戏剧史》，上海古籍出版社2001年，第277页。
[7] 金煦：《苏州民间故事》，中国民间文艺出版社1989年，第55页。
[8] 司马迁：《史记》卷六十六《伍子胥列传》，中华书局1959年，第2180页。

拜：江神、波神或涛神。宋范成大《吴郡志》中说："伍员庙，在胥口胥山之上。盖自员死后，吴人即在此立庙。乾道间复修之，规制犹陋。盘门里又有员庙，即双庙是也。"[1]

公元前482年，吴都城被越军攻破，情急之中，夫差深悔杀害子胥之非，至吴郊江边，设奠祭祀。此后，伍子胥被进一步神化。东汉赵晔《吴越春秋》称伍子胥尸体在胥江"随流扬波，依潮来往，荡激崩岸"[2]，已然成神了。东汉袁康、吴平所作《越绝书》亦言，伍子胥所捐之躯在大江口"乃有遗响，发愤驰腾，气若奔马。威凌万物，归神大海。仿佛之间，音兆常在。后世称述，盖子胥水仙也"[3]。这表明，伍子胥已化作江神。

于是，东汉时越地便有祭祀伍员英灵的迎神赛会了。东汉邯郸淳所撰《曹娥碑》记绍兴上虞迎神事：曹盱"能抚节按歌，婆娑乐神。汉安二年五月，时迎伍君，逆涛而上"[4]。此伍君即伍子胥。南朝宗懔《荆楚岁时记》亦称，迎赛伍君之神为"东吴之俗，事在子胥，不关屈平也"[5]。已经很明确地说明，包括越地在内的江南端午迎赛与伍子胥相关。

越地迎赛伍神应起于越王勾践的提倡。顾禄《清嘉录》谓吴地端午划船竞渡"起于勾践，盖悯子胥之忠而作"[6]。越王勾践非常敬重伍子胥，视伍为忠臣，并以残杀伍子胥作为讨伐吴王夫差的严重罪名。相传，当越军到达吴东南三江口时，勾越"立坛，杀白马，祭子胥，杯动酒尽，后因立庙于此江上"[7]。袁景澜《山塘观竞渡行》言苏州虎丘竞渡事："龙舟箫鼓哄江湄，犹见古侬古风俗。忆昔越王习水战，麾兵竞渡托游宴……又传勾践悯胥忠，鼓乐迎神浙水东。弄潮犀手年年集，不与湘潭吊屈同。"与此相应，江南端午的其他习俗如"斗百草""吃粽子"等，当地人都有自己的溯源和解说。

[1] 范成大：《吴郡志》，江苏古籍出版社1986年，第166页。
[2] 赵晔：《吴越春秋》，江苏古籍出版社1986年，第66页。
[3] 袁康、吴平辑录：《越绝书》卷十四《越绝德序外传记》，徐儒宗点校，浙江古籍出版社2013年，第90页。
[4] 曹娥碑在浙江上虞曹娥庙，由上虞县长度尚于东汉元嘉元年（151）所立，邯郸淳为度尚弟子。汉碑早已散失，现存碑系王安石女婿蔡卞于宋元祐八年（1093）重书。
[5] 谭麟：《荆楚岁时记译注》，湖北人民出版社1985年，第92页。
[6] 顾禄：《清嘉录》，江苏古籍出版社1986年，第117页。
[7] 司马迁：《史记》卷六十六《伍子胥列传》，中华书局1959年，第2181页。

伍子胥死后200余年,约公元前278年,屈原自沉汨罗江。屈原作《离骚》《天问》《九章》等,惊天泣神,风骚千代,其影响力远超伍君,故全国更多的地方在端午举行各种活动,纪念屈原。"言之有文,行之即远,这是屈原的影响力超出伍子胥的原因。"[1]但江南社会端午祭伍君,在时间上要早于楚地祭祀屈原,则是历史上的基本事实。江南民俗的独特性,丝毫也不妨碍人们对气节高尚人物的崇敬,正是屈原和伍子胥等祖先的不朽精神,滋润了我们民族的伟大情操。

9."冬至大如年"

冬至为传统二十四节气之一,前连大雪,后续小寒,由此迎来了一年中寒冷之至的数九寒天。"俗从冬至日数起,至九九八十一日,而寒尽,名曰连冬起九,为九里天,居人以为寒来之候。时则朔风号野,寒景萧条。"[2]然而,按照中国传统的阴阳五行理论,冬至是阴阳转化的关键节气,天气渐趋温暖,杜甫《小至》云:"天时人事日相催,冬至阳生春又来。"

据记载,周秦时代以冬十一月为正月,以冬至为岁首,过新年。以至于后来的冬至,还被称为"亚岁""小年",保存着古意。上古周族领袖古公亶父(周太王)之子泰伯、仲雍奔吴,建立吴国。吴人承袭周代历法,把冬至作为一年之初,民间则有"冬至大如年"的说法,说明吴人对冬至特别重视。顾禄《清嘉录》卷十一直接以"冬至大如年"为题来介绍冬至。其实还有一个比"冬至大如年"更形象的说法:"肥冬瘦年"。宋佚名《豹隐纪谈》说,吴门风俗,多重冬至节,谓曰"肥冬瘦年"。清金孟远《吴门新竹枝》:"冬阳酒味色香甜,团坐围炉炙小鲜。今夜泥郎须一醉,笑言冬至大如年。"[3]

吴地冬至期间的活动内容很多,主要有两项。一是在饮食上,有著名的冬酿酒。传统姑苏人家,会在冬至夜喝冬酿米酒,是加入桂花酿造的,香气宜人。百姓在冬至夜畅饮冬酿酒,驱寒,享受天伦之乐。此外有"冬至团",由磨米粉做成,糖肉菜果为馅;亲友们提着篮筐,相互馈赠,

---

[1] 戈春源:《端午节起源于伍子胥考》,《苏州科技学院学报(社会科学版)》2004年第4期。
[2] 袁景澜:《吴郡岁华纪丽》,江苏古籍出版社1998年,第314页。
[3] 金孟远:《吴门新竹枝》,见赵明:《江苏竹枝词集》,江苏教育出版社2001年,第629页。

称"冬至盘";同时,会买些食物祭祖,与逝去的亲人分享。[1] 祖宗们品尝丰盛的菜肴数小时,饭菜冷了,重新热过,热腾腾的,让祖宗的后代们再来享用,这叫"吃团圆宴"。家宴的饭菜这时都换上了雅致的名字,比如蛋饺叫"元宝",肉圆叫"团圆",粉条叫"金链条",黄豆芽叫"如意菜",等等,每个菜都透着一团喜气。喜气之外,更寄寓了美好的愿景。苏州人认为,从冬至开始,生命活力由盛转衰,由动转静,此时养精蓄锐,可以延年益寿。著名苏州通俗文学家包天笑在他的《衣食住行的百年变迁》中说得比较实在:"中国是传统的重农之国,到了冬至,一年的秋收已毕,大家应得欢庆吃一餐饭。所以在冬至节的前夜,名曰'冬至夜',合家团聚,吃冬至夜饭。"[2]二是拜冬礼。至汉,武帝采夏历后,将正月和冬至分开,把冬至作为一般节日来过。但汉代人认为,冬至之后,阳气复起,是值得祝贺的。汉蔡邕《独断》云:"冬至阳气起,君道长,故贺。"吴地人延续了此一习惯:"一阳贺冬,吴俗亦沿用之。"[3]人们还要对冬至的到来表示庆贺:细民男女,穿上新衣服,互相拜揖,称为"拜冬"。从宋朝开始,每到冬至夜,吴地人家都要挂上祖先的画像,祭拜祖先;小辈穿上新衣,到长辈处拜谒如仪,一切都和过大年一样。清人徐士铉《吴中竹枝词》中写道:"相传冬至大如年,贺节纷纷衣帽鲜。毕竟勾吴风俗美,家家幼小拜尊前。"[4]一派尊老爱幼之景象。

三、江南民俗之特征

江南民俗是江南社会所共同拥有的群体生活方式,经过几千年的涵育,它将集体的智慧深藏于特定的地方文化土壤中,并潜移默化地影响着江南人的观念、品质甚至命运。通过这种独特的社会发展和文化沉淀,江南民俗形成了有别于他方的特征。

第一,从地方风物看,江南民俗表现为清嘉闲逸。

江南自然环境可谓得天独厚,"千里青绿田畴,都是水稻麻桑。竹林

---

[1] 顾禄:《清嘉录》,江苏古籍出版社1986年,第195-196页。
[2] 包天笑:《衣食住行的百年变迁》,苏州市政协文史编辑室编印,第20页。
[3] 袁景澜:《吴郡岁华纪丽》,江苏古籍出版社1998年,第313页。
[4] 顾禄:《清嘉录》,江苏古籍出版社1986年,第196-197页。

深处人家，到处小桥流水……大湖小湖，环绕着许多小镇小邑。小邑犹藏千家万室，一幅又一幅巨大的湖色的绸缎，则平铺在这水乡的平原上"[1]。尤其环太湖地域，山清水秀，水网密布，最得太湖地利，"雨多时靠它涵蓄，雨少时靠它灌溉，不愁水灾不愁旱灾，农业遂有所赖，稻麦蚕桑，即提供了美食锦衣；而水泽宜于养鸭，湖中饶有鱼虾，也正是肴馔的资源所在，再加沿河河道复杂，舟楫往还无阻，产物的交换自更便利，文化的构成也就更易。"水乡苏州的物质文化景观由此铺开伸展："周围三四十里的苏州城，四面都有河道环绕，除了流贯城内，更是远通四境……定时开行的航船，藉以装货载客的总有百数，城市与乡镇可通。"[2]因此，说起苏州，人们就想起"三吴文物""富庶之区"之类的俗话。

处在这种环境里的江南人，生活显得颇为闲适。抗日战争爆发前，上海金山县虹桥镇的农民，"大概都小康之家……生活情形比了旁地的农民，要宽裕得多"[3]。20世纪20年代来到苏州的诗人郁达夫描画道："街上的石块，和人家的建筑，处处的环桥河水和狭小的街衢，没有一件不在那里夸示过去的中国民族的悠悠的态度。"[4]当代文化史家余秋雨的说法更积极一些，但意味似乎与郁达夫的相类似："唯苏州，给我一种真正的休憩。柔婉的言语，精雅的园林，幽深的街道，处处给人以感官上的宁静和慰藉……苏州，是中国文化宁谧的后院。"[5]

无数枕河的江南人家，生活中到处可见船和水的元素。民国年间苏州城里的所谓"快船"，其实并不快，但它优哉游哉，方便且舒适，无论"老太太看望小姐""姑奶奶回娘家"，还是城里人上坟、"好日子游山玩景"，都选择乘快船。[6] 江南水乡，"每家每户差不多都有一条船，富有人家有好几条船。一个村落，旱地有多少屋，水边就有多少个船棚。船棚中憩息着、发散着桐油香气、保养得很好的农家这重要的生产和生活工具"。[7] 吴江黎里古镇上的"上岸与下岸，自东向西一式搭建了廊棚，

---

[1] 徐迟：《江南小镇》，作家出版社1993年，第3页。
[2] 陈醉云：《姑苏散曲》，《东方杂志》1933年第30卷第8号。
[3] 振华：《金山虹桥的日军暴行》，《圣心报》1945年第11期。
[4] 郁达夫：《郁达夫集·散文卷》，花城出版社2003年，第114页。
[5] 余秋雨：《文化苦旅》，知识出版社1995年，第81页。
[6] 叶圣陶：《三种船》，见叶至善等：《叶圣陶集》第5卷，江苏教育出版社1988年，第386页。
[7] 俞明：《姑苏烟水集》，上海人民出版社1990年，第66页。

就连镇西头的横街，也全是廊棚，晴天不打伞，雨天不湿鞋"[1]。 小桥流水人家，小镇俨然一座园林。 实际上，整个江南就仿佛园林般的世界。 明代太仓陆容《菽园杂记》云："苏城及各县富家，多有亭馆花木之胜……苏人隙地，多榆、柳、槐、樗、楝、谷等木。 浙江诸郡，惟山中有之，余地绝无。 苏之洞庭山，人以种橘为业，亦不留恶木。 此可以观民俗矣。"[2]

茶馆构成江南城乡生活情调的基本元素。 在苏州，有许多城市"闲人"，终日孵泡茶馆，成为日常生活的固定模式，"苏州人的喝茶，并不是要去喝茶，是去玩玩的，每日要去喝，有的二三点钟，有的终日坐在茶店里"[3]。 至于乡下人，几乎有"一半可以工作的时间，耗费在茶馆生涯"[4]，以致"友朋初晤，辄问何处吃茶"[5]。 茶馆构成江南民俗生活的染色体。

讲究日常享用的江南人特别注意饮食的时令性。 清道光时顾禄所记苏州时新食物即指此："蔬果鲜鱼诸品，应候迭出，市人担卖，四时不绝于市，而夏初尤盛，号为卖时新。"赵筠《吴门竹枝词》云："山中鲜果海中鳞，落索瓜茄次第陈。 佳品尽为吴地有，一年四季卖时新。"[6]出生于浙江乌镇的汤国梨随丈夫章太炎寓居苏州，有诗吟："故乡虽好不归去，客里西风两鬓秋。 不是阳澄湖蟹好，人生何必住苏州？"[7]乌镇同为江南水乡，风物亦佳，但鲜美的阳澄湖蟹，让其更加贪恋苏州。 苏州生活之闲适于此可见一斑。

顾颉刚对闲适苏州的文化根底进行过剖析："从前苏州人生活于优厚的文化环境，一家有了二三百亩田地就没有衣食问题，所以集中精神在物质的享受上，在文学艺术的创造上，在科学的研究上。 一班少年人呢，就把精力集中到科举上，练小楷，作八股文和试帖诗，父以此教，兄以此勉，每个读书人都希望他由秀才而举人，进士，翰林，一步步的高升。 所以满

---

[1] 李海珉：《古镇黎里》，中共中央党校出版社2006年，第105-106页。
[2] 陆容：《菽园杂记》卷十三，上海古籍出版社2012年，第104页。
[3] 同兆：《论所谓天堂的苏州社会》，《妇女月报》1935年第1卷第5期。
[4] 陈醉云：《姑苏散曲》，《东方杂志》1933年第30卷第8号。
[5] 沈云：《盛湖竹枝词》卷下，苏州大学图书馆藏1918年，第7页。
[6] 顾禄：《清嘉录》，江苏古籍出版社1986年，第93页。
[7] 沈一平：《水韵巴城》，江苏人民出版社2011年，第149页。

清一代，苏州的三元一人，状元多至十八人，有的省份还盼不到一个呢。"[1]时至近代，基本的文化环境并没有发生根本的改变，无论是外来的寓公，还是土著的地主，依然重复着数百年来苏州人的生活模式。具有地域特色的生活情调便衍生于这样的经济—社会结构之中。

传统社会大多建筑在农业基础之上，但很少拥有江南这般得天独厚的自然生态。在这样的环境里，形成了有别于一般意义上的种养业结构，以经济作物的高收益富足一方。在地方特产丰富的江南乡村，通过乡镇市场的有力枢纽，地方共同体与外部世界连结在一起。在江南水乡，小桥流水贯通城乡，几乎成了江南的代名词。这里弥漫着"天人合一"的生命气蕴，形成风物清嘉、生活闲适的江南特性。

第二，就民众性格而言，江南民俗表现为和雅温润。

早期吴人"轻死易发"，随着经济文化中心的南移，江南开发，物质财富不断增长，自然生态得以充分改善。山温水软的环境重新塑造了江南人的性情，近世以还，他们以和雅温润为世人所闻知。1944年，华留以"苏州女儿"为题，对以苏州为典型的江南人的性情进行过描述：

> 城市的苏州女儿，有着传统的大家风范，因为苏州在以往是科第不绝的，所谓"书香"，所谓"乡绅"，这两种因素，是使苏州女儿成就"大方""文雅"的气派。因此"治下"和"对外"，都是极有礼貌，极有法度的。尤其是基于伦理的素养，待人接物，都从温和恳挚的热情里出发的……因着苏州女儿的热情，对于同居和乡邻，都是亲密得和自家人一样，有无相通，痛痒相关。苏州有一句老话："金乡邻，银亲眷。"她们竟把睦邻看得如此的重要，这一种教训，就是造成坊里间的合作互助，推一家而到一街，就不是自私的表见。[2]

至于乡野的"苏州女儿"，"她们的享用的限度是极低的，有时或许连布衣暖菜饭饱都求不到。但是她们处之泰然，真有安贫乐道的精神"。总之，"苏州的女儿总是静穆而幽娴的"。柔婉的吴语更能体现江南人的性情："不单是声音柔软，并且说话的技术也是圆妙的，同样一句骂人的话，

---

[1] 顾颉刚：《苏州的历史和文化》，见苏州市档案局、苏州市地方志编纂委员会办公室编：《苏州史志资料选辑》第二辑，1984年9月，第5页。
[2] 华留：《苏州女儿》，《新女性》1944年创刊号。

从苏州人嘴里说出来,似乎轻松得多。要是隔着墙壁听苏州人的'白话',包管娓娓动听,久而不倦,如坐春风中。"[1]"茅檐低小,溪上青青草。醉里吴音相媚好"(辛弃疾词),含有醉意的吴侬软语与江南人和雅温润的性格互为表里。

现代著名教育家叶圣陶具有江南人的典型性情。在朱自清的眼里,叶圣陶是"极和易的人,轻易看不见他的怒色……他的和易出于天性,并非阅历世故、矫揉造作而成"[2]。水乡的人不只是性情柔和,而且品格谦逊。与叶圣陶相处过的人,无不为其厚道而感动:"一些可以算作末节的事,有事,或无事,到东四八条他家去看他,告辞,拦阻他远送,无论怎样说,他一定还是走过三道门,四道台阶,送到大门外才告别,他鞠躬,口说谢谢,看着来人上路才转身回去。晚年,记得有两次是已经不能起床,我同一些人去问候,告辞,他总是举手打拱,还是不断地说谢谢。"[3]

江南人的和雅温润并不等同于软弱或柔弱:"吴之俗习……士大夫犹能重名节,敦礼信,细民亦谨悫自将。"[4]在一些大是大非的问题上,他们的刚强就表现出来了。1938年10月,叶圣陶发表小说《我们的骄傲》,意在呼吁遭遇战乱的苏州人挺直民族的脊梁。小说的原型是叶的小学老师章伯寅。1937年苏州沦陷后,当地的敌伪组织"诱惑中混合着威胁",邀请章伯寅参加伪维持会,被他坚决拒绝:"人各有志,不能相强。你要这么做,我没有那种感化力量叫你们不这么做,可是我决不跟着你们这么做。"作为教师,章伯寅无法"糊糊涂涂的,没有一点儿操守",顶着教育的名义,唆使群众"当顺民当奴隶"。叶圣陶称赞章伯寅"其高节至可钦敬……有此老师,至足骄傲"[5]。他希望通过文学让那些卑躬屈膝的人有机会知道"什么叫做民族",希望家乡的人们"在临到考验的时候",可以展现吴人自古就有的刚强性格。[6]

---

[1] 华留:《苏州女儿》,《新女性》1944年创刊号。
[2] 朱自清:《朱自清文集》第2卷《我所见到的叶圣陶》,中央编译出版社2010年,第268页。
[3] 张中行:《叶圣陶先生二三事》,见范锦荣:《谈文论语集》,内蒙古教育出版社1994年,第162页。
[4] 叶圣陶:《读〈重修甘将军庙记〉》,见叶至善等:《叶圣陶集》,江苏教育出版社1998年,第216页。
[5] 商金林:《叶圣陶传论》,安徽教育出版社1995年,第598页。
[6] 王莹:《叶圣陶与吴文化》,苏州科技大学硕士学位论文,2018年。

第三，在生活品质上，江南民俗表现为崇文尚华。

体现在江南民俗生活中的崇文，并不仅仅指教育发达、科第兴旺、士大夫的学术，还更多地指生活的文化品质。明清以降，昆曲以其精英品位构成江南生活情调的元素之一。叶圣陶指出，昆曲是"彻头彻尾的士大夫阶级的娱乐品"：

> 宴饮的当儿，叫养着的戏班子出来演几出，自然是满写意的。而那些戏本子虽然也有幽期密约，盗劫篡夺，但是总要归结到教忠教孝，劝贞劝节，神佛有灵，人力微薄，这就除了供给娱乐以外，对于士大夫阶级也尽了相当的使命……听昆曲先得记熟曲文；自然，能够通晓曲文里的故实跟词藻那就尤其有味。这又岂是士大夫阶级以外的人所能办到的？[1]

20世纪30年代中期，在苏州还有"好几个"曲社在那里传习昆曲。热衷于此的人确实与传统"士大夫阶级"颇多相像："退休的官僚，现任的善堂董事，从课业练习簿里溜出来的学校教员，专等冬季里开栈收租的中年田主、少年田主，还有诸如此类的一些人，都是那几个曲社里的社员。"[2]号称苏州"最后的闺秀"的张允和曾经问昆剧"全福班"的徐惠如："昆曲的唱词，像《琵琶记》那样文绉绉的，乡村不一定听得懂。是不是《荆钗记》靠做工，乡村里比较欢迎吧？"徐惠如大不以为然："不是这么回事，还是《琵琶记》最受乡村欢迎。我在全福班吹得最多的就是《琵琶记》，它连台一唱好几天……别瞧乡村人不懂昆曲，他们才会挑毛病呢！"[3]

旧书业，与其说是古城生活情调的元素，不如说是一种符号。民国年间在一向被称作文化古城的苏州，旧书、古玩碑帖、裱画等店的设立，"除了北平与上海，的确可以说苏州是甲于其他的地方，全城旧书店不下十余家，多数开设于横卧城中最长的护龙街上"，所以护龙街可以称为"文化街"，四面八方的游客，"比较爱好书画古董的是必来拜访这一段文化街的"。论者谓："买书藏书是需要在顺平的时代，有着多余的钱，才能享受到这种清雅之福的，旧书业的兴衰正可以象征着国家的升平与乱时。"[4]

---

［1］叶圣陶：《昆曲》，见叶至善等：《叶圣陶集》第5卷，江苏教育出版社1988年，第383页。
［2］叶圣陶：《昆曲》，见叶至善等：《叶圣陶集》第5卷，江苏教育出版社1988年，第382页。
［3］张允和：《最后的闺秀》，生活·读书·新知三联书店1999年第5卷，第150页。
［4］张益林：《苏州的旧书店》，《新学生月刊》1944年第4卷第2期。

民国乱时不少，苏州的旧书业却以顽强的生命力始终向世人昭示着承平的光景和希望。

士大夫的文气也自然地弥漫于江南人的日常中，让生活具有了仪式感。在苏州，送稚儿进学堂也有"颇为隆重"的仪式。包天笑回忆：

> 外祖家的男佣人沈寿，到了那天的清早，便挑了一担东西来。一头是一只小书箱，一部四书，一匣方块字，还有文房四宝、笔筒、笔架、墨床、水盂，一应俱全……那一头是一盘定胜糕和一盘粽子，上学时送糕粽，谐音是"高中"。那都是科举时代的言语。而且这一盘粽子很特别，里面有一只粽子，裹得四方型的，名为"印粽"；有两只粽子，裹成笔管型的，名为"笔粽"，谐音是"必中"。[1]

人生礼仪中的文气更加浓厚。清康熙末年昆山章法《苏州竹枝词》云："平民娶妇轿非凡，四匹红罗仆作衫。百对花灯红黑帽，高掮掌扇翰林衔。"自注云：喜轿"不徒锦幔刻丝，并装细巧戏文故事。或五彩绫绢、纱罗、绸缎，巧扎十二宫人。至于崇基楼阁，悬列花灯，四抬四扶，八抬八扶，皆数见不鲜矣"[2]。婚礼中的拜堂喜词显得非常高雅。明人冯梦龙《醒世恒言》叙秀才钱青娶亲："傧相披红插花，忙到轿前作揖，念了诗赋请出轿来。"[3]江南民间婚礼中以"诗赋"作喜词，宋代已有记载，明代已经普及，多重口采，且文辞雅丽。丧礼中请名人显贵"题主"颇具江南人文气息：出殡之前日，仪仗恭迎题主者，红烛高烧，灯彩摇红，孝子吉服迎叙，捧牌位跪请，左右递笔，鸣鞭炮，奏乐，题主官提笔在"王"字上加一点，事毕。旧俗以请到状元题主为荣。

与精神层面的崇文相对应的，是物质享用上的尚华。清人叶梦珠遍阅松江府明末清初六七十年服饰流变后言："市井之妇，居常无不服罗绮。娼优贱婢以为常服，莫之怪也。"[4]差不多同时期的吴中元宵灯节，"神祠会馆，鼓乐通宵，酒肆茶坊，荧煌达旦"[5]。唐以来，特别是明清时期，苏州的物质享用，如绣衣绣鞋、纨扇骨扇、红木家具、小件清供等

---

[1] 包天笑：《钏影楼回忆录》，中国大百科全书出版社2009年，第5页。
[2] 章法：《姑苏竹枝词》，苏州市文化局：《姑苏竹枝词》，百家出版社2002年，第38页。
[3] 冯梦龙：《醒世恒言》，江苏古籍出版社1993年，第137页。
[4] 叶梦珠：《阅世编》，上海古籍出版社1981年，第181页。
[5] 袁景澜：《吴郡岁华纪丽》，江苏古籍出版社1998年，第26页。

"苏州样"为他方所欣羡和效仿,"吴装""苏裱""苏意"等成为时尚语词,所谓"破虽破,到底还是苏州货""苏州样,广州匠"等,正反映了苏州尚华习俗的辐射:"民间风俗,大都江南侈于江北,而江南之侈尤莫过于三吴。自昔吴俗习奢华、乐奇异,人情皆观赴焉。吴制服而华,以为非是弗文也;吴制器而美,以为非是弗珍也。四方重吴服,而吴益工于服;四方贵吴器,而吴益工于器。是吴俗之侈者愈侈,而四方之观赴于吴者,又安能挽而之俭也。盖人情自俭而趋于奢也易,自奢而返之俭也难。"[1]言语之间,似感忧虑。事实上,关于江南民俗的尚华特征,一些人简单地将之等同于奢靡,又根据"奢侈与资本主义"逻辑进行推理,极力肯定奢靡的作用。在这里,严迪昌的看法值得我们注意:

> 如果说先民在此地域曾经创造过原始的精美物品,那么五百年前吴地文化人和各类工匠艺师,在裁制、刺绣、雕刻、烹饪、建筑、盆栽,当然还有书画、篆刻、曲艺、戏剧等等,举凡物质生活和精神生活诸领域全方位地再一次历史性重现智慧心气,而且是在更高层面上施展文化飞跃……奢靡不成文化,只是追求物质享受和官感刺激的一种生活形态。奢侈不德,无美可言,更非雅之属……但是,与奢侈挥霍如夸富斗豪仅有一纸之隔的追新逐奇或广聚博藏却是文化,奢靡者物质享受之硬件遗存则每透有艺术文化的积淀。[2]

以此观之,建筑在丰富物质财富基础上的文化享用,特别是勤劳致富的江南民众,追求物质享用上的文化品位,应该是无可厚非的。

第四,在社会信仰上,江南民俗表现为敬祭乐生。

江南"俗信鬼神,好淫祀"[3],自古已然,以庙宇为中心的迎神赛会,屡见不鲜,"江浙人士,夙迷信赛酬神会,处处皆然"[4]。迎神赛会是庙会之一种。所谓庙会,是以祠庙为依托,在特定日期举行的,祭祀神灵、交易货物、娱乐身心的集会。顾颉刚说,这种集会大体上有两种:

> 一种是从庙中异神出巡的赛会,一种是结合了许多同地同业的人齐到

---

[1] 张瀚:《松窗梦语》"百工纪",中华书局1985年,第97页。
[2] 严迪昌:《吴文化雅而清、俗而通》,《人民论坛》2000年第4期。
[3] 范成大:《吴郡志》,江苏古籍出版社1986年,第8页。
[4] 胡朴安:《中华全国风俗志》下册,河北人民出版社1986年,第175页。

庙中进香的香会。赛会是南方好，因为他们的文化发达，搬得出许多花样，而且会得斗心思，一个地方有了几个赛会，就要争奇赌胜，竭尽他们的浮华的力量。[1]

将神像抬出庙外的巡游集会被称为迎神赛会，江南人俗称"出会"。旧时，宜兴圣王庙会的主要节目就是迎神，"每隔几年，要举行一次圣王会，家家都招待四乡亲戚"[2]。乡村人将赛会看作一次迎来送往的机会，"藉此共庆秋收"，增进亲情。[3]

赛会大多伴随演戏，号为酬神。"春祈秋报，农夫之常规"：春初演戏以祈祷人口太平，秋末演戏报谢五谷丰登。[4] 在新进人士看来，这是迷信。究竟什么是迷信呢？ 是时人所寄寓其间的生活理想吗？"自古英雄须庙食"，传统社会的立庙宗旨在于，"立教圣贤、民族英雄，如孔孟关岳等，其毕生孤诣苦心，堪为表式者，俎豆千秋，使后人崇拜之余，溯其德而傚其行"。[5] 也就是说，人们更多地是想通过祭祀仪式表达对先贤和先烈的崇敬之情，而与盲目相信超自然存在的迷信行为存在根本的区别。[6]

迎神赛会具有明显的季节性。太湖蚕乡谚云："小满动三车，谷雨两边蚕。"每年谷雨一过，农夫们就要投入饲养春蚕的劳作中去了。所以，这里的迎神赛会多在清明至谷雨这段时间里举行，春季似乎成了一个闲季。在这里，人们所热衷的与其说是祀神，不如说是踏青。在春和景明之节，出会迎神不过是他们休闲娱乐的借口而已。

类似于踏青，往风物清嘉之区，"到远处的神佛面前进香"，俗称为"朝山进香"。对于江南民众来说，杭州西湖是朝山进香最合适的去处：

> 苏州一省，以及杭嘉湖三府属各乡村民男女，坐船而来杭州进香，均泊于松木场，或上岸自寻下处，或歇各寺院房头，或在船中居住。其船有千数之多，早则正月尽，迟则二月初，咸来聚焉，须于看蚕时返棹。延有

---

[1] 顾颉刚：《妙峰山》，上海文艺出版社1988年，第11-12页。
[2] 徐铸成：《报海旧闻》，上海人民出版社1981年，第102-103页。
[3] 倪征燠：《淡泊从容莅海牙》，法律出版社1999年，第8页。
[4] 群僻：《小言》，《吴江》1922年第23期。
[5] 秋锦衣：《从庙宇说到仙堂》，《崇民报》1933年11月16日。
[6] 李亦园：《宗教与神话》，广西师范大学出版社2004年，第20-21页。

月余之久……所带银钱无不丰足。[1]

  与迎神赛会一样，朝山进香的乡人除了表达自己的心愿外，更看重的是难得的休闲。20世纪40年代后期，丰子恺寓居西湖的时候看到，每届春秋农闲，成批的乡下烧香客往灵隐寺方向迤逦而去，认为"乡亲们有这种信仰，农闲时出来逛逛西湖，是借佛游春，也挺有意思"。正是："不是急来抱佛脚，为乘农隙去烧香。"[2]

  由此可见，民众借敬神表达一种期盼，表示一份感念崇敬之心："外人常讥笑我们是一个崇拜偶像的民族，其实这正是我们的美德，更足证明我们是极讲恩义，崇功报德的。"[3]所谓"借佛游春"即人们以"迎神"之名，行"冶游"之实。在江南乡村，"人民的娱乐和消遣，固不常有。纵有也必与宗教有关，偕神道的名义，合公众的力量，或者正是村落社会的风尚"。[4]因此，江南社会的"信鬼神，好淫祀"，固然显示了传统信仰的色彩，但从人们的实际行动看，则在很大程度上反映了江南人敬祭乐生的生活观。

---

[1] 范祖述：《杭俗遗风》"下乡香市"，上海文艺出版社1989年，第9页。
[2] 丰陈宝、丰一吟：《爸爸的画》第2集，丰子恺绘，华东师范大学出版社1999年，第144-145页。
[3] 励茂平：《象山旧闻录》，浙江省象山县政协文史资料委员会2018年，第32页。
[4] 金性尧：《金性尧全集》第一卷《风土小记》，上海百家出版社2009年，第184页。

第十六章　慈善文化

慈善是什么?《辞源》上说"仁慈善良",《现代汉语词典》的解释是,对人关怀,富有同情心。这样的定义固然不错,但有失偏颇。实际上,考察中外慈善事业发生的历史可知,慈善不仅仅是一种民间社会主导的生活救助行为,还是一种以劝人为善为宗旨的教化活动。而慈善事业是指人们在没有外来压力下自愿地奉献爱心与援助的行为和从事劝人为善、扶弱济贫的一种社会事业。不过,"慈善"这一提法,在清朝末年以后才成为通行的词语,此前一般称作"善举",包括劝人为善、救济贫困、赈救灾民、放生惜字以及修桥铺路等诸多方面的活动。慈善活动在中国早就存在,而其成为一种有组织、有规则、有一定规模的民间社会事业,则是在北宋以后,尤其是明清时期。在此过程中,江南地区的慈善事业不仅出现早,而且相较于其他地区更为发达。乾隆《吴县志·风俗》中提及苏州的情况:"吴中富厚之家多乐于为善者,冬则施衣施被,夏则施帐施扇,死而不能殓者施棺,病而无医者施药,岁荒则施粥施米。近时皇上又开好善好施之例,社仓、义仓给奖议叙,进身有阶,人心益踊跃矣。"可见,江南地区的慈善事业涉及范围非常广泛。

一、江南地区慈善救济事业的兴起

早期中国社会的慈善事业与政府的救济事业难以区别,我们可以统称其为慈善救济事业。中国历史上盛行民本主义思想,重视"民"的作用,强调"民为邦本","以民为本"成为历代王朝施政的出发点。与此同时,自汉代以后,儒家思想成为历代封建王朝统治的精神支柱,儒家的基本出发点是"仁政",要求统治者实行"爱民""养民"的政策。虽然历代王朝都不大可能达到这一要求,但许多贤明的帝王和志士仁人在这方面确实进行了不懈的努力和追求。汉代以后，随着佛教传入，佛教教义中的因果报应学说和慈悲观念广为流传，要求重视生命，解人所难，所谓"救人一命，胜造七级浮屠"。而中国本土生长的道教也有相同的主张，强调因果报应，要求劝善去恶、积德行善。因此，无论是从民本思想与儒家思想出发，抑或是就佛教教义、道家学说而言，他们在关怀生命、行善劝善方面是共通的。所以，历代封建统治者不管信仰如何，大都比较重视慈善救济事业，屡颁诏谕，要求尊老扶幼、善待寡疾、赈贫恤患。

江南地区的慈善行迹可以追溯到先秦时期。吴王阖闾"亲巡孤寡，而共其困乏"，"勤恤其民，而与之劳逸"的做法，可以视为一种慈善救济行为。越王勾践为报复吴国，采取了一系列收揽民心、富国强兵之策，其中既包括对贫困孤寡的救助，如对于"孤子、寡妇、疾疹、贫病"之人，由国家抚养其子；"越国之中，富者吾安之，贫者吾予之，救其不足，损其有余，使贫富不失其利"。[1]而且还对多子女家庭予以福利补贴："生丈夫，二壶酒，一犬；生女子，二壶酒，一豚。生三人，公与之母；生二人，公与之饩。"[2]这些政策与措施，无疑也是政府的慈善救济事业。越国灭吴后，谋臣范蠡不辞而别，去往陶地经商致富，据《史记·货殖列传》，他"十九年之中三致千金，再分散与贫交疏昆弟"，这当然是一种慈善举动。

与此同时，孔子的学生、吴人言偃最早表达了有关慈善的思想主张。《礼记》是儒家经典之一，其中《礼运》篇反映了"子游氏之儒"的思想，历史上以及当代学术界不少人认为其为言子所作。其中借孔子之口论述了备受后世推崇的"大同"思想："大道之行也，天下为公，选贤与能，讲信修睦。故人不独亲其亲，不独子其子，使老有所终，壮有所用，幼有所长，矜、寡、孤、独、废疾者皆有所养，男有分，女有归。货恶其弃于地也，不必藏于己；力恶其不出于身也，不必为己。是故谋闭而不兴，盗窃乱贼而不作，故外户而不闭，是谓大同。"在"大同"社会中，天下为公，人们不仅关爱自己的亲人，也关爱别人的亲人；老年人都能得到奉养而安

---

[1] 赵晔：《吴越春秋》卷十《勾践伐吴外传》，见赵晔：《吴越春秋全译》，张觉译注，贵州人民出版社1993年，第382、392页。
[2] 上海师范学院古籍整理组校点：《国语》下册《越语上》卷二十，上海古籍出版社1978年，第635页。

度晚年，壮年人都能发挥作用，孩童能够健康成长；年老丧妻的鳏夫、年老丧夫的寡妇、幼而无父的孤儿、老而无子者以及残疾、生病之人，都能得到照顾和供养。显然，在这一对理想社会的憧憬中，人与人的互敬互爱、互相帮助即慈善，是"子游氏之儒"重点表达的思想。《礼记·礼运》无疑是较早讨论慈善思想的历史文献，而这一思想在后来的中国历史上产生了广泛而深远的影响。

秦汉以后，政府官员、地方人士以及宗族内部的慈善救助活动时有所见，如东汉初期，陕西咸阳人第五伦任会稽太守，"受俸，裁留一月粮，余皆贱贸与民之贫羸者"[1]。作为官员，这样的慈善举动显然会在地方上产生示范效应。吴县人朱桓，是三国时孙权的爱将，"爱养吏士，赡护六亲，俸禄产业，皆与共分"，"家无余财"；[2]孙吴名将陆逊之弟陆瑁，"好学笃义"，"收导孤弱，摄养至长乃别"；[3]南朝宋吴人顾琛之母孔氏，在东晋"孙恩乱后，东土饥荒。孔氏发家粮以赈邑里，得活者甚众"[4]。尤其南朝时期，江南地区出现了"六疾馆"与"孤独园"这类专门的救助机构。六疾馆创立于南齐，《南齐书》载："太子与竟陵王子良俱好释氏，立六疾馆以养穷民。"六疾是各种疾病的泛称，说明其职能为养赡贫病者。[5]另外，在灾荒年份，竟陵王萧子良亦有设立专门机构救助饥民之举，如"（永明）九年，京邑大水，吴兴偏剧，竟陵王子良开仓赈救贫病不能立者，于第北立廨收养，给衣及药"[6]。孤独园出现于南朝梁武帝年间，《梁书》载，普通二年（521）春，武帝诏曰："凡民有单老孤稚不能自存，主者郡县咸加收养，赡给衣食，每令周足，以终其身。又于京师置孤独园，孤幼有归，华发不匮。若终年命，厚加料理。尤穷之家，勿收租赋。"[7]从"主者郡县咸加收养"的记载看，梁朝统治者已意识到政府收养"单老孤稚"的责任，而"于京师置孤独园"，则说明已创设专门收养"单老孤稚"的机构。六疾馆与孤独园的创立，开国家设立收养

---

[1] 卢熊：洪武《苏州府志》卷二十一"人物"，广陵书社2020年，第285页。
[2] 卢熊：洪武《苏州府志》卷三十六"人物"，广陵书社2020年，第504页。
[3] 范成大：《吴郡志》卷二十"人物"，江苏古籍出版社1986年，第304页。
[4] 范成大：《吴郡志》卷二十七"人物"，江苏古籍出版社1986年，第396页。
[5] 王子今等：《中国社会福利史》，中国社会出版社2002年，第125页。
[6] 朱铭盘：《南朝齐会要》，上海古籍出版社2006年，第436页。
[7] 姚思廉：《梁书》卷三《本纪第三·武帝纪下》，中华书局1973年，第64页。

机构对鳏寡孤独、贫病无依者予以集中救助的先河。六疾馆与孤独园均设于建康或其周边地区。

佛教传入以后，信徒日众，寺宇大兴，而以江南为盛。佛家以慈悲为怀，多有慈善的行迹。如苏州广化寺建于南朝梁代，至北宋大中祥符年间，"都僧正清立，以医药利施一方"[1]；常熟明因寺，位于双凤乡支塘村，"应病用药，其徒以此亲。施无厚薄，均福田相，乡人以此敬"[2]，诊病施药、帮扶无助，无疑是其吸引信众的重要手段；再如苏州南禅寺，唐朝犹存，开成元年（836），在白居易的倡议下还建成了千佛堂，据其《南禅寺千佛堂转轮经藏石记》，"堂有羡食，路无饥僧。游者、学者，得以安给"[3]，说明其也有慈善之举。

当然，类似的慈善活动在各个地方都可以见到。这一时期的慈善活动，既有佛、道宗教人士所为，也有宗族成员的互助，更多的则是社会上乡绅富民的义举。随着唐宋以后江南经济、文化重心的逐渐确立，有关江南地区慈善活动的记载更为丰富。

两宋时期，慈善救济事业受到更多重视。《宋史·食货志》有谓："宋之为治，一本于仁厚，凡振贫恤患之意，视前代尤为切至。"当时各类慈善救济机构广泛出现，如福田院、居养安济院、养济院、安济坊、药局、慈幼局、慈幼庄、婴儿局、举子仓、漏泽园等。这些机构不仅在江南各地普遍设立，而且其中有不少初创于江南地区。《宝庆四明志》记载，北宋时期江南明州（今浙江宁波）所辖鄞、慈溪、奉化、昌国、定海、象山六县在全国率先设立居养院；再以苏州为例，至少建立了居养安济院、太平惠民药局、慈济局、安养院、广惠坊、慈幼局等慈善救济机构。安济坊是收容贫困病患并予以救疗的慈善机构，源于苏轼在杭州创办的安乐坊。李焘《续资治通鉴长编》卷435记载：元祐四年（1089），知杭州的苏轼"作饘粥药饵，遣吏挟医，分方治病，活者甚众。轼曰：'杭水陆之会，因疫病死，比他处常多。'轼乃哀集羡缗，得二千，复发私橐，得金五十两，以作病坊，稍蓄钱粮以待之，名曰'安乐'。崇宁初，改赐名曰'安济'云"。兼具救济"鳏寡孤独贫乏不能自存"者与救疗贫困病患功能的养济院，初

---

[1] 范成大：《吴郡志》卷三十一"府郭寺"，江苏古籍出版社1986年，第463页。
[2] 范成大：《吴郡志》卷三十五"郭外寺"，江苏古籍出版社1986年，第517页。
[3] 范成大：《吴郡志》卷三十一"府郭寺"，江苏古籍出版社1986年，第475页。

创于南宋初年的江南地区。宋代专门的慈幼机构如婴儿局、慈幼局等也是在南宋中后期的江南地区最早出现的。[1]

宋代江南地区的慈善救济事业具有以下几方面的特点：

其一，机构种类全、数量多，救助对象广。可能与江南地区经济发展水平较高有关，朝廷政令在江南各地贯彻落实较好，尤其南宋定都临安，江南是其腹地，故而慈善救济机构数量众多，按照功能的不同，养老有居养安济院、养济院与广惠坊，育幼有慈幼局、婴儿局等，医病有太平惠民药局、济民药局、安养院等，送葬有慈济局、漏泽园、义冢等。其所进行的慈善救济活动，包括了生、老、病、死各个方面。恩惠广施，涉及广大的社会底层民众。

其二，机构规模大、设施全。如苏州收养孤老、寡妇、孤儿的居养安济院，除拥有大量房产外，还拥有田产1 660亩，每年收租米700余石，实行老有所养、病有所治、死有所葬等多方面服务。广惠坊内设有仓库、厨房、浴室、水井，为生病者备有专用房间，设施相当齐全，且收容人数达200人之多，规模之大可以想见。

其三，民间慈善事业的出现。此前的慈善救济事业一般由政府主持，民间慈善呈现个体零散的特点。但从宋代开始，江南地区已出现民间慈善事业。一方面表现为民间对官营救济事业的支持和协助，如开禧三年（1207），陈耆寿向苏州居养安济院捐田1 120亩，广惠坊的资金也有部分来自民间捐献。苏轼知杭州时创立的安乐坊，救助贫病之人，亦得到民间捐助。庆元年间，通判曾筑捐资为湖州利济院置田64亩，使其得以扩大救助规模。[2]另一方面则表现为民间自营慈善机构的出现。宗族义庄便是其中突出的代表。义庄是由宗族创建、用于救助族人的慈善机构。族人互助的行为早已有之，但制度化的宗族慈善活动，是从北宋的义庄开始的。一般认为，北宋皇祐二年（1050），范仲淹在苏州创立的范氏义庄是全国最早的义庄。范仲淹是北宋著名政治家、军事家、思想家和文学家，他为官多年，倡导"先忧后乐"，素以国家生民为念，成为后人立身处世的楷模。范仲淹出知杭州后，考虑到苏州宗族中尚有不少饥寒成员，于是"置上田十顷于里中，以岁给宗族"，使族中"虽至贫者，不复有寒馁之

---

[1] 参见庄华峰、谭书龙：《宋代江南地区慈善事业研究》，《安徽史学》2006年第6期。
[2] 张文：《宋朝民间慈善活动研究》，西南师范大学出版社2005年，第41、64页。

忧"。范氏义庄成立之初,由于族人较少而收入较多,一度推行"普遍福利"的救助办法。范仲淹手定《义庄规矩》规定:按口发给族人补助,男女五岁以上每人每日白米一升;每人每年冬衣布一匹,五岁以上十岁以下减半;族人嫁女、丧葬等事也各有补助。后因族人渐多而义田收入有限,其救助范围逐渐缩小,转以救助贫穷族人为主。[1] 范氏义庄成立后产生了重大影响,各地纷纷仿效。宋人胡寅称:"本朝文正范公置义庄于姑苏,最为缙绅所矜式。"刘宰亦称:"立义庄以赡宗族,始于文正范公","自公作始,吴中士大夫多放(仿)而为之"。[2] 紧随范氏义庄之后,江西刘辉和山东吴奎、韩贽等也相继创设义庄。北宋时全国至少有12个义庄,南宋则至少有58个。[3]

二、明代江南地区民间慈善事业的兴起

明朝建立以后,政府继承了前代官办慈善救济的政策。出身社会底层的明太祖朱元璋对民间疾苦有着切身体会,立国不久即号令天下设置孤老院(后改名"养济院"),收养孤贫老人。他在位期间,还曾颁布诏令,要求各地设立义冢,作为穷人的免费墓地。由于皇帝的重视与倡导,养济院、惠民药局等慈善救济机构在全国范围内得到普遍设置。当然,与宋代的情况相比,明代官办慈善救济事业的规模和设施未有大的突破。但值得注意的是,在明代后期,民间慈善事业异军突起,有效补充了官办救助事业的不足。这种情况在江南地区表现得尤为明显。

(一)袁黄与晚明的劝善运动

明代后期,江南地区出现了一场劝善运动,并波及全国各地。劝善运动的宗旨是以道德立说,劝人为善。[4] 其发起者和代表人物是袁黄。袁黄,初名表,后改名黄,字庆远,又字坤仪、仪甫,初号学海,后改了凡。袁黄祖籍浙江嘉善,后迁至江苏吴江。袁黄生于嘉靖十二年(1533),隆

---

[1] 王卫平:《从普遍福利到周贫济困——范氏义庄社会保障功能的演变》,《江苏社会科学》2009年2期。
[2] 刘宰:《漫塘集》卷二十一《希墟张氏义庄记》,见《文渊阁四库全书》第1170册,台湾商务印书馆1986年影印本,第580页。
[3] 李学如:《近代苏南义庄与地方社会研究》,上海三联书店2016年,第34页。
[4] 吴震:《明末清初劝善运动思想研究》,台湾大学出版中心2009年,第1-2页。

庆四年（1570）成为举人，万历十四年（1586）中进士，后出任宝坻知县。在任期间，袁黄积极兴办水利，疏浚河道、筑堤防洪，并且大力垦荒，植树造林，造福于民。宝坻赋役繁杂，人民不堪重负，袁黄上书减免赋税，大大减轻了人民的负担，由此深受宝坻人民的爱戴。万历二十年（1592）调任兵部职方司主事，奉命出师援朝抗日，因与主将李如松等意见相左，且受朝廷党争牵连，罢归乡里。乡居期间，家里虽不富裕却常行善事，万历三十四年（1606）去世，享年74岁。

袁黄自幼"好学问，通古今之务，象维律算兵政河渠之说，靡不晓练"，"博学尚奇，凡河洛理数、律吕、水利、兵备，旁及勾股、堪舆、星命之学，无不精密研求，富有心得"。[1]他博学多才，精通河图洛书之理、星命之学、堪舆之道，并对兵备、水利、农业颇有心得，一生著述宏富，流传于世的主要有《两行斋集》《历法新书》《皇都水利》《了凡四训》等，[2]其中以《了凡四训》流传最广，影响也最深。袁黄是迄今所知中国历史上第一位具名的善书作者，以善恶祸福的思想劝诫世人，提出"命由我作，福自己求"的立命之学，倡导用功过格积善消恶，该做法从此大行其道，至清代蔚然成风。他的劝善思想也为其后大量出现的善会善堂等提供了思想资源。

晚明的劝善运动表现为三个方面：

一是以功过格体系为中心的劝善书大量出现。功过格本是道士逐日登记行为善恶以自勉自省的簿格，是传统道教中基本的修身方法，后来流传于民间，泛指用分数来表现善恶程度，使行善戒恶得到具体指导的一种善书。[3]袁黄提倡立命说和功过格的修行方法，把每日所做之事记录下来，分为善恶，增减记数，善恶相抵。具体言之，"凡受持者，择一吉日，斋戒告天，焚香发誓，订一册子，先书年月，次书日，临卧点查一日所为，有功则于功下注之，有过则于过下注之。……不得重功恕过，不可轻忽间断。月终会计功过，折算净余若干；终年大比，算所余者为定，焚告灶神。凡记功有疑，宁从其少；记过有疑，宁从其多，此是减罪消愆之

---

[1] 彭绍升：《袁了凡居士传》，袁了凡：《了凡四训》附录，印光法师鉴定，上海佛学书局1936年，第59页。
[2] 关于袁了凡的著述，酒井忠夫在其《袁了凡的生平及著作》一文中有详细介绍。酒井忠夫：《袁了凡的生平及著作》，尹建华译，《宗教学研究》1998年第2期。
[3] 游子安：《善与人同：明清以来的慈善与教化》，中华书局2005年，第42页。

法。凡功十五日不倦者,外加十功,以示鼓舞;凡过十五日不改者,外加十过,以示创惩"。[1] 它是以善、恶数量的多少判定道德水准的高下,并以此决定福祸,最终改变自己的命运,实际上这是一种道德自律的工具。

此说一经提出,迅速流行开来,在社会上产生广泛影响,出现了"好诞者,乐言之;急富贵、嗜功利者,更乐言之。递相煽诱,附益流通","袁黄功过格,竟为近世士人之圣书"的盛况。而且,据研究,"在袁黄的'立命篇'出现以后,整个17世纪至少又有10种新的功过格得以刊行;除了这些现存的功过格外,我们还能从时人的著作中发现许多冠以其他名目的功过格。功过格创作的这种繁荣状态一直持续到18世纪早期"。[2] 当时出现的功过格包括颜茂猷《迪吉录》、陈智锡《劝戒全书》、胡溶时《汇编功过格》、陈锡嘏《汇纂功过格》、熊弘备《不费钱功德例》等。尽管新出功过格在一些方面表现出与袁黄的不同,但"大多数新功过格还保持着较早的功过格积功体系的基本形式和基本原理",明显受到袁黄的影响。

二是善书注解作品的大量出现。现存最早、最为著名的善书是宋代的《太上感应篇》,其与稍后出现的《文昌帝君阴骘文》《关圣帝君觉世真经》合称"善书三圣经"。尽管晚明以前以《太上感应篇》为代表的善书已非常有名,但在晚明以后尤其清朝时期,因为它们得到官方尤其是知识界的推崇而在社会上广泛传播,出现了为数甚多的各种注本。据张祎琛的调查与研究,明末清朝时期《太上感应篇》的各种注本有33种,《文昌帝君阴骘文》的注本有20种,《关圣帝君觉世真经》的注本有7种,其中有不少出现在17、18世纪,即劝善运动的高潮期。[3] 此外,当时还出现了不少图说善书的版本。

三是劝善活动由精英阶层渗透到社会底层,形成全覆盖。晚明以前流行的以《太上感应篇》《文昌帝君阴骘文》等为代表的善书,虽然曾经得到一些最高统治者的支持而流传甚广,但终因其带有强烈的宗教性和因果报

---

[1] 袁黄:《功过格分类汇编》,见《丛书集成续编》第62册,台湾新文丰出版公司1989年,第239-257页。
[2] [美]包筠雅:《功过格:明清社会的道德秩序》,杜正贞、张林译,浙江人民出版社1999年,第166页。
[3] 张祎琛:《清代善书的刊刻与传播》"附录一",复旦大学博士学位论文2010年。

应色彩，而并不被正统儒家知识分子接受。袁黄功过格出现以后，即招致不少理学家或士大夫的非议。但是他们的批评，反而扩大了袁黄及其功过格的影响，以至于他们不得不通过儒学的规范来进行改造，从而形成了一个制作功过格的高潮。[1] 自此以后，各类善书广泛出现。

(二) 同善会的兴起

晚明时期，江南地区重建传统道德和社会秩序的途径主要表现在两个方面：一个以袁黄为代表，崇奉阳明心学，主张三教合流，强调行善积德、因果报应，从而助推劝善书的盛行；另一个则以高攀龙、陈龙正等为代表，坚持程朱理学，维护儒学正统，从宣传皇帝圣谕、宣讲乡约入手，将救助贫困视为改良社会的有效手段。在这样的时代背景下，明代后期江南地区出现了一系列民间慈善组织，诸如同善会、放生会、掩骼会、一命浮图会、救生会 (局)、育婴会等。在这些慈善组织中，同善会是最具代表性的。同善会最早出现于万历十八年 (1590) 的河南虞城县，但它的流行是在江南地区。从万历后期到崇祯年间，武进、无锡、嘉善、太仓、昆山、苏州、华亭、平湖等地先后创立了同善会。江南地区最早的同善会是由东林党人士钱一本在其家乡常州府武进县创立的。根据高攀龙《同善会序》的说法，钱一本创建的同善会每年聚会4次，筹集经费，实施救济，寒者给衣、饥者给食、病者施药、死者施棺。此后，东林党成员高攀龙、陈幼学等人又在无锡，陈龙正等人在嘉善，顾士琏等人在太仓相继成立了同善会组织。

同善会有着强烈的道德教化色彩，常常举办道德讲演。无锡同善会的创立者高攀龙、陈幼学、叶茂才、刘元珍等都是东林书院的著名学者。受到友人钱一本的影响，他们商议创建无锡同善会，其目的是营造良好的社会风气，并以此消除杀气，挽救日益衰颓的时势。因此，每当同善会聚会之际，都举行公开讲演，推举司讲向听众进行道德说教，如高攀龙在同善会第一次讲演中说："一人作歹，十人看样，便成了极不好的风俗。这一团恶气，便感召得天地一团恶气。……做好人虽吃些亏，到底总算是大便宜。做恶人虽讨些便宜，到底总算是大吃亏。急切回头，不可走差了

---

[1] 王汎森：《日谱与明末清初思想家》，见《晚明清初思想十论》，复旦大学出版社2004年，第122-123页；赵园：《〈人谱〉与儒家道德伦理秩序的建构》，《河北学刊》2006年第1期。

路,害了自家,又害子孙,又害世界。"[1]他们除了用这些黑白分明的道理来劝导众人为善、安分守己之外,还为官方的政策做宣传,要求人们遵从朱元璋"孝顺父母、尊敬长上、和睦乡里、教训子孙、各安生理、毋作非为"的训导。嘉善同善会是由举人出身的陈龙正于崇祯四年(1631)创立的。与无锡同善会一样,嘉善同善会也进行演讲,劝人为善为诚。陈龙正在讲演时指出,贪口是消财的病,懒惰是没出息的病,心想不定是一事无成的病,要求人们戒除"三病"。

道德教化色彩也贯穿于同善会的救济活动中。同善会在施行救济时,除了贫穷这一物质标准外,还往往对救济对象提出道德品行方面的要求。高攀龙制定的无锡《同善会规例》和陈龙正所作《同善会式》中都提出,对于贫困无依的孝子、节妇,要优先给予救济,其次才考虑那些未被养济院所收、贫困潦倒而不愿为乞的贫老病人。至于"不孝不悌、赌博健讼、酗酒无赖及年少强壮、游手游食以致赤贫者",则一律不予救助。从太仓同善会的运营过程中,我们可以看到,这种规定得到了严格执行。当时人陆世仪记载,他曾向同善会推荐了4个救助对象:一是已故友人的妻子——友人具有生员身份;二是亲友陈瑚的父亲——陈瑚有生员身份,其父是私塾先生;三是友人的叔父——友人是生员;四是同族叔祖,该人曾为私塾先生。结果四人都得到了同善会的救济。后来,当他想帮族婿费伯言争取一具棺木时,由于费平时"游手好闲,喜食懒作",品行不良,最终未能如愿。[2]

同善会是由地方绅士创立的,创立者一般都具有进士、举人或者生员(即秀才)的身份,有些人还有过为官的经历。他们往往结成团体,利用群体的力量从事慈善活动。如无锡同善会的创立者高攀龙、陈幼学等都是东林书院的骨干,高攀龙不仅是进士,且官至都御史;嘉善同善会的陈龙正、周丕显都是举人,魏学濂是生员;太仓同善会的主要人物顾士琏是生员,而且同善会组织与太仓知州、复社领袖张采也有密切关系。因此,同善会创立后,能够不断扩大影响,吸收的人数持续增加,无锡同善会成立仅3年,成员已达100多人。嘉善同善会开始时有会员近100人,10年后

---

[1] 高攀龙:《高子遗书》卷12《同善会讲语》,见《景印文渊阁四库全书》第1292册,台湾商务印书馆1986年影印本,第720页。
[2] [日]夫马进:《中国善会善堂史研究》,张学锋等译,商务印书馆2005年,第97-99页。

更增加到数百人。

同善会的经费主要依赖会员捐献。每次捐献的金额,按照嘉善同善会的规定,从银九分到九钱不等。在聚会日由会员交给会计。崇祯五年(1632)嘉善同善会春季聚会时,共收到七十份捐款,计银十九两,平均每份银二钱七分左右。崇祯十三年(1640)春季聚会,共收到四百五十九份捐款,计银九十三两四钱一分、钱一万一千六百三十文。按银一两为钱一千文换算,平均每份银二钱三分左右。随着申请救济人数的增多,每次筹集的捐款已不敷支出,时有捉襟见肘之忧,故陈龙正时已开始置办不动产——土地,以地租收入来维持同善会的运营。

同善会定期举行聚会。聚会的次数各地有所不同,如无锡、嘉善同善会每季度一次,即一年四次,原则上定在2月15日、5月15日、8月15日、11月15日。太仓同善会每年两次,定在4月15日和10月15日。聚会的目的主要有三:一是向会员收集捐款;二是根据会员平时调查的情况(如确认没有做过恶事的贫困之家,贫穷无依的孝子、节妇等),确定救济对象,讨论款项的具体分配;三是由主会人用通俗浅显的语言进行讲演,以劝人为善、做安分守己的良民,共建"好风俗"。

同善会活动持续的时间不一。嘉善同善会在陈龙正故世后即已衰颓,而无锡、昆山等地的同善会,至清初仍很活跃,而且,同善会组织在清代江南地区曾一度复兴。同善会在全国其他地区也产生了一定影响,据陈龙正崇祯十六年(1643)《剖析伪学疏》,"浙、闽、鲁、豫、昆山、华亭、江西、口北,仿行同善会者,亦十余处"[1]。但总体而言,明代的民间慈善事业还处于初级阶段,无论内容还是涉及的社会面,都比较狭小。这种情况至清代才得到改观,随着大批善会、善堂的出现,清代江南地区的民间慈善事业呈现出前所未有的兴盛局面。

三、清代江南民间慈善活动的兴盛及其原因

清代江南民间慈善活动的兴盛,主要表现在以下方面:

第一,民间慈善组织数量众多。明代江南地区的社会救济设施或慈善

---

[1] 陈龙正:《几亭全书》卷38《政书·奏议》,见《四库禁毁书丛刊》第12册,北京出版社1998年,第358页。

团体的数量还极为有限,除官营的养济院、药局等外,只在少数地区出现过民间慈善团体。而清代则不同,机构团体数量大为增加。就部分地方志的记载可见,清代江南各地大多设立过各种慈善团体。详见表16-1。

表16-1 清代江南部分地区慈善团体情况统计

府属	县名	数量(个)	资料出处
苏州府	吴县	28+12	民国《吴县志》卷30,光绪《重修常昭合志》卷17
	长洲	17	
	元和	34	
	常熟、昭文	36	
松江府	上海	56	嘉庆《松江府志》卷16,同治《上海县志》卷2,民国《上海县续志》卷2,光绪《重修华亭县志》卷2,光绪《青浦县志》卷3
	华亭	15	
	青浦	16	
常州府	无锡、金匮	12	光绪《无锡金匮县志》卷30,民国《江阴县续志》卷28,嘉庆《宜兴县志》卷2,光绪《宜荆县志》卷6
	江阴	27	
	宜兴、荆溪	64	
嘉兴府	嘉善	11	光绪《嘉善县志》卷5,光绪《石门县志》卷18,光绪《平湖县志》卷4
	石门	14	
	平湖	12	
湖州府	乌程	6	同治《湖州府志》卷42,光绪《归安县志》卷18
	归安	17	

说明:"+"数字,系《吴门表隐》《桐桥倚棹录》等书增补,因具体地址不详,并入吴县计算。

第二,种类比较齐全。江南地区的慈善团体机构的功能各有侧重,从施济内容看,有对贫困百姓的施衣、施米、施粥等,有对病人的施药、诊治,有对死者的施棺、代葬及提供义塚;从施济对象看,有收容孤老贫病者的普济堂,有收容流浪者的栖流所,有收养遗弃婴儿的育婴堂以及保护幼婴的保婴堂等,有救济贞节妇女的恤嫠会、清节堂、儒寡会等,有管束不肖子弟的洗心局、归善局、迁善所等,有教育子弟的义塾,有综合性实施救济的芹香堂、同仁堂、博济堂等,还有养牲局等放生团体,甚至出现了惜谷会、惜字会等团体。可以说,清代的慈善团体机构种类齐全、应有尽有,涉及各个方面。

第三,财力相对充足。明代慈善团体如同善会等经费极少,主要依靠会员的捐助。除用于维持同善会运营以外，能用于救济的金额极为有限。为此，陈龙正在募集金钱的同时，也呼吁会员捐献土地，以地租收入维持开支。到了清代，善堂的经费来源扩大，金额增加，除地方绅富捐助以外，官府也往往通过拨款拨田等方式，支持善堂建设。如苏州育婴堂自乾隆二年（1737）起得到财政资助，官府"奉旨拨给没官房价银"12 000余两；四年（1739），江苏巡抚张渠"酌动存公帑项"，为育婴堂建屋140余间；九年（1744）江苏巡抚陈大受"奏请拨给江宁县没官新涨芦洲若干亩"。[1] 乾隆二十四年（1759）署江苏巡抚陈宏谋鉴于苏州普济、育婴等堂"需费浩繁"，将通州、崇明等处新涨滩地拨归善堂。[2] 后因滩地坍没过多，嘉庆年间江苏巡抚朱理"请将清出沙地缴价归堂，买补颓缺，以完经费"。[3] 加上民间捐输所得，在咸丰十年（1860）毁于兵燹前，苏州育婴堂共有江阴、海门、常熟等处芦滩10 117余亩及"内地田"2 400余亩，[4] 成为当时苏州规模最大的善堂。

乾隆朝后杭州育婴堂也多次得到官府资助。乾隆五年（1740）浙江巡抚兼两浙盐政卢焯从盐商报效银中拨出1 200两发商营运，利息用于补助杭州育婴堂。[5] 乾隆九年（1744）浙江奏定，每年将"钱塘江渡船续添水手工食银"345两余拨给杭州育婴堂。[6] 乾隆十四年（1749）浙江巡抚方观承拨银16 000两发商营运，以其利息之半资助杭州、宁波、温州和衢州等处育婴堂。[7] 嘉庆五年（1800）起，两浙盐运司每年拨助杭州育婴堂银4 000两。[8] 太平天国战后重建的杭州育婴堂仍得到官府的大力支持。据宣统二年（1910）统计，包括育婴堂在内的杭州各善堂从浙江布政

---

[1] 李铭皖、谭钧培修、冯桂芬等纂：同治《苏州府志》卷24《公署四》，光绪九年刻本，第11页。

[2] 《高宗实录》卷579《乾隆二十四年正月下》，见《清实录》第16册，中华书局1985年，第393—394页。

[3] 李桓：《国朝耆献类征初编》卷194《疆臣四十六》"朱理"条，见周骏富：《清代传记丛刊》第156册，台湾明文书局1985年，第699页。

[4] 程肇清：《苏郡育婴堂志》光绪九年刻本，第1页。

[5] 延丰等纂修：嘉庆《钦定重修两浙盐法志》卷4《课额二》，见《续修四库全书》第841册，上海古籍出版社1995年，第44页。

[6] 昆冈等修、刘启端等纂：光绪《钦定大清会典事例》卷269《户部·蠲恤》，见《续修四库全书》第802册，上海古籍出版社1995年，第301页。

[7] 方观承：《方恪敏公（观承）奏议》卷2《抚浙奏议》，沈云龙：《近代中国史料丛刊》第11辑，台湾文海出版社1967年，第239—243页。

[8] 民国《杭州府志》卷73《恤政四》，1992年铅印本，第31—32页。

使、两浙盐运使等处"领款"达 41 250 余元，约占该年善堂总收入的 44%。[1]

第四，参与阶层广泛。清代以前的慈善救助活动大多是由地方有力者主持的。随着江南地区商品经济的发展和工商业的发达，工商业者开始成为慈善事业中的一支重要力量，办理慈善活动成为会馆、公所的重要职能。众所周知，作为工商业组织的会馆出现于明代，从苏州的情况来看，明代的会馆是否曾开展慈善活动还是一个难以确知的问题。[2] 从现存碑刻资料来看，最早开展慈善活动的工商业组织可能是康熙年间创立的书坊业崇德公所。乾隆以后，会馆、公所开展同业慈善活动的情况逐渐增多，嘉庆、道光以后，日趋普遍。[3] 大体而言，会馆、公所慈善活动的首要救助对象是同乡同业者，事业内容包括为同乡同业者办理丧葬事宜、为同乡同业者提供居住之所、救助贫病的同乡同业者及其亲属、教育同乡同业者的子弟等方面。

为举办慈善活动，有的会馆、公所或商帮还设有专门机构。如清代徽商在苏州设有积功堂、积德堂、诚善局，在上海设有徽宁思恭堂、敦梓堂，在杭州设有惟善堂，在嘉兴设有翳荫堂、存仁堂、广仁堂，在常熟设有存仁堂、广仁堂，在娄县设有崇义堂，办理同乡丧葬事宜。[4] 其中，杭州惟善堂由徽商建立于嘉庆初年，专办"同乡客故停柩载送回徽"事宜。[5] 堂中设"权厝所"，"凡旅榇之至，则先告于司事，司事即遣信告于其家，予以迎柩限期，其家人有力者，任其自备资用迎归故里；力不足者，酌助之；极无力者，尽给之"。过期无人来接的棺柩，"司事将堂中所置公地代为埋葬，仍立石识姓名，俾异时来迁移者毋贻误"。[6] 为与杭

---

[1] 浙江省城善堂：《浙江省城善堂收支报告（宣统二年）》，宣统铅印本，第 2-4 页。
[2] 明确记载明代会馆举办慈善活动的资料迄今未见。作于乾隆四十九年（1784）的《潮州会馆碑记》中有"会馆之设，迓神庥、联嘉会、襄义举、笃乡情"的说法，但潮州会馆虽创于明代，所谓"襄义举"一事并未指实是明代。
[3] 王卫平：《清代（康熙~光绪年间）江南城市的公所》，日本《史学研究》总第 210 号，1995 年。
[4] 范金民：《国计民生——明清社会经济研究》，福建人民出版社 2008 年，第 691 页。
[5] 李琳琦、梁仁志：《徽商会馆公所征信录汇编》下册《新安惟善堂征信全录（光绪二十九年刊）》，人民出版社 2016 年，第 628-629 页。
[6] 李琳琦、梁仁志：《徽商会馆公所征信录汇编》下册《新安惟善堂征信全录（光绪二十九年刊）》，人民出版社 2016 年，第 627 页。

州惟善堂的善举相配合,徽州府歙县在境内"水南王村地方"设"新安六县登善集",登善集"乃杭郡惟善堂载回旅榇暂停之所",与惟善堂"表里相副,缺一不行"。登善集接收杭州惟善堂运回的棺柩,提供暂停服务,并补贴贫困丧家费用;实在无力营葬者可由登善集"代葬义地"。[1] 黟县也设有登善集,"只准安放惟善堂送来本邑之棺具",逾期无人领葬者"即为掩埋于本集之义地"。[2]

江南市镇也设有此类机构。康熙三十八年(1699),徽商张佩兰在苏州府盛泽镇东肠圩捐建新安义学,教育同乡子弟。张佩兰"念新安居斯土者不下数十家,力不能尽延师,慨然捐宅为义学,设考亭朱子像于高阁,旁为学舍,延良师,设脩脯,招乡人愿学者,毕来受业,虚中堂为同乡集会之所而已,居其旁,以券归诸乡人,令乡人子孙世世无废学"。后来的徽宁会馆即以新安义学为基础建立。[3] 嘉庆十四年(1809),在苏州府盛泽镇经商的安徽徽州府六县和宁国府旌德县的商人,捐资建立徽宁会馆。会馆附设积功堂,办理同乡丧葬事宜,"置殡舍,权依旅榇,俟其家携带以归。其年久无所归者,徽郡六邑,宁国旌邑,各置地为义冢,分为两所。每岁季冬埋葬,具有程序"。[4] 嘉庆十八年(1813)徽籍商人在南汇县新场镇建立"思义堂安徽公所,傍连冢地,凡徽籍之物故于此,无力扶榇者代为埋葬,有力之棺寄停堂中,以待回籍搬迁"。[5] 杭州府塘栖镇新安会馆设有"新安怀仁堂",办理同乡丧葬事宜,去世同乡棺柩暂寄堂内,待家属领回,逾期不领者掩埋于义冢。[6]

第五,慈善活动经常化。明代同善会都是定期举行慈善救济活动,或一年两次,或一年四次。而清代的慈善组织则不受时间的限制,随时施行救济,活动变得经常化了。

---

[1] 李琳琦、梁仁志:《徽商会馆公所征信录汇编》上册《新安惟善堂征信全录(光绪七年刊)》,人民出版社2016年,第419页。
[2] 李琳琦、梁仁志:《徽商会馆公所征信录汇编》上册《(黟县)登善集》,人民出版社2016年,第264-265页。
[3] 仲延机辑:乾隆《盛湖志》卷14《学舍》,乾隆三十五年刻本,第3页。
[4] 《徽宁会馆碑记》(道光十二年),见苏州历史博物馆、江苏师范学院历史系、南京大学明清史研究室:《明清苏州工商业碑刻集》,江苏人民出版社1981年,第356-357页。
[5] 李琳琦、梁仁志:《徽商会馆公所征信录汇编》下册《思义堂征信录》,人民出版社2016年,第1090-1091页。
[6] 李琳琦、梁仁志:《徽商会馆公所征信录汇编》上册《新安怀仁堂征信录》,人民出版社2016年,第304-305页。

第六，救助同族与乡邻的义庄盛行。宋代范氏义庄在江南地区产生了广泛而深远的影响。与清代善堂的广泛出现相呼应，世家大族效法范氏义庄，纷纷设立义庄。据统计，清代苏州府、常州府、松江府及太仓州、镇江府分别设立了210个、81个、49个和6个义庄。[1] 对同族贫困者进行救助是义庄宣称的建庄原则，吴江任氏义庄规定的赈恤内容包括："赡寡"，即接济贫穷的寡妇；"养老"，即给80岁以上的族人祝寿；"恤病"，即赡助病残无依靠者；"周贫"，即对读贫困者给予生活救济；"劝学"，即对读书及考取功名的人进行奖励；"助丧"，即资助不能安葬之人；"救急"，即实行临时性的补助。[2] 浙江海宁查氏义庄定有"助婚""助丧""义冢"等规，族人若有"年过二十五岁，业已订婚，贫不能娶者"，义庄查明"年岁属实，助婚费十千文"；"父母夫殁，贫不能治丧者"，义庄"助棺殓费五千文"；义庄有"合族义冢"，"贫乏愿葬者"可在此下葬，义庄发给助葬费一千六百文。[3] 苏州程氏资敬义庄规定，族中"无力成殓者助八两，十七岁以下四两，八岁以下不助"；"无力安葬者助八两，十七岁以下四两，八岁以下不助"；"无力娶妇者助八两，无子续娶者助八两，有子续娶者助四两，无子娶妾者助四两"，"无力嫁女者助四两"；"贫乏之家生产助二两，如系遗腹助四两"。[4] 丹徒吕氏义庄除规定救助贫困族人生活外，还特别强调要教育子弟："族中童子，除有力者入家塾外，无力者特立义学延师教读。其居处远而不克至义学者，七岁至九岁岁贴修金银二两，十岁至十二岁三两，十三至十六岁四两，十七至二十岁果系有志上进、认真读书，外给膏火银四两。"资质有限者十三岁后应及时习业，义庄将资助其学徒费用，应考者可给予路费补贴，考取者发给奖金。[5] 总之，义庄的救助内容可分生活救助与教育救助两大方面，生活救助包括发给孤贫老疾之人补助、补助族人婚丧嫁娶生育费用、荒年赈灾等，教育救

---

[1] 李学如：《近代苏南义庄与地方社会研究》，上海三联书店2016年，第83页。
[2] 任兆麟：《有竹居集》卷13《任氏义田规条十二则》，见《清代诗文集汇编》编纂委员会：《清代诗文集汇编》第484册，上海古籍出版社2009年，第506-507页。
[3] 上海图书馆：《中国家谱资料选编·经济卷》，陈绛整理，上海古籍出版社2013年，第418页。
[4] 上海图书馆：《中国家谱资料选编·经济卷》，陈绛整理，上海古籍出版社2013年，第433页。
[5] 上海图书馆：《中国家谱资料选编·家规族约卷》上册，周秋芳、王宏整理，上海古籍出版社2013年，第268页。

助包括设立义学义塾,免费教育族中子弟,补贴族人就学费用,鼓励和奖助族人参加科举考试,资助族人习艺择业等。

除救助同族外,宗族义庄有时还有惠及乡里之举。如清代苏州潘氏所设丰豫义庄救济的对象则全部是地方贫民。[1] 常熟邹氏隆志堂义庄规定:"里中贫老男妇,于冬至后施给棉衣","里人无力收殓,乞施棺木者,须由尸属地邻报明所故姓名注册,给发其棺"。[2] 常熟恬庄杨氏敦本堂义庄规定施药、施衣救济乡邻亲族,"施送各药,依方修合,里族中贫病者,对症给与,司事者不得草率从事","里中贫老男妇,于冬至起,岁底止,施舍棉衣,司事者预为置备。如果年逾六旬,询明邻里,登簿给发"。[3] 光绪二十五年(1899),嘉定曾氏瑞芝义庄设"中西义塾",除教育本宗子弟外,"有余额许外姓子弟之聪颖者",并在"各田庄分设蒙学堂五六所,延师教读","凡佃户子弟来读者,愿贴脩金多寡不计,无力不出者听"。[4]

清代江南地区慈善活动的兴盛,有着极为复杂的原因。从各种类型善堂、善会的兴起过程中,我们可以发现其直接的动机有着较大的差异,如育婴堂的普遍建立,当与民间弃婴、溺婴之风有关;栖流所的设置,与社会上流民的大量存在密不可分;义庄的涌现,则是与江南地区多富室、宗法观念强烈这一事实紧密相关的。但就深层次来看,清代江南慈善事业的兴盛,主要有如下一些原因:

一是士绅势力的增强及其积极参与慈善事业。士绅力量的增强及其越来越多地参与地方事务,是明清时期特别是清代一个引人注目的现象。这一情况在江南地区表现得尤为突出。不仅在明末清初善堂、善会的产生时期,而且在清代的慈善活动中,随处可以见到其活跃的身影。从清代江南地区慈善组织的创立情况看,地方士绅担当了慈善组织的积极倡导者、踊跃捐输者和事务管理者的角色,《嘉善县志》卷五"公署"引县令罗某的话,把承办善堂说成是"善邑贤士大夫之责也"。具体事例不胜枚举,如苏州育婴堂就是在"士大夫耆庶请有司"以后,由进士出身的蒋德埈为首

---

[1] 余新忠:《清中后期乡绅的社会救济——苏州丰豫义庄研究》,《南开学报》1997年3期。
[2] 王国平等:《明清以来苏州社会史碑刻集》,苏州大学出版社1998年,第234页。
[3] 杨希濂:《恬庄小识》,广陵书社2007年,第90-92页。
[4] 转引自李学如:《近代苏南义庄与地方社会研究》,上海三联书店2016年,第240-241页。

创建的；苏州锡类堂，虽由知府姚孔鉌创建，但也是"延邑之有力而好义者十二人专司每月钱币之出入""择士之精敏强干者十五人为司事"。[1]这些善堂的事务，设有司岁、司月、司堂、司医、司收等分工负责，担当者都是倡捐建堂的所谓"同志之士"，即地方士绅，如苏州普济堂，"以郡城殷实富户轮年递充司事"。[2] 常熟、昭文县的育婴堂、广仁堂等以"绅士为监堂，生员为董事"或"绅士为监局，生员为司事"。[3] 松江普济堂由绅富管理，"司事即轮华、娄两邑之有力者逐年更代"。[4] 嘉庆年间所定《普济堂规条》称："堂务永远民为经理，不得假手吏胥，致滋弊窦"，"董事管理堂务，三年更换"，由知府在华亭、娄二首县绅富中"择其身家殷实，才具干练者四人帖谕委办"。[5] 晚清杭州设有善举总董主持各项慈善事业，在已知的晚清21个总董中有进士4人和举人5人，多人曾出任按察使、工部主事之类的实官，均属地方士绅。[6]

二是商品经济发展的推动。清代江南地区善会善堂的普及、慈善活动的兴盛，与商品经济的发展有着密不可分的关系。明清时期的江南是全国商品经济最为发达的地区。商品经济的发展带来了城市的繁荣、市镇的勃兴、工商业的发达，也引起了社会思潮的转变，经营工商业不再是低贱的事了。在这样的背景下，出现了地主城居化的现象。这些城居地主不再依赖地租生活，而是广泛参与工商业经营，发财致富。随着城市中以士绅为主体的地方有力者人数的增多和势力的壮大，他们开始插手地方事务，其中包括主持民间慈善活动。前面所述各种善堂的创建即是出于这一背景。

外地商人云集江南城镇，也是商品经济发展的一个重要表现。这些外地商人为了团结同乡或从事竞争，组织了不少会馆、公所等组织。但是，商品经济发展必然造成竞争的加剧，竞争的结果是贫富两极分化，行业内

---

[1] 李铭皖、谭钧培修，冯桂芬等纂：同治《苏州府志》卷24《公署四》，光绪九年刻本，第2页。
[2] 顾禄：《桐桥倚棹录》卷6《义局》，上海古籍出版社1980年，第84—85页。
[3] 郑钟祥、张瀛修，庞鸿文等纂：光绪《常昭合志稿》卷17《善举志》，光绪三十年木活字本，第2页。
[4] 博润修、姚光发等纂：光绪《松江府续志》卷9《建置志》，光绪十年刻本，第3页。
[5] 宋如林修、孔星衍等纂：嘉庆《松江府志》卷16《建置志》，嘉庆二十三年刻本，第8—9页。
[6] [日]夫马进：《中国善会善堂史研究》，伍跃、杨文信、张学锋等译，商务印书馆2005年，第477页。

部的矛盾日趋尖锐;同时,小生产者地位的不稳定性,也使得处于商品经济漩涡中的工商业者不得不为叵测的前途预留出路。正是在这样的情况下,对同乡或同业人员实行救济,成为工商业组织的重要职能,从而构成清代江南地区慈善活动的一个重要方面。

三是人口压力的影响。人口的快速增长造成的生存压力,是清代江南地区一个最为突出的社会现象,不能不对慈善活动的兴盛造成强有力的影响。现有的研究成果表明,清代是中国人口急速增长的时期,尤其是乾隆、嘉庆、道光三朝,人口先后突破2亿、3亿、4亿大关,人口增长率一直保持着迅猛的势头[1]。人口的快速增长,导致人地关系失调,从而造成大量人员失业。这种情况在江南地区表现得尤为明显。

人口迅速增长,带来许多社会问题。江南地区表现得最为突出的是人地矛盾的尖锐化。一定的土地能养活的人口是有限度的。超过这个限度,人口的增长非但不能促进生产力的发展,反而会成为生产力发展的障碍。因此,在传统的农业社会中,人口因素在某种程度上对于经济发展具有决定意义。江南地区自然条件优越,经过历代的开发,自唐宋以后即已成为全国的经济重心所在。与此同时,江南的土地开发也已到了极限,这明显地表现为南宋以后圩田、围田的大量出现。明代开始,人地关系已趋严峻。[2]延至清代,随着人口的急速增加,人地矛盾更为尖锐,田边塘畔、宅前屋后种植桑麻果蔬,可以说到了见缝插针的地步。乾隆《吴县志》即有"国家太平日久,休养生息之众,人民户口百倍于前,地无不耕之土,水无不网之波,山无不采之木石,而终不足以供人之用"的记载。[3]人均耕地面积越来越少,以苏州府为例,雍正十三年(1735)的人均耕地面积为2.70亩,嘉庆十五年(1810)为1.95亩,二十五年(1820)为1.06亩。[4]而据古今学者的推算,在清代维持一个人生存的土地数,即所谓的"饥寒界线"约为4亩。[5]以此标准衡量,雍正以后

---

[1] 周源和:《清代人口研究》,《中国社会科学》1982年第2期。
[2] 从翰香:《论明代江南地区的人口密集及其对经济发展的影响》,《中国史研究》1984年第3期。
[3] 姜顺蛟、叶长扬修,施谦纂:乾隆《吴县志》卷24《风俗》,第13页。
[4] 据同治《苏州府志》卷13《田赋二》和洪焕椿编《明清苏州农村经济资料》(江苏古籍出版社1988年)有关章节测算。
[5] 周源和:《清代人口研究》,《中国社会科学》1982年第2期。

苏州府的人口过剩现象已十分严重,而嘉庆末年更到了前所未有的程度。因此,大量人口贫困失业、游食社会终至死于沟壑就不是难于理解的了,客观上都要求地方社会加以救助。[1]

当然,在分析清代善堂大量产生、慈善活动兴盛的原因时,太平天国战争的影响也是不能忽略的。如前所述,同治、光绪年间是善堂普及的重要时期。其所以如此,乃在于太平天国战争严重地破坏了江南地区的社会秩序。为了尽快恢复社会秩序,清朝政府不能不谋求地方社会的配合与支持。因此,建立慈善组织成为地主阶级重建社会秩序的自救策略之一。

四、江南地区慈善事业的近代转型

从鸦片战争开始,中国迈入了素有"三千年未有之大变局"之称的近代。对中国社会而言,这是挫折和屈辱接踵而至的阶段,也是各种新思想、新事物纷至沓来的时期。随着中国社会形势的急剧变化和西方思潮的冲击,中国传统慈善事业也开始了近代转型的历史进程。不仅传统慈善组织出现了变化,新型慈善组织和具有近代色彩的新型慈善救助活动也陆续出现。江南地处东部沿海,社会形势的变化更为剧烈,西潮的冲击也尤为强烈。与此相应,慈善事业的近代转型历程最为明显。

江南地区的传统慈善组织近代以来发生了明显变化,由"重养轻教"转变为"教养并重"。清代嘉庆、道光年间,江浙地区的栖流所只收容濒临死亡的流民,并为之提供有限的生活和医疗救助。但进入晚清以后,栖流所的功能和运营办法发生了显著变化。第一,收容对象的范围有所扩大。清代前期的栖流所大多只收"将毙未毙"的"病茕",对收养对象的资格有着严格的限制;而晚清时期苏州、上海、扬州栖流所收养对象的范围就大为扩充了,乞丐、女性流民开始成为栖流所的收养对象。第二,救助手段的改进。清代前期的栖流所只为流民提供衣食和医疗方面的救助,使其维持生存,救助办法比较消极;而晚清苏州、上海、扬州栖流所的救助办法则要积极得多,它们开始兼办"戒烟"善举,不少栖流所还注重训练流民的职业技能并为之提供就业机会。之所以出现这种变化,原因有两

---

[1] 王卫平:《清代苏州的慈善事业》,《中国史研究》1997年第3期。

方面:一是近代流民问题日趋严重,社会治安日益恶化,迫使人们对流民问题投入更多关注,并采取更为有效的措施;二是西方国家相关思想和制度的影响。[1]

又如道光年间的苏州丰备义仓,原本是作为传统救荒机构设立的,由官府管理,只具备救济灾民的职能。太平天国战争之后重建的丰备义仓则转为官绅合办,其职能也不断扩展:一是保障面不断扩大,除继续救助灾民外,还开始大规模救济失业的手工业工人,形成了我国近代失业保障制度的雏形,并调拨经费,资助苏州粥厂;二是保障层次的提高,如资助儒孤学堂和苏州"蒙小学堂"建设,保障失学儿童就学。资助贫民习艺所,专门收养无所依靠的贫民,并教授其各种手工工艺,使其有一技之长。[2]

近代江南地区还出现了许多新型的慈善公益机构,如借钱局、洗心局、迁善所、济良所等。借钱局是借鉴中国传统的印子钱办法设立的、以小额借贷的方法救助失业贫民的慈善组织,它最初出现于光绪初年的扬州,后来各地陆续仿行。如光绪八年(1882),苏州先后设立城东因利局和城西借本公所两个同类机构。苏州绅士顾文彬在日记中记载了城东因利局的创办过程:"(因利局)创始于扬州,吴子实、吴子和昆仲特仿而行之,商之于余,余竭力怂恿,并捐五十元助之,局名因利。其数由数百至二千文止,以示限制。"[3]城西借本公所的主持者为苏州绅士谢家福。据其《苏州王枢密巷城西借本公所节略》所述,光绪八年(1882)三月,苏州阊门钱业、绸业商人借用城西王枢密巷的电报局房屋举办借本公所,所需资本合银1 111余两,其中455两来自苏州桃花坞赈局办理华北义赈后的余资,656两由各商号捐集。借本公所的借款数额原定每户不得超过2 000文,但鉴于先期开办的城东因利局已有借出三四千文的情况,遂仿照扬州成例,改为以5 000文为上限。还款不收利息,分20期还清。至当年十一月止,已顺利收还423户共计948两的借款,没有发生任何拖欠。新借出209户计573两的借款亦能"按期拨还,必可收清"。和扬州借钱局一样,贫民借款时需寻觅保人,并由所中派人核实。由于收还一期借款

---

[1] 参见黄鸿山:《中国近代慈善事业研究——以晚清江南为中心》,天津古籍出版社2011年,第49—72页。

[2] 参见黄鸿山:《中国近代慈善事业研究——以晚清江南为中心》,天津古籍出版社2011年,第25—48页。

[3] 顾文彬:《过云楼日记》光绪八年二月,上海图书馆藏稿本,不分页。

就需过账数百户,一旦发生拖延,还需派人多次催促,借还事务格外烦琐,所以借本公所雇佣3人经办具体事务。每月薪资、饭食、茶水、纸笔等开支约需24、25两,后规定每月不得超过银13两,由地方官府每月补助5两,主持者另从借款本金中拨出1 000两交存钱庄生息,按月息8厘计,每月可得8两,二者相加恰符13两之数。本金拨出1 000两后,尚余100余两,主持者拟再筹募数百两,一并交钱庄收存,以便随时出借周转。[1]与传统慈善组织偏重采取赈济和收养等消极救助相比,借钱局着眼于帮助贫民依靠自身力量摆脱贫困,化"输血"为"造血",化"授鱼"为"授渔",显然是对传统救助理念的实质性突破。这一做法后来引起重大反响,民国年间政府实施的小本借贷,即受到借钱局的直接影响。

洗心局、迁善所(局)的职能为收容改造不肖子弟和地方无赖,最早由苏州士绅冯桂芬借鉴西方教养局的办法设立于苏州。同治年间,冯桂芬父子在家乡苏州创办洗心局,洗心局章程的主要内容如下:(1)洗心局专为20岁上下的"失教废学、误入下流"的名门旧族子弟而设。子弟入局时须父兄或亲族出具保证书,如果出现疾病和意外,"各安天命,与局无涉";并且要说明子弟性情举止、所犯过错和读书习业情况,以便对症下药、因材施教。(2)在生活待遇方面,子弟每人独居一室,以免群聚生事;"每日一粥两饭,饭菜与局中司友无异",不得私吃零食和吸水、旱烟;亲属不得私下探视和递送钱物。(3)在教育和改造措施方面,除罹患重病者外,子弟不许外出;每月初一、月半集会聆听教习宣讲《圣谕广训》;每日清晨起身,上午学习书算,下午根据性情,各习一技,晚饭后各自回房休息,不准点灯,早眠早起;染有鸦片烟瘾者服药戒烟;子弟须听从约束劝导,平时须平心静气,不准高谈阔论及私下交谈。(4)洗心局定有专门的考核和奖惩办法。如设"功过簿",由教习将子弟每天的日常表现分别记功、过填写,随时考核;子弟务工应得的酬劳由洗心局代为保管,待出局时发还;号舍分别大小,初入局子弟先住小号,恪守局规、数月无过失者可迁入大号,以示奖励;表现良好者拔为"号长",现身说法,协助教习管教其他子弟;确已尽除旧习、改过自新者由洗心局通知家属领回,但收容期限由洗心局权衡,家长不得私自领回;不知改悔者由教习严

---

[1] 望炊楼主人(谢家福):《苏州王枢密巷城西借本公所节略》,《申报》光绪八年十一月十三日(1882年12月22日)。

加管教，必要时予以惩戒，如宣讲圣谕时罚令跪听，尤为顽劣者交原保送人领回；野性难驯、私自逃归者准许亲族重新送入，但须从严责罚，以儆其后。（5）管理方面，洗心局雇司事管理号舍和处理文牍，教习则身负教育子弟之责。司事、教习应以身作则，"凡斗牌及一切游戏等事概宜戒绝"，亦不准代子弟传递消息和物品。经费方面，子弟的衣食医药均由洗心局负责，家属应酌量捐助经费。经费收支按月核算，并将账册抄写一份，粘贴于大门外；年终时汇造经费清册和统计收容人数，上报各级官府，并在神位前焚化副本。[1]

洗心局收容对象的性质和教养措施，与传统慈善组织存在重大差别。其收容的不肖子弟正是传统慈善组织不予救助的对象，其在生活救助的基础上，还要教授文化知识与工艺、进行职业培训，这与传统慈善组织侧重于为受助者提供衣食等生活方面的救助明显不同；而且，苏州洗心局开始采取禁闭、劝诫乃至罚跪等手段，以矫正不肖子弟恶习，迫使其改过自新，具备"劳动教养"或"劳动改造"机构的特色。在苏州的影响下，洗心局在光绪年间的江浙、两广、湖南、四川等省陆续仿行，也对清末的刑狱制度改革产生了重大影响。

济良所的职能为收容救助不愿为娼的妓女，最初由美国传教士设立于1901年的上海。上海济良所的职能为救助意欲从良的妓女，其运营办法如下。（1）济良所以有志从良的妓女为救助对象，被人霸阻而不能从良的妓女可亲赴捕房申诉，或请人代报济良所，由所中设法拯救。遭受虐待的婢女和童养媳也可以得到济良所的救助。（2）为使收容妇女能改正性质，去除以往陋习，便于日后重返社会，济良所将传授各种知识和技能，每日上午教授浅近文字，下午教习女红及各种家务技能。济良所特别重视对年幼者的职业培训，"凡年纪幼小未及嫁期者必教以学习一艺，以冀有以成立"。在济良所实施的教育办法中，宗教宣传占有非常重要的位置，收容妇女每天都要接受一小时的宗教教育，每周均有牧师讲道，有的收容对象还被送往圣经班或教会学校学习。（3）济良所对收容对象的人身自由有着严格限制，带有浓厚的强制和惩戒性质。成立之初的济良所多数收容对象是被巡捕抓来的。[2]她们未必自愿遵守济良所的各项制度，以致常常发

[1] 余治：《得一录》卷16《苏郡洗心局章程》，台湾华文书局1969年影印本，第1117—1124页。
[2] 安克强：《上海妓女——19—20世纪中国的卖淫与性》，上海古籍出版社2004年，第378页。

生逃跑的情况。济良所的收容期限至少为一年,如果收容妇女能尽除旧习,则准人迎娶为妻,但不准做妾。上海济良所成立后在社会上产生了重大影响,后来江南及全国的各大中城市也纷纷设立了济良所。如1907年镇江参照上海办法设立济良所,[1]1908年苏州着手"仿照镇江章程"将原有无怨堂改组为济良所,[2]1911年宁波创办保良局。[3] 南通1914年创办济良所,"延师授以国文、伦理、算学、缝纫、浣濯、烹饪诸学,其期为六月"。[4] 1916年安徽芜湖建立济良所,"收容娼妓并为之择配"。[5]

工艺厂局在清末新政时期大量涌现,职能为收养无业游民,并进行职业培训,以便其重新就业。如光绪二十九年(1903)江苏巡抚端方委派官员在省会苏州举办工艺局,招集生徒150人进局习艺。所学工艺分两类:一是制造著名土货,如织常熟布、花素缎及顾绣;二是仿制洋货,如织毛巾、绒毯、地席、洋袜、汗衫及制肥皂、卷烟等。上海士绅于光绪三十一年(1905)创设勤生院,"教贫民工艺",宣统二年(1910)改称"贫民习艺所";光绪三十二年(1906)创立孤儿院,从中分立小学堂和工艺所,"工艺,男孤分藤、木、农、织四科;女孤分缝纫、烹饪、图画、造花、刺绣五科";三十三年(1907)又创设贫儿院,宣统元年(1909)正式"开院收儿","凡男女贫儿合格者,得保证入院,照两等小学章程,分班教授,高等毕业者入艺科〔或酌送中学〕,艺科为木工、漆工、印刷、图画、音乐、保姆、产婆、看护妇、农桑、裁缝、刺绣、编物、造花、机织、革工、烹饪等科"[6]。光绪三十二年(1906),镇江筹建收容本地贫民的习艺所。次年,镇江士绅又集议创设流民习艺所,专收外地无业游民习艺。光绪三十三年(1907),两江总督端方饬令在南京创办游民习艺所,"必使游民习艺,得以自食其力,则邪僻亦可不作"[7]。常州知府筹设游民习

---

[1]《镇江设立济良所》,见《申报》光绪三十四年六月二十五日(1908年7月23日);《为无怨堂改设济良所的照会》1908年8月28日,苏州档案馆藏商会档案(档案号:I14-01-0091-024)。
[2]《苏商总会遵照改无怨堂为济良所呈文》,见章开沅、刘望龄、叶万忠:《苏州商会档案丛编》第1辑(1905—1911年),第717-718页。
[3] 吴錱:《宁波江北岸设立保良局章程序》,《申报》宣统二年六月十三日(1910年7月19日)。
[4] 南通县自治会:《二十年来之南通》,1938年印行,第102-103页。
[5] 铁道部财务司调查科:《芜湖市县经济调查报告书》,1930年印行,第81页。
[6] 吴馨、洪锡范修,姚文枬等纂:民国《上海县续志》卷2《善堂》,1918年刻本,第40页。
[7]《江督饬办游民习艺所》,《申报》光绪三十三年六月十七日(1907年7月26日)。

艺所,"专收游民及失业烟伙入所学习工艺"[1]。 光绪三十四年（1908），江苏太仓创办艺徒学堂,"分木工、藤工两种,专收贫民子弟之有志习艺者"[2]。 工艺厂局民国年间仍得到持续推广。 如民国杭州设有贫民工厂、贫女习艺所、感化习艺所等机构，1929年后并入救济院办理。[3] 上述新型机构多以"教养并重"为特征。

在"教养并重"理念的推动下，近代以来慈善教育事业也受到更多重视。 如松江全节堂光绪三十一年（1905）创办松筠女校，以便嫠妇子女就学。[4] 宣统元年（1909）松筠女校改为"女工传习所"，传授女性职业技能，"为女子谋自立"。[5] 松江育婴堂光绪三十二年（1906）增办蒙养院，宣统二年（1910）又添设孤贫儿院，后改名广育院，"以寓推广育婴之意"。[6] 蒙养院是学前教育机构，后改称幼稚园；广育院则有职业学校色彩，"专以培植孤贫子弟，一切由院供给，读书识字而外，教以竹木、缝织各手艺，惟性所择，学成而止"[7]。 蒙养院、广育院均不收学费，属于慈善教育机构[8]。 南通张謇称："举事必先智，启民智必由教育；而教育非空前所能达，乃先实业；实业、教育既相资相成，乃及慈善，乃及公益。"[9] 因此，他高度重视慈善教育事业，1912年在南通筹设盲哑学校和盲哑师范传习所，并捐资创办通州师范学校、图书馆、博物苑等多种设施，这些都带有慈善教育的性质。 民国前期江南地区的孤儿院以教养兼施、助孤儿自立于社会为宗旨。 1917年上海闵行开办广慈苦儿

---

[1]《拟设游民习业所》,《申报》光绪三十三年六月二十六日（1907年8月4日）。
[2] 王祖畲纂修、钱溯耆续纂：民国《太仓州镇洋县志》之《附录·自治》，1918年刻本，第50页。
[3] 顾彭年：《四年来之杭州市市政》（六续），见杭州市政府秘书处：《市政月刊》1931年3期，第8页。
[4] 方鸿铠、陆炳麟修，黄炎培纂：民国《川沙县志》卷11《慈善志》，1937年铅印本，第28页。
[5]《咨江苏巡按使松筠女子职业学校准备案并请转饬注重实习文》（1915年4月11日），《教育公报》1915年9期，第50-51页；《批松江县知事详送松筠附属女工传习所图表简章由》，《江苏教育行政月报》1914年15期，第94页。
[6] 民国《川沙县志》卷11《慈善志》，1937年铅印本，第27页。
[7]《艺游会纪略》,《申报》1914年11月10日。
[8]《松江育婴堂姚筠通告》,《申报》1916年3月13日。
[9] 南通市图书馆、张謇研究中心：《张謇全集》第4卷，江苏古籍出版社1994年，第467-468页。

院,收养孤贫孩童,分班教授普通学识,毕业后分送各工厂学习工艺。[1] 此外,上海还有龙华孤儿院、中华慈幼协济会、普益习艺所、私立上海贫儿院等多个功能类似的慈幼组织。

另外,红十字会组织在上海的创办、江浙地区的华侨积极参与祖籍故土的慈善公益事业,也是近代中国慈善事业发展史上的亮点。

五、江南地区慈善文化的历史地位

江南地区慈善事业发生早、慈善团体组织数量多、慈善人物影响大,可以说是中国传统慈善事业最为兴盛的地区,也是传统慈善事业最早开始近代转型的地区,因而在中国慈善文化发展史上具有重要地位。

(一)江南地区是宗族慈善组织的诞生地

北宋范仲淹在苏州设立义庄,救助同族贫困成员,以至"范氏无穷人",开宗族有组织地从事慈善义举的先河,所谓"苏郡自宋范文正公建立义庄,六七百年,世家巨室踵其法而行者指不胜屈"[2],"自明以来,代有仿行之(范氏义庄)者,而江以南尤盛"[3]。范氏义庄的成立,标志着宗族慈善事业的制度化,开创了宗族慈善事业的新模式,成为后世全国各地宗族义庄的模仿对象,产生了巨大影响,得到后世普遍认同。清代雍正皇帝在《圣谕广训》中,即鼓励各地家族"立家庙以荐烝尝,设家塾以课子弟,置义田以赡贫乏,修族谱以联疏远"[4]。这是江南地区对中国传统慈善文化的重大贡献。

(二)明清以来的江南是善会、善堂最兴盛的地区

明清时期的江南是善会、善堂最为兴盛的地区,各类慈善组织数量众多,功能各异,在救助社会弱势群体方面发挥了重要作用。统计显示,清代18个省份至少设有育婴堂、普济堂、施棺局、清节堂等各类慈善组织

---

[1] 江家瑚等修、姚文枬纂:民国《上海县志》卷10《慈善》,1936年铅印本,第8页。
[2] 王国平、唐力行:《明清以来苏州社会史碑刻集》,苏州大学出版社1998年,第257页。
[3] 冯桂芬:《显志堂稿》卷4"武进盛氏义庄记",光绪二年刻本,第3页。
[4] 清世宗:《圣谕广训》,见《景印文渊阁四库全书》第717册,台湾商务印书馆1986年,第594页。

3 589所，江苏、浙江两省各有969、367所，二省合计1 336所，占全国的37%。[1] 而且，明清以来的许多慈善组织往往首先出现于江南，继而对全国各地产生影响，成为各地模仿的对象。如全国最早的育婴堂便可追溯至明朝末年扬州的育婴社，日本学者夫马进统计，康熙二十三年（1684）前全国至少设有15所育婴堂，除北京、湖南武冈州的2所外，其余均设立于江南地区。[2] 救助守节寡妇的恤嫠会、清节堂同样如此。恤嫠会最初出现于乾隆三十九年（1774）的苏州，由苏州慈善家彭绍升创办；[3] 清节堂则最早出现于嘉庆十一年（1806）的南京。[4] 惜字会是以敬惜字纸为职能的特殊慈善组织，清朝康熙年间首先在江浙地区出现并走向普及。[5] 目前，最早的惜字会可追溯至康熙二年（1663）苏州城东文星阁的惜字会。[6] 明清江南慈善事业的繁荣，在全国处于首屈一指的地位，直至晚清时期，这一地位仍得到时人的公认。如民国《续修陕西通志稿》称："清代自同治中兴后，各省士绅以兵燹遗黎，嗷嗷待济。江浙闽粤之人见义勇为，每于都会重地、商埠要区，集资建堂，倡为善举，如义赈、义学、施棺、施药、惜字、停柩之类，此唱彼和，范围极宽。"[7] 即"江浙闽粤"人士在慈善事业方面最为积极和主动。

（三）江南地区是最早开始慈善事业近代转型的地区

中国古代传统慈善文化强调的是对诸如鳏寡孤独、贫病残疾等需要救助之人的"收养"，换言之，传统慈善事业往往侧重于生活救助。但慈善组织只事"收养"的传统理念，在清代后期发生了显著的变化。伴随西学东渐的浪潮，"教养兼施"的慈善理念开始出现，即强调在保障收养对象生活的同时，还要对其进行教育，改正其恶习，培养其技能，使其可以依靠自己的能力摆脱贫困。此后，教养结合的慈善机构渐趋增多，中国的慈善事业开始由传统向近代转型。这种转型历程最早发端于江南地区。在太

---

[1] 梁其姿：《施善与教化：明清的慈善组织》，河北教育出版社2001年，第331页。
[2] ［日］夫马进：《中国善会善堂史研究》，张学锋等译，商务印书馆2005年，第149页。
[3] ［日］夫马进：《中国善会善堂史研究》，张学锋等译，商务印书馆2005年，第323页。
[4] ［日］夫马进：《中国善会善堂史研究》，张学锋等译，商务印书馆2005年，第388页。
[5] 梁其姿：《施善与教化：明清的慈善组织》，河北教育出版社2001年，第179页。
[6] 彭定求：《文星阁修造记》，见同治《苏州府志》卷26《学校二》，光绪九年刻本，第45页。
[7] 杨虎城、邵力子等修，宋伯鲁等纂：民国《续修陕西通志稿》卷130《荒政四》，1934年铅印本，第37-38页。

平天国战争时期，苏州绅士冯桂芬就在大量接触、阅读西学书籍的基础上，提出中国慈善事业的改革构想，建议郡县普建善堂、家族设立义庄，广泛教养百姓。善堂"与义庄相辅而行，官为定制，择绅领其事，立养老室、恤嫠室、育婴堂、读书室、严教室，一如义庄法，以补无力义庄之不逮。严教室，教之耕田治圃及凡技艺，严扑作教刑之法，以制其顽梗，凡民间子弟不率教，族正不能制者，赌博斗殴窃贼，初犯未入罪者，入罪不遇赦若期满回籍者，皆入焉。三年改行，族正愿保领者释之。别设化良局，专收妓女，择老妇诚朴者教之纺织，三年保释亦如之，期于境无游民、无饥民、无妓女而已"[1]。义庄则"有一姓即立一庄、为荐飨合食治事之地。庄制分立养老室、恤嫠室、育婴室，凡族之寡孤独入焉；读书室，无力从师者入焉；养疴室，笃疾者入焉。又立严教室，不肖子弟入焉"。[2] 冯桂芬不仅扩大了传统慈善事业的内容，而且明确提出了对贫民教养并重的观点。这是对传统慈善思想的更新与突破，开启了近代慈善理念的先河。

在洋务运动期间及之后，一批以上海为活动中心的改良派思想家如郑观应、经元善等人，也纷纷撰文介绍西方的慈善理念与机构，主张学习其"良法美意"。如郑观应撰有《善举》一文，列举西方各国的慈善机构，主张在国内通过官绅合力，遍设善堂，酌定章程，"所有无告穷民，各教以一工一艺，庶身有所寄，贫有所资，弱者无须乞食市廛，强者不致身罹法网"[3]。这无疑是一种积极的济贫方法。经元善是清末上海著名的绅商，也是一位著名的慈善家。在长期的慈善实践中，经元善认识到"养与教同为仁政"，主张救急不如救贫，即不仅在灾荒发生后要及时募捐赈济，更应在平时筹措"善后之法"，主要包括"兴农开荒"和"课工教艺"。他认为，在当时条件下设立工艺院是课工教艺、惠泽广远的最大善举，"工艺院教成一艺，则一身一家永可温饱，况更可以技术教人，功德尤无限量……此举不但恤贫，且以保富；不仅可变通赈济，亦可变通一切善堂"。因此，他建议善堂均可改为工艺院，或在育婴堂、恤嫠院等善堂内"各设

---

[1] 冯桂芬：《校邠庐抗议》《收贫民议》，中州古籍出版社1998年，第154-156页。
[2] 冯桂芬：《校邠庐抗议》《复宗法议》，中州古籍出版社1998年，第166-169页。
[3] 郑观应：《善举》，见夏东元：《郑观应集》上册，上海人民出版社1982年，第525页。

小工艺所,俾孤儿长成,可谋生成家,孀妇得资,可赡育后嗣"[1]。上述理念对江南地区的慈善事业产生了重大影响,不但江南地区的传统慈善组织发生变化,而且借钱局、洗心局、济良所等一系列新型慈善组织也纷纷在江南地区出现,继而在全国范围内产生广泛影响。[2]

  慈善文化是江南文化的一个重要组成部分,也是江南值得称道的优良历史传统。大同社会所宣扬的"使老有所终,壮有所用,幼有所长,矜、寡、孤、独、废疾者皆有所养"理想,已成为中华民族传统文化的精髓,对中华传统慈善文化的形成、发展产生了根本性的影响。应该说,在建构中华传统慈善文化的过程中,江南地区的人民曾经做出了巨大的贡献。时至今日,江南地区慈善文化的繁荣程度仍在全国处于第一方阵,如2018年中国慈善联合会公布的"第五届中国城市公益慈善指数"显示,上海、苏州、南京、无锡、宁波5个城市,综合指数均位居全国前10名。当前,国家和社会高度重视慈善事业发展,但慈善事业发展不如人意之处尚多,甚至出现过不少引发社会关注的负面事件。面对这一状况,我们可以回顾历史,从既往的慈善文化发展过程中,吸取历史经验和教训,继承和弘扬扶危济困、乐善好施的传统美德,促进当今慈善事业健康发展。

---

[1] 虞和平:《经元善集》,华中师范大学出版社1988年,第245-246页。
[2] 参见黄鸿山:《中国近代慈善事业研究——以晚清江南为中心》,天津古籍出版社2011年,第1—5章。

第十七章　藏书文化

书籍是人类积累、存储和传播知识的重要载体，具有保存人类精神产品、交流传递知识信息、进行社会教育和丰富人们文化生活等多种社会功能。书籍既是社会生活的产物，又是促进社会进一步发展的有利因素，是文化的组成部分和文化发展的重要标志。中国是世界文明古国，书籍数量多，流传时间久，其悠久的历史文化是与书籍的收藏、保管、刻印传播和开发利用等密不可分的。

一、江南藏书文化的历史演变

中国古代私家藏书历史悠久，通常认为中国私家藏书始于春秋时期的孔子。常熟言偃北学孔门，列入"孔门十哲"，以文学见长，是孔子三千弟子中唯一的"南方夫子"。他跟随孔子整理上古文献，将孔子的口述笔录下来，整理成文献，其所笔录传播的《礼运》等篇，就是典型的孔学文献。言子遵照先师"吾道其南"的意愿，传播孔子学说，道启东南，文开吴会，开启崇文藏书传统。言氏家族传承言子文学传统已80余世，为典型的文学家族和传播文献的藏书家族。

（一）藏书历史进程

秦朝建立后，收缴各国典藏，建宫廷石室藏书。秦始皇三十四年（前213），实施"焚书坑儒"，对民间古文献的保存和学术的传授造成了极大的损失。儒生们通过秘密藏书与口耳相传，保存与传递古文献。秦末农民起义中，项羽军队纵火焚烧咸阳秦宫，使秦朝宫廷藏书化为灰烬。中国的文脉依赖民间藏书，才得以生生不息，薪火相传。

会稽郡吴县人朱买臣家贫不移志，酷爱读书，住穹窿山下，以砍柴为生，常将书藏于大石底下。苏州"藏书"地名由此而来，穹窿山有朱买臣读书台。朱买臣后为严助荐于汉武帝，拜中大夫，出任会稽太守，晋主爵都尉，后为丞相长史。东汉会稽郡山阴人赵晔撰《吴越春秋》，记载吴、越两国历史。同为会稽郡山阴人的袁康撰《越绝书》，记录吴、越两国史地及伍子胥、子贡、范蠡、文种等人活动。撰写《吴越春秋》《越绝书》这样的书，必然需要依据丰富的藏书。

东汉以后，江南地区多著姓望族藏书世家。三国时吴郡钱唐人范平研览坟索，遍该百氏。范平藏书后继者是其孙范蔚，有书7 000余卷。其藏书不以私秘，能公诸同好，供广大士人借阅。稍晚于范蔚的钱唐褚陶，藏书数与范家不相上下。吴郡的藏书世家有陆氏、张氏、顾氏等。陆氏世为江东大族，陆澄以读书为业，藏书万余卷，好学博览，世称硕学。他凭借丰富的藏书，编成《地理书》等。陆氏子孙多有抄书藏书行迹。张氏的张率与陆氏子侄互通书籍，尽读陆家万余卷书，梁天监初待诏文德省，敕使抄乙部书。张率弟张盾，家有《文集》并书千余卷。顾氏世代名宦，也是吴郡儒学世族的杰出代表。顾协博极群书，撰《异姓苑》《琐语》。顾野王笃学励精，利用藏书，撰《玉篇》《舆地志》等。

六朝以建康为都，北方人才南移，繁荣了江南藏书文化。东海郡兰陵萧氏即因北方丧乱，过江居晋陵武进县东城里，成为齐、梁时期南兰陵帝王之家。萧氏为藏书世家，家族人员藏书、读书、著书，为一时风雅。梁元帝萧绎性爱书籍，江陵城破时，自焚平生藏书达14万卷，为书史一厄。

南朝宋、齐、梁三代时，吴兴武康人沈约藏书颇为丰富，聚书至2万卷，京师莫比。他利用藏书，著《齐记》《宋书》《梁武纪》《梁仪注》等。梁代王僧孺与沈约、任昉同为当时三大藏书家。他家藏万卷，利用藏书撰有《东宫新记》《十八州谱》《东南谱集抄》《王僧孺文集》等。南朝梁尉氏人阮孝绪以收集天下文献为己任，凡家有藏书、书有目录者，必思录于名簿，所撰《七录》创七部分类法，对古代目录学有很大贡献。

隋唐时期国家统一、文化发展，隋朝实行科举取士制度，之后各王朝奉行前朝制度，促使读书、藏书者增多，加上写本书兴盛、雕版印刷术逐渐推广，江南私人藏书质量大为提高。

隋唐五代时期，苏州的私人藏书家多为故有望族、著名文学艺术家和在苏任职官员。唐代陆龟蒙家藏书万卷，精实正定，朱黄不去手。任晦退居里中将顾辟疆旧圃建为任晦园，藏书其中。在苏任职的唐韦应物、白居易、刘禹锡等，均有藏书事迹。韦应物贞元四年（788）任苏州刺史，藏书壁中，几阁积群书。白居易宝历元年（825）任苏州刺史，以自藏为基础，编类书《白氏六帖》，辑《白氏长庆集》《白氏文集》《白香山集》，抄成复本，分藏多处。刘禹锡大和六年（832）任苏州刺史，平时万卷堆床书，漫读图书三百卷。唐宣宗时，毗陵（今江苏武进）有刘绮庄，尝为苏州昆山县令，家多异书，著有《玉峰集类》《刘绮庄集》《刘绮庄歌诗》。

五代，吴越国王家藏书颇富，其间两经火灾，到宋太平兴国三年（978）钱氏归宋时，尚有不少书籍运送宋都汴梁。吴越国君钱俶在位期间大建佛寺，印造大量佛经、佛图。杭州、绍兴、湖州等地先后出土《陀罗尼经》等经卷多种，均有"天下都元帅吴越国王钱弘俶印造"等字样。后来北宋开宝七年（974）赐钱于释延寿，使之以绢素印《二十四应现观音像》2万本。《十国春秋》记钱王子孙，雅爱儒术，性喜藏书。钱传瑛聚书至数千卷；钱文奉收藏图书古籍和古器数量颇多，且精于鉴别；钱惟治家藏各种碑帖和图书万余卷；钱昱、钱易藏书亦多，钱易利用藏书著有《金闺瀛洲西垣制集》《青云总录》《青云新录》《南部新书》等。其中，钱惟演藏书最著名，可与秘府（皇家藏书处）一比高下，尤其收藏有很多古代书画。

宋代读书业儒，跻身仕途，为士人的普遍追求，藏书、读书风气盛传。宋室南迁后，更带来江南藏书的繁荣。南宋绍兴五年（1135），宋高宗赵构鉴于"靖康之乱"后皇家馆阁藏书荡然无遗，于是年建秘书省，搜访遗书，屡优献书之赏，民间遗书逐渐复出。高宗年间秘书省藏书有44 486卷，至宁宗年间累计又增14 943卷，总数超出北宋《崇文总目》所载之数。宋代江南藏书，主要在苏州、杭州、嘉兴、湖州等地，出现了许多当时有影响的藏书家。

宋代，苏州藏书家中既有外来士人，又有本地士人。外来藏书家如曾旼，为藏书世家。绍兴五年（1135）六月，曾旼献家藏书2 678卷。章甫徙居于吴，藏书万卷，雠校精密。陈景元居吴中，博学多闻，藏书数万卷，手自校正。贺铸，祖籍山阴，重和二年（1119）定居姑苏升平桥，有"企鸿轩"，藏书万余卷，手自校雠；子贺廪，于绍兴二年（1132）进呈贺铸手校书五千余卷。朱长文祖上自明州徙苏州，泛览经书群史百氏，著有

《乐圃集》《吴郡图经续记》《墨池编》《琴史》等。李衡，江都人，定居昆山，聚书逾万卷，名其室"乐庵"。同为江都人的史正志，归老定居姑苏，宅在苏州带城桥南，建"渔隐"园，内有"万卷堂"，环列书42橱，写本居多。本地藏书家如常熟人郑时，宣和六年（1124）进士，爱好藏书，自《左氏》《史记》《两汉书》《三国志》《南北史》，以至韩、柳、樊川、东坡诸文集，均手抄编录。钱观复，政和五年（1115）进士，生平嗜学，无顷刻废书；其子钱俣，绍兴二十一年（1151）进士，有藏书数千卷，手自雠校；钱俣弟钱佃，绍兴十五年（1145）进士，刻《荀子杨注》并自撰《荀子考异》《法言注》《孟子》《文中子》。钟璇，寄养继祖龙图阁学士林逋家，尽阅林家藏书，后在常熟梅李筑室，收藏秦汉以来钟鼎奇字。吴县人叶梦得在"靖康之乱"前有旧藏3万余卷，多手抄书，"靖康之乱"中所亡几半，南渡后又逐步增至10万卷，惜绍兴十七年（1147）失火，藏书化为灰烬。长洲人孔元忠居吴门乌鹊桥巷，题所居之室为"静乐"，楼中藏书万卷。昆山人龚昱，祖居长洲县东北侧大酒巷，后移居昆山圆明村，家传古书数万卷。赵綝，嘉泰二年（1202）进士，读书好学，至老不倦，藏书万卷，手自校雠，子孙世守其业。卫湜，酷嗜典籍，建有藏书室"栎斋"，凭借丰富的藏书，广泛采撷群书撰成《礼记集说》。吴江人叶茵建水竹墅别业，筑顺适堂，藏书万卷。

北宋杭州有钱龢藏书、关景仁家族藏书，南宋有陈起、周辉、陈思、洪咨夔等藏书家。钱龢建杰阁，藏书甚富，苏东坡为之题"钱氏书藏"匾额。关景仁、周琬为夫妻藏书家，子关澥也富藏书。陈起建有藏书楼"芸居楼"，所藏多达数万卷。周辉藏书1万余卷，其《清波杂志》谈到"借书一瓻，还书一瓻"，反映藏书文化的道德观，向人借书时送一瓻酒为礼，还书时送一瓻酒表示感谢。陈思从事藏书、编书、刻书、售书，编刊有《宝刻丛编》《海棠谱》《书苑英华》《小字录》及《两宋名贤小集》等。

北宋有影响的湖州藏书家是沈思、沈偕父子的东林藏书。南宋藏书家中以陈振孙和周密最为著名。沈思隐居湖州东林山，以东林藏书称名于时，时人称他"黄金散尽为收书"。其子沈偕亦喜藏书，不惜重金通过各种渠道购置北宋国子监本。陈振孙积藏书5万余卷，撰《直斋书录解题》，著录图书51 180卷。周密有"书种""志雅"两座藏书楼，藏书4.2万余卷、三代以来金石之刻1 500余种。

南宋宁波藏书以楼钥、史守之最为著名，两家同居月湖，一居南、一居北，故有"南楼北史"之称。楼钥藏书逾万卷，其中抄本约占一半。史守之藏有宋刻《三礼图》、宋陈起刻《却扫编》、宋本《九家集注杜诗》等。

绍兴有陆氏、石氏、诸葛氏等藏书家。陆氏即山阴陆宰及其子陆游、孙陆子遹，陆氏祖孙三代均是当时全国闻名的藏书家。绍兴十三年（1143），南宋高宗下诏征求天下遗书，曾派人到陆宰处录书1.3万余卷。陆游有藏书之所"老学庵"，有"书巢"之称。陆游幼子陆子遹亦好藏书，刻书甚至超过其父。石氏即新昌石公弼、石邦哲。石公弼家富藏书，为越州著名藏书家。石公弼侄石邦哲筑"博古堂"，藏书逾2万卷。诸葛行仁以富藏书而知名，宋高宗建秘书省诏求天下遗书，诸葛行仁以所藏之书8 546卷进献而得赐官。

扬州有陈亚、李衡，高邮有张邦基等藏书家。陈亚家藏书数千卷、名画数十轴，著《陈亚之集》《药名诗》《澄源集》。李衡聚书万卷，以治学为乐，好征集蓄书，被称为"淮南善士"。张邦基性喜藏书，有藏书处"墨庄"。

升州（今江苏南京）有周启明等藏书家，周启明藏书数千卷，多自手抄。

元军南下过程中，江南地区典籍损失十分严重。元代立国以后，为充实皇家藏书，又多次征集藏书运往大都（今北京）。至元十三年（1276），元军破南宋都城临安（今浙江杭州），元世祖命两浙宣抚使焦友直搜集南宋秘书省图籍运送大都。两年后，朝廷又遣使到杭州去取官府书籍以及版刻等。元代多次征集图书，导致江南藏书大批外流。

元初，苏州士人多浮沉里闾，以隐居读书著述为时尚。藏书家多苏州本地士人，读书绩学，藏书数代相传。吴郡俞琰，隐居南园，有"读易楼"，古书金石充牣其中，以图书自娱，传四世读书修行；嗣子俞仲温，为平江路医学录，建"石涧书隐"；仲温子贞木、植，均好藏书，濡染家学。苏州人沈景春，居"乐圃坊"，有别业在阊门，酷好收书，藏有宋代王俅撰《啸堂集古录》等。吴县人陈深，桃坞所居"清全斋"，又名"宁极斋"，所藏书画丰富。陆友博极群物，所居环以古今书，自经史传记，下至权谋、数术、《氾胜》《虞初》，旁行般若、百家众技之文，栉比而鳞次。张雯，构楼蓄书，经传子史，下逮稗官、百家之言，无所不备。长洲人袁易，所居"静春"有书万卷，均手校定。常熟人季渊，大德初授登仕郎，官至蕲州路总管，博雅好古，鉴藏器物书画，子孙世藏。黄公望，为虞山画派创立者，好藏书、抄书。虞子贤，有"城南佳趣堂"，所藏书史及古今法书、名画甲于三吴。邹伯常建有"云文阁"，收藏许多鼎彝书画，名流宴赏其中。昆山人张师贤，世业儒，好古博雅，所居"芝兰堂"，名人图书列堂左右。顾瑛筑别业"玉山草堂"，藏古书、名画、彝鼎、秘玩。朱珪，居"静寄轩"，所藏多金石刻词，辑有《名迹录》。瞿智，筑南园又名墨庄，有"寿恺堂"，置书其中。太仓人顾德，自崇明迁居太仓，喜藏书，子顾信所藏有"玉峰顾信善夫收藏印"。

元代杭州有董嗣杲、金应桂、张楧、吾衍、张雨、魏一愚等藏书家。嘉兴陈世隆藏书最著名，有秘书数十种。湖州藏书家中赵孟頫最有影响，藏书多精品，其所藏宋本《汉书》为宋版之冠，还有宋本《六臣注文选》等。宁波有袁桷、胡三省、应伯震等藏书家。袁桷家传藏书颇多，时人称他"广蓄书卷，国朝甲于浙东"。胡三省藏《资治通鉴音注》书稿于袁桷家东轩石窟中，全祖望撰有《胡梅涧藏书窟记》，记此梅涧藏书之所。应伯震建"花崖书院"，藏书 5 000 卷。绍兴有诸暨杨维桢等藏书家。杨维桢父筑楼于铁崖山，聚书数万卷，维桢终日勤读，自号"铁崖"。金华有郑鉴、蒋玄等藏书家，郑鉴藏书数千卷，蒋玄藏书有万卷以上。

松江私人藏书家有孙道明以及从苏州来此隐居的杜元芳。孙道明藏书万卷，仅手抄本即达数千卷，建书楼"映雪斋"，迎接四方名士共校古书。杜元芳建"翡翠碧云楼"，藏历代刻本、抄本万卷以上。

明清时期，是江南藏书最为繁荣的时期。

元末明初，苏州文人交往活跃，私人藏书亦兴。长洲人周思敬，有"野人居"，藏有半屋图书。沈旺及子沈至、沈庄有"清安堂"，藏图书文物丰富。王行、姚广孝、陈汝言、俞贞木、卢熊、郑子华均富藏书，其中郑子华积书数千卷，手自校阅。明代，苏州私人藏书较之前又有所发展，藏书家数量逐步增多。陈济与修《永乐大典》，翻中秘四库书数百万卷。沈洧与修《永乐大典》，致仕归课耕，左图右史。王智建"天香阁"藏书，其子王诚、孙王廷礼等均富藏书。何源有"遗老堂"，书籍万卷。沈方有"片玉山房"，藏书数千卷，均手自点校。

明代中期以后经济发展，社会稳定，工商业市镇迅速崛起。凭借雄厚的经济实力，苏州藏书家多数代递藏，大家辈出，并且注重书画收藏，开始刻书。常熟孙艾世代藏书，筑有"大石山房"；子孙耒刻印其父《林泉高士集》《孙西川诗稿》及周诗《虚严山人诗集》；耒子孙七政构"玄对斋""西爽楼""清晖馆"，贮藏古鼎彝书画；孙艾曾孙孙楼有藏书阁"丌册庋"，所藏书逾万卷，另有藏书处名"博雅堂"，编有《博雅堂藏书目录》；七政孙孙朝肃藏有北宋本《李义山集》、宋刻本《六臣注文选》、宋绍兴刻本《后汉书》等，刻其祖孙《松韵堂集》；朝肃弟孙朝让，藏有宋杭州刻本《春秋公羊传解诂》、明正德陆元大刻《陆士衡文集》《明张翰宸手书金刚经册》等；朝肃子孙鲁藏有北宋本《李义山集》等，刻《大方广佛华严经》《入不思议解脱境界普贤行愿品》等；鲁弟孙藩藏有宋刻本《国语》《纂图互注尚书》、元刻本《重刊明本书集传附音释》等。孙氏一族以藏书传家，代有闻人。同样的情况，还见于常熟杨家、昆山叶家、苏州文家、长洲许家等。当时的达官名家多有好读藏书的习惯，或许也正因此成就了其功名业绩。如归有光有"项脊轩"，借书满架，后与续弦夫人王氏读书藏书于"世美堂"，藏宋刻《韩文公集》《邓析子》等。吴县王鏊家富藏书，藏有《玉台新咏》等；子王延喆亦好藏书，刻有《史记》《本草单方》等。杨循吉好读书藏书，闻有异本，必购求缮写，结庐支硎山下，建"雁荡村舍"，筑专楼"卧读斋"，时吴中藏书家朱存理、吴宽、阎起山、都穆等人皆手自抄录图书，杨循吉为倡导者。长洲沈周所居水竹，图书鼎彝，充牣错列；子沈云鸿好古遗器物书画，长于考订。长洲刘凤建藏书楼"扉载阁""清举楼"，藏书达数万卷。昆山张应文有"清闷藏"，藏书约千百册，子张丑藏书画丰富。太仓王世贞购书三千余卷，均为宋本精椠，家有"弇州园"，园后建"小酉馆"，贮书三万余卷，另将经学之书藏"藏经楼"，对宋、元本构"尔雅楼"贮藏，"九友斋"藏宋本两汉书。

明代常州府无锡县有倪瓒等书画收藏家，更有华氏、安氏等有影响的藏书、刻书家。倪瓒喜藏古鼎法书、名琴奇画，筑清闷阁以藏图书。华宗康藏书数千卷，华炯多藏古今书史图志，华珵以铜活字刻《方言》《百川学海》等，华燧以铜活字印《详增经旨音释毛诗》《会通馆印正文苑英华纂要》等，华坚以铜活字印《艺文类聚》等，华夏藏书多善本，华云藏法书名画甚富，华叔阳倾家赀收藏鼎彝石刻、名书画。

明代南京藏书大家多，尤其是洪武初起出现了一批刻书家。胡汝嘉富收藏，与同时司马泰、罗凤俱号充栋。焦竑积书数万卷，有《焦氏藏书目》《欣赏斋书目》《欣赏斋金石刻目》。黄居中定居金陵马路街，构"千顷斋"以藏书，手自钞撮，6万余卷，有《千顷斋藏书目录》。顾起元藏书可与顾璘、焦竑相比，校刻《杨升庵外集》等。丁玺藏书万卷，子丁明登藏书至2万余卷，后传至子雄飞，为当时金陵名藏书家。明代南京出现刻书家群体，从洪武初到明末有近80家刻书，多刻医书、小说，也有精刻。

明代镇江有唐成、张觐宸、李一阳、孙育、王昉等藏书家。其中，张觐宸藏法书、名画堪与浙西项氏"天籁阁"相垺。扬州有葛涧、魏旭、仪真张夅等藏书家。其中，葛钦、葛涧父子藏书至万余卷，江淮间称藏书多者无如葛氏。

明松江府有郁文博、陆深、黄标、朱察卿、朱大韶、何良俊、莫是龙、顾从义、邱集、张应文、王圻、董其昌、陈继儒、宋懋澄、施大经、吴中秀等藏书家。其中董其昌富藏书，精鉴别，撰有《玄赏斋书目》。

明代浙东地区藏书以宁波最盛，有丰坊"万卷楼"、范钦"天一阁"等著名藏书家、藏书楼。丰坊聚书5万卷，因名"万卷楼"。范钦建"天一阁"，聚书7万余卷，被誉为浙东藏书第一家。

绍兴私人藏书以祁承㸁、祁彪佳父子"澹生堂"为最著名。祁承㸁聚书达10万余卷，江东首屈一指，订《澹生堂藏书约》，编《澹生堂藏书目》。

湖州地区藏书以茅坤、沈节甫、姚翼、臧懋循、潘曾纮等最著名。茅坤藏书甲于海内，编有书目。沈节甫有"玩易楼"藏书，编有《玩易楼藏书目录》。臧懋循多藏戏曲书，编《元曲选》，刻《元曲选》等达300余万字。

嘉兴地区藏书以项氏兄弟、胡震亨、高承埏最有名。项元汴不吝高价购置宋版书，海内珍异十九多归之。胡震亨收藏唐诗颇多，编撰《唐音统签》。高承埏藏书至7万余卷，编有《稽古堂藏书目》，辑刻《稽古堂丛刻》《稽古堂新镌群书秘简》。

杭州地区藏书稍逊于宁波等地，先后有郎瑛、洪楩、高濂、吕坤、仁和塘栖卓氏等藏书家。其中郎瑛所藏多经史及杂家书，著《七修类稿》等。

金华有宋濂、胡应麟等藏书家，其中宋濂藏书万卷，明初私人藏书，除朱氏诸藩王府外，首推宋濂，开一代藏书之风。胡应麟筑"二酉山房"，藏书4万余卷。

中国传统藏书至清代达到鼎盛，清代私家藏书几乎为江苏、浙江所独占，又主要集中在江南地区，苏州特别是常熟最为集中，南京、扬州、松江、常州、无锡、镇江等地次之。浙江环太湖地区的湖州、嘉兴及杭州、绍兴、宁波等地也是江南私家藏书发达区域。

明末清初，随着中国文化中心不断向江南转移，苏州私人藏书发展出具有苏州特色的藏书文化元素，逐渐形成了以钱谦益为代表的具有辐射力和影响力的虞山藏书流派，对后来的私人藏书家产生了重大影响。这一时期苏州出现了一批有影响的藏书大家、藏书刻书世家。常熟钱氏藏书世家，被推为江南第一家。钱氏藏书自钱宽、钱洪兄弟的"柳溪堂""竹深堂"收藏古籍和琴剑彝鼎始，至钱谦益"绛云楼"被推为当时大江南北藏书第一。钱曾得"绛云楼"焚余之书，书目著录3 800余种，超过《四库全书》收书数。钱曾编有藏书目录《也是园藏书目》，另有《述古堂藏书目》《述古堂宋版书目》及《读书敏求记》，分别从体制上创立普通书目、善本书目、题跋目录的格式。常熟毛晋是全国乃至世界一流水平的私人刻书家，毛氏藏书84 000册，"汲古阁"抄刻之书风行天下，这在中外出版史上罕见。昆山顾炎武是清代朴学开山之祖，其高祖、嗣祖藏书均六七千卷，顾炎武倡导抄书，所到之处图书伴随左右。顾炎武外甥徐乾学、秉义、元文兄弟合称"昆山三徐"，徐乾学的"传是楼"藏书甲于康熙朝，徐秉义藏书近万册，徐元文藏书数千卷。

清代中期，苏州藏书世家辈出，藏书刻书繁盛。乾嘉学派以考据为主要治学方式，推动苏州私人藏书事业在藏书、编目、校勘、刻书等方面更加体现严谨之风。吴县惠氏本是藏书世家，惠周惕及子士奇、孙栋以经学传家，家有《惠氏百岁堂书目》。洞庭席氏为藏书刻书世家，席启图储书万卷；弟启寓迁居常熟，往来两地，康熙南巡献以"琴川书屋"名所辑刊《唐诗百名家全集》，又刻《十三经》《十七史》；启寓长子永恂与弟前席有藏书室"嘉会堂"，刻陆陇其遗书《三鱼堂文集》；启寓玄孙世臣家富藏书，刊书均亲自校雠，刻书版心多有"扫叶山房"字样。长州汪士钟父文琛始藏书，士钟蓄志搜罗宋元旧刻及《四库全书》未收之书，撰《艺芸书舍宋元本书目》载宋本320种、元本196种，刻《宋本孝经义疏》《仪礼单疏》《刘氏诗话》《郡斋读书志》等，雠校审慎，刊刻精美，举世珍若球璧。"黄跋顾校"代表清代中期苏州私人藏书学术水平。 吴县黄丕烈一生收藏了200多部宋版书和上千种元、明刻本以及大量的旧抄本、旧校本，且多善本，至嘉庆年间成为东南藏书家之大宗。 黄氏自编《百宋一廛书录》《百宋一廛赋注》《求古居宋本书目》《所见古书录》等书目，发展了目录学中版本目录一派。 黄氏长于鉴别，勤于校勘，每遇一书，丹黄雠校，笔耕不辍，所撰题跋、札记今存800多篇，成为后人了解古书的刊刻源流、版本异同、授受经过以及藏书掌故等方面的重要文献。 黄氏所刻《士礼居丛书》，所收多系罕见珍本。 元和顾广圻师事江声，得传惠氏遗学，工于校雠，有"校书思扫叶，得义等怀金"之誉，毕生以校刻古书为业，被誉为"清代校勘第一人"。 常熟张氏藏书世家自元代南张始祖张孚始至张廷桂历500余年22世，代有藏书。 特别是张海鹏致力于藏书、刻书、校勘，辑刊大部丛书、类书、总集等3 000余卷；张金吾潜心藏书、校书、纂辑刻印图书，编有《爱日精庐书目》，其间购书七八万卷，至晚年藏书达104 000卷。 常熟瞿氏"铁琴铜剑楼"藏书始于瞿进思，而有藏书楼"恬裕斋""铁琴铜剑楼"并有大规模藏书则始于瞿绍基，瞿氏历经五代递藏，收入《铁琴铜剑楼藏书目录》的藏书1 194种，其中宋刻173种、金刻4种、元刻184种、明刻275种，抄本490种、校本61种，其他7种。

清代后期，苏州私人藏家艰难生存，此散彼聚。 常熟赵氏藏书世家，藏书从赵承谦起，在明末有赵用贤父子的"松石斋""脉望馆"藏书闻名天下，在清代后期有赵宗德、宗建兄弟的"旧山楼"藏书，所藏多罕见秘籍。 赵宗建的《旧山楼书目》著录647种3 990册，其中宋、元抄校本约百种。"旧山楼"所藏惊人秘籍便是赵琦美抄校本《古今杂剧》，被誉为研究我国戏剧史的大宝库。 常熟翁氏藏书世家，藏书从翁应祥兄弟有藏书记录起，历时400多年10多代。 翁氏大规模藏书则在翁心存与同书、同爵、同龢两代，藏书好宋元本，多为抄本、重稿本，多批校注本，藏书均是经读之本。 元和顾氏是藏书世家，顾氏"过云楼"自道光以来传藏超过六代，有"江南收藏甲天下，过云楼收藏甲江南"之誉。 顾文彬《过云楼书画记》载所藏250件书画精品。 吴县潘祖荫的"滂喜斋"金石、图籍充栋，《滂喜斋藏书记》著录 141 种宋元刻本，明初本，日本、朝鲜刻本，《滂喜斋宋元本书目》著录宋元本 127 种，辑《滂喜斋丛书》《功顺堂丛书》，另藏金石有西周康王时代礼器大盂鼎、大克鼎、青铜、甲骨、龟板等。长州叶昌炽有"治麐室""五百经幢馆"，藏书 3 万余卷，著《藏书纪事诗》勾勒藏书家史实。

清代扬州为东南地区经济、文化之重镇，又是两淮盐政中心所在，盐业经济发达，富商大贾云集，藏书名家辈出。其中，既有扬州本地藏书家，也有侨居扬州的藏书家。早期较有影响的藏书家有季振宜、"扬州二马"，后有陈本礼、汪中、刘台拱、秦恩复、阮元、江藩、吴引孙等藏书名家。其中，马曰琯与弟曰璐称"扬州二马"，藏书 10 余万卷，甲大江南北，编有《丛书楼书目》。四库全书馆设立，私人献书 700 余种，为全国之冠。阮元一生从事藏书、刻书、著书，家藏书甚富。吴引孙有"测海楼"，为晚清东南地区颇负盛名的藏书楼。

清代南京仍为江南大都会，学人聚居，书业兴盛。顺治至康熙年间，南京有影响的藏书家为丁雄飞、黄虞稷、周亮工与周在浚父子及侨居南京的熊赐履、曹寅等。丁雄飞藏书 2 万余卷，与黄虞稷订有流通藏书之《古观社约》。黄虞稷在父黄居中藏书 6 万余卷基础上补充藏书至 8 万余卷，素有"藏书甲金陵"之誉，《赖古堂书目》著录藏书 4 670 余种。熊赐履藏书 10 万余卷，其中宋元版本 1 万余卷，编《下学堂书目》。曹寅编有《楝亭书目》，载书 3 287 种，抄本、内府刊本甚多。乾嘉时期，南京藏书家首推袁枚。袁枚筑藏书楼"小仓山房""所好轩"，积至 40 万卷。嘉庆、道光年间南京藏书家甘氏"津逮楼"、朱绍曾"开有益斋"较有影响。金陵甘氏家族是清代著名的文化世族，甘方栋藏图书至数万卷，子甘福藏书达 10 万余卷。朱绍曾有藏书 10 余万卷，著有《开有益斋读书志》。

清代常州有名的藏书家有孙星衍、李兆洛、强溱、方履籛、钱钧等，清末有盛宣怀、董康、陶湘等。孙星衍藏书 10 万余卷，编有《孙氏家藏书目》《廉石居藏书记》《平津馆鉴藏书籍记》《孙氏祠堂书目》《平津馆藏书记》《廉石居藏书记》。李兆洛藏书 5 万余卷，利用藏书辑《骈体文钞》《皇朝文典》《历代地理沿革图》等。盛宣怀有《愚斋图书馆藏书目录》，著录藏书 6 666 种 169 900 余卷，善本 300 余种 7 300 余卷，另有《盛氏图书馆善本书目》。陶湘"涉园"藏书 30 万卷，其中明刊 4 万余卷。江阴缪荃孙藏书最多时达几十万卷，其中旧刻旧抄、《四库全书》未收之书及名家孤传稿本达10多万卷。

清代松江府藏书家有王鸣盛、王昶、钱大昕、李筠嘉、韩应陛、丁传靖等。王鸣盛藏书多野史笔记、百家小说、碑帖鼎彝，校勘精审。钱大昕家富藏书，举家经史子集，考证文字得失。李筠嘉藏书至6 000余种数万卷。

清代杭州地区有赵昱、赵信、吴焯、孙宗濂、汪宪、汪启淑、鲍廷博、卢文弨、丁丙、杭世骏、郁礼、汪日桂、劳格、朱学勤等藏书家。吴焯藏书多珍本秘籍，不少为宋元刊本，乾隆修《四库全书》时吴玉墀进呈"瓶花斋"藏书305种。孙宗濂藏书数万卷，乾隆修《四库全书》时孙仰曾应诏进书230余种。汪宪、汪汝瑮父子好藏书，乾隆修《四库全书》时汪汝瑮进呈219种。汪氏后代汪诚、汪远孙均好藏书，汪远孙编《振绮堂书目》，载藏书3 300余种6.5万卷。汪启淑有"开万堂"藏书楼，乾隆修《四库全书》时汪启淑进呈600余种。鲍廷博富藏书，乾隆修《四库全书》时鲍廷博长子鲍士恭进呈家藏书626种，内多宋元以来之孤本、善本，居私家进书之首。卢文弨家有藏书楼"抱经堂"，与宁波卢址"抱经楼"为浙江东、西两"抱经"，藏书达数万卷。丁丙与兄丁申在前人藏书的基础上增加藏书，沿用"八千卷楼"藏书楼，并将其新增加的藏书名为"后八千卷楼""善本书室""小八千卷楼"，总藏书室名"嘉惠堂"，藏书近20万卷，其中善本珍藏2 000余种，被列为晚清四大藏书楼之一。杭世骏"道古堂"藏书不下十万卷，藏书之富，甲于武林。郁礼的"东啸轩"藏书，与同郡赵氏"小山堂"藏书名举一时。朱学勤编有《结一庐书目》，与丰顺丁禹生、长沙袁漱六并称咸丰年间士大夫藏书三大家。

此外，嘉兴、湖州、宁波、绍兴等地也涌现出大量的藏书家，著名的如宁波黄宗羲，建有"续钞堂"藏书楼，藏书7万卷。郑性建"二老阁"藏书楼，藏黄宗羲"续钞堂"遗书3万卷，家藏之本2万余卷。万斯同在京师时携书10数万卷，有藏书印"吾存宁可食无肉，吾亡宁可发无椁，子子孙孙永无鬻，熟此直可供饘粥"。陈自舜藏书处名"云在楼""四香居"，藏书之富仅次于"天一阁"。绍兴徐树兰建成古越藏书楼，将中外书籍7万余卷全部捐入，藏书供公众阅览，古越藏书楼成为近代中国第一个公共图书馆。胞弟徐友兰藏书10万卷，编有《述史楼书目》。

（二）藏书转型

鸦片战争以后，中国逐步沦为半殖民地半封建社会，国家蒙辱、人民蒙难、文明蒙尘，中华民族遭受了前所未有的劫难。原有的私家藏书经历战乱，几经聚散，逐渐减少。随着科举制度的废除，公共图书馆的兴起与不断发展，江南耕读生态逐渐发生变化，私家藏书楼不断减少。民国时期，不仅藏书家构成发生了变化，从藏书载体到内容均发生了变化。除了古籍之外，实学格致图书、外文图书，包括外来宗教图书、新型报刊连续出版物等渐渐受到藏家关注。

近代以来，上海作为东方大埠，后来居上，逐步发展成江南书业中心。此时，上海的藏书家有丁日昌、盛宣怀、李鸿章等大官僚，有财力雄厚的商人或实业家，也有许多是热爱藏书的学问家。辛亥革命以后，有些江南藏书家为避战乱，纷纷把藏书转移至上海租界以求得庇荫，上海租界一时成为江南最大的藏书聚散中心。民国时期，苏州等地也出现了一些有影响的藏书家。常熟丁祖荫爱好藏书，以毕生精力从事地方文献的搜集整理，曾得莫氏"铜井山房"旧藏精善本多种，又得"旧山楼"藏《古今杂剧》等精品。周大辅，藏书处名"鸱峰草堂"，游宦浙江时名寓所为"螺蛳山馆"，所藏多善本精抄，藏抄书积万卷。

在日本帝国主义入侵时期，江南私家藏书均遭巨劫。

中华人民共和国成立后，实现了民族独立、人民解放，人民当家作主。江南许多有影响的藏书家和后辈继承人，为使藏书发挥更大的作用，将多数有价值的精本、善本，或捐赠或作价，贡献给国家图书馆或文物保管部门。常熟古里瞿氏"铁琴铜剑楼"第五代楼主瞿炽邦、耀邦、凤起三兄弟遵父瞿启甲临终遗命"书勿分散，不能守，则归之公"，在中华人民共和国成立后，将"铁琴铜剑楼"藏书捐献国家。1950年1月7日，瞿炽邦、耀邦、凤起三兄弟将家藏宋、元、明善本书52种，通过文化部文物局捐赠给北京图书馆（今国家图书馆）。常熟翁氏藏书后人翁之憙继承归翁曾源的部分翁同书藏书，多为古籍善本，典守藏书数十年。中华人民共和国成立后，翁之憙经当时主持北京图书馆善本室的赵万里介绍，将所藏图书分五批献交国家，共3 779册，现藏于国家图书馆，并载《北京图书馆善本书目》。吴兴南浔庞元济藏有铜器、瓷器、书画、玉器等文物，中华人民共和国成立后，庞氏后人将书画文物捐赠或出让给上海博物馆、南京博物院和苏州博物馆。寓居上海的庐江人刘体智1950年将所藏67 873册古籍包括1 928册善本书全部捐赠给上海市文物管理委员会，1951—1952年又将青铜器130件、陶器3件捐赠给上海博物馆。寓居上海的番禺人叶恭绰于民国三十二年（1943）将地理类藏书等906种3 245册捐赠上海合众图书馆，珍藏的文物或捐赠，或出售，尽归北京、上海、广州、苏州、成都等有关文化机构收藏。海宁藏书家蒋光焴的子孙继续精心珍护"衍芬草堂"藏书，抗日战争时几度迁移藏书，最后藏于上海中国银行保险库，得以完好保存。中华人民共和国成立后，蒋氏后裔蒋鹏骞等汇集家藏图籍，悉数捐献浙江省文物管理委员会，现分别贮存于国家图书馆、上海图书馆、浙江图书馆。瑞安藏书家孙衣言后人在中华人民共和国成立后将"玉海楼"部分珍藏分批捐献给温州图书馆、浙江图书馆、北京图书馆、浙江大学图书馆等，其中的手稿和手校本大多由杭州大学图书馆庋藏。苏州顾氏"过云楼"后人于1992年将"过云楼"精品包括宋版《乖崖张公语录》等541部3 707册藏书转让给南京图书馆，2002年又将"过云楼"精品包括宋版《锦绣万花谷》前后集、宋杜大桂编纂《皇朝名臣续编碑传琬琰集》、元胡一桂撰《周易本义启蒙翼传三篇外传一篇》、元黄瑞节附录《易学启蒙朱子成书》、元太监王公编《针灸资生经》等179部1 292册藏书转让给南京图书馆，成为中国文化界盛事。[1] 类似情况在江南地区普遍存在。

在公共图书馆发展的同时，江南私家藏书的传统仍为当代人所继承和发扬。"文化大革命"中，私家藏书多有散佚。中国共产党十一届三中全会后，私家藏书又得到复苏，庋藏精品者也不乏其人。常熟曹大铁（1917—2009），精于鉴别，爱好收藏，被誉为"常熟末代藏书家"，其"菱花馆"《藏书目录》所载150多种，多"旧山楼"善本。常熟翁氏后人翁同龢玄孙翁万戈1948年6月将由其继承的翁氏藏书精品托运至纽约，藏于自己家中。1990年5月，翁万戈代表翁氏后人将翁氏祖居"綵衣堂"捐赠给故乡常熟。2000年4月，翁万戈将翁氏藏书80种542册通过中国嘉德国际拍卖公司以非公开拍卖的形式，转让给上海图书馆，使这批藏书顺利回归中国。2015年12月又将《翁同龢日记》手稿本及《翁氏文献丛编》手稿捐赠上海图书馆，还将部分名画捐赠上海博物馆等。

---

[1] 南京图书馆：《霞晖渊映——南京图书馆藏过云楼珍本图录》，中华书局2017年，第2页。

二、藏书典范

(一) 藏书流派典型:虞山派

江南虞山派藏书,是江南藏书史上乃至中国藏书史上的区域藏书典型。

明末清初,随着中国文化中心不断向江南转移,江南私家藏书发展出了具有江南特色的藏书文化元素,出现了后人概括的以钱谦益为代表的虞山派(或称常熟派)藏书,这是文化源远流长的虞山诗派、画派、书派、印派、琴派诸学术文化流派之一,也是在中国藏书史、学术文化史上最具深远影响力的流派之一。

虞山派藏书的提法,是后人依据以钱谦益为代表的常熟藏书家的藏书与实践概括的。一些学者很早就注意到私家藏书的地方区域特色,并以此来剖析藏书家的特点,提出了"虞山派""常熟派""苏州派""浙东派"之说。清顾广圻在为《清河书画舫》十二卷抄本所撰跋中早就提到常熟派,说:"藏书有常熟派,钱遵王、毛子晋父子诸公为极盛,至席玉照而殿。一时嗜手抄者如陆敕先、冯定远为极盛,至曹彬侯亦殿之。"[1]顾广圻之说侧重于概括常熟派藏书家嗜手抄的特点。清潘祖荫将常熟派细分为"二派",他辑刊《滂喜斋丛书》载陈揆《稽瑞楼书目》序称:"吾乡藏书家以常熟为最,常熟有二派,一专收宋椠,始于钱氏绛云楼、毛氏汲古阁,而席氏玉照殿之;一专收精抄,亦始于钱氏遵王、陆孟凫,而曹彬侯殿之。"周星诒说:"藏书家首重常熟派,盖其考证板刻源流,校订古今同异及夫写录、图画、装潢、藏庋,自五川杨氏以后,若脉望、绛云、汲古及冯氏一家兄弟叔侄,沿流溯源,踵华增盛,广购精求,博考详校,所谓读书者之藏书者,惟此诸家足以当之。故通人学士于百数十年后得其遗籍,争相夸尚,良有以也。钱氏绛云,同时有幽古、述古、怀古诸家,一时称盛。而著录诸书,惟绛云、脉望、述古仅传书目,其余诸家,弆藏之富,著述无闻,未由稽考,人以为恨。"[2]1934年,赵万里在《重整范氏天一阁藏

---

[1] 顾广圻:《顾千里集》,王欣夫辑,中华书局2007年,第331页。
[2] 周星诒:《题记》,见钱曾:《读书敏求记校证》,管庭芬、章钰校证,佘彦焱标点,上海古籍出版社2007年,第504页。

书记略》中谈到"苏州派藏书家"之说:"当年范东明选书的标准,与同时苏州派藏书家,完全采用两个不同的方式,他是'取法乎下'的。"[1]今人黄裳《书林漫话——与刘绪源对谈录》文中谈到:"藏书的确有流派,明清之际出现的虞山(常熟)派与浙东派的区别,就是一个值得注意而又恰恰为过去的研究者所忽略的问题。虞山派的代表是钱谦益,及他的族孙钱遵王,还有毛子晋和季沧苇,都是很有名的藏书家,他们讲究收藏宋元刻本、抄本、稿本。浙东派就完全不同了。宁波的天一阁是最有代表性的。要论宋元抄稿本,天一阁几乎没有;它所注重的是当代史料、地方志和登科录等。"[2]

虞山派藏书的主要特点之一是读书者之藏书。脉望馆赵用贤、琦美父子喜藏书,精校勘,开虞山派藏书家藏书、校勘之风。钱谦益在《刑部郎中赵君墓表》中称赵琦美:"朱黄雠校,移日分夜,穷老尽气,好之之笃挚,与读之之专勤,盖近古所未有也。"[3]钱谦益是读书者之藏书的典型代表,其藏书多经读之书,他利用藏书著述丰富。钱曾继承了钱谦益绛云楼焚余之书,将钱谦益的藏书传统发扬光大。钱谦益撰《述古堂宋刻书跋序》,称钱曾述古堂藏书"缥青朱介,装潢精致","纵目流览,如见故物";[4]又撰《述古堂记》,称钱曾"有志学古"[5]。毛晋曾师从钱谦益,钱谦益称毛晋"故于经史全书,勘雠流布,务欲使学者穷其源流,审其津涉","访佚典,搜秘文","于是缥囊缃帙,毛氏之书走天下"。[6]在虞山派多读书者藏书这一点上,正如周星诒所说"藏书家首重"的常熟派是"所谓读书者之藏书者"。

虞山派藏书的主要特点之二是好古者之藏书。以钱谦益为代表的虞山派首开好古收藏之风,所藏多宋元本、抄本及稿本。曹溶《〈绛云楼书

---

[1] 赵万里:《重整范氏天一阁藏书记略》,《国立北平图书馆馆刊》1934年第1期。
[2] 黄裳:《春夜随笔》,成都出版社1994年,第78-81页。
[3] 钱谦益:《钱牧斋全集·牧斋初学集》卷六十六《刑部郎中赵君墓表》,上海古籍出版社2003年,第1537页。
[4] 钱谦益:《钱牧斋全集·牧斋有学集》卷四十六《述古堂宋刻书跋序》,上海古籍出版社2003年,第1512页。
[5] 钱谦益:《钱牧斋全集·牧斋有学集》卷二十六《述古堂记》,上海古籍出版社2003年,第992-993页。
[6] 钱谦益:《钱牧斋全集·牧斋有学集》卷三十一《隐湖毛君墓志铭》,上海古籍出版社2003年,第1140-1142页。

目〉跋》记:"自宗伯倡为收书,虞山遂成风俗。冯氏、陆氏、叶氏皆相效尤,毛子晋、钱遵王最著,然皆不及宗伯。贾人之狡狯者,率归虞山,取不经见书,楮墨稍陈者,虽极柔茹糜烂,用法牵缀,洗刷如新触手,以薄楮袭其里,外则古锦装褫之,往往得善价。此他方所莫及也。"[1]叶德辉在《书林清话》卷九"吴门书坊之盛衰"条中称:"国朝藏书尚宋元板之风,始于虞山钱谦益绛云楼、毛晋汲古阁。"[2]又在卷十"藏书偏好宋元刻之癖"条中说:"自钱牧斋、毛子晋先后提倡宋元旧刻,季沧苇、钱述古、徐传是继之,流于乾嘉,古刻愈稀,嗜书者众,零篇断叶,宝若球琳,盖已成为一种汉石柴窑,虽残碑破器,有不惜重赀以购者矣。"[3]叶氏还在"明以来之抄本"条里,论述明以来抄本书最为藏书家所秘宝者共23家,其中常熟藏书家占了12家。[4]

虞山派藏书的主要特点之三是开放者之藏书。虞山派藏家中藏书致用、流通古籍的思想占主导地位,他们通过编印家藏书目来传播藏书信息,或以刻书为己任来广传秘籍,或提供借用以共享私藏。脉望馆赵氏父子通过精校刊刻、编目撰跋、提供阅抄等途径交流私藏,为后人树立了榜样。作为开放者之藏书代表的钱谦益,编录书目,创导抄书刻书,以传播秘籍,实现藏书致用。钱谦益在绛云楼失火后,将焚余之书悉数赠予钱曾;钱谦益以自己藏书支持潘柽章撰《国史考异》,"墙角残书,或尚可资长编者,当悉索以备蒐采"[5]。钱谦益与李如一交往,撰《〈草莽私乘〉跋》,颂扬李如一"天下好书,当与天下读书人共之"的藏书开放思想。[6] 毛晋获得好书总是示人,他缩衣节食,以刊书为急务。

虞山派藏书的主要特点之四是有识者之藏书。一个成熟的藏书流派应该有自己的藏书理论,虞山派有自己的藏书理论,早期大量散见于虞山派藏书家的藏书目录、藏书题跋等中。后来常熟孙从添旨在为同道传播虞山派藏书家在长期实践中积累的藏书经验和技术而加以系统总结,撰《藏书

---

[1] 曹溶:《〈绛云楼书目〉跋》,见钱谦益等:《稿抄本明清藏书目三种》,北京图书馆出版社2003年,第709页。
[2] 叶德辉:《书林清话》,中华书局1957年,第254-257页。
[3] 叶德辉:《书林清话》,中华书局1957年,第290-292页。
[4] 叶德辉:《书林清话》,中华书局1957年,第275-283页。
[5] 钱谦益:《钱牧斋全集·牧斋有学集》卷三十八《与吴江潘力田书》,上海古籍出版社2003年,第1219-1320页。
[6] 钱谦益:《钱牧斋全集·牧斋集再补·牧斋杂著》,上海古籍出版社2003年,第925页

纪要》一书,成为虞山派藏书理论的代表作。作为有识者之藏书代表的钱谦益,为大量的图书撰跋撰序,表达自己的收藏观,揭示与评判古籍价值,考订作者与版本,并为藏书家撰传,为藏书楼撰记,留存书史资料。

自明后期以来,常熟成为中国私家藏书中心地。在环太湖、大运河区域集中了中国绝大多数的私藏家,与虞山派藏书家趋同,深受虞山派影响。

(二)藏书世家典型:范氏天一阁与赵氏脉望馆

藏书世家是维系藏书世传不辍的纽带,江南藏书家们大多世传家学,代增藏书,宗族、家族藏书越聚越多。家族内部的文化传统、家学渊源,使藏书纵向传递;家族外部异姓间联姻、师承、结友等关系,使藏书横向联络,纵横交错的传书网,环环紧扣。因此,藏书流派愈接愈盛,藏书家们所藏之书往往此散彼聚,在一定的区域范围内保留了相当独特的格局。江南藏书世家很多,这里仅以不同区域、几乎同时代的藏书楼天一阁与脉望馆为例概述。天一阁书楼为皇家仿建,赵氏脉望馆藏《古今杂剧》等影响很大,赵氏旧山楼又为当时区域学术文化中心。

1. 范氏天一阁

宁波天一阁藏书楼,范钦于明嘉靖四十年至四十五年(1561—1566)建造,是中国现存最古老的藏书楼。"天一阁"名,取义汉郑玄《易经注》所谓"天一生水,地六成之",取"以水制火"意。天一阁楼前有一水池,用以防火。书楼为一排六开间的两层砖木结构,坐北朝南,前后有窗,以通风防潮。楼上一大统间,中间用书橱隔为六个区域,正中悬挂隆庆五年(1571)郡守王原相所书"宝书楼"匾额。楼下并列六间。康熙四年(1665),范钦曾孙范光文在书楼前后砌造假山,架桥构亭,栽花植竹,引水入池养鱼,使天一阁颇具江南园林的特色。天一阁早期藏书为范钦所得鄞县丰氏万卷楼的残存藏书,范钦还与王世贞相约互抄书籍。范钦历官江西、广西、福建、云南等地时留意购书,藏书达7万余卷,其中以明代地方志和登科录最为稀珍。范大冲至范光文的范氏几代人,陆陆续续增加了不少善本,使天一阁藏书更加丰富。乾隆修《四库全书》时,范钦八世孙范懋柱进呈藏书638种,其中收录在《四库全书》中的有96种,列入存目的有377种,范氏获得乾隆赏赐《古今图书集成》一部。乾隆又命测绘天一阁房屋结构、书橱款式,仿建南北七阁,储藏《四库全书》。天一阁因此而名闻全国。天一阁在明代刻有《范钦奏议》4卷、范钦所编《范氏奇书》21种等书。范氏严格管理天一阁藏书，范氏族规甚严，子孙遵行"代不分书，书不出阁"的遗教，阁门和书橱钥匙分房掌管，非各房子孙齐至，不得擅自开锁。至少在嘉靖四十五年（1566）建成后的107年间绝对封闭管理。至康熙十二年（1673），黄宗羲征得范氏合族同意，成为外人破例登楼遍阅藏书之第一人，并将其中流通未广者编为书目，撰《天一阁藏书记》。此后，万斯同、全祖望、阮元、缪荃孙等十数人登楼阅书。中华人民共和国成立后，天一阁藏书楼即被列为浙江省重点文物保护单位。国家多次拨款，对天一阁进行比较彻底的整修。同时，多方搜集散失在各地的天一阁原藏书3 000多卷，许多藏书家也先后把珍藏图书捐献给天一阁。1982年，天一阁被国务院公布为全国重点文物保护单位。现在藏书达30万卷，其中珍本、善本8万余卷，大多为宋、明木刻本和手抄本。特别是明代方志271种，以嘉靖、正德、弘治年间所修者为多，少数为万历刻本；有明代登科录、会试录、乡试录共379种，绝大部分为仅见之本，是研究明代人物、科举制度的重要文献。

2. 赵氏脉望馆

常熟赵氏脉望馆，为赵琦美的藏书楼。常熟赵氏为文献世家，赵琦美之前早有藏书。从赵承谦起，经赵用贤父子到赵宗建，赵氏藏书历经十余世，在中国历史上极为罕见。光绪九年（1883）修《暨阳章卿赵氏宗谱》载，南宋绍兴年间，宋太宗后裔赵士鹏以右朝请大夫守江阴军，长子赵不违徙居江阴章卿。赵士鹏十四世孙赵实明于明正统年间赘常熟鹿苑钱氏，子赵金、赵璧、赵玼。赵玼出持门户，从鹿苑迁居常熟县城。赵玼第三子赵承谦（1487—1568），嘉靖十七年（1538）进士，官至广东布政司参议。赵承谦已有藏书，年逾八十时灯下犹作蝇头细书，日取朱子《纲目》、司马光《通鉴》及性理诸书，删繁会要，手录成诵，著有《盛唐名家诗》。

赵用贤（1535—1596）为承谦长子，隆庆五年（1571）进士，官至吏部左侍郎兼翰林学士，卒谥文毅。嗜收藏图书，藏至2 000余种，上万册，编有《赵定宇书目》，著有《松石斋文集》30卷、《诗集》6卷等。据《重修常昭合志》卷十二《名迹志》载，赵用贤之宅初在常熟跨塘桥北堍望仙桥畔的程家巷，临流老屋，取名"松石斋"。嘉靖三十二年（1553）常熟知县王铁为御倭计,将常熟城址西移,扩筑新城。 于是,赵用贤移居城西九万圩西泾岸百叶街,后改名为南赵弄,或称南赵家弄。 万历年间赵用贤又购得常熟城北邱氏别业作为别墅,位于镇江门街,名赵氏北园,此处后来赵王槐建三节坊于园门。 赵用贤藏书室名"松石斋",在程家巷宅,建成于嘉靖三十二年(1553)常熟城址西移前,早于嘉靖四十五年(1566)所建天一阁。

赵琦美(1563—1624)是赵用贤长子,以父荫官南京都察院照磨,最后官至刑部郎中。 赵琦美爱书如命,广事搜集,勤于校勘。 他在父亲城西宅地建脉望馆藏书,编有《脉望馆书目》,著录藏书5 000多种20 000余册,其中有今存世的《古今杂剧》。 著有《洪武圣政记》《伪吴杂记》《铁网珊瑚》《容台小草》等。

赵氏藏书从赵用贤松石斋2 000余种,至赵琦美增至5 000余种,并刻书36种。 赵琦美去世后,其书尽归钱谦益绛云楼。 然而,赵氏后人有能力藏书的仍悉心搜罗赵氏遗书,藏书聚散至赵氏旧山楼,蔚为大观。 赵氏后人赵宗建在太平天国运动时期大量收藏古籍,先后收得瞿氏铁琴铜剑楼、苏州汪士钟艺芸书舍等散出之书,故其插架益为繁富。 据1957年上海古典文学出版社排印出版的赵宗建著《旧山楼书目》(含光绪年间补录一种),著录图书647种3 990册,其中宋、元抄校本约百种。 赵氏旧山楼的惊人秘籍便是见诸书目补录中的脉望馆赵琦美抄校本《古今杂剧》,曾为钱谦益、钱曾、季振宜、何煌、黄丕烈、汪士钟诸家递藏,汪氏书散出后为旧山楼收得。 旧山楼还藏有宋刊《稼轩词》丁集、宋刊《窦氏联珠集》、南宋馆阁墨本官书《太宗皇帝实录》、司马温公写《资治通鉴》草稿、朱子写《大学章句》草稿、黄石斋的未刊遗稿、徐霞客手书游记底稿和诗底稿、钱遵王自写藏书目录、钱牧斋日记信稿和《红豆山庄杂记》手笔等,均是罕见秘籍。 赵氏旧山楼主人赵宗德和赵宗建兄弟十分好客,当时的旧山楼为文人雅集之所,常熟一地的学术文化中心。 翁同龢在籍丁忧期间,常去赵氏旧山楼。 翁同龢、赵宗德、赵宗建及常熟周边地方的文人杨沂孙、杨泗孙、庞钟璐、庞鸿书、吴鸿纶、翁同祜、常熟三峰寺僧药龛等八月和十二月在旧山楼两次雅集,谈艺论学,交流书艺,传播书画研习成果。[1] 清末民初间旧山楼藏书大量散出,不数年而旧藏精华尽去。齐、卢军阀混战时,军队驻扎旧山楼,将书作炊薪之用,楼中遗书遭此一劫,全归乌有。赵宗建曾孙不骞,在抗日战争时期被日寇杀害。旧山楼的许多藏书为常熟丁祖荫缃素楼、曹大铁菱花馆递藏。

(三) 刻书抄书大家:毛氏汲古阁与席氏扫叶山房

江南藏书家好刻书、抄书,出现了毛氏汲古阁、席氏扫叶山房等在中国出版史上有重大影响的私人刻书家。

1. 毛氏汲古阁

毛晋是中国乃至世界一流的私人刻书家,毛氏藏书 84 000 册,汲古阁抄刻之书风行天下,这在中国出版史上极为罕见。

汲古毛氏之祖毛塔自常州迁居常熟七星桥,为毛氏迁常熟始祖,有子毛玺。毛玺子舜、贤,毛舜子澄、溢、清、鸿、沼。毛清以孝弟力田起家,子晋。

毛晋(1599—1659),原名凤苞,字子久,一作子九,晚年改名晋,字子晋,号潜在,一号隐湖、戊戌生、汲古阁主人、笃素居士等。诸生,以布衣自处,奋起为儒,游钱谦益门,好古博览。著有《毛诗草木鸟兽虫鱼疏广要》《永思录》《救荒四说》《方舆胜览》《虞乡杂记》《和古人诗》《和今人诗》《和友人诗》《野外诗》《海虞古今文苑》等。

毛晋子襄、褒、衮、表、扆,襄早卒,余均承父业。毛褒(约1631—1677),字华伯,号质庵。建有西爽斋,著有《先府君行实》《西爽斋唱和集》;毛表(1638—1700),字奏叔,号正庵,早期继承父志刻书;毛扆(1640—1713),字斧季,号省庵,诸生,克承父志,精于小学,尤耽校雠,得到何义门辈推重,从事藏书、校书、刻书活动50多年,撰有《汲古阁秘本书目》等。毛晋之孙毛绥万,字嘉年,号破崖,监生,能诗,著有《破崖居士诗稿》《幸存稿》《新诗稿》等,校跋《萨天锡诗集》《集外诗》《元英先生诗集》等;又有毛琛(1733—1809),字宝之,一作宝芝,又字简香,号寿君,一号畹香,晚号俟庵,监生,善诗,工篆刻,著有《俟庵剩稿》《续编》《诗钞》《珠江杂诗》《维扬诗钞》《吴歈》《龙瞑小集》《九日登高唱和诗》,校跋《真诰》等。

---

[1] 谢俊美:《翁同龢传》,中华书局1994年,第105-111页。

毛晋藏书、读书、校书之处有汲古阁、绿君亭、目耕楼、读礼斋、载德堂、笃素居、宝月堂、追云舫、续古草庐等名，以汲古阁最为著名。汲古阁上下三楹，始子讫亥，分十二架，其中藏四库书及释道两藏。毛晋藏书有84 000册，其中多宋刻，有《群经音辨》《本朝蒙求》《文公家礼》《东京梦华录》《容斋三笔》《博物志》《册府元龟》《孔子家语》《东坡志林》《南华真经》《韦苏州集》《刘宾客外集》《骆宾王集》等，极为珍贵。

毛晋藏书乐于开放，终身致力于传播秘籍，他为传播文化而收藏、刻书，这同束之高阁、秘不示人的一些收藏家旨趣不同。毛晋为买书、刻书花去大量资金，甚至变卖田产刻书。他刻《十三经》时，恰逢连年灾荒，债台高筑，一次就卖掉良田300亩。毛氏从明崇祯元年（1628）至清顺治十三年（1656），历时近30载刊刻卷帙浩繁的《十七史》，耗资又数倍于《十三经》。中华珍贵典籍能流传至今，不乏毛晋等毁家付剞劂、以刊书为急务的藏书刻书家的贡献。毛晋刊书不一味以营利为目的，而是有高度的社会责任感，注重选本和校勘。他凭借丰富的家藏，选择精善之本。为选择善本，毛晋广泛搜集，并与苏、浙、闽等地藏书家保持着经常的联系，麟羽往来，补亡析疑。毛晋选择底本极为慎重，大多以宋本付梓刊行。他对所刻各书，认真校勘并撰跋，有《隐湖题跋》等传世，收入《汲古阁书跋》中的有249篇。毛晋不仅自己抄校，还聘请王咸等名士校勘。单是刻印《十三经》《十七史》就招聘了30人，13人校经书、17人校史书。

毛晋一生刻书600多种，刊书版片多达109 567块。天下之购善本书者，必望走隐湖，毛氏锓本走天下。汲古阁先后形成了刻印世俗书籍的工场、刻印《经山藏》的经坊、专事印刷的印书作等具有相当规模的刊书工场，实行规模经营。毛晋印刷用纸由江西特造，厚的称毛边，薄的称毛太，整批定购，统一规格和质量，以降低成本、保证供应。"毛边""毛太"之名至今已成为纸张的专门名称。毛晋刻书牵动了中国的许多省份，毛晋曾先后雇2 000人为其抄写典籍，可见规模之大。毛晋还创造性地发明影抄法，与刊本无异。毛晋刻书范围甚广，经、史、子、集无所不包，不少古籍仅赖毛刻本得以流传，许多古籍的毛刻本是传世唯一的全本、足本。《武林旧事》明刻本或6卷，或不足6卷，毛刻本10卷，首尾完备。毛刻《花间集》目录完备，没有乱分卷帙、臆改字句之处。尤其在丛书的刊刻上，毛晋有重要的影响和贡献。他一生刻丛书 20 多种，其中最有影响的是《津逮秘书》15 集 141 种 755 卷，汇辑多为宋元旧帙，所收子目全帙为多，为改以前诸家丛书割裂删节、多非足本之弊，开启后代刻书新风。

在中国私家刻书史上，若论刻书数量之多、影响之大、流传之广，非汲古阁毛晋莫属。毛氏在传播中华文化方面做出了重大贡献，其出版活动直接推动了晚明至清代的书籍出版，为其后的许多刻书家们所效仿。

2. 席氏扫叶山房

自康熙三十八年（1699）席启寓的琴川书屋辑刊《唐诗百名家全集》算起，至 1954 年席氏扫叶山房停业，席氏刻书经历了 250 多年，为毛氏汲古阁之后第二，是中国刻书史上的奇迹。

洞庭席氏一支明季移籍常熟，居常熟钓渚北范村。常熟席氏多习儒从文，尤好藏书、刻书。

席启寓（1650—1702），字文夏，号治斋，清康熙年间人。娶吴伟业之妹为妻。原籍吴县洞庭东山，后迁居常熟虞山之阳，往来两地。曾官工部虞衡司主事，性孝友，生平好施与，赈贫救荒，率先倡导。藏书室名"琴川书屋"，著有《治斋诗甲乙集》。康熙三十八年（1699）康熙南巡，四月初四至启寓东山东园，启寓献以"琴川书屋"名所辑刊《唐诗百名家全集》，得到康熙赞赏，自此席氏及其所刻之书声名远扬。启寓又有雕本《十三经》《十七史》行世，世人读席氏书者增多。

常熟席氏好藏书、刻书，代有闻人。如席启寓长子席永恂，岁贡生，候选国子监助教，为著名理学家陆陇其高弟，著有《陆学质疑》《性理钞》《陶庐集》《幽居诗》，与弟前席有藏书室"嘉会堂"；席鉴，乾隆年间人，国子生，爱好藏书，藏书室名"酿花草堂"，藏书极富，多抄本，露抄雪纂，又多留心搜访说部、小集，抄有《宋人小集》《五经文字》《新加九经字样》《离骚草木疏》《麈史》《玉楮诗集》等；席世臣，生活于乾嘉年间，席启寓曾孙，因病乡试不第，游学京师，因《四库全书》总裁大臣推荐"充钦颁江浙两省文汇阁等处三分书"，分校《四库全书》。乾隆五十一年（1786），钦赐举人，五十三年（1788）成进士，后候补主事。世臣好古嗜学，家富藏书，以史部居多，得到秘本多梓行传世，所刊书均亲自校雠，所居室颜其名"扫叶山房"，所刻书版心多有"扫叶山房"字样。曾修订补刻顾嗣立未刻之本《元诗选》癸集，又辑刊《元诗选补遗》，刻有

《大唐六典注》《贞观政要》《古史》《东都事略》《南宋书》《元史类编》《千金方衍义》《四朝别史》《十七史》等。后设书铺于苏州,仍名"扫叶山房",子孙世仍其业。世臣先世由常熟迁居青浦县珠里,诸家书序、自序、题名均署常熟籍。

早在用"扫叶山房"之名前,席启㝢就以"琴川书屋"之名刻书,开席氏刻书之先风。其曾孙席世臣以"扫叶山房"为号刻书,版心多刻以"扫叶山房"字样,"扫叶山房"之名随着所刻书籍行销天下而传扬四方。席世臣身后道光、咸丰年间扫叶山房主人席元章继续经营书业,至咸丰末年,扫叶山房书版在太平军战事中损失惨重,书坊正在刊印的《旧唐书》书版即毁于当时战火中。同治、光绪年间扫叶山房主人席元章子席威大量刻印古籍,扫叶山房的经营活动有所发展,并将经营中心迁往上海,光绪六年(1880)在上海城内彩衣街设分号,后改称"南号"。又在上海棋盘街设分号为"北号"。民国初年又在汉口设立"汉号",在松江设立"松号",苏州阊门老店改称"苏号"。同时,增添石印设备,总店扫叶山房"北号",成为沪上有影响的以古籍为主的出版机构。

自康熙三十八年(1699)席启㝢的琴川书屋辑刊《唐诗百名家全集》算起,至1954年扫叶山房停业,席氏刻书经历了250多年的历史。席氏扫叶山房是自常熟毛晋汲古阁后的民间书坊中经营时间最长、刻书数量最多、社会影响最大的私家刻书机构,为古籍保存和文化传播做出了重要贡献。据民国间所编书目的不完全统计,扫叶山房编印的书籍就达700多种,在清末民初的古书市场上占有很大的份额,出版物销行各地。清时书坊刻书以扫叶山房为最,席氏之书走天下。

(四)晚清藏书楼:铁琴铜剑楼、皕宋楼与八千卷楼

江苏常熟瞿氏铁琴铜剑楼、山东聊城杨氏海源阁、浙江钱塘丁氏八千卷楼、浙江归安陆氏皕宋楼合称清代后期四大著名藏书楼,其中江南独占三楼,足见江南藏书文化的影响。

1. 铁琴铜剑楼

常熟瞿氏铁琴铜剑楼与山东聊城杨氏海源阁有"南瞿北杨"的美称,瞿氏铁琴铜剑楼藏书以求精、重用见长,且是唯一楼与书保存至中华人民共和国成立后的藏书楼。

瞿氏铁琴铜剑楼位于常熟宾汤门外十里之南塘古里村。明代以来,古里

沃壤千畦，桑竹弥望，瞿氏购置经史，延师教子，是江南典型的耕读之家。

瞿氏藏书始于瞿进思（1739—1793）。他笃志好学，庋置经史，教子甚严。瞿氏有藏书楼恬裕斋、铁琴铜剑楼，其大规模藏书始于瞿进思之子瞿绍基（1772—1836）。绍基，字厚培，号荫棠，乾隆五十八年（1793）补廪生，援例以训导分发试用，署阳湖县学训导。因母年老不复求仕，读书乐道，力学工文，自奉谨约，有一裘三十年之风。惟好藏书，购置稽瑞楼、爱日精庐两家散出宋元善本之半，藏书至十万余卷，请张式绘《荫棠先生检书图》，编有《恬裕斋书目》。

瞿绍基子镛，岁贡生，署宝山县学训导，不久辞归，克承先志，读书藏书，购置艺芸书舍散出的宋元旧椠精品，请蒋宝龄绘《子雍先生柴门临水图》，编《恬裕斋藏书目录》《恬裕斋藏书记》等。

瞿镛子秉渊、秉清兄弟精心呵护铁琴铜剑楼遗书，咸丰十年（1860）四月至同治二年（1863）五月太平天国战乱间，藏书经七次大迁移，最后藏江北海门县大洪镇。战乱平定后，将书运回古里。同治五年（1866）秋，请吴俊绘成《虹月归来图》以志庆幸。其后又访购藏书，延名家校订藏书目录。

瞿秉清子启甲，呵护先辈藏书不受损失，光绪末年力避清廷购书。民国十三年（1924）军阀齐、卢混战时将藏书转移上海密藏，日军侵华战争时又移藏于租界。瞿启甲精心整理铁琴铜剑楼藏书，传播家藏文献，刊刻《铁琴铜剑楼藏书目录》，影印《铁琴铜剑宋金元本书影》，汇辑《铁琴铜剑楼藏书题跋集录》，提供了铁琴铜剑楼所藏宋元古籍珍本81种作为《四部丛刊》影印底本，成为当时《四部丛刊》诸编所采录的私家藏本之冠；在家乡倡设公立图书馆，任筹办图书馆主任、首任馆长，并捐赠家藏图书42种649册；任国会议员时，拒绝直系军阀曹锟贿选总统；抗日战争时在家书文天祥《正气歌》，拒任伪职。临终遗命家人"书勿分散，不能守，则归之公"。瞿启甲后人在中华人民共和国成立后，遵父遗命，陆续将家藏善本及古里老家埋藏的文物捐赠国家。

铁琴铜剑楼瞿氏爱国仁孝、厚德为善、藏书积学的家风，是瞿氏藏书世家数代藏书、传承不断、愈接愈盛的根本原因。瞿氏子孙世守先世遗典，爱护先泽，发于仁孝之诚。瞿秉渊、秉清兄弟以性命护书精神，感天动地。瞿凤起把保护先世典籍和找到藏书妥善归宿奉献国家作为仁孝之举。瞿氏乃厚德为善世家，从卜居古里起即好施与。瞿启甲书联"种十亩苍松何如种德，修万间广厦莫若修身"，反映为人注重积德修身。瞿氏藏书世家数代藏书，旨在助学积学。瞿氏开放藏书，惠及众家，供读书人士前往浏览、校勘、转抄、参观，让藏书得其所用。不仅许人入楼参阅，还另辟专室，供人坐读，备茶水膳食。瞿氏编印藏书目录，精印《铁琴铜剑楼宋金元本书影》以飨海内外人士。商务印书馆等影印《四部丛刊》《续古逸丛书》，瞿启甲不仅为发起人之一，且为丛书编刊提供所藏善本。特别是中华人民共和国成立后，启甲后人秉承遗志，将私家藏书捐献国家。瞿氏藏书积学，不仅是读书之家，读书成果丰富，且集众家之学，推动区域藏书与学术事业。瞿氏开放藏书，将私家藏书提供给社会利用，实现了公共图书馆的部分功效，铁琴铜剑楼发挥了区域学术文化交流中心的重要作用。

2. 皕宋楼

皕宋楼位于湖州吴兴区月河街4号、6号原陆心源大宅中。

陆心源（1834—1894），字刚甫，号存斋，晚号潜园老人，归安人。咸丰九年（1859）乡试中举，荐为直隶道员。同治四年（1865），任广东南韶兵备道，十一年（1872），任福建盐运使等，因与上司不和，请求归里，又被削去官职。返归故里后，在城东莲花庄旁辟"潜园"。又独资建升山桥，修复安定、爱山两书院，修建仁济善堂，举办义学等。光绪九年（1883），经山东巡抚张曜和直隶总督李鸿章保奏，得旨恢复原职，交军机处记名简放。十九年（1893），光绪帝召见，褒奖"著作甚多，学问甚好"。归途中，路经天津时染疾，次年卒于湖州。陆心源酷爱藏书，见异书必倾囊以购。削职家居期间，陆心源购得上海著名藏书家郁万枝的宜稼堂4.8万余册精藏。还陆续购得吴兴严氏芳茮堂、刘氏眠琴山馆，福州陈氏带经堂，归安韩子蘧、杨秋室，江都范筌，吴县黄荛圃、周谢庵等故家遗藏，加上他家旧有之书，藏书总数在15万卷以上。其中有宋刻本100多种，元刻本400多种。建藏书楼三处，皕宋楼藏宋、元刻本及名人手抄本，守先阁藏明、清刻本，十万卷楼藏普通书籍。陆心源学识渊博，著有《仪顾堂文集》《仪顾堂题跋》《续跋》《金石粹编续》《金石学录补》《皕宋楼藏书志》《穰黎馆过眼录》《唐文拾遗》《唐文续拾》《宋诗补遗》《群书校补》《吴兴诗存》《归安县志》《宋史翼》《元祐党人传》，合署《潜园总集》，计 940 余卷。刻有《湖州丛书》《十万卷楼丛书》。光绪三十三年（1907），陆心源子陆树藩以 10 万两银价格，将陆氏皕宋楼、十万卷楼、守先阁全部藏书售与日本静嘉堂文库。

1997 年 8 月 29 日，千甓亭（含皕宋楼）被列为浙江省文物保护单位。千甓亭因陆心源藏汉、晋墓砖千余块而得名。陆心源好收藏汉晋纪年墓砖，并对所藏古砖铭文做考释。光绪十七年（1891）辑《千甓亭古砖图释》等，对研究汉晋书法及古墓断代具有一定参考价值。千甓亭建于光绪初年，占地面积 600 平方米，建筑面积 340 平方米，前有扇形小亭即千甓亭，东壁嵌有文天祥、赵孟頫等名家书法碑帖 13 块。园中设厅堂，后有楼屋三间，称"仪顾堂"，楼上为陆氏珍藏古籍的皕宋楼和十万卷楼。园中小桥水池、山石草木，为布局精致的江南园林。

3. 八千卷楼

丁丙（1832—1899），字嘉鱼，号松生，晚年号松存，钱塘人。丁氏藏书富有渊源，祖父丁国典首在杭州营建八千卷楼。丁丙与兄丁申在先人藏书的基础上，陆续加增，沿用八千卷楼藏书楼，并将其新增加的藏书室名为"后八千卷楼""善本书室""小八千卷楼"，总藏书室名"嘉惠堂"，藏书近 20 万卷，其中善本珍藏 2 000 余种，被列为晚清四大藏书楼之一。太平天国战争时期，杭州文澜阁《四库全书》在战乱中散失，丁丙兄弟不避艰险，四方搜寻和收购，得书近万册。光绪六年（1880），浙江巡抚钟麟重建文澜阁，次年落成。丁丙将所得书送入重建的文澜阁珍藏。后丁氏又多方搜集和补钞，至光绪十四年（1888），文澜阁《四库全书》基本恢复原貌。丁丙撰有《善本室藏书志》，著录其藏书中的珍贵部分。光绪年间，丁丙编刊《武林往哲遗著》前编 50 种、后编 10 种，共 96 册。光绪九年（1883）起，与兄丁申编刊《武林掌故丛编》26 集 208 册，将存世的杭州掌故典籍多数包罗列入。丁丙还著有《武林坊巷志》《于公祠墓录》《北郭诗帐》《北隅缀录》等。丁氏八千卷楼藏书颇多修《四库全书》的底本，可以窥见乾隆时修书的法制。丁氏藏书中，多名人精写稿本和名家经藏、校读之本。丁氏所藏之书有日本、朝鲜刊本，可见域外异书。丁氏藏书中还有范氏天一阁、项氏万卷楼、祁氏澹生堂、毛氏汲古阁、吴氏瓶花斋、严氏芳茮堂等江南乃至全国著名藏书楼所藏之书。光绪三十三年（1907），丁氏后人因经商失败，亏空巨万，其全部藏书为江苏江南图书馆购藏,现存南京图书馆。

四、江南藏书文化的特点、地位与价值

(一) 藏书特点

江南藏书历史悠久,高潮迭起,传承有绪;讲求优质,藏书措理之术精致;藏书开放为主,交流传播广泛;总结藏书理论,指导藏书实践,藏书事业不断推陈出新。

江南藏书历史悠久,从江南最早的私藏家之一言子开启崇文藏书传统起,有2500年历史。宋代特别是南宋,江南成为全国的藏书中心地之一。明、清两代,全国藏书中心主要在江南。江南著姓望族藏书世家多,藏书传承有绪,区域藏书、读书、著书自为风气。

江南藏书具备吴越文化的精致特征,藏书特别讲究精细雅致,精品甚多。尤其是江南涌现过许多著名的政治家、思想家、军事家、文学艺术家、工商企业家、自然科学家,成果享誉全国。江南历史上出现的各种学术流派,不仅丰富了各类著述,而且在理念、方法、技术等许多方面深深地影响了江南乃至整个中国的学术界和藏书业。昆山顾炎武的朴学学派,形成于昆山、太仓、常熟,逐渐发展至苏州、镇江、南京等江苏南部地区,又先后扩展到江苏北部、浙江以至黄河流域各省,下启乾嘉之学,学术影响遍及全国。朴学学风给学术界带来实事求是新风气,几乎为所有学者所接受。江南藏书家藏书措理之术精致,抄书、校书、刻书精益求精,编目、分类实事求是,追求精细,便是实事求是学风的典型表现。

江南藏书崇尚开放,交流传播广泛。私家藏书本是私人资产,然而江南藏书家更多地体现了吴越文化的开放秉性。三国时吴郡钱唐人范平的藏书不以私秘,能公诸同好,供广大士人借阅。吴郡大族藏书家陆少玄与张率互通书籍,张率尽读陆家万余卷书。不少藏书家结社互抄,互通有无,赠换图书。丁雄飞藏书2万余卷,与黄虞稷订有流通藏书之《古观社约》。江南藏书家比较普遍地编制自己的藏书目录,公布私家藏书。江南藏书家们还选择所藏精本,或家族人员的著作、自己的藏书读书成果等刻印传播。徐树兰建成古越藏书楼,藏书供公众阅览,古越藏书楼成为近代中国第一个公共图书馆。

江南藏书家通过撰写藏书记、题跋、提要书目、藏书著作等总结藏书理论、交流藏书技术、鉴定藏书等。江南藏书理论著作不断推陈出新，持续推进、提升江南藏书质量。就藏书理论著作而言，山阴祁承㸁（1562—1628）所撰《澹生堂藏书约》，是我国最早的比较系统的藏书建设理论著作。书中序文自述读书、藏书经历，正文分《读书训》《聚书训》《藏书训略》三部分。《读书训》劝后人读书，记述古人读书好学事迹23则；《聚书训》劝后人聚书，记述古人藏书事迹30则；《藏书训略》分"购书""鉴书"两部分，提出购书三术、鉴书五法。万历四十八年（1620），祁承㸁整理藏书，又写出《庚申整书略例四则》，提出"因、益、通、互"四个分类原则，并在其藏书目录《澹生堂书目》中首次采用了"通""互"即互著与别裁的目录学方法。祁承㸁的藏书理论对于浙东区域私家藏书乃至之后的私家藏书和目录学产生了很大影响。常熟孙从添（1691—1767）所撰《藏书纪要》总结苏州区域藏书，特别是以钱谦益为代表的虞山派藏书理论，其"第五则装订"中说："虞山装订书籍，讲究如此，聊为之记，收藏家亦不可不知也。"[1] 兼及太仓王元美、昆山叶文庄、洞庭叶石君等藏书家的藏书技术。书中提出了虞山派的藏书观和藏书措理之术，强调藏书之道以藏经为上，史次之，子集又次之；主张与知己交流藏书；强调购求善本，讲究版本，规范编目。长洲（今苏州）叶昌炽（1849—1917）的《藏书纪事诗》为历代藏书家立传，勾勒藏书家史实，以人为目，以诗系事，所收藏书家先以七言绝句一首，总括藏书家主要事迹，后为详注，列藏书家的藏书史实，纪事诗与人物传、诗与注结合，互为补充，左右参证，旁征博引，成为总结藏书家史实之总集，被誉为"藏家之诗史""书林之掌故"，对于研究古籍聚散线索、珍贵版本的收藏源流、历代藏书家事迹等具有重要的参考价值，推动了中国藏书史的学术研究。

（二）历史地位

江南藏书无论是藏书家数量，还是藏书质量，均在中国藏书史上占有重要的地位。据范凤书的统计，中国历代藏书家总数5 045人，省区分布名次第一的省份是浙江省，有藏书家1 139人，占全国总数的22.58%；名次第二的省份是江苏省，有藏书家998人，占全国总数的19.78%。中国

---

[1] 孙从添：《藏书纪要》，见祁承㸁等：《藏书记》，广陵书社2010年，第50页。

藏书家数量最多的十个市县分别为：苏州277人，杭州207人，常熟146人，宁波109人，湖州95人，绍兴94人，福州80人，嘉兴77人，海宁68人，南京67人。可见，中国藏书家集中在环太湖及环杭州湾的江南区域。中国历代藏书家按时代统计，先宋253人，宋代738人，元代207人，明代897人，清代2 082人，近现代868人。中国历代藏书家主要集中在宋代与明、清两代，而以江南私人藏书家为主。[1] 江南藏书家的藏书质量高，著名藏书楼、藏书世家、藏书大家大多数在江南区域。乾隆修《四库全书》时，取江南私家藏书最多。鲍士恭进呈家藏书626种，居私家进书之首。晚清四大藏书楼，江南占其三。流传至今的重要古籍大多数经江南藏书家递藏，如脉望馆赵琦美抄校本《古今杂剧》，经钱谦益、钱曾、季振宜、何煌、黄丕烈、汪士钟、赵宗建、丁祖荫诸家递藏，最后归之国库。

江南藏书家富有藏书创新意识，为中华藏书文化增添了特色元素。在藏书理念上，江南正统藏书观影响整个中国传统藏书文化。在环太湖、大运河区域集中了中国绝大多数的私藏家，这一区域的藏书家收藏志趣、收藏内容、藏用原则等，包括尚宋元版之风、好抄稿本、藏书偏重正经正史、重视编目、乐于交流等，与虞山派藏书家趋同。晚清四大藏书楼，无一不继承这种藏书传统。王红蕾在《〈卷盦书目〉与叶景葵藏书思想》一文中谈到"叶景葵的藏书思想是乾嘉以来，江南正统藏书观的延续"，"深受嘉兴派藏书思想的影响"，江南藏书"以稿抄校本为主要特色"。[2] 江南正统藏书观，或者说江南藏书形成的主要特色深受虞山派影响。在藏书措理之技术上，江南藏书家总结提炼了购求、鉴别、抄录、校雠、装订、编目、收藏、曝书等一系列范式。谭卓垣（1900—1956）在《清代藏书楼发展史》里，用英文评述虞山派藏书理论著作《藏书纪要》道："《藏书纪要》是整个十九世纪唯一的一部向私人藏书家交代藏书技术的参考书。令人惊奇的是，他所提出的意见一向为藏书家们谨守不渝，直至今日还对现代中国的图书馆发生着影响。许多编纂珍本书目的术语都出自该书，更不用说后人以此书的意见为鉴别宋元版本的标准了。虽然在最近几十年里，出版了不少关于图书馆科学的著作，但是旨在指导私人藏书家工作的专著

---

[1] 范凤书：《中国私家藏书史（修订版）》，武汉大学出版社2013年，第657-658、667页。
[2] 王红蕾：《〈卷盦书目〉与叶景葵藏书思想》，《理论界》2009年11期。

却未问世。假如今后还没有著述来取代《藏书纪要》的地位,那么中国的藏书家们还将在各方面仰仗于它。"[1]毛晋等藏书家的影宋精抄,古今绝作,字画、纸张、乌丝、图章,追摹宋刻,为藏书家所效仿。连毛晋用纸"毛边""毛太"之名已然成为纸张的专门名称。藏书楼宇建制,天一阁竟然为皇家仿造。

(三)社会价值

中国藏书文化是中国传统文化极为重要的组成部分,也是最具特色的部分。中国藏书系统通常分为公藏、私藏两部分,前者包括皇家藏书、中央官府藏书、地方官府藏书,后者即私家藏书,此外还有介于两者之间的书院藏书、寺观藏书。而私家藏书在其中居有重要地位,它对皇家、官府、书院、寺观等藏书贡献最为突出。流传至今的中华典籍,大多数是经过历代私人藏书家递藏的。积书而读,丹铅治学,是中国古代私家藏书的优良传统,藏书兴则读书盛,私家藏书对中华典籍的积累、保存、整理、再造和传播贡献甚大,对促进文化教育和学术研究发挥了重大的作用。对中国古代文人来说,私家藏书,属于综合性的学术文化活动,也是各种学术文化活动之源。江南藏书家的核心精神是仁人爱物、读书成才。江南藏书家的藏书保障文脉传承,呈现了中华优秀传统文化特色的社会价值。

中华民族文化凝聚力与对自身文化的自信由来已久,江南藏书家们藏书的本质是崇敬古籍的文化自信,具有推动中华文明发展的社会价值。江南许多藏书家珍纸惜墨,崇敬中华民族的优秀文化典籍,认识中华文化的丰厚博大,接受中华优秀文化的熏陶感染,汲取民族文化智慧,从而传承文化。孙从添在《藏书纪要》的《购求》一则提出的藏书宣言很有代表性,他说:"购求书籍,是最难事亦最美事,最韵事亦最乐事。"因为"书籍者,天下之至宝也。人心之善恶,世道之得失,莫不辨于是焉。天下惟读书之人而后能修身,而后能治国也。是书者,又人身中之至宝也"。[2]江南藏书家们注重藏书以修身立德,强调读书的明理益能价值。张金吾强调:"人有愚、智、贤、不肖之异者,无他,学不学之所致也。然欲致力于学者,必先读书,欲读书者,必先藏书。藏书者,诵读

---

[1] 谭卓垣:《清代藏书楼发展史》,徐雁译,谭华军校,辽宁人民出版社1988年,第46-47页。
[2] 孙从添:《藏书纪要》,见祁承㸁等:《藏书记》,广陵书社2010年,第39-40页。

之资，而学问之本也。"[1]江南藏书家们把藏书、读书与修身、治国紧密联系起来，让人们从这样的高度来认识敬惜书籍、热爱读书。

江南私家藏书营造阅读氛围，育鞠一代代读书人，读书种子不绝，实现促进经济社会发展的社会功能。国运之兴，科教为本，文明昌盛，读书为先。"积书而读，丹铅治学"，是江南私家藏书的优良传统。耕读传家、诗书继世的中国家庭阅读传统是社会可持续发展的动力。每个家庭人人自觉参与藏书、读书，才能聚合成中华民族崇尚阅读的社会风气，建成书香社会，促进文明建设。

---

[1] 张金吾：《爱日精庐藏书志序》，见《爱日精庐藏书志》，光绪十三年（1887）吴县灵芬阁徐氏木活字合刊本，卷首。

第十八章　运河文化

学界一般将京杭大运河全程分为通惠河、北运河、南运河、鲁运河、中运河、里运河和江南运河。相对于大运河其他河段，江南运河开挖最早、沿岸名城众多、经济文化发展最盛、当代通航运道最长，留下了丰富而独具运河特色的物质文化遗产和非物质文化遗产，是江南文化的重要组成部分。

一、江南运河发展历史

江南运河北起镇江市，南至杭州市，纵贯太湖平原，水源丰富，是中国大运河中形成时间最早、自然条件最好、连续运用时间最长的河段。

早期江南运河的开凿贯通功能主要在于军事、政治、农业灌溉等方面。至隋唐时期，随着全国经济重心南移，江南财赋成为维持北方政权的重要物资来源，漕粮等赋税运输成为王朝国家维持运河畅通的主要动力。杜佑《通典》言隋炀帝开运河后"自是天下利于转输"[1]。《新唐书·食货志》云："唐都长安，而关中号称沃野，然其土地狭，所出不足以给京师，备水旱，故常转漕东南之粟。"[2]

江南运河的开凿可以上溯到春秋时期的吴国。春秋时期，太湖平原已有古渠，自长江到钱塘江，贯通三江、五湖，如《史记》所记："于吴，则通渠三江、五湖……此渠皆可行舟，有余则用溉浸，百姓飨其利。"[3]这条吴地通渠，便可视为江南运河的最早形态。《越绝书》记载了吴古水道的走向："吴古故水道，出平门，上郭池，入渎，出巢湖，上历地，过梅亭，

---

[1] 杜佑：《通典》卷10《食货十》，中华书局1988年，第221页。
[2] 欧阳修、宋祁：《新唐书》卷53《食货三》，中华书局1975年，第1365页。
[3] 司马迁：《史记》卷29《河渠书》，中华书局1982年，第1407页。

入杨湖,出渔浦,入大江,奏广陵。"[1]可以推断,"吴古故水道"经今天苏州西北,穿过漕湖,沿太伯渎而上,再经阳湖进入古芙蓉湖,由利港入长江,最后达扬州。公元前487年,吴王夫差因争霸中原所需——依靠水路运输是善于行舟的吴人之首选,于是开凿邗沟,贯通江淮,以通粮道。

吴地早期运道另有"百尺渎"。春秋晚期,吴国和越国利用天然河道加以修整,沟通了太湖流域和钱塘江,此即《越绝书》所述"百尺渎"。这条运道一直到清朝才逐渐废止。吴古水道和百尺渎的开凿,说明早在春秋时期,北抵长江、南迄钱塘江,已有人工渠道可通,它们成了后来江南运河的前身。[2]

为了巩固统治,加强对吴地的控制,秦朝进一步开通了镇江至丹阳段运河,这条水道由苏州南经嘉兴通杭州,如《史记》提到,始皇三十七年(前210),"浮江下,观籍柯,渡海渚。过丹阳,至钱唐,临浙江"[3],便是从长江东至丹阳城,然后再往东南至今浙江境内。到了汉武帝时期,为了便于征调浙、闽贡赋,又组织人力沿太湖东部吴江南北的沼泽地区开凿了一条长百余里的河道,沟通苏州和嘉兴,与秦时所开嘉兴到杭州的运河连接。[4]可见,至公元1世纪前后,江南运河已基本贯通。

秦朝江南运河的开凿,加强了江南与中原地区的经济联系。到魏晋时期,随着中原战乱不断,人口南移,运河流经的太湖流域日渐被开发,逐渐成为财赋重地。但是,由于地形条件的限制,运河开凿之初没有设置闸坝,河水易于走泄,尤其是镇江至丹徒段,地势高,河谷浅窄,航行困难。孙吴时期对运河进行过治理,孙权命陈勋开凿破冈渎,建立十二埭,这样行船欲达扬州,可以避免镇江京口长江风险。

隋朝统一以后,建都长安。随着南北经济、政治联系的日益密切,重新整治江南运河故道显得尤为重要。历史上的漕粮北运,也是从隋炀帝开凿江南运河正式开始的。伴随着南北大运河的贯通,江南地区的经济发展也逐渐在全国占据了领先地位。

隋代对江南运河进行了大规模开凿。隋大业六年(610),隋炀帝在前

---

[1] 袁康:《越绝书校释》卷2《越绝外传记吴地传》,李步嘉校释,中华书局2013年,第32页。
[2] 王育民:《先秦时期运河考略》,《上海师范大学学报(哲学社会科学版)》,1984年第3期。
[3] 司马迁:《史记》卷6《秦始皇本纪》,中华书局1982年,第260页。
[4] 陈桥驿:《中国运河开发史》,中华书局2008年,第324页。

人的基础上对江南运河进行了拓展和疏浚,重新扩大运河古道,"敕穿江南河,自京口至余杭,八百余里,广十余丈,使可通龙舟,并置驿宫、草顿,欲东巡会稽"[1]。 江南运河沿岸的驿站、码头、桥梁等交通建置也得以建设。 隋代疏浚的江南运河自京口经丹阳、常州、无锡、苏州、嘉兴到杭州,全程约八百里,运河航线基本确定下来。

唐宋以来,江南地区环境安定,太湖流域经济进一步发展,全国经济重心南移,作为沟通南北的大运河,对于统治者具有重要的政治和经济意义,所以运河治理尤为关键。 唐代前期,运河沿线各州继续完善运河的功能,确保了运河发挥出越来越大的作用。 运河的畅通,沟通了长江和钱塘江水系,将江南和淮南、中原连成一体,江南对全国的意义逐渐显现出来。 运河便利了商旅官宦流动、商贸往来、农业灌溉、城市培育,从而促进了江南经济的发展。[2] 安史之乱后,中央政府把财赋中心移到了江南,南方漕粮运往北方局面形成,这是与江南运河的促进作用密不可分的。

江南运河地处水乡,水源相对充足,但是运河南段和北段地势较高,中段相对低洼,容易淤塞。 江南运河根据各段地势差异,大致可以分为北段、中段和南段。 为了维持运河畅通,唐王朝主要围绕闸堰节水济运、改变入江口以及导水入河等方面进行治理。[3]

江南运河北段,自镇江到望亭,地势由西北向东南倾斜,河床坡度大,河水易泄,河口段水源主要来自长江江潮补给。 长江江岸的变化直接影响运河。 随着长江三角洲不断外移,运河京口水源愈加贫乏。 为了解决江南运河北段水源不足的难题,唐开元二十二年(734)创立了京口埭,至德年间兴筑了望亭堰,用以节制水流,防止走泄;永泰元年(765)又重新修治了练湖,蓄水济运;元和八年(813),对常州以西的孟渎故道加以疏浚,引江水南注通漕。 这些举措尤其是练湖的整治,保证了北段运河水源。[4] 唐代江南运河北段需要依赖丹阳附近的练湖调节水位。 但是,沿湖地区的豪强占湖为田,侵夺湖面,使得练湖面积变小。 唐代宗时期,朝

---

[1] 司马光:《资治通鉴》卷181《隋纪五》,中华书局1956年,第5652页。
[2] 张剑光:《江南运河与唐前期江南经济的面貌》,《中国社会经济史研究》2014年第4期。
[3] 陈桥驿:《中国运河开发史》,中华书局2008年,第332页。
[4] 魏嵩山、王文楚:《江南运河的形成及其演变过程》,《中华文史论丛》1979年第2辑。

廷听从转运使刘晏、刺史韦损的建议，下诏重开练湖，禁止豪强引湖灌溉，使得湖面扩大，从而导湖水济运。[1] 宋代以后，江流北移，京口运口淤塞，为此改京口埭为京口闸。为了丰富运河水源，宋代在京口闸以东开凿新河、鳝鱼港、海鲜河、甘露港。北宋庆历年间，时任两浙转运副使的郑向"疏润州蒜山漕河抵于江，人以为便"[2]，又于京口闸西开凿蒜山漕河，以便引导江水济运。除了引水济运，宋代还在运河沿线修筑诸多闸堰，以便更有效地调节运河水量。元符年间，吕城、京口、奔牛修成澳闸。"澳"平时储水以补充复闸过船的用水，这是北宋航运水利工程的创造。[3]

  江南运河中段，自无锡望亭到苏州平望，主要依靠太湖调节水位。虽然水源充足，但是地势低洼，排水不畅成为主要问题。吴江县一段运河本为太湖出口处，地势最低，与太湖无明显分界。唐初平望段运河便被太湖水占据，所谓"松陵镇南北西俱水乡，抵郡无陆路"[4]。元和五年（810）苏州刺史王仲舒沿松江修筑塘路，即吴江塘路，使得太湖和运河逐渐分离，便于漕船挽运，以规避太湖之险。北宋庆历二年（1042），又重新修筑八十里长堤。可见，宋朝对江南运河中段的治理，主要是疏浚河道和修筑堤岸。到了元明时期，太湖可以通过浏河、黄浦江入海，加之运河东西两侧的圩田不断被开发，运河才得以与太湖分离。

  江南运河南段，自嘉兴到杭州，地势由西南向东北倾斜，主要依赖西湖补给水源，湖水不足，则引钱塘江江潮补给。由此，保证江南运河南段顺畅通航的关键，则在于保障西湖水量充足。唐代多次疏浚西湖。大历年间，杭州刺史李泌"始导西湖，作六井，民以足用"[5]。长庆二年（822），杭州刺史白居易"复浚西湖，引水入运河"[6]。历代杭州官员修整六井，由地下水道通运河，成为供应杭州城内运河的重要水源。此外，唐天宝八年（749），设都水营田使，置撩湖兵士千人，专一开浚西湖。五代之前，钱塘江江潮直接进入杭州城内运河，携带大量泥沙，致使

---

[1] 董诰等：《全唐文》卷871《复练塘奏状》，中华书局1983年，第9116页。
[2] 脱脱等：《宋史》卷301，中华书局1985年，第9998页。
[3] 吕娟：《中国运河志·河道工程与管理》，江苏凤凰科学技术出版社2019年，第701页。
[4] 张国维：《吴中水利全书》卷10，浙江古籍出版社2014年，第435页。
[5] 脱脱等：《宋史》卷96《河渠志》，中华书局1985年，第2382页。
[6] 脱脱等：《宋史》卷96《河渠志》，中华书局1985年，第2382页。

其淤塞,钱镠置"龙山、浙江两闸,启闭以时,故汛水不入"。[1] 唐代这些水利举措,保证了嘉兴到杭州段运河水源,有利于运道畅通。

入宋之后,五代吴越国的撩湖兵被废除,运河治理的主要问题仍然是西湖和杭州城内运河淤浅。元祐年间,时任杭州知州的苏轼就曾疏浚城内盐桥河。南宋建都临安,江南运河是南宋政权沟通中原的主要渠道,朝廷尤其重视。从绍兴年间到庆历年间,多次疏浚,并于南宋时开嘉兴到杭州新河道。此后,江南运河南段分两支,北支称下塘河,南支称上塘河。

江南运河自隋代贯通之后,相对其他河段最为通畅,但元代也进行过一些整治。一是疏浚了镇江到吕城坝水道,二是治理丹阳县练湖。练湖为镇江段运河的主要水源,整治练湖可以保证水源充足。此外,元代修治杭州城外龙山河,此河虽不属运河,但自宋代开始便是滨江纲运入城要道,直到元至大元年(1308),此河与运河相接。[2]

明初建都南京,江南漕粮运输到南京,江南运道尤为重要,为避开镇江溯江而上的险阻,开胭脂河,由太湖直通南京。永乐年间迁都北京,江南运河转漕功能更为凸显。明代对江南运河沿线的塘堤、纤道等修缮工程非常重视。

清代漕运延续明制,仍然非常重视江南运河的治理。由于清后期清口不通,漕运逐渐转为海运,苏松地区的漕粮由上海运输到天津。咸丰五年(1855),山东运河被黄河冲断,江南运河由国家经济命脉转为区域性的交通航道。光绪二十七年(1901),漕粮全部改折,漕运停止,江南运河遂不治。

从江南运河发展史可以看出其主要特点:江南运河水源充足,不患乏水,但是常常面临漕渠淤塞的问题,历代都需要疏浚,主要水源依赖沿线的湖泊。治理湖泊常常成为治理运河的关键。正如《河漕备考》所记:"大江以南,古称泽国,千泾万港,不患乏水,然漕渠所贯每多浅涩,尚烦挑浚,而附近湖泽,亦资赖焉……自杭州至苏州三百四十里,自苏州至京口三百六十八里。……江南漕渠多有桥梁,粮船俱不竖桅,一出京口则千樯高矗矣,以北达通州,俱无桥梁也。按大江以南,河所不犯,故但有漕

---

[1] 刘伯缙等修、陈善纂:万历《杭州府志》卷22,《中国方志丛书·华中地方》第524号,见台湾成文出版社1983年,第1570页。
[2] 史念海:《中国的运河》,陕西人民出版社1988年,第286页。

渠浅阻之患，而无浊河走徙之患。"[1]相对于长江以北的河段，江南运河没有大河的侵犯，虽然有浅淤之患，但是不需要处理黄河迁徙等问题。

二、运河沿线江南名城：以苏州、杭州、扬州为中心

自隋代开凿大运河以来，南北向的人口和商品流动愈发频繁，有力地促进了江南运河沿岸社会经济的持续繁荣。来自不同地域的各色人群纷纷将各地的商品及文化源源不断地输入江南运河沿线地区，塑造了运河沿线城市独特的文化活力及社会文化的多样性。

（一）运河与苏州

自公元前514年伍子胥扩建吴国都城开始，苏州长期保持着较为封闭的传统城市形态。随着商品经济的发展，苏州城市由封闭趋向开放，清朝时的苏州城已经冲破了城墙的限制，开始向郊外拓展商业空间。[2]其中大运河的影响尤为重要。隋大业年间，大运河全线开通，苏州成为江南运河的重要枢纽；与之相应，运河也成为影响苏州城市社会形态的重要因素。

苏州城与运河的联系，有两条主要路线。一条是偏西北经白公堤汇入运河："运河南自杭州来，入吴江县界，由石塘北流经府城，又北绕白公堤出望亭入无锡界，达京口。"[3]另一条在正西至枫桥入运河："运河自嘉兴石塘由平望而北绕府城为胥江，为南濠，至阊门。无锡北来水，自望亭而南经浒墅、枫桥，东出渡僧桥，交会于阊门。"[4]两条与运河连接的水路交汇于阊门附近，为南来北往人员所必经。

凭借着临近运河的优越交通条件，从南宋开始，苏州西北部的阊门一带开始形成新的商业区，明代苏州城西部是人口密集和商业繁盛之区，居民以经商为主业，阊、胥一带"旅错趾骈，无间昏旦"，逐渐取代了城中乐

---

[1] 朱鋐《河漕备考》卷1，见《续修四库全书》政书类第838册，上海古籍出版社1995年，第373页。
[2] 王卫平：《明清时期江南城市史研究：以苏州为中心》，人民出版社1999年，第55页。
[3] 顾炎武：《天下郡国利病书》卷15，见《四部丛刊》三编，上海书店出版社1935年。
[4] 李铭皖、谭钧培修，冯桂芬纂：同治《苏州府志》卷8，见《中国地方志集成·江苏府县志辑》第7册，江苏古籍出版社1991年，第224页。

桥的商业中心地位。[1] 至元代，阊门外已成"商旅辐集"之地。明清时期，阊门附近更为繁荣，已发展成为苏州最大的商业中心，出现了"天下财货莫不聚于苏州，苏州财货莫不聚于阊门"的说法。李果《让道记》记载："阊门为苏孔道，上津桥去城一里许，闽粤徽商杂处，户口繁庶，市廛栉比，尺寸之地值几十金。"[2] 故时人称，天下商品大码头约有十处，而苏州一地竟有南濠、枫桥二处。

由于运河流经枫桥，枫桥镇逐渐发展成了全国重要的米粮市场。康熙年间，阊门商业区扩展至城墙以外，与枫桥镇连成一片，所谓"吴阊至枫桥，列市二十里"。当时"阊门内外，居货山积，行人水流，语其繁华，都门不逮"[3]，一派繁荣景象。阊门外的南濠，从明初的"货物寥寥"，至清初，已发展成为"人居稠密，五方杂处"的商业闹市；山塘街上、下塘，也成为布庄字号林立的棉布加工业中心地区。在苏州，突破城垣限制，向城外拓展商业空间的例子不仅限于阊门一角，葑门、娄门一带也是如此。[4]

大运河对于苏州城市发展的影响体现在以下方面：

其一，推动了苏州空间结构的优化和美化。城市经济职能的增强，不仅表现为向城外寻求发展空间，同时在城市内部，也因为人口构成的不同而出现了职业性的区域分工，从而使苏州的城市布局出现了新的变化。明清时期的苏州已形成了几个各具特色的功能区块，其具体布局可以概括为：城市东北部是丝织专业区，西北部是工商业中心区，西南部是政治中心区，东南部则自清中叶以后逐渐成为新兴商业区。[5] 此外，借助运河水系和护城河，苏州城中兴起了叠山造园的热潮，明清时期园林最多时达270余处。苏州由此获得了园林之城的美誉。再如，在运河的连接下，吴门桥、盘门城楼和瑞光塔组成了苏州城南名胜"盘门三景"。

其二，完善了苏州的水上交通体系。苏州建城之始，即重视水系建设，而大运河的开凿使得苏州城内的水系交通更加完整。白居易所写"绿

---

[1] 王卫平：《明清时期江南城市史研究：以苏州为中心》，人民出版社1999年，第39页。
[2] 李铭皖、谭钧培修，冯桂芬纂：同治《苏州府志》卷5，见《中国地方志集成·江苏府县志辑》第7册，江苏古籍出版社1991年，第164页。
[3] 孙嘉淦：《南游记》，见魏源：《皇朝经世文编》卷6《南游记》，岳麓书社2004年，第268页。
[4] 王卫平：《明清时期江南城市史研究：以苏州为中心》，人民出版社1999年，第55-56页。
[5] 王卫平：《明清时期江南城市史研究：以苏州为中心》，人民出版社1999年，第59页。

浪东西南北水，红栏三百九十桥"，即典型地反映出苏州城内比较完整的水系交通情况；南宋绍定二年（1229）刻成的平江图碑，明代张国维撰写的28卷《吴中水利书》所载《苏州府城内水道总图》，清代嘉庆二年（1797）的《苏郡城河三横四直图》，都有对苏州城内水系的系统描绘。据明代《苏州府城内水道图说》记载："苏城四绕，外濠深广，增雄天堑，具区宣泄之水所共赜也。至鲞关忽隘，而以一桥为束，使南来运道统归胥江，形势负险，古人建设之意良可深思。城内河流，三横四直之外，如经如纬者，尚以百计，皆自西趋东，自南趋北，历唐、宋、元不湮。"[1]。这说明隋代开挖江南运河对于苏州城内形成完整水系有着重要作用。城内完整的水系进而对苏州城址的稳定起了积极的作用，因为苏州城内的河道构成了苏州城市形态结构的骨架。可见，运河是苏州城市位置稳定和苏州城市发展的重要因素之一。[2] 由于运河畅通和城市外围水利工程的大规模修建，苏州的水陆交通十分便利，形成了水陆双棋盘格局，大运河、护城河、城内河流合为一体，共同构成了苏州古城的水上交通体系。

其三，加快了苏州农业水利的开发。唐宋时期苏州的水利系统得到进一步发展，为了确保漕运的畅通，各级官府相继在运河沿岸兴修塘路。北宋庆历七年（1047），吴江知县李问在运河与太湖的连接口修筑了垂虹桥。元朝时期，平江河渠设置了78处闸堰。此外，范仲淹疏导白茆湖、知州吕居简等人主持修筑至和塘等。这些人工开挖的河道连同大运河等组成了苏州的水系网络，促进了苏州农业乃至整个地区经济的发展。

其四，促进了苏州城工商业的发展。明清时期，苏州已经发展为繁荣大都会。所谓"苏州拱京师以直隶，据江浙之上游，擅田土之膏腴，饶户口之富稠，文物萃东南之佳丽，诗书衍邹鲁之源流，实江南之大郡。……至于治雄三寝，城连万雉，列巷通衢，华区锦肆，坊市棋列，桥梁栉比。梵宫莲宇，高门甲第；货财所居，珍异所聚；歌台舞榭，春船夜市；远土巨商，它方流妓；千金一笑，万钱一箸。所谓海内繁华，江南佳丽"[3]。清代乾隆年间的《姑苏繁华图》是18世纪早中期苏州城市风貌

---

[1] 张国维：《吴中水利书》卷1，见《四库全书》史部578册，台湾商务印书馆1983年，第31页。
[2] 傅崇兰：《中国运河城市发展史》，人民出版社1985年，第98页。
[3] 李铭皖、谭钧培修，冯桂芬等纂：同治《苏州府志》卷2，见《中国地方志集成·江苏府县志辑》第7册，江苏古籍出版社1991年，第122页。

的直观写照。《姑苏繁华图》描绘了苏州实际存在的 260 余家店铺的招子，包括丝绸业、棉花棉布业、蜡烛业、酒业、凉席业、油漆漆器业、铜铁锡器业、金银首饰珠宝器业、衣服鞋帽手巾业、图书字画文化用品、灯笼业、窑器瓷器业、酒店饭馆小吃等饮食副食业、医药业、烟草业、南货业、洋货业、油盐糖杂活业、酱菜业、柴炭业、皮货行、麻行、猪行、果品业、乐器店、扇子铺、船行、茶室、澡堂、花木业、客栈等 50 多个行业。[1] 清代人这样描述："繁而不华汉川口，华而不繁广陵阜，人间都会最繁华，除是京师吴下有。"[2]可见，在时人眼中，苏州是人间最为繁华的都会所在。

苏州城市位置优越的条件之一便是处于运河与娄江（今浏河）的交汇点上，内河航运与海上交通均很便利；经运河"北接齐、豫"，直达北京；经运河南至杭州，"远连交、广"，这对于苏州经济的发展具有重要作用。由于大运河带动苏州经济的快速发展，苏州的城市性质发生了较大变化，在保留地区政治中心职能的基础上，经济地位也得到迅速提高，进而成长为全国首屈一指的工商业中心城市。

运河便利的交通优势，带动了苏州运河沿线市镇的发展，如浒墅关镇、枫桥镇、平望镇等，有"八省通衢""十四省货物辐辏之所"的称誉。[3] 盛泽等巨镇，亦无不因河成市。如盛泽"每日中为市，舟楫塞港，街道肩摩"[4]。

枫桥镇是苏州运河市镇发展的典型，明代以来发展为江南最大的米粮转输中心。明朝中期，枫桥的粮食商品市场已初具规模，嘉靖《吴邑志》载："枫桥地方，此处尤繁盛，菽麦、绵花商船千百"，"豆、麦自上江来，皆泊枫桥、上塘等处，其多万斛，岁时常然也"。[5] 清代前期，枫桥市场进一步发展，形成了专业性的米、豆市场。明清时期，枫桥成为全国米

---

[1] 范金民：《清代苏州城市工商繁荣的写照——〈姑苏繁华图〉》，《史林》2003 年第 5 期。李华：《从"盛世滋生图"看清代前期苏州工商业的繁荣》，《文物》1960 年第 1 期。
[2] 佚名：《韵鹤轩杂著》，转引自谢国桢：《明清笔记谈丛》，上海古籍出版社 1981 年，第 123 页。
[3] 翁广平：道光《平望志》卷 1《沿革》，见《中国地方志集成·乡镇志专辑》第 13 册，江苏古籍出版社 1992 年，第 46 页。
[4] 丁元正等修，倪师孟、沈彤纂：乾隆《吴江县志》卷 4《镇市村》，见《中国方志丛书·华中地区》第 163 号，台湾成文出版社 1975 年，第 123 页。
[5] 苏祐修、杨循古纂：嘉靖《吴邑志》卷 12，见《中国地方志集成·善本方志辑》第 1 编第 34 册，上海书店出版社 2014 年，第 353 页。

粮贸易重要枢纽,从长江中上游运来的粮食经由大运河至苏州枫桥镇中转,进而销往本省和浙江、福建等地。蔡世远《与浙江黄抚军请开米禁书》称:"数十年来,大都湖广之米辏集于苏郡之枫桥,而枫桥之米,间由上海乍浦以往福建。"[1]

综上所述,苏州的发展兴衰与大运河密切相关。苏州在大运河体系中也有着重要地位,堪称江南运河的中转枢纽,尤其明清时期,苏州成为全国商帮的汇集之地,也是江南财赋转运重地。运河的发展,不仅深刻影响了苏州城的布局和功能结构,还促进了周边市镇的产生和发展,平望、枫桥等市镇的兴起,是水陆交通与人群社会相互作用的产物。

(二)运河与杭州

杭州位于江南运河最南端,城市发展与运河关系密不可分。杭州城建于隋开皇十一年(591)。筑城之后,于隋大业六年(610),开凿了自京口至余杭八百余里的江南运河。杭州是南北大运河水运的南端起讫点,沟通运河与钱塘江,成为水运枢纽。大运河的开通,成为影响杭州城发展的重要因素,促进了杭州城市的发展与繁荣。但由于隋代统治短促,杭州未见其盛,至唐代以后,南北大运河对杭州城市发展的巨大影响才有显著表现,以"东南名郡"著称。杭州凭借运河交通网络和重要的地理位置,成为重要的商业城市和海外贸易港口。[2]

唐代,杭州城袭隋城之旧,城内聚落沿运河分布,自南往北延伸至今龙翔桥一带的清湖河以西地区。[3]"安史之乱"以后,经济重心南移,江南成为王朝的经济核心区。唐代后期,杭州已呈现出"骈樯二十里,开肆三万室"的繁盛景象。大运河贯穿城市南北,城南、城北成为船货往来转运的节点,形成了两大码头。中唐以后,杭州城区已从狭窄的江干一带推进至今武林门。所谓东南名郡"水牵卉服,陆控山夷,骈樯二十里,开肆三万室"[4]。杭州城市地位上升,故白居易称"江南列郡,余杭为大"。

五代吴越和南宋,杭州两度成为国都,各地财赋均向杭州集中。海运

---

[1] 蔡世远:《与浙江黄抚军请开米禁书》,见魏源:《皇朝经世文编》卷44,岳麓书社2004年,第425页。
[2] 冯兵、黄俊棚:《水与城的双向互动:隋唐五代时期运河变迁与城市兴衰》,《学习与实践》2017年第2期。
[3] 阙维民:《杭州城郭的修筑与城区的历史演变》,《浙江学刊》1989年第6期。
[4] 董诰等:《全唐文》卷316,中华书局1983年,第3206页。

与河运的通畅,极大地便利了杭州与东南沿海及海外诸国的交流,使杭州成了经济繁荣、文化兴盛的大都市。在城市规划中,钱镠以运河为依托规划了城市的中轴线,此即以后的南宋御街,其南段沿盐桥河,中、北段沿市河。[1] 城区范围主要沿盐桥河和茅山河南北延伸,形成南北修长、东西较狭的形态,形似腰鼓,又称为"腰鼓城"。此后,杭州城市形态有所调整,但基本城市格局没有变化。此外,吴越钱氏修建"钱氏捍海塘"、龙山闸、浙江闸,整治杭州西湖,创立了太湖流域水系网络,运河沿线的渡口码头得到进一步完善。[2] 这一系列水利措施,还促进了农业发展,钱镠《筑塘疏》谓:"昔之汪洋浩荡,今成沃壤平原,东南水土长生,亦可以储精气之美,人文之盛。今则征科有据,常赋无亏,岁获屡登,民亦奠业。"[3]

北宋时,杭州城内与大运河相通的河道有茅山、盐桥、清湖河等,同时也是沟通城内外物资流通、保障城内居民生活必需品供应的渠道。时任杭州知州的苏东坡组织厢军"开浚茅山、盐桥二河,各十余里,皆有水八尺以上,见今公私舟船通利"[4],为杭州城市发展做出了贡献,一方面解决了城内饮水问题,另一方面使杭州城内水系更畅通。运河对北宋杭州城的影响还表现在城南运河码头的发展。其中,江口码头位于杭州城外运河起点,为温州、台州等运船所设;龙山河起点的江儿头,则是钱塘江上游衢州、婺州船的专用码头。码头分别设置了浙江场、龙山场税务机关,收取商税。[5] 城南码头商船往来,促进了杭州商业发展,商税比重居全国首位。

南宋定都临安,杭州发展到达顶峰。大运河不仅保证了南宋政权财赋的供给,还是物资流通的重要通道。杭州是漕运的目的地,各地粮米运输京师,岁以千万石计。杭州的菜市桥与大运河相通,是周边地区向都城运

---

[1] 徐勤、宣建华:《京杭大运河(杭州段)与杭州城市的发展关系》,《建筑与文化》2018年第5期。
[2] 孙忠焕:《杭州运河史》,中国社会科学出版社2011年,第45页。
[3] 钱镠:《筑塘疏》,见《全唐文补编》卷113,中华书局2005年,第1413页。
[4] 苏轼撰、茅维编:《苏轼文集》卷30《申三省起请开湖六条状》,中华书局1986年,第868页。
[5] 孙忠焕:《杭州运河史》,中国社会科学出版社2011年,第63页。

粮的通道，盐桥河则是运盐的通道。[1] 为了储存漕粮，杭州城内外运河沿岸兴建了多处大型粮仓，包括省仓上界、中界、下界、丰储仓、端平仓等九大仓储。临河而建的仓储周边吸引米粮商人等各色人群聚集，带动了市场发展。

杭州城自南宋起一直保持着"东门菜、西门水、北门米、南门柴"的城市供给格局，可见运河水系影响着杭州城内工商百业的分布。随着新的坊市制度形成，商业活动向城外扩展，南宋时期杭州城外设立了两厢，管辖范围扩展到六七十里，由此，带动了城郊市镇兴起。如余杭门外城北关厢北郭市，呈现出繁华景象。《全宋文》记载："府北十余里，号北关镇，商贾骈集，物货辐萃，公私出纳，与城中相若。"[2] 值得注意的是，杭州客商还在水陆交通便利的码头等地设立塌坊，寄存货物。城内东北部沿河地方，便分布着大量塌坊，规模庞大，有利于商业的发展，所谓"城郭内北关水门里，有水路周回数里。自梅家桥至白洋湖、方家桥，直到法物库市舶前，有慈元殿及富豪内侍诸司等人家，于水次起造塌房数十所，为屋数千间，专以假赁与市郭间铺席宅舍，及客旅寄藏物货，并动具等物。四面皆水，不惟可避风烛，亦可免偷盗，极为利便。盖置塌房家，月月取索假赁者，管巡廊钱会，顾养人力，遇夜巡警，不致疏虞。其他州郡，如荆南、沙市、太平川、黄池，皆客商所聚，虽云浩繁，亦恐无此等稳当房屋矣"。[3] 元代，杭州城市进一步发展，城外市镇繁荣，如艮山门外沙田市，逐渐发展成了繁华的商业市镇。此外，北关市人烟辐辏，商贾云集，北关夜市便被誉为"钱塘十景"之一。[4]

永乐十三年（1415），江南到北京大运河畅通，漕运功能逐渐显著，与漕粮运输相伴随的全国长途贸易，极大地促进了运河沿岸城市的发展。相应的在江南运河带动下，杭州商业呈现出繁荣景象。据万历《钱塘县志》描述，杭州"城内外列肆几四十里，无咫尺瓯脱，若穷天罄地，无不有

---

[1] 胡国枢、徐明：《沟通江河　连接湖海——隋代大运河与杭州》，见周峰：《隋唐名郡杭州》，浙江人民出版社1997年，第53页。
[2] 曾枣庄、刘琳：《全宋文》卷3968《中兴永安桥记》，上海辞书出版社2006年，第146页。
[3] 吴自牧：《梦梁录新校注》卷19《塌房》，阚海娟校注，巴蜀书社2015年，第338页。
[4] 陈述：《杭州运河历史研究》，杭州出版社2006年，第79页。

也"[1]。王士性《广志绎》记载:"杭州省会,百货所聚。其余各郡邑所出,则湖之丝,嘉之绢,绍之茶之酒,宁之海错,处之瓷,严之漆,衢之橘,温之漆器,金之酒,皆以地得名。"[2]杭州城内店铺林立,茶楼、酒肆等密布城内外,城内外有大量市集。城内如寿安坊市,百工技艺、蔬果鱼肉诸物之所聚贸,夜则燃灯;文锦坊市,日出为市,蔬果鱼肉等物聚贸于此;众安桥市,凡蔬果鱼肉等物举贸于此,近年比昔为盛;惠济桥市,凡蔬果鱼肉与衣服器皿举贸于此;布市,聚贸南北冬夏布匹。[3]城外为嘉会门市、沙田市、夹城巷市、宝庆桥市、德胜桥市、石灰坝市、江涨桥市、北新桥市、临平镇、塘栖镇、浙江市、鲞团、范村市、西溪市。其中范村市,滨浙江,客商物货多于此居停,渐成巨镇。[4]

明清时期,杭州手工业等商品通过大运河等水系远销全国各地,被纳入全国长途贸易体系。如丝绸产品等被销往各地,《松窗梦语》记载:"杭州其都会也,……桑麻遍野,茧丝绵苎之所出,四方咸取给焉。虽秦、晋、燕、周大贾,不远数千里而求罗绮缯币者,必走浙之东也。"[5]除丝织品外,杭州所产金银箔等产品,大量输往日本等海外市场。同时,全国各地及海外商品亦通过大运河进入杭州,杭州成了全国重要商品集散地,所谓"杭州省会,百货所聚。其余各郡邑所出……如杭之茶、藕粉、纺绸、纸扇、剪刀,湖之笔、绉纱,嘉之铜炉,金之火腿,台之金橘、鲞鱼,亦皆擅土宜之胜,而为四方之所珍者"[6]。

明清时期,江南运河也促进了杭州市镇的发展,北新关市便是典型的运河市镇。北新关是明清大运河钞关之一,位于今杭州大关桥北约 150 米处。《西湖志》记载了城外钞关商贾云集盛况:"盖水陆辐辏之所,商贾云集,每至夕阳在山,则樯帆卸泊,百货登市,故市不于日中而常至夜分。且在城闉之外,无金吾之禁,篝火烛照,如同白日。凡自西湖归者,多集

---

[1] 聂心汤纂修:万历《钱塘县志》不分卷,见《中国方志丛书·华中地方》第 193 号,台湾成文出版社 1983 年,第 98 页。
[2] 王士性:《广志绎》卷 4《江南诸省》,中华书局 1981 年,第 293 页。
[3] 沈朝宣纂修:嘉靖《仁和县志》卷 1,见《中国方志丛书·华中地方》第 179 号,台湾成文出版社 1975 年,第 87 页。
[4] 刘伯缙等修、陈善纂:万历《杭州府志》卷 34《市镇》,见《中国方志丛书·华中地方》第 524 号,台湾成文出版社 1983 年,第 2539 页。
[5] 张瀚:《松窗梦语》卷 4《商贾纪》,中华书局 2019 年,第 73 页。
[6] 陆以湉:《冷庐杂识》卷 8《土物》,中华书局 1984 年,第 426 页。

于此。熙熙攘攘,人影杂沓,不减元宵灯市洵熙时之景象也。"[1]北新关是杭州与外界联系的主要关口,借由运河之利发展成为典型的商业贸易市镇。

由此可见,杭州作为大运河的南端终点,城市发展与大运河的关系十分密切。大运河不仅促进了杭州商业的繁荣,还塑造了杭州城独特的城市形态。

(三) 运河与扬州

扬州城市发展与运河息息相关。春秋时期,吴王夫差挖邗沟,建邗城,扬州便成为运河沿线重要城市。相较于其他运河城市,扬州除了承担漕粮转输外,还是重要的盐运转输中心,所谓"东南三大政:曰漕,曰盐,曰河。广陵本盐策要区,北距河淮,乃转输之咽吭,实兼三者之难,其视江南北他郡尤雄剧"[2]。又曰:"以地利言之,则襟带淮泗,锁钥吴越,自荆襄而东下,屹为巨镇。漕艘贡篚,岁至京师者,必于此焉。是达盐策之利,邦赋攸赖。"[3]可见,"漕、盐、河"是影响扬州发展的重要因素。凭借着南北大运河和长江沿线优越的交通条件,加之毗邻淮南盐场,扬州发展为淮盐转运中心,成为长江沿线对外贸易的重要口岸,呈现一片繁华景象。据《江都县志》记载:"自汉唐以来,繁华日甚,竹西歌吹,佳丽甲于东南,毂击肩摩,五方荟处,其城滨运道,襟江带淮,为南朔之要津,舳舻衔尾,帆樯如织,荐绅之行,至是都者,罔不揽胜搜奇,抚今追昔,慕其山川风景之美,文物声明之盛"。[4]

具体来说,大运河对扬州城市发展的影响体现在以下几个方面:

其一,大运河影响了扬州城市空间格局的发展。自隋代起,扬州城格局差异逐渐显著,明代之后旧城和新城逐渐分离,总体呈现出由北向南、由西向东沿运河发展的趋势。

春秋时期吴王所建邗城在今扬州西北蜀岗上,此为扬州最早的城址。蜀岗位于长江北岸阶地,适于城市聚落兴起。隋代到唐初,扬州主要行政

---

[1] 李卫等修、傅王露等纂:雍正《西湖志》卷3《名胜》,见《中国方志丛书·华中地方》第543号,台湾成文出版社1983年,第300页。
[2] 阿克当阿修、姚文田等纂:嘉庆《重修扬州府志》,广陵书社2014年,第3页。
[3] 阿克当阿修、姚文田等纂:嘉庆《重修扬州府志》,广陵书社2014年,第1页。
[4] 高士钥修、王格等纂:乾隆《江都县志》,《中国地方志集成·江苏府县志辑》第66册,江苏古籍出版社1991年,第4页。

官署便集中在蜀岗,因运河开通而云集的商贾、工匠等只能在靠近蜀岗下的运河两岸居住,使得唐宋扬州城发展之初便出现了行政区和工商业区分离的态势。 唐初,扬州城仍然依靠蜀岗上江都旧城而建,主要的行政衙门如大都督府衙、节度使衙等设于此,故又称"衙城"或"牙城"。 蜀岗下发展起来的"子城"又称"罗城",整体布局虽沿袭封闭坊巷制,但是内部街区格局受到运河的影响,馆驿、仓储和市场多沿城内官河两岸建立,住宅区也是沿着官河拓展,并没有受封闭坊墙限制,形成了开放的街巷格局。 民宅和工商业户侵占街道,标志着唐代扬州已经突破了封闭坊巷制度的束缚。[1] 值得注意的是,唐宝历年间扬州运河主干由城内官河改为沿着罗城东南城墙而行。 运河的走向变动,使得市场、民宅等工商业受运河吸引向城东发展,罗城西部逐渐萧条。 而后,五代和北宋两次重修扬州城都是依托唐代罗城东南而建,同时收缩西北城垣。 可见,由于大运河的影响,南宋乃至明清时期的扬州城开启了向东南发展的趋势。

明清时期扬州新旧二城的分离,是扬州城沿运河向东南发展更为明显的表现。 扬州旧城建于元代,但是旧城远离运河,难以利用运河优势发展,旧城以东地区则借运河之势快速发展。 洪武年间在城东设置两淮都转运司,加之盐政改革,吸引了大量盐商居住在运河沿线。 宣德四年(1429),旧城东南靠近运河的地方设置了广陵钞关,客商船只辏集于此。 于是扬州旧城东南关厢,逐渐形成为工商业区,市场繁荣,客商在此安居,其中大部分是来自徽州和晋陕的盐商,所谓"扬介两都之间,四方舟车商贾之所萃,生齿聚繁,数倍于昔,又运司余盐银,独当天下赋税之半,而商人实居旧城之外,无藩篱之限,非捍卫计也"[2]。 嘉靖三十五年(1556),扬州城面对倭患,知府为保护旧城外的富商巨贾和工商业安全,在旧城东南沿着运河建筑新城。 尽管经历了倭患,新城依然得到快速发展,"寇退,各返其业。 今民居鳞次,在前岁为灰烬者,悉焕然为栋宇。 人物熙熙,商贾犹复聚于市"[3]。 至此,扬州城中商民杂居,城内

[1] 李孝聪:《唐宋运河城市城址选择与城市形态的研究》,唐晓峰、黄义军:《历史地理学读本》,北京大学出版社2007年,第309—311页。
[2] 高士钥修、王格等纂:乾隆《江都县志》卷3《城池》,《中国地方志集成·江苏府县志辑》第66册,江苏古籍出版社1991年,第33页。
[3] 阿克当阿修、姚文田等纂:嘉庆《重修扬州府志》卷15《城池志》,广陵书社2014年,第417页。

地域分异更为明显。

其二,大运河促进了扬州商业贸易的发展。唐代,扬州已成为东南物资集散之地,舟车云集,日渐繁华,所谓"扬一益二",已是东南富甲天下的城市,这得益于大运河米粮转输和货物转输之功能。天宝年间负责漕粮转运的韦坚考虑到河南、河北道漕粮已足够满足长安所需,便利用江淮仓储粮食转卖包括江苏扬州、丹阳、常州、苏州,安徽宣城,广东广州,广西桂林,江西南昌等地。各地轻货转运长安,或通过运河,或通过长江,均要经过扬州城,使得扬州成了全国各地货物转运集散之地和全国长途贸易网络的重要环节。[1] 另外,唐代扬州也是重要的对外贸易口岸,曾有外国商人寓居扬州城。

扬州商业发展还表现在明清时期城内形成了商业区。明代江都县下有15个集市,清代新旧两城发展出了更多商业市场,所谓"惟新旧两城之间,月增而岁倍焉,盖以地当孔道,百物化居,朝资夕贩之夫,晨往暮归之子,兼之廛居鳞脊,生齿日繁"[2]。如多子街即缎子街,两畔皆缎铺;钞关街两畔多名肆;皮市街分布各种皮货店铺;前街肆、后作坊,形成了扬州商业手工业作坊的格局。[3] 全国各地的商人来此进行商品贸易,所谓"新安贾最盛,关陕、山西、江右次之,土著十一而已"。扬州城内众多商人会馆亦多建设在新城一带,包括从事食盐贸易的安徽会馆等。

其三,扬州地处淮盐产区,加之运河的区位优势,使之成为食盐转运中心。扬州盐商以徽商为主,聚集在运河沿线的新城,影响着扬州社会文化变迁。例如,他们带来新的戏剧形式,促进了清代扬州戏剧文化的繁荣,扬州进京的徽班在此过程中发展出了京剧。盐商还资助文化事业,促进了图书刊刻业发展,在学术和绘画等文化事业方面产生了积极影响。[4]

此外,在盐商的参与下,明清时期扬州城市景观得到了明显改观。清代中期,扬州城内有名园数十处,以新城居多,南河下盐商聚居区最为密集。为满足新城盐商富户冶游需求,新城市河到西北保障湖,被改造成城

---

[1] 史念海:《论唐代扬州和长江下游的经济地区》,《扬州师院学报》1982年第2期。
[2] 洪汝奎修、徐成敩等纂:光绪《增修甘泉县志》卷2《城池志》,载《中国方志丛书·华中地方》第408号,台湾成文出版社1983年,第323页。
[3] 王振忠:《明清徽商与淮扬社会变迁》,生活·读书·新知三联书店2014年,第95页。
[4] 吴滔:《中国运河志·城镇卷》,江苏凤凰科学技术出版社2019年,第638-639页。

内市河,即"小秦淮",专事游览之用。清代,康熙、乾隆屡次沿运河南巡至扬州,对扬州城市结构功能也产生了重要影响。扬州城西北平山堂一带,沿河两岸种植柳树,凿莲花埂,遂形成"瘦西湖"冶游胜地,扬州遂成为远近闻名的旅游城市。

三、康乾南巡与江南运河文化景观

康乾南巡是清朝历史上的巍巍盛事。康熙皇帝自康熙二十三年(1684)至四十六年(1707)先后六次南巡;乾隆皇帝效法其祖,亦有六次南巡之举。康熙、乾隆二帝每次巡视江南,都是沿大运河南下,途经扬州、镇江、苏州、杭州等地。康乾南巡对江南运河沿线人文景观产生了重要影响,推动了江南景观的建设,提高了江南景观的知名度,增加了江南景观的文化内涵。[1]

康乾南巡导致江南地区城市和地域文化景观发生了明显的变化,尤以南巡行宫的营建为代表。就具体城市来说,康乾南巡对于江南运河沿线扬州城景观的塑造最为显著。首先是扬州城行宫等迎銮建筑与景观的修建。因明清易代战乱,清初扬州城许多名胜遭到破坏。随着扬州城成为重点驻跸之地,乾隆第二次南巡之前,扬州盐商积极参与,在运河沿线修建天宁寺行宫。天宁寺地段,东近运河,南面紧邻因盐商聚集而发展起来的新城区,西北近扬州城最有名的风景区——平山堂、保障湖(瘦西湖)一带,成为扬州城较为繁华的地段。扬州城天宁寺、高旻寺因建行宫而逐渐完善,并开始在当地寺庙体系中享有一定的地位,为文人及普通百姓所熟知。[2]

此外,清代扬州诸多名胜景观都是在南巡过程中所建,尤其以平山堂所在的蜀岗地区最具代表性。《扬州画舫录》记载了这一地区南巡前后的景观变化:"记四十年前,余游平山,从天宁门外,挖舟而行,长河如绳,阔不过二丈许;旁少亭台,不过匽潴细流,草树卉歘而已。自辛未岁天子南

---

[1] 吴建:《康、乾南巡期间的文化活动研究——以江南人文景观为中心》,苏州大学博士论文2017年,第74页。
[2] 何峰:《南巡、盐商与清代扬州城市景观的变迁》,《南京师大学报(社会科学版)》2014年第4期。

巡，官吏因商民子来之意，赋工属役，增荣饰观，侈而张之。……其壮观异彩，顾、陆所不能画，班、扬所不能赋也。"[1]以徽商为代表的各大园亭主人，纷纷拓展其园林，遍布南巡沿途地区，成为乾隆帝游赏扬州景观的主要类别。[2] 扬州城的景观与文化营建活动达到极盛。《扬州行宫名胜全图》记载，两淮盐商为迎接乾隆南巡扬州，曾先后集资修建和再建官殿楼廊5 154间、亭台196座，并购置其中的陈设景物。[3]

康乾南巡还推动了苏州运河景观的基础建设，丰富了景观的文化内涵，促进了景观文化的传播。康、乾二帝分别六次南巡至苏州，均沿运河而行。与扬州不同，在康、乾二帝所至30处苏州运河景观中，最受关注的是山地景观，之后依次为佛寺、园林和祠庙。所至园林以行宫园林为主，私家园林只有狮子林、沧浪亭两处。运河沿线祠庙，包括文庙、三高祠、三贤堂、泰伯庙、言子祠和天平山范公祠。康熙皇帝南巡至苏州时的行宫仅有苏州织造署一处，乾隆皇帝南巡行宫达六处，包括苏州织造署行宫、灵岩山行宫、千尺雪行宫、邓尉山行宫、华山行宫和支硎山行宫。[4]其中灵岩山位于苏州城胥门前往太湖最近的水路要道旁，交通便捷。

康乾南巡提高了江南运河景观文化在全国的影响力，掀起了江南文化景观被大规模仿建于清代皇家园林的高潮，江南总计有42处景观在10座清代皇家园林中被写仿。[5] 同时，康乾南巡不仅将江南景观仿建至北方，也将北方的建筑风格、造园艺术等元素沿着运河传播到江南，以运河为纽带，推动了南北文化的交融。

四、江南运河民间文化

运河是历史上沟通王朝国家南北物资和信息的重要通道，不仅促进了运河沿线社会经济的发展，还对运河区域的社会文化产生了重要影响。运

---

[1] 李斗：《扬州画舫录》，中华书局1980年，第9页。
[2] 何峰：《南巡、盐商与清代扬州城市景观的变迁》，《南京师大学报（社会科学版）》2014年第4期。
[3] 林吉玲：《康乾南巡及其对运河区域的影响》，《山东师大学报（社会科学版）》2000年第5期。
[4] 吴建：《康乾二帝视角下的苏州运河景观与文化》，《档案与建设》2020年第4期。
[5] 吴建、王卫平：《选择与写仿：康乾南巡与江南景观的互动》，《江海学刊》2018年第6期。

河沿线地方形成了与运河有关的民间文化,其中运河信仰、庙会及运河民谣等便是运河文化的重要组成部分。江南运河沿线亦形成了富有特色的运河民间文化。

(一) 运河民间信仰

运河最重要的职能是运输漕粮,人们祈愿水运通畅和行船安全,保证漕运如期到达,在沿河区域形成了大量与水神相关的民间信仰,如金龙四大王、妈祖、晏公、龙王等。运河流域的水神信仰不但种类繁多,而且分布地域非常广泛。在运河流经的城市、村镇,都能发现祭祀各种水神的神堂和庙宇。[1] 在众多运河水神信仰中,总管信仰、晏公信仰和金龙四大王是江南地区较为普遍的运河信仰。江南地区为漕运重地,元代海运和明代漕运时期主要由卫所官兵运输漕粮,总管和晏公起初多为漕运官兵所信奉。

1. 总管信仰

根据日本学者滨岛敦俊的研究,江南三角洲特有的民间信仰是保佑漕运乃至水运的传说。元代以后,江南土神信仰的核心是漕运传说的基础。他认为江南地区的总管信仰,来自元代海运指挥官的称号,与保佑漕运传说有着内在关系。[2] 明清时期,江南运河区域的金总管信仰较为盛行,其庙宇主要集中于苏州、杭州、扬州等地,总管信仰起源于江南运河沿线地区。

总管庙,又称利济侯庙、金神庙、金七相公庙。苏州总管庙祭祀的是南渡金太尉灵祐侯之孙,名为金元七,能暗中帮助海运,被封为利济侯。苏州府城内有总管庙多处,多位于水陆要冲和城门处,苏州阊门、盘门和葑门附近均有总管庙。苏州府吴县、吴江县、嘉定县、昆山县等处亦有总管信仰,总管庙多为漕军祭祀。

嘉庆十五年(1810),总管信仰被正式列入官方祀典,推动了总管信仰的传播与发展。清代总管庙数量增多,遍布苏州村落、圩田之上,称为"总管堂"。同里镇的总管堂在龙字圩,俗称总管庙,祀金元七。昆山的金总管庙,在景德寺中,旧在寺东关帝庙右,又一庙在梅家泾西林闸,一

---

[1] 张士闪:《运河社会文化研究的理念与方法》,《运河学研究》第6辑。
[2] [日]滨岛敦俊:《明清江南农村社会与民间信仰》,朱海滨译,厦门大学出版社2008年,第102页。

在周家泾，子孙世居之。[1]《吴县志》说利济侯庙，在东山金湾，俗称金七相公庙。[2]《梅李文献小志稿》记载，总管庙在珍门庙西市，主神金总管，位于东二场二十七都十五图。[3] 乾隆《震泽县志》载总管堂"祀利济侯金元七，在本城城隍庙中，……今震泽各乡村亦多有此庙"。[4] 关于总管庙相关记载的文献颇为零散，常熟县目前仍保留有民国十六年（1927）《重修总管庙记》碑刻，详细记载了常熟总管庙的发展过程，从中或可管窥江南总管庙些许情状。 碑文曰："宾汤门外里许，有总管庙焉，莫知其始。 自雍正至乾隆，大殿、门台先后竣功，规模宏壮，度可久远。 咸丰兵火后，楼巍然独存。 同治癸酉，里人王公绍募捐重建殿台及社神、品祖、文昌、刘猛将等祠。 ……嘉庆中粮艘渡河，夜大风雨，堤且决，神再著灵异，粮艘获全。 事闻敕封安乐王，著之祀典。 常熟城中有总管庙，元延祐中建，盖自元以来江淮间多为立庙，即常熟境内其庙数十，可谓盛矣。 而斯庙之宏杰诡丽，为县中第一。"[5]可见，常熟县总管庙建于元延祐年间，雍正到乾隆年间，多次重修，规模宏伟；嘉庆年间总管因佑护漕运被朝廷封为安乐王；后经历太平天国兵火，同治年间，民间百姓自发重修。 这个时期，常熟县百姓已经将总管神、社神、刘猛将等神一起供奉，在某种程度上反映出总管发展为地方社神的趋势。

江南运河沿线的杭州、扬州等地，也分布着总管庙。 杭州有灵应侯夏总管庙，民国《杭州府志》记载，"总管庙在清波门流福沟，祀金元七总管之神，神为水神，庙始建不可考，雍正七年（1729）里人王森等感其灵异改向重建"。[6] 此外，嘉兴平湖县有石总管庙和王总管庙。 扬州姚家沙大岸有陈总管庙和唐总管庙。

[1] 吴金澜等修、汪堃等纂：光绪《昆新两县续修合志》卷10《坛庙祠宇》，见《中国方志丛书·华中地方》第19号，台湾成文出版社1970年，第174页。
[2] 吴秀之等修、曹允源等纂：民国《吴县志》卷33《舆地考》，见《中国方志丛书·华中地方》第18号，台湾成文出版社1970年，第515页。
[3] 黄炳宸：《梅李文献小志稿》，《中国地方志集成·乡镇志专辑》第10册，江苏古籍出版社1992年。
[4] 陈志和修、倪师孟等纂：乾隆《震泽县志》卷6《坛庙祠》，《中国地方志集成·江苏府县志辑》第23册，江苏古籍出版社1991年，第67页。
[5]《重修总管庙记》，见常熟碑刻博物馆：《常熟碑刻集》，上海辞书出版社2007年，第184页。
[6] 龚嘉儁修、李榕纂：民国《杭州府志》卷10《祠祀》，见《中国方志丛书·华中地方》第199号，成文出版社1974年，第364页。

2. 晏公信仰

晏公亦是江南运河区域较为盛行的水神信仰之一。晏公姓晏，名戌仔，江西临江府清江镇人，元初为文锦局堂长，死后为神。由于晏公曾在明初鄱阳湖大战中搭救朱元璋，并传授江岸民众捕杀猪婆龙的方法，多次显灵于江湖，故得到朱元璋的册封。明代之前，晏公信仰主要集中在江西省范围。自明初敕封为平浪侯之后，因漕运兴盛，运河沿线晏公信仰兴起，晏公庙便成为大运河区域在庙宇数量和分布方面仅次于金龙四大王的存在。[1]

明清时期，运河沿线的晏公庙分布广泛，江南地区的晏公信仰很可能与元明漕运有关。据学者统计，明清时期晏公庙集中分布在江苏（23处）、江西（10处）、安徽（8处）、福建（7处）等省。[2] 另外有学者统计运河沿线的晏公庙约20座，其中江南运河沿线晏公庙占近一半。[3] 可见，明清时期晏公庙主要集中于江南运河段地区。

明清时期，江南运河区域晏公庙分布广泛，北至镇江，南至杭州，运河沿岸各州县几乎都有晏公庙宇的分布，从江南地区的地方志记载可以看出，明初晏公庙多为漕运卫所官兵所建，所以多设置在卫所附近。如苏州有晏公庙多所，分布在阊门、胥门和葑门军营内。[4] 至正德年间，漕运官兵犹在祭祀。嘉定县的晏公祠位于黄渡镇，洪武二十一年（1388）里人何名建，"洪武初封平浪侯，漕卒祀之"[5]。明代杭州府的晏公庙，也是因为洪武年间浙江都指挥储杰督运漕粮获得庇佑而建。明清江南运河区域晏公庙宇分布情况见表18-1。

---

[1] 张士闪：《中国运河志·社会文化》，江苏凤凰科学技术出版社2019年，第539页。
[2] 宋希芝：《水神晏公崇信考论》，《江西社会科学》2014年第11期。
[3] 胡梦飞：《明清时期京杭运河沿线区域的晏公信仰》，《华北水利水电大学学报（社会科学版）》2015年第5期。
[4] 牛若麟修、王焕如纂：崇祯《吴县志》卷21，见《天一阁藏明代方志选刊续编》，上海书店1990年，第743页。
[5] 程其珏修、杨震福等纂：光绪《嘉定县志》卷31《寺观》，见《中国地方志集成·上海府县志辑》第8册，上海书店出版社1991年，第632页。

表 18-1　明清江南运河区域晏公庙宇分布情况[1]

州县	数量（所）	庙址	修建时间	资料来源
丹徒	3	一在丹徒镇,一在江口昭关,一在小沙	建时不详	光绪《丹徒县志》卷5
武进	1	在安西乡奔牛镇	建时不详	光绪《武进阳湖县志》卷4
阳湖	1	在左厢白云渡	明洪武年间	光绪《武进阳湖县志》卷4
无锡	1	在北门外	创建无考,咸丰十年毁,同治间重建	光绪《无锡金匮县志》卷12
吴县	1	在阊门内专诸巷	明初苏州卫军士建,万历时废	民国《吴县志》卷33
昆山	1	在周庄镇西北王家浜南白蚬江滨	建时不详	光绪《周庄镇志》卷3
太仓	2	一名晏公堂,在朝阳门内之西,另有庙在长春里；一名晏公庙,在黄渡镇	建时不详	嘉庆《直隶太仓州志》卷51
江阴	1	在申港口,祀水神平浪侯	建时不详	光绪《江阴县志》卷7
嘉兴	1	在东门内	建时不详	光绪《嘉兴府志》卷10
桐乡	1	在六都十一图	建时不详	光绪《桐乡县志》卷3
杭州	2	一在武林门北夹城巷崇果寺内,一在翁家山	建时不详	民国《杭州府志》卷9
乌程	1	在定安门外,晏元帅水神,湖中军粮船行必祷祀以祈福佑	建时不详	崇祯《乌程县志》卷8

除了上表所示地区,明清时期扬州府也有晏公信仰。据《重修扬州府志》记载,成化十三年(1477)重建晏公庙,位于扬州城东水关运河东岸。[2] 此外,据史料记载,泰州境内有晏公庙4处,分布在千户所内、荻柴港、经武桥东、北门外新桥西；仪真县的晏公庙在巡检司西,洪武间尚书单安仁修建；宝应县的晏公庙,洪武十七年(1384)由邑人钮常建在

[1] 参考胡梦飞:《明清时期江南运河区域水神信仰文化述略》,《浙江水利水电学院学报》,2018年第3期。按:上表在胡梦飞表格基础上,增加了乌程县和江阴县晏公庙情况。
[2] 阿克当阿修、姚文田等纂:嘉庆《重修扬州府志》,广陵书社2014年,第700页。

北门外。

3. 金龙四大王信仰

金龙四大王是运河沿岸与黄河下游地区影响广泛的信仰之一。金龙四大王的原型是钱塘县人谢绪。明清以来，对谢绪的祭祀已被纳入国家正祀体系中，促进了其在运河沿线的广泛传播。[1]

运河上人群流动，商人贸易往来，信仰文化跟随流动的人群传播，商人和运军是运河上流动性最强的人群。金龙四大王为漕运和航运保护神，往来于运河之上的漕军、水手和商人成为主要崇祀群体。丹徒县的金龙四大王庙便位于运河沿线，且由运军和商贾共同建立。光绪《丹徒县志》记载："万历末，运军及商贾建庙江口。"[2] 嘉兴崇德县的金龙四大王庙由漕运运丁聚资修建，《嘉兴府志》记载，崇德县金龙四大王庙，"在甘露庵左，即靳公祠故址，国朝康熙初运丁公建，久圮。乾隆二十八年，复酿金重建"[3]。太仓的金龙四大王庙亦是卫所漕军所建，《镇洋县志》称镇洋县金龙四大王庙，"在水仙庙西，漕运官军祀之，乾隆六十年，镇海军更建庙长春桥东，二卫遂分祀"[4]。

金龙四大王信仰随着运河传播，比较典型的例子是苏州吴江盛泽镇金龙四大王庙的建立。《吴江县志》记载："邑故无庙，自山东济宁众商往来盛泽，遂建庙祀之。"吴江盛泽本无金龙四大王信仰，随着山东商帮沿运河来此贸易，康熙六十年（1721）将金龙四大王信仰带到了运河沿线的盛泽镇，同时修建济宁会馆，会馆和庙宇合二为一。至今，盛泽镇还留存着与金龙四大王相关的碑刻，分别是康熙六十年（1721）《敕封黄河福主金龙四大王庙碑记》、康熙六十一年（1722）《吴江盛泽镇济宁会馆置田建庙碑》和嘉庆二十二年（1817）《吴江盛泽镇续修济宁会馆碑》，可以反映出金龙四大王信仰在盛泽镇的发展情况。《敕封黄河福主金龙四大王碑记》记载："金龙四大王，河神也。立庙祭献，淮扬济泗间称极盛。吾江邑向无大王

---

[1] 张士闪：《中国运河志·社会文化》，江苏凤凰科学技术出版社2019年，第515页。
[2] 何绍章等修、吕耀斗等纂：光绪《丹徒县志》卷5《舆地》，见《中国地方志集成·江苏府县志辑》第30册，江苏古籍出版社1991年，第118页。
[3] 许瑶光等修、吴仰贤等纂：光绪《嘉兴府志》卷11《坛庙》，见《中国方志丛书·华中地方》第53号，台湾成文出版社1970年，第305页。
[4] 王祖畬等：民国《镇洋县志》卷2《营建》，见《中国方志丛书·华中地方》第177号，台湾成文出版社1975年，第48页。

庙，其有于盛湖滨者，则自济宁州诸大商始。盖盛湖距县治五六十里，为吾邑巨镇。四方商贾，云集辐辏，所建神祠不一，而惟大王一庙，尤为巨丽。"[1]山东济宁商人来此经商，置庙产建庙，有利于商帮组织的运作和在吴江的长远发展。康熙六十一年（1722）济宁会馆众商还立户纳粮，捐银置办庙基田地。[2]乾隆三十年（1765）到嘉庆十九年（1814），屡次重修济宁会馆。《吴江盛泽镇续修济宁会馆碑》记载了盛泽镇济宁会馆和组成大王庙信仰共同体的众商名号，包括同茂号、来顺号、恒兴号、通德号、元和号、宁盛号、世全号，靳肇吉、师众正、宋景淮、靳宗良、高潇山、吴家梁、程景贤、孙文芳、张文源、王兆龄、许桂、吴志锐、蒋俊、李大岩等7个商号和20位商人。[3]丹徒县亦有类似情况，丹徒越闸有金龙四大王庙，为安徽商人所建，两江总督陶澍《丹徒越闸金龙四大王庙碑记》云："丹徒越闸之有神庙，乃皖人之客于此者所建。其基购于镇海庵僧并居民纪氏。自嘉庆丙子始建神殿，道光丙戌又增新楼及左右廊庑。既焕既崇，有严有翼。皖之人经此，必奉瓣香致散焉。"[4]

金龙四大王信仰始于明代，不断扩展到黄河和运河区域。金龙四大王信仰地域广泛，呈现出地域差异性。学界对于金龙四大王的起源地持有不同意见。有学者认为金龙四大王信仰起源于江南地区，另有学者认为金龙四大王信仰兴起于山东、河南、江苏、安徽一带的运河区域。[5]根据相关研究，可以看出明清时期江南运河沿线的金龙四大王信仰的特点。据统计，地方志等文献中有明确记载的明代金龙四大王庙总共49座，其中运河沿岸有40座，江南运河区域的扬州、镇江、杭州等地总共有9座，基本建于万历之后；到清代，江南运河沿线有金龙四大王庙51座，可见，清代江南运河区域的金龙四大王庙宇大幅增长，已占据运河区域总量的一半。[6]

[1]《敕封黄河福主金龙四大王碑记》，见王国平、唐力行：《明清以来苏州社会史碑刻集》，苏州大学出版社1998年，第529页。
[2]《吴江盛泽镇济宁会馆置田建庙碑》，见苏州历史博物馆等：《明清苏州工商业碑刻集》，江苏人民出版社1981年，第326-327页。
[3]《吴江盛泽镇续修济宁会馆碑》，见苏州历史博物馆等：《明清苏州工商业碑刻集》，江苏人民出版社1981年，第351-352页。
[4]陶澍：《陶文毅公全集》卷34，见《续修四库全书》，上海古籍出版社1995年，第332页。
[5]蔡泰彬：《明代漕河四险及其守护神——金龙四大王》，《明史研究专刊》1992年第10期；王云：《明清时期山东运河区域的金龙四大王崇拜》，《民俗研究》2005年第2期。
[6]褚福楼：《明清时期金龙四大王信仰地理研究》，暨南大学硕士学位论文2010年，第15、20页。

此外，江南运河区域金龙四大王信仰除了作为漕运之神，还被认为是乡土之神。光绪十年（1884）《点石斋画报》记载苏州民众祭祀金龙四大王的情形，金龙四大王由淮安漕帮带来，被当地僧人接到庙中，民众前来祭祀。

（二）运河民俗活动

运河沿线活跃着大量的漕船水手、渔民和船民等，他们的节日文化是运河文化的重要组成部分。江南地区河湖纵横，形成了独具特色的水上文化，江南网船会便是江南运河民俗文化中具有典型性的案例。网船会又称为莲泗荡水上庙会或刘王庙会，早期是一种独特的水上庙会，是与江南渔民、船民的生计方式密切相关的一种活动。[1]

网船会以嘉兴王江泾镇莲泗荡刘王庙为中心，每年正月、清明前后、八月、腊月举行。届时，各地渔民、船民提前数日赴会，从莲泗荡往西至王江泾镇大约10里的水面布满了成千上万艘大大小小的船只，其中以打鱼的丝网船最多，故称"网船会"。[2]大运河对江南网船会的形成产生了深刻的影响，网船会与历史上的漕运密切相关。有学者认为清末漕运改为海运，致使运河上的大量漕船水手失业，很多水手仍然维持流动的水上生计，或改行为船民、渔民。至今江南运河沿线的渔民等，有的自称祖先为"运皇粮有功之臣"，有的仍以清帮始祖为祭祀对象。[3]

王江泾镇便位于运河沿线，在今浙江省嘉兴市秀洲区，该镇北与吴江盛泽毗邻，南与嘉兴市区相连。《秀水县志》记载了明代王江泾镇的基本情况："王江泾镇，在县北三十里永乐乡，旧有王氏、江氏所居，因以名镇。镇南尽秀水县界，北据吴江县界，俗最刁顽，多织绸，收丝缟之利，居者可七千余家，不务耕绩，多儒登贤书者数有之。"[4]依靠运河便利的水运，明代王江泾丝绸业发达，和盛泽、震泽、濮院、双林并称江南五大市镇。莲泗荡，历史上称为"连四荡"，位于王江泾以东，由西向东依次由陶家、文泉、庙前、桥北四荡组成。

由于王江泾位于水路要冲，往东经过铁店港、连四荡可通嘉善、上海

---

[1] 张士闪：《中国运河志·社会文化》，江苏凤凰科学技术出版社2019年，第481页。
[2] 龙圣：《嘉兴网船会的形成与演变》，《节日研究》2021年第1期。
[3] 张士闪：《中国运河志·社会文化》，江苏凤凰科学技术出版社2019年，第479页。
[4] 李培等修、黄洪宪等纂：万历《秀水县志》卷1《市镇》，见《中国方志丛书·华中地方》第57号，台湾成文出版社1970年，第81页。

等地,往南可通嘉兴、杭州。明代设置巡检司,稽查运河上的来往船只,"市设巡检司,司有弓兵十数辈,名为巡盐,实则摽掠小船经运河中者,无不被其患"。[1] 渔民、船民因以舟楫为生,流动性强,常常成为巡检司稽查的重点。由此,各类船只需排队等候稽查,依次检查通过,故每年春季粮船北运时,大量船只停泊在王江泾以东铁店港至连四荡较开阔的水域候检。因为漕粮是"天庚正供",粮船先行,渔船和民船需要等待时间更久。渔民、船民这些水上人群,以船为家,这便为其聚集提供了机会。因故船民、渔民形成了每年春季聚集在连四荡水域会友、定亲的传统,此为网船会形成的历史原因。[2]

咸同以后,江南漕运改为海运,王江泾连四荡水域举办网船会不再影响漕粮北运。加之,举办庙会能吸引周边各府州县之人前来王江泾交易买卖,有助于促进当地商业经济发展,政府和地方百姓均支持庙会举行,此为网船会在连四荡兴起的重要经济原因。[3] 正如《秀水县志》记载:"刘王庙,在王江泾连四荡滨,……每年正月二十日为开印,八月十四日为诞辰,届期凡江浙之渔船,咸集荡中,以数万计,演剧献牲,岁以为例,至二三月之交,船之集多于前数,谓网船会。泾人藉以谋利,颇有益商市,而一时烟波画船,衣香鬓影,辄荡漾其间,亦韵事也。"[4]

网船会在晚清民国时期最为兴盛,成为江南地区最著名的庙会之一。晚清民国时期的网船会以连四荡的刘王庙为中心,从刘王庙出会,西行至王江泾后再返回刘王庙。届时,浙江、江苏、上海各地很多渔民、船民纷纷聚集在连四荡至王江泾的水域岸边,尤其是嘉兴周边各县区的商船、烧香船、盖棚的连家渔船、驳船等,都会聚集到连四荡一带水域。庙会活动,规模盛大。

船队从连四荡刘王庙口一直延伸到京杭大运河,长达10多里,6000多亩连四荡只剩下一条单行航道,蔚为壮观。[5] 刘王庙中挤满了进香的信众,香火十分旺盛。1885年4月10日《申报》刊载的《禾中近事》一文中说:"连四荡有刘王庙,素号灵应,凡操舟为业者,每年封印、开印时

---

[1] 李培等修、黄洪宪等纂:万历《秀水县志》卷1《市镇》,见《中国方志丛书·华中地方》第57号,台湾成文出版社1970年,第81页。
[2] 龙圣:《嘉兴网船会的形成与演变》,《节日研究》2021年第1期。
[3] 龙圣:《嘉兴网船会的形成与演变》,《节日研究》2021年第1期。
[4] 金蓉镜等:民国《重修秀水县志》不分卷,国家图书馆藏。
[5] 张士闪:《中国运河志·社会文化》,江苏凤凰科学技术出版社2019年,第480页。

齐往拈香,及届赛会之期又各醵赀燃放烟火,招集梨园,盖若辈以一年利市皆以祀神之虔否卜之,故不惜浪掷金钱也。 今年自本月二十一日起至二十三日止,循例赛会,兴高采烈,不为雨丝风片所阻也。"[1]1886年《点石斋画报·网船会》载:"嘉兴北乡连泗荡,普佑上天王刘猛将庙为网船帮香火主,亦犹泛海者之崇奉天后也。 浮家泛宅之流平日烧香、许愿来往如梭,以故该庙香烟独盛。 八月十三日为刘王诞期,远近赴会者扁舟巨舰不下四五千艘,自王江泾长虹桥至庙前十余里内,排泊如鳞。"[2]1927年《新闻报》报道:"嘉兴王江泾区连泗荡之刘王庙,香火素盛,向例每年清明前后,迎赛神会一次,各处船只,不远千里而来,巨舰盈千累万,绵亘至十余里之长。"[3]网船庙会是流动的水上人群加强民间社会组织联络的重要方式。 网船会期间,各地船民、渔民一般以民间社团的组织形式参会。

嘉兴网船会盛极一时,后因20世纪五六十年代刘王庙被拆除而停办。 改革开放后,刘王庙及网船会渐次恢复,网船会于2007年、2011年分别被列入省级(浙江省)、国家级(第三批)非物质文化遗产名录。[4]

五、江南运河文化的特点与历史地位

近年来,国家大力推动"大运河文化带"建设,大运河文化带是以运河文化保护、传承、利用为指导,以运河物质文化遗产和非物质文化遗产为主要对象,以运河文化产业和文化事业为主要载体的带状功能区域。 从整体上看,中国大运河文化带具有以下五个方面的文化特征:第一,大运河是历史发展的贯通之河;第二,大运河是区域文化的纽带之河,文化带串联着地域文化的多元类型;第三,大运河是沿线城市的母亲之河,文化带见证了古今城市的兴衰变迁;第四,大运河是中华文脉的传承之河,文化带引导着文明的繁衍传播;第五,大运河是统一交流之河,支撑着国家政治与经济重心分离状态下国家民族的融合。 可见,运河文化带是集交通

---

[1]《禾中近事》,《申报》1885年4月10日。
[2] 子琳:《网船会》,《点石斋画报》1886年第91期。
[3]《刘王庙停止迎赛神会》,《新闻报》1927年4月18日。
[4] 袁瑾、陈宏伟:《江南网船会》,浙江摄影出版社2015年,第15页。

运输带、城市带、经济带、文化遗产带等要素于一体的综合文化带,其结构的综合性,在江南运河上体现得尤为突出。[1]

江南运河是京杭大运河的南段,北起镇江市,南迄杭州市,纵贯整个太湖平原。以政区为标准,可以分为江苏段和浙江段。相对于大运河其他河段,江南运河开挖最早、相关遗迹遗存保留最多、保存质量最高、近世文化发展最盛、当代通航运道最长、文化比重最高。[2]江南运河在悠久历史过程中逐渐形成了自身的文化特色。

第一,江南运河是中国大运河中形成时间最早、自然条件最好、通航运道最长、通航时间最长最稳定的河段。首先,江南是中国大运河的起源地。从江南运河发展史可以看出,江南运河开凿的历史可以追溯到公元前495年吴王夫差开凿的沟通太湖和长江的吴古故水道,吴古故水道和百尺渎的开凿,成为江南运河的前身。其次,江南运河路线所经的地区地势平缓,充分利用了太湖、长江、钱塘江等水源条件,相较于其他河段,其水源充足,长时期以基本稳定的路线保持着航运畅通。[3]最后,在京杭大运河全线通航的明清时代,江苏段运河属诸省运河中里程最长者,约690千米的江苏大运河占运河全程总长度的近五分之二。清末漕运废除之后,江南运河仍然发挥着巨大的通航效益。相关数据显示,1908—1917年杭州段每年通航船只13 446艘,运输量53.6432万吨,而1931年沪杭铁路运输量为85.0528万吨。[4]目前,京杭大运河通航里程约为952千米,其中江苏段占近四分之三,且通航能力最强,运输数量不断创历史新高,是大运河作为"活态"文化遗产存在的主体河段。[5]

第二,江南运河沿线文化名城众多,综合实力雄厚,最能代表城市与运河相伴相生的特点。首先,江南运河相对于其他河段,沿线名城众多,如扬州、镇江、常州、无锡、苏州、杭州等,各有特色。所谓"杭州以湖山胜,苏州以市肆胜,扬州以园亭胜,三者鼎峙,不可轩轾"。其次,江

---

[1] 姚乐、王健:《试论大运河江苏段的特性与文化带建设要点》,《江南大学学报(人文社会科学版)》2019年第3期。
[2] 姚乐、王健:《试论大运河江苏段的特性与文化带建设要点》,《江南大学学报(人文社会科学版)》2019年第3期。
[3] 吕娟:《中国运河志·河道工程与管理》,江苏凤凰科学技术出版社2019年,第688页。
[4] 汪胡桢:《整理运河工程计划》,中国水利工程协会1935年,第102-103页。
[5] 荀德麟:《江苏运河遗产的文化优势及其永续利用》,《江苏地方志》2019年第1期。

苏和浙江城市形成了沿着运河水系分布的格局,大量商业市镇密集分布于运河沿线,反映出江南运河沿线经济、文化实力的强势发展,市镇超过县城的情况十分普遍,如盛泽、震泽、平望、周庄、同里等著名市镇富可比县。[1] 再次,江南运河沿线城市的城址稳定,因秦汉以来运河走向基本稳定,诸如丹阳、常州、无锡、苏州、嘉兴、杭州等城市的位置,自秦汉奠基以来,未再迁改。[2] 运河流通在苏、杭城市的发展中体现得最为明显,运河功能的发挥直接关乎苏、杭城市的盛衰,运河文化的特色和魅力在江南地区的持续发展中得到充分彰显。有学者认为,苏、杭城市借由运河大动脉,以其大师创新和工匠精神的有机结合,在16世纪后期到19世期中期独领时代风骚,引领了时尚潮流和社会进步。[3]

第三,江南运河长期处于京杭大运河的经济重心地位,尤其在明清时代。隋代大运河开通之后,经济重心也逐渐南移,唐宋时期,江南地区成为全国经济重心所在。明清时代,江南的政治经济地位更加重要。

在漕粮赋税方面。自唐后期起,江南赋税即居于极为突出的地位。明清时期,江南苏州、松江、常州、镇江、嘉兴、湖州和杭州七府,是全国税粮最重之地。朝廷每年向有漕省份征收400万石漕粮,苏州一府每年缴纳漕粮占全国漕粮总数的17.4%。[4] 所谓"天下财赋多仰于东南,而苏为甲"。可见,全国重赋地区主要处于江南运河沿线。

在工商业发展方面。明清时期运河沿线的苏州、杭州等地已成为丝织生产最为发达的城市。明清时代,江南不仅是最大的棉布生产基地,还是全国刻印书籍最为有名的地区。

在物资流通方面。运河为贯通南北的航运通道,而江南运河又与长江等通道交汇,使得全国大部分地域的商品均经由运河流通。这些水系将江南地区与全国市场乃至世界市场联系在一起。如来自长江上中游的上千万石米粮经由江南运河源源不断输往苏州、杭州,大量的竹木、板材经镇江进入运

---

[1] 王健:《京杭大运河与明清江苏运河名城》,《唯实》2014年第3期。
[2] 李孝聪:《唐宋运河城市城址选择与城市形态的研究》,唐晓峰、黄义军:《历史地理学读本》,北京大学出版社2007年,第317页。
[3] 范金民:《15~19世纪大运河的物货流通与苏杭城市经济的发展》,《运河学研究》2020年第1期。
[4] 范金民、罗晓翔:《明清苏州经济中心地位略论》,《史学集刊》2021年第3期。

河,通过无锡、苏州输往江南各地,甚至运往浙东、福建。[1] 此外,江南商品沿着运河向外地销售。

第四,江南运河文化遗产丰富多元。文化遗产是运河文化带的价值依托,江南运河物质文化遗产非常丰厚,为大运河申遗工作做出了重要贡献。在大运河申报遗产的河段中,江南运河河段选择常州城区段、无锡城区段、苏州段、嘉兴—杭州段、南浔段共五段。江南运河段含有82项遗产,相较于对其他河段数量最多。其中,河道遗存14项、水工设施遗存35项、附属遗存11项、相关遗产22项。中国大运河遗产基本沿各段主线呈线状分布,江南运河则有显著的网络状分布特色。[2]

运河申遗的成功,使得扬州、无锡、常州等城市继苏州之后,首次拥有了世界文化遗产。除却运河工程本身,苏州和扬州各具特色的园林、扬州的瘦西湖、杭州西湖等名胜均与运河有着密切的联系。江南运河沿线的非物质文化遗产同样丰富多彩。这些丰硕的文化遗产资源演绎出漕运文化、盐业文化、水利文化、商业文化、园林文化、水乡人居文化等各具特色的文化形态,形成了兼收并蓄、包容多样、独具魅力的江南运河文化遗产资源带和文化发展带。[3]

---

[1] 范金民:《15~19世纪大运河的物货流通与苏杭城市经济的发展》,《运河学研究》2020年第1期。
[2] 中国文化遗产研究院:《中国运河志·附编》,江苏凤凰科学技术出版社2019年,第44页。
[3] 贺云翱、千有成:《中国大运河江苏段的历史演变及其深远影响》,《江苏地方志》2020年第3期。

第十九章　当代江南文化的发展

当代江南地区的文化发展，同当代中国的历史发展一样，呈现出明显的阶段性特征。这种特征不仅具体表现出与区域社会经济的发展进步基本同步的节律，而且呈现出不断加速前进的态势。

一、当代江南文化发展的历史线索

文化作为上层建筑的重要组成部分，由经济基础决定，同时又反作用于经济基础。当代江南文化的繁荣发展，同样是建立在该地区经济快速发展而不断增强的雄厚实力基础上的。

（一）快速发展的当代江南社会

当代江南地区的经济发展轨迹，从宏观上来看与全国绝大多数地区并无明显区别，基本可以分为三个大的阶段，即计划经济体制的确立与运行阶段（1949—1978）、社会主义市场经济体制逐步确立阶段（1978—2012）、中国特色社会主义进入新时代（2012—），但在经济发展的微观运行方面却具有极其鲜明的特点。

中华人民共和国成立之初，陈云坐镇上海领导的稳定物价斗争的胜利，一度结束了物价剧烈波动的历史，并对其后全国的物价管控产生了重要影响。新解放区进行土地改革时，一方面，对"苏南无封建"的说法进行了批驳，坚持发动广大农民群众积极投身到土地改革运动中去，消灭封建统治在农村地区赖以存在的经济基础——地主阶级的土地所有制；另一方面，根据苏南地区兼营工商业的地主以及学田、族田较多的具体实际，创造性地贯彻土改与生产两不误、保护民族工商业的方针政策，在完成土地改革的同时，农业生产未受到太大的冲击，遍布城乡的个体和私营工商业还有所发展。

进入计划经济时期，江南的多数地区不是国家建设的投资重点，其劳动力、物质资源、资金等也无法按照客观经济规律的要求在不同经济体之间实行有效配置，经济效益在总体上呈逐步下降趋势。在"以粮为纲"的政策导向下，江南地区是国家重要的商品粮供应基地，仅苏州地区（含现属无锡的江阴、锡山区）在20世纪50—70年代为国家提供的商品粮每年均高达20亿斤以上，为国家的工业化建设做出了巨大贡献。从20世纪60年代后期起，由于社队企业的不断发展，苏南农村地区的经济结构不断改变、人地矛盾趋于缓和、农民收入快速增加，苏南经济在集体所有制所能容纳的范围内，得到了最大限度的发展。与区域经济缓慢发展、人民物质生活较为贫乏相对应，社会生活也缺乏活力，民众的精神文化生活相对单一和单调。

改革开放后，摆脱了计划经济体制束缚的江南地区，充分发挥自然条件优越、民众智慧勤劳、地理区位以及经济基础较好等综合优势，很快就表现出强劲的发展势头。

江南特别是苏南农村地区异军突起的乡镇企业成为区域经济发展相当显著的亮点。随着乡镇企业的快速发展，其在国民经济中的比重逐年增大。以苏州为例，1983年乡镇工业产值占全市工业总产值的40.1%，"三分天下有其一"；1986年乡镇工业产值123.37亿元，占全市工业总产值的53.1%，占据了"半壁江山"；1991年乡镇工业产值占全市工业总产值的66.9%，"三分天下有其二"。乡镇工业的大发展，还促使农村传统经济格局发生变化，促进了农业现代化建设，推动了农村社会事业发展，实现了农民脱贫致富并由传统农民向现代农民的转变，促进了农村地区的城镇化建设。这些变化引起了中国改革开放和现代化建设总设计师、中共第二代领导核心邓小平的高度关注与充分肯定。1983年2月，他在苏州考察，对苏州农村改革开放以来各个方面的新面貌、新气象留下了深刻印象。回京后，他在同中央几位领导同志谈话时和在翌年10月的中央顾问委员会第三次全体会议上，都谈到苏州实现了工农业总产值人均接近800美元的情况。他说："在这样的水平上，下面这些问题都解决了：第一，人民的吃穿用问题解决了，基本生活有了保障；第二，住房问题解决了，人均达到二十平方米，因为土地不足，向空中发展，小城镇和农村盖二三层楼房的已经不少；第三，就业问题解决了，城镇基本上没有待业劳动者了；第四,人不再外流了,农村的人总想往大城市跑的情况已经改变;第五,中小学教育普及了,教育、文化、体育和其他公共福利事业有能力自己安排了;第六,人们的精神面貌变化了,犯罪行为大大减少。"由此,他称赞道:"这几条就了不起呀!"[1]这一以苏州为主要发源地和典型例证,以苏(苏州)锡(无锡)常(常州)为核心区域的苏南地区普遍运用,以乡镇工业为主、以集体经济为主、以市场调节为主,坚持农副工协调发展、农村经济社会协调发展,实现共同富裕的经济社会发展之路被称为"苏南模式"。[2]

上海作为当代中国最大的工业中心,在江南地区乃至整个中国的经济社会发展中始终占有举足轻重的地位。以浦东的开发开放为契机,上海很快成了推动新一轮中国改革开放的重要引擎,其区域核心枢纽地位不断增强,对长三角地区的辐射、带动和引领作用日益明显。安徽作为全国率先进行农村改革的省份,始终坚持以改革开放作为促进区域经济社会发展的主要动力。浙江在"温州模式"的推动下,藏富于民战略得到成功实施,为实现共同富裕的理想目标提供了坚实的经济社会基础。

1992年邓小平"南方谈话"发表后,随着浦东地区的开发开放,上海在江南区域经济发展中的龙头引领作用得到充分发挥,长三角经济日趋一体化,沿江、沿海和环太湖经济带助推区域经济发展速度持续在高位运行,经济发展的质量不断提升,总体经济实力快速增强。江南地区在20世纪90年代中后期相继达到总体小康水平,昆山、江阴等一些在区域经济发展中处于领先位置的地区向高水平小康社会阔步前行。

经济发展进入新常态后,江南地区表现出较为强劲的发展势头。上海的龙头引领作用更加明显,江苏努力建设"强富美高"新江苏,浙江则努力打造"美丽中国""共同富裕"的先行示范区。就经济实力来说,2013年,江苏、浙江、上海两省一市的人均地区生产总值为74 822.56元,远高于全国平均的41 907.59元,[3]而江南地区的人均数又远高于两省一市的平均数。2017年,上海、南京、杭州、苏州、无锡、常州等城市的人均地

---

[1] 《邓小平文选》第三卷,人民出版社1993年,第24-25、89页。
[2] 王国平主编:《苏州史纲》,古吴轩出版社2009年版,第677页。
[3] 王婧:《重塑文化产业空间关系:长江三角洲文化产业发展研究》,上海人民出版社2015年版,第2页。

区生产总值均超过了 12 万元，人均地区生产总值最高的苏州、无锡则超过了 16 万元。相关统计资料显示，2020 年年底，江南核心区的上海市的地区生产总值为 38 700.58 亿元，杭州、嘉兴、湖州的地区生产总值分别为 16 106、5 509.52、3 201.4 亿元，苏州、南京、无锡、常州的地区生产总值分别为 20 170.5、14 817.95、12 370.48、7 805.3 亿元，其总和已超过全国的 10%。

2021 年，江南地区的经济进一步发展。以苏州市为例，地区生产总值达到 22 718.34 亿元，比上年增长了 12.63%，按可比价格计算比上年增长了 8.7%；已成为全球制造业中心之一。其他城市也有不俗表现，如上海 2021 年的地区生产总值为 43 214.85 亿元，比上年增长了 11.66%；南京的地区生产总值为 16 355.33 亿元，比上年增长了 10.38%；杭州的地区生产总值为 18 109.42 亿元，比上年增长了 12.44%；无锡的地区生产总值为 14 003.24 亿元，比上年增长了 13.2%。均远高于国内的其他地区，呈现出可持续发展的强劲势头。江阴华西村、张家港永联村、常熟蒋巷村等一批富裕的农村地区城乡差别基本消除。2020 年，永联村农民人均年收入近 6 万元，蒋巷村农民人均年收入达到 5.61 万元（高于全市农民人均 37 563 元，接近城镇居民人均 70 966 元），家家都住上了由村里统一建造的优惠别墅房。

正是得益于区域社会经济的快速发展以及由此带来的区域整体经济实力的日益雄厚，江南地区的文化发展、繁荣才有了坚实的物质基础，并实现了经济社会快速发展和文化繁荣兴盛的良性互动。

(二) 当代江南文化的发展历程

当代江南文化的发展轨迹和全国一样，大致可分为三个时期。[1]

1. 中华人民共和国成立到 1957 年 5 月反右派运动前，为第一个时期。在这一个时期，主要是确立马列主义在文学创作、文化教育、新闻出版和学术研究中的指导性地位，并开始逐步对旧有教育文化事业进行社会主义改造。文化教育工作者积极响应党和政府的号召，认真、自觉地研读马克

---

[1] 也有学者将当代中国文化事业的发展历程分为自主发展（中华人民共和国成立到 20 世纪 50 年代初）、计划发展（20 世纪 50 年代初到 90 年代中期）、规划发展（20 世纪 90 年代以来）三个阶段。见王婧：《重塑文化产业空间关系：长江三角洲文化产业发展研究》，上海人民出版社 2015 年版，第 68 页。

思主义经典作家的文献和党的有关文化工作方面的文件,贯彻、执行党所制定的有关文化工作方面的方针、政策;旧社会地位低下的广大艺人通过新旧变化的强烈对比,由衷地感激、拥护党的文艺政策,创作、演出的热情空前高涨;广大工农群众获得了享受教育的基本权利,文化教育工作呈现出蓬勃向上的积极气氛。与此同时,对上海昆仑影业公司拍摄的电影《武训传》的过火批判,特别是在对胡风文艺思想的批判中严重混淆敌我界限,将文艺领域的不同思想当作敌我性质的政治问题来看待和处理,造成了严重的消极后果。

此外,一些原本收入较高的单干艺人,不适应文艺改造后的收入分配和管理体制,创作、表演热情降低。还要看到,"有闲阶层"逐渐消失,单干艺人随之失去了自由演出的市场。随着移风易俗运动的开展,面向社会公众的业余文化教育、政治学习活动普遍推开,也都对当代江南地区的文化教育工作的开展产生了很大影响。

2. 1957年6月到"文化大革命"结束前,姚文元《评新编历史剧〈海瑞罢官〉》一文发表前,为第二个时期。一方面,文化艺术活动取得了一定成效,特别是在20世纪60年代前中期的调整时期。在这一时期,此前一度被停演的传统戏曲形式或书目相继得到恢复,广大文化、艺术工作者的创作、表演热情再次焕发,已经成名的作家、艺术家纷纷投身到创作和演艺活动中去,不少新的文化、艺术人才和作品也相继涌现,出现了短暂繁荣局面。雷锋、焦裕禄等英雄模范人物学习教育活动的广泛开展,形成了良好健康的社会风气,全社会的道德水准明显提升。以苏州评弹的演出场所为例,1963年前后达到顶峰,共有近500家书场。其中,上海有262家书场,苏州市有23家,无锡有50多家,常熟有近百家,吴县有60多家,吴江、昆山、太仓均有20多家,并向北发展到南通一带,向西发展到镇江、南京地区。浙江则从杭嘉湖向南发展到宁绍一带。[1]另一方面,由于受到越来越严重的"左"倾错误干扰,文化工作和其他工作一样,陷入了起伏不定的频繁动荡之中。

3. "文化大革命"结束后,特别是中共十一届三中全会召开后,文化工作真正进入大发展、大繁荣的时代。1982年修订的《中华人民共和国宪

---

[1] 苏州市文联(周良主笔):《苏州评弹史稿》,古吴轩出版社2002年版,第218页。

法》提出：国家发展为人民服务、为社会主义服务的文学艺术事业、新闻广播电视事业、出版发行事业、图书馆博物馆文化馆和其他文化事业，开展群众性的文化活动。数量繁多、质量上乘、风格多样、形式多元的文化艺术作品和学术研究成果井喷式呈现，既让人耳目一新，也令人应接不暇，但昆曲、评弹等传统文艺的生存与发展曾一度面临诸多挑战。其间相继开展的清除精神污染、反对资产阶级自由化、加强社会主义精神文明建设、普法宣传教育、反"三俗"（低俗、庸俗、媚俗）、开展"四史"（党史、新中国史、改革开放史和社会主义发展史）学习教育、面向党员的不同主题的学习及警示教育等工作，对于纯洁社会主义文艺阵地，向社会大众传递正能量，形成健康向上的社会风尚及和谐友善的政商、党群、干群关系，缓解社会矛盾，均起到正面的积极引导作用。仅苏州市就有杨守松的《大美昆曲》、金曾豪的《凤凰的山谷》、姜兴龙的《春雨江南》，以及王芳等主演的苏剧《国鼎魂》获得了国家和江苏省的"五个一工程"奖。与此同时，社会的发展进步在带给人们日益丰富、便捷的物质享受和感官刺激的同时，也使人们在快速变化的时代潮流面前，对"我们是谁、从哪里来、到哪里去"等终极问题的思考变得相当茫然与迷惑，并由此产生了众多新的社会问题。人类社会所面临的生存与发展问题不是减少了，而是增加了；不是简单、容易解决了，而是更加复杂、棘手了。这些问题的产生和发展，对文化工作提出了更高的要求，也是文化工作进一步发展、繁荣的动力所在。

为因应该社会快速发展背景下广大人民群众对精神文化日益增加的需要，同时也是为了实现经济、社会与文化发展之间的良性互动，从2019年开始，苏州市每年都举办江南文化艺术节，每届艺术节尽管具体主题不尽相同，但基本包含了文艺表演、作品展示、学术研讨、旅游推介等板块和元素。2021年1月，苏州市又召开了文化产业高质量发展大会，出台了《"江南文化"品牌塑造三年行动计划》，全力打响"江南文化"品牌，推动苏州率先建成文化强市，"苏州最江南"越来越成为江南区域内外从专家学者到普通民众等的基本共识。

二、当代江南文化的具体面相

依托于相对雄厚的经济实力和历史基础,江南地区一直是全国的文化高地,举凡文学创作、艺术发展、文教卫生、文化产业、群众文化、园林艺术和建筑文化、对外交流等始终处于时代发展的前列,并对其他地区产生示范和辐射影响。当代江南地区文化内容相当丰富,涉及文物、园林、宗教、建筑、科技、工艺、教育、艺术、文学、民俗、饮食、群众文化等诸多方面;形态各异,既有物质的,又有精神的,也有制度的。

(一) 不断繁荣的文学艺术

文学创作是反映时代风云变幻的晴雨表。以上海为中心的江南文坛可谓群星璀璨、异彩纷呈、流派众多、品类齐全,无论是作家和作品数量,还是作品质量及其社会影响力都占据当代中国文学史上的重要一页。这里的考察范围主要限于其创作、演艺活动在江南地域内的作品,出生于江南地区而其创作、演艺活动在域外进行的文艺家及其作品不予涉及,尽管这些作家的作品也无不鲜明地烙有江南文化的印记;[1]反之,祖籍并非江南,但其创作活动却是在江南地区进行的文艺家及其作品,则予以应有的关注。

1. 文学创作

1949 年前业已成名的茅盾、曹禺、周瘦鹃、程小青、张爱玲等上海作家,有的北上京城,有的迁居苏州等地,有的出走海外,留在上海的只有巴金等人。20 世纪 50 年代,江南地区产生过周而复的《上海的早晨》等著名作品。"文化大革命"时期,江南文艺家们通过参与样板戏的创作而保持了江南文脉的延续。

改革开放后,江南地区的文学艺术创作迎来了真正的春天,不仅数量众多,而且质量很高。"文化大革命"结束后,著名作家巴金开始深刻反思在当代中国为什么会发生史无前例的巨大劫难。他将反思的成果以散文的形式相继发表出来,后来结集出版,取名为《随想录》,引起了强烈的社会

---

[1] 当代江南地区的文学家、艺术家数量极多,几乎涉及当代中国的所有学科和艺术领域,代表性的有文学家柳亚子、叶圣陶、夏衍、郭绍虞、俞平伯、严歌苓等等,著名演员金山(赵默),影评人唐纳(马季良),画家吴作人,流寓海外的有建筑大师贝聿铭等。

反响,反映了老一辈作家强烈的社会责任意识。 以1978年5月卢新华发表《伤痕》为标志,不仅拉开了"伤痕文学"创作的大幕,而且在事实上开启了江南地区文学创作的新局面,促发了江南文坛的全面繁盛,表明文化底蕴深厚的江南作家具有相当敏锐的社会洞察能力。

当代上海的著名小说家有王安忆、戴厚英、叶辛等。 王安忆的代表作品有《长恨歌》《天香》等。 她的作品尽管主题和风格丰富多变,但致力于发现日常生活中的美感与温情是其主色调。 叶辛的代表作品如《蹉跎岁月》《孽债》《家教》等,大都以十年浩劫期间上山下乡知识青年的生活与遭遇为主题,反映的是他反对虚夸作伪、瞒上欺下,反对不正常的徒走形式的社会政治生活,反对不顾现状、光唱颂歌的反现实主义的创作风格。戴厚英的代表作品有《人啊,人!》等。 此外,余秋雨的散文创作,叶永烈在科普和纪实文学创作方面的成就也十分引人注目。

江苏的著名作家有叶兆言、毕飞宇、苏童、陆文夫、范小青等。 叶兆言是一位创作领域相当宽广和作品数量众多的著名作家,代表作有长篇小说《一九三七年的爱情》等,被评论为"从民间的角度来重写民国史"。毕飞宇的代表作有长篇小说《玉米》《推拿》等,被认为准确地、富于历史深度地探讨和表现了处于现代化转型压力下的中国社会中生活的内在戏剧性和人的复杂的精神境遇。 苏童是当代中国小说"先锋派"的知名作家,代表作有长篇小说《妻妾成群》等,呈现出与以往迥然不同的充满反叛意识的样态。 陆文夫等开启了"小巷文学"的先河,《美食家》可以看作是陆文夫文学创作的巅峰之作,被视为"小巷文学"的代表性力作。

杭州的知名作家余华,是一位具有强烈社会关怀和历史意识、在多个文学领域都取得不俗成就的当代中国著名作家,也是江南文学家中获得多个国际文学大奖的作家之一,小说创作毫无疑问是他用力最多、成就也最大的领域,其代表作有《活着》《许三观卖血记》《兄弟》等。

诗歌创作方面,当代苏州知名的诗人有车前子(本名顾盼)和小海(本名涂海燕)等。 有"才子型"诗人之誉的车前子是"新生代"诗人中的代表性作家,代表作有组诗《我的塑像》及《城市雕塑》《日常生活》《新骑手和马》等。 他的诗作明显地反映出依据自身对外部世界的内心体验来进行创作的风格,具有深刻揭示现实世界变化及作家内心思考的鲜明特色和敏锐。 小海早期有"田园诗人"之称,后来注重历史题材的发掘和创作主体自我心境的呈现，发表了《必须弯腰拔草到午后》等诗集共8部。

2. 艺术发展

当代江南地区的艺术形式，既在延续传统，更有创新发展。书画、篆刻艺术、工艺文化等持续发展，传统的评弹、昆曲等长盛不衰，电影、话剧、交响乐、电视剧等借助现代科技手段得以精彩纷呈，实现了传统与现代的有机结合，满足了不同群体的欣赏需要。但随着电视机的普及，特别是网络技术的快速发展，传统艺术品种总体上都呈现出衰颓之势。

（1）戏曲艺术

苏州评弹。在20世纪五六十年代的发展主要有四个方面的变化：一是按照"古为今用、推陈出新"的要求，通过改编传统书目、创作新书目来实现。江南地区解放不久，一些要求进步的著名评弹艺人就主动提出停演部分思想内容不够健康的书回。1951年，在艺术界"斩尾巴"（即"斩掉封建主义尾巴"）运动中，大量传统书目遭停演。为了满足民众的艺术需要，同时也是为了解决自身的生存问题，评弹艺人开始改编传统书目，并创作新书目。二是演出形式由原先的个体演出逐步发展为组织演出。1951年11月，苏州市率先成立了新评弹实验工作团，随后上海成立了人民评弹工作团，其他地方也相继成立了评弹团。三是在管理体制和方式上，由原先的行业管理逐渐演变为行政管理。初期的评弹团，其行业组织的特征仍相当明显，但行政色彩在逐渐加重，1957年6月反右派运动发动后，特别是在"大跃进"运动高潮到来时，评弹业和其他文化行业相继完成了社会主义改造，绝大多数评弹演员都先后加入了各级评弹团，少数未入团的演员则失去了演出市场。四是在人才培养上，改变了过去师傅带徒弟的单一做法，从评弹团建立时起，开始试行集体培养制度。在陈云的倡议下，1961年苏、浙、沪三地决定联合在苏州创办"苏州评弹学校"（创办时为"苏州市戏剧学校评弹部"，1962年改为现名），在进行专业教学的同时，还开设政治、文化课程，以提高学员的综合素质。

从20世纪80年代中期起，苏州评弹发展呈现出平稳、理性的特点。以苏州市为例，演出场次从1976年的487场增加到1983年的2.1万场，听众人次从1976年的24万增加到1982年的181万，收入从1975年1.7万元增加到1983年的21万元。不少评弹演员相继归队，1981年苏州地区的演员有239人。[1] 从20世纪90年代中期起，苏州评弹进入了平稳发展时期，听众、演员数量长期保持基本稳定。

昆剧。中华人民共和国成立后，昆剧得到保护性发展。1951年4月，苏州市文联戏曲改进委员会发起昆剧观摩演出，邀请十多位"传"字辈表演艺术家及曲友在开明大戏院演出昆剧折子戏。1956年5月，浙江昆苏剧团改编出昆剧《十五贯》，并被拍成电影，被誉为"一出戏救活了一个剧种"。全国相继成立了6家昆剧院团。1962年12月，江苏省、上海市、浙江省文化部门组织上海戏曲学校、青年京昆剧团、江苏苏昆剧团、浙江昆苏剧团、永嘉昆剧团、武义县昆剧团500多人参加会演。"文化大革命"结束后，昆剧得到全面恢复，至20世纪80年代初达到鼎盛。1977年，江苏省成立昆剧院，苏州组建了省苏昆剧团。1982年，文化部（今文化和旅游部）、中国剧协及苏、浙、沪两省一市的文化局、剧协联合在苏州举办昆剧会演，确立了"抢救、继承、改革、发展"八字方针。《唐伯虎传奇》《白罗衫》分别在1983年、1988年江苏省新剧目调演中获剧本奖，《荆钗记》《桃花扇》《长生殿》《牡丹亭》等则成了常演不衰的经典剧目。昆剧还一度以星期专场的形式与观众见面。20世纪90年代起，昆剧的发展再次遭遇困境，有关方面提出了"保护、继承、创新、发展"的新八字方针。

2001年，昆曲被列入联合国教科文组织公布的首批19项"人类口头和非物质遗产代表作"名录，文化部将苏州市定为中国昆剧艺术节的定点城市，昆曲获得了较好的发展条件。2004年4月，由台湾著名文学家白先勇联合两岸的艺术家组成创作团队，与江苏省苏州昆剧院合作成功改编青春版《牡丹亭》，在音乐、舞美、服装、背景等各个环节都注入青春活力，10多年的时间里在世界各地共演出了300多场，创造了近代昆剧演出史上的奇迹。

为了充分展示全国现存的348个戏曲剧种的独特魅力，激发戏曲剧种活力，挖掘戏曲院团潜力，由文化和旅游部艺术司、江苏省文化厅（从2020年起改由文化和旅游部、江苏省人民政府）联合主办戏曲百戏（昆山）盛典活动，在百戏之祖昆曲的诞生地昆山市举行。该活动已成为培养德艺双馨的领军人才、保护传承中国戏曲文化、全国戏曲界学习交流的重

---

[1] 苏州市文联（周良主笔）：《苏州评弹史稿》，古吴轩出版社2002年版，第241页。

要平台，展演了众多艺术精湛、群众喜爱的戏曲精品。

黄梅戏。 黄梅戏（旧称"黄梅调"）是在流行于长江中游皖、鄂、赣交界地带的民间小调基础上不断发展而形成的戏曲剧种。一般认为，该剧种最初起源于与安徽宿松县毗邻的湖北黄梅县的采茶调[1]，后来逐渐向安庆一带发展，并逐步扩展到整个江南地区。其在传播、发展过程中，不断地与道情、花鼓、连厢、罗汉庄、莲花落、送傩戏甚至昆剧、京剧等演唱艺术相融合，最终形成了黄梅戏。

中华人民共和国成立后，一度面临失传的黄梅戏，由于唱词通俗易懂、唱腔优美动听、情节简洁明晰、旋律优美雅致、表演朴素大方，深得普通民众的喜爱，很快就传播到整个江南地区，并逐步发展成为全国五大戏曲剧种之一。1951年3月，因酷爱黄梅戏差点被族人"沉塘"，后为躲避流氓骚扰而被迫逃离家乡的著名演员严凤英重新投身黄梅戏事业，并和另一名表演艺术家王少舫等一起对传统剧目进行挖掘整理，同时创编、移植了一批反映现实生活的现代戏。

1956年2月，电影版《天仙配》正式发行，成为第一个被搬上银幕的黄梅戏剧目，在黄梅戏发展史上具有划时代的意义。该片一经上映，就获得了观众的喜爱，到1959年年底，共放映154 108场，观众达143 049 434人次，有些地方因无法满足观众进入放映场所的需要，就通过在现场播放演唱曲调录音的方式予以弥补。该片在港澳地区及许多国家也获得好评。1956年7月起，香港2家影院连续播放35天，共280场，观众超过22万人次，打破了香港电影放映史上的多项纪录；蒙古、朝鲜、越南、印度尼西亚、新加坡、加拿大、新西兰等引入该片后，观众近3 000万人次，[2]掀起了一股"黄梅戏热"，进一步扩大了黄梅戏的影响。

20世纪60年代前期，黄梅戏在对传统剧目进行改编的同时，还编演了《江姐》《白毛女》等一批新戏。"文化大革命"中，黄梅戏也遭到了严重冲击。"文化大革命"结束后，黄梅戏迎来了大发展的春天。

1981年11月底，恢复不久的黄梅戏剧团赴港演出，获得了巨大成功，

---

[1] 和很多地方剧种一样，关于黄梅戏的起源也有多种说法。较具代表性的有三种：起源于湖北黄梅县的采茶调（另一说为，明末张献忠起义失败后，流散在黄梅一带的军中"乐人"以演唱谋生，其演唱的歌舞逐渐演变为黄梅调）、起源于安徽怀宁县农村的小戏、起源于江西农村的采茶歌。

[2] 毛忠：《黄梅戏史话》，社会科学文献出版社2016年版，第38页。

被称为黄梅戏发展史上的"梅开二度",极大地提振了黄梅戏从业者再创辉煌的信心,而且通过反复排演和舞台表演,初步解决了人才的迭代更新问题。 新时期,黄梅戏在注重舞台表演的同时,还积极探索跟其他艺术传播载体融合发展的可行路径。 1981年,《双莲记》《新婚配》先后被搬上荧屏。 随后,《七仙女》《玉带缘》也相继在安徽和中央电视台播出。 1985年,安徽电视台制作播出的《郑小娇》,不仅受到广大观众的热捧,还获得了第三届"《大众电影》金鹰奖"(1996年改为"中国电视金鹰奖"),该剧主要演员、年仅17岁的韩再芬因此一举成名。 她参与策划并主演的《徽州女人》注重对人文意蕴的阐释,在舞台背景的设计上充分运用了灯光色调的变换营造意境,以达到诗化意向的效果。 1999—2000年,该剧先后获得第六届中国戏剧节六项大奖和第九届文华奖等多个奖项。

经过长期发展,黄梅戏先后涌现出了严凤英、王少舫、潘璟琍、马兰等一大批优秀演员以及《天仙配》《女驸马》《牛郎织女》《红楼梦》《徽州女人》等代表作品,其中《天仙配》《女驸马》《牛郎织女》更是常演不衰的经典剧目。 2006年5月,经国务院批准,黄梅戏入选第一批国家级非物质文化遗产代表性项目名录,黄新德、韩再芬、赵媛媛等是国家级传承人。

越剧。 越剧是一个19世纪中期起源于浙江省嵊县剡溪两岸的地方戏曲剧种。[1] 最初是一种地方民歌曲调,在发展过程中,除吸收、融合当地的民间艺术精华外,还积极借鉴昆曲、京剧、弹词等的演(说)唱技巧。 20世纪20年代初,随着移居或到上海谋生的浙江人的快速增加,越剧经过多次尝试,终于成功进入上海发展,并逐步扩散到以长三角为核心的江南地区。 1949年5月,上海共有23个越剧团、29家越剧院,远超过京剧、沪剧剧团、剧院的数量(京剧团和剧院各11个,沪剧团14个、剧院13个),成了越剧发展的重要基地。

上海解放特别是中华人民共和国成立后,越剧和其他剧种一样,也经

---

[1] 越剧的得名颇为复杂。越剧这一名称最初用于起源于绍兴上虞的戏曲剧种"绍兴大班"。绍兴大班是一个明朝嘉靖年间从北方传入的秦腔与本地的余姚腔相融合后产生,后又吸收了昆腔、乱弹及京剧等艺术品种表演技巧的地方剧种。清末民初,绍兴大班进入上海发展。20世纪20年代,被称为"越剧"。1950年,被正式定名为"绍剧"。现在被称为"越剧"的戏曲剧种则是由起源于嵊县剡溪两岸自娱性的唱书小调经过乞讨时的延门唱书(也称"走书")、经在酒肆茶楼卖唱的落地唱书(也称"台里书"或"走台书")发展而来的。20世纪初,这一戏曲剧种定名为"小歌班"(以与绍兴大班相区别),20年代初改名为"绍兴文戏"。从1927年起,也被称为"越剧"。其后,越剧逐渐成为这一剧种的专有名称。

历了接受改造、重获新生、遭遇挫折随后得到快速发展的曲折历程。1949年9月，越剧演员袁雪芬作为戏曲界4名代表（其他3位均为京剧大师：梅兰芳、周信芳、程砚秋）之一应邀参加了中国人民政治协商会议第一届会议。中华人民共和国成立后，越剧积极贯彻"改戏、改人、改制"的要求，1950年8月，范瑞娟、傅全香应邀赴京演出经过改编的《梁山伯与祝英台》等剧目，毛泽东、周恩来等党和国家领导人出席观看。这对越剧艺术来说是一个很大的鼓舞。越剧积极编演新节目，受到广大观众的欢迎，有些演出一再刷新历史纪录。如玉兰剧团演出的新编历史剧《信陵公子》，竟连演138天256场，观众达233 962人次；现代戏《明天更美好》，也演了75天186场，观众119 844人次。[1] 在越剧发展史上，均是极为罕见的。

1952年10月，越剧参加了文化部组织的、有23个剧种参加的第一届全国戏曲观摩演出大会。范瑞娟、傅全香等表演的《梁山伯与祝英台》获得了多个奖项，《白蛇传》则被选为招待国宾演出剧目。参加戏曲观摩演出大会，不仅进一步扩大了越剧的影响，还促进了越剧的发展。越剧从川剧、豫剧、汉剧、湖南花鼓戏、闽剧、评剧、滇剧、楚剧、秦腔、湘剧、桂剧、晋剧等学到了不少表演技巧。随着越剧影响的迅速扩大，加上苏、浙、沪工人和技术人员对中西部地区支持力度的加大，以及内容和表演贴近生活、情节简洁、唱腔优美，艺术家的倾情奉献等因素，越剧快速向全国各地扩散，成为第二大戏剧。20世纪50年代中期，仅上海一地就有越剧团69个。1954—1959年，南京、西安、兰州、福建、天津等地相继成立了越剧团。到20世纪60年代，全国有16个省级行政区都建立了越剧团，连台湾地区也有越剧团。

改革开放后，越剧神采重新焕发。浙江作为越剧的发源地，相当重视人才的培养，在实现越剧的传承创新和可持续发展方面，取得了明显的成效。从1977年起，连续多年举行越剧创作年会；1980年起，连续举办青年会演。1982年冬，选拔了一批青少年演员成立了浙江省越剧小百花演出团，进行重点培养。她们演出的《五女拜寿》，所到之处均受欢迎，被搬上银幕后，获得金鸡奖中的最佳戏曲片奖。进入21世纪，越剧的发展出

---

[1] 高义龙：《越剧史话》，上海文艺出版社1991年版，第218页。

现了更加喜人的势头。

越剧的发展历史尽管不长，但经过众多艺术家的积极探索和无私奉献，仅中华人民共和国成立以来，就涌现出了以袁雪芬、徐玉兰、范瑞娟、傅全香、戚雅仙、尹桂芳、陆锦花、王文娟、茅威涛、何赛飞等为代表的一大批著名表演艺术家，并分别形成了各自的表演流派，还产生了以《梁山伯与祝英台》《白蛇传》《杜十娘》《珍珠塔》《孔雀东南飞》《打金枝》《红楼梦》等为代表的一批经典剧目。袁雪芬、徐玉兰、范瑞娟、傅全香、王文娟等为越剧艺术国家级传承人。

除了上述具有全国影响的戏曲剧种外，在江南地区还流行着一些地方剧种，代表性的有沪剧、锡剧、苏剧、滑稽戏、滩簧等。20世纪80年代以来的一个时期内，苏剧、锡剧、沪剧等地方剧种的发展面临着越来越大的压力，有的地区曾一度解散了剧团。进入21世纪，随着区域经济的快速发展以及对传统文化传承与保护意识的增强，苏剧、锡剧、滑稽戏等地方剧种又逐步得到恢复与发展。2001年11月，江苏省苏州苏昆剧团改为江苏省苏州昆剧院和苏剧团，有利于昆剧与苏剧的保护和发展。2017年，苏州地区创作的苏剧《满庭芳》、锡剧《三三》获江苏省"五个一工程"奖，《三三》还受到国家艺术基金的资助；新创苏剧《国鼎魂》开始演出，并于2019年获得国家级最高舞台艺术奖文华奖。

（2）书画、篆刻艺术

江南地区作为人才荟萃、艺术繁兴之地，在书画、篆刻等方面，也都有不少可圈可点之处。江南地区在全国具有相当影响力的书法、篆刻名家有萧退庵、蒋吟秋、程质清、费新我、沙曼翁、瓦翁（卫东晨）、顾廷龙、钱太初、华人德、言恭达等。吕凤子、谢孝思、黄异庵、柴德赓、纪庸、王能父等学者、文士和艺人也都擅长书法和篆刻。吕凤子对历代书法艺术均有精深研究，善篆隶，长魏碑，精行草，他的书法作品集众家之所长，达到随心所欲的程度，似篆若隶、似隶却行、魏隶兼得，自成一体。蒋吟秋正、草、隶、篆皆工，尤擅篆隶，笔法圆浑雄厚，苍劲遒健。祝嘉除了勤于书法实践外，还精于书法史和书法艺术的研习，著述颇丰，1986年6月底统计，其共有著述69种300余万字，其中的代表作有《中国书学史》《历代书学论著选辑疏证》《宋元明书论选辑疏证》《笔法探微疏证》《行草论》等。费新我书、画兼工，中年时因病致右手残疾，遂改用左手书写，风韵独特。顾廷龙的书法以真、行体和钟鼎文著称,作品浑厚凝重、端庄沉着、骨肉兼备,结构上疏密有致。瓦翁的篆刻作品,在业界有很高的评价,"文静中见刚烈,单纯中见丰富,质朴中见洒脱,技巧中见情性"[1]。沙曼翁是当代江南书坛上为数不多的书、画、印兼工,正、草、隶、篆、行各体皆精,而尤擅篆、隶、甲骨文的书法大家。华人德擅书魏碑体,对书法史有精深研究,多次获得书法界的最高奖兰亭奖。

（3）工艺文化

江南特别是苏州地区作为经济发展和消费水平较高的地区,工艺文化发达,产品众多。在全国工艺美术11个大类中,苏州拥有10个大类3 000多个品种。2014年12月,联合国教科文组织批准苏州为"手工艺与民间艺术之都"主题城市,加入"全球创意城市网络"。苏州现已有联合国教科文组织人类非物质文化遗产代表作6项,国家级29项,居全国同类城市前茅。苏州的刺绣（苏绣）与湘、蜀、粤绣一起,被誉为"四大名绣";苏州宋锦与南京的云锦、四川的蜀锦并称为中国的三大名锦;桃花坞木刻年画与天津杨柳青木刻年画等齐名,世称"南桃北杨";苏州的缂丝、雕塑、宋锦、苏扇等工艺品,巧夺天工,享有盛誉。当代中国正在传承和发扬工匠精神,工艺文化是最能体现工匠精神的领域。

在雕刻艺术方面,仅苏州地区就有石雕、碑刻、砖雕、玉雕、木雕、象牙雕、漆雕瓷刻、竹刻、核雕、蛋壳雕、种子雕、发刻等工艺美术品种,充分反映了吴地人民鬼斧神工的精湛技艺。2011年9月,苏州砖雕被列入江苏省第三批省级非物质文化遗产名录。金山石雕技艺于2007年被列入江苏省第一批省级非物质文化遗产名录,国家级工艺美术大师有陆涵生等。玉雕是苏州相当有名的特色技艺。进入20世纪90年代后,随着社会主义市场经济体制的逐步建立与不断完善、民众生活水平的迅速提升以及审美情趣的日益多元化,苏州玉雕迎来了发展史上的另一个高潮,最多时相关从业者达万余人。2008年,苏州玉雕被列入国家级非物质文化遗产代表性项目名录,现有国家级传承人杨曦等。微雕艺术有象牙雕、发刻、核雕等,核雕于2008年被列入国家级非物质文化遗产代表性项目名录,钱荣初是国家级工艺美术大师,宋水官、杨曦（玉雕）等是国家级和

---

[1] 朱栋霖等:《苏州艺术通史》（下）,江苏凤凰文艺出版社2015年版,第1660页。

省级非物质文化遗产项目代表性传承人。

江南地区作为文化发达之地,与其有关的书写载体也相当有名,其中最具有代表性的当属皖南地区生产的"文房四宝",即宣笔、徽墨、宣纸、歙砚。此外,浙江湖州地区生产的湖笔也相当有名。宣笔产于古宣州(今宣城市等地),已有2 000多年的历史。因品质优良,曾被列为"贡品""御用笔"。宣笔选料精慎,工艺要求严格,主要以兔毛、羊毛、狼毛为原料,有"装潢雅致、毛纯耐用、刚柔适中、尖圆齐健"的独特风格。宣笔现有260多个品种,其中"古法胎毫""梦笔生花""莲蓬斗笔"等品种为精品。徽墨产于黄山市的屯溪、歙县和宣城市的绩溪等地,距今已有千年历史。徽墨以松烟为基本原料,掺入20多种其他原料,精制而成。成品具有色泽黑润、坚而有光、入纸不晕、经久不褪、馨香浓郁及防腐防蛀等特点,宜书宜画。宣纸因产于古宣州而得名,有1 000多年的历史,生产主要集中在泾县。宣纸因质地细薄、绵韧、紧密而著称于世,以耐老化、拉力强及不变色为最大特色,有"千年寿纸"之称。歙砚是我国四大名砚之一。因取石于古歙州(今歙县)的龙尾山,故称"歙砚",距今已有1 200多年历史。歙砚石质坚韧,具有下墨快、不损笔锋、墨水不涸、洗之易净等特点。歙砚的品种繁多,其中以罗纹、眉子为上品。歙砚于2006年被列入首批国家级非物质文化遗产代表性项目名录,柯崇、朱岱、王祖伟等为国家级传承人。

桃花坞木刻年画作为一种独立的艺术门类,其工艺技术涉及设计、绘画、雕刻、印刷等多个方面。2006年,桃花坞木刻年画被列入首批国家级非物质文化遗产代表性项目名录。桃花坞木刻年画的创作者要对中国传统的民俗文化有较为精深的了解,需熟悉谐音、双关等中华文化的魅力。如鱼与余、蝠与福、莲与连、佛手与福寿、蓉与荣、船与传、冠与官等;牡丹象征富贵,玉兰象征长春,松柏象征长青,萱草象征忘忧,菖蒲象征俊贤;瓶、鞍在一起寓意为平安,笔、锭在一起谐音必定,喜鹊、梅花在一起寓意为喜上眉梢,莲花与鲤鱼在一起寓意为连年有余,海棠和牡丹在一起寓意为满堂富贵,公鸡和牡丹在一起寓意为功名富贵;等等。当代桃花坞木刻年画出现了不少大师级人物,创作设计方面的有杨云清、凌虚、徐云、王祖德等,刻工有叶金生、许良甫、徐国良、许泉林、叶宝芬等,印工有魏阿毛、房志达、谭士林等,其中凌虚于1994年被文化部、新闻出版署、中国美术家协会、中国出版工作者协会联合授予"年画工作荣誉奖",房志达于2009年被认定为国家级非物质文化遗产项目代表性传承人。

在丝织工艺方面,中华人民共和国成立后不久,苏州市文联即成立了刺绣领导小组,并建立了刺绣工场,汇聚了任嘒娴、周巽先等一批刺绣高手。1958年,创办苏州刺绣研究所。经过多年的积累,特别是改革开放以来的快速发展,苏州刺绣已发展到拥有从业者数十万人、10多个大类、2 000多个品种的工艺,并在与发绣、发刻、缂丝等工艺的结合中不断创造出新的艺术门类,针法已从清末、民国年间的18种发展到后来的44种,涌现出了顾文霞、姚建萍、姚惠芬、薛金娣、卢福英、卢招娣等一批刺绣名家,有的获得了"国家级突出贡献专家""中国工艺美术大师"等称号,有的作品获得中国民间文艺最高奖"山花奖"。苏绣集中的镇湖镇被文化部授予"中国民间(刺绣)艺术之乡"称号。据统计,21世纪初的国内刺绣市场中,苏绣占据80%,其中镇湖刺绣又占80%。[1] 宋锦是苏州地区的传统工艺品。1955年,苏州市成立宋锦供销生产小组,后来又相继改为苏州宋锦生产合作社、苏州宋锦织物厂、织锦厂,先后开发出漳缎、天鹅绒、宋锦缎、苏花绫、八宝带、彩花、龙翔缎、锦罗绒、雅感锦、铸光锦等几百种产品。2009年9月宋锦被列入人类非物质文化遗产代表作名录。钱小萍被认定为国家级非物质文化遗产项目代表性传承人。在2014年11月举行的第22次APEC领导人非正式会议上,吴江鼎盛丝绸有限公司用苏州宋锦为与会领导人制作了"新中装"。缂丝作为苏州丝织品中的一种,无论是制作工艺还是流程均较普通丝织品要复杂得多。缂丝的技法主要分结、掼、勾、戗、绕、盘梭、子母经、压样梭、掼帘梭、芦扉片、笃门闩、削梭等,制作流程有16道工序之多,从一个侧面也说明其专业性强的特点。由于制作流程复杂、市场有限,中华人民共和国成立初期,缂丝几乎面临失传的危险。2006年5月缂丝被列入首批国家级非物质文化遗产代表作名录,2009年9月又被列入人类非物质文化遗产代表作名录。王金山被认定为国家级非物质文化遗产项目代表性传承人。

在乐器的生产方面,苏州因金属冶炼技术精湛、艺术形式丰富、人工巧匠众多,一直相当发达,主要生产各类民族弦乐器、管乐器、琴弦等。

---

[1] 张伟:《吴文化与苏州文化:产业发展的实践和探索》,苏州大学出版社2016年,第140页。

苏州民族乐器生产有国家级非物质文化遗产项目代表性传承人封明君。[1]戏衣剧装的生产制作体现了苏州工艺技术的重要特色。20世纪80年代初，苏州开始为影视剧、歌舞剧及宗教、民族、民间艺术表演等制作服饰和道具，2006年5月，苏州剧装戏具制作技艺被列入首批国家级非物质文化遗产代表性项目名录，国家级的传承人有李荣森等。[2]

江南地区的泥人捏制颇有特点，尤以无锡惠山和苏州虎丘的泥人捏制为代表。无锡惠山泥人讲究彩绘，有"三分塑七分彩"之说，于2006年被列入首批国家级非物质文化遗产代表性项目名录，喻湘莲和王南仙为国家级非物质文化遗产项目代表性传承人。与无锡惠山泥人的大众化路线不同，虎丘泥人走高雅路线，曾有"天下第一"的美誉，并有"一个虎丘泥人可换一筐惠山泥人"的说法。苏州泥人擅长于小型化制作。人类非物质文化遗产"苏州泥塑"项目代表性传承人潘声煦，对苏州泥塑技艺的传承和发展做出了重要贡献。[3]

文化艺术活动常常能起到时代气息变化晴雨表的作用，敏感、细腻的江南文人历来政治敏锐性强，善于捕捉时代气息变化的细微节律。仅就当代而言，电影《武训传》的上映就有配合和推动当时广泛开展的群众性文化教育、学习运动的主观意愿；短篇小说《伤痕》的发表，预示着"反思文学"的到来，进而出现了文化、艺术创作的春天；《实践是检验真理的唯一标准》一文的发表，则拉开了思想大解放的历史帷幕，进而迎来了改革开放和社会主义现代化建设的新时期。

（二）教育事业的进步

当代江南地区，无论是高等教育，还是中小学教育，抑或是成人教育、社会教育，都得到了长足发展。办学主体日益多元化，建立了以公办学校为主、民办学校为辅、中外合作办学相配合的教育体系。

1. 高等教育事业的发展

中华人民共和国人民政府成立后，首先是逐步接收各公立学校，并进行民主改革；对少数培养党务、军事和法政官员的高等院校予以撤销；教会学校在朝鲜战争爆发后，因经费断绝，相继转为公办或由国人筹集经费

---

[1] 张雷：《精美的苏州民族乐器》，《吴文化研究》2020年第4期。
[2] 张雷：《绚丽多彩的剧装戏具》，《吴文化研究》2021年第1期。
[3] 高福民：《虎丘泥人一千年》，江苏凤凰教育出版社2020年，第229页。

自办。

在先行试点的基础上，从1952年下半年起，各高等院校普遍开始并基本完成了大规模的院系调整。江南地区作为民国时期高等教育比较发达的地区，在院系调整中，总的来说是比较慎重的。如东吴大学在院系调整时，设在上海的法学院合并到华东政法学院（现华东政法大学），在其原址上新建了上海财经学院（现上海财经大学），会计系、经济系合并到该院；药学专业合并到华东药学院（现中国药科大学）；化工系合并到华东化工学院（现华东理工大学）；此前社会学系已合并到复旦大学，其后很快又被取消；医学专业并入上海医学院；文理学院的中国语文系、化学系、物理系、生物系等部分系科（中国语文系、生物系于1955年被调整到南京师范学院，1958年重新设立中文系）被保留下来，与苏南文化教育学院、江南大学数理系等一起，合并组建为苏南师范学院，在东吴大学苏州校区原址办学，当年底因苏南行署和苏北行署合并成立江苏省，改称江苏师范学院。

高等院校的院系调整，有利于社会主义高等教育体系的尽快建立和党的教育方针的贯彻落实，在某种程度上适应了国民经济的迅速恢复和快速发展以及提高文化教育水平的需要，但行政主导下的专业撤并，加上片面照搬苏联的做法，也使某些高校本就较为复杂的人事纠葛更趋紧张，对专业的过分强调影响了复合型人才的培养与成长，一些学有专长、术有专攻的专家学者在一个较长的时期内难以充分发挥作用，有的学校的学术优势难以为继。同时，受经济发展水平不高等因素的限制，高等教育发展较为缓慢，到1963年，南京有高等院校18所，在校学生3.5万人；1965年，上海仅有24所全日制高校。

改革开放以来，江南地区的教育事业，同全国一样更是获得了飞跃性的发展。据统计，到2017年，上海、南京、杭州的高等院校均在40所以上，在校学生50万人左右。以南京为例，江苏原来共有11所"211"高校，其中8所在南京，是全国除直辖市以外拥有此类高等院校最多的城市，2所原"985"、"双一流"高校也均集中在南京。到2020年6月，南京共有高等院校51所，并在苏州等地设立分校和研究机构；上海有77所高等院校，其中普通高等院校63所，成人高等院校14所；杭州有普通高等院校40所，其中本科院校21所、高职院校19所。上海的复旦大学、上海交通大学、华东师范大学均为全国首批"双一流"高校。苏州市共有高等院校26所,其中普通高等院校9所,中国科学技术大学、中国人民大学、南京大学等均在苏州设立研究机构或校区。教育部在2022年年初公布的第二轮"双一流"高校和学科评估结果中,复旦大学、上海交通大学、南京大学、东南大学、浙江大学等均有10多个学科为一流学科,苏州大学有2个一流学科。

2. 中小学教育

当代江南地区的中小学教育始终按照党的教育方针的要求,在提高综合素质的前提下,坚持面向实践,与工农业生产相结合,努力将受教育者培养成为具有共产主义理想的社会主义建设者和接班人,并依托区域较为雄厚的经济实力得到同步发展,比较而言,其发展的速度要明显快于高等教育。以苏州市为例,经过收回教育行政主权、对课程体系和学制的改革调整、新的教育发展方针的贯彻执行等工作的开展,到1957年,苏州市及地区6个县(市)普通中学的在校学生达到55 497人,比1952年增长了63.09%;市区各级各类学生总数达116 732人,比1952年增长42.71%,其中普通中学学生25 668人,完成了"一五"计划的119.8%;市区儿童入学率达到91.68%;小学生达69 959人,比1952年增长38.92%,完成了"一五"计划的105.87%。5年间市区累计毕业学生66 176人。[1]

进入改革开放新时期后,江南地区的教育事业发展速度和成效均有明显变化。仍以苏州为例,至2000年年末,全市共有小学980所,班级10 759个,学生448 363人,专任教师21 122人;共有初中151所(不含有初中部的完全中学学校数),班级4 788个,学生234 817人,专任教师13 886人。全市小学的入学率、巩固率、毕业率均为100%,初中的入学率、巩固率、毕业率分别为99.97%、99.96%和99.15%,初中生辍学率为0.04%。全市小学、初中专任教师合格学历达标率分别为98.4%、93.26%,有42.4%的小学教师、28.3%的初中教师还获得了高一层次学历证书。[2] 这些充分表明,苏州的九年义务教育各项主要指标都已基本实

---

[1] 苏州市发展和改革委员会、中共苏州市委党史工作办公室编:《社会主义建设时期苏州经济工作(1953—1966)》,中共党史出版社2008年版,第9、96页。

[2] 姚福年:《苏州通史·中华人民共和国卷(1978—2000)》,苏州大学出版社2019年,第531-532页。

现了"学有所教"和"教育公平"的目标。进入21世纪后，苏州进一步巩固了上述成果。到2021年，全市共有各类学校1 824所（含幼儿园），在校学生214.45万人，教职工18.07万人；学前三年幼儿入学率、义务教育阶段入学率、巩固率均保持在100%。[1]

其他地区的中小学教育也获得了长足发展。2019年，上海全市共有幼儿园、中小学、特殊教育学校及工读学校3 253所，在校学生201.34万人；义务教育入学率保持在99%以上，[2]普及九年制义务教育的各项指标均达到或超过国家标准。另据南京市发布的信息，该市2019年幼儿园、小学、初中、高中、中等职业学校、特殊教育学校的在校学生人数分别为80 534、62 826、51 500、25 093、39 007、278人，小学、初中毕业生入学率均保持在100%。2020年，杭州市义务教育阶段中小学776所，较上年增加了18所；校舍总面积1 530.08万平方米，较上年增长8.75%；仪器设备值37.07亿元，较上年增长13.68%；图书3 617.29万册，较上年增长6.88%；专任教师6.19万人，较上年增长4.21%；义务教育阶段入学率、巩固率均为100%。[3] 无锡、常州、嘉兴、湖州等市的中小学教育也都全面普及。

（三）园林、建筑艺术的发展

当代江南地区的园林设计、建筑可谓人才辈出，陈从周及其弟子阮仪三、寓居美国的贝聿铭等是其中的杰出代表。祖籍绍兴，出生于杭州，曾师从张大千、梁思成学习绘画与古建筑，长期在同济大学任教并从事园林学研究的陈从周，兼通文史，擅长绘画和金石，堪称当代中国园林学研究的一代宗师，著有《苏州园林》《扬州园林》《中国名园》《说园》等专著数十部，其中以《说园》影响最大。

陈从周在长期从事园林史及园林学理论研究的基础上，结合自身的园林设计和建造实践，提出了全新、系统的造园理论。他继承计成"师法自然"的思想，强调要尊重自然美、处理好园林建筑与周边自然环境的和谐关系。具体来说，在造园时，必须处理好真与假、时与景、扬与抑、动与

---

[1] 苏州年鉴编纂委员会：《苏州年鉴（2022）》，古吴轩出版社2022年，第259页。
[2] 《上海文化年鉴》编辑部：《2020上海文化年鉴》，第285页。
[3] 《2020年杭州市教育事业统计公告》，http://www.hangzhou.gov.cn/art/2021/4/1/art_1229063408_3860241.html。访问日期：2022年1月28日。

静、阴与阳、造与借、藏与露、繁与简、大与小、虚与实、开与合、深与浅、艳与素、浓与淡、远与近、曲与直、俯与仰、刚与柔等相互间及其内部的辩证关系。从而将他的园林思想上升到了哲学高度，形成了独具特色的陈氏"园林哲学"。

陈从周十分强调园林的教育功能。他认为，园林是一个提高文化的地方，陶冶性情的地方，而不是吃、喝、玩、乐的地方。造园既为修身养性，而首重教育后代，用园林的意境感染人们读书、吟咏、书画、拍曲，以清雅的文化生活，培养正直品高的人。这种教育功能，一方面体现在通过在园中工作、生活、游乐，陶冶人的性情，使其养成健康积极、超凡脱俗的思想情感；另一方面，可以用博大精深的园林建筑文化进行思想教育，增强国民对传统文化的自信心，从而极大地提升中国园林建筑和欣赏的文化品位。

在园林建筑实践方面，当代江南地区也进行了积极探索，产生了一大批在国内外具有广泛影响的地标性建筑物。除了有像东方明珠电视塔这类完全现代化的建筑物和为数众多的民用住宅外，更有大批新建、整修或改建的园林面世。其中，苏州博物馆具有相当的代表性。苏州博物馆新馆是由享誉世界、对中国传统建筑文化与现代世界建筑文化有深厚了解的华人建筑大师贝聿铭设计而建成的建筑物，其特色体现在：建筑造型与所处环境自然融合，空间处理独特，建筑材料考究和内部构思巧妙，最大限度地把自然光线引入室内；在建筑的构造上，玻璃、钢铁结构让现代人可以在室内借到大片天光，开放式钢结构替代传统的木构材料，屋面形态的设计突破了中国传统建筑"大屋顶"在采光方面的束缚。

江南园林的传统文脉在当代得到了延续。在新建的园林中，以悦湖园、翠园、醉石山庄、静思园等为代表，另有大量融入园林元素的私人住宅、普通民居和宾馆、酒店等。静思园为吴江民营企业家陈金根的私家园林，距退思园不远，因"静""进"音近，取与"退思"相反的"思进"之意而命名。其建筑布局与样式，将江南园林的传统韵味与现代文明有机地结合了起来。

2018年，苏州市委市政府做出了建设"天堂苏州·百园之城"的决策部署，园林主管部门提出了"百园之城"建设的宏伟蓝图和三年行动计划，出台了健全名录保护体系、加快园林修复、扩大园林开放、活化资源利用、强化宣传推广等一系列举措,努力探索出传统文化保护管理的"苏州经验"。

当代江南地区在维修和新建古建筑物方面,2006年5月被列入首批国家级非物质文化遗产代表性项目名录的苏州香山帮传统建筑营造技艺做出了重要贡献。在继承和发扬传统工艺技术的基础上,当代香山帮不断创新,把传统工艺融于现代的科学技术和先进工艺之中,积极开拓国内外市场。历时5年施工修缮的世界文化遗产西藏布达拉宫和全国十大遗址之一无锡鸿山遗址纪念馆工程,均为香山帮所承建,其中不少都成了标志性建筑。"香山古建"的建筑技艺还被带到了世界各地,先后在美国、日本、新加坡、澳大利亚、韩国等国建造以苏州古典园林为蓝本的仿古园林、单体建筑、小品陈设和园林微缩模型,传播了中国的园林文化。1980年6月在美国纽约大都会博物馆建成并对外开放的"明轩"庭园,是中国最早的园林出口工程,成为增进中美友谊,帮助美国人民了解中国园林文化的重要媒介。

(四)红色文化的发掘与利用

江南地区是中国红色文化的重要发源地之一,不仅是中国共产党的诞生地,而且中国共产党的创始人陈独秀及早期活动家、重要领导人如张太雷、瞿秋白、张闻天、博古、陈云等也都出生于江南地区。上海、嘉兴见证了中国共产党的诞生。1920年2月,陈独秀因遭到北京大学保守势力的憎恨、排挤和在五四运动中遭到北洋军阀政府的逮捕、迫害,被迫离京来沪。不久,住到安徽老乡、时任安徽都督柏文蔚在上海老渔阳里2号(今南昌路100弄2号)的一处私宅里。安定下来后,他就立即着手《新青年》复刊事宜,将其改组成为上海的共产党早期组织领导的刊物,特设"俄罗斯研究"栏目,用社会主义和马克思主义的思想来引导读者。5月,陈独秀等成立了马克思主义研究会。6月,陈独秀等5人在老渔阳里2号开会,决定成立共产党,当时名为"社会共产党",陈独秀被选为书记,并起草了具有党纲、党章性质的若干条文。8月,他与李大钊商议决定,上海的共产党早期组织正式定名为"中国共产党",这是中国第一个共产党早期组织。陈独秀等人还于1920年11月主持创办了理论刊物——《共产党》月刊。经过上海党组织成员李达、李汉俊等人与各地党组织负责人的联系商定后,中国共产党第一次全国代表大会于1921年7月23日在望志路106号（今兴业路76号）开幕，后转移到嘉兴南湖继续开会，通过党的第一个纲领、决议和宣言，宣告了中国共产党的诞生。中国共产党成立后，老渔阳里2号长期是中共中央机关所在地。因此，上海的革命遗址相当多，共有657处，其中国家级文物保护单位7处、市级44处、爱国主义教育基地51个。在上海诞生和创作的抗日救亡音乐、电影、戏剧，数量也特别众多，影响特别巨大。最早的抗日救亡音乐《抗敌歌》以及《大刀进行曲》《义勇军进行曲》《毕业歌》《放下你的鞭子》等一大批著名的抗日救亡歌曲、话剧，都是在上海诞生的。

英雄城市南京，见证了中国近代历史从开始（以1842年8月《南京条约》的签订为标志）到结束（以1949年4月南京解放为标志）的全部历程，红色资源同样十分丰富，共有20多处区级以上的红色文化和相关纪念场所及近150处革命遗址，著名的有雨花台革命烈士陵园、梅园新村等，其中"信仰至上、对党忠诚、舍身为民、勇于担当"的雨花台精神具有相当的代表性，在民主革命时期，约有10万革命志士被反动势力杀害于此。

苏州、无锡、常州则是全面抗战时期新四军抗日救国的主要活动区域。这些资源都是开展红色文化宣传教育和旅游的重要凭据与合适载体。抗日战争时期，中国共产党领导的"江南抗日义勇军"（简称"江抗"）坚持抗敌斗争，阳澄湖畔成为江南抗敌的重要基地。

浙江有革命遗址2 443处，安徽有革命遗址3 318处，其中不少都位于江南地区。著名的皖南事变，就发生于皖南泾县。

当代江南地区和全国一样，始终高度重视红色文化建设，充分发挥其在弘扬革命精神、进行革命传统教育中的重要作用，除了大力开展相关理论研究、党史学习、基地建设等工作外，还将其与旅游观赏有机地结合起来，既有效解决了保存与养护革命遗址所需的经费问题，又充分发挥了红色遗址、遗迹的文化教育、精神传承、愉悦身心的社会功能，同时，因红色旅游产品的开发、创意文化的发展等，带动、促进区域经济、社会、文化等的整体进步。由于开发利用率高，社会反响好，江南地区成为全国六大红色旅游景点高密度区之一。2004年、2011年、2016年，中共中央办公厅、国务院办公厅相继印发了《2004—2010年全国红色旅游发展规划纲要》《2011—2015年全国红色旅游发展规划纲要》《2016—2020年全国红色旅游发展规划纲要》，将红色资源与旅游活动有机结合起来。在2016年国家发展与改革委员会等发布的《全国红色旅游经典景点名录》中,江苏有11个(23个景区)、浙江有10个、安徽有8个(28个景区)、上海有7个(12个景区)。另有多个红色旅游经典线路,将红色景点串联起来。

2021年5月,国家文化和旅游部、中央宣传部、中央党史和文献研究院、发改委联合发布了"建党百年红色旅游百条精品线路",上海的一大会址和浙江的"红船精神""红色信仰""烽火岁月""山海垦荒"之旅均被列入。浙江省还开发了微信小程序"红旅一张图",通过VR(虚拟现实)、视频、语音方式集中展示省内红色文化资源,既寓趣味、方便于红色教育之中,又利于游客进行线上"云"游和有选择地进行线下实地考察。上海嘉定(有外港游击队纪念馆等11个红旅景点)与江苏昆山(有乡村振兴讲习所等8个红旅景点)、太仓(有革命历史陈列馆等10个红旅景点)则利用地域紧临、人文相亲、历史相融的有利条件,共同打造红色文化品牌,围绕革命战争、改革开放、乡村振兴、新时代文明实践等主题,联合推出"红色文化地图",合作开发"红色文化打卡点"等资源,并成立嘉昆太党史宣讲协作联盟,通过专家讲理论、模范讲事迹、百姓讲变化等形式,发挥三大红色教育基地的作用。

(五) 丰富多彩的精神文化

鲁迅先生曾经说,我们从古以来,就有埋头苦干的人,有拼命硬干的人,有为民请命的人,有舍身求法的人……这就是中国的脊梁。毛泽东也多次指出:"人是要有一点精神的。"[1] 就一个区域或一座城市而言,也应该有自己的独特精神文化。2015年12月,习近平总书记在中央城市工作会议上说:"一个民族需要民族精神,一个城市同样需要有城市精神。城市精神彰显着一个城市的特色风貌。要结合自己的历史传承、区域文化、时代要求,打造自己的城市精神文化,对外树立形象,对内凝聚人心。"[2]

上海的城市精神为"海纳百川、追求卓越、开明睿智、大气谦和",反映了近代以来上海文化发展所呈现出来的海纳百川的鲜明特点,上海制造

---

[1] 中共中央文献研究室:《毛泽东年谱(1949—1976)》第三卷,中央文献出版社2013年版,第35页。
[2] 习近平:《做好城市工作的基本思路》,见中共中央党史和文献研究院:《十八大以来重要文献选编》(下),中央文献出版社2018年,第88页。

追求卓越的优良品质,上海人开明睿智的市民形象以及上海这座城市大气谦和的基本定位。 上海城市精神所体现出来的中国近代文明的窗口性作用、地位与特征相当明显,其中所蕴含的活力、魅力乃至魔力相当丰富和充沛,一遇合适条件就能得到充分释放,并创造出辉煌的成就。 浦东开发开放所产生的对长三角地区的引领作用、上海国际性大都市地位的确立都是其积极融入国际化潮流的结果,也是其进一步发展的动力所在。

2006 年,苏州将"崇文、融合、创新、致远"作为自己的城市精神。崇文反映的是苏州作为全国首批 24 个历史文化名城之一,是名副其实的人文荟萃之地,在重文风气的熏陶下,现代苏州已涌现出了百余名两院院士,最终形成了苏州特有的"状元群""院士群"现象,这些都极大地促进了苏州尚文崇教乡风民俗的养成。 融和是指苏州所宣示的开放与包容并存的理念以及和谐的发展追求,要博采众长,实现协调发展;还体现了继承和创造,既把苏州人 2 500 年儒学思想、人文特色充分地表现出来,又体现了一种动态追求,借鉴吸收一切先进文化所创造的有益成果,并在此基础上不断开拓、发扬光大。 创新是指苏州人民在改革开放的进程中,敢于植根于现实,走出一条条符合当地实际、大发展大变革的创新之路:改革开放之初,苏州凭借一股"四千四万"(即踏尽千山万水、吃尽千辛万苦、说尽千言万语、历尽千难万险)精神,叩开了工业时代的大门;经济国际化阶段,苏州摸索出了一条依靠外向型经济发展的新路;在迈向未来的进程中,苏州在生动实践"三创"(即创新、创优、创先)精神的同时,又使苏州精神在与时俱进中不断被赋予新的内涵,使发展保持了强大的生命力。致远是指苏州一直在探寻和追求"宁静致远,内敛不张扬"的境界;人与人、人与社会、人与自然协调发展的社会状态,已成为苏州人和苏州城市永恒的价值目标;在继续发展中,需要发扬着眼长远、开拓创新、勇往直前的奋进精神,抢抓机遇,使各种生活要素、生产因素和环境要素相互依存、相互协调、相互促进、共同发展。 苏州城市精神所蕴含的"不露也锋芒"和有深度的闯劲、韧劲,也是苏州人所一贯追求的风格。 2014 年,苏州有关方面又概括提炼出了苏州精神,内容为:崇文睿智、开放包容、争先创优、和谐致远。 与此前的概括异曲同工,一脉相承。

南京的城市精神是"开明开放、诚朴诚信、博爱博雅、创业创新"。在一些学者看来,诚朴、博爱、博雅、开明是南京这座城市及其市民特有的优点。诚朴、稳重是南京人的底色,开明、博爱体现了南京文化或文明不断交会、交融的恢宏气度与博大胸襟,博雅意味着南京文化的深厚底蕴及其人文情怀。开放、诚信、创业、创新则是对南京这座城市及其市民的希望、期待,或者也可以说是其未来的发展目标与指向,对于南京这类文化底蕴深厚的历史名城来说,都面临着怎么样进一步或持续性开放、创新的问题,所以要处理好文化自信与自负的关系,尽可能地丢掉包袱、轻装前行,永葆青春与活力。

2002年,杭州市委确定杭州精神为"精致、和谐、大气、开放"。精致、和谐是对杭州市民生存状态的总结与概括,主要是从杭州历史人文特色中提炼出来的,反映了当代杭州人的生活状态、人文心态、发展模式和价值取向;大气、开放则主要是改革开放以来杭州城市发展的现状与未来发展的目标。在迈向未来的过程中,杭州要在继承历史传统的同时,进一步开阔视野与胸怀,将其转化为发展的优势和动力。

除了这些城市精神外,广义而言,江南地区在经济社会发展中所形成的独特经验和成功做法,也具有相当的精神价值。仅就苏南地区而言,既有在该地区具有共性特征的发展模式即"苏南模式",又有在某些较小区域内取得成功的"张家港精神""昆山之路"及苏州工业园区的"园区经验",还有更微观的江阴"华西模式"、常熟"元和模式"[1]、"碧溪之路"[2]"蒋巷经验"[3],以及"事事当争第一流,耻为天下第二手"的武进"阳湖精神",等等。

当代江南地区的精神文化建设,严格说来尽管从时间维度来看不是很长,但从其既有的发展历程来看,是紧密结合地域文化传统、社会实践和未来指向等取向而加以概括提炼并不断丰富其内涵与本质、彰显其鲜明的时代特色的。上海海纳百川的气度,既是对其近代以来因沟通和融汇中西

---

[1] 在联产承包责任制实行之初,常熟市郊的元和村根据自身人均耕地较少、机械化程度高、工副业较为发达的特点,采取"专业承包、分组联产"的做法,由精通农业生产的22名妇女按农场式的集体经营方式,承包全村所有农田,村级企业则为其提供服务。这一共同富裕的乡村发展之路,被称为"元和模式"。
[2] 20世纪80年代前期,常熟碧溪镇通过发展乡镇企业实现乡村工业化、农村城镇化的发展道路,被称为"碧溪之路"。《人民日报》等权威媒体曾对此做过专题报道。
[3] 常熟市任阳镇蒋巷村在村委书记常德盛的带领下,经过长期拼搏,形成了以"团结、拼搏、务实、创新"为内涵的"蒋巷精神",彻底改变了农村面貌。这一农村发展的成功经验被称为"蒋巷经验"。

而快速崛起的准确概括,更是其继续保持快速发展、在区域经济社会中起引领作用所必备的精神思想状态;改革开放以来苏州经济建设的长期、快速发展及由此带来的社会整体建设水平的迅速提升,得益于江南地域文化传统中不事张扬、真抓实干、咬定青山不放松等的滋养。同样,南京、杭州等城市的精神文化建设也都是紧密结合自身的传统文化优势和现实条件而开展的。

(六)方兴未艾的文化产业

文化产业是指以企业组织的方式所从事的、为提高民众科学技术文化水平和素质的文化产品的生产与服务活动,以文化为依托、载体和内容的产业。尽管文化产业就其本质而言,是一种经济行为,但其所有活动却又是紧紧围绕"文化"这一核心而进行的。这里的考察也都是围绕文化产业的发展与区域文化基础及整体文化水平提升的相互关系这一中心而展开的。改革开放初期,由于国家财政力量有限,江南地区的文化部门就围绕经济建设这一中心任务,提出了"以文养文""以文补文"的发展方针,对发展文化产业进行了有益探索,但直到1998年,文化部才正式设立了文化产业司,将文化产业的发展纳入了国民经济发展的管理体系。苏州市提出要把"文化事业当成产业办"[1]。2000年,中共中央在第十个五年计划纲要草案的建议中第一次使用了"文化产业"的概念,并将它写入了隔年召开的中共十六大政治报告中,江南地区的文化产业由此获得了快速发展。上海文化主管部门在总结自身探索实践经验的基础上,借鉴发达国家的经验教训,始终坚持多条腿走路:国有企业主渠道地位不断得到强化,数量虽不多,但单个企业体量大、实力雄厚;民营企业数量多,总体实力较强;一些重点艺术形式、门类和剧团,如越剧院红楼剧团、上海交响乐团和上海滑稽剧团等,因得到政策扶持而得到快速发展。2010年2月,上海成为国内首个加入联合国教科文组织建立的"创意城市网络"的城市,获得了"设计之都"的称号。2011年,以上海文广集团为主组建的上海东方传媒集团是全国第一家集广播、电视、报刊、网络等于一体的全媒体集团,资产总额和年经营额均突破了100亿元,位居全国第二。2013年由《解放日报》《文汇报》等组成的上海报业集团,是全国最大的报业集团之

---

[1] 高福民:《迈向新世纪的苏州文化》"前言",苏州大学出版社1999年,第5页。

一;上海世纪出版集团,在全国出版行业创下多项第一。在民营企业方面,2012年,全市1.4万多家核心文化企业中,民营的有1.2万多家,占88%。2012年,全市文化产业总产值达7 695.36亿元,增加值超1 247亿元;网络游戏产业约为190亿元,同比增长35.8%;动漫产业约为70亿元,同比增长16.7%;进出口168.8亿美元,同比增3.7%,顺差为38.4亿美元。[1] 文化产业增加值占地区生产总值的6.2%,对经济发展的贡献率为16.35%,占比远高于同年全国的5.5%以及长三角两省一市平均的10.9%。[2] 上海的文化产业尽管有国际影响的原创性产品仍明显不足,但已成为支柱性产业。2019年,文化创意产业实现增加值4 970.97亿元,文化产业占地区生产总值比重达13%。

苏南地区的文化产业在江苏省内占绝对优势,其主要特征是将经济社会发展方面相当成功的"苏南模式"运用到文化产业方面。[3] 由于有政策扶持,加上文化底蕴深厚,苏南地区的文化企业数量迅速增加,到2021年年末,南京市文化企业已近3.4万家,营业收入增加值为1 063.99亿元,占地区生产总值的6.5%;并且,其产品已形成了一些在全国占有重要地位或很有影响力的文化品牌,如创办于1986年、在全国发行量最大的《扬子晚报》,收视率长期占全国第一的《非诚勿扰》电视节目等。2014年11月,苏州加入"全球创意城市网络",获得"手工艺与民间艺术之都"称号。2020年,苏州文化产业增加值达1 052亿元,连续多年稳居全省第一。为加快文化产业的发展,2021年1月,苏州市召开文化产业高质量发展大会,发布《关于实施文化产业倍增计划的意见》和相关扶持政策以及《"江南文化"品牌塑造三年行动计划》,提出要加快实施文化产业倍增计划,以数字文化产业为龙头,构建具有苏州文化特点和核心竞争力的现代文化产业体系,"十四五"末实现文化产业增加值占地区生产总值的比重较"十三五"末翻一番。

经过多年建设,杭州已形成了16个文化创意产业园:以西湖为中心,依靠中国美术学院、浙江大学等高校的优势文化资源,重点建设西湖创意

---

[1] 吴锋、孟磊:《长三角文化产业发展研究》,上海三联书店2014年,第33-35、65页。
[2] 王婧:《重塑文化产业空间关系:长江三角洲文化产业发展研究》,上海人民出版社2015年,第12、13页。
[3] 吴锋、孟磊:《长三角文化产业发展研究》,上海三联书店2014年,第82、262-263页。

谷和数字娱乐产业园等的环西湖文化创意产业圈；以西溪湿地为中心，依托良好的自然景观和考古文化资源，重点建设西溪创意产业园和创意良渚基地等环西溪湿地文化创意产业圈；以运河为轴线，整合开发运河文化资源，重点加快运河天地文化创意园和杭州创新创业新天地的沿运河文化创意产业带；以钱塘江为主线，充分体现时代精神，依托高新区的技术和人才优势，着力构建江南、城西、钱江新城和下沙四大文化创新集聚区的沿钱塘江文化创意产业等。形成了中国（杭州）文化创意产业博览会、中国国际动漫节等著名文化产业平台；出现了以地方文化资源为依托的文化产业发展模式（以宋城集团为代表），以优势产业为依托的文化产业发展模式（以东方电子商务园为代表），以新兴业态配套为依托的文化产业发展模式（以西湖数字娱乐产业园为代表），以政策导向为依托的文化产业发展模式（以白马湖生态创意城为代表）；形成了信息服务业、动漫游戏业、设计服务业、现代传媒业、艺术品业、教育培训业、文化休闲旅游业、文化会展业等8大门类的文化创意产业体系。2012年5月，杭州加入"全球创意城市网络"，获得了"手工艺与民间艺术之都"称号。2020年全市文化产业增加值实现2 285亿元，同比增长8.2%，占地区生产总值的比重为14.2%。文化产业早已成为市域经济发展的支柱型产业。

江南地区的文化一体化建设已取得明显成效。在相关政策的指导下，地处皖江城市带承接产业转移示范区的郎溪县，抓住长三角文化产业梯度转移的有利时机，利用地理区位和土地资源优势，主动接纳了由无锡转移出来的大量文化产业，在业界形成了引人注目的"郎溪现象"。处于同一产业转移示范区的安徽滁州，则加强与南京市的对接，接受文化产业转移。

（七）快速发展的群众文化

一般说来，群众文化是指人们在职业之外自我参与、自我娱乐、自我开发的社会性文化，人民群众是活动主体，自娱自教为主导，以满足自身精神生活需要为目的，以文化娱乐活动为主要内容。[1] 公益性、公平性、自发性和趣味性是群众文化的主要特色和基本要求。人类社会出现后，日常性的生产生活实践就始终与文化活动相伴而行。区域经济社会的

---

[1] 王辉、陈亮：《新媒体时代群众文化》，东北大学出版社2017年，第3页。

快速发展、文化的繁荣进步，说到底都是为了不断提高人民群众的物质文化生活水平。随着社会经济的发展，对民众的教化和民间自发的文化娱乐活动越来越频繁和正规起来。

当代江南地区的群众文化工作一直走在全国的前列，无论是20世纪50年代开展的新民歌运动，还是新时期群众文化的繁荣发展，以及贯穿其间的识字扫盲、文艺下基层等工作，都取得了明显的成效，有自己的鲜明特点。早在中华人民共和国刚成立时，就开展了移风易俗工作，取缔会道门组织及其活动，关闭妓院和赌场，严禁卖淫嫖娼、吸毒贩毒，对妓女进行改造；认真宣传、贯彻新《婚姻法》，废止畸形婚姻形态，坚持一夫一妻、提倡男女平等。为扫除文盲现象，充分利用农闲和业余时间，积极开展冬学和夜学运动。

改革开放以来，江南各地普遍重视公共文化设施建设。苏州市不断加强图书馆、博物馆、文化馆等硬件设施的建设，持续完善公共文化设施布局，以镇（街道）综合文化站达标建设为抓手，以村（社区）综合性文化服务中心标准化建设为重点，整合各类公共文化资源，打造城乡"十分钟文化圈"，推动设施布局从"全设置"走向"全覆盖"，打通公共文化服务"最后一公里"；充分发挥文化馆（中心）在群众文化建设中的作用，并分工合作、形成合力，市文化馆作为市域公共文化服务协同中心，发挥师资调度、改革创新研究、区域均衡发展、文化资源调配、地方文化保护五大中心功能；全市建立了以新华书店为龙头的图书销售体系，苏州文化市场、凤凰书城、诚品书店、古旧书店以及文学山房等众多专业、特色书店遍布市域范围；把保障群众基本文化权益的公共文化服务体系建设作为政府履行公共服务职能的重要任务，具体从城乡一体的公共文化服务设施网络体系、全民参与的群众文化活动体系、重心下移的图书馆总分馆体系、高效运行的公共数字文化服务体系、活力丰沛的公共文化产品创作生产和资源供给体系、承古惠今的特色文化保护传承和弘扬体系、长效保障的公共文化服务制度支撑体系以及所辖各区县特色文化建设等8个方面，提高公共文化服务体系的系统性、整体性、协同性和服务效能，让文化发展成果更多、更公平地惠及全体苏州市民；从办文化向管文化以及为文化建设服务而不断转型，公共文化设施从广覆盖向促均衡、提效能转变，公共文化内容供给从文化系统小循环向包含系统外、体制外在内的全社会大循环转型，公共文化服务方式从在场实体向在场实体和在线数字"两轮驱动"转型，公共文化服务体系建设进入了整体推进、科学发展、全面提升的新阶段，走出了一条"城乡一体化、率先现代化"的建设之路。苏州公共文化服务建设中的设施网络化、资源信息化、服务人性化等做法，被誉为公共文化服务建设的"苏州模式"。

江南其他地区的群众文化建设也有长足进展。据统计，到2017年，绝大多数城市家庭都拥有1台以上电脑，最多的无锡市每户近2台，每户有2台以上彩电；多数城市都有10个以上的图书馆，最多的芜湖市有44个；多数城市都有20多个博物馆，最多的上海有98个，杭州有88个；多数城市都有近20处国家级重点文物保护单位，最多的南京有49处；多数城市都有超过2 000家的文化市场经营机构[1]；不少城市都有超过20家的影剧院，最多的上海有302家，杭州、南京分别有189家、112家；多数城市都有超过200家的体育馆，最多的上海有395家，上海的咖啡馆、酒吧数量也都排在江南地区第一位，分别为7 839家、近3 000家，且都远超过第二位，从一个侧面充分反映了上海文化的现代性；多数城市都有超过50个公园，最多的杭州有245个（其中5家为主题公园），紧随其后的上海有243个（其中7家为主题公园），上海的4A级景区有53家。从中可见，江南地区的文化设施种类齐全且数量众多，远超过国内其他地区。[2] 上海在公共文化服务体系建设中还逐步形成了城乡一体化模式的"东方系列"，在全国率先建立了由市群艺馆牵头，依托各区文化馆、街道文化中心、东方宣教中心、东方讲坛、东方社区学校服务指导中心、东方社区信息苑、东方社区文艺指导中心、东方永乐数字电影以及社会力量等共同参与的市、区、街道三级联动的文化资源配送系统，为基层、社区、农村提供节目、讲座、教育培训、数字电影、文艺指导等城乡一体化服务。南京不仅有规模排全国第三的公共图书馆和博物院，更有一大批各类综合或主题博物馆。

群众文化建设的一个重要方面是进行全社会的精神文明建设。注重对广大人民群众开展精神文明建设，是中华人民共和国成立后就一直高度重

---

[1] 具体包括：娱乐场所、互联网上网服务营业场所（网吧）、非公有制艺术表演团体和场馆、经营性互联网文化单位、艺术品经营机构、演出经纪机构。
[2] 楼嘉军：《长三角城市文化发展竞争力研究》，上海交通大学出版社2021年，第37-55页。

视的工作。20世纪50年代起相继开展了禁毒、禁赌，颁布新《婚姻法》、禁止卖淫嫖娼、关闭妓院、对妓女进行收容改造，开展男女平等和劳动光荣等教育活动；60年代持续开展了学习雷锋等英雄模范人物活动；80年代相继开展了反对"精神污染"和倡导"五讲四美三热爱""三有一守"宣传教育活动。中共中央于1986年9月、1996年10月先后通过《关于社会主义精神文明建设指导方针的决议》《中共中央关于加强社会主义精神文明建设若干重要问题的决议》后，精神文明建设得到空前重视。近年来，又持续进行了社会主义核心价值观的宣传教育，开展助人为乐、见义勇为、诚实守信、敬业奉献、孝老爱亲等道德模范和"中国好人""最美人物"及文明行业、单位、村镇、社区、家庭、公交车、出租车、司机等的评选、表彰活动。2021年提出要在全社会开展学"四史"教育活动。通过长期努力，江南地区的整体文明素质得到了很大程度的提高，不少地方都已建成国家级文明、卫生城市（群）和双拥模范城市，张家港成为唯一获得全国文明城市"六连冠"的县级市，形成了良好的精神文化氛围，社会的整体安全度、民众的幸福指数等均处于国内前列。

（八）文化遗产的保护与开发

文化遗产作为人类活动的产物，分为物质（有形）和非物质（无形）两大类。江南地区作为中国的经济发达之地、财富汇聚之所、人文荟萃之区，历史文化资源丰富、底蕴深厚。因较少战争破坏，得以保存下来的遗址、遗迹众多，传承、延续的文化形式和内容更是为数不少。

中华人民共和国成立后特别是自1982年被列入首批全国历史文化名城后，苏州就一直高度重视文化遗产的传承、保护和合理开发与利用工作。经过各方面多年持续不断的努力，1997年12月、2000年11月，拙政园、留园、网师园、环秀山庄及沧浪亭、狮子林、艺圃、耦园、退思园等9座园林先后被联合国教科文组织列入世界文化遗产名录。2001年5月，昆曲被联合国教科文组织列入人类非物质文化遗产代表作名录。2003年11月，古琴艺术被联合国教科文组织列入人类非物质文化遗产代表作名录。2009年9月，苏州参与申报的端午节、中国传统桑蚕丝织技术（宋锦、缂丝）以及中国传统木结构营造技艺（苏州香山帮传统建筑营造技艺）3个项目获得联合国教科文组织人类非物质文化遗产代表作名录项目证书。2011年，完成了周庄、甪直、同里等9个古镇申报中国世界遗产预备项目的文本编制工作。2014年6月,苏州参与申报的中国大运河被列入世界遗产名录。[1] 苏州还高度重视有关遗产的后续申报工作。2017年,张家港市黄泗浦和太仓市天妃宫、樊村泾遗址增补进入海上丝绸之路申遗名单。到2021年,苏州市共有9个园林被联合国教科文组织列入世界文化遗产名录,被联合国教科文组织列入人类非物质文化遗产代表作名录的有6项。

苏州还积极申报国家级和省级文化遗产的保护项目。至2021年,苏州市共有33个国家级、124个省级的非物质文化遗产项目。此外,还先后确立了一批市级文化遗产保护项目。经过持续多年的深入普查、反复认证,到2017年,苏州共确立了3批90座园林项目以及首批6个市级非物质文化遗产代表性项目,即渔民号子(太仓市浏河镇传统音乐)、浒浦花鼓(常熟市新港镇传统舞蹈)、七桅古船制作技艺(吴中区光福镇传统技艺)、常熟花边织造技艺(传统技艺)、四经绞罗织造技艺(苏州工业园区传统技艺)、江南船拳(常熟市、相城区传统体育·游艺与杂技)。另有世界文化遗产16处(全国共52处,位列世界第二)、全国重点文物保护单位59个、国家历史文化名镇13个,在全市范围内形成了文化遗产保护项目体系。2019年,苏州又公布了第七批21个市级非物质文化遗产保护项目,总数达到180个。另有208个县(区)级文化遗产保护项目。

各级文化遗产项目的成功申报,推动了苏州文化遗产传承与保护工作的开展,并一直处于全国领先的位置。在政策层面,从20世纪70年代后期起,苏州就开展了昆曲、民间文化、历史人物、民俗风情、版画、年画等门类的民族民间文化遗产资料的抢救、整理工作,相继出版了民间文艺三套集成,抢救、整理了60多个门类的民族民间文化资料6 000余万字;1995年修订后的城市总体规划,提出要进一步控制古城区容量。2004年,联合国教科文组织第28届世界遗产委员会会议在苏州召开,以此为契机,苏州在全国率先设立了"世界遗产日",率先公布了市级文化遗产名

---

[1] 大运河苏州段的遗产由河道与遗产点组成。河段包括北自京杭运河与山塘河交汇处、南至京杭运河与太浦河交汇处间的山塘河、上塘河、胥江、环古城河,面积642公顷、缓冲区面积675公顷;遗产点包括山塘历史文化街区、虎丘云岩寺塔、平江历史文化街区、全晋会馆4个与运河相关的遗产和盘门、宝带桥、吴江古纤道等3个运河木工遗存。

录,实施城市紫线管理,[1]将文化遗产纳入城市规划强制性内容;建立了完善的非物质文化遗产保护机制和传承人制度;颁布政府资金奖励引导办法,加快形成文物保护多元化投入机制;建立古建筑评估体系,市文物保护从经验型转向科学化;出台文物维修工程准则,进一步规范文物维修行业;制定文物保护单位和控制保护古建筑完好率测评办法,并对各级文物和控保建筑进行完好率测评;等等。苏州还设立了全国地级市中唯一的世界遗产保护方面的国际性机构——亚太地区世界遗产培训与研究中心苏州分中心,开展世界遗产的保护、培训与研究。

苏州高度重视文化遗产的保护工作,不断加大宣传教育力度,增强全民保护文化遗产的意识。从20世纪90年代中期起,苏州就围绕世界遗产的申报工作开展了大规模的宣传工作。2002年,苏州举办中国世界遗产国际青少年夏令营活动,选拔世界遗产志愿者,举办世界遗产知识培训和《神州风采·世界遗产在中国》大型展览活动,并开拍了《走进世界遗产》系列纪录片,此后,此类宣传活动以不同的主题在苏州地区反复开展,保护文化遗产的理念早已深入人心。在传承和保护文化遗产工作方面,苏州还借鉴世界各国的成功做法,确立了文化遗产传承人制度。到2011年年底,全市共有29项国家级非遗项目、79项省级非遗项目、118项市级非遗项目。[2]到2021年年底,共有50名国家级、142名省级、330名市级及一大批县(区)级非遗项目传承人。[3]

鉴于苏州在世界遗产保护方面所取得的重要成就,2004年6—7月,由我国政府第一次承办的第28届世界遗产大会在苏州召开,来自100多个国家和地区的700多名代表参加了会议。大会通过了"苏州决定",发表了"苏州宣言"2017年,苏州成为国内唯一的世界遗产城市组织的正式会

---

[1] 根据建设部于2003年11月公布的《城市紫线管理办法》,紫线是指国家历史文化名城内的历史文化街区和省、自治区、直辖市人民政府公布的历史文化街区的保护范围界线,以及历史文化街区外经县级以上人民政府公布保护的历史建筑的保护范围界线。紫线是与红线(指建筑活动中不得逾越的控制范围线,具体包括经过规划建设单位批准的建设用地、规划道路和建筑红线三种类别)、蓝线(也称水系规划控制线,指城市水面的管理,城市建设中不得任意侵占水面,包括填湖、占用河道等)、绿线(指城市各类绿地范围的控制线)相对应的概念。
[2] 苏州年鉴编纂委员会:《苏州年鉴.2012》,上海社会科学院出版社2012年,第334、335页。
[3] 数据来自苏州非物质文化遗产信息网,http://www.szfwzwh.gov.cn/。访问日期:2022年1月3日。

员,并获得了第三届亚太地区大会主办资格。苏州在世界遗产保护方面的一系列成功做法,被誉为"苏州标准""苏州经验",得到联合国教科文组织的充分肯定,并予以推介。2018年苏州荣获"世界遗产典范城市"称号。

南京市区有县(区)级以上文物保护单位533处,其中世界文化遗产1处,国家级文物保护单位49处,省级文物保护单位103处,市级以上文物保护单位300多处;云锦织造技艺、金陵刻经印刷技艺、南京剪纸、古琴艺术(金陵琴派)等于2016年被列入联合国教科文组织发布的人类非物质文化遗产代表作名录,另有11项国家级、64项省级、66项市级非物质文化遗产代表作项目。

上海作为江南地区相对而言比较年轻的城市,没有世界级文化遗产保护项目,但有一大批国家级、省级和区级保护项目。截至2021年年底,全市共有国家级文化遗产保护项目68个,市级非物质文化遗产代表性项目共计371个(民间文学16个,传统音乐15个,传统舞蹈12个,传统戏剧10个,曲艺6个,传统体育、游艺与杂技16个,传统美术38个,传统技艺114个,传统医药26个,民俗20个)。[1] 共有120名国家级、794名市级文化遗产传承人。在文化遗产的传承、保护和开发、利用工作方面,建立了一整套行之有效的成熟机制。

杭州市作为全国首批历史文化名城之一,文化遗产的种类和数量众多。西湖文化景观于2011年被列入世界遗产名录,古琴艺术(浙派古琴)、中国蚕桑丝织技艺(杭罗织造技艺、余杭清水丝锦制作技艺)、篆刻(金石篆刻)、中国二十四节气(半山立夏)等4项被列入联合国人类非物质文化遗产代表作名录,另有44个国家级、140个省级、195个市级非物质文化遗产项目。并制定了一整套法律、法规体系,确立了相应的传承、保护基地及传承人。全市共有省级、市级传承基地各4个,5个省级生产性保护基地,5个省级、7个市级传统节日保护基地,1个省级、9个市级生态保护区,9个省级经典景区,5个市级民间艺术之乡;34名国家级、170名省级、192名市级文化遗产传承人。[2] 2014年,西湖景区被联合

---

[1] 数据来自上海文化遗产保护网,http://www.shwhyc.cn/。访问日期:2021年1月20日。
[2] 数据来自杭州文化遗产保护网,http://fymy.zjhzart.cn/BhztList.aspx?moduleid=10046&IsLabel=false。访问日期:2021年2月3日。

国教科文组织授予《世界遗产保护管理荣誉证书》；2017 年，国家文物局高度评价西湖世界文化遗产保护管理工作，认为杭州是国内世界文化遗产保护中的"优等生"；在 2019 年度杭州西湖遗产保护管理评估中被中国文化遗产研究院评估为 5 星等级；2021 年，杭州西湖文化景观获联合国教科文组织——希腊梅丽娜·梅尔库里文化景观保护和管理国际奖提名。

(九) 学术研究的发展

当代江南地区作为国内的学术高地，经过持续不断的长期努力，学科门类齐全、研究力量雄厚、研究成果众多；传统学科长期保持领先优势，新兴学科方兴未艾。近年来，在国家级研究基金项目的立项上，无论是自然科学基金项目，还是人文社会科学基金项目，或者是出版基金项目，抑或是对外翻译出版基金项目，江南地区都占很大比例，江苏的国家级人文社科项目的立项数已连续多年保持全国第一的水平。在研究的价值取向上，无论是自然科学研究还是人文社会科学研究，无论是基础理论研究还是应用性研究，都始终紧紧围绕国家的经济社会发展和人民群众的文化需要这一中心而开展，有着鲜明的时代特征。

当代江南地区的科学家数量众多，成就突出。反映当代中国自然科学研究最高水平的中国科学院和中国工程院院士中，超过一半出生于江南地区。2017 年年底的统计，全国共有两院院士 1 665 人（中国科学院院士 795 人，中国工程院院士 870 人），其中江苏籍 463 人、浙江籍 395 人、上海籍 86 人，仅苏州籍的两院院士就达 117 名，名列全国所有地级市之首。王淦昌、王大珩、程开甲、杨嘉墀、何泽慧等曾为国家的"两弹一星"成功研制发挥过重大作用。另外还有"杂交玉米之父"李竞雄，中国半导体奠基人王守武、王守觉兄弟，水利宗师张光斗，大庆油田功臣李德生，"863 计划"首倡者周干峙，环境保护三女杰唐孝炎、钱易、徐晓白，激光核聚变专家范滇元，超音速歼 8 飞机首席科学家顾诵芬，人类生命奥秘的探索者顾健人，海洋微体古生物专家汪品先，昆虫、蚊类专家陆宝麟，还有被誉为"中国居里夫人"的外籍院士吴健雄、建筑大师贝聿铭等，更有不少出身吴地的海外科学家如李政道、高锟、朱棣文等获得了诺贝尔奖。江苏宜兴、武进等地被誉为中国的"教授之乡"。

江南地区的不少自然科学研究成果在不同时期都处于世界的前沿水平。1965 年 9 月，以中国科学院上海生物化学研究所、中国科学院上海有机化学研究所等单位为主的科学家在世界上首次研制成功人工合成的牛胰岛素。复旦大学苏步青、谷超豪对微分几何学的研究，浙江大学竺可桢对气候学的研究等，也都处于学术前沿位置。在医学领域，1965年9月，中国科学院上海生物化学研究所及上海有机化学研究所等单位成功研制出人工合成牛胰岛素。经过长期努力，江南地区基本消灭了严重危害人民生命健康的血吸虫病等区域流行性疾病。

新时期以来，江南地区的科学研究成果屡屡获得反映国家最高科技成就的奖项。2020年，上海在国家自然科学奖、国家技术发明奖和国家科学技术进步奖"三大奖"上，牵头获得4项一等奖，占全国的17.39%。国家科学技术奖共评选出275个项目（人选、组织），上海共有48项牵头或合作完成的重大科技成果获奖，占全国获奖总数的17.45%，连续5年获奖比例超过15%。在注重考虑首创性和实用性的技术发明奖上，上海市也获奖9项，占全国的14.8%，其中牵头1项获一等奖。苏南各地的自然科学研究和技术进步也有明显成效。2020年，江苏省共有39项通用项目和1人选获奖，其中江苏省单位主持完成项目12项，参与完成项目27项，1人获得国际科技合作奖，获奖总数持续位居全国前列。39项通用项目中，自然科学奖3项、技术发明奖8项、科技进步奖28项。

江南地区的高校和研究机构，在当代中国人文社会科学研究中担当了重要角色，各个领域名家辈出，卓有建树，在构建体现中国特色、中国风格、中国气派的话语体系，为国家经济社会发展献计献策等方面做出了重大贡献。

三、当代江南文化发展的基本总结

当代江南地区的文化建设与全国其他地区相比，总体来说发展迅速，成就明显，成了当代中国为数不多的文化高地之一。分析其中的原因，总结其中的经验，对于今后的继续快速发展是既有理论意义也有现实意义的。

（一）当代江南地区文化迅速发展的原因

经过70多年的不懈努力，当代江南地区的文化事业得到了长足发展，不仅获得了大批看得见、摸得着的文化产品，更重要的是形成了日益完善的政策体系，为文化事业营造了良好的发展氛围，并为后续的高质量发展奠定了基础。

当代江南区域文化的快速发展，除了与其他地区基本相同或相近的原因，诸如中华人民共和国成立以来党和政府的高度重视，特别是改革开放以来各种顺应民意、为尊重文化发展客观规律而制定、实行的方针政策，随着物质生活水平的提高而对文化需求的增加等以外，还有一些具有地域特点的特殊原因。

首先，发展基础较好。从唐宋时期起，对外来文化一直持开放态度的江南地区，就已经逐步发展成为中国的经济文化中心之一。近代以来，江南地区更是得开风气之先，成了中西文化日益频繁和密切交流、碰撞的前沿地带。胸襟开阔的江南文化对于近代西方文化没有采取盲目排斥的态度，而是主动接受外来文化的影响，吸取其中的有益成分，实现自身的飞跃性发展。

改革开放以来江南文化的大发展，一方面是计划经济时期积蓄的人才和文化基础得以全面释放的结果，同时也跟这一时期人才的自由流动有很大关系。中共十一届三中全会后，包括江南地区在内的广大东南部地区是国家进行改革、开放的先导区、试验区，大量改革开放的措施在这里得以率先试行，特别是20世纪90年代初开始的上海浦东地区的开发开放，很快就发挥出强大的辐射功能，带动了长江中下游地区的整体发展，全国各类人才和资源纷纷聚集而来，形成了"孔雀东南飞"的奇特现象，克服了本地区人才资源相对不足的困难，极大地促进了区域文化的发展，并进而形成了明显的区位优势，造就了经济社会进步与人才集聚、储备良性互动的可喜局面。

其次，经济实力雄厚。江南地区气候温润，土地肥沃，民众勤劳，经过持续不断的开发建设，在小农经济时代，形成了耕织紧密结合的经济形态。随着耕作技术的不断改进与提高、农作物品种的不断改良、复种指数的不断增加，农业剩余快速增多，在缴纳日益繁重的赋税后，还为商品经济的繁荣和非农行业的发展提供了必要的物质保证。中华人民共和国成立后，特别是改革开放以来，江南地区的经济建设更是获得了突飞猛进的发展，为文化事业的大发展、大繁荣提供了雄厚的经济实力。

从中可见，江南地区文化的发展、繁荣，鲜明地体现出了制度学派中的"路径依赖"特点：良好的经济发展基础，是当代江南文化快速发展的先天有利条件；当代江南经济社会文化的快速发展，又为地域传统文化的保护、传承、发展提供了文化氛围和物质基础，同时又能促进经济建设的快速、良性运行，不断提升经济发展的质量，营造良好的社会环境。

（二）当代江南地区文化进一步发展的路径

江南地区文化建设在取得巨大成就的同时，还存在一些需要探索解决的问题。这些问题，大多是由经济社会的快速发展而产生的，且与全国其他地区存在一定程度的共性。

首先，处理好传承与创新之间的辩证关系。时代在快速发展，社会在快速进步，文化也必然会随之发生变化，这就会面临一个无法回避的问题，即如何保护与传承传统文化，并在此基础上创新与发展现代文化。在文化发展和传承的关系上，人们的基本共识是传统文化是现代文化发展的源泉，提供发展的灵感和启迪。对优秀传统文化采取简单的历史虚无主义态度，既不符合新时代确立"文化自信"的要求，也无法在摒弃传统的基础上创造出全新的现代文化。但人类文明与文化发展进步的历史同样表明，一些不能适应时代发展并与之同频共振的文化相继消失了。当代江南地区在快速发展现代文化的同时，传统文化的传承和创新虽然得到有关方面的高度重视，无论是各级非遗项目的申请与传承人制度的确立，还是各级文物保护单位的确定，或者是文博单位的大量建立，都取得了不错的效果，但也不能不看到，这些措施大多带有治标的性质。而且就一个特定的历史时期来说，人们的文化消费意向、能力等以及由此而形成的消费市场和时间等毕竟是有限的，过多依赖行政力量和政策扶持来保护和传承传统文化，从长远来说并非妥善之举。任由市场因素来调节，也不是负责任的态度。如何在政策扶持与市场导向、保护传统与传承创新之间找到平衡，是需要多方共同努力的课题。

其次，处理好信息技术快速发展带来的挑战。随着信息接受者文化、文明程度的快速提升，每个社会个体都既是信息的接受者，同时又是制造者、传播者，传统上惯用且奏效的单纯灌输等办法，会遇到越来越多的挑战。如果不正面因应这种挑战，寻找到有效的应对之举，无论施予者如何卖劲、努力，也不可能取得理想的效果，甚至适得其反，受众即便不予公开抵制和反对，也会以沉默的消极方式不予理睬和响应，这是可以断定的。在这种情况下，如何坚持主旋律、传播正能量，面临的挑战会越来越严峻。近年来，有关地方对引发公众强烈关注的舆情引导常常陷入顾此失彼、穷于应付的尴尬境地，这种情形本身就是需要研究的社会文化现象。随着互联网技术的快速发展，大众文化消费的快餐化倾向是一个无法避免的趋势，但一味迎合受众显然也是不合适的。网络不是法外之地，加强监管显然是必要的。一个时期以来，江南各地在纷纷开展的"绿色上网"（与之相对应的则是"清网行动"）的同时，也在不断探索采用线上、线下相结合的办法加强群众文化的建设工作。如苏州在率先设立阅读节、建设"书香城市"的同时，也很注意利用融媒体、抖音、哔哩哔哩、公众号、微博等平台开展群众文化工作，并收到了很不错的效果。

再次，如何进一步调动受众群体的积极性、主动性和参与性，是一个需要持续关注并予以切实解决的问题。当代江南地区物质层面的现代化建设已经取得了相当的成就，满足群众文化需求的软硬件设施建设也随之得到相应的发展，已能基本满足需求。但文化需求是一个不断发展与持续提高的过程，就此而言，如何调动广大群众的主动性和参与、创造热情，解决叫好不叫座的问题，处理好投入和产出的关系，将经济效益与社会效益很好地结合起来，在一个需求日益多元化、个性化的时代背景和发展趋势下，是一个需要有关方面予以积极谋划并探索解决的问题。一个时期以来，江南各地为扶持和鼓励高雅文化的发展，弘扬主旋律，消费者在欣赏优质文化产品时，可以享受政府补贴后带来的票价优惠；苏州等地在文化发展上始终坚持"植根于生活，服务于人民"的做法，也是值得充分肯定的。需要对这些有益的探索和尝试进行总结、提炼，形成一套既切实可行，又行之有效的相应制度体系。

最后，区域文化一体化建设，需要持续推进。当代江南文化的一体化建设已经取得了有目共睹的成就，但区域间的行政藩篱仍远未打破，合理有效的跨省、市的文化创意产业融合和协同发展的体制、机制仍未完善，域内重大战略资源和基础设施尚未真正实现联合开发和合理利用，区域合作和协同发展的长期发展规划一直没有出台，低水平重复发展问题仍较严重。仅以影视基地的建设为例，上海东方明珠，浙江杭州，江苏无锡、常州等地都有规模不等的影视城，以江南地区的整体文化发展水平而言，一定数量的基础设施建设是完全必要的，但如何避免小而全、彼此雷同而产生的重复建设确实需要进行顶层设计，使相互间能有相对合理的分工，形成各自特色。这是需要有关方面高度重视、经过长期探索并共同努力方有可能解决的问题。

结语

江南文化进一步发展的展望

在源远流长的发展历程中,江南文化不仅始终充满着积极进取的强劲活力,而且取得了相当辉煌的杰出成就,内涵更是系统丰富、博大精深,是一个取之不尽、用之不竭的巨大宝库,具有极其鲜明的精神特质与十分重要的时代价值,在世界文化和文明的发展中也占有相当重要的地位,为确立与坚持"文化自信"提供了充足的历史与现实依据。

尽管如此,江南文化在面向未来的发展中,也会面临瓶颈,遇到挑战。江南地区作为国内经济社会文化快速发展的先导区,有责任未雨绸缪,率先谋划应对之策,并为其他地区提供借鉴。江南地区除了要认真贯彻党和国家关于文化发展的大政方针,既立足长远、面向未来,又因地制宜、严谨务实、久久为功,坚持政府、企业和民众的多方良性互动,充分发挥各自的积极性以外,在面向未来的发展中,还要特别注意以下几个方面。

第一,坚持文化、文明的多样性,借鉴、吸收域外文化、文明的有益成果和推进文化、文明发展的有益经验。在经济全球化、政治多极化、文化多元化、国际关系民主化的时代背景下,当代江南地区的文化建设应始终秉承文化包容性特别强的优点和特点,对优秀传统文化和域外先进文化,在马克思主义及其中国化理论成果的指导下,按照"古为今用、洋为中用"的原则,开阔胸怀,兼收并蓄。在这方面,苏州已经做了很好的探索。据统计,十多年来,由于苏州的开放程度不断提高,外资企业数量逐年增加,仅世界500强的大企业在苏州有投资项目的就有1/3左右;中外合作创办的各类教育机构、学校数量众多,因此户籍人口和外来人口数量基本相当,常住外籍人士始终在5万人以上,加上留学归国人士纷纷前来就业、创业,不同文化在这里交流、碰撞,共同演绎出了繁荣发达、活力四射的精彩华章,已引起国内外的广泛瞩目、高度重视和充分肯定。2004

年11月,在中央电视台的评比中苏州被评为"中国十大最具经济活力城市",并获得了当年度唯一的"城市大奖",颁奖词充满诗情画意:一座东方的水城,让世界读了2 500年;一个现代工业园,用10年时间磨砺出超越传统的利剑。她用古典园林的精巧,布局出现代经济的版图;她用双面刺绣的绝活,实现了东方与西方的对接。2014年,苏州又获得了有36座世界各国著名城市参与角逐的"李光耀世界城市奖",成为中国第一个获得该奖项的城市,获奖理由:兼顾经济发展与历史文化传承、为市民和外来务工人员创造了宜居的生存环境和均等的社会保障机会。所有这些都体现了苏州这座古老而又年轻的城市在处理传统与现代、本土与域外文化关系上的开放包容胸襟。上海成为国际化大都市的过程就是不断开放、与域外先进文化不断融合交流的过程,"海派文化"的一个鲜明特色就是它的开放性和包容性,从最初的"拿来主义"、经过中西融合的"洋泾浜",逐步发展演变为国内外公认的文化高地。在它的带动引领下,长三角地区已成为世界范围内最具发展活力的板块。人类文化发展的历史表明,一定要处理好文化自信与自负的辩证关系,一个没有文化自信的民族和区域注定是没有希望的;故步自封、画地为牢、不思进取、盲目自信、排斥外来先进文化,则会导致活力丧失,逐渐被快速发展、不断变化的世界文化潮流抛弃;厚重的历史、曾经辉煌灿烂的文化,不能成为发展进步的包袱,而应成为进一步发展的良好起点。

第二,在路径选择上,各地应在坚持错位发展、彰显个性和特色的基础上,走协同发展的一体化之路。江南地区文化资源丰富、积淀深厚、人才齐全、经济发达,是区域文化发展的有利条件,但在竞争日益加剧的情况下,如何发展出自己的特色,形成自己的优势,是既需要智慧,也需要经过一段时间的探索后才能找准自我定位的。

现代文明的多元发展趋向在区域文化上的具体表现,就是充分发挥地域特色和优势,在原有基础上传承与延续自身鲜明的个性,并不断发展、丰富与升华。江南地区作为全国城市化水平最高的地区之一,必须力避千城一面,而应具有各自的个性和特色。必须认识到,随着经济社会的迅速发展,地域文化的特色和个性也必然会随之发生变化,一些原本为某个地域或城市所独有,或可被视为其明显特征的元素,随着经济社会的整体进步将会变为共性,比如宜居性、现代性、园林化等已逐渐成为现代城市的标配，但由于历史背景的不同、地理环境的差异、城市功能的变化等所生发出来的城市特色，如果保护得当的话，却并不会随着现代化程度的提升而淡化甚至丧失，有时反而还会更加彰显。在长三角一体化的时代背景下，坚持和强调江南区域内不同城市间文化的差异化发展，不仅是可行的，而且是必须的。所谓长三角一体化，强调的是在区域内的协调、融洽发展，在充分发挥各自优势的基础上互补，不搞相互拆台、以邻为壑之举，提升区域文化发展的整体实力。而不同城市在文化上的特点是由历史发展、地理位置等多种因素所决定的，同城化发展绝不是要求在文化上以同质化的面目示人，而应该形成竞争中有合作、合作中有竞争的竞合机制。

在加强区域一体化建设的同时，必须认识到同城化、一体化不是同质化，只有保存各地原有的个性和特色，才能彰显特色基础上的优势互补。就当代江南地区的文化建设来说，除了要与时俱进地积极推进反映时代发展进步要求的共性文化建设外，各地还应积极加强自身的特色文化建设，比如南京应突出和平文化的建设和宣传力度，上海应加强时尚之都的建设力度，杭州应突出休闲之都的特色，苏州应突出水韵之都和园林城市的特色，无锡和常州则应突出工商之城的特点。2010年5月国务院出台的《长江三角洲地区区域规划》曾明确提出，就发展区域文化产业而言，除了在总体上要加快发展广播电视、新闻出版、邮政、电信、商贸、文化、体育和休闲娱乐等传统服务业，积极扶持文化科技、音乐制作、艺术创作、动漫游戏等新兴文化创意产业外，还要尽快形成以上海为龙头、不同城市错位发展的文化产业格局。上海据此制定的《上海市文化创意产业发展"十二五"规划》，明确了重点发展的10种产业：媒体业、艺术业、工业设计业（机械及装备、消费品、室内装饰、工程勘探设计等）、时尚产品业（服装服饰、日用化学品、黄金珠宝首饰、家居用品、时尚数码消费品）、建筑设计业、网络信息业（网络游戏、网络视听、数字出版、面向重点行业的信息服务业）、软件业（基础软件、工业软件、行业应用软件）、咨询服务业（智库建设、商务咨询、科学咨询等）、广告会展业、休闲娱乐业（文化娱乐、旅游休闲、休闲建设）等。南京重点发展文化旅游等服务业，成为长三角北翼的现代服务业中心；杭州重点发展文化创意、旅游休闲等服务业，成为南翼的现代服务业中心；苏州重点发展商务会展、旅游休闲等服务业;无锡重点发展创意设计等服务业;常州重点发展动漫产业;等等。随着认识的深化和产业格局的动态调整,这些城市的重点发展方向有可能会随之发生变化,但不同城市充分挖掘、利用好潜在和已有的各种资源,发展各自的特色产业的思路应该是永恒不变的,关键在于如何找准和确立自己的特色。

"城市个性是一个城市的特色,特色是城市的魅力所在。城市个性是城市在其发展过程中逐渐形成的区别于其他城市的自然与人文特点,具有主观和抽象的双重含义,既包括有形的城市直观形象与景观特色,也包括无形的城市心理和文化氛围。"[1]江南区域的整体城市化水平处于国内最高位置,区域文化的发展在某种程度上主要依赖和体现在城市文化的发展上面。"海纳百川"的国际性大都市上海强调的是其文化"包容性","十朝古都"和"博爱之都"的南京强调的是其"历史感"和宽容心态,"休闲之都"的杭州强调的是其"可娱可乐"的自在心境,"园林城市"苏州强调的是其生活品质和趣味,近代以来的新兴工业城市无锡、常州强调的是其奋发向上的进取姿态。具体而言,杭州应当充分发挥自然山水优势,处理好经济发展与环境保护的和谐关系;苏州必须充分发挥吴文化巧夺天工、追求精细和卓越的人文优势,充分展示其"最江南"的元素和魅力;南京应该充分利用好历史文化名城的资源优势,彰显其长期作为南方政治中心的大气与豪迈;上海应该充分发挥地缘和基础好的优势,在国际化大都市上做足文章,瞄准国际前沿开拓创新,发挥区域国际化的辐射、引领作用。

孜孜不倦地追求、实现乃至引领与时代要求相适应的现代化,是区域内各地区共同的发展目标和前进动力,但不同地区的具体表现形态却应该是有所差异的。就上海而言,其沟通中西、融汇南北的能力和色彩特别强大和鲜明。在江南文化的现代场域中,上海文化的洋气只会有利于展现江南文化的多元色调,呈现出有容乃大、海纳百川的胸襟,画地为牢、故步自封、自命不凡不仅难以保持先进,最终只能被快速发展的时代潮流所抛弃。

上海在把自己打造成国际性经济、金融、贸易、航运中心的同时,其文化的多样性也越来越明显,其辐射能力越来越强。上海应充分利用对外

---

[1] 王新文:《关于城市形象的文化审视》,《山东大学学报(哲学社会科学版)》2003年第4期。

开放的窗口地位及政策先行探索、试验机遇,发挥对外开放程度高,吸引外资、人才和管理经验能力以及自身经济和科技实力强,不保守、善于创新的优势,在文化产业的发展方面走高端路线,在政策供给方面不断创新,真正承担起并进一步发挥好引领区域乃至全国文化产业的重要责任和作用,瞄准国际市场,尽快建成国内领先、国际一流的文化大都会。苏南和杭嘉湖地区则应充分发挥综合经济实力强、敢于并善于创新的优势,主动对接上海,实行梯度发展,打造基础研发、人才涵养、市场开拓的重要基地,为上海的高端发展提供各种保障和支撑。在平台建设方面,长三角内已有省级的上海文化产权交易所、江苏省文化产权交易所、浙江文化艺术品交易所及副省级的南京文化艺术产权交易所、杭州文化产权交易所等多家机构,但受行政区划等因素的影响,交易数量普遍较少、质量也不高,可考虑进行整合,成立统一的区域文化产权交易中心,必要时在各地成立分支机构,这既有利于资源共享、信息互通,又能节约成本、提高效率,提升知名度和影响力,进而增强竞争力。再以动漫游戏业为例,该业已经并将长期成为国际文化产业发展的重要业态,长三角各省市也呈现出方兴未艾的态势,为避免低端重复、恶性竞争、重量轻质、内卷发展以致资源浪费等问题发生且趋于严重,可考虑尽快成立"长三角动漫企业联盟"等类似协调、合作机构。

就文化性格而言,南京所呈现出来的样态是相当复杂的,既有帝都文化所体现出来的虎踞龙盘般的大气、沉稳,又有六朝文化所体现出来的脂粉和阴柔气息,更有五方杂处的和谐包容,还有重视生活的浓厚烟火气。这是南京文化的底色,也是其进一步发展的基础和依凭。同时,南京作为第二次世界大战中与英国考文垂、德国德累斯顿、日本广岛等并称的四大"殉难城市"之一,同时还是与波兰奥斯威辛集中营、日本广岛齐名的三大惨案发生地。全面抗战初期发生了惨绝人寰的大屠杀事件,30多万无辜平民惨遭日本侵略者的杀害,成为中华民族永恒的伤痛和自强不息的强大精神动力。在南京,大力加强和平文化建设,不仅是弥补历史欠账的客观需要,也是呼应和平与发展的世界主题以及构建和谐世界、人类命运共同体的现实需要,更是反击否认南京大屠杀、美化侵略战争的需要,同时也是澄清糊涂或错误思想、加强爱国主义教育的需要。在和平文化建设的过程中,一是要通过设立国家层面的公祭日、凭吊南京大屠杀遇难同胞等相关纪念活动的开展,不断加强和平思想、和平价值、和平精神的宣传教育力度,使和平理念深入人心;二是要大力开展和平组织、和平遗址、和平学校、和平医院、和平广场、和平公园、和平桥梁、和平道路等的建设力度,使和平文化建设拥有可以依凭的抓手;三是要积极、有效地开展国际、国内和平文化建设的经验交流,共同维护世界和平局面。[1] 在东亚地区,要加强中、日、韩三国间的和平交流,实现彻底的历史和解;同时加强和国际和平组织的联系和交流,争取尽快加入国际和平城市联盟,尽早成功申报成为联合国教科文组织的和平中心,加快与波兰华沙、缅甸仰光、菲律宾马尼拉、澳大利亚丹巴、俄罗斯圣彼得堡等二战中发生过严重暴行的城市建立稳定的联系,通过联合举办国际和平城市论坛、国际和平文化节、和平法会与和平游行等活动,使其成为国际上从事和平研究、开展和平纪念活动等的重要城市。在国内,应加强与旅顺等日本侵略者曾发动过大屠杀事件等城市的联系,共同举办相关纪念活动。举办这类活动的目的,除了不忘历史教训、以免重蹈覆辙外,更重要的是向世人传播和平理念,表达和平诉求,维护世界和平。南京地区的南京大屠杀研究应加强与上海师范大学的慰安妇研究、上海交通大学的战争审判与世界和平研究院等的合作,在发挥各自优势的同时,形成合力。

苏州文化资源丰富、基础深厚,是首批国家历史文化名城,举凡新闻出版、广播电视、演艺娱乐、文博图书、文化旅游、民间技艺、会展广告、动漫制作等均有发展,且体量较大,到2020年年底有"国家动画产业基地""阳澄湖国家数字出版基地"等9个国家级文化产业示范基地,但具有充分的市场竞争力的特色、拳头产业仍在进一步形成和发展之中。未来的文化发展,应进一步加强文化产业化与产业文化化的有机结合,可以利用科技实力较强的优势,在产品的生产、包装上加强人性化、人文化设计;发挥管理和服务理念规范、先进等软实力较强的优势,建成总部经济和人才集聚的高地,为经济发展营造良好氛围;利用好资源优势,进一步做优、做强园林旅游,带动住宿、餐饮、购物等行业的发展。

只有在坚持区域内协调、错位发展的基础上,进行跨地域、行业和要素间的有机整合,充分激发各地的主体能动作用,达成共识,形成合力,

---

[1] 朱成山等:《南京构建国际和平城市研究》,《南京社会科学》2007年第1期;叶南客:《让和平成为南京新名片》,《新华日报》2014年12月12日。

推动区域文化的整体进步和共同繁荣，才是一体化、同城化建设的题中应有之意。

第三，坚持提高与普及、高雅与通俗、精品与大众相结合的原则，处理好传承与创新、持之以恒与发展变化之间的辩证关系。尽管这些原则和要求带有相当程度的普适性，但在新的时代条件下，具有更多的现实针对性和发展指向性。江南地区的文化建设要以习近平新时代中国特色社会主义思想为指导，树立文化自信，坚持守正创新，不断推出具有广泛社会影响和良好经济效益的文化成果，突出主旋律、传播正能量、传承好红色基因，积极争取通过国内高规格平台和通过频繁的对外文化交流活动来展示江南文化建设的独特风采和丰硕成果。在这方面，江南各地文化部门的认识是基本一致的，那就是文化产品的供给必须以满足受众需求为导向，并在满足群众需求的过程中和基础上，发挥其宣传教育和提升受众欣赏水平、审美情趣的功能，做到社会效益和经济效益的有机统一；在保护传统文化资源的同时，着力挖掘其中适合现代发展的合理内核，坚持保护、传承和创新的和谐统一。以苏州为例，在推进文化建设工程中，曾经取得过摄制《苏园六纪》《苏州史纪》等影视产品以及出版"苏州文化丛书"等成功经验。沪、宁、苏、杭等城市的文史大咖曾相继到央视《百家讲坛》等栏目精彩亮相，专家学者积极申报或承担国家级研究项目、奖项及各种人才计划。除了积极举办各种主题的世界博览会、运动会、文化艺术节、论坛、国际性会议以及开展现代艺术的对外交流外，也要充分发挥江南戏曲、书法、绘画等传统文艺形式在文化交流中的作用和功能。

第四，在体制机制方面，应充分调动和发挥政府、市场、社会的积极性，对三者的作用和功能进行科学、合理的界分。政府应主要负责文化活动规划的制定、公益性设施的建设与维护，对相关服务活动实施有效的管理和监督，尽可能少地直接参与到具体的文化实践活动中去；通过公开、公平和公正的招投标等方式，真正且充分引入市场竞争机制，实行职业经理人制度，提高工作效率；倡导和鼓励社会组织、企业单位、专家学者和社会大众积极投身文化服务活动，按照"政府扶持、民间运作、专业管理、多方受益"的运作模式和"文化机构+高等院校+专业社会组织+基地"的孵化模式，持续开展对"信得过、靠得住、用得上"文化类社会组织的培育和孵化工作，并为此提供必要的政策和经费支持；专家学者主要发挥智库功能,为公共文化服务提供理论指导和中长期发展规划、目标;企业单位通过捐赠等手段为公共文化活动提供经费支持;社会组织和个人主要承接公共文化服务的具体活动并为此提供公益志愿服务。引入第三方评价机制,尽快做到公共文化服务评价的客观性和科学性。

　　江南文化在面向未来的大发展、大繁荣中,需要注意的问题绝不止上面提到的几个方面,相关展望也肯定是不够深刻的,但我们仍然完全有理由相信,只要社会各界坚持以习近平新时代中国特色社会主义思想为指导,全面、准确地理解并贯彻党的文化发展方针,积极探索文化繁荣发展的创新之路,尽快形成共识,聚成合力,一个文明昌盛、文化繁荣的良好局面就一定能够出现。

后　记

为了更好地贯彻国家《长江三角洲区域一体化发展规划纲要》和苏州市《"江南文化"品牌塑造三年行动计划》的要求，落实苏州市委、市政府领导"要高度重视'江南文化'品牌塑造"和"全面提升苏州在'江南文化'话语体系中的首位度和辐射力，重建文化高地辉煌"的指示精神，2021年苏州市委宣传部、苏州市社科联启动了《江南文化概论》的编纂工作。聘请教育部长江学者、姑苏文化名家、苏州大学王卫平教授为项目首席专家，组织团队，合作攻关，仅以一年多的时间即完成了书稿的编写任务。

江南地区历史悠久，自六朝以来逐渐成为全国的经济中心和文化重心，因此江南历史文化历来受到国际国内学者的关注和重视，成为一门显学，研究成果可谓汗牛充栋。不过，迄今为止，全面系统地研究江南历史文化的著述并不多见。《江南文化概论》纵论江南历史文化发展的过程，展示主要或特色文化领域的辉煌成就，可以说是最为全面系统论述江南历史文化的学术著作。

本书是集体劳动的成果。各章分工如下：王卫平撰写第一、第二、第三、第十二章；丁国祥撰写第四章；朱琳撰写第五章；毛秋瑾撰写第六章；郭明友撰写第七章；郑丽虹撰写第八章；范莉莉撰写第九章；胡火金撰写第十章；侯德仁撰写第十一章；沈骅撰写第十三、第十四章；汪湛穹、朱小田撰写第十五章；黄鸿山、王卫平撰写第十六章；曹培根撰写第十七章；张程娟撰写第十八章；王玉贵撰写第十九章及结语。全书由王卫平拟定纲目和写作体例，并统一修改定稿。沈建东、杨旭辉也为本书的完成作出了贡献。

在本项目的实施过程中，苏州市委常委、宣传部长金洁同志给予了关心和指导；苏州市委宣传部副部长、市社科联主席刘伯高同志负责全书统筹协调工作，市社科联副主席洪晔、王明国同志多次参会指导，钱海、曹杰、丁长伟三位处长也提供了很多协调帮助，在此表示衷心感谢！苏州大学出版社盛惠良社长、陈兴昌总编辑、李寿春副总编辑为本项目的顺利实施付出了很多心血，总编办公室苏秦主任也有所贡献，苏州大学中国史专业博士研究生潘伟峰、龚希政、梁爽同学也做了一些辅助工作，在此一并表示衷心感谢！

在撰写本书的过程中，我们参考了不少学界的既有研究成果，虽然尽可能地加以注明，但漏珠之处难免，在此也向各位先贤的探索工作致以敬意！限于我们的能力和水平，且书出众手，难免存在一些问题，敬请学界同仁批评指正！

2022 年 8 月 28 日